MD VOCABULARY PLUS⁺

드리는 글

　가장 과학적이고 효율적인 어휘학습서의 꿈을 품고 MD Vocabulary 33,000이 세상에 나온 지도 벌써 10여년의 세월이 다 되어가고 있습니다. 그 동안 수많은 학생들의 사랑과 격려 속에서 MD는 영어학습의 충실한 도우미로서의 역할을 위해 나름대로 최선의 노력을 기울여 왔습니다. 그리하여 MD Grammar와 MD Reading 그리고 고급 독해학습서인 MD Reading Ultimate에 이르기까지 그 분야를 확대해 왔습니다. 이렇게 MD가 시리즈로 자리매김할 수 있었던 것은 전적으로 독자 여러분들의 관심과 사랑 때문임을 항상 되새기며 또한 감사드립니다.

　그 중에서도 MD Vocabulary 33,000은 여러분의 가장 많은 사랑을 받아 온 자타가 공인하는 국내 최고의 어휘학습서로서 우뚝 자리하고 있습니다. 그 동안 조금씩 독자 여러분의 요구에 닿추어 조금씩 보완과 개정을 거듭하여 좀 더 알차고 충실한 내용을 담고자 노력해 왔습니다. 하지만 어휘학습서라는 한계가 갖는 구성상의 난점 때문에 풍부한 예문을 싣지 못함을 아쉬워하시는 분들도 많았습니다. 그리고 좀 더 많은 실전문제를 풀 수 있으면 좋겠다는 요구사항도 적지 않았습니다. 그리하여 이번에 MD Vocabulary Plus+를 출간하게 되었습니다. 이번 교재는 MD vocabulary 33,000 속의 핵심 단어들에 대해 독해력 향상에 기여할 수 있는 좀 더 수준 높은 예문과 그에 따른 실전적인 문제들을 병행 수록하였습니다. 그러므로 MD Vocabulary 33,000을 공부하신 다음에 본 교재를 학습하시면 독해력과 어휘문제에 실전능력을 동시에 향상시킬 수 있다는 점을 말씀드립니다.

　아무쪼록 여러분의 영어실력을 한 단계 올리는데 커다란 도움이 될 수 있기를 기원하며 마지막으로 오랜 기간 동안 자료 준비와 교정에 애써주신 이 상미 선생님과 이 민재 선생님, 그리고 엄 정혜 선생님께 깊은 감사를 드립니다. 또한 배경환 님께도 감사의 맘을 전합니다.

2008. 9. 문덕

MD VOCABULARY PLUS⁺ CONTENTS

MD VOCABULARY PLUS⁺ 의 본·문·구·성

Prefix COM-   함께, 서로

①

표제어
- MD vocabulary 33,000에서 가장 핵심적인 필수어휘와 빈출어휘들입니다. 각종 어휘 문제는 물론이고 독해에서도 핵심적인 key word에 해당하는 단어들입니다.

②

간략한 의미
- MD vocabulary 33,000을 복습하는 의미에서 간략하게 의미를 제시하였습니다.

③

발음기호
- 정확한 발음은 영어 학습의 기본입니다. 반드시 발음을 병행하며 어휘를 익혀야 합니다.

④

예문
- 복잡한 독해 학습서가 아니래도 충실한 독해력 훈련이 될 수 있도록 수준 높은 예문을 제시하였습니다.

⑤

예문 해석
- 정확한 문장의 이해를 돕기 위하여 한글 해석을 제시하였습니다.

---

01 cohere
[kouhíər]
(서로) 붙다, 응집하다

- Parts of the book that was released a month ago are brilliant but it fails to cohere as a whole.
  ▸ 지난 달에 발매된 그 책의 부분 부분들은 훌륭하지만 전체적으로는 응집력이 부족하다.

02 coincide
[kouinsáid]
동시에 일어나다, 일치하다

- The jury was impressed by the fact that the testimony of two witnesses who were complete strangers coincided in every detail.
  ▸ 전혀 모르는 사이인 두 증인의 증언이 모든 사소한 점에서 일치한다는 사실은 배심원에게 깊은 인상을 주었다.

03 collaborate
[kəlǽbəreit]
(특별한 목적을 위해) 공동으로 일(연구)하다

- IBM and Apple have announced that they will collaborate on the development of the next generation of high-performance chips.
  ▸ IBM과 Apple사는 차세대 고성능 칩을 개발하기 위해 공동 작업을 할 것이라고 발표했다.

04 collapse
[kəlǽps]
(건물, 가격 등이) 무너지다, (계획, 희망 따위가) 실패하다

- Amid speculations that North Korea may collapse because of its economic problems, South Korea is preparing for mass defections by North Koreans.
  ▸ 경제난으로 인한 북한 붕괴 가능성이 점쳐지고 있는 가운데 대한민국 정부는 대량탈북자들에 대한 대책 마련에 들어갔다.

05 collate
[kəːléit]
대조하다

- With tireless patience, the detective collated bits and pieces of evidence until he gained an insight into how, why, and by whom the crime had been committed.
  ▸ 지칠 줄 모르는 끈기를 가지고 그 탐정은 모든 증거들을 일일이 대조해서 결국 어떻게, 왜, 누구에 의해서 그 범죄가 저질러졌는지를 알게 되었다.

06 collateral
[kəlǽtərəl]
부수적인, 간접적인
담보로 내놓은, 담보물

- The problem is that the amount you are asking for is too large for the collateral you can put up.
  ▸ 문제는 융자신청액이 담보물에 비해 너무 크다는 것이다.

07 colleague
[káliːg]
(직업상의) 동료

- Women are unequally represented in various fields of industry and their career progression is not comparable to their male colleagues.
  ▸ 여성들은 산업의 각 분야에서 동등하게 대우를 받지 못하며, 진급에 있어서도 남자 동료직원과 동등한 취급을 받지 못하고 있다.

08 collide
[kəláid]
충돌하다, (의견 따위가) 일치하지 않다

- It is a miracle that there were any survivors since the two automobiles that collided were traveling with great impetus.
  ▸ 충돌한 두 자동차는 상당한 속도로 달리고 있었기 때문에 생존자가 있었다는 것은 기적이다.

1. The campaign was widely criticized for making tactical mistakes and for a lack of <u>coherence</u>. It's better not to do.

   (A) understanding   (B) consistence   (C) mindfulness   (D) scrutiny

> **어휘** **campaign** (일련의) 군사 행동; 선거 운동; 캠페인 **tactical** 전술상의
> **coherence** 부착; (문체, 이론의) 일관성 **understanding** 이해 **mindfulness** 염두에 둠, 주의
> **scrutiny** (면밀한) 음미, 자세히 보는 일

> **해석** 그 캠페인은 전술적 실수와 일관성의 결여로 인해 널리 비판 받았다. 차라리 하지 않는 것이 나았다.

2. The initial appearance of the silver three-cent piece <u>coincided with</u> the first issue of three-cent stamps in 1851.

   (A) occurred at the same time as   (B) collided with
   (C) was necessitated by   (D) was similar to

> **어휘** **initial** 처음의; 초기의 **appearance** 출현; 외관, 양상 **coincide** 동시에 일어나다; 일치하다
> **issue** 유출(물); 발행 **collide** 충돌하다(against, with); (의견, 이해 등이) 일치하지 않다
> **necessitate** 필요로 하다; (결과를) 수반하다 **similar** 유사한

> **해석** 3센트짜리 은화의 최초의 발행은 3센트짜리 우표의 최초 발행과 동시에 1851년에 일어났다.

3. The middle class has taken the brunt of the currency and stock market <u>collapse</u> with intent to make a healthy profit.

   (A) construction   (B) intrusion   (C) breakdown   (D) change

> **어휘** **middle class** 중산층 **brunt** (공격의) 예봉, 주력 **currency** 통화; 유통
> **stock market** 증권 시장; 주가 **collapse** 붕괴, 와해 **construction** 건설; 구조
> **intrusion** (의견의) 강요; (사생활의) 침해

> **해석** 중산층은 많은 이익을 올리기 위해 통화가치 상승과 주식 시장의 붕괴를 주도하고 있다.

4. Seven people died and twenty-three were injured today, thirteen of them seriously, when a bus __________ with a truck.

   (A) collided   (B) evaded   (C) avoided   (D) expanded

> **어휘** **collide** 충돌하다 **evade** 피하다 **avoid** 피하다 **expand** 넓히다

> **해석** 오늘 버스가 트럭과 충돌한 사고로 7명이 죽고 23명이 다쳤는데, 그 중 13명은 중상입니다.

정답 1. B 2. A 3. C 4. A

---

6 **실전문제**
- 실제 시험에 나올만한 연습 문제들을 수록하였습니다. 동의어 찾기 문제 외에도 문장완성형 문제를 적절히 조화하여 최근의 출제경향에 대비할 수 있도록 하였습니다.

7 **어휘 설명**
- 문장 안에 들어있는 까다로운 어휘나 표현에 대하여 친절한 의미풀이를 제시하였습니다.

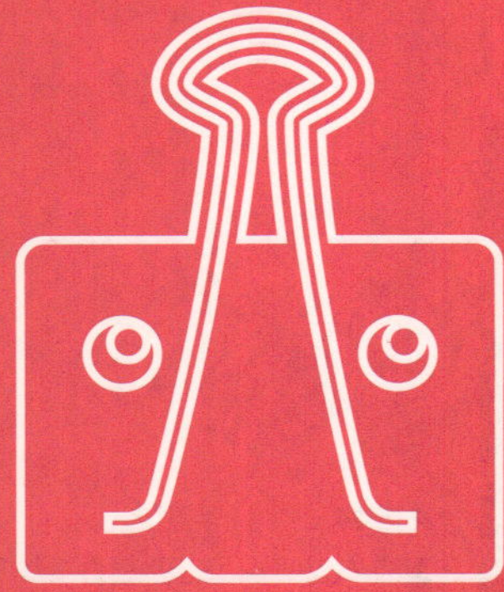

MD VOCABULARY

PLUS⁺

ESSENTIAL & HIGH LEVEL WORDS

MD
PLUS⁺

중요빈출
어휘편

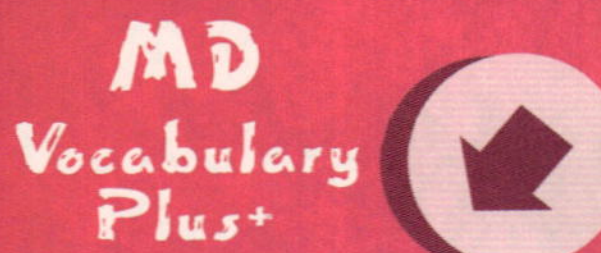

01 acknowledge
[əknálidʒ]
인정하다

- A large number of reputable historians across the world acknowledge him as a genius in his chosen field.
  ▶ 전 세계에 걸쳐 다수의 명망 높은 역사가들이 그를 자신이 선택한 분야에서 천재적인 인물로써 인정한다.

02 acrid
[ǽkrid]
(냄새 등이) 콕 쏘는

- He rips off another match, lights it, and uses it to light another cigarette. He shakes out the match, takes a puff, letting the acrid and unfiltered taste burn the back of his throat.
  ▶ 그는 다른 성냥을 하나 더 뜯어내어, 불을 붙이고, 담배를 하나 더 불 붙이는데 이용한다. 그는 성냥을 흔들어 끄고, 한 모금 빨고는, 자신의 목구멍 뒤 쪽이 얼얼하도록 탁 쏘고 걸러지지 않은 담배 맛을 들이킨다.

03 acrimonious
[ækrimóuniəs]
신랄한

- It was such an acrimonious dispute that both parties refused to even talk to each other afterwards.
  ▶ 어찌나 신랄한 논쟁이었는지 논쟁이 끝난 후 양 측은 서로 얘기를 나누는 것조차 거부했다.

04 adulation
[ædʒuléiʃən]
아첨, 칭찬

- My kid brother is a born performer, by any standard - he loves the excitement and he truly loves the adulation.
  ▶ 흥미진진한 것을 좋아할 뿐 아니라 사람들의 칭송을 받는 것도 진심으로 좋아하는 것을 보면, 내 남동생은 어떤 기준으로 보더라도 타고난 무대기질을 가진 아이이다.

05 aftermath
[ǽftərmæθ]
결과, 여파

- In the aftermath of the Columbine high school shootings there were calls for tighter controls on gun ownership among the minors.
  ▶ 콜럼바인 고등학교의 총격사건의 여파로 미성년자 총기 소유에 대한 보다 철저한 관리가 필요하다는 요구들이 있었다.

06 agile
[ǽdʒəl]
민첩한

- One thing I'd like to make doubly sure is that you need to have very agile fingers to do this kind of work.
  ▶ 재확인하고 싶은 한 가지 사실은 이런 종류의 일을 하기 위해 당신은 굉장히 민첩하게 움직이는 손가락을 가지고 있어야 한다는 것이다.

07 agenda
[ədʒéndə]
의제

- The agenda includes last quarter's returns, staff absenteeism, production levels, management / staff relations and the updating of the computer systems.
  ▶ 회의에서 다루게 될 안건은 지난 분기의 수익율, 직원 결근 문제, 생산량, 경영진과 직원 간의 관계, 컴퓨터 시스템의 업데이트 등이다.

08 agitate
[ǽdʒiteit]
자극하다, 동요하게 하다

- How the universe came into being is one of the questions that have always agitated the scientific world throughout the ages.
  ▶ 어떻게 우주가 생겨났는지 하는 것은 오랜 세월에 걸쳐서 항상 과학계를 동요하게 만드는 질문 중 하나이다.

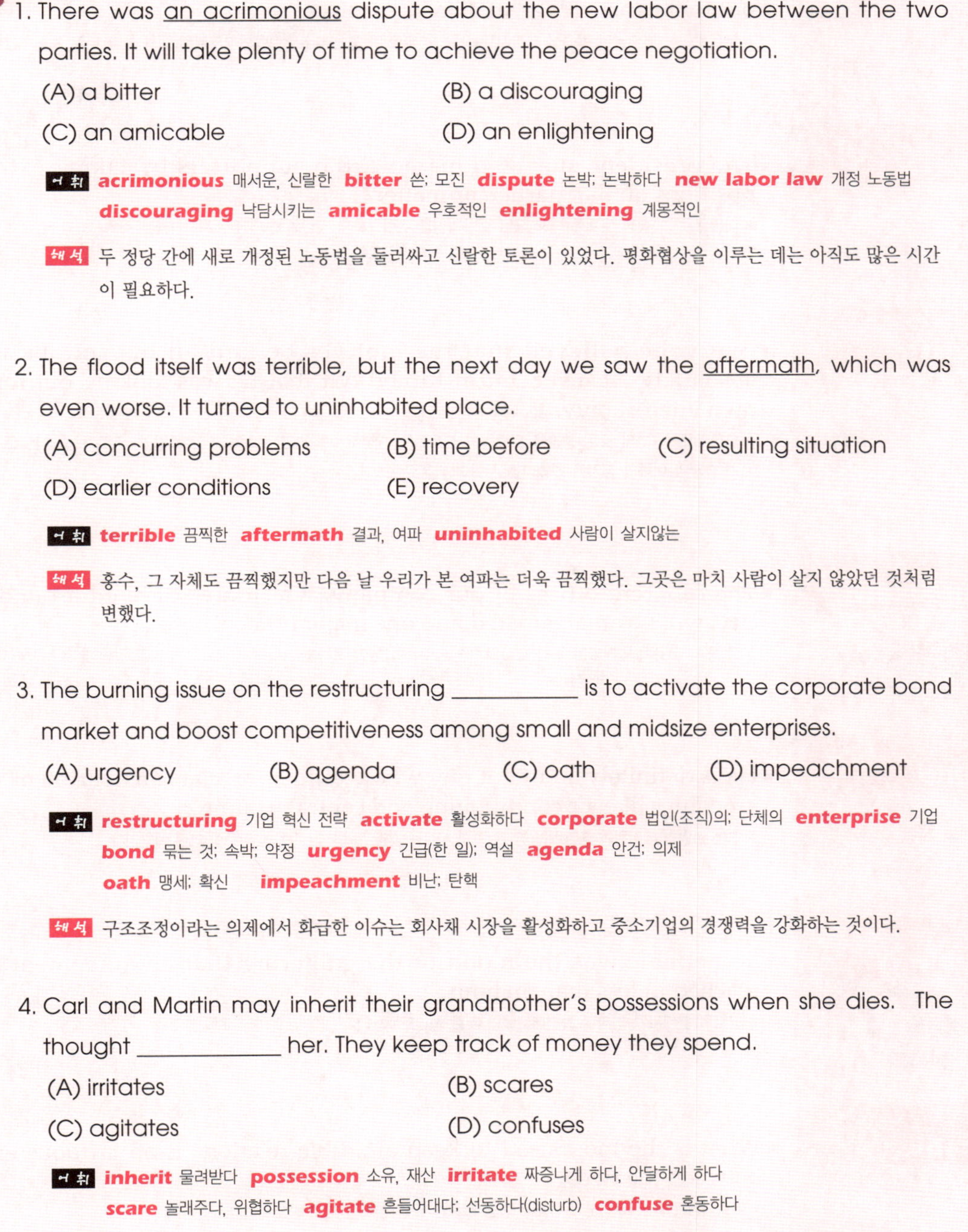

1. There was <u>an acrimonious</u> dispute about the new labor law between the two parties. It will take plenty of time to achieve the peace negotiation.

(A) a bitter   (B) a discouraging

(C) an amicable   (D) an enlightening

> **어휘** **acrimonious** 매서운, 신랄한 **bitter** 쓴; 모진 **dispute** 논박; 논박하다 **new labor law** 개정 노동법
> **discouraging** 낙담시키는 **amicable** 우호적인 **enlightening** 계몽적인

> **해석** 두 정당 간에 새로 개정된 노동법을 둘러싸고 신랄한 토론이 있었다. 평화협상을 이루는 데는 아직도 많은 시간이 필요하다.

2. The flood itself was terrible, but the next day we saw the <u>aftermath</u>, which was even worse. It turned to uninhabited place.

(A) concurring problems   (B) time before   (C) resulting situation

(D) earlier conditions   (E) recovery

> **어휘** **terrible** 끔찍한 **aftermath** 결과, 여파 **uninhabited** 사람이 살지않는

> **해석** 홍수, 그 자체도 끔찍했지만 다음 날 우리가 본 여파는 더욱 끔찍했다. 그곳은 마치 사람이 살지 않았던 것처럼 변했다.

3. The burning issue on the restructuring ___________ is to activate the corporate bond market and boost competitiveness among small and midsize enterprises.

(A) urgency   (B) agenda   (C) oath   (D) impeachment

> **어휘** **restructuring** 기업 혁신 전략 **activate** 활성화하다 **corporate** 법인(조직)의; 단체의 **enterprise** 기업
> **bond** 묶는 것; 속박; 약정 **urgency** 긴급(한 일); 역설 **agenda** 안건; 의제
> **oath** 맹세; 확신 **impeachment** 비난; 탄핵

> **해석** 구조조정이라는 의제에서 화급한 이슈는 회사채 시장을 활성화하고 중소기업의 경쟁력을 강화하는 것이다.

4. Carl and Martin may inherit their grandmother's possessions when she dies. The thought ___________ her. They keep track of money they spend.

(A) irritates   (B) scares

(C) agitates   (D) confuses

> **어휘** **inherit** 물려받다 **possession** 소유, 재산 **irritate** 짜증나게 하다, 안달하게 하다
> **scare** 놀래주다, 위협하다 **agitate** 흔들어대다; 선동하다(disturb) **confuse** 혼동하다

> **해석** 할머니가 돌아가시면 Carl과 Martin이 재산을 상속받을 것이다. 이 생각은 그녀를 심란하게 한다. 그들은 너무 인색하다.

01 alacrity
[əlǽkrəti]
민활함

- David could hardly wait his parents to leave; he carried their luggage out to the car with great alacrity.
  ▶ 데이비드는 부모님이 떠나실 때까지 기다릴 수 없었다; 그는 아주 잽싸게 부모님의 짐을 들고 나가 차에 실었다.

02 alienate
[éiljəneit]
소외하다

- The president alienated his potential supporters by taking extreme positions on that particular matter.
  ▶ 대통령은 그 특정 문제에 대해 극단적인 입장을 취함으로써 자신의 잠재적인 지지자들을 소외시켰다.

03 altruistic
[æltruístik]
이타적인

- Everyone believed that the motives behind all his actions were absolutely altruistic, but it turned out that he was looking out for his own interest only.
  ▶ 모든 이들이 그의 모든 행동을 뒷받침하는 동기는 완전히 이타적인 것이라고 믿고 있었다. 하지만, 그는 오로지 자기 혼자의 이득만 챙기고 있었다는 사실이 밝혀졌다.

04 amalgamate
[əmǽlgəmeit]
결합[합병]하다

- The different offices of our company, which are scattered around the city, will be amalgamated into one major branch.
  ▶ 그 도시 곳곳에 널려있는 우리 회사의 다양한 사무실들이 하나의 커다란 지점으로 병합될 것이다.

05 amenity
[əméniti]
예의, 편의 시설

- He is definitely a kind of guy who would appreciate an apartment with amenities like air conditioning and central heating.
  ▶ 그는 분명히 에어컨과 중앙 난방 같은 편의 시설을 갖춘 아파트의 가치를 이해할 그런 사람이다.

06 amiable
[éimiəbl]
상냥한

- So amiable was the mood of the gathering that an agreement was reached in less than an hour.
  ▶ 모임의 분위기가 어찌나 화기애애했던지 한 시간도 채 되지 않아서 합의에 도달했다.

07 amicable
[ǽmikəbl]
우호적인

- What is the most need to keep amicable relations is an arduous effort between the two.
  ▶ 우호적인 관계를 유지하기 위해서 가장 필요한 것은 양자간 각고의 노력이다.

08 ample
[ǽmpl]
(남을 만큼) 충분한

- The prosecutors were very convinced that there is more than ample evidence to prove his guilt.
  ▶ 검사들은 그의 유죄를 증명할 충분하고도 남을 만한 증거가 있다고 아주 확신하고 있었다.

1. Doris has withdrawn not only from me, but also from our children, her family, friends and neighbors. She rarely answers the phone and refuses to attend social events. Her behavior has __________ most of our friends.

(A) upheld
(B) approached
(C) alienated
(D) effaced

어휘 **withdraw** 움츠리다, 물러나다 **uphold** 유지하다, 지탱하다 **approach** 접근하다 **alienate** 소외하다, 멀리하다 **efface** 지우다, 삭제하다

해석 Doris는 나뿐만 아니라 자식들, 처가쪽 식구, 친구, 이웃들과도 멀어졌다. 그녀는 전화도 잘 받지 않는데다 사교 행사에도 참석하지 않는다. 그녀의 행동은 대다수의 친구들을 멀어지게 만들었다.

2. When an enemy appears, ground squirrels show <u>altruistic</u> behavior. They risk their own lives to give alarm calls to nearby relatives.

(A) egoistic
(B) unselfish
(C) eccentric
(D) mysterious

어휘 **enemy** 적(敵) **squirrel** 다람쥐 **altruistic** 이타주의의(unselfish) **risk one's life** 목숨을 걸다 **nearby** 가까운 **relative** 친척, 일가 **egoistic** 이기적인, 자기본위의 **eccentric** 괴상한, 괴짜인 **mysterious** 신비한, 불가사의한

해석 적이 나타나면, 땅 다람쥐는 이타적인 태도를 보인다. 그들은 자신의 목숨을 걸고서 가까이 있는 친척 다람쥐들에게 경고음을 낸다.

3. I'd rather stay in a hotel with all the __________ than camp in the woods. Camp doesn't have any special safety features.

(A) amenities
(B) expenses
(C) friends
(D) sports

어휘 **amenity** 쾌적함; (pl.) 편의 시설(conveniences) **expense** 지출, 비용 **friend** 벗, 친구

해석 나는 숲 속에서 야영을 하느니 온갖 편의시설이 갖추어진 호텔에 머무를 것이다. 야영지에는 어떠한 특수 안전 장치도 없다.

4. It seems that even this innocent and <u>amiable</u> practice of handshaking is upon its trial. But we are hoping to improve our relationship.

(A) friendly
(B) mute
(C) unwholesome
(D) holy

어휘 **amiable** 상냥한, 우호적인 **friendly** 친근한 **mute** 무언의, 침묵한 **unwholesome** 건강을 해치는 **holy** 신성한 **practice** 관습, 관례; 연습

해석 순수하고 상냥한 악수의 관례 조차도 시험대에 오른 것처럼 보인다. 하지만 우리는 우리의 관계가 개선되기를 원한다.

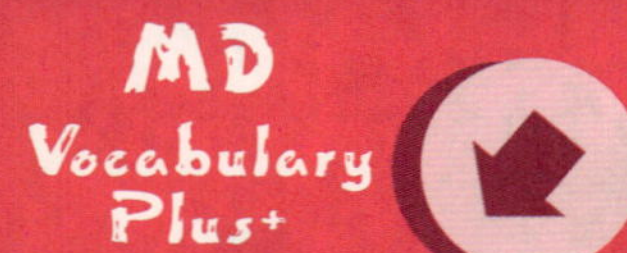

01 animated
[ǽnimeitid]
활기찬, 활발한

- It is claimed, a natural order according to which inanimated objects are to serve animated ones; further, plants are here for the sake of animals, and animals for the sake of humans.
  ▶ 무생물들은 살아있는 존재들을 위해 필요하고 더 나아가서 식물들은 동물을 위해 존재하며, 동물들은 인간을 위하여 존재하는 자연의 질서가 있다는 주장이 제기되고 있다.

02 animosity
[ænimásiti]
적의

- There is some animosity between different racial and ethnic groups, but it can be overcome by education and experience.
  ▶ 서로 다른 인종집단들간에 어느 정도의 적개심이 있는 것은 사실이나 이것은 교육과 경험으로 극복될 수 있다.

03 annals
[ǽnəlz]
연대기

- Quite whether Mr. Bush will go down in the annals of American history as a great leader popularly supported by the public remains to be seen.
  ▶ 부시가 미국 역사의 연대기에 대중으로부터 넓은 지지를 받은 위대한 지도자로 기록될 수 있을런지 여부는 아직도 두고 볼 일이다.

04 aptitude
[ǽptitu:d]
소질, 적성

- He seems to have had a peculiar aptitude for the management of irregular troops.
  ▶ 그는 비정규 부대들을 다루는 독특한 소질을 가지고 있던 것으로 보여진다.

05 arable
[ǽrəbl]
경작에 적합한

- The 2.16 trillion won project is aimed at turning the Saemangeum tidal flats, about 270 kilometers south of Seoul, into 40,100 hectares of arable farmland and a freshwater reservoir by building a 33-kilometer seawall.
  ▶ 2조 1천 6백억원짜리 사업은 서울에서 남쪽으로 약 270킬로 떨어진 새만금 간석지를, 33킬로미터의 해수 방조제를 건설함으로써 40,100 헥타르의 경작이 가능한 농경지와 담수 저수지로 전환하는 것을 목표로 하고 있다.

06 arduous
[á:rdʒuəs]
힘든

- Few people dare to take up the arduous work of preparing a dictionary of the English language.
  ▶ 영어 사전을 준비하는 힘든 일을 감히 떠맡으려 덤비는 사람들은 거의 없다.

07 artisan
[á:rtizən]
기능공

- His father was the famous artisan of the town, who almost single-handedly made the delicate handicraft for the royalty.
  ▶ 그의 아버지는 왕족들을 위해 섬세한 수공예품을 거의 혼자 도맡아 만들던 그 마을의 명성 높은 기능공이었다.

08 astral
[ǽstrəl]
별의

- The Palhae merchants were known to sail all the way to Japan using astral navigation in the long-gone past.
  ▶ 발해의 상인들은 그 오래된 옛날에 별을 통한 항법을 이용해서 일본까지 항해해 간 것으로 알려져 있다.

1. The success <u>animated</u> him to do little mistake, even if he was always in a modest attitude and full of affection.

   (A) encourage   (B) dynamic

   (C) lively   (D) vigorous

> **어휘** **animate** 활기를 띠게 하다 **modest** 겸손한, 적당한 **affection** 애정, 호의
> **lively** 생기에 넘친, 활발한 **vigorous** 혈기 왕성한, 활발한

> **해석** 그는 언제나 겸손하고 자애로움에도 불구하고 성공에 고무되어 작은 실수를 저질렀다.

2. The _______________ of the British Parliament are recorded in a publication called Hansard.

   (A) maladies   (B) annals   (C) liabilities   (D) novices

> **어휘** **malady** 혼란, 병폐 **annal** 연대기 **liability** 부채, 채무; 의무 **novice** 초심자, 신출내기

> **해석** 영국의회 연대기는 Hansard라고 불리우는 인쇄물에 기록된다.

3. Land refers to all natural resources that are usable in the production process: _________ land, forest, mineral and oil deposits.

   (A) dry   (B) arable   (C) developed

   (D) open   (E) damp

> **어휘** **natural resource** 천연자원 **production process** 생산과정 **mineral** 광물, 무기물
> **developed** (국가 등이) 고도로 발전한, (경제, 공업 기술 등이) 선진의 **dry** 마른, 건조한
> **arable** 경작할 수 있는(fertile) **deposit** 퇴적물; (광석, 석유, 천연가스 등의) 매장물
> **open** 열린, 솔직한 **damp** 축축한

> **해석** (생산의 장으로서의) 토지는 생산 과정에서 이용될 수 있는 모든 천연 자원, 즉 경작 가능한 땅, 숲, 광물 그리고 석유 매장량을 가리킨다.

4. In those days, a trip to the West was a long and <u>arduous</u> journey. Not only burglar, but also murder occurred in those days.

   (A) genuine   (B) romantic

   (C) strenuous   (D) transparent

> **어휘** **arduous** 힘든(strenuous), 곤란한 **burglar** 강도 **genuine** 진짜의, 성실한
> **romantic** 로맨틱한, 신비적인 **transparent** 투명한, 명료한

> **해석** 그 당시에는 서부로의 여행이 멀고도 험한 여정이었다. 강도는 물론이거니와 살인까지 공공연하게 이루어지고 있던 시대였다.

01 astute
[əstjúːt]
빈틈없는

- Frank Zappa was such an astute judge of musical talent that he could just pin-pointedly say what someone is musically about within minutes of hearing him play.
  ▶ 프랭크 자파는 음악적 재능에 관한 매우 예리한 감정사여서, 연주하는 걸 몇분만 듣고도 그가 음악적으로 어떤 인물인지를 바로 딱 짚어 얘기할 수 있었다.

02 atone
[ətóun]
(죄, 과실 등을) 보상하다

- The previous leader of the country, who happened to be an ex-army general, has expressed a wish to atone for his terrible actions during his reign.
  ▶ 전직 군 장성이던 그 나라의 전 통치자는 자신이 통치기간 동안 저지른 끔찍한 행동들에 대해 보상하고자 하는 바람을 표현했다.

03 atrocious
[ətróuʃəs]
극악한

- Recent revelations about his secret private life were so atrocious that nothing in history seems to approach them.
  ▶ 그의 비밀스러운 사생활에 대한 최근에 밝혀진 사실들은 너무도 극악무도한 것이어서 역사상 어떤것도 그 사실들에 근접할 수 없는 듯 보인다.

04 audacity
[ɔːdǽsəti]
(언행, 행동 등의) 대담(성)

- She had the audacity to blame me for her own mistake, as if she'd done nothing wrong herself.
  ▶ 그녀는 마치 자신은 아무 것도 잘못을 한 게 없는 양 자기 자신의 실수를 오히려 내게 뒤집어 씌우는 대담성을 가지고 있었다.

05 augment
[ɔːɡmént]
증가시키다(하다)

- The recent speech of the PLO chairman, aired last Friday, greatly augmented tensions in the Middle East.
  ▶ 지난 금요일에 방송된 팔레스타인 해방기구(PLO) 대표의 최근 연설이 중동 내에서 긴장을 크게 증가시켰다.

06 auspicious
[ɔːspíʃəs]
길조의

- Since everything had gone so smoothly, we felt that the campaign to elect Tony captain was off to an auspicious beginning.
  ▶ 매사가 잘 되어 갔기 때문에 Tony를 회장에 당선시키려는 운동은 전도가 밝은 시작으로 느껴졌다.

07 austerity
[ɔːstérəti]
엄격(함), 내핍

- My grandfather used to say that the wartime austerity of his early years prepared him for later hardships.
  ▶ 내 할아버지는 어린 시절 전쟁 때 궁핍하게 지낸 것이 훗날 고생들에 대비를 해주었다고 얘기하시곤 했다.

08 authenticate
[ɔːθéntəkeit]
진짜임을 증명하다

- A team of archeologists has authenticated the document, which was excavated around the king's tomb.
  ▶ 한 고고학자 단체는 왕의 무덤 주위에서 파낸 문서가 진짜임을 증명했다.

1. Such doltish behavior was not expected from so ______________ an individual, because they have good judgment of circumstance

   (A) exasperating   (B) astute   (C) cowardly

   (D) enigmatic   (E) democratic

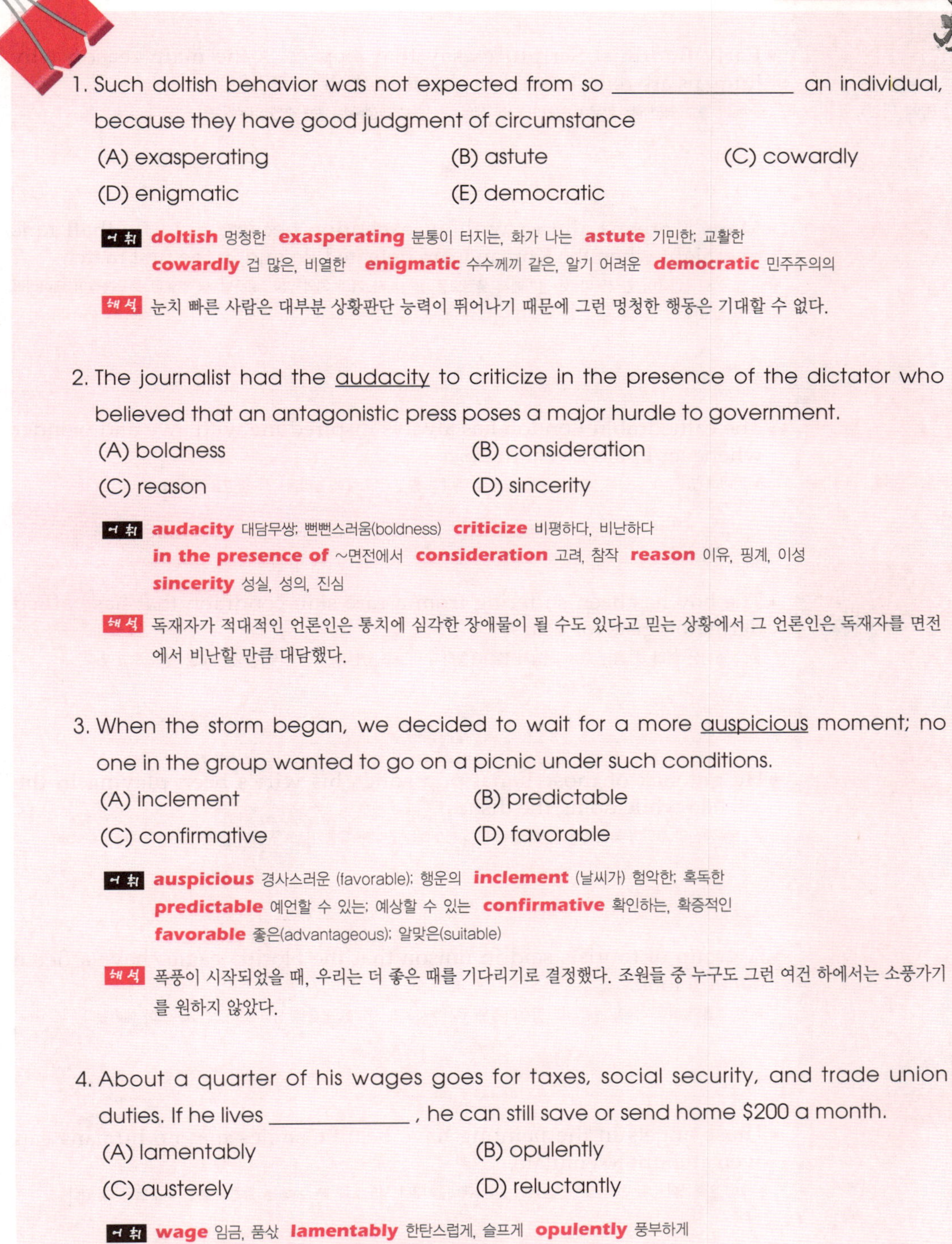

어휘 **doltish** 멍청한 **exasperating** 분통이 터지는, 화가 나는 **astute** 기민한; 교활한
cowardly 겁 많은, 비열한 **enigmatic** 수수께끼 같은, 알기 어려운 **democratic** 민주주의의

해석 눈치 빠른 사람은 대부분 상황판단 능력이 뛰어나기 때문에 그런 멍청한 행동은 기대할 수 없다.

2. The journalist had the <u>audacity</u> to criticize in the presence of the dictator who believed that an antagonistic press poses a major hurdle to government.

   (A) boldness   (B) consideration

   (C) reason   (D) sincerity

어휘 **audacity** 대담무쌍; 뻔뻔스러움(boldness) **criticize** 비평하다, 비난하다
in the presence of ~면전에서 **consideration** 고려, 참작 **reason** 이유, 핑계, 이성
sincerity 성실, 성의, 진심

해석 독재자가 적대적인 언론인은 통치에 심각한 장애물이 될 수도 있다고 믿는 상황에서 그 언론인은 독재자를 면전
에서 비난할 만큼 대담했다.

3. When the storm began, we decided to wait for a more <u>auspicious</u> moment; no one in the group wanted to go on a picnic under such conditions.

   (A) inclement   (B) predictable

   (C) confirmative   (D) favorable

어휘 **auspicious** 경사스러운 (favorable); 행운의 **inclement** (날씨가) 험악한; 혹독한
predictable 예언할 수 있는; 예상할 수 있는 **confirmative** 확인하는, 확증적인
favorable 좋은(advantageous); 알맞은(suitable)

해석 폭풍이 시작되었을 때, 우리는 더 좋은 때를 기다리기로 결정했다. 조원들 중 누구도 그런 여건 하에서는 소풍가기
를 원하지 않았다.

4. About a quarter of his wages goes for taxes, social security, and trade union duties. If he lives ____________ , he can still save or send home $200 a month.

   (A) lamentably   (B) opulently

   (C) austerely   (D) reluctantly

어휘 **wage** 임금, 품삯 **lamentably** 한탄스럽게, 슬프게 **opulently** 풍부하게
austerely 절약하여, 간소하게 **reluctantly** 마지 못해서

해석 자신의 소득 중 약 4분의 1이 세금, 사회 보장비, 노동조합비로 나갔다. 만일 그가 검소하게만 산다면, 그는 여전
히 매달 200불을 집으로 보내거나 저축할 수 있다.

01 avarice
[ǽvəris]
(돈, 재산 등에 대한) 탐욕

- Early Buddhist Scriptures say that avarice is the main reason why humans are reincarnated as ghosts in their next life.
  ▶ 초기 불교 경전에는 탐욕이 인간이 다음 생에 귀신으로 환생하게 되는 주된 이유라고 나와있다.

02 avid
[ǽvid]
탐내는, 열렬한

- Many Koreans almost without exception became avid football fans overnight when the Korean team defeated Poland in the first match.
  ▶ 많은 한국인들이 한국팀이 첫 경기에서 폴란드를 물리치자 거의 예외 없이 하룻밤 새 열렬한 축구팬들이 되어버리고 말았다.

03 awe
[ɔː]
(위엄에 눌린) 경외

- The cathedral in London has always inspired me with awe and wonder whenever I paid a visit there.
  ▶ 런던에 있는 그 성당은 내가 그곳을 방문할 때마다 항상 경외감과 놀라움으로 감명을 주었다.

04 baffle
[bǽfl]
당황하게 하다

- The boy has been suffering from a rare skin condition that has baffled dermatologists for years.
  ▶ 그 소년은 여러 해 동안 피부과 의사들을 당황하게 만들고 있는 희귀한 피부 상태로 고통 받아 오고 있다.

05 banal
[bənáːl]
진부한

- He got sick of those banal pop songs his wife's been playing in the kitchen while doing the dishes.
  ▶ 그는 자신의 부인이 부엌에서 설거지를 하면서 틀어대는 진부한 유행가들에 신물이 났다.

06 baneful
[béinfəl]
해로운

- A group of tourists said in unison that the Florida eagles have a fierce baneful look.
  ▶ 한 그룹의 여행객들이 플로리다 독수리들은 무시무시하고 사악한 모습을 하고 있다고 입을 모아 얘기했다.

07 beatific
[biːətífik]
행복에 넘친

- Those angels in the painting have beatific smiles that no humans can even attempt to emulate.
  ▶ 그림 안에 있는 저 천사들은 인간들이 감히 흉내를 내려 시도조차 할 수 없는 환희에 넘친 미소를 짓고 있다.

08 bellicose
[bélikous]
호전적인

- Most of the successful newspapers are ceaselessly querulous and bellicose.
  ▶ 대부분의 성공적인 신문들은 쉴새 없이 불평을 늘어놓으며 호전적인 기질을 보여준다.

1. There are currently 57 convicts waiting on death row, with the last execution in December 1997, shortly before President Kim Dae-jung, a(n) _________ advocator against capital punishment, took office.

   (A) pinched   (B) avid

   (C) trite   (D) banal

   > **어휘** **death row** 사형수 감방 **execution** (사형)집행, 처형 **advocator** 주창자
   > **capital punishment** 사형 **take office** 취임하다 **pinched** 거북한; 수척해진
   > **avid** 담내는, 열렬한 **trite** 평범한, 진부한 **convict** 죄인, 죄수

   > **해석** 열렬한 사형제 반대론자인 김대중 전 대통령이 취임하기 직전인 1997년 12월에 있었던 처형을 마지막으로 현재 57명의 사형수가 처형을 기다리고 있다.

2. He seemed that he was <u>baffled</u> about the anxiety of few critics over his view, in spite of confidence in his book about ingenious mystery murder.

   (A) avarice   (B) awe

   (C) bewildered   (D) beatific

   > **어휘** **baffle** 당황하게 하다 **ingenious** 재치(재간) 있는, 영리한; 독창적인 **avarice** (돈, 재산 등에 대한) 탐욕
   > **awe** (위엄에 눌린) 경외 **bewilder** 당황하게 하다, 놀라게 하다 **beatific** 행복에 넘친

   > **해석** 그는 독창적인 미스터리 살인에 관한 책에 자신 있었음에도 불구하고 그의 관점에 관한 일부 비평가들의 우려에 당황하는 것 같았다.

3. The plot of this story is so _________ that I can predict its outcome. Even monkey could imagine like that uninteresting plot.

   (A) clever   (B) inveterate   (C) intricate

   (D) extricate   (E) banal

   > **어휘** **clever** 영리한 **inveterate** 뿌리깊은, 만성의 **intricate** 얽힌, 복잡한 **extricate** 구해내다 **banal** 진부한

   > **해석** 이 이야기의 줄거리는 너무나 진부해서 그 결말을 예측해 낼 수 있다. 이런 시시한 이야기는 원숭이도 생각할 수 있었을 걸.

4. Despite the <u>bellicose</u> rhetoric coming from the rulers of the country, most of its people remained unaffected.

   (A) threatening   (B) appeasing

   (C) beautified   (D) warlike

   > **어휘** **despite** ~에도 불구하고 **bellicose** 호전적인 **rhetoric** 웅변(술)
   > **threatening** 협박하는; 위험한, 험악한 **appeasing** 달래는, 진정시키는 **beautified** 아름다운
   > **unaffected** 있는 그대로의; 변화[영향]를 받지 않는 **warlike** 전쟁을 좋아하는

   > **해석** 국가 통치자의 호전적인 웅변술에도 불구하고, 대부분의 국민들은 동요하지 않았다.

01 bigotry
[bígətri]
편협[완고]함

- The ultra liberal newspaper condemned the former mayor's bigotry toward gay and lesbian marriages.
  ▶ 극단적으로 자유주의적인 성향의 신문은 전 시장이 남녀 동성 연애자끼리의 결혼에 대해 보여준 편협함에 대해 힐난했다.

02 bizarre
[bizá:r]
(외관, 양식, 성질 등이) 이상[괴기]한

- Her daughter's behavior at the party was so outlandishly bizarre that a lot of the guests suspected she was on some kind of hallucinogen.
  ▶ 파티에서 그녀 딸의 행동은 상상을 초월하리 만큼 해괴망측한 것이어서 다수의 손님들은 그녀가 무슨 환각제 같은 것에 취해있지 않나 하는 심증을 가졌다.

03 bland
[blænd]
(태도, 음식, 약품 등이) 부드러운

- For those Westerners who have no idea how to cook Tofu properly, it is just a bland food made from soybeans.
  ▶ 두부를 적절하게 요리하는 방법을 전혀 모르는 서양사람들에게, 두부는 그저 콩으로 만들어진 밋밋한 맛의 음식일 뿐이다.

04 blaspheme
[blǽsfi:m]
(신성한 것을) 모독하다

- To treat the person of Jesus as just another human being with no Godlike qualities is to blaspheme the sacred among Christians.
  ▶ 예수란 인물을 신성을 전혀 갖고 있지 않은 그저 한 사람의 인간으로 다룬다는 것은 기독교인들 사이에선 신성한 것을 모독하는 것이다.

05 blatant
[bléitənt]
뻔한, 명백한, 뻔뻔스러운

- Showing the faces of the grieving family members on TV is a blatant disregard for the feelings of the bereaved.
  ▶ 애통하는 가족들의 얼굴을 텔레비전으로 방영한 것은 유가족의 감정을 노골적으로 무시한 것이다.

06 bliss
[blis]
(더 없는) 행복

- Lying on a sunny beach on a Sunday afternoon sipping a tall glass of iced tea is my idea of sheer bliss.
  ▶ 내게는 일요일 오후 커다란 아이스 티 한 잔을 마셔가면서 햇볕 가득한 해변가에 누워있는 것이 말 그대로 더 없는 행복일 것이다.

07 blithe
[blaið]
즐거운, 명랑한

- Alicia was widely loved for her blithe spirit and an excellent sense of humor.
  ▶ Alicia는 명랑한 성격과 뛰어난 유머 감각으로 널리 사랑을 받았다.

08 blunder
[blʌ́ndər]
(큰) 실수(를 저지르다)

- I made a bit of a blunder by pronouncing his family name wrong during the ceremony.
  ▶ 난 의식 도중에 그의 성을 잘못 발음해서 실수를 좀 했다.

1. Everyone who speaks a word against Son of Man will be forgiven. But anyone who ___________ the Holy spirit will not be forgiven.

(A) revenges

(B) revises

(C) blasphemes

(D) divulges

어휘 **revenge** 복수하다　**revise** 교정하다　**blaspheme** (신성한 것을) 모독하다　**divulge** 누설하다, 폭로하다

해석 신의 아들(예수)을 부인하는 발언을 하는 모든 사람은 용서를 받을 것이다. 그러나 성령에 대해서 모독적인 발언을 하는 누구든지 용서받지 못할 것이다.

2. The children's ___________ disregard for conventional manners embarrassed their old relatives. It seemed to be need them to observe the proprieties.

(A) blatant

(B) protracted

(C) deliberate

(D) ambitious

어휘 **disregard** 무시; 경시　**conventional** 전통적인　**manners** 예의범절
embarrass 어리둥절하게 하다, 쩔쩔매게 하다　**relative** 친척, 일가
blatant 소란스러운; 주제넘게 구는(obtrusive); (복장이) 야한, 노골적인　**protracted** (병, 교섭 따위가) 오래 끈
deliberate 계획적인, 생각이 깊은, 신중한　**ambitious** 야심 있는, 열망하는, 화려한

해석 그 아이들은 전통 예절을 뻔뻔스럽게 무시하여 나이 든 친지들을 당황하게 했다. 예절 지키기가 필요한 것처럼 보였다.

3. The <u>blithe</u> birds in the garden were making so much noise that Paul began to think about the shotgun in the attic.

(A) cheerful

(B) charming

(C) irritating

(D) restless

어휘 **cheerful** 쾌활한　**charming** 매력적인　**irritating** 짜증나게 하는　**restless** 침착하지 못한

해석 쾌활히 정원에서 지저귀는 새들이 너무 시끄러웠기 때문에 폴은 다락에 있는 엽총을 생각했다.

4. When one is unfamiliar with the customs, it is easy to make <u>a blunder</u>. Mind tradition of foreign countries where you visit.

(A) a commitment

(B) an enemy

(C) an injury

(D) a mistake

어휘 **be unfamiliar with** ~에 익숙하지 않다　**custom** 관습, 관행; 세관　**blunder** 실수(mistake), 대(大)실책
cf.) *make a blunder* 실수를 범하다　**commitment** 실행; 공약　**enemy** 적; 경쟁 상대, 적병
injury 상해, 손상

해석 관습에 익숙해 있지 않을 때는 큰 실수를 저지르기 쉽다. 네가 방문한 나라의 관습을 항상 기억해라.

정답　1. C　2. A　3. A　4. D

01 bogus
[bóuɡəs]
가짜의

- Accident victims who make bogus insurance claims will be dealt with severely to set an example.
  ▶ 가짜 보험 청구를 해대는 사고 피해자들은 시범 케이스를 만들기 위해서라도 엄중하게 다루어질 것 입니다.

02 bolster
[bóulstər]
지지하다

- This latest model digital camera and its technology will bolster the company's market share greatly.
  ▶ 이 디지털 카메라 최신 모델과 관련 기술은 회사의 시장 점유율을 엄청나게 뒷받침해 줄 것 입니다.

03 bombastic
[bambǽstik]
과장된

- The North's statement is yet another bombastic response to international efforts to persuade the communist regime to take part meaningfully in multilateral talks to resolve the nuclear crisis.
  ▶ 북한의 성명은 핵 위기를 해결하기 위한 다자회담에 북한 정권이 의미있게 참여하도록 설득하는 국제적인 노력에 대한 또 하나의 과장된 반응일 뿐이다.

04 bountiful
[báuntifəl]
(물건 등을)
아까워 하지 않는, 후한

- The most important activity done at Chusok is to give thanks to ancestors and also to give thanks to Mother nature for providing a bountiful harvest.
  ▶ 추석날 하는 가장 중요한 일은 조상님들과 풍요로운 곡식을 수확할 수 있게 한 자연에 감사를 표하는 일이다.

05 bravado
[brəvá:dou]
허세

- A little later, Taliban officials in the capital, Kabul, appeared on the Arab television network, Al-Jazeerah, with a message of defiance and bravado.
  ▶ 잠시 후 수도 카불의 탈레반 관리들이 아랍 TV 방송국인 알–자지라에 도발적이고 허세부리는 성명을 가지고 출연 하였다.

06 brazen
[bréizən]
오만한

- We could see by his brazen attitude that he was impertinent.
  ▶ 우리는 그의 뻔뻔스러운 태도로 인해 그가 뉘우치지 않았다는 것을 알 수 있었다.

07 breach
[bri:tʃ]
어김, 위반, 분열

- Analysts point out that in 2003, it was discovered that Iran had carried out secret nuclear activities for 18 years in breach of its obligations under the Nuclear Non-Proliferation Treaty.
  ▶ 분석가들은 지난 2003년 이란이 '핵확산 금지조약–NPT' 의 의무사항을 위반하고, 18년동안 비밀리에 핵 활동을 해 왔음이 드러났다고 지적한다.

08 brevity
[bré vəti]
간결함

- As a matter of course, addresses published in the newspaper are edited for brevity and clarity
  ▶ 관행적으로 신문에 출간되어지는 연설들은 간결하고 명료하게 편집된다.

1. The Minister of Finance and Economy has stressed that projects designed to lend extra support for low and middle class families are part of the administration's efforts to _______________ consumer sentiment.

    (A) restrain   (B) halt   (C) curb   (D) bolster

    어휘 **minister** 성직자; 장관   **finance** 재정, 재무   **stress** 강조하다
    administration 관리, 경영, 경영진; 행정부   **sentiment** (고상한) 감정, 정서
    restrain 억제하다, 구속하다   **halt** 멈춰서다, 정지하다   **curb** 억제하다, 구속하다, 고삐
    bolster 기운을 북돋우다(encourage); 지지하다

    해석 재정 경제부 장관은 저소득층과 중산층 가족들에 대한 특별 지원 자금을 빌려주기 위한 계획들이 소비 심리를 북돋우기 위한 정부 노력의 일환이라는 것을 강조했다.

2. The old-fashioned orator spoke in a(n) _________ and pompous manner. He should not have looked down on us.

    (A) orotund   (B) burnished   (C) flaccid   (D) brazen   (E) bombastic

    어휘 **orator** 연설자, 강연자   **pompous** 점잔빼는, 과시하는   **orotund** 낭랑한, 구변 좋은   **burnish** 닦다, 윤 내다
    flaccid 축 늘어진, 나약한   **brazen** 놋쇠로 만든, 뻔뻔한   **bombastic** 과장된, 과대한

    해석 구식인 연설자는 과장되고 거드름 피우는 태도로 말했다. 그는 우리를 깔보는 듯한 태도를 취하지 말았어야 했다.

3. The <u>breach</u> between "serious" and "commercial" artists first became apparent in 1990s.

    (A) exchange   (B) rift   (C) duel   (D) collusion

    어휘 **breach** 어김, 위반, 분열   **rift** 째다, 분열   **duel** 결투(하다)   **collusion** 공모, 결탁

    해석 이른바 "진지한" 예술가와 "상업" 예술가 사이의 분열(분화)은 1990년대에 처음 분명해졌다.

4. Scientists and engineers get angry and <u>bristle</u> when industries and politicians don't understand the need to protect our water and wetlands.

    (A) become isolated   (B) feel obliged
    (C) get discouraged   (D) become irritated

    어휘 **bristle** 털을 곤두세우다; 초조해 하다(become irritated) *cf.)* irritated 화난; 초조해 하는
    protect 보호하다, 지키다   **wetland** (pl.) 습지대   **isolated** 외딴, 고립된
    obliged 강요당한; 고맙게 여기는 *cf.)* oblige 강요하다, 은혜를 베풀다   **discouraged** 낙담한, 낙심한

    해석 기업경영자와 정치가들이 우리의 물과 습지를 보호해야 하는 필요성을 이해하지 못할 때 과학자들과 공학자들은 화를 내며 초조해 한다.

01 bristle
[brísl]
격분하다, (털이) 곤두서다

- The author bristled at the suggestion of plagiarism put forward by his jealous competitors.
  ▸ 그 저자는 자신을 시기 질투하는 경쟁자들이 내놓은 표절 시비에 대해 격분했다.

02 brochure
[brouʃúər]
소책자

- The foreign car dealership has been freely giving away its brochures and souvenirs to attract new customers in the area.
  ▸ 그 외제차 판매처는 그 지역의 새로운 고객들을 유치하려고 소책자들과 기념품들을 무료로 배포해오고 있다.

03 brusque/brusk
[brʌsk]
(말, 행동 등이) 무뚝뚝한

- If you're determined to work as a waitress here, you must try to cultivate a less brusque manner.
  ▸ 만약 당신이 여기서 웨이트리스로 일하려 결심했다면, 좀 덜 무뚝뚝한 태도를 기르려는 시도를 해야만 할 거에요.

04 buttress
[bʌ́tris]
지지(물), 지지하다

- If character development is a foundation of democratic societies, consider some of the ways emotional intelligence buttresses this foundation.
  ▸ 인성의 도야가 민주 사회의 기본이라고 가정할 때, 감성지능을 통해 이 기초를 뒷받침할 수 있는 방안은 어떤 것일까를 생각해 보자.

05 buxom
[bʌ́ksəm]
(여자가) 건강하고 쾌활한, 건장한

- About a couple of decades ago, fat babies were considered healthy and buxom actresses were popular, but society has since come to worship thinness.
  ▸ 이십년 정도 전만해도, 살이 찐 아기들이 건강하다고 여겨졌고, 건장한 여배우들이 인기를 누렸지만, 사회는 그 이후로 날씬한 것을 숭상하게 되었다.

06 cadaverous
[kədǽvərəs]
시체 같은, 창백한

- The nurse had a cadaverous face with no expressions.
  ▸ 그 간호사는 표정없이 창백한 얼굴을 하고 있었다.

07 cajole
[kədʒóul]
감언으로 속이다

- The boss finally cajoled his own son, James, into taking the job in the company during his summer vacation.
  ▸ 사장님은 결국 자신의 아들 James를 감언으로 속여서 여름방학 동안 회사에서 일자리를 맡게 만들었다.

08 callous
[kǽləs]
(피부 등이) 굳어진, 무감각한

- As soon as the army general stepped into power through a coup, he openly displayed a callous disregard for human life and the environment.
  ▸ 쿠데타를 통해서 그 육군장성이 권좌에 오르자마자, 그는 인간의 생명과 환경에 대해 무감각하게 경시하는 것을 숨김없이 보여주었다.

1. Illegal dealing in selection of urban redevelopment set up a hundred of executive from environmental institutes' ___________.
   (A) bristle
   (B) brochure
   (C) buxom
   (D) cadaverous

   어휘 **bristle** 격분하다, (털이) 곤두서다 **brochure** 소책자 **buxom** (여자가)건강하고, 쾌활한
   cadaverous 시체같은, 창백한

   해석 수많은 환경단체 간부들은 도시재개발지역선정 비리에 격분했다.

2. Straightforwardness ___________ by honesty leads to a state of bliss. So she who has a reputation for honesty must be happy.
   (A) surpassed
   (B) buttressed
   (C) abashed
   (D) curtailed
   (E) depraved

   어휘 **straightforwardness** 솔직함 **bliss** 다시없는 기쁨, 행복 **surpass** ~보다 낫다, ~을 능가하다
   buttress 버팀벽으로 버티다; 지지하다(support) **abash** 부끄럽게 하다, 당혹하게 하다
   curtail 짧게(잘라) 줄이다; 생략하다 **deprave** 타락[악화]시키다, 부패시키다

   해석 정직하고 게다가 솔직하기까지 하다면 마음은 더 없이 행복하다. 그러니 정직하기로 소문난 그녀는 분명 행복할 것이다.

3. In Europe's Romantic Age, men favored the wan, <u>cadaverous</u> look in women. Women Sometimes drank vinegar or stayed up all night to look pale and interesting. Fragility was all.
   (A) dangerous
   (B) charming
   (C) plump
   (D) corpse-like
   (E) interesting

   어휘 **Romantic Age** 낭만주의 시대 **cadaverous** 시체 같은(corpse–like); 창백한 **vinegar** 식초
   stay up 자지 않고 일어나 있다 **pale** 창백한; 힘이 없는 **fragility** 부서지기 쉬움; 허약
   dangerous 위험한, 위태로운 **charming** 매력적인, 아름다운 **plump** 부푼, 살이 잘 찐
   interesting 흥미 있는, 재미있는 **wan** 창백한

   해석 유럽의 낭만주의 시대에 남성들은 병약하고 죽은 사람처럼 창백한 모습한 여성들을 좋아했다. 때때로 여성들은 창백해 보이고 관심을 끌기 위해 식초를 마시거나 밤새 내내 뜬눈으로 지새웠다. 연약하게 보이는 것이 가장 중요했기 때문이다.

4. The U.S. official's visit to Seoul coincided with North Korea's decision to come back to the six-party talks the last week after being <u>cajoled</u> directly and indirectly by other nations.
   (A) threatened by force
   (B) found fault with
   (C) persuaded by flattery
   (D) deprived of its power

   어휘 **coincide** 동시에 일어나다; (둘 이상의 일이) 일치하다 **cajole** 부추기다; 감언으로 설득하다(persuade by flattery)
   cf.) persuade 설득하다, 권유하다 **threaten by force** 힘으로 위협하다 *cf.)* threaten 위협하다, 협박하다
   find fault with ~을 헐뜯다, 흠잡다 **flattery** 아첨 **deprive** ~에게서 빼앗다, 박탈하다

   해석 미국 관리의 서울 방문은 다른 국가들에 의해 직간접적인 감언이설로 설득당한 후 지난 주 6자회담에 복귀하겠다는 북한의 결정과 동시에 일어났다.

정답 1. A 2. B 3. D 4. C

01 callow
[kǽlou]
경험이 없는

- I was just a callow youth of fourteen when I first entered the reformatory.
  ▶ 내가 처음으로 소년원에 들어갔을때 나는 그저 철 없는 열네살의 어린아이였다.

02 calumny
[kǽləmni]
비방

- During the campaign, she was subjected to the most vicious calumny of all kinds, but she never complained and never sued afterwards.
  ▶ 선거 운동 중, 그녀는 갖은 종류의 악질적인 비방으로 시달렸지만, 결코 불평을 하거나 훗날 소송을 걸거나 하지 않았다.

03 candor
[kǽndər]
솔직

- Gene Simmons, in his autobiographical book, described his KISS band-mates and rivals with his usual candor and directness.
  ▶ Gene Simmons는 자신의 자서전적인 책에서 자기가 속했던 KISS 밴드 구성 멤버들과 경쟁자들을 평소의 솔직하고 직설적인 화법으로 묘사했다.

04 canvass
[kǽnvəs]
선거 운동하다, 토론하다

- Many more volunteers are still needed to help canvass for the Labor Party candidate in the present election.
  ▶ 현재 선거에서 노동당 후보의 선거운동에 도움을 줄 지원자들이 아직도 많이 더 필요하다.

05 capacious
[kəpéiʃəs]
많이 들어가는

- She has the kind of capacious mind that seems to hold endless information and ideas on any subject.
  ▶ 그녀는 모든 분야의 끝없는 지식과 생각들을 수용할 수 있는 폭넓은 마음을 갖고 있다.

06 capitulate
[kəpítʃuleit]
항복하다

- I am awfully ashamed to think how easily we all too often capitulate to badges and names.
  ▶ 얼마나 우리가 쉽게 그리고 자주 완장과 이름들에 굴복하는지를 생각하면 너무도 수치스럽다.

07 caprice
[kəprí:s]
변덕

- The $3 billion palace was built solely to satisfy the caprice of one man, the prince of the little kingdom.
  ▶ 그 삼십억 불짜리 궁전은 순전히 그 조그만 왕국의 왕자 한 사람의 변덕스러운 마음을 흡족하게 하려고 지어졌다.

08 capsize
[kǽsaiz]
뒤집(히)다

- Rough seas and poor seamanship caused the sailboat to capsize.
  ▶ 거친 바다와 서툰 조종으로 요트가 전복되었다.

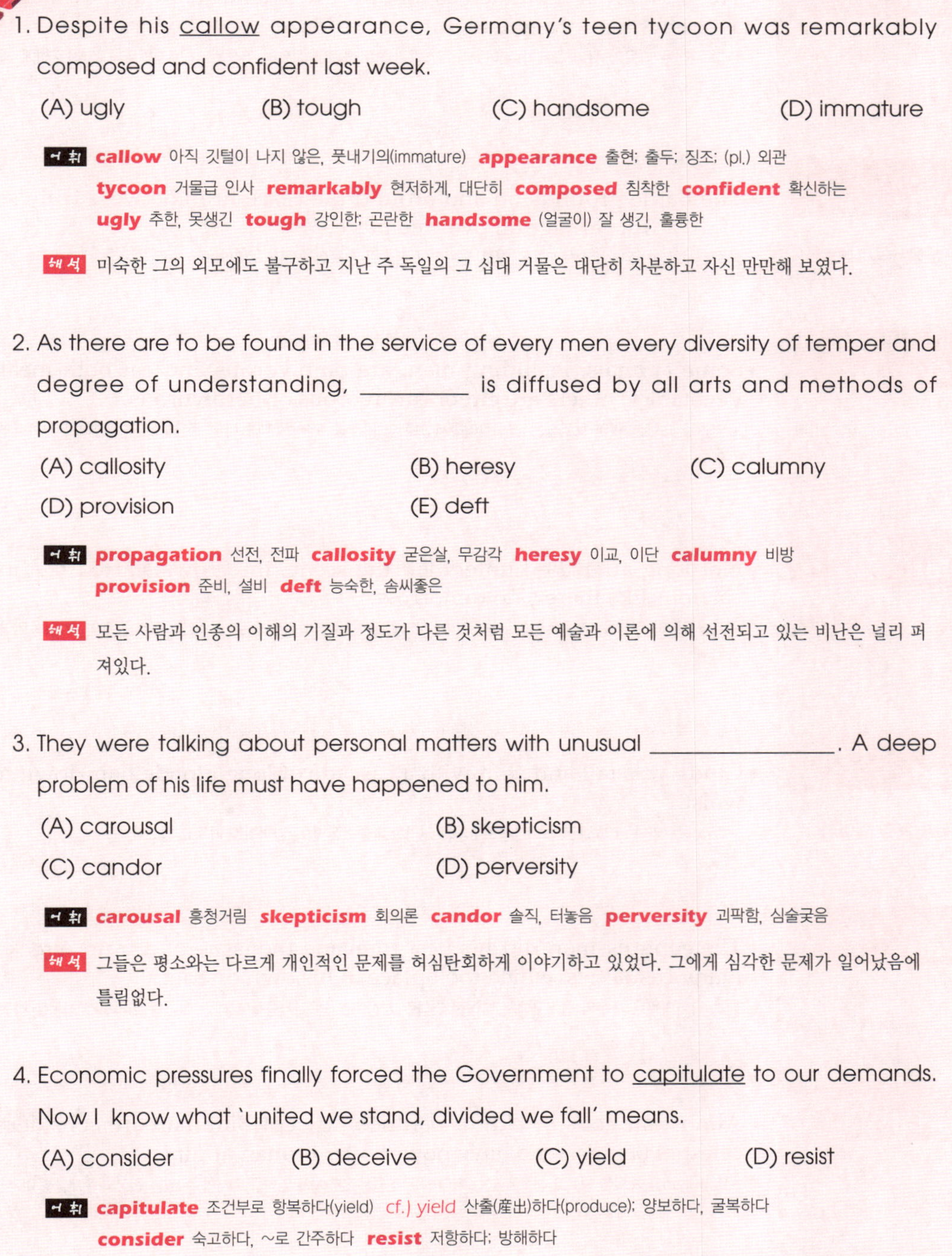

1. Despite his <u>callow</u> appearance, Germany's teen tycoon was remarkably composed and confident last week.

   (A) ugly   (B) tough   (C) handsome   (D) immature

> **어휘** **callow** 아직 깃털이 나지 않은, 풋내기의(immature) **appearance** 출현; 출두; 징조; (pl.) 외관 **tycoon** 거물급 인사 **remarkably** 현저하게, 대단히 **composed** 침착한 **confident** 확신하는 **ugly** 추한, 못생긴 **tough** 강인한; 곤란한 **handsome** (얼굴이) 잘 생긴, 훌륭한

> **해석** 미숙한 그의 외모에도 불구하고 지난 주 독일의 그 십대 거물은 대단히 차분하고 자신 만만해 보였다.

2. As there are to be found in the service of every men every diversity of temper and degree of understanding, _________ is diffused by all arts and methods of propagation.

   (A) callosity   (B) heresy   (C) calumny

   (D) provision   (E) deft

> **어휘** **propagation** 선전, 전파 **callosity** 굳은살, 무감각 **heresy** 이교, 이단 **calumny** 비방 **provision** 준비, 설비 **deft** 능숙한, 솜씨좋은

> **해석** 모든 사람과 인종의 이해의 기질과 정도가 다른 것처럼 모든 예술과 이론에 의해 선전되고 있는 비난은 널리 퍼져있다.

3. They were talking about personal matters with unusual _______________. A deep problem of his life must have happened to him.

   (A) carousal   (B) skepticism

   (C) candor   (D) perversity

> **어휘** **carousal** 흥청거림 **skepticism** 회의론 **candor** 솔직, 터놓음 **perversity** 괴팍함, 심술궂음

> **해석** 그들은 평소와는 다르게 개인적인 문제를 허심탄회하게 이야기하고 있었다. 그에게 심각한 문제가 일어났음에 틀림없다.

4. Economic pressures finally forced the Government to <u>capitulate</u> to our demands. Now I know what 'united we stand, divided we fall' means.

   (A) consider   (B) deceive   (C) yield   (D) resist

> **어휘** **capitulate** 조건부로 항복하다(yield) _cf.) yield_ 산출(産出)하다(produce); 양보하다, 굴복하다 **consider** 숙고하다, ~로 간주하다 **resist** 저항하다; 방해하다

> **해석** 경제적 압박 때문에 결국 정부는 우리의 요구에 항복하고 말았다. '뭉치면 살고 흩어지면 죽는다' 는 말의 의미를 알 수 있었다.

정답 1. D 2. C 3. C 4. C

01 caption
[kǽpʃən]
(신문, 논설 등의) 표제, 제목

- The photo was captioned as follows; "Residents just stand by and watch as firefighters struggle to put out the blaze."
  ▶ 그 사진은 다음과 같이 표제가 붙여졌다. "소방관들이 불길을 잡으려 애쓰는 동안 주민들은 그저 주변에 서서 구경하고 있다."

02 carnage
[káːrnidʒ]
(전쟁터 등에서의) (대)학살

- The Battle grounds on and around the cease-fire line were truly scenes of dreadful carnage all over the place.
  ▶ 휴전선과 그 주변의 전투지들은 실로 전지역이 끔찍한 살육의 광경들 뿐이었다.

03 carnivorous
[kaːrnívərəs]
육식성의

- Some animals, including man, are omnivorous and eat both meat and vegetables; others are either carnivorous or herbivorous.
  ▶ 인간을 포함한 몇몇 동물들은 잡식성이라서 고기와 야채를 모두 먹지만 다른 동물들은 육식성이거나 아니면 초식성이다.

04 carrion
[kǽriən]
죽은 짐승의 고기, 썩은 고기

- Not long after the hunters left the scene, the crows started feeding on carrions like there's no tomorrow.
  ▶ 사냥꾼들이 현장을 떠난지 얼마 되지 않아, 까마귀들은 내일 따위는 없는 것 처럼 죽은 짐승의 고기를 먹어대기 시작했다.

05 cascade
[kæskéid]
(작은) 폭포(처럼 떨어지다)

- Cindy was tall and slim with a cascade of long blonde hair down to her waist.
  ▶ Cindy는 키가 크고 날씬했으며, 폭포수처럼 허리까지 늘어진 긴 금발머리를 가지고 있었다.

06 casualty
[kǽʒuəlti]
사상자

- The congressman did his best to evade the issue of a train wreck with many casualties, which took place in his own district.
  ▶ 그 국회의원은 자신의 선거구에서 벌어진 커다란 사상자를 낸 기차충돌에 대한 이슈를 회피하려 최선을 다했다.

07 celestial
[siléstʃəl]
하늘의

- Almost all gods in Hindu pantheon except Brahman are considered as celestial beings, who have power over human affairs.
  ▶ Brahman을 제외한 힌두교 신전에 있는 거의 모든 신들은 인간사에 영향을 행사할 수 있는 천상의 존재들로 여겨진다.

08 censure
[sénʃər]
비난(하다)

- His dishonest behavior while in office came under severe censure after his term was finished.
  ▶ 자신이 공직에 있을 동안 저지른 부정직한 행동들이 임기가 끝난 후 혹독한 비난의 대상이 되었다.

1. The TV station started airing _______________ explaining that the error occurred due to a technical glitch and we were seeing more public apology.

(A) portent
(B) franchise
(C) captions
(D) implement

> **어휘** **air** 공기; 방송하다 **technical** 기술적인 **glitch** 사소한 결함[고장] **portent** 조짐, 전조 **franchise** 투표권; 특권 **captions** 제목; 자막 **implement** 도구; 수단

> **해석** TV 방송국은 기술적 장애로 실수가 발생했다는 자막을 방송하기 시작했고, 우리는 점점 더 많은 사과문을 보고 있었다.

2. TThere were twenty one serious _______________ in the airplane crash. Every one refused to take any responsibility for the consequences.

(A) confidants
(B) catalysts
(C) casualties
(D) celebrities

> **어휘** **crash** 추락, 충돌 **confidant** 절친한 친구 **catalyst** 촉매, 자극 **casualty** 사상자 **celebrity** 유명인

> **해석** 비행기 추락으로 인해 21명의 끔찍한 사상자가 발생했다. 하지만 이번 결과에 대한 책임은 아무도 지려고 하지 않았다.

3. Although there is scant evidence to support the theory that ancient <u>celestial bodies</u> could have brought life from other parts of the galaxy to Earth, the idea has great popular appeal.

(A) junk
(B) missiles
(C) meteors
(D) precipitation

> **어휘** **scant** 불충분한, 부족한 **celestial body** 천체 **life** 생명체 **galaxy** 은하계 **popular** 대중적인 **appeal** 매력, 흥미 **meteor** 운석, 유성

> **해석** 고대의 운석에 의해 은하계의 다른 곳에서 지구로 생명체가 유입되었을 수도 있다는 이론을 뒷받침하는 증거는 희박하지만 이러한 견해는 대중들의 큰 관심을 불러일으키고 있다.

4. The student was <u>censured</u> for his indiscreet act, however, he still does like a chagrin person. He will bring it out what is right or wrong when he is wiser.

(A) praised
(B) blamed
(C) realized
(D) welcomed

> **어휘** **censure** 비난하다, 책망하다(blame) **indiscreet** 무분별한, 지각 없는, 경솔한(injudicious) **chagrin** 억울함 **praise** 칭찬하다, 찬미하다 **realize** 실현하다, 현실화하다; 실감하다 **welcome** 환영하다, 기꺼이 맞이하다

> **해석** 그 학생은 분별없는 자신의 행동 때문에 비난받았지만, 여전히 억울한 사람처럼 행동하고 있다. 철이 들면 무엇이 옳고 그름을 알게 될 것이다.

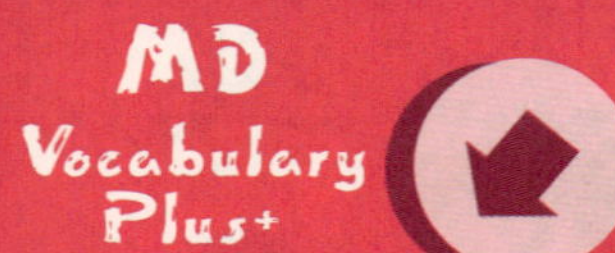

01 chagrin
[ʃǽgrin]
분하게[원통하게] 하다

- To the hardcore surfers' chagrin, the beach of Brisbane was closed for safety reasons during the storms that produced extremely high waves.
  ▶ 골수 서퍼들에게는 원통하게도, Brisbane 해변은 굉장히 높은 파도를 일으키는 폭등의 진행동안에는 안전상의 이유로 폐쇄되어 버렸다.

02 chaotic
[keiátik]
혼돈된

- With absolutely no one to keep order, the situation in the police station was chaotic to say the least.
  ▶ 질서를 통제 할 사람이 아무도 없는 상태에서 경찰서 내의 상황은 혼란스런 정도를 훨씬 넘어서는 지경이었다.

03 charlatan
[ʃá:rlətən]
아는 체하는 사람

- A large number of so-called New Age gurus turned out to be charlatans whose larger-than-life claims were nothing but a pure pack of lies.
  ▶ 다수의 소위 뉴에이지 도사들은 자신들의 거창한 주장들이 그저 새빨간 거짓말에 불과한 사기꾼들로 판명이 났다.

04 chasm
[kǽzm]
(지면, 암석, 의견 등의 갈라진) 틈

- The chasm between the northern half of Seoul and its counterpart has been widening steadily since the late 1980's.
  ▶ 1980년대 후반부터 서울의 강북과 강남 사이의 틈이 꾸준히 벌어지고 있습니다.

05 chaste
[tʃeist]
정숙한

- In the past, a Korean woman had to be chaste to make a good marriage, and its society had nothing but scorn for those who weren't chaste under any circumstances, even when their husbands died.
  ▶ 과거에 한국 여성은 결혼을 성공적으로 유지하기 위해 정숙해야만 했습니다. 그리고 어떤 경우를 막론하고, 심지어 남편이 죽었을 때조차 정조를 지키지 않는 여자에게는 사회의 경멸만이 있을 뿐이었습니다.

06 chicanery
[ʃikéinəri]
속임수

- Many colored people were denied the right to vote through chicanery for quite a long time.
  ▶ 많은 유색 인종들은 꽤 오랜 동안 교묘한 속임수에 의해 선거를 할 권리를 박탈당했었다.

07 chide
[tʃaid]
꾸짖다

- Critics chide that while the Americans have made continuous efforts over the years for the return of their POWs and MIAs from the North, the South Korean government has not done enough to investigate the whereabouts of the missing persons.
  ▶ 비평가들은 미국이 수년에 걸쳐 북한으로 부터 POW(prisoner of war: 전쟁포로)와 MIA(missing in action:전쟁 중 행방불명자)의 반환에 대해 노력을 하는 동안에 한국 정부는 실종자들이 어디에 있는지에 대한 충분한 조사를 하지 않았다고 비난한다.

08 choleric
[kálərik]
화를 잘 내는

- When he became senile, my uncle turned into a very impatient and choleric old man.
  ▶ 노년에 들어서자, 우리 삼촌은 아주 참을성 없고, 까딱하면 역정을 내는 노인으로 변해버렸다.

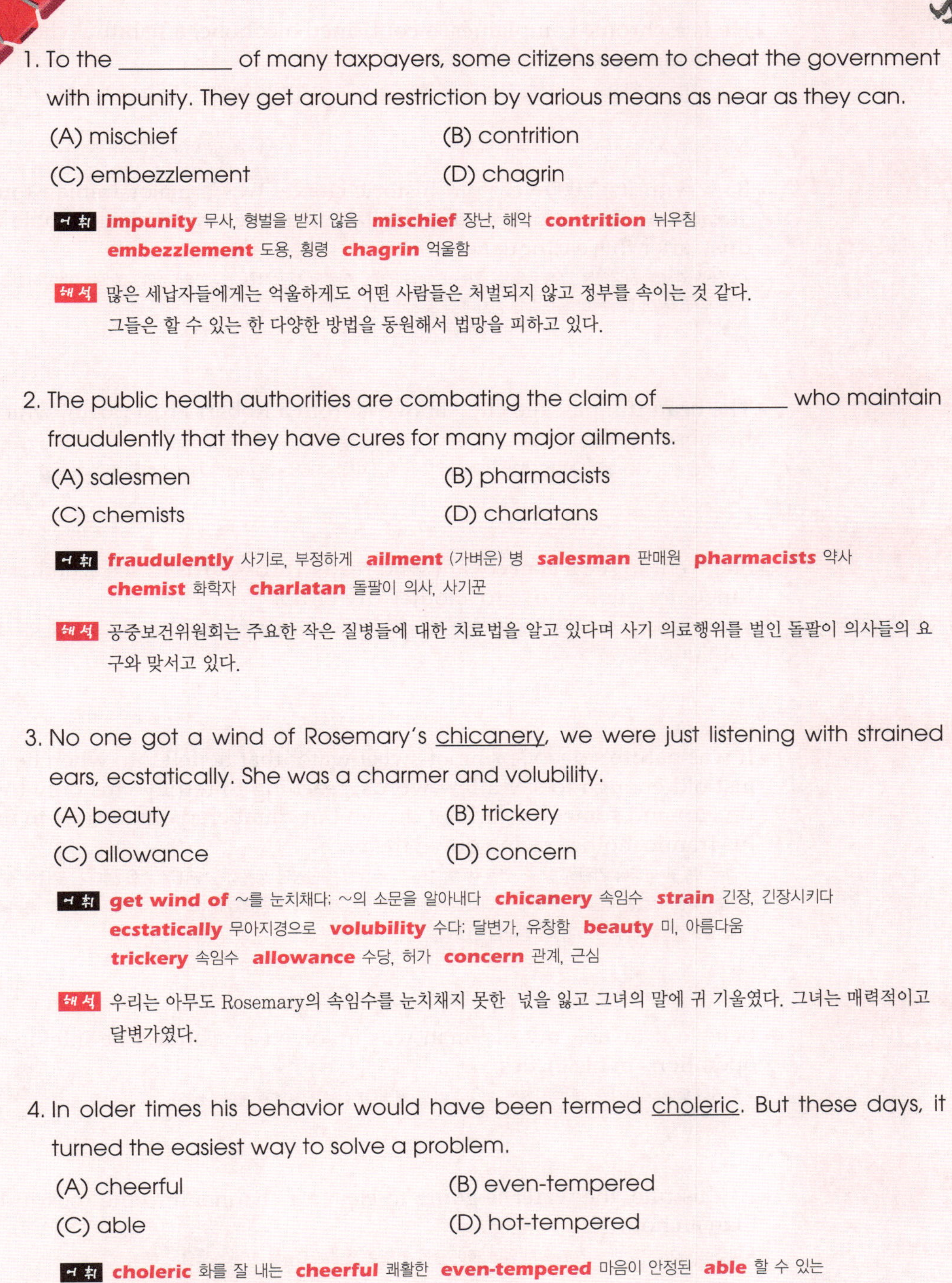

1. To the __________ of many taxpayers, some citizens seem to cheat the government with impunity. They get around restriction by various means as near as they can.

   (A) mischief
   (B) contrition
   (C) embezzlement
   (D) chagrin

   어휘 **impunity** 무사, 형벌을 받지 않음 **mischief** 장난, 해악 **contrition** 뉘우침 **embezzlement** 도용, 횡령 **chagrin** 억울함

   해석 많은 세납자들에게는 억울하게도 어떤 사람들은 처벌되지 않고 정부를 속이는 것 같다. 그들은 할 수 있는 한 다양한 방법을 동원해서 법망을 피하고 있다.

2. The public health authorities are combating the claim of __________ who maintain fraudulently that they have cures for many major ailments.

   (A) salesmen
   (B) pharmacists
   (C) chemists
   (D) charlatans

   어휘 **fraudulently** 사기로, 부정하게 **ailment** (가벼운) 병 **salesman** 판매원 **pharmacists** 약사 **chemist** 화학자 **charlatan** 돌팔이 의사, 사기꾼

   해석 공중보건위원회는 주요한 작은 질병들에 대한 치료법을 알고 있다며 사기 의료행위를 벌인 돌팔이 의사들의 요구와 맞서고 있다.

3. No one got a wind of Rosemary's <u>chicanery</u>, we were just listening with strained ears, ecstatically. She was a charmer and volubility.

   (A) beauty
   (B) trickery
   (C) allowance
   (D) concern

   어휘 **get wind of** ~를 눈치채다; ~의 소문을 알아내다 **chicanery** 속임수 **strain** 긴장, 긴장시키다 **ecstatically** 무아지경으로 **volubility** 수다; 달변가, 유창함 **beauty** 미, 아름다움 **trickery** 속임수 **allowance** 수당, 허가 **concern** 관계, 근심

   해석 우리는 아무도 Rosemary의 속임수를 눈치채지 못한 넋을 잃고 그녀의 말에 귀 기울였다. 그녀는 매력적이고 달변가였다.

4. In older times his behavior would have been termed <u>choleric</u>. But these days, it turned the easiest way to solve a problem.

   (A) cheerful
   (B) even-tempered
   (C) able
   (D) hot-tempered

   어휘 **choleric** 화를 잘 내는 **cheerful** 쾌활한 **even-tempered** 마음이 안정된 **able** 할 수 있는 **hot-tempered** 성급한

   해석 옛날이었더라면, 그런 행동은 성급한 행동으로 불리어졌을지도 모를 일이다. 하지만 지금은 문제를 해결하는 가장 손쉬운 방법이 되었다.

정답 1. D 2. D 3. B 4. D

01 chronic
[kránik]
(병이) 만성인, 상습적인

- He is a chronic complainer, a confirmed alcoholic, a habitual cheat and an inveterate smoker.
  ▶ 그 남자는 상습적으로 투덜대고, 만성 알코올 중독 환자이며, 습관적으로 바람까지 피우는, 구제 불능의 골초다.

02 citadel
[sítədl]
(시, 시민을 지키는) 성

- Bam with its 2,000-year-old historic citadel was a major Iranian tourist attraction. Now much of that heritage has been reduced to rubble and dust. after this earthquake.
  ▶ 2천년 역사를 자랑하는 고성(古城)이 있는 Bam시(市)는 이란의 대표적인 관광 명소였다. 그러나 이번 지진으로 현재 문화유산의 대부분이 돌더미와 먼지 속에 묻혀버렸다.

03 cite
[sait]
인용(인증)하다

- The beautiful passage cited above is from a Robert Frost poem, which is my absolute favorite.
  ▶ 위에 인용한 아름다운 구절은 내가 정말 너무도 애지중지하는 Robert Frost의 시에서 따온 것입니다.

04 clairvoyant
[klɛərvɔ́iənt]
통찰력이 있는

- She went to see a clairvoyant who reads Tarot Cards to see whether it is timely for her to move to another city or not.
  ▶ 그녀는 자신이 다른 도시로 이사가는 것이 시기적절한 것인지 아닌지를 알아보려고 타로 카드로 점을 치는 초능력자를 만나러 갔다.

05 clamber
[klǽmbər]
(손, 발로) 기어오르다

- It was nature's deep spring of sweet water that he fell into when he was just old enough to say a few words, reaching to retrieve his only toy, a tin cup-and somehow did not drown but clambered out in time to meet his frantic mother racing down the path.
  ▶ 그는 말 몇 마디나 간신히 할 수 있을 시절, 자신의 유일한 장난감인 깡통컵을 꺼내려 손을 뻗다가 달콤한 물이 흐르는 자연의 깊은 샘물로 빠졌다. 그리고선 무슨 수를 썼는지 물에 빠져 죽지 않고 제 시간에 기어나와 혼비백산해서 길을 달려 내려오는 자신의 엄마를 만났다.

06 clandestine
[klændéstin]
비밀의

- Believe it or not, my old man was involved in clandestine intelligence operations in his forties.
  ▶ 믿거나 말거나 이지만, 내 부친께선 그가 40대일 때 비밀 정보 작전들에 관련하셨다.

07 cleave
[kliːv]
쪼개다, 달라붙다

- At this rate, the water is going to cleave a channel into the rock in less than an hour.
  ▶ 이대로 나가다간, 한 시간도 되지 않아 물이 돌을 안으로 쪼개서 물길을 만들어 놓을 것이다.

08 clemency
[klémənsi]
(성격, 성질 등의) 관대(함)

- The commission indirectly hinted that many of those on death row in California deserved clemency.
  ▶ 그 위원회는 캘리포니아 주에서 사형 집행을 기다리는 사람들 중 다수에게 관용을 베풀만하다고 간접적으로 암시했다.

1. If you or someone in your family has _______________ disease, such as high blood pressure or diabetes, you may need to buy medicine for a long period of time.

   (A) an acute
   (B) a realistic
   (C) an adult
   (D) a chronic

   어휘 **high blood pressure** 고혈압 **diabetes** 당뇨병 **acute** 날카로운; [의학] 급성의 **adult** 어른의; 성숙한 **chronic** 만성적인; 상습적인

   해석 만약 당신이나 당신의 가족 중 누군가가 고혈압이나 당뇨병 같은 만성적인 질병이 있다면, 장기간 복용할 약을 사둘 필요가 있을지 모른다.

2. His famous book on the origin of the universe has been <u>cited</u> by scientists and scholars the world over.

   (A) read
   (B) quoted
   (C) bought
   (D) discussed

   어휘 **origin** 기원, 발달, 유래 **cite** 인용하다(quote); 소집하다 **scholar** 학자 **discuss** 토론하다, 논의하다

   해석 우주의 기원에 관한 그의 유명한 책은 전 세계 과학자와 학자들에 의해 인용되고 있다.

3. Their sensitivity to the moods, expectations, and needs of other people was so acute that at times they seemed to be almost _______________.

   (A) clamber
   (B) citadel
   (C) cleave
   (D) clairvoyant

   어휘 **clamber** (손, 발로) 기어오르다 **citadel** (시, 시민을 지키는) 성 **cleave** 쪼개다, 달라붙다 **clairvoyant** 통찰력이 있는

   해석 다른 사람들의 기분과 기대와 필요에 대한 그들의 감각이 너무나 예민해서 때로 그들은 거의 천리안을 가진 것 같았다.

4. The criminal's world is filled with <u>surreptitious</u> acts, but, we don't have to be foreseer to predict the outcome of his behavior.

   (A) clandestine
   (B) alert
   (C) anxious
   (D) profitable

   어휘 **criminal** 범죄자 **surreptitious** 비밀의(clandestine); 부정한 **alert** 방심 않는, 빈틈없는 **anxious** 걱정스러운, 열망하는 **profitable** 유리한(to); 이로운(for)

   해석 범죄자의 세계는 은밀한 행동들로 가득 차 있지만, 우리가 그의 행동 결과를 예상하는 것에 예지자가 필요하지는 않다.

정답 1. D 2. B 3. D 4. A

Prefix A~Z 중요 빈출 어휘편

01 cliche
[kliːʃéi]
(진부한) 상투 어구

- Even while the phrase was degenerating to cliché in ordinary public use, scholars were giving it increasing attention.
  ▶ 일반적인 대중의 사용도로 보자면 그 문구는 상투어구로 변질되어 가고 있는 형편이지만, 학자들은 그 문구에 갈수록 더 주목하고 있었다.

02 climax
[kláimæks]
절정

- The U.S presidential election campaign will reach its climax at the end of next week.
  ▶ 미국 대통령 선거 운동은 다음 주말이 되면 그 절정에 달할 것이다.

03 clique
[kliːk]
(배타적인) 파벌

- A study is out that Korea's sense of mutual clique based on income differences is at a shocking level.
  ▶ 한 연구는 한국의 수입의 차이에 따른 상호간 파벌의 인식이 매우 충격적인 수준이라고 밝혔다.

04 cloister
[klɔ́istər]
수도원 (생활)

- Then the candles were lit, the doors opened, and a solemn procession was held with the cross through the church, the cloister, or cemetery.
  ▶ 그러자 촛불이 밝혀졌고, 문은 열렸으며 엄숙한 성령의 발현이 교회 전체와 수도원, 묘지에서 열렸다.

05 colossal
[kəlásəl]
거대한

- Colossal crumbling ruins of an ancient temple are scattered all over the place around here.
  ▶ 엄청나게 큰 고대 신전의 폐허들이 이 근처에는 사방에 널려져 있다.

06 corpulent
[kɔ́ːrpjulənt]
뚱뚱한

- She grew increasingly more corpulent and suffered from a variety of physical ailments aggravated by the greasy Tennessee food.
  ▶ 그녀는 점점 더 뚱뚱해졌고, 기름기 많은 Tennessee주 음식이 더욱 악화시킨 다양한 신체적 질병에 시달렸다.

07 covetous
[kávitəs]
탐욕스러운

- More often than not, a covetous person lives as if the world were made altogether for himself, and not the other way round.
  ▶ 대부분의 경우, 탐욕스러운 사람은 마치 세상이 모두 자기 자신을 위해 만들어졌고, 그 반대일 수는 없다는 듯 살아간다.

08 coy
[kɔi]
수줍어하는

- You don't have to be so coy about your achievements.
  ▶ 네 성과에 대해 너무 수줍어 할 필요 없어.

1. _____________ give quick expression to ideas but lack originality and freshness. So we should try to avoid the use of it.

(A) Jargons   (B) Symbols   (C) Cliches   (D) Idioms

어휘 **jargons** 사투리, 은어 **symbols** 상징 **clichs** 진부한 표현 **idioms** 관용구, 숙어

해석 진부한 표현들은 어떤 생각에 대한 빠른 이해를 돕지만 독창성과 신선함이 부족하다. 그러니 진부한 표현은 피하도록 노력해야 한다.

2. The recent medical breakthrough is the <u>culmination</u> of long years of experimentation. Since it happened, patients with hard- to-cure and fatal diseases have been filled with hopes of a complete recovery.

(A) uproar   (B) contention

(C) principle   (D) climax

어휘 **breakthrough** 돌파구, 성공 **culmination** 최고점, 최고조 **experimentation** 실험 **uproar** 소란; 소음 **contention** 논쟁 **principle** 원리, 원칙

해석 최근에 이루어진 의학의 비약적인 발전은 오랜 세월에 걸친 실험이 절정에 이른 결과다. 그렇게 된 이후 난치병이나 불치병 환자들도 완치할 수 있다는 희망으로 가득 차 있다.

3. It was Daniel Chester French who created the <u>colossal</u> figure of Abraham Lincoln in the Lincoln Memorials in Washington, D.C.

(A) gigantic   (B) somber

(C) dignified   (D) inspiring

어휘 **colossal** 거대한(gigantic) **figure** 숫자; 형태; 인물 **memorial** 기념물, 기념관; 기념의 **somber** 어둠침침한,; 우울한 **dignified** 위엄 있는, 고귀한 **inspiring** 분발케 하는; 감격시키는

해석 워싱턴 D.C의 링컨 기념관에 있는 거대한 아브라함 링컨 상(像)을 제작한 사람은 Danie Chester French였다.

4. China has doubled its military spending since 1988, and is casting <u>covetous</u> looks as strategic cites far from its shore.

(A) aggressive   (B) luring   (C) diplomatic

(D) distractive   (E) desirous

어휘 **aggressive** 공격적인 **luring** 매혹하는 **diplomatic** 외교적인 **distractive** 주위를 산만하게 하는 **desirous** 원하는, 바라는

해석 중국은 1988년 이후로 군비를 두 배로 늘렸고, 본토의 해변으로부터 멀리 떨어져 있는 전략적인 도시에까지 탐욕스러운 눈길을 주고 있다.

01 credence
[kríːdəns]
믿음

■ According to the company policy, we're not supposed to give credence readily to complaints put forward by anonymous callers.
▶ 회사 정책에 의거하면, 우리는 익명으로 전화한 사람들이 내놓는 불평불만을 덜컥 믿어선 안 된다고 되어있다.

02 credulous
[krédʒuləs]
쉽게 믿는, 속기 쉬운

■ Credulous monarchs were easy game for the numerous charlatans and tricksters who toured the courts of Europe trying to dupe them into parting with real gold by means of little more than a promise that they would repay such investments thousand-fold.
▶ 그저 천 배는 남는 투자가 있다는 식의 약속으로 순금을 뜯어내려 유럽의 궁정들을 돌며 왕들을 속여먹으려는 수 많은 사기꾼들과 야바위꾼들에게 남을 쉽게 믿는 왕들은 만만한 먹이감이었다.

03 creed
[kriːd]
신조

■ People of all races, colors, and creeds have no choice but to live together on this planet Earth whether they like it or not.
▶ 좋건 싫건 모든 각각의 종족, 피부색, 그리고 믿음들을 가진 우리 인류는 이 지구상에서 공존 할 수 밖에 다른 도리가 없다.

04 criterion
[kraitíːriən]
표준, 기준

■ Conference organizers and participants described the agreement as a breakthrough that will change the worldwide art market and make legitimacy of ownership a criterion equal to authenticity of the work in decisions on sale and display.
▶ 회의 주최측과 참가자들은 이 합의를 획기적 전기라고 평가하면서, 이번 합의로 세계 미술품 시장이 변하게 될 것이며 미술품을 판매하고 전시할 때 작품의 소유권이 합법적이냐의 여부가 작품의 진위 여부와 마찬가지로 중요한 준거가 될 것이라고 설명했다.

05 cryptic
[kríptik]
숨은, 비밀의

■ Lyrics to Brian Eno's solo efforts are mostly cryptic and obscure.
▶ Brian Eno's의 솔로 작품들의 가사들은 대부분 비밀스럽고 모호하다.

06 culminate
[kΛlmineit]
절정에 이르다

■ Habitual antagonism commonly expressed by the student activists eventually culminated in open hostility.
▶ 학생 운동을 하는 이들에 의해 흔히 표출되어 오던 상습적인 불만의 표현이 결국 노골적인 적의로 그 최고조에 달했다.

07 culpable
[kΛlpəbl]
비난할 만한

■ The Financial Review Board came to a conclusion that sloppy accounting was culpable for the shortfall in revenue.
▶ 재정 재평가 위원회는 세액 부족의 과실이 꼼꼼하지 못한 회계에 있다는 결론에 도달했다.

08 cupidity
[kjuːpídəti]
탐욕

■ For such is human cupidity that we, thoroughbreds have but one chance to survive it - to run so fast and to win so much money that we are retired in comfort in our declining days.
▶ 사람의 탐욕은 어찌나 엄청난지, 우리 순수 혈통 경주마들은 살아남을 기회가 단 한번 밖에 없어. 엄청나게 빨리 달리고 돈을 많이 벌어서 쇠퇴하는 말년에 편안하게 은퇴하는 것 뿐이야.

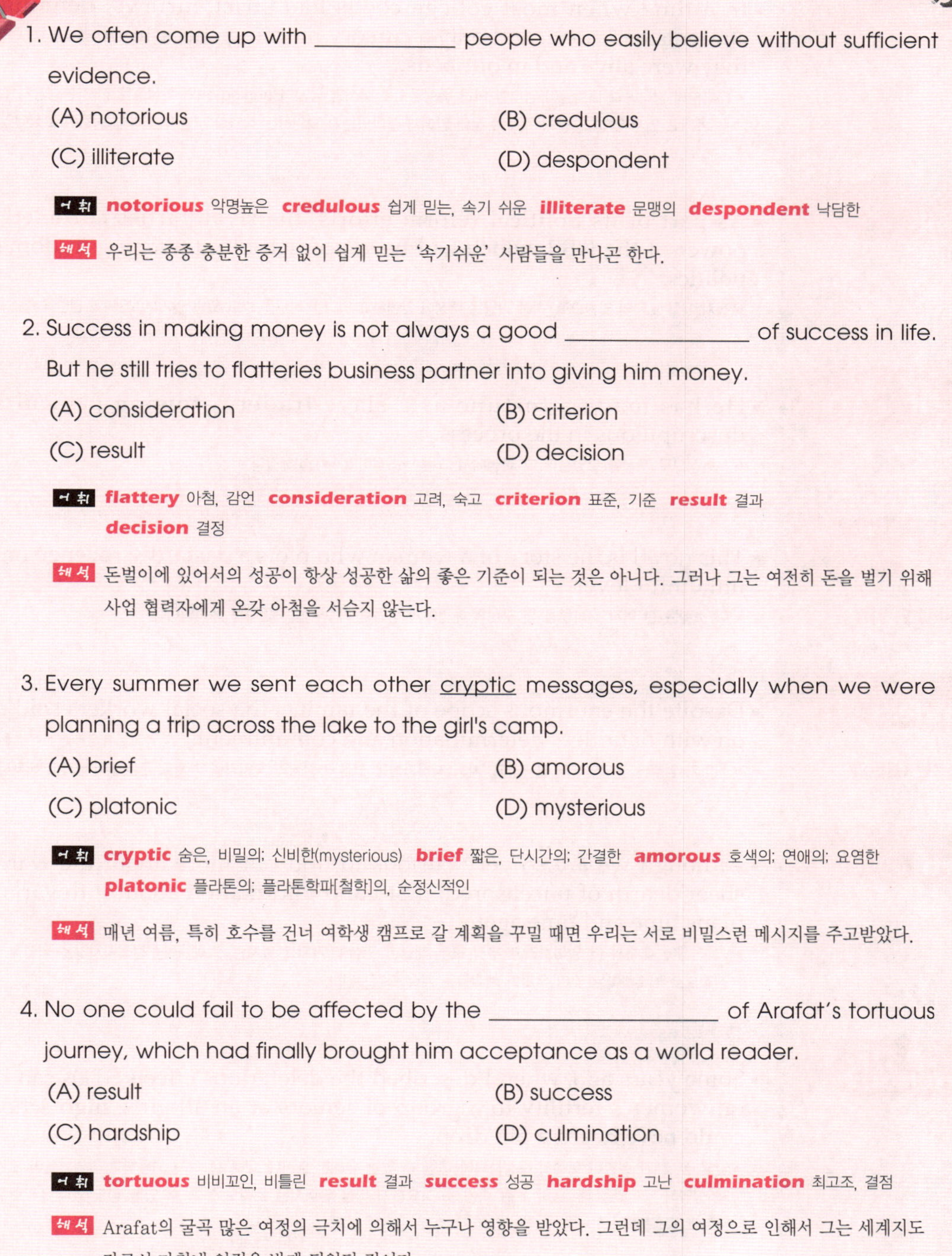

1. We often come up with ___________ people who easily believe without sufficient evidence.

   (A) notorious   (B) credulous

   (C) illiterate   (D) despondent

> **어휘** **notorious** 악명높은 **credulous** 쉽게 믿는, 속기 쉬운 **illiterate** 문맹의 **despondent** 낙담한

> **해석** 우리는 종종 충분한 증거 없이 쉽게 믿는 '속기쉬운' 사람들을 만나곤 한다.

2. Success in making money is not always a good _____________ of success in life. But he still tries to flatteries business partner into giving him money.

   (A) consideration   (B) criterion

   (C) result   (D) decision

> **어휘** **flattery** 아첨, 감언 **consideration** 고려, 숙고 **criterion** 표준, 기준 **result** 결과 **decision** 결정

> **해석** 돈벌이에 있어서의 성공이 항상 성공한 삶의 좋은 기준이 되는 것은 아니다. 그러나 그는 여전히 돈을 벌기 위해 사업 협력자에게 온갖 아첨을 서슴지 않는다.

3. Every summer we sent each other <u>cryptic</u> messages, especially when we were planning a trip across the lake to the girl's camp.

   (A) brief   (B) amorous

   (C) platonic   (D) mysterious

> **어휘** **cryptic** 숨은, 비밀의; 신비한(mysterious) **brief** 짧은, 단시간의; 간결한 **amorous** 호색의; 연애의; 요염한 **platonic** 플라톤의; 플라톤학파[철학]의, 순정신적인

> **해석** 매년 여름, 특히 호수를 건너 여학생 캠프로 갈 계획을 꾸밀 때면 우리는 서로 비밀스런 메시지를 주고받았다.

4. No one could fail to be affected by the _________________ of Arafat's tortuous journey, which had finally brought him acceptance as a world reader.

   (A) result   (B) success

   (C) hardship   (D) culmination

> **어휘** **tortuous** 비비꼬인, 비틀린 **result** 결과 **success** 성공 **hardship** 고난 **culmination** 최고조, 결점

> **해석** Arafat의 굴곡 많은 여정의 극치에 의해서 누구나 영향을 받았다. 그런데 그의 여정으로 인해서 그는 세계지도 자로서 마침내 인정을 받게 되었던 것이다.

01 cursory
[kə́:rsəri]
대충의

- In a time when most college coeds had strict curfews, Bennington students had none, and only a cursory morning check to make sure that they were alive and in our beds.
  ▶ 대부분의 남녀공학 대학들이 엄격한 야간 통행금지를 실시할 당시, Bennington의 학생들은 전혀 통행금지 같은 것을 가지고 있지 않았고, 단지 각자의 침대 안에서 살아있는지 확인하는 식으로 대충하는 아침 점검이 고작이었다.

02 curtail
[kə:rtéil]
줄이다

- As part of its political reform efforts, the rival parties curtailed the power of the NSP, which had been accused of intervening in domestic politics.
  ▶ 정치 개혁 노력의 일환으로, 여야 각당은 내정에 간섭하고 있다는 비난을 받고 있던 안기부(NSP)의 권한을 축소시켰다.

03 cynical
[sínikəl]
냉소적인

- He has made a fortune as a slave trader, growing cynical and unscrupulous in the process.
  ▶ 노예상으로 재산을 모았는데 그 과정에서 그는 냉소적이고 무자비해졌다.

04 dastard
[dǽstərd]
비겁한[비열한] 사람

- This novel is the story of a woman who plots a dastardly revenge on her unfaithful lover.
  ▶ 이 소설은 한 여자가 바람을 핀 자신의 애인에게 비열한 복수극을 꾸민다는 얘기입니다.

05 dauntless
[dɔ́:ntlis]
겁을 모르는, 불굴의

- Despite the enormous scope of the famine, the social workers soldiered on with dauntless determination and commitment.
  ▶ 기아가 엄청난 규모인데도 불구하고, 사회 사업가들은 불굴의 결심과 책임감을 가지고 곤란을 무릅쓰고 버텨나갔다.

06 dearth
[də:rθ]
부족

- Although we are so very curious to find out more about the war, the sheer dearth of uncensored, first-hand information about it thwarts our plans time and time again.
  ▶ 그 전쟁에 대해서 더 알아보려고 우리 모두 대단한 관심을 가지고 있지만, 그에 관한 걸러지지않은 직접적 정보가 전적으로 부족하다는 것이 우리의 계획들을 계속 좌절시킨다.

07 deleterious
[delətí:riəs]
유해한

- Some years ago, when I described the deleterious effects STDs can have on women's fertility to a group of seniors at an all-girls' high school, I could have heard a pin drop.
  ▶ 몇해 전, 내가 성병이 여성의 수정능력에 끼칠 수 있는 유해한 영향에 대해 한 여자 고등학교 졸업반들이 모인 곳에서 설명해주고 있을 때, 얼마나 쥐 죽은 듯 고요한지 바늘 떨어지는 소리도 들을 수 있을 정도 였다. [= 모두 숨을 죽이고 경청했다.]

08 depravity
[diprǽviti]
타락

- Pretty much throughout his entire adult life, he's led the life of sexual depravity unashamedly.
  ▶ 그는 자신의 성인기 거의 내내를 몰염치한 성적인 타락의 삶으로 일관했다.

1. He had got a top qualification score at our department, though he gave the book
a ___________ reading to keep the deadline.

   (A) cynical   (B) dastard

   (C) dauntless   (D) cursory

   어휘 **department** 학과   **give the book a cursory reading** 책을 읽는 둥 마는 둥 하다
   cynical 냉소적인   **dastart** 비겁한 사람   **dauntless** 겁을 모르는, 불굴의   **cursory** 대충의

   해석 그는 제출기간에 맞추기 위해 책을 읽는 둥 마는 둥 하고 적당히 간추려서 과제를 제출했지만, 우리 과에서 최고
   점수를 받았다.

2. Business was the first concerned of his life. But his illness meant that, he had to
<u>curtail</u> his work load. This was going to put him composure.

   (A) shorten   (B) arrange

   (C) remake   (D) postpone

   어휘 **concerned** 걱정스러운, 관심을 가진   **curtail** 짧게 줄이다; 빼앗다   **composure** 침착, 평정
   arrange 배열하다, 조정하다   **remake** 고쳐 만들다, 개작하다   **postpone** 연기하다, 미루다

   해석 그의 최우선 관심사는 일이었지만 병때문에 업무를 줄여야 했다. 그로 인해 그는 여유를 얻었다.

3. At first he was somewhat _________ by the amount of responsibility for the new job
involved, nevertheless his technical achievement has been wildly recognized.

   (A) daunted   (B) abashed

   (C) threatened   (D) surpassed

   어휘 **daunt** 기를 꺾다   **abash** 무안하게 하다, 당황하게하다   **threaten** 위협하다   **surpass** 능가하다, ~보다 낫다

   해석 그는 처음엔 관련된 새 직무에 대한 상당한 책임감으로 다소 기가 꺾였지만, 그럼에도 불구하고 그의 기술적 업
   적은 널리 인정 받았다.

4. Mineral wealth can be <u>deleterious</u> to poor countries' economic health. Natural
resources often breed corruption and waste.

   (A) noxious   (B) lucrative

   (C) luminous   (D) notorious

   어휘 **deleterious** 해로운, 유해한(noxious)   **breed** 낳다; 기르다   **corruption** 타락; 퇴폐
   waste 낭비; 폐물, 쓰레기   **lucrative** 유리한, 수지맞는, 돈이 벌리는   **luminous** 빛을 내는; 명료한
   notorious (보통 나쁜 의미로) 소문난, 악명 높은

   해석 풍부한 광물이 가난한 나라들의 경제 번영에는 유해할 수도 있다. 천연 자원은 종종 부패와 쓰레기를 낳기도
   한다.

01 despotism
[déspətizm]
독재정치

- After many years of despotism in the form of military dictatorship, the country is now moving towards democracy in the true sense of the word.
  ▶ 군사 독재 형태의 독재정치를 오래 겪은 후, 그 나라는 이제 진정한 의미의 민주주의를 향해 나아가고 있다.

02 dilettante
[dilitá:nt]
아마추어 예술가

- Patricia Highsmith wrote the 1956 novel "The Talented Mr. Ripley," the story of a chronic outsider, Tom Ripley, who wants to take over the identity and the life of a rich, young dilettante, Dickie Greenleaf.
  ▶ Patricia Highsmith는 돈 많고, 젊은 아마추어 예술가 Dickie Greenleaf의 신분을 가장하고 그의 삶을 자기 것인 양 만들려고 하는 영원한 아웃사이더, Tom Ripley에 대한 이야기를 담은, "재주 좋은 리플리씨" 라는 소설을 1956년에 저술했다.

03 dismal
[dízməl]
음침한

- Unlike so many of his contemporaries, he took a very dismal view of the economy at the time.
  ▶ 수 많은 자신의 동시대 사람들과는 달리, 그는 당시의 경제상황에 대해 아주 비관적인 시각을 가지고 있었다.

04 diurnal
[daiá:rnəl]
매일(낮 동안)의

- The mountainous region has an extremely wide range of diurnal and annual temperatures.
  ▶ 그 산악 지대는 하루마다, 또한 매년마다 온도의 변화 폭이 극심하다.

05 docile
[dóusail]
지도하기 쉬운

- The populace, who was once considered docile, has finally risen up against the ruthless communist regime.
  ▶ 한 때는 길들이기 쉽다고 여겨지던 그 나라 국민들이 결국에는 무자비한 공산 정권을 상대로 봉기하고 일어났다.

06 dogmatic
[dɔ:gmǽtik]
독단적인

- Though she herself wouldn't like to admit it, it is a widespread belief that her employees find her bossy and dogmatic.
  ▶ 그녀 자신은 인정하고 싶지 않을 테지만, 그녀의 직원들이 그녀를 거만하고 독단적이라고 생각한다고 많은 사람들이 믿고 있다.

07 dolorous
[dálərəs]
비통한, 슬픈

- At the center of this intense display of devotion Carlos himself, bearing aloft the relic of the Holy Nail from the cathedral, shoeless and oblivious to his bleeding feet, walked amid a dolorous procession of penitents.
  ▶ 이 강렬한 신앙심 표현의 중심에는 Carlos 자신이 성당에서 가져 나온 거룩한 손톱-예수님의 손톱으로 알려져 있는 물건-유해를 높이 쳐들고서, 신발도 신지 않고 피가 흐르는 자신의 발도 까맣게 잊은 채 침통한 참회자의 행렬 안에서 걷고 있었다.

08 dormant
[dɔ́:rmənt]
잠자는

- This peculiar virus can lie dormant in your blood for up to 10 years.
  ▶ 이 유별난 바이러스는 당신의 피 속에 10년까지 잠복하고 있을 수 있다.

1. After bring the war to the conclusion, it engendered the principle that the rule of law was preferable to arbitrary ___________________.

   (A) dominance   (B) empiricism

   (C) submission   (D) despotism

> **어휘** **engender** 발생시키다, 야기하다 **preferable** 더 나은, 더 선호하는 **arbitrary** 멋대로의; 독단적인 **dominance** 우세; 지배 **empiricism** 경험주의; 경험론 **submission** 복종; 항복; 순종 **despotism** 독재, 폭정(tyranny)
>
> **해석** 전쟁이 끝난 후, 법의 지배가 독단적인 전제정치보다 선호되어야 한다는 원칙이 생겨났다.

2. He did not have serious approach to painting; he was rather a(n) _________________. But he kept pace with other art critic.

   (A) hack   (B) gamester   (C) clown

   (D) advocate   (E) dilettante

> **어휘** **hack** 늙은 말 **gamester** 노름꾼 **clown** 어릿광대 **advocate** 옹호자 **dilettante** 애호가, 아마추어 평론가
>
> **해석** 그는 그림에 대해 심각하게 접근하지 않았다. 그는 오히려 아마추어 애호가였다. 그렇지만 그의 역량은 어느 누구에도 뒤지지 않았다.

3. His efforts to link common structures with effectiveness were a <u>dismal</u> failure; he could find no such correlation.

   (A) leading to death   (B) not well connected

   (C) causing sadness or depression   (D) conceptual, speculative but unproven

> **어휘** **link** 연결하다; 연합하다 **effectiveness** 유효(성) **dismal** 비참한; 우울한; 황량한 **correlation** 상호관계 **conceptual** 개념의; 구상의 **speculative** 추론적인; 투기하는 **unproven** 증명되지 않은
>
> **해석** 평범한 구조를 효율성과 연결시키려는 그의 노력은 참담한 실패로 끝났다. 그는 아무런 상관관계도 발견할 수 없었던 것이다.

4. To carry our supplies, I'd bought a <u>docile</u> brown mule whose sad eyes and strong legs told me he was born to suffer the trials ahead of us.

   (A) obedient   (B) strong   (C) expensive

   (D) repulsive   (E) mandatory

> **어휘** **supply** 공급; 물자; 생필품 **docile** 유순한(obedient), 다루기 쉬운 **mule** 노새 **trial** 시련, 고난 **strong** 강한, 튼튼한 **expensive** 값비싼, 사치스러운 **repulsive** 박차는; 쌀쌀한; 불쾌한 **mandatory** 명령의; 의무적인, 강제적인
>
> **해석** 우리의 물자를 실어 나르기 위해 나는 유순한 갈색 노새를 한 마리 샀는데, 그 노새의 슬픈 눈과 강한 다리가 그가 우리 앞에 가며 시련을 겪기 위해 태어났음을 말해주었다.

정답 1. D 2. E 3. C 4. A

01 dour
[dauər]
시무룩한

■ He is also rumored to be incorrigibly dour and so mean that when he invites people to lunch, he usually 'forgets' his wallet.

▶ 그는 또한 구제불능으로 무뚝뚝하며 너무 치사해서 사람들에게 점심 초대를 할 때엔 보통 지갑을 '두고 간다'고 소문이 나있다.

02 drudgery
[drʌ́dʒəri]
(단조롭고 기계적인)
힘든 일

■ The endless drudgery of housework irritated her to the point where she decided to get a job of any kind to stay away from the role of a housewife.

▶ 한도 끝도 없고 반복적인 집안일에 너무도 짜증이 난 그녀는 어떤 종류의 일자리라도 잡아서 가정 주부의 역할에서 벗어나 보겠다고 결심했다.

03 dubious
[djúːbiəs]
의심하는, 의심스러운

■ Executives of my company have no dubious about recruit new workers through their whole experience.

▶ 우리 회사의 중역들은 신입사원 선발에 있어서 경험을 통한 확신을 가지고 있다.

04 earthy
[ə́ːrθi]
상스러운; 흙의

■ We aimed to break earthy linguistic habits of my colleagues, and the fine money would then be donated to a charitable cause.

▶ 동료의 상스러운 언어습관을 고치기 위해 벌금을 정하고 모인 돈은 나중에 자선 운동에 기부하기로 했다.

05 edify
[édəfai]
교화하다, 개발하다

■ Education's object is to effectively edify individual's potential capability and thereby helps individual achieve self-realization and contribute on development of society and nation.

▶ 교육의 목적은 효과적으로 개인의 잠재 역량을 개발시켜서 그가 자아를 실현하고 사회와 국가 발전에 공헌하도록 돕는데 있다.

06 eerie
[íːri]
섬뜩한

■ A eerie poems of Cindy reflected that she had what she wants except what she really want to have.

▶ Cindy가 진정으로 소유하고자 원했던 것을 제외한 모든 것을 가지고 있었다는 것을 그녀의 섬뜩한 시를 보면 잘 알 수 있다.

07 efficacy
[éfikəsi]
효력

■ Even though the medicine has a marvelous efficacy, it should test through animal testing and clinical trials on human because of its side effect.

▶ 아무리 약효가 뛰어난 치료제라고 하더라도, 그 부작용 때문에 동물 실험과 인체 임상 실험을 거쳐야 한다.

08 emulate
[émjuleit]
경쟁하다, 본뜨다

■ Most of the online universities are hoping to emulate the success of the University of Phoenix, whose growth is one of the most remarkable stories in profit-making academia.

▶ 대다수 온라인 대학들은 영리를 추구하는 학계에서 가장 유명한 성공 사례 중 하나인 피닉스대학의 성공을 본받으려고 한다.

1. There is always an element of social satire in movie of Charlie Chaplain about employees who had to be _______________ at mechanized work place.

   (A) drudging   (B) dour

   (C) edifying   (D) efficiently

   어휘 **satire** 풍자 **mechanization** 기계화 **drudge** 단조롭고 힘든 일을 하다 **dour** 시무룩한 **edify** 개발하다 **efficiently** 능률적으로

   해석 언제나 Charlie Chaplain 영화에는 자동화 된 직장에서 고역을 치르며 일해야 했던 종업원들에 대한 사회 풍자적 요소가 있다.

2. If you continue maintaining a <u>dubious</u> attitude toward this decision, your disciples would be confused so much.

   (A) economical   (B) tedious

   (C) doubtful   (D) certain

   어휘 **economical** 경제적인 **tedious** 지루한 **dubious** 의심하는(doubtful) **certain** 확실한

   해석 당신이 이번 결정에 대해 계속해서 의심스러운 태도를 취한다면, 제자들은 매우 당혹스러워 할 것이다.

3. The fugitive criminal surrendered voluntarily to the police was the first benefit by order of educational campaign for criminal. He was going to get various ________ lessons through this program.

   (A) insincere   (B) sickening

   (C) vivid   (D) edifying

   어휘 **fugitive** 도주하는, 덧없는; 방랑자, 도망자 **surrender** 항복하다, 자수하다 **insincere** 성의 없는, 불성실한 **sickening** 병나게 하는, 넌더리나게 하는 **vivid** 선명한, 생생한 **edyfing** 개발하는, 교훈적인

   해석 도망 다니다가 자수한 범죄자는 교도소의 교화 캠페인의 첫 수혜자가 되었다. 그는 이 프로그램을 통해 유익한 교훈을 많이 얻었다.

4. Since the dawn of time, people have attempted to <u>emulate</u> reality by the most advanced means available to them. We started with cave paintings and quickly moved on to sculptures.

   (A) overcome   (B) imitate

   (C) ignore   (D) conquer

   어휘 **emulate** ~와 (우열을) 다투다; 모방하다 **overcome** 이겨내다; 정복하다 **imitate** 모방하다, 위조하다 **ignore** (의식적으로) 무시하다, 묵살하다 **conquer** 정복하다, 획득하다

   해석 태고부터 사람들은 할 수 있는 한 가장 진보된 수단을 사용하여 현실을 모방하려고 해 왔다. 우리는 동굴 벽화에서부터 시작해 조각상에 이르기까지 빠르게 전진해 나갔다.

정답 1. A 2. C 3. D 4. B

01 enigma
[iníɡmə]
수수께끼(같은 사람)

- The newspapers were full of stories about the enigma of the rock star, Richie James's mysterious disappearance.
  ▶ 신문들은 록스타 Richie James의 영문을 알 수 없는 행방불명에 얽힌 수수께끼에 대한 이야기로 온통 가득 차 있었다.

02 ennui
[á:nwi:]
권태

- The servants relieved their ennui with gambling and gossip about their masters.
  ▶ 하인들은 노름과 자기 주인들에 대한 잡담으로 권태감을 해소했다.

03 equanimity
[i:kwənímiti]
(마음의) 평정

- For one whose mind has been notoriously troubled, Brian Lara is at least retaining a sense of equanimity.
  ▶ 정신적으로 문제가 있다고 악명이 높았던 사람인, Brian Lara는 최소한 마음의 평정을 유지하고 있다.

04 equivocal
[ikwívəkəl]
애매한

- His words to the local press were purposefully equivocal - he didn't deny the charges but neither did he confirm them.
  ▶ 지역 언론에 그가 한 이야기는 의도적으로 애매모호한 것이었다. 그는 혐의를 부인하지도 않았고 인정하지도 않았다.

05 eschew
[istʃú:]
피하다

- He insisted that his own children eschew dancing, drinking, smoking, and, above all, vanity.
  ▶ 그는 자신의 아이들에게 춤, 음주, 흡연 그리고 무엇보다 허영을 피하라고 역설했다.

06 ethnic
[éθnik]
민족의, 소수 민족

- It is a generally accepted fact that the country's population consists of four main ethnic groups.
  ▶ 그 나라의 전체주민들이 네 개의 주된 민족 그룹들로 구성되어 있다는 것은 일반적으로 받아들여지는 사실이다.

07 fabricate
[fǽbrikeit]
(누군가를 속이기 위해) 만들어 내다

- Smuggle attempts were conducted overwhelmingly often from China (86.9 percent) while 43 cases of illegal exports worth 252.4 billion won of famous domestic products for fabricate purposes were also discovered.
  ▶ 밀수 시도는 중국에서 압도적으로 많이 이루어졌다.(88.9%) 또한 2524억원의 가치를 지닌 유명 국내 제품들의 불법적인 수출이 사기의 목적으로 43건 적발되었다.

08 facetious
[fəsí:ʃəs]
익살맞은

- J. K. Morley was being both serious and facetious when he claimed that the world's greatest water power is woman's tears.
  ▶ 세상에서 가장 강력한 힘을 지닌 돈은 여성의 눈물이라고 주장했을 때 J. K. Morley는 심각한 동시에 익살스러웠다.

1. Despite all attempts to decipher the code, it remained an ___________. What can be deduced from this vague letter was nothing.

   (A) efficacy
   (B) indolence
   (C) agnostic
   (D) enigma

   > **어휘** **deciphe** (암호)풀다, 해독하다 **deduce** 연역하다, 추론하다 **efficacy** 효능, 효험
   > **indolence** 게으름, 나태 **agnostic** 불가지론 **enigma** 수수께끼

   > **해석** 코드를 해석하려는 모든 시도에도 불구하고, 그것은 수수께끼로 남았다. 이 애매한 문자에서 추론할 수 있는 것은 아무것도 없었다.

2. The monotonous routine of hospitable life induces a feeling of <u>ennui</u> which makes people moody and irritable. Insignificant problems often can make us life energy.

   (A) boredom
   (B) enrapture
   (C) brevity
   (D) encouragement
   (E) candor

   > **어휘** **hospitable** 대접이 좋은; 공손한 **induce** 일으키다, 권유하다 **moody** 침울한 **irritable** 짜증내는
   > **boredom** 지루함 **enrapture** 황홀하게 하다 **brevity** 간결함 **encouragement** 격려, 장려
   > **candor** 허심탄회

   > **해석** 극진한 삶의 단조로운 일상은 사람으로 하여금 우울함과 짜증을 수반하는 권태를 야기시킨다. 때때로 사소한 문제는 일상에 활력을 불어 넣는다.

3. Crying is a natural function of the human organism which is designed to restore the emotionally unstable person to a state of <u>equilibrium</u>.

   (A) equalitarian
   (B) equanimity
   (C) equivalence
   (D) equivocation

   > **어휘** **unstable** 불안정한 **equilibrium** 평형상태, 균형; (마음의) 평정(equanimity) **equalitarian** 평등주의자; 평등주의의 **equivalence** 같음; 등가(等價) **equivocation** 애매함, 다의(多義)성

   > **해석** 울음은 감정적으로 불안정한 사람을 평정상태로 회복시키려는 인간 유기체의 자연스러운 기능이다.

4. What a shock to find that the entire story was a ___________. For anything I know, there was no truth what he said to everyone.

   (A) fabrication
   (B) product
   (C) build up
   (D) cloth

   > **어휘** **fabrication** 위조, 거짓말; 구성, 조직 **product** 생산품 **build up** 쌓아 올리다 **cloth** 천, 헝겊

   > **해석** 그 모든 이야기가 거짓이었다는 것을 알아낸 것은 충격이었다. 내가 아는 한, 그가 모두에게 말한 것은 전부 거짓된 것이었다.

정답 1. D 2. A 3. B 4. A

01 facilitate
[fəsíliteit]
(일을) 용이하게 하다

- Addition of a new ramp to the stairs will greatly facilitate the entry of wheelchairs.
  ▶ 그 계단에 새로운 경사로를 붙여 넣는다면 휠체어의 출입이 굉장히 용이하게 될 것이다.

02 faction
[fǽkʃən]
파벌

- The two warring factions are finally nearing agreement on a peace plan.
  ▶ 그 싸우는 두 파벌들이 드디어 평화 유지 계획 합의에 접근해가고 있다.

03 factitious
[fæktíʃəs]
인위적인

- "I've been alerted to about a dozen cases over the past several months, and it seems to be increasing in frequency," said Dr. Feldman, an expert on illnesses that people either feign or actually induce in themselves, which are called factitious disorders.
  ▶ "지난 여러 달 동안 열두 경우가 경종을 울렸고, 그러한 빈도는 점차 증가하는 추세인 것 같습니다."라고 인위적인 질환이라 일컬어지는, 스스로가 가장, 유발시키는 병의 전문가인 Dr. Feldman이 말했다.

04 fallacious
[fəléiʃəs]
그릇된

- The panel of experts reached a consensus on the final decision that his argument is based on fallacious reasoning.
  ▶ 전문가 위원회는 그의 논쟁이 그릇된 논리에 바탕을 두고 있다는 최종 결정에 의견 일치를 보았다.

05 fanaticism
[fənǽtisizm]
열광

- Religious fanaticism makes the followers behave in an unreasonable way, which sometimes borders on insanity.
  ▶ 종교적 광신은 추종자로 하여금 종종 정신이상으로 보일 만한 전혀 이치에 맞지 않은 행동을 하게 만든다.

06 fancy
[fǽnsi]
상상하다, 좋아하다, 터무니없는, 엄청난

- People who are interested in physical fitness need not spend hundreds of dollars on fancy exercise equipment or health club memberships.
  ▶ 신체적인 건강에 관심이 있는 사람들은 값비싼 운동기구나 헬스클럽 회원권에 수 백 달러를 사용할 필요가 없다.

07 fastidious
[fæstídiəs]
까다로운

- He is so fastidious about his own personal cleanliness that he rarely goes outside unless he absolutely has to.
  ▶ 그는 자기 자신의 청결에 대해 어찌나 까다롭게 야단인지 꼭 그럴 수밖에 없는 경우를 제외하곤 거의 외출도 하지 않는다.

08 fatuous
[fǽtʃuəs]
(매우) 어리석은

- Publishers persist in the fatuous belief that a little hocus-pocus in the front flap blurb will so dazzle readers that they'll be too dazed to notice the quality of what's on the pages inside.
  ▶ 발행인들은 앞 표지의 선전문구를 약간 속임수로 만들어 놓으면 독자들의 판단은 흐려질 것이고, 너무 정신이 멍해져서 안에 들은 내용물의 질을 알아채지 못할 것이라는 어리석은 믿음을 고수한다.

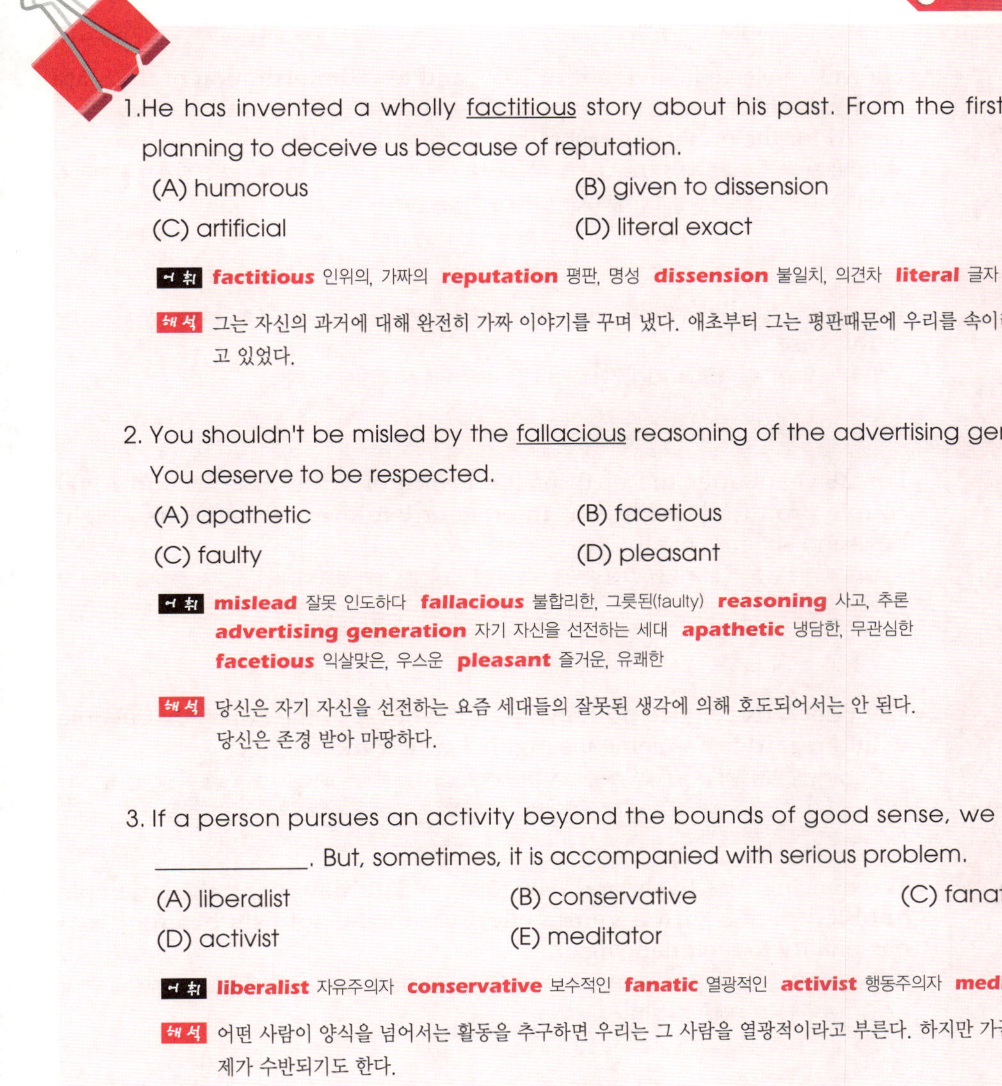

1. He has invented a wholly <u>factitious</u> story about his past. From the first, he was planning to deceive us because of reputation.

   (A) humorous   (B) given to dissension

   (C) artificial   (D) literal exact

> **어휘** **factitious** 인위의, 가짜의   **reputation** 평판, 명성   **dissension** 불일치, 의견차   **literal** 글자 그대로의

> **해석** 그는 자신의 과거에 대해 완전히 가짜 이야기를 꾸며 냈다. 애초부터 그는 평판때문에 우리를 속이려고 작정하고 있었다.

2. You shouldn't be misled by the <u>fallacious</u> reasoning of the advertising generations. You deserve to be respected.

   (A) apathetic   (B) facetious

   (C) faulty   (D) pleasant

> **어휘** **mislead** 잘못 인도하다   **fallacious** 불합리한, 그릇된(faulty)   **reasoning** 사고, 추론   **advertising generation** 자기 자신을 선전하는 세대   **apathetic** 냉담한, 무관심한   **facetious** 익살맞은, 우스운   **pleasant** 즐거운, 유쾌한

> **해석** 당신은 자기 자신을 선전하는 요즘 세대들의 잘못된 생각에 의해 호도되어서는 안 된다. 당신은 존경 받아 마땅하다.

3. If a person pursues an activity beyond the bounds of good sense, we say he is __________. But, sometimes, it is accompanied with serious problem.

   (A) liberalist   (B) conservative   (C) fanatic

   (D) activist   (E) meditator

> **어휘** **liberalist** 자유주의자   **conservative** 보수적인   **fanatic** 열광적인   **activist** 행동주의자   **meditator** 명상가

> **해석** 어떤 사람이 양식을 넘어서는 활동을 추구하면 우리는 그 사람을 열광적이라고 부른다. 하지만 가끔 심각한 문제가 수반되기도 한다.

4. Everything has to be in perfect order to please my father; he is very __________. He has never allowed even a few mess.

   (A) fascinating   (B) hardworking

   (C) fastidious   (D) altruistic

> **어휘** **in order** 정돈된, 가지런한   **please** ~을 기쁘게 하다, 즐겁게 하다   **mess** 혼란, 뒤죽박죽   **fascinating** 황홀케 하는, 매혹적인   **hardworking** 근면한, 열심히 일[공부]하는   **fastidious** 성가신, 까다로운   **altruistic** 이타주의의, 이타적인

> **해석** 내 아버지의 마음에 들게 하기 위해서는 모든 것이 완벽하게 정돈되어 있어야 한다. 왜냐하면 그 분은 매우 까다롭기 때문이다. 그는 어떠한 어지러움도 용납하지 않는다.

정답 1. C   2. C   3. C   4. C

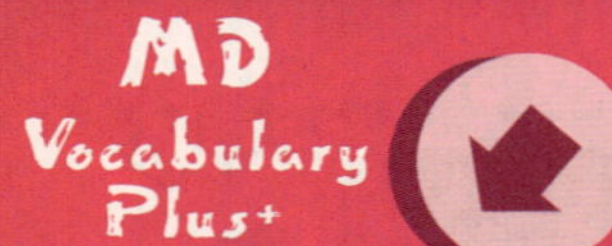

01 fealty
[fíəlti]
(영주에 대한 신하의) 충성

- He was re-elected Governor in 1855, and his administration of the State affairs, both in that and the preceding term of office, was marked by a regard for the public interest rather than party fealty.
  ▶ 그는 1855년에 주지사로 재선되었고, 그가 그 주에 관련한 행정 업무를 본 것은, 그 때나 그 전 임기 때나 모두, 소속정당에 대한 충성 보다 공공의 이익을 고려한 것이 눈에 띄는 면이다.

02 feasible
[fí:zəbl]
실행할 수 있는

- It is scientifically feasible to use electricity as a secondary energy source in this case.
  ▶ 이 경우에서 2차 에너지원으로 전기를 이용하는 것은 과학적으로 볼 때 실행 가능하다.

03 fecund
[fí:kənd]
(동물, 토지 등이) 많이 생산하는

- For 21 years after the birth of the Prince of Wales, the fecund royal couple produced children at the rate of two every three years - eight boys and six girls in all.
  ▶ 웨일즈 왕자의 출생 후 21년 동안, 다산하는 왕 부부는 매 삼년 마다 두명 꼴로 아이들을 낳아서 총 아들 여덟과 딸 여섯을 두었다.

04 feign
[fein]
~인 체하다

- The poor lady feigned authorship of the novel in the hopes that people would regard her as someone highly learned and famous.
  ▶ 그 딱한 여인은 사람들이 자신을 매우 학식있고 유명한 사람으로 대해줄까 하는 바람에서 그 소설을 자신이 쓴 척 했다.

05 felicitous
[filísitəs]
(행동, 방식, 표현 등이) 적절한

- The dancing was lively and felicitous on Saturday night, the ensemble bubbled along with a gentle energy and the soloists brought real personality to their dancing.
  ▶ 안무는 활기에 넘쳤고 토요일 밤에 적절한 것이었으며, 앙상블은 잔잔한 에너지로 생기를 불어넣어 주었고, 독주자들은 그들의 무용에 진정한 분위기를 선사해주었다.

06 fictitious
[fiktíʃəs]
가짜의

- I really loved that story my grandmother told me every night, even though it was totally fictitious.
  ▶ 나는 비록 그것이 완전히 꾸며낸 이야기라 할 지라도 할머니가 매일 밤 들려주었던 그 이야기를 참 좋아했다.

07 fidelity
[fidéliti]
충실; 충성, 성능

- Although I don't agree with all her ideas, I must admire her unshakable fidelity to them.
  ▶ 내가 그녀의 모든 생각에 동의할 수는 없지만 그 생각들에 대한 그녀의 흔들리지 않는 성실성은 칭찬해야 한다.

08 finesse
[finés]
교묘한 술책[솜씨], 술책을 쓰다

- It is never easy to decorate a small and l-shaped room, but our interior designer did it with considerable finesse in a matter of days.
  ▶ 조그맣고 l자 형의 방을 꾸미는 것은 결코 쉽지가 않다. 하지만 우리 실내장식전문가는 단 며칠 만에 교묘한 솜씨로 멋지게 해내버렸다.

1. This is an entirely _______________ proposal. I suggest we adopt it. Other proposals are reasonable but improbable.

(A) feasible (B) faithful
(C) repugnant (D) decent

어휘 **feasible** 실행할 수 있는 **faithful** 충실한 **repugnant** 아주 싫은, 불 유쾌한 **decent** 남부럽잖은

해석 이것은 참으로 실현 가능한 제안입니다. 채택하기를 제안합니다. 다른 제안들은 논리에는 맞지만 실현 가능성이 거의 없습니다.

2. He ___________ illness so that he could stay off work. All his colleagues knew that he pretended to be ill for having relax.

(A) declared (B) reported
(C) caused (D) feigned

어휘 **stay off** ~을 멀리하다, 삼가다 **declare** 선언하다; (세관, 세무서에 과세품, 소득액을) 신고하다 **report** 보고하다 **cause** ~의 원인이 되다; 일으키다 **feign** ~인 체하다, 가장하다(pretend)

해석 그는 일을 쉬기 위해 아픈 척 했다. 하지만 그의 모든 동료들은 그것이 쉬기 위한 꾀병이란 것을 알고 있었다.

3. He published his book under a fictitious name because he feared that some anti-religious ideas in the book might anger the church leaders. [반의어 고르는 문제]

(A) an invented (B) an acknowledged
(C) a well-known (D) a real

어휘 **fictitious** 허위의, 거짓의 **invent** 발명하다; 조작하다 **acknowledge** 인정하다, 승인하다, 용인하다 **well-known** 유명한, 잘 알려진 **anti-religious** 반종교적인

해석 그는 책 안의 몇몇 반종교적 생각들이 종교지도자를 화나게 할지도 모른다고 염려해서 자신의 책을 가공의 이름으로 출판했다.

4. Fidelity is quality of character that is admired by most people especially, men. It might have caused divorce, occasionally.

(A) faithfulness (B) chastity
(C) generosity (D) wisdom

어휘 **fidelity** 충성, 정절 **faithfulness** 부부간의 정숙 **chastity** 성적 금욕, 순결 **generosity** 관대함 **wisdom** 지혜

해석 정절은 대부분의 사람들 특히 남성들에게 높이 추앙되는 특성이다. 이따금 정절은 이혼을 야기해왔다.

정답 1. A 2. D 3. D 4. A

01 flagrant
[fléigrənt]
극악한

- It is a flagrant disregard for the law for you to just break into her apartment while she's out.
  ▶ 그녀가 나가 있을 동안 네가 그녀의 아파트에 침입하는 것은 법을 아주 명백하게 경시하는 행위야.

02 flamboyant
[flæmbɔ́iənt]
화려한

- Admittedly she can neither act nor sing, but her flamboyant sex appeal makes up for everything else.
  ▶ 누구나 알 정도로 그녀는 연기도 못하고 노래도 못하지만, 그녀의 화려한 섹스 어필은 다른 모든 것을 보상해준다.

03 fledgling
[flédʒliŋ]
애송이, 풋내기

- Negroponte arrived in Iraq Monday and will take over political contact between the U.S. government and the fledgling Iraqi government.
  ▶ Negroponte는 월요일 이라크에 도착했고 미국 정부와 풋내기 이라크 정부 사이의 정치적 연락을 도맡게 될 것이다.

04 flimsy
[flímzi]
(얇고) 부서지기 쉬운

- A model presents on catwalk a flimsy shiny deep blue skirt with matching pantyhose and top as part of Armani's women spring - summer collection in Milan, Italy.
  ▶ 이탈리아 Milan에서, 한 모델이 패션쇼 무대에서 아르마니 여성 봄, 여름 콜렉션의 한 부분으로 얇고 광이 나는 짙은 푸른색 치마와 그에 색깔을 맞춘 팬티호스 그리고 상의를 선보였다.

05 flout
[flaut]
비웃다

- Seth and Dorothy were completely mystified by Janis's determination to flout as many social conventions as she could.
  ▶ Seth와 Dorothy는 가능한 많은 사회적 통념을 비웃겠다는 Janis의 결심에 정말이지 어안이 벙벙했다.

06 fluctuation
[flʌktʃuéiʃən]
변동

- He hardly understands business cycles, much less economic fluctuation.
  ▶ 그는 경제적 변동은 말할 것도 없고 경기 순환도 이해하지 못한다.

07 flux
[flʌks]
(끊임없는) 변화

- Our plans are in a state of flux at the moment.
  ▶ 우리의 계획들은 아직 변동 중이다.

- The flux of the traffic was sluggish.
  ▶ 교통의 흐름은 완만했다.

08 foible
[fɔ́ibl]
(성격의) 결점, 약점

- We should overlook the foibles of our friends; no one is perfect.
  ▶ 우리는 친구의 결점을 너그러이 이해해야 한다. 완벽한 인간은 없다.

1. Modern architecture has discarded the ______________ trimming on buildings and has concentrated on simplicity of line.

   (A) flamboyant   (B) colorfu   (C) classical

   (D) Greek   (E) variegated

   > **어휘** **discard** 버리다 **trimming** 손질, 다듬기 **flamboyant** 화려한 **colorful** 색채가 풍부한 **classical** 고전주의의 **Greek** 그리스(식)의 **variegated** 잡색의

   > **해석** 현대 건축에서는 빌딩을 화려하게 다듬는 대신에 선의 간결함에 집중한다.

2. Due to the rapid increase in sales this year from the expansion of the Market, the <u>fledgling</u> company will remain relatively stable over the next few years.

   (A) well-worn   (B) clear as day

   (C) newly organized   (D) old

   > **어휘** **market** 시장 **fledgling** 애송이, 미숙한 **well-worn** 낡아빠진, 진부한 **clear as day** 대낮처럼 밝은, 매우 명백한

   > **해석** 이제 막 생긴 그 회사는 금년 시장 확대로 인한 급속한 매출증가로, 향후 몇 년간은 안정세를 유지할 것이다.

3. The hotel built one month ago collapsed, because it was constructed in the <u>flimsiest</u> way imaginable. Most of guest injured and some were dead.

   (A) weakest   (B) stoutest   (C) oddest

   (D) cheapest   (E) easiest

   > **어휘** **collapse** 무너지다, 쓰러지다 **construct** 세우다, 건설하다 **flimsy** 깨지기 쉬운, 약한; (근거·이론 따위가) 박약한 **imaginable** 상상할 수 있는 **stout** 단단한, 튼튼한 **odd** 기수[홀수]의; 이상한 **cheap** 값이 싼 **easy** 쉬운; 안락한

   > **해석** 그 호텔은 상상할 수 있는 가장 허술한 방법으로 지어져서 지은 후 한달 만에 무너졌다. 투숙객 대부분이 다쳤고, 일부는 사망했다.

4. Our leaders now know that we're prepared to <u>flout</u> their laws if forced. Laws are good for nothing.

   (A) observe   (B) disregard   (C) execute

   (D) collaborate   (E) corroborate

   > **어휘** **observe** 목격하다 **disregard** 무시하다 **execute** 실행하다, 사형에 처하다 **collaborate** 공동으로 일하다 **corroborate** 확증하다

   > **해석** 만일 그들의 법이 실행된다면 그것들을 우리가 비웃을 준비가 되어 있다는 사실을 우리 지도자들은 이제 알고 있다. 법은 아무짝에도 쓸모 없다.

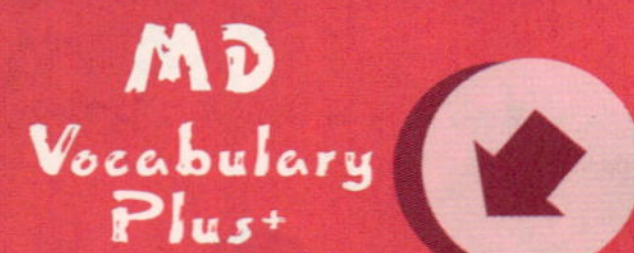

01 foment
[foumént]
(불화, 반란 등을) 조장하다

- The song was banned on the grounds that it might foment racial tension.
  ▶ 그 노래는 인종간의 긴장을 초래할 수 있다는 이유로 금지 되었다.

02 formidable
[fɔ́:rmidəbl]
끔찍한, 가공할 만한

- Criticism is a study by which men grow important and formidable at very small expense.
  ▶ 비평이란 그로 인해 지극히 사소한 비용으로 사람이 중요해지고 막강해지는 연구이다.

03 forte
[fɔ:rt]
특기

- As I am a sufferer of social anxiety disorder, public speaking can never be my forte.
  ▶ 나는 대인공포증으로 고통 받고 있는 사람이라서 대중 연설은 결코 나의 특기가 될 수 없다.

04 fortitude
[fɔ́:rtitu:d]
용기, 인내

- The coach said, "My students can gain mental fortitude through the games and that's what I expect most from the competition."
  ▶ 코치는 "내 학생들은 경기를 통해서 정신적인 인내를 얻을 수 있고 바로 그것이 제가 경쟁으로부터 가장 바라는 것입니다." 라고 얘기했다.

05 fortuitous
[fɔ:rtjú:itəs]
우연한

- The company's profits were greatly enhanced as the result of a fortuitous drop in the cost of paper.
  ▶ 그 회사의 이윤은 종이 값이 우연히 하락하는 바람에 굉장히 향상되었다.

06 foster
[fɔ́:stər]
촉진(증진)하다

- In creating a harmonious place where foreigners and locals live and work hand in hand, it is truly important to foster great relationships with foreign-invested companies that decide to make Korea home.
  ▶ 외국인들과 지역인들이 손에 손잡고 살아가고 일하는 조화로운 공간을 형성하는데 있어서, 한국에 뿌리 내리기로 결정한 외국자본 회사들과 좋은 관계를 증진시키는 것이 실로 중요하다.

07 fractious
[frǽkʃəs]
까다로운

- The experience of dealing with a clamorous band of younger siblings, earning their affection and respect while holding them to their tasks, proved remarkably useful in later years when dealing with fractious colleagues at the firm.
  ▶ 소란스러운 한 무리의 어린 동생들을 다루며 그들로 하여금 자기들이 해야 할 임무에 충실하게 하는 동시에 그들의 애정과 존경도 얻어내던 경험이 훗날에 회사에서 성질이 더러운 동료들을 다룰 때 아주 유용하게 쓰여졌다.

08 frail
[freil]
연약한

- Midfield will have to carry the main burden for the team once again, helping the anemic attack and bolstering a frail defense.
  ▶ 팀의 미드필드가 무기력한 공격을 도와주고, 약한 수비를 뒷받침해주면서, 다시 한번 가장 큰 부담을 짊어 질 수 밖에 없겠다.

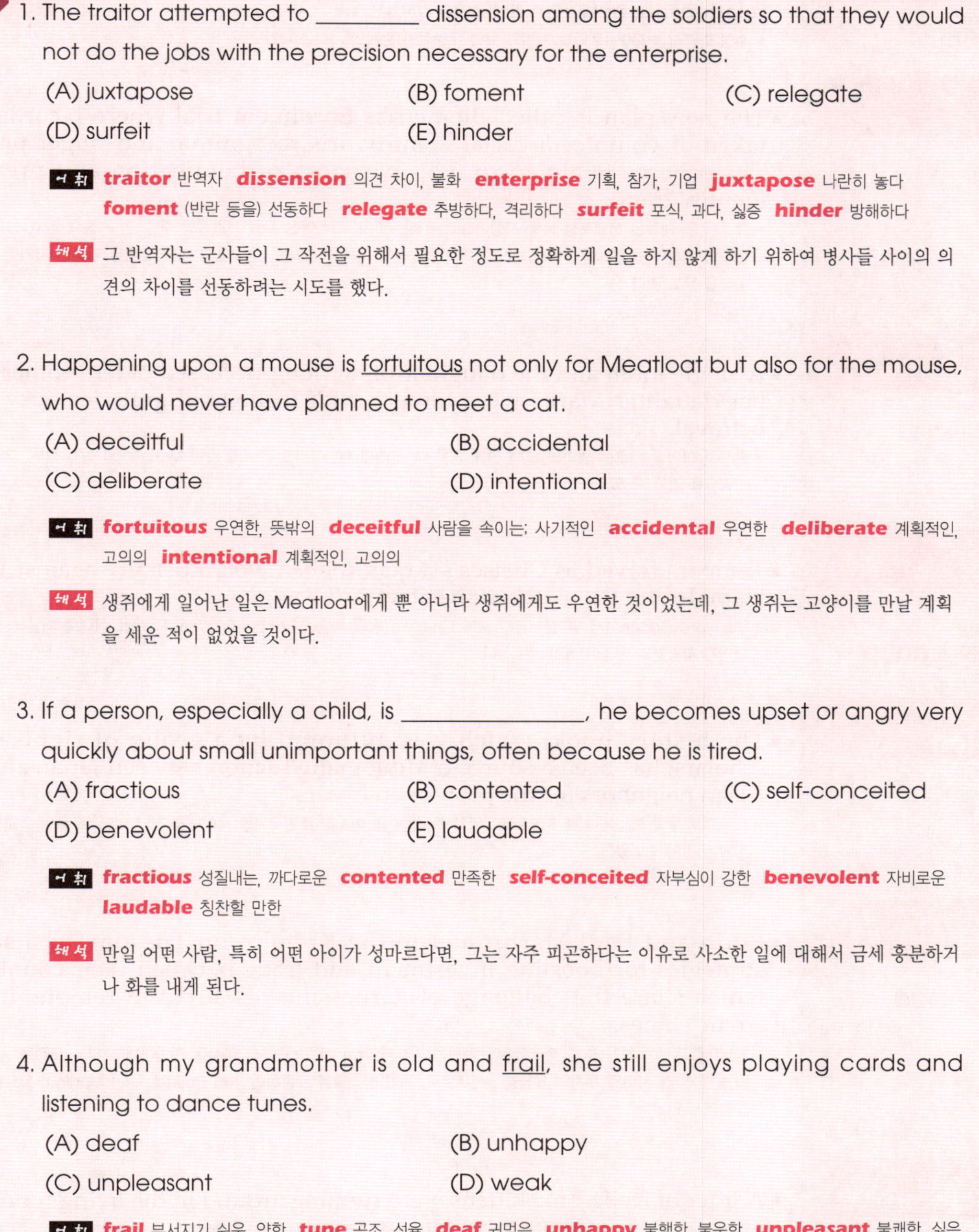

1. The traitor attempted to _________ dissension among the soldiers so that they would not do the jobs with the precision necessary for the enterprise.

   (A) juxtapose　　　　　(B) foment　　　　　(C) relegate

   (D) surfeit　　　　　　(E) hinder

   > 어휘 **traitor** 반역자 **dissension** 의견 차이, 불화 **enterprise** 기획, 참가, 기업 **juxtapose** 나란히 놓다 **foment** (반란 등을) 선동하다 **relegate** 추방하다, 격리하다 **surfeit** 포식, 과다, 싫증 **hinder** 방해하다

   > 해석 그 반역자는 군사들이 그 작전을 위해서 필요한 정도로 정확하게 일을 하지 않게 하기 위하여 병사들 사이의 의견의 차이를 선동하려는 시도를 했다.

2. Happening upon a mouse is <u>fortuitous</u> not only for Meatloat but also for the mouse, who would never have planned to meet a cat.

   (A) deceitful　　　　　(B) accidental

   (C) deliberate　　　　　(D) intentional

   > 어휘 **fortuitous** 우연한, 뜻밖의 **deceitful** 사람을 속이는; 사기적인 **accidental** 우연한 **deliberate** 계획적인, 고의의 **intentional** 계획적인, 고의의

   > 해석 생쥐에게 일어난 일은 Meatloat에게 뿐 아니라 생쥐에게도 우연한 것이었는데, 그 생쥐는 고양이를 만날 계획을 세운 적이 없었을 것이다.

3. If a person, especially a child, is _______________, he becomes upset or angry very quickly about small unimportant things, often because he is tired.

   (A) fractious　　　　　(B) contented　　　　　(C) self-conceited

   (D) benevolent　　　　　(E) laudable

   > 어휘 **fractious** 성질내는, 까다로운 **contented** 만족한 **self-conceited** 자부심이 강한 **benevolent** 자비로운 **laudable** 칭찬할 만한

   > 해석 만일 어떤 사람, 특히 어떤 아이가 성마르다면, 그는 자주 피곤하다는 이유로 사소한 일에 대해서 금세 흥분하거나 화를 내게 된다.

4. Although my grandmother is old and <u>frail</u>, she still enjoys playing cards and listening to dance tunes.

   (A) deaf　　　　　　(B) unhappy

   (C) unpleasant　　　　(D) weak

   > 어휘 **frail** 부서지기 쉬운, 약한 **tune** 곡조, 선율 **deaf** 귀먹은 **unhappy** 불행한, 불운한 **unpleasant** 불쾌한, 싫은 **weak** 약한

   > 해석 비록 나의 할머니는 연세가 많으시고 연약하시지만, 여전히 카드게임과 댄스음악을 즐기신다.

정답　1. B　2. B　3. A　4. D

01 fraternal
[frətə́:rnəl]
형제의(다운)

- The Prime Minister's official visit marked the stared of a more fraternal relationship between the two countries.
  ▶ 수상의 공식 방문이 두 나라 사이의 보다 우방적인 관계의 시작을 나타냈다.

02 fraud
[frɔːd]
사기(꾼)

- The new plan is called Biometrics Enrolment trial where records are taken of volunteer's facial identity, iris recognition and finger prints. The scheme is aimed to help passport authentication and prevent identity fraud.
  ▶ 그 새로운 계획은 생체측정 등록 시행이라고 불리는데, 이 과정에선 지원자 얼굴의 개성, 안구 홍채 인지, 그리고 지문들의 기록이 측정되게 된다. 그 기획은 여권의 진위 여부를 가리는 것을 돕고 남의 신분을 가장한 사기를 막는데 목적을 두고 있다.

03 fraught
[frɔːt]
~으로 가득찬

- A single mom and the daughter of her long-deceased older brother and her daughter Maria, were fraught with feelings of guilt, jealousy and betrayal.
  ▶ 혼자서 아이를 기르는 엄마와 오래 전에 죽은 그 오빠의 딸, 그리고 그녀의 딸인 Maria는 죄책감, 질투, 그리고 배신감으로 가득 차 있었다.

04 fray
[frei]
(천 등이)
닳(아빠지)게 하다, 다툼

- Tempers frayed as Chelsea's Arjen Robben won a penalty against West Ham during the match at the Stamford Bridge.
  ▶ Stamford Bridge에서 벌어진 경기 중에 Chelsea 팀의 Arjen Robben이 West Ham을 상대로 페널티 킥을 얻어내자 사람들의 신경이 바짝 곤두섰다.

05 friction
[fríkʃən]
마찰

- The history book, which was authored by a group of right-wing scholars, has been a source of diplomatic friction between Japan and its Asian neighbors for the past several years.
  ▶ 극우 학자들의 모임에 의해 저술된 그 역사책은 일본과 아시아 주변국가들 사이에서 지난 여러 해 동안 외교적인 마찰의 근원이 되어왔다.

06 frigid
[frídʒid]
매우 추운, 혹한의

- Putin and Paul Martin met in the Kremlin on Tuesday to discuss strategies for boosting investment and trade between their countries, which share the challenge of harnessing resources in remote, frigid Arctic climes.
  ▶ 동떨어졌고 혹독하게 추운 북극지방에 가까운 기후 안에서 자원으로부터 동력을 만들어내야 하는 도전을 공유하고 있는 두 나라 사이의 투자와 무역을 증진시키기 위한 정책들을 토론하기 위해 Putin과 Paul Martin이 화요일 크레믈린에서 만났다.

07 frolicsome
[frɑ́liksəm]
까불며 뛰노는

- A litter of frolicsome kittens were running around in the living room.
  ▶ 한 배에서 나온 생기발랄한 아기 고양이들이 거실에서 이리저리 뛰어다니고 있었다.

08 frugal
[frú:gəl]
검소한

- Frugal domestic consumption patterns, due mainly to the prolonged economic slowdown, enabled consistent upward growth of Internet shopping malls.
  ▶ 주로 오래 지속된 경기 침체에 의해 생긴 검소한 국내 소비 패턴이 인터넷 쇼핑몰들의 지속적인 성장 발전을 가능하게 했다.

1. <u>Fraternal</u> rivalry rarely produces inconceivable results as murder, it is necessary to strike up strong sense of family.

(A) brotherhood　　　　　　　　(B) union
(C) circle　　　　　　　　　　　(D) community

> **어휘** **fraternal** 형제의　**inconceivable** 믿을 수 없는(unimaginable, incredible)　**brotherhood** 형제간, 형제애　**union** 결합, 연합　**circle** 원, 집단, 써클　**community** 공동체

> **해석** 형제간의 지나친 경쟁의식은 드물게 살인 같은 상상할 수 없을 정도의 끔찍한 결과를 낳기 때문에 가족간의 유대감을 쌓는 것이 필요하다.

2. After the ______________, the feuding families agreed to patch up their differences. There was no need "Romeo and Juliet" any more between two families.

(A) gratification　　　　　　　　(B) conciliation
(C) fray　　　　　　　　　　　　(D) reconciliation

> **어휘** **feud** 서로 다투다, 불화　**patch up** 수습하다, 무마하다　**gratification** 만족, 충족　**conciliation** 조정　**fray** 다툼, 분규　**reconciliation** 화해, 조정

> **해석** 다툼 끝에 두 원수집안은 서로의 견해차를 조율하는 데 동의했다. 그들에게 더 이상의 로미오와 줄리엣은 필요 없게 되었다.

3. People near the North Pole have a <u>frigid</u> climate. The temperature there often drops to 10℃ below zero, they need a thorough preparation.

(A) wet　　　　　　　　(B) dark　　　　　　　　(C) cold
(D) cool　　　　　　　　(E) snowy

> **어휘** **frigid** 추운; 냉담한　**thorough** 철저한, 완전한　**wet** 젖은, 축축한　**dark** 어두운, 암흑의　**cool** 서늘[시원]한; 냉정한　**snowy** 눈의; 눈이 내리는

> **해석** 북극 근처의 사람들은 몹시 추운 기후에 살고 있다. 그 곳의 기온은 종종 영하 10℃까지 떨어져서 철저한 준비가 필요하다.

4. Highly regarded for his integrity and __________, the professor was pointed to the head of Department.

(A) extravagance　　　　　　　　(B) frugality
(C) snatch　　　　　　　　　　　(D) dissipation

> **어휘** **extravagance** 사치, 무절제　**frugality** 검소, 절약　**snatch** 강탈; 조금[한 마디]　**dissipation** 낭비, 방탕

> **해석** 정직함과 겸손함으로 많은 존경을 받고 있는 그 교수는 학과장에 임명되었다.

정답　1. A　2. C　3. C　4. B

01 frustrate
[frʌ́streit]
좌절[실패]시키다

- The teachers felt frustrated to see the two companies only emphasize their corporate identity (CI) in English and promote slogans only in English.
  ▶ 선생님들은 그 두 회사가 사업의 특정성(CI)을 영어로만 강조하고, 선전문구 역시 영어로만 밀어 부치는 것에 좌절감을 느꼈다.

02 fulsome
[fúlsəm]
(칭찬 등이) 지나친

- He recorded the event in his journal: "Long evening visit from Mr. Langtree-a fulsome flatterer."
  ▶ 그는 일기에 "칭찬이 지나친 아부꾼 Langtree씨로부터의 긴 저녁 방문" 이라고 그 사건에 대해 기록해 놓았다

03 funereal
[fjuːníːəriəl]
장례식의

- Also in the exhibit are statues of Roman soldiers, military diplomats and funereal items such as urns, stone coffins and monuments.
  ▶ 로마 병정들과 군사 외교관들의 상들과 유골단지, 그리고 돌로 만든 관 같은 장례식에 사용되는 품목들과 기념비들이 또한 전시회에 있다.

04 furtive
[fɔ́ːrtiv]
몰래하는

- He had always been more than willing to show me parts of his notebook, whenever I asked him to; and naturally I had taken many furtive looks at its innermost pages when he wasn't around.
  ▶ 그는 항상 내가 부탁할 때면 자신의 노트 중 부분 부분들을 기꺼이 보여주곤 했다. 그리고 자연스레 나는 그가 없을 때 가장 깊숙한 곳에 숨겨진 페이지들을 몰래 슬쩍하게 들여다보았다.

05 gainsay
[geinséi]
반박[부인]하다

- In our present, imperfectly postmodern world, where most information still takes the potentially embarrassing form of printed matter lurking in archives, liars still must position themselves so that the historical record may not easily gainsay them.
  ▶ 우리가 사는 현재 대부분의 정보가 아직도 잠재적이지만 창피스럽게도 인쇄물의 모습으로 문서국에 숨어있는, 불완전한 포스트모던 세계에서, 거짓말쟁이들은 아직도 자신들의 자리를 잘 찾아서 역사적인 기록이 자기들을 쉽게 반박하지 못하도록 해야 할 필요가 있다.

06 galvanize
[gǽlvənaiz]
갑자기 활기 띠게 하다

- The killing of an innocent victim is likely to galvanize support for the troop dispatch.
  ▶ 무고한 희생자를 죽이는 것은 파병에 대한 지지를 자극할 확률이 크다.

07 gamut
[gǽmət]
전 범위

- Comments from those testifying at the standing-room-only hearing ran the gamut from polite pleas for an endorsement of a given set of books to condemnations of a review process some said was hasty and flawed.
  ▶ 모두 서서 참여하는 청문회에서 증언 되어지는 의견들은 주어진 책을 승인해달라는 공손한 부탁에서부터 너무 성급하고 문제점을 가지고 있다고 얘기하는 평론과정에 대한 책망까지 전 범위를 망라하고 있었다.

08 gape
[geip]
(입을 크게 벌리고) 바라보다

- They stood gaping at the cow in the living room.
  ▶ 그들은 거실에 있는 소를 보고 놀라 입을 벌리고 서 있었다.

1. In my opinion you'll <u>exasperate</u> your students if you use that textbook. The contents of a book were outrageous distortions of the history of our country.

   (A) encourage   (B) disadvantage

   (C) amuse   (D) frustrate

> **어휘** **exasperate** 격분시키다, 악화시키다   **outrageous** 난폭한, 부당한, 지나친   **distortion** 왜곡
> **encourage** 용기를 돋우다, 격려하다, 고무하다, 장려하다   **disadvantage** ~을 불리한 처지에 놓이게 하다, ~의 이익을 해치다   **amuse** 즐겁게 하다, 재미나게 하다   **frustrate** 좌절[실패]시키다

> **해석** 당신이 그 교재를 사용한다면, 학생들을 화나게 할 것이라고 생각한다. 그 교재는 터무니없이 우리나라 역사를 왜곡했다.

2. I fail to understand why there is such a _______________ atmosphere. The mood was more subdued if we have lost our country; we have lost a battle, not a war.

   (A) funereal   (B) giddy   (C) sanguine

   (D) haughty   (E) blatant

> **어휘** **subdued** 정복된, 가라앉은, 차분한   **funereal** 장례식 다운, 슬픈   **giddy** 현기증 나는   **sanguine** 명랑한 **haughty** 오만한   **blatant** 떠들썩한, 뻔뻔스러운

> **해석** 왜 그토록 우울한 분위기가 있어야 하는지를 나는 이해할 수 없었다. 마치 나라를 잃어버린 것처럼 가라앉아 있다. 우리는 전쟁에서 진 것이 아니고 전투에서 졌을 뿐이다.

3. No one saw the spy because he moved __________. As competition between the two heats up, spying of him will grow more intense.

   (A) slowly   (B) noisily

   (C) furtively   (D) gracefully

> **어휘** **intense** 강한, 격렬한   **slowly** 천천히   **noisily** 시끄럽게   **furtively** 몰래, 살그머니   **gracefully** 우아하게

> **해석** 그 스파이는 남의 눈을 피해 몰래 움직였기 때문에 아무도 그를 보지 못했다. 양국의 관계가 악화됨에 따라 그의 일은 더욱 치열해 질 것이다.

4. Hidden, shadowy doubts that had been in men's minds concerning the school master were <u>galvanized</u> into belief.

   (A) stirred   (B) recoiled   (C) mollified

   (D) quieted   (E) numbed

> **어휘** **stir** 감동을 주다, 자극하다   **recoil** 뒷걸음질 치다   **mollify** 진정시키다   **quiet** 조용하게 하다 **numb** 감각을 잃게하다, 마비시키다

> **해석** 학교선생님에 대한 사람들이 품고 있었던 은밀하고도 미심쩍었던 의심이 활기를 띠어 믿음으로 바뀌었다.

01 garrulous
[ǵǽruləs]
수다스러운

- C was a garrulous scatterbrain whose escapades revealed only that youthful energy and restlessness which dissipate as swiftly and completely as morning mist on a garden suburb.
  ▶ C는 수다스럽고 정신머리가 없는 사람이었다. 그의 장난질은 교외 화원에 아침 안개가 순식간에 완전히 걷혀버리듯 그저 젊음의 에너지와 산만함을 보여줄 뿐이었다.

02 genial
[dʒíːnjəl]
(날씨, 성질 등이) 온화한

- Though the tattoo is rather forbidding, belying Giambi's genial nature, his teammates are all in favor of it.
  ▶ 그 문신이 좀 섬뜩하긴 하지만, Giambi의 온화한 천성에 반대 이미지를 주기 때문에, 그의 팀원들은 모두 그의 편을 들어주었다.

03 genteel
[dʒentíːl]
(집안이 좋아서) 품위 있는

- The spa was a kind of place to which genteel families came in search of health and tranquility.
  ▶ 그 온천지는 품위 있는 집안 사람들이 건강과 고요함을 찾아 오는 그런 장소였다.

04 germane
[dʒəːrméin]
밀접한 관계가 있는

- As long as the argument remains germane, he listens attentively, putting on and removing heavy tortoise-shell glasses and leaning across the bench.
  ▶ 어디까지나 논쟁이 관련성 있는 것이면, 그는 거북이 껍질로 만들어진 무거운 안경을 썼다 벗었다 하면서 벤치에 비스듬히 기대어 경청한다.

05 gesticulation
[dʒestikjuléiʃən]
몸짓, 손짓을 하기

- There was a certain man outside the bedroom window gesticulating wildly as if he needs some help.
  ▶ 어떤 남자 하나가 침실 창 바깥에서 마치 도움이 필요한 듯 심하게 몸짓을 하고 있었다.

06 ghastly
[gǽstli]
(소름이 끼칠듯이) 무서운

- The ghastly tale of Kumihos, foxes with nine tails that desperately yearn to become human and can only do so by gobbling up the lives of 100 unfortunate souls, has been passed down from generation to generation.
  ▶ 꼬리가 아홉개인 여우는 절박하게 사람이 되고 싶어하는데 그러기 위해선 100명의 딱한 사람들을 잡아먹어야만 한다는 무서운 구미호 이야기는 대대로 전해져 내려오고 있다.

07 gist
[dʒist]
요점

- Though he wasn't being as direct as we wanted him to be, that was basically the gist of what he said.
  ▶ 그는 우리가 원하는 것 만큼 직접적으로 표현하지 않았지만, 근본적으로 그가 말한 요점은 그것이었다.

08 glib
[glib]
입심 좋은

- All of those glib egotistical talk show hosts annoy me because they don't seem sincere enough.
  ▶ 진실한 면이 부족한 듯 보여 난 저 모든 입심만 좋고 자기 잘난 줄만 아는 토크쇼 사회자들이 짜증난다.

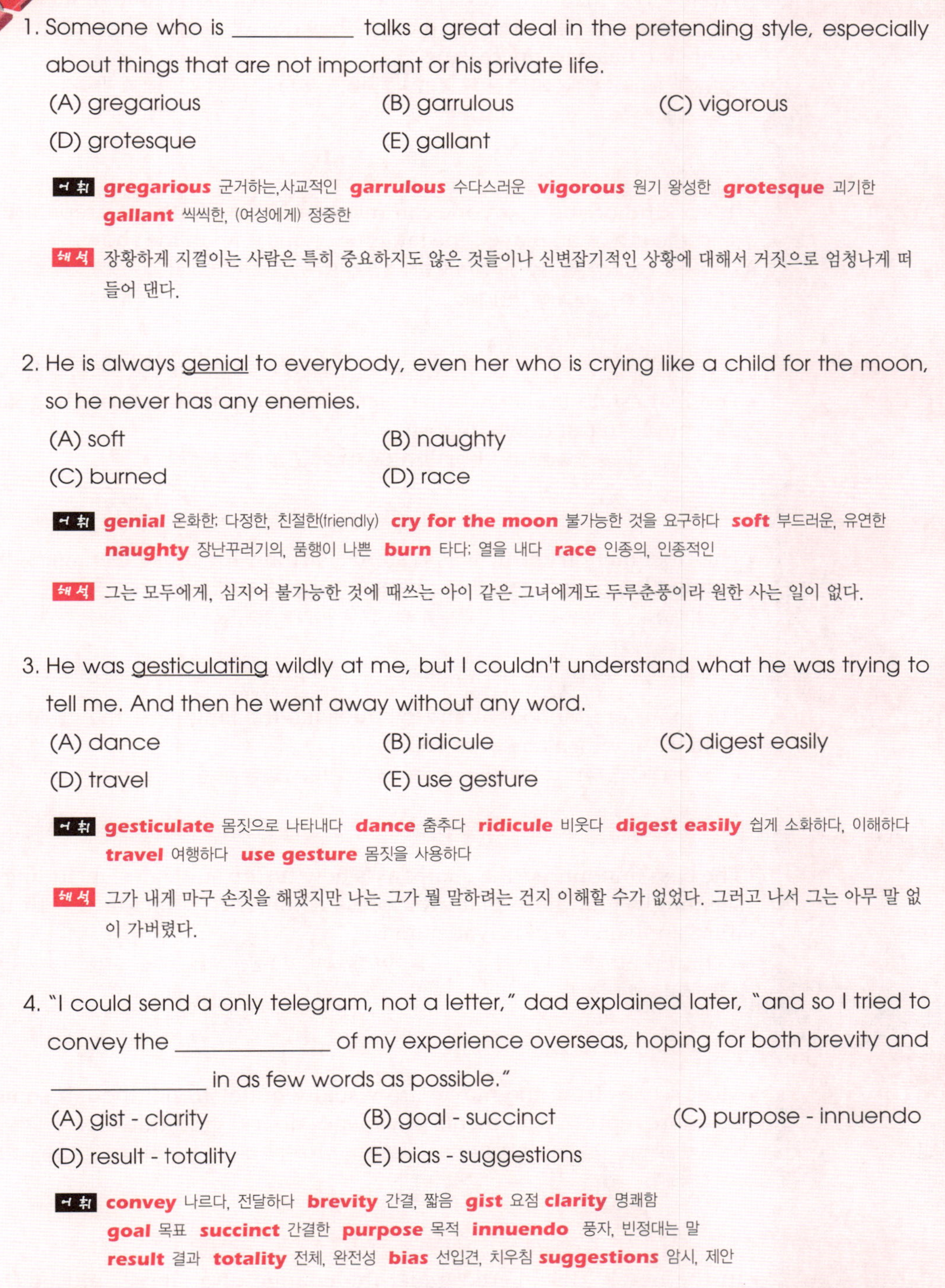

1. Someone who is ___________ talks a great deal in the pretending style, especially about things that are not important or his private life.

   (A) gregarious   (B) garrulous   (C) vigorous

   (D) grotesque   (E) gallant

   > **어휘** **gregarious** 군거하는, 사교적인 **garrulous** 수다스러운 **vigorous** 원기 왕성한 **grotesque** 괴기한
   > **gallant** 씩씩한, (여성에게) 정중한

   > **해석** 장황하게 지껄이는 사람은 특히 중요하지도 않은 것들이나 신변잡기적인 상황에 대해서 거짓으로 엄청나게 떠들어 댄다.

2. He is always <u>genial</u> to everybody, even her who is crying like a child for the moon, so he never has any enemies.

   (A) soft   (B) naughty

   (C) burned   (D) race

   > **어휘** **genial** 온화한; 다정한, 친절한(friendly) **cry for the moon** 불가능한 것을 요구하다 **soft** 부드러운, 유연한
   > **naughty** 장난꾸러기의, 품행이 나쁜 **burn** 타다; 열을 내다 **race** 인종의, 인종적인

   > **해석** 그는 모두에게, 심지어 불가능한 것에 떼쓰는 아이 같은 그녀에게도 두루춘풍이라 원한 사는 일이 없다.

3. He was <u>gesticulating</u> wildly at me, but I couldn't understand what he was trying to tell me. And then he went away without any word.

   (A) dance   (B) ridicule   (C) digest easily

   (D) travel   (E) use gesture

   > **어휘** **gesticulate** 몸짓으로 나타내다 **dance** 춤추다 **ridicule** 비웃다 **digest easily** 쉽게 소화하다, 이해하다
   > **travel** 여행하다 **use gesture** 몸짓을 사용하다

   > **해석** 그가 내게 마구 손짓을 해댔지만 나는 그가 뭘 말하려는 건지 이해할 수가 없었다. 그러고 나서 그는 아무 말 없이 가버렸다.

4. "I could send a only telegram, not a letter," dad explained later, "and so I tried to convey the ____________ of my experience overseas, hoping for both brevity and ____________ in as few words as possible."

   (A) gist - clarity   (B) goal - succinct   (C) purpose - innuendo

   (D) result - totality   (E) bias - suggestions

   > **어휘** **convey** 나르다, 전달하다 **brevity** 간결, 짧음 **gist** 요점 **clarity** 명쾌함
   > **goal** 목표 **succinct** 간결한 **purpose** 목적 **innuendo** 풍자, 빈정대는 말
   > **result** 결과 **totality** 전체, 완전성 **bias** 선입견, 치우침 **suggestions** 암시, 제안

   > **해석** "나는 편지가 아닌 전보를 겨우 보낼 수 있었지," 아버지는 나중에 말하셨다. "그래서 나는 가능한 적은 단어로 간결함과 명석함이 드러나길 바라며 내 해외 경험의 요점을 전달하려고 노력했다."

01 glossy
[glɔ́:si]
윤이 나는

- These days, the number of people who go to a skin clinic to make their skin glossy and elastic even though they do not have any problems with their skin has been increasing.
  ▶ 요즘에는 자신들의 피부에 아무런 문제도 없으면서 피부를 더 윤기가 나고 탄력 있게 하려고 피부과를 찾는 사람들의 수가 늘어나고 있다.

02 gluttonous
[glʌ́tənəs]
게걸스러운

- "It's a kind of show anyone can relax and enjoy without preparation", said the guy who played the fat, gluttonous thief in the show.
  ▶ "누구라도 편하게 긴장을 풀고 아무런 준비 없이 즐길 수 있는 그런 쇼입니다." 라고 그 쇼에서 뚱뚱하고 게걸스러운 도둑 역을 하는 사내가 얘기했습니다.

03 goad
[goud]
자극(선동)하다

- The real estate broker who was crazed about money strongly goaded the couple to put down deposit.
  ▶ 돈을 밝히는 그 부동산 중개업자는 커플에게 보증금을 치르도록 끈질기게 부추겼다.

04 gorge
[gɔːrdʒ]
배불리 먹다

- The documentary film was a stern warning for those teenagers, who frequently gorge themselves on hamburgers and fries.
  ▶ 그 기록 영화는 까딱하면 햄버거와 감자튀김을 배터지도록 먹어대는 십대들에게 엄중한 경고였다.

05 grandiloquent
[grændíləkwənt]
과장된

- The more grandiloquent and picturesque the language, the greater the distance at which he keeps you.
  ▶ 그의 말이 더 거창해지고 그림같이 생생해질수록 당신의 입장에선 그에게 거리감이 더 느껴진다.

06 grandiose
[grǽndious]
웅대(장엄)한

- The boss announced the company's new future strategies, including the seemingly grandiose plan in a press conference coinciding with their third anniversary of privatization.
  ▶ 사장님께선 민영화 3주년과 동시에 행해진 공동 기자 회견에서, 그 표면상 웅대한 계획을 포함한 회사의 새로운 미래 전략들을 발표하셨다.

07 gratuitous
[grətjúːitəs]
공짜의, 까닭 없는

- Most scenes from the movie are visually quite strong, though some of the more repulsive moments of violence do feel gratuitous.
  ▶ 물론 몇몇의 보다 혐오스러운 폭력의 순간들이 불필요하게 느껴지긴 했지만, 그 영화 대부분의 장면들은 시각적으로 꽤 강력하다.

08 gregarious
[grigɛ́:riəs]
군집서의, 사교적인

- In the newly discovered gene, the change of a single unit of DNA converted the worm from a solitary forager into a gregarious diner.
  ▶ 새로 발견된 유전자에서, DNA의 단일 단위의 변화가 그 벌레를 혼자서 먹이를 찾는 녀석에서 모여서 식사를 하는 녀석으로 바꾸어놓았다.

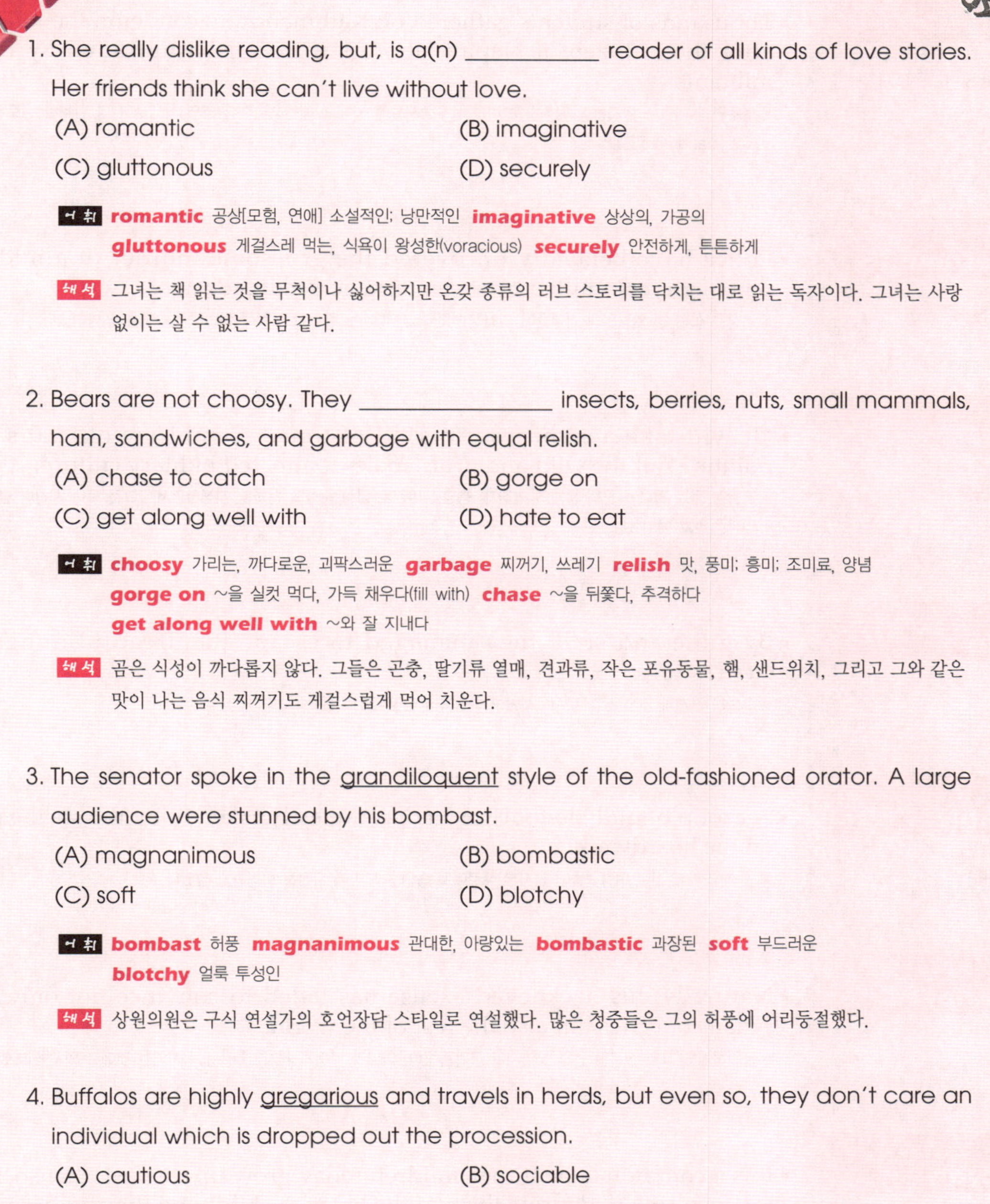

1. She really dislike reading, but, is a(n) ___________ reader of all kinds of love stories. Her friends think she can't live without love.

  (A) romantic
  (B) imaginative
  (C) gluttonous
  (D) securely

  어휘 **romantic** 공상[모험, 연애] 소설적인; 낭만적인 **imaginative** 상상의, 가공의
  gluttonous 게걸스레 먹는, 식욕이 왕성한(voracious) **securely** 안전하게, 튼튼하게

  해석 그녀는 책 읽는 것을 무척이나 싫어하지만 온갖 종류의 러브 스토리를 닥치는 대로 읽는 독자이다. 그녀는 사랑 없이는 살 수 없는 사람 같다.

2. Bears are not choosy. They _______________ insects, berries, nuts, small mammals, ham, sandwiches, and garbage with equal relish.

  (A) chase to catch
  (B) gorge on
  (C) get along well with
  (D) hate to eat

  어휘 **choosy** 가리는, 까다로운, 괴팍스러운 **garbage** 찌꺼기, 쓰레기 **relish** 맛, 풍미; 흥미; 조미료, 양념
  gorge on ~을 실컷 먹다, 가득 채우다(fill with) **chase** ~을 뒤쫓다, 추격하다
  get along well with ~와 잘 지내다

  해석 곰은 식성이 까다롭지 않다. 그들은 곤충, 딸기류 열매, 견과류, 작은 포유동물, 햄, 샌드위치, 그리고 그와 같은 맛이 나는 음식 찌꺼기도 게걸스럽게 먹어 치운다.

3. The senator spoke in the <u>grandiloquent</u> style of the old-fashioned orator. A large audience were stunned by his bombast.

  (A) magnanimous
  (B) bombastic
  (C) soft
  (D) blotchy

  어휘 **bombast** 허풍 **magnanimous** 관대한, 아량있는 **bombastic** 과장된 **soft** 부드러운
  blotchy 얼룩 투성인

  해석 상원의원은 구식 연설가의 호언장담 스타일로 연설했다. 많은 청중들은 그의 허풍에 어리둥절했다.

4. Buffalos are highly <u>gregarious</u> and travels in herds, but even so, they don't care an individual which is dropped out the procession.

  (A) cautious
  (B) sociable
  (C) intelligent
  (D) tolerant

  어휘 **gregarious** (동물이) 군생하는; (사람이) 사교적인 **herd** 가축의 떼, 무리 **procession** 행렬, 행진
  cautious 주의 깊은, 조심하는 **intelligent** 지적인, 지성을 갖춘 **tolerant** 관대한; 묵인하는

  해석 버팔로(Buffalo)는 군집성이 강해 떼를 지어 이동하지만, 그렇다 하더라도 대열에서 낙오한 개체까지 챙기지는 않는다.

정답 1. C 2. B 3. B 4. B

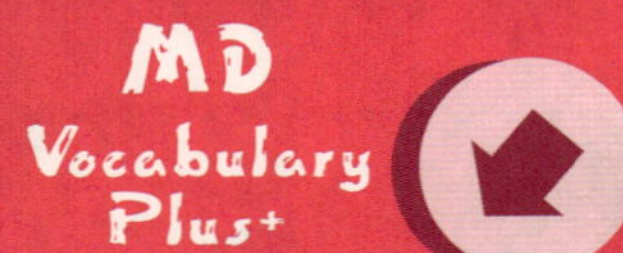

01 grisly
[grízli]
(소름 끼칠만큼) 무서운

- Thousands of students gathered on Kathmandu to condemn the killings after the a dozen of Nepali laborers were grisly murdered by Iraqi militants.
  ▶ 열두명의 네팔 노동자들이 끔찍하게 이라크 투쟁자들에 의해 살해된 후 수 천명의 학생들이 그 살육을 성토하고자 Kathmandu에 집결했다.

02 gruesome
[grú:səm]
소름 끼치는

- Police have belatedly uncovered the gruesome murder of a middle school girl committed by seven teenagers a decade ago.
  ▶ 경찰은 십년 전 일곱명의 십대들에 의해 자행된 소름 끼치는 중학교 여학생 살인사건을 뒤늦게 밝혀냈다.

03 gruff
[grʌf]
퉁명스러운

- "It will take a significant period of time." a ministry official said, pointing out the wild and gruff, male-dominated military culture.
  ▶ 국방성 관료 하나가 군대 문화의 거칠고, 퉁명스러우며, 남성 중심의 문화를 지적하면서, "그건 꽤나 시간이 걸릴 겁니다." 라고 얘기했다.

04 guile
[gail]
교활

- By guile and skill, they managed to escape the dreadful dungeon successfully.
  ▶ 그들은 간계과 기술로 그 무시무시한 지하감옥을 성공적으로 탈출해냈다.

05 gullible
[gʌ́ləbl]
속기 쉬운

- A group of gullible tourists were completely taken in by the shell game on the boardwalk.
  ▶ 한 무리의 순진한 여행객들이 판자 산책로에서 속임수 도박에 완전히 넘어가고 말았다.

06 hackneyed
[hǽknid]
진부한

- Naturally, his hackneyed excuse has failed to convince not only the Asian countries but also the rest of the world.
  ▶ 당연하게도 그의 진부한 변명은 아시아 국가들 만이 아니라 나머지 세계인들을 납득시키는 것에도 역시 실패했다.

07 halcyon
[hǽlsiən]
평온한

- It is a common lament that children today grow up too fast, that society is conspiring to deprive them of the halcyon childhood they deserve.
  ▶ 모두가 공통적으로 안타깝게 생각하는 것은 오늘날 어린이들은 너무 빨리 어른이 되어버리고, 사회가 그들에게 마땅히 주어져야 할 평온한 어린 시절을 빼앗아버리려 획책한다는 사실이다.

08 hallowed
[hǽloud]
신성한

- We have also come to this hallowed spot to remind America of the fierce urgency of now!
  ▶ 우리는 또한 "지금 당장"이라는 급박한 긴박성을 미국에게 일깨우기 위해 이 성스러운 자리에 모였습니다!

1. The _______________ sight in the second performance sent shivers down my spine. The scene magnified future threat on global warming.

(A) intricate (B) extricate (C) intrinsic

(D) extrinsic (E) gruesome

> **어휘** **shiver** 떨림, 전율 **spine** 등뼈, 척추 **magnify** 확대하다, 과장하다 **intricate** 얽힌 **extricate** 구해내다, 탈출 시키다 **intrinsic** 본질적인, 내부의 **extrinsic** 외부의 **gruesome** 소름 끼치는

> **해석** 두 번째 공연에서 소름 끼치는 장면을 보자 나는 등골이 오싹했다. 그 장면은 지구온난화로 인한 미래의 위협을 과장했다.

2. Since the dictator assumed power with an avid desire, he will need to use all her political _______________ to stay in power.

(A) smile (B) difficulty

(C) importance (D) guile

> **어휘** **dictator** 독재자 **avid** 욕심 많은, 탐욕스런 **smile** 미소 **difficulty** 어려움 **guile** 사기, 기만

> **해석** 독재자는 권력에 대한 불타는 열망으로 권력을 장악한 후 유지하기 위해 자신의 모든 정치적 술책을 사용하려 할 것이다.

3. Overly <u>gullible</u> people have only themselves to blame if they fall for scams repeatedly. As the saying goes, "Fool me once, shame on you. Fool me twice, shame on me."

(A) hot-tempered (B) easily-deceived

(C) fond of arguing (D) difficult to please

> **어휘** **fall for** ~에 홀딱 반하다, 매혹되다; 속다 **scam** 신용 사기[사건] **as the saying goes** 이른바, 속담에도 이르듯이 **gullible** 잘 속는 **hot-tempered** 성급한, 불같은 성격의 **fond (of)** 좋아하는 **please** 기쁘게하다, 만족시키다

> **해석** 아주 잘 속는 사람들은 거듭해서 계속 사기를 당하는 경우 자기 자신을 탓하기만 하면 된다. 속담에도 이르고 있듯이, "한번 속으면 당신 잘못이요, 두 번 속으면 내 잘못이다"라 한다.

4. But in a larger sense, we will make this ground keep natural, not to dedicate, consecrate, <u>hallow</u> in an effort to environmental conservation.

(A) seek (B) make holy

(C) shelter (D) pick out

> **어휘** **dedicate** 헌납하다, 바치다 **consecrate** 신성하게하다, 봉헌하다 **seek** 찾다, 추구하다 **make holy** 신성하게 하다(hallow) **shelter** 은신처 **pick out** 끄집어 내다

> **해석** 그러나 보다 넓은 의미에 있어서, 우리는 환경보존 노력의 일환으로 땅을 바치지도, 헌납하지도, 신성하게 만들지도 못하게하여 이 땅을 자연 그대로 지킬 것이다.

정답 1. E 2. D 3. B 4. B

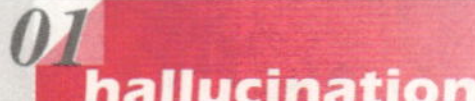

01 hallucination
[həlu:sinéiʃən]
환각

- Teenagers who get hooked on the Internet show anti-social behavior, obsession and even hallucination.
  ▶ 인터넷에 중독된 십대들은 반 사회적 행동양식, 강박관념, 그리고 심지어는 환각 증세까지 보인다.

02 hamper
[hǽmpər]
방해하다

- Prime Minister, intelligence chief Gen. Lee, had been replaced by a more hard-line general. It is a move that observers said could hamper reconciliation with the jailed pro-democracy leader.
  ▶ 총리 겸 정보부장인 이장군이 보다 강경 노선을 추구하는 장군으로 교체되었는데, 이는 수감중인 그 친민주주의 지도자와의 화해를 더욱 방해할 수 있는 조치라고 논평자들이 관측했다.

03 haphazard
[hæphǽzərd]
우연의

- A well constructed plot, therefore, must neither begin nor end at haphazard, but conform to these principles.
  ▶ 잘 짜여진 줄거리란 아무렇게나 시작하거나 끝나지 않아야 하고 이러한 원칙들을 지켜야 한다.

04 harass
[hərǽs]
괴롭히다

- The issue of the soldiers' deployment is expected to harass the party in power the most because civic activists and young people, the power base of the leader and his camp, are pressing ahead with their repeal.
  ▶ 그 지도자와 그의 진영 세력의 근간을 이루는 시민 운동가들과 젊은이들이 철회를 하라고 밀어 부치고 있기 때문에 군인들의 파병 이슈는 집권당을 가장 많이 괴롭힐 것으로 예상된다.

05 harbinger
[há:rbindʒər]
선구자, 전조

- Comets had been mistakenly interpreted by humans in times past as harbingers of doom, foretelling famine, plague, and destruction.
  ▶ 혜성들은 과거 사람들에 의해서 기아, 질병 그리고 파괴를 예고하는 멸망의 전조라고 잘못 해석됐었다.

06 harry
[hǽri]
약탈(침략) 하다

- A red squirrel had harried the nest of a wood thrush.
  ▶ 붉은 다람쥐 하나가 개똥지빠귀의 둥지를 덮쳤다.

07 haughty
[hɔ́:ti]
건방진

- Her haughty expressions upset the whole lot of reporters in the conference room.
  ▶ 그녀의 건방진 표현들이 회의장에 있던 모든 기자들의 속을 뒤집어놓았다.

08 hazardous
[hǽzərdəs]
위험이 많은

- A truck carrying hazardous materials crashed through the highway side barrier and fell about 50 meters.
  ▶ 위험 물질을 싣고 가던 트럭 하나가 고속도로 측면 방어벽을 충돌하고 뚫고 나가 50미터 가량을 곤두박질 쳤다.

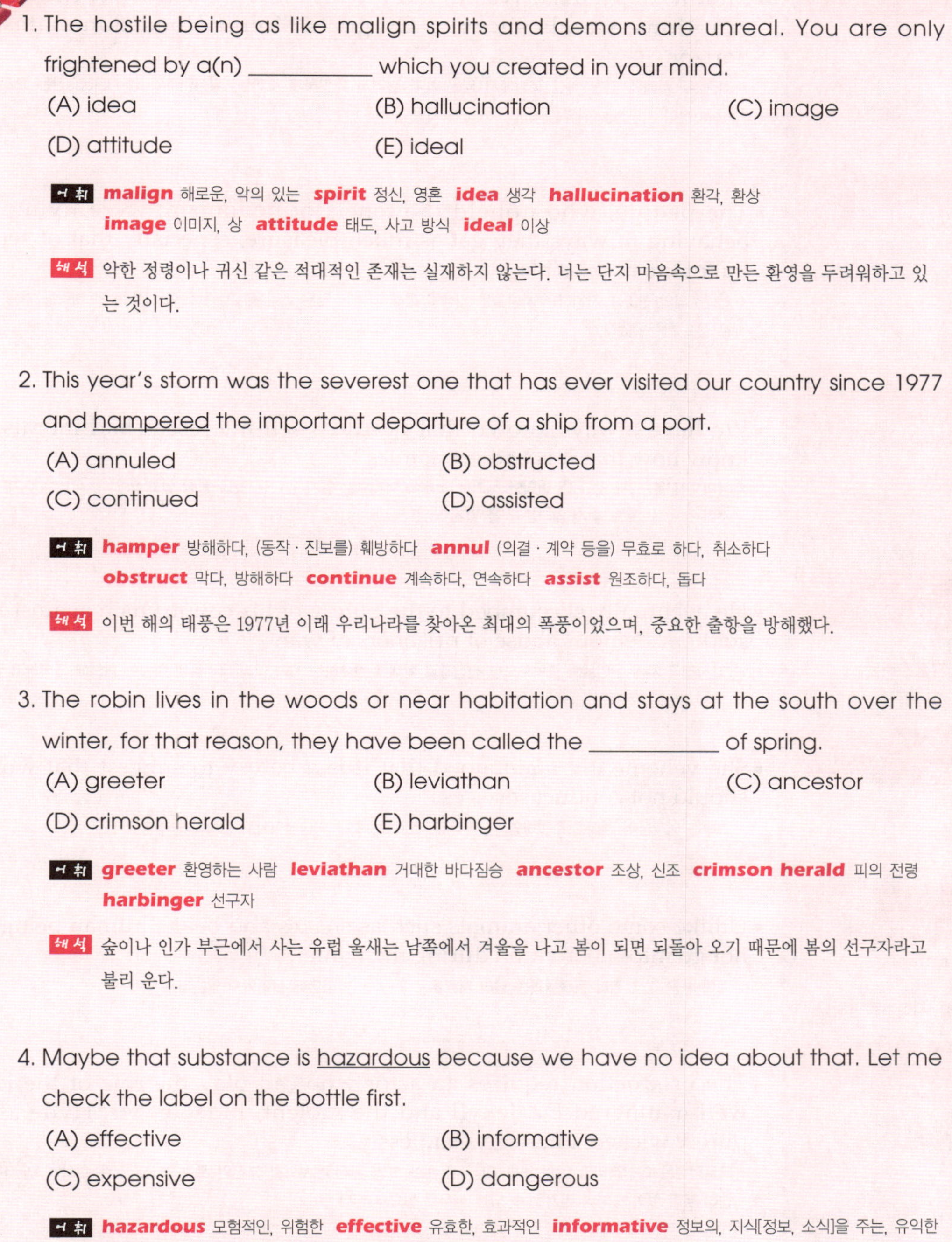

1. The hostile being as like malign spirits and demons are unreal. You are only frightened by a(n) ___________ which you created in your mind.

(A) idea (B) hallucination (C) image

(D) attitude (E) ideal

어휘 **malign** 해로운, 악의 있는 **spirit** 정신, 영혼 **idea** 생각 **hallucination** 환각, 환상 **image** 이미지, 상 **attitude** 태도, 사고 방식 **ideal** 이상

해석 악한 정령이나 귀신 같은 적대적인 존재는 실재하지 않는다. 너는 단지 마음속으로 만든 환영을 두려워하고 있는 것이다.

2. This year's storm was the severest one that has ever visited our country since 1977 and <u>hampered</u> the important departure of a ship from a port.

(A) annuled (B) obstructed

(C) continued (D) assisted

어휘 **hamper** 방해하다, (동작·진보를) 훼방하다 **annul** (의결·계약 등을) 무효로 하다, 취소하다 **obstruct** 막다, 방해하다 **continue** 계속하다, 연속하다 **assist** 원조하다, 돕다

해석 이번 해의 태풍은 1977년 이래 우리나라를 찾아온 최대의 폭풍이었으며, 중요한 출항을 방해했다.

3. The robin lives in the woods or near habitation and stays at the south over the winter, for that reason, they have been called the ___________ of spring.

(A) greeter (B) leviathan (C) ancestor

(D) crimson herald (E) harbinger

어휘 **greeter** 환영하는 사람 **leviathan** 거대한 바다짐승 **ancestor** 조상, 신조 **crimson herald** 피의 전령 **harbinger** 선구자

해석 숲이나 인가 부근에서 사는 유럽 울새는 남쪽에서 겨울을 나고 봄이 되면 되돌아 오기 때문에 봄의 선구자라고 불리 운다.

4. Maybe that substance is <u>hazardous</u> because we have no idea about that. Let me check the label on the bottle first.

(A) effective (B) informative

(C) expensive (D) dangerous

어휘 **hazardous** 모험적인, 위험한 **effective** 유효한, 효과적인 **informative** 정보의, 지식[정보, 소식]을 주는, 유익한 **expensive** 값비싼; 사치스러운 **dangerous** 위험한

해석 어떤 것인지 모르기 때문에 그 물질은 위험할지도 몰라. 내가 병에 붙어있는 라벨을 먼저 확인할게.

정답 1. B 2. B 3. E 4. D

Prefix A~Z 중요 빈출 어휘편

01 hazy
[héizi]
흐릿한

- Mount St. Helens, Wash., hazy with blowing ash from two recent eruptions, stands silent as Oregon's Mount Hood dominates the horizon.
  ▸ 최근 두 차례에 걸친 화산 폭발에서 나온 재가 날려서 흐릿하게 보이는, 워싱턴주의 성 Helens산은 오리곤주의 Hood산이 지평선을 뒤덮는 속에 고요하게 서있다.

02 hedonism
[hí:dənizm]
쾌락주의

- The people, who upheld the tenets of hedonism, were living and behaving in ways they get as much pleasure, especially that of senses, out of life as possible.
  ▸ 쾌락주의의 신조를 지지하던 사람들은 인생을 통해 가능한 많은 쾌락을, 그 중에서도 감각적인 쾌락을 얻는 방식으로 살고 행동했었다.

03 heedless
[hí:dlis]
부주의한

- We have always known that heedless self-interest is bad morals; we know now that it is bad economics.
  ▸ 남의 신경을 쓰지 않고 내 이익만 챙기는 것은 도덕적으로 옳지 않다는 것을 항상 알고 있었다. 우리는 이제 그러는 것이 경제적으로도 좋지 않다는 것을 알게 되었다.

04 heinous
[héinəs]
극악한, 가증스러운

- He eventually succumbed to the outcry of his countrymen against their soldiers' heinous abuse of prisoners of war.
  ▸ 그는 결국 자기 군인들의 극악무도한 전쟁포로 학대를 반대하는 자기 나라 국민들의 격렬한 항의에 굴복하고 말았다.

05 heresy
[hérəsi]
이단

- She vehemently maintained that it is a heresy to suggest that women should not conduct services.
  ▸ 그녀는 여자들이 예배를 주관하면 안 된다고 제안하는 것은 이단적이라고 강력하게 주장했다.

06 hibernate
[háibəːrneit]
(동물이)
겨울잠을 자다, 동면하다

- Unlike some other animals such as snakes and bears, human beings do not go into hibernation during the winter.
  ▸ 뱀이나 곰 같은 기타 동물들과는 달리 사람은 겨울 동안 동면에 들어가지 않는다.

07 hideous
[hídiəs]
소름이 끼치는

- The production requires an actor who can play the role of the ideal, well-mannered Dr. Jekyll and the violent, hideous Mr. Hyde as his purely wicked, alter ego seamlessly.
  ▸ 프로덕션은 이상적이고 예의 바른 Dr. Jekyll과 그의 완전히 사악한 분신인 폭력적이고 소름 끼치는 Mr. Hyde를 전혀 무리 없이 오가며 연기할 수 있는 배우를 필요로 한다.

08 hilarious
[hiléəriəs]
즐거운

- The film has a number of clever twists and hilarious moments to keep it entertaining, but not enough to live up to its impressive resume.
  ▸ 그 영화는 수많은 재치 넘치는 반전들과 요절복통하는 순간들이 있어서 재미가 있긴 하지만 대단한 출연진들의 명성에는 걸맞지 않는 수준이다.

1. Nero the Emperor of the Holy Roman Empire might well be termed one of history's most famous ___________. There were plenty of the royal concubines in his palace.

    (A) spiritual leaders   (B) Swiss generals

    (C) hedonists   (D) automobiles

> **어휘** **emperor** 황제 **term** 칭하다, 부르다 **royal** 왕의, 왕실의 **concubine** 첩 **spiritual** 정신적인, 영적인 **Swiss general** 스위스 장군 **hedonist** 쾌락추구자 **automobile** 자동차

> **해석** 신성로마제국의 황제인 네로는 역사상 가장 유명한 쾌락주의자들 중 하나라고 불리운다. 그의 궁전에는 후궁들이 넘쳐흘렀다.

2. In the aftermath of World War Ⅱ and the Nuremberg tribunal, the idea arose of creating a permanent international criminal court that could try the most <u>heinous</u> international criminals.

    (A) shocking and immoral   (B) impotent and helpless

    (C) awkward and famous   (D) chivalrous and notorious

> **어휘** **aftermath** 여파, (전쟁 따위의) 직후 **tribunal** 재판소 **heinous** 가증스런, 극악한(shocking and immoral) **impotent** 무력한 **helpless** 무력한 **awkward** 서투른, 어줍은 **chivalrous** 기사의, 무용의 **notorious** 악명의

> **해석** 제2차 세계대전과 뉘른베르크 재판 직후에 가장 극악한 국제 범죄자를 심판할 수 있는 영구적인 국제 범죄 재판소를 세워야 한다는 견해가 제기되었다.

3. The night was made ____________ by the sound of wolves and other wild animals howling at the door of the lodge in ruins by a long-term famine.

    (A) hideous   (B) painful

    (C) wicked   (D) ugly

> **어휘** **howl** (개·이리가) 짖다 **lodge** 조그만 집, 오두막 **famine** 기근, 기아 **hideous** 소름끼치는, 무서운(dreadful) **painful** 아픈; 불쾌한 **ugly** 추한, 못생긴

> **해석** 장기간의 기근으로 폐허가 된 오두막집 문가에서 울부짖는 늑대와 야생동물 소리에 그날 밤은 끔찍했다.

4. "That's <u>hilarious</u>", I said with a half-laugh. However he gave me the cold shoulder as it goes against the grain with him.

    (A) impossible   (B) comical

    (C) eventful   (D) spontaneous

> **어휘** **hilarious** 아주 재미있는(comical), 즐거운 **half-laugh** 미미한 웃음 **against the grain** 성미에 맞지않게, 못마땅하여 **impossible** 불가능한, 실현할 수 없는 **eventful** 사건이 많은, 다사다난한; 중대한 **spontaneous** 자발적인, 자진해서 하는

> **해석** "그거 재미있군요"라고 나는 미미한 웃음을 지으며 말했다. 하지만 그는 내 모습이 거슬리는 것처럼 매몰차게 굴었다.

정답 1. C 2. A 3. A 4. B

01 horticultural
[hɔːrtikʌ́ltʃərəl]
원예의

- The peony is an emblematic flower for Beijing and the show is one of a number of horticultural events scheduled in the capital in a bid to improve the environment as well as provide extra income for public parks.
  ▶ 모란은 베이징을 상징하는 꽃이며 이 행사는 환경을 개선하며 공공 공원에 가외의 수입을 증대시키려고 수도 내에서 계획된 많은 원예 행사들 중 하나이다.

02 humane
[hjuːméin]
인정있는

- In addition, the government plans to implement a funeral service system for pets to take care of dead pets in a humane way.
  ▶ 게다가, 정부는 죽은 애완 동물들을 인정있는 방법으로 처리하는 애완 동물용 장례 서비스 체제를 실시하려 계획하고 있습니다.

03 humdrum
[hʌ́mdrʌm]
지루한

- He was trapped in a humdrum, but well-paid job as a lawyer.
  ▶ 그는 변호사로서 지루하긴 하지만 돈은 풍족하게 버는 일자리에 묶여있었다.

04 humid
[hjúːmid]
습한

- The hot and humid weather and absence of some core players were also negative factors for the team.
  ▶ 덥고 습한 날씨와 핵심 선수들이 몇몇 빠졌다는 것 역시 그 팀에겐 부정적인 요인들이었다.

05 humility
[hjuːmíliti]
겸손

- They might be extremely rich, but it wouldn't hurt them to show a little humility for a change.
  ▶ 그들은 굉장한 부자인지 모른다. 하지만 때로는 좀 겸손함을 보여주는 것도 나쁘진 않을 것이다.

06 hybrid
[háibrid]
잡종

- Some call them a hybrid form of classical music, while others consider them simply as a marketing gimmick.
  ▶ 어떤 이들은 그것들을 고전음악의 잡종적인 형태라고 부르지만 다른 이들은 단순히 장사 해먹으려는 술수라고 간주한다.

07 idiosyncrasy
[idiousíŋkrəsi]
(개인의) 특징, 특이성

- One of the idiosyncrasies of this printer that I just can't seem to understand is that you can't stop it once it has started printing.
  ▶ 이 프린터가 유별난 점 중 내가 정말 이해 못하는 한 가지는 일단 인쇄가 시작되면 정지를 시킬 수가 없다는 것이다.

08 inkling
[íŋkliŋ]
암시

- When he arrived at the airport in the afternoon, he already had an inkling of the accommodating spirit of his supporters.
  ▶ 그가 오후에 공항에 도착했을 때, 그는 이미 자기 지지자들의 포용하는 마음을 어렴풋이 느낄 수 있었다.

1. Metals aren't always suitable for building a house. Metals rust most rapidly in
________ regions.

   (A) humid
   (B) hot
   (C) cold
   (D) warm

   > **어휘** **metal** 금속 **rust** 녹슬다, 부식하다 **humid** 눅눅한, 습기가 많은(damp) **hot** 뜨거운, 더운
   > **cold** 추운, 찬; 냉정한 **warm** 따뜻한; 열렬한

   > **해석** 금속은 집을 짓기에 항상 적합한 것은 아니다. 금속들은 습기가 많은 지역에선 아주 빠르게 부식한다.

2. His speech was the most successful one than other. He spoke with a <u>humility</u> and
lack of pride, which impressed his listeners.

   (A) humiliation
   (B) submission
   (C) modesty
   (D) subordination

   > **어휘** **humiliation** 굴욕 **submission** 복종, 항복 **modesty** 겸손(humility), 수줍음
   > **subordination** 복종, 예속시킴

   > **해석** 그의 연설은 가장 성공적이었다. 그는 자존심을 버리고 겸손하게 말했고 이것이 청중에게 감명을 주었다.

3. People thought he had bats in his belfry. One of his personal ___________ was his
habit of rinsing all cutlery given him in a restaurant.

   (A) complaints
   (B) diseases
   (C) worries
   (D) idiosyncrasies

   > **어휘** **have bats in one's belfry** 유별나다, 실성하다 **cutlery** (식탁의 나이프, 포크 따위) 칼붙이
   > **complaint** 불평, 불만 **disease** 병, 질병; 불건전 **worry** 걱정, 근심 **idiosyncrasy** 특이성, 특징(peculiarity)

   > **해석** 다른 사람들은 그를 괴짜라고 생각했다. 그의 개인적인 특이함 중 하나는 식당에서 준 모든 나이프나 포크를 씻는
   > 습관이었다.

4. He could <u>have</u> at least <u>an inkling</u> of what to expect from those around him. For
that reason, his life was full of suffering.

   (A) take notice of
   (B) take charge of
   (C) have a vague idea of
   (D) bear in mind
   (E) learn by heart

   > **어휘** **take notice of** ~에 주의하다, 주목하다 **take charge of** ~를 맡다, 담당하다
   > **have an inkling of** ~를 어렴풋이 알다, 눈치채다 **bear in mind** ~를 마음에 간직하다, 기억하다
   > **learn by heart** 외우다, 암기하다

   > **해석** 그는 그 주위에 있는 사람들이 무엇을 기대하는지 막연히 알았다. 그런 이유 때문에 그의 인생은 고통으로 가득
   > 했다.

정답 1. A 2. C 3. D 4. C

01 insular
[ínsulər]
섬의, 섬나라 근성의

■ The old image of insular, xenophobic Brit has been almost shattered in recent years.
▶ 영국인들의 섬나라 근성과 외국인을 혐오하는 오래된 이미지는 근년에 와서 거의 다 깨어졌다.

02 irascible
[iræsəbl]
화를 잘 내는

■ James Lowther was a man so irascible in all his personal dealings, political and domestic, that Thomas Carlyle's brother believed only his wealth kept him from being committed to a madhouse.
▶ James Lowther는 정치에서나 가정에서나 개인적으로 처신하는 모든 일에 있어서 어찌나 화를 잘 내는지, Thomas Carlyle의 동생은 그가 오로지 돈이 많기 때문에 정신병원에 수용되는 것을 면하고 있다고 믿었다.

03 jeopardy
[dʒépərdi]
위험

■ The executive added that the chairman believed the company's survival would be in jeopardy without a merger with its rival.
▶ 그 중역이 덧붙이기를 회장님께선 경쟁사와 합병하지 않고서는 회사의 생존이 위험할 것이라 믿는다고 했다.

04 jettison
[dʒétisn]
(배, 항공기에서 짐을) 투하하다

■ The captain was forced to jettison the cargo and make an emergency landing as the plane was running out of fuel.
▶ 비행기의 연료가 떨어져 가자 기장은 짐들을 내던지고 비상착륙을 할 수밖에 없었다.

05 judicious
[dʒuːdíʃəs]
현명한

■ Until the much needed outside help arrives, we should make judicious use of the resources still available to us.
▶ 매우 갈구하는 외부 원조가 도착할 때까지, 우리는 아직 사용할 수 있는 자원들을 현명하게 이용하여야만 한다.

06 kindred
[kíndrid]
친척의, 동족의

■ We urgently need to muster kindred spirits to effect the cause.
▶ 그 대의명분을 달성하기 위해 우리는 급히 동지들을 규합할 필요가 있다.

07 kleptomaniac
[kleptoméiniæk]
병적 도벽자

■ You might find it hard to believe, but she turns into a kleptomaniac when she has a period without fail.
▶ 믿기 힘들지 모르지만, 월경을 할 때면 그녀는 어김없이 병적 도벽자로 변해버린다.

08 laconic
[ləkánik]
(말, 문체 등이) 간결한

■ There was one tiny photograph of him at a YMCA camp plus a few laconic and uninformative entries in a soldier's log from the war year, 1917-18.
▶ YMCA 캠프에서 찍은 그의 조그마한 사진이 하나 있었고, 그 밖에는 1917년에서 1918년 사이 전쟁하던 해, 한 군인의 담화집에 그가 기재한 간결하고 별 정보를 주지 않는 글들이 두어개 있었다.

1. His _________ temper lost him many friends. But, only she would sustain him through his lonely and meaningless life and she was the motive of his life.

(A) friendly   (B) irascible   (C) tender

(D) sick   (E) telling

어휘 **sustain** 떠받치다, 지탱하다 **friendly** 친한, 친절한 **irascible** 화를 잘 내는 **tender** 부드러운 **sick** 병든 **telling** 효과적인, 드러내는

해석 그는 화를 잘 내는 성격 때문에 많은 친구를 잃었다. 하지만 오직 그녀만이 그의 외롭고 무의미한 생활의 힘이 되었고 그의 인생의 원동력이었다.

2. Mary, who was in <u>jeopardy</u>, cried out for help desperately. No one passed by and it was getting dark every minute.

(A) performance   (B) danger   (C) stage

(D) theatre   (E) joy

어휘 **jeopardy** 위험 **cry for help** 구해[도와]달라고 외치다 **desperately** 절망적으로, 자포자기한 채; 필사적으로 **performance** 실행, 성취; 공연 **stage** 무대; 단계 **theatre** 극장; 연극; 현장 **joy** 기쁨, 환희

해석 위험에 처해있던 Mary는 필사적으로 구해달라고 외쳤다. 지나가는 사람은 아무도 없었고, 주위는 계속 어두워지고 있었다.

3. If the policies had been <u>judicious</u> and farsighted, they could have helped a lot.

(A) weightless   (B) incurable

(C) discreet   (D) invulnerable

어휘 **policy** 정책 **judicious** 사려깊은 **incurable** 불치의, 치료할 수 없는 **discreet** 사려깊은 **invulnerable** 상처받기 쉬운

해석 그 정책들이 사려 깊고 선견지명이 있는 것들이었더라면 상당한 도움이 되었을 텐데.

4. It gave a shock into the spotlight that the self-made millionaire who was caught shoplifting was found to be suffering from _____________________.

(A) acrophobia   (B) kleptomania

(C) pyromania   (D) hydrophobia

어휘 **self-made** 자수성가한 **shoplifting** 가게 좀도둑질 **acrophobia** 고소공포증 **kleptomania** 도벽 **pyromania** 방화광 **hydrophobia** 광견병

해석 가게 물건을 훔친 이유로 잡힌 자수성가한 백만장자는 도벽으로 고생해 온 것으로 밝혀져 세간에 충격을 주었다.

01 lethal
[líːθəl]
치사의, 치명적인

- He proceeded to take a lethal dose of tranquilizers and committed suicide in his own office.
  ▸ 그는 이어서 치사량의 진정제를 복용한 후 자신의 사무실에서 자살했다.

02 lethargic
[liθáːrdʒik]
나른한

- The economy looks like a sick person in a lethargic depression despite the fact we're not in a financial crisis-like situation any more.
  ▸ 우리가 더 이상 재정 위기와 같은 상황에 처하지 않았음에도 불구하고, 경제는 마치 나른한 우울증에 빠진 환자와 같이 보인다.

03 lewd
[luːd]
음탕한

- Michael Jackson has pleaded innocent to a 10 count indictment charging him with committing lewd acts on a boy under the age of 14.
  ▸ 마이클 잭슨은 열 네 살도 안 된 한 소년에게 음란한 짓을 했다고 혐의를 받고 있는 열 개의 기소 조항이 들은 기소장에 대해 자신의 결백을 주장했다.

04 lexicon
[léksikən]
사전

- The Ministry of National Defense is reportedly considering dropping the phrase main enemy from its North Korea lexicon when it publishes a scheduled white paper this year.
  ▸ 국방부는 올해 발행할 국방백서에서 북한을 지칭하는 용어에서 "주적" 이라는 말의 삭제를 검토하고 있는 것으로 보도되고 있다.

05 liaison
[líːəzan]
연락

- In combating art crime, the police have appointed a liaison officer to work with the art crime.
  ▸ 경찰은 예술 범죄와 싸우기 위해 예술계와 일할 연락 경관을 한 사람 임명했다.

06 libelous
[láibələs]
비방하는

- Malicious and potentially libelous internet postings are being blamed for driving him to suicide.
  ▸ 잠재적으로는 악의적이고 비방적인 인터넷 댓글들이 그를 자살로 몰고갔다는 비난의 대상으로 떠올랐다.

07 licentious
[laisénʃəs]
(성적으로) 방탕한

- Now his family hope to rehabilitate his reputation by a biography claiming that he was the victim of an unfair church trial and should have been acquitted of the charges of licentious behavior.
  ▸ 이제 그의 가족은 그가 불공평한 교회 재판의 희생양이었으며, 성적으로 방탕한 행동을 했다는 혐의를 그에게서 벗겨주어야 한다고 주장하는 일대기를 통해 그의 명예가 회복하기 바라고 있다.

08 limpid
[límpid]
(물, 공기, 마음 등이) 맑은

- Located in the lap of majestic mountains of the Himalayas, Kashmir is famous for its natural beauty with enchanting valleys, limpid lakes, cascading rivers, trekking in mountains and a wide variety of animals and plants.
  ▸ 히말라야의 웅장한 산골짜기에 위치한 Kashmir는 매혹적인 산골, 투명한 호수, 폭포가 있는 강, 산에서의 트레킹과 많은 종류의 동식물로 유명하다.

1. No one likes to work with a <u>lethargic</u> partner. You should forget what you did all the while. Your behavior won't work any more.

   (A) hypersensitive (B) apathetic
   (C) arrogant (D) rigid

   > **lethargic** 혼수(상태)의, 둔감한 **hypersensitive** 감각 과민(성)의, 과민한 **apathetic** 무감각한, 냉담한
   > **arrogant** 거드럭거리는, 거만[오만]한 **rigid** 굳은, 단단한, 완고한

   > 활발하지 못한 파트너와 함께 일하는 것을 좋아하는 사람은 아무도 없다. 그 동안의 무기력한 행동은 통하지 않을 것이다.

2. It has been almost decade that the Internet real-name system to hold a tight rein on rapidly increasing Internet __________ culture.

   (A) abuse (B) revile
   (C) libelous (D) trance

   > **abuse** 남용하다 **revile** 헐뜯다. 매도하다 **libelous** 비방하는, 중상적인
   > **trance** 황홀하게 하다, 넋을 잃게 하다

   > 급속도로 증가하고 있는 인터넷 비방문화를 방지하기 위해 실명제 도입을 시작한지도 10여 년이 되었다.

3. The <u>licentious</u> monarch brought about his kingdom's downfall. His inefficiency was suspected of phenomenon faltering economies and societies.

   (A) deceitful (B) clairvoyant
   (C) lazy (D) wanton

   > **monarch** 왕, 군주 **licentious** 방탕한, 음탕한; (규율에) 반항적인 **deceitful** 사람을 속이는, 거짓의, 사기의
   > **clairvoyant** 투시의; 통찰력이 있는 **lazy** 게으른, 나태한; 나른한

   > 그 방탕한 군주는 자신의 왕국의 몰락을 초래했다. 그의 무능함이야 말로 경제, 사회 파탄의 주범이었다.

4. Because the court court already accepted indictment of embezzlement in the intensifying, the company has to make its accounts as __________ as possible.

   (A) abstruse (B) victorious
   (C) limpid (D) digestive

   > **indictment** 기소 **embezzlement** 횡령 **intensifying** 증대하다, 점점 세어지다
   > **abstruse** 심오한, 난해한 **limpid** 맑은, 투명한 **digestive** 소화력 있는

   > 법원에서 이미 점점 의혹이 짙어가는 횡령에 관한 기소를 받아들였기 때문에 그 회사는 회사의 회계를 최대한 투명하게 만들어야 했다.

정답 1. B 2. C 3. D 4. C

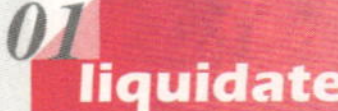

01 liquidate
[líkwideit]
(부채 등을)
청산하다, 숙청하다

- If the co-management plan fails, creditors plan to either place the debt-ridden firm under court control or liquidate it.
  ▶ 만약 동시 관리 계획이 실패하면, 채권자들은 빚더미에 앉은 회사를 법정 관리에 넣거나 해체시켜버리려 계획하고 있다.

02 lithe
[laið]
유연한

- It may look sexy and stylish when worn by fashion models with mile-long legs and lithe bodies, but the short cut looks quite different when worn by ordinary women.
  ▶ 긴 다리와 유연한 몸매의 패션 모델이 입었을 때는 섹시하고 스타일리쉬하게 보일 지도 모르지만 이 짧게 재단된 옷은 일반인이 입었을 때는 사뭇 달라 보인다.

03 litigation
[litigéiʃən]
소송

- An unresolved issue in Korea was whether a valid arbitration clause must completely eliminate the option of resolving disputes via litigation.
  ▶ 한국에서 해결이 되지 않고 있는 문제의 하나는 중재문구가 유효하려면 소송을 통한 분쟁 해결방법이 완전히 배제되어야 하느냐는 것이었다.

04 loathe
[louð]
몹시 싫어하다

- Farmers here strongly loathe market liberalization because they fear the flood of competitive global products will drive them out of business.
  ▶ 농부들은 경쟁력 있는 각국의 상품들이 홍수처럼 몰려와 자신들이 장사에서 밀려날까봐 시장 자유화를 매우 싫어한다.

05 loiter
[lɔ́itər]
어슬렁거리다

- Hundreds of illegals, mainly from Afganistan and Iraq loiter in and around this French city hoping to cross to the United Kingdom.
  ▶ 주로 아프가니스탄과 이라크에서 온 수 백 명의 불법자들은 영국으로 국경을 건너기를 희망하며 이 프랑스 도시를 어슬렁거리고 있다.

06 loquacious
[lokwéiʃəs]
수다스러운

- In drawing a sharp contrast with the loquacious Johnson, her new lawyers appeared for just a few moments and said virtually nothing to reporters before retreating into the building.
  ▶ 수다스러운 Johnson과는 강한 대조를 이루게, 그녀의 새 변호사들은 몇 분 정도만 모습을 보이고 건물 속으로 철수해 들어가기 전에 기자들에게 거의 아무 말도 하지 않았다.

07 lucrative
[lú:krətiv]
수지 맞는

- The environment ministers from Asian countries, during the Convention on International Trade in Endangered Species, agreed to set up a Thai initiated regional wildlife-police network to stop the region's lucrative wildlife trade.
  ▶ 아시아 국가들에서 온 환경부 장관들이 멸종 직전의 동물 종에 대한 국제 거래 대표자회의에서 그 지역의 돈줄이 된다는 야생동물 거래를 중단시키고자 태국사람이 발의한 지역 야생동물 경비 네트워크를 세우기로 합의하였다.

08 lukewarm
[lú:kwɔ:rm]
미지근한

- Government has been under criticism due to its lukewarm attitude toward growing regional disputes.
  ▶ 정부는 자꾸만 커지는 영토 분쟁들에 대해서 미지근한 태도를 취해 비난을 받고 있다.

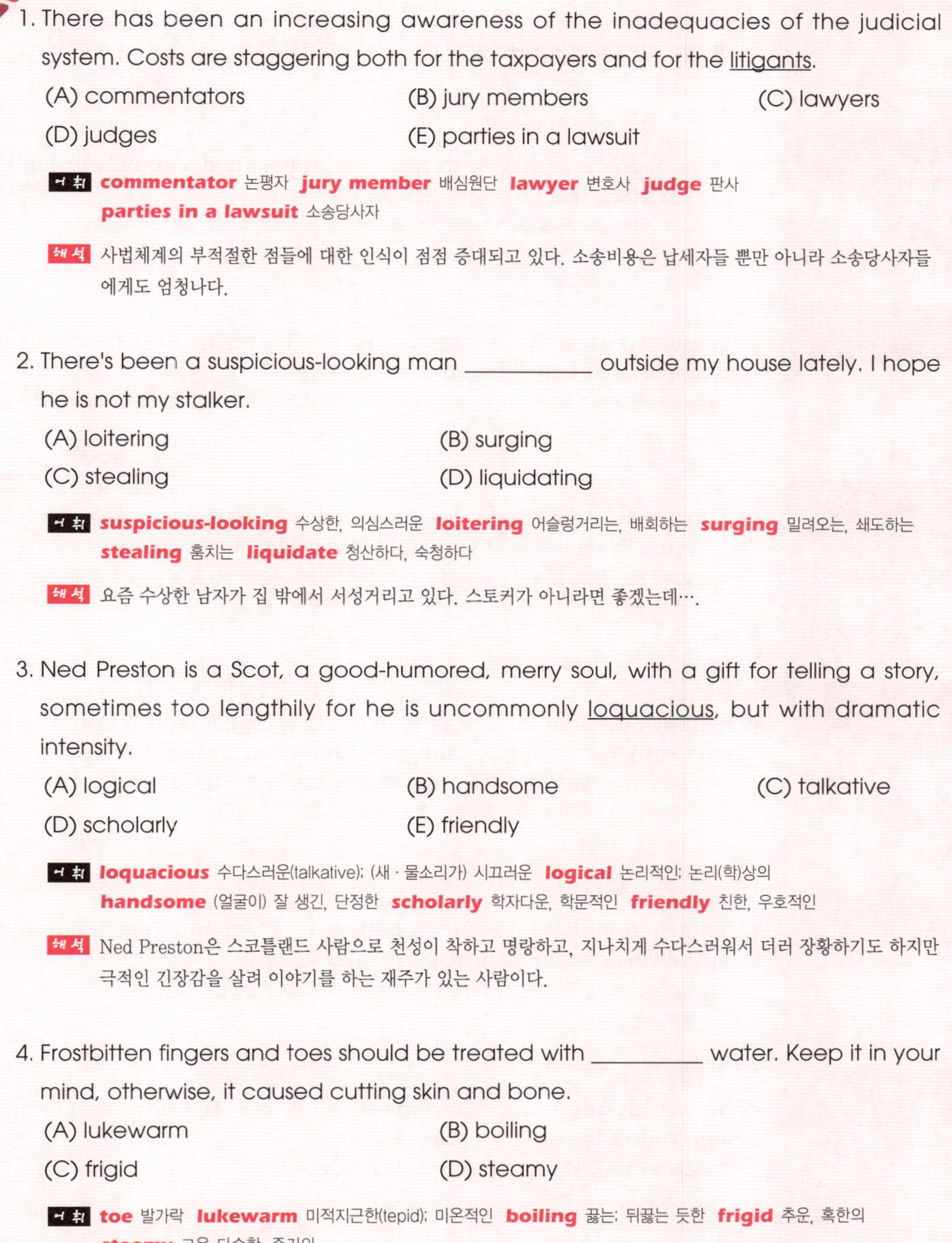

1. There has been an increasing awareness of the inadequacies of the judicial system. Costs are staggering both for the taxpayers and for the <u>litigants</u>.

   (A) commentators   (B) jury members   (C) lawyers

   (D) judges   (E) parties in a lawsuit

   > **어휘** **commentator** 논평자 **jury member** 배심원단 **lawyer** 변호사 **judge** 판사
   > **parties in a lawsuit** 소송당사자

   > **해석** 사법체계의 부적절한 점들에 대한 인식이 점점 증대되고 있다. 소송비용은 납세자들 뿐만 아니라 소송당사자들에게도 엄청나다.

2. There's been a suspicious-looking man ___________ outside my house lately. I hope he is not my stalker.

   (A) loitering   (B) surging

   (C) stealing   (D) liquidating

   > **어휘** **suspicious-looking** 수상한, 의심스러운 **loitering** 어슬렁거리는, 배회하는 **surging** 밀려오는, 쇄도하는
   > **stealing** 훔치는 **liquidate** 청산하다, 숙청하다

   > **해석** 요즘 수상한 남자가 집 밖에서 서성거리고 있다. 스토커가 아니라면 좋겠는데….

3. Ned Preston is a Scot, a good-humored, merry soul, with a gift for telling a story, sometimes too lengthily for he is uncommonly <u>loquacious</u>, but with dramatic intensity.

   (A) logical   (B) handsome   (C) talkative

   (D) scholarly   (E) friendly

   > **어휘** **loquacious** 수다스러운(talkative); (새·물소리가) 시끄러운 **logical** 논리적인; 논리(학)상의
   > **handsome** (얼굴이) 잘 생긴, 단정한 **scholarly** 학자다운, 학문적인 **friendly** 친한, 우호적인

   > **해석** Ned Preston은 스코틀랜드 사람으로 천성이 착하고 명랑하고, 지나치게 수다스러워서 더러 장황하기도 하지만 극적인 긴장감을 살려 이야기를 하는 재주가 있는 사람이다.

4. Frostbitten fingers and toes should be treated with _________ water. Keep it in your mind, otherwise, it caused cutting skin and bone.

   (A) lukewarm   (B) boiling

   (C) frigid   (D) steamy

   > **어휘** **toe** 발가락 **lukewarm** 미적지근한(tepid); 미온적인 **boiling** 끓는; 뒤끓는 듯한 **frigid** 추운, 혹한의
   > **steamy** 고온 다습한, 증기의

   > **해석** 동상에 걸린 손가락과 발가락은 미지근한 물로 치료해야 한다. 그렇지 않으면 피부와 뼈를 잘라야 할 수도 있으니 항상 유의해라.

01 luminous
[lú:minəs]
빛나는

- He applied a coat of luminous paint to his helmet as one of the safety measures.
  ▶ 그는 안전 조치 중의 하나로 자신의 헬멧에 한 겹의 야광 페인트를 입혔다.

02 luscious
[lʌ́ʃəs]
맛[향]이 좋은

- Her passionate vocals, both luscious and refined, brought to life lyrics by great poets from the last century.
  ▶ 관능적이며 세련된 그녀의 열정적인 보컬은 지난 세기의 위대한 시인들의 시에 생명을 불어넣었다.

03 luster
[lʌ́stər]
광택, 윤기

- Various treatments for restoring the luster to dull hair had been developed by many labs since the 60's.
  ▶ 푸석푸석한 머리카락에 윤기를 회복시켜주는 다양한 치료법들이 60년대부터 많은 실험들에 의해 개발되었다.

04 luxuriant
[lʌɡʒú:riənt]
(식물, 땅 등이) 무성한

- This stretch of land was once covered with large oak trees with wide spreading branches and luxuriant foliage, but is now bare.
  ▶ 이 연결되는 땅은 한 때 넓게 팔 벌린 가지들과 무성한 잎사귀를 가진 커다란 오크 나무들로 덮여 있었지만 이제는 벌거벗은 모습이다.

05 maelstrom
[méilstrəm]
대혼란

- The murk became thicker as he fishtailed his canoe through a swirling maelstrom of currents pouring past, and over, unseen rocks.
  ▶ 그가 보이지 않는 돌들을 지나쳐가거나 그 위로 퍼부어대고 있는 소용돌이 치는 물길의 대혼란 속을 자신의 카누를 좌우로 조정해가며 나아가고 있을 때 어둠은 점점 더 짙어져 갔다.

06 magnanimous
[mæɡnǽniməs]
도량이 넓은

- There is an indissoluble union between a magnanimous policy and the solid rewards of public prosperity and felicity.
  ▶ 도량이 넓은 정책과 공공의 번영과 행복에 대한 보상 사이에는 확고한 융합이 있다.

07 magnitude
[mǽɡnitu:d]
크기

- The worldwide economic depression of the 1930's was of immense magnitude and consequences.
  ▶ 1930년대에 있었던 전세계적인 경제 불황은 그 규모와 파장이 막대했다.

08 maim
[meim]
~을 불구로 만들다

- We should be very cautious, but terrorists want to kill, maim, and above all, disturb our daily lives.
  ▶ 우린 물론 매우 조심하겠지만, 테러리스트들은 살인하고, 사람을 불구로 만들고, 무엇보다도 우리의 일상적인 삶을 방해하기를 원한다.

1. Charles Lamb's works reveal profound scholarship and are written in <u>a luminous</u> style which is unsurpassed in English prose.

   (A) a lubricious   (B) an assiduous

   (C) a circumscribed   (D) a clear

   해석 Charles Lamb의 작품들은 심오한 학식을 드러내며, 영국 산문에서 독보적이라 할 만큼 명쾌한 스타일로 쓰여 있다.

2. We want to seize the value and perspective of passing things, and so to pull ourselves up out of the <u>maelstrom</u> of daily circumstance.

   (A) place of trade

   (B) front trench in the siege of truth

   (C) main stream

   (D) confused, disordered state of affairs

   어휘 **perspective** 전망 **passing** 지나가는, 일시적인 **pull oneself up** 갑자기 그만두다, 자제하다
   maelstrom 대 혼란, 큰 소용돌이 **place of trade** 교역장소 **front trench in siege of truth** 진리 공격의 전초지
   main stream 본류 **seize** 이해하다

   해석 우리는 일시적인 일들의 가치와 전망을 파악해서 일상 환경의 큰 소용돌이에서 문득 벗어나기를 원한다.

3. The ____________ attitude of conquering general in restoring the property to the citizens was commended. He always concerned about trifles.

   (A) stubborn   (B) lavish

   (C) magnificent   (D) magnanimous

   어휘 **stubborn** 완고한 **lavish** 아끼지 않는, 후한 **magnificent** 웅장한 **magnanimous** 관대한

   해석 정복을 감행한 장군은 시민들에게 소유물을 회복시키자는 관대한 태도를 보였다. 그는 사소한 부분까지도 신경 써서 행동했다.

4. Many children have been ____________ for life by these bombs but she was not injured for great exertion of her father.

   (A) endangered   (B) slanted

   (C) maimed   (D) embarrassed

   어휘 **endanger** 위험에 빠뜨리다 **slant** 경사지게 하다 **maim** ~을 불구로 만들다
   embarrass 어리둥절하게 하다

   해석 이 폭탄들 때문에 많은 어린이들이 일생 동안 불구로 지내게 되었다. 하지만 다행히도 그녀는 아버지의 도움으로 어떠한 상해도 입지 않았다.

정답 1. D 2. D 3. D 4. C

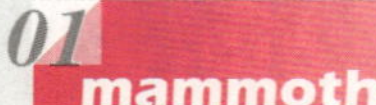

01 mammoth
[mǽməθ]
거대한; 맘모스

- Many people flocked to the market district, famous for its lines of wholesale clothing shops and mammoth fashion malls.
  ▶ 도매의류 가게들과 거대한 패션몰들이 줄줄이 늘어서 있는 것으로 유명한 상가 지역으로 많은 사람들이 몰려들었다.

02 mandatory
[mǽndətɔːri]
강제적인, 의무적인

- The minister is calling for mandatory prison sentences for people who sexually molest underage children.
  ▶ 장관은 미성년 어린이를 성적으로 학대하는 사람들에게 강제적인 징역형을 내리라고 요구하고 있다.

03 manifest
[mǽnifest]
명백한, 분명히 보여주다, 입증하다

- Her manifest lack of enthusiasm in the urban development project has provoked severe criticism from her supporters.
  ▶ 그녀가 도시 개발 프로젝트에 보여준 명백한 열성 부족은 자신의 지지자들로부터 혹독한 비판을 야기시켰다.

04 manipulate
[mənípjuleit]
(사람, 기계 등을) 조종[조작]하다

- He manipulated the public opinion in his favor through massaging some figures in regard to his performance while he was in office.
  ▶ 그는 자신이 공직에 있을 동안의 공적에 대한 숫자들을 조작함으로써 여론을 조종했다.

05 maritime
[mǽritaim]
바다의

- The patrol boats fired warning shots on Monday to force the enemy navy vessels back over a maritime border, the military official said.
  ▶ 경비선들은 월요일, 적 해군의 배들을 강제로 해상 국경선을 넘어 돌아가도록 경계 사격을 했다고 군 관리가 얘기했다.

06 martial
[máːrʃəl]
호전적인, 전쟁의

- He is world renowned for roles in Hollywood movies such as "The Corruptor" and "The replacement Killers" as well as the martial arts hit "Crouching Tiger, Hidden Dragon."
  ▶ 그는 무술 영화 히트작인 "와호장룡" 뿐만이 아니라 "커럽터" 그리고 "리플레이스먼트 킬러"와 같은 할리우드 영화들에서 맡은 역들로 세계적으로 명성을 얻었다.

07 maternal
[mətə́ːrnəl]
어머니의

- They termed her the great mother, for her maternally care in cherishing her brothers while young.
  ▶ 그들은 형제들을 어릴 때 애지중지 어머니처럼 보살펴 준 그녀를 위대한 어머니라고 칭하였다.

08 maudlin
[mɔ́ːdlin]
감상적인

- He was a bad drunk and became maudlin and weepy and would often have to be carried home by his friends.
  ▶ 그는 형편없는 주정뱅이였고, 취하면 감상적으로 되어서 훌쩍거리며 울어서 종종 친구들이 집으로 데려다 줄 수밖에 없었다.

1. For giving equalize educational opportunities, after 1850, various states in the United States began to pass <u>compulsory</u> school attendance laws.

    (A) harsh
    (B) diversified
    (C) mandatory
    (D) complicated

    어휘 **various** 여러 가지의, 가지각색의 **compulsory** 강제적인; 의무적인(mandatory); 필수의 **attendance** 출석(상황) **harsh** 거친, 사나운, 가혹한 **diversified** 다양한, 다각적인 **madatory** 강제적인, 의무적인 **complicated** 복잡한, 까다로운

    해석 교육 기회 균등을 위해 1850년 이후 미국의 여러 주들이 의무 교육법안을 통과시키기 시작했다.

2. The king ____________ his pleasure with a hearty laugh. Why is his Majesty laughing so much? I can not understand at all.

    (A) denied
    (B) hid
    (C) manifested
    (D) emphasized

    어휘 **pleasure** 기쁨, 즐거움 **hearty** 마음으로부터의, 친절한; 기운찬 **deny** ~을 부정하다; 취소하다; (신의 존재, 교리 등을) 부인하다 **hide** ~을 숨기다; 덮어 가리다, 덮다; 감추다, 비밀로 하다 **manifest** ~을 명백히 하다; (감정을) 드러내다(show); 명백한, 분명한 **emphasize** ~을 강조하다(stress); 역설하다

    해석 왕은 몹시 큰 웃음으로 자신의 기쁨을 드러냈다. 그는 무엇 때문에 그렇게 크게 웃고 있는 걸까? 나는 전혀 이해되지 않는다.

3. To operate something with skill or to make other person do as what I want is to ____________. In other word, it is an ability to control or influence others in a secret way so that they don't realize what they really want to do.

    (A) manipulate
    (B) manicure
    (C) manifold
    (D) manifest

    어휘 **manipulate** 교묘히 다루다, 조종하다 **manicure** 매니큐어를 칠하다 **manifold** 복사기로 복사하여 많은 사본을 만들다 **manifest** 명백하게 하다

    해석 어떤 것을 기술을 가지고 작동시키는 것 혹은 다른 사람을 의도대로 움직이게 하는 것을 '조종한다'라고 한다. 즉, 내 의지대로 다른 사람들을 무엇인가 하게 만들 수 있는 능력을 의미한다.

4. By reason of the hand-made sweater filled with his wife's love, he suddenly became <u>maudlin</u> about his life.

    (A) mawkish
    (B) sanguine
    (C) indignant
    (D) rosy

    어휘 **mawkish** 몹시 감상적인 **sanguine** 명랑한, 낙천적인 **indignant** 분개한 **rosy** 장미빛의

    해석 아내의 사랑이 담긴 선물은 갑작스럽게 그의 인생관을 감상적이게 만들었다.

정답 1. C 2. C 3. A 4. A

01 mauve
[mouv]
연한 자주빛

- To see Maya crushing rose petals in a marked manner quite distracted you from Diana's new hat, a mauve sieve which trembled like a diaphanous skirted, deep sea creature whenever she had a set-to with her mother.
  ▶ Maya가 독특한 방식으로 장미 꽃잎을 부수고 있는 것을 보노라면 Diana의 연보라색 철로 만들어 구멍이 송송 뚫린 새 모자가 그녀가 자기 엄마와 격론을 벌일 때마다 속이 내비치듯 테를 두른 심해의 생물 마냥 부르르 떨리는 모습을 놓치기 딱 알맞았다.

02 maxim
[mǽksim]
격언

- A maxim often quoted by investment experts is: "Never invest in anything you cannot understand."
  ▶ 투자 전문가들이 자주 인용하는 격언은, "당신이 이해할 수 없는 것에는 어떤 것에도 절대 투자하지 말아라" 이다.

03 meander
[miǽndər]
구불구불 나아가다

- Shot in a style that mixes documentary and art film, the camera follows the students as they meander through the corridors and make their way through their day.
  ▶ 그것은 다큐멘터리와 예술 영화를 혼합한 스타일로 찍혀있어서, 복도를 구불구불 지나가며 학생들이 자신들의 하루를 헤쳐나가는 것을 카메라가 좇아 다닌다.

04 meddle
[médl]
참견하다

- People shouldn't meddle with things they don't fully understand such as somebody else's private life.
  ▶ 다른 이의 사적인 삶과 같이 자기들이 온전히 이해하지 못하는 것들에는 상관하지 말아야 한다.

05 mediate
[míːdieit]
(분쟁 등을)
조정하다, 중재하다

- A group of delegates was dispatched from the conference today in an effort to mediate a truce between the Iraqi government and the Shiite cleric in the holy city of Najaf.
  ▶ 성스러운 도시인 Najaf에서 이라크 정부와 시아파의 성직자 사이에서 휴전을 중재하려는 노력의 일환으로 한 무리의 대표단이 오늘 회의에서 파견되었다.

06 mediocre
[miːdióukər]
평범한

- Persons with great potential abilities sometimes fall down on the job because of laziness or lack of interest in the job, while persons with mediocre talents have often achieved excellent results through their industry and their loyalty to the interests of their employers.
  ▶ 엄청난 잠재력들을 가진 사람들은 때때로 일에 대한 나태함이나 흥미의 부족때문에 직장에서 실패하며, 반면에 평범한 재능을 가진 사람들은 종종 그들의 근면과 고용주들의 관심에 대한 충성심을 통해 탁월한 결과들을 성취해왔다.

07 meditation
[meditéiʃən]
숙고, 명상

- As on the last show, he played a literally striking Just One of Those Things Here, as a bumpy stride feature, and his magnificent ballad Haiku like a haunting meditation.
  ▶ 지난번 공연 때와 마찬가지로 그는 말 그대로 한대 치는 듯한 Just one of those Things Here를 박자가 고르지 않은 보폭처럼 연주하고, 자신의 웅장한 발라드 Haiku는 끊임없이 마음 속에서 맴도는 명상의 하나인 것처럼 연주했다.

08 mendacious
[mendéiʃəs]
거짓의

- Lyndon Johnson and Richard Nixon, two very different men, each from a different party, were seen as mendacious and deceitful, driven to self-destructive actions by forces they could not control.
  ▶ 판이하게 다르고, 각자 다른 당 출신인 Lyndon Johnson, Richard Nixon 전대통령은 정직하지 못하고 사기성이 농후하여 자신들이 자제할 수 없는 힘에 의해 자기파괴적인 행동들로 치닫았다고 평가 받는다.

1. Tom has been <u>meddling with</u> my business affairs again. He should pay more attention to his own work.

    (A) taking interest in   (B) helping me with   (C) interfering in

    (D) appealing to   (E) making reference to

> **어휘** **meddle with** 간섭하다, 방해하다   **take interest in** ~에 흥미를 가지다, 관심을 가지다
> **appeal** 항의하다, 항소하다   **make reference to** ~에 언급하다; ~을 참조하다

> **해석** Tom은 또 내 업무에 간섭하고 있다. 자기 일에나 관심을 가지지.

2. A neutral nation volunteered to _____________ in the interest of achieving peace. However we still have lots of problems to solve.

    (A) mediate   (B) intercept

    (C) relegate   (D) devastate

> **어휘** **volunteer** 자원하다   **in the interest of** ~를 위해, ~라는 이익을 도모하여
> **mediate** 중재하다, 조정하다   **intercept** 도중에서 빼앗다, 가로막다   **relegate** 추방하다
> **devastate** 황폐하게 하다

> **해석** 한 중립 국가가 평화를 이룩하기 위해 중재하겠다고 자원했다. 하지만 여전히 풀어야 할 문제가 산더미이다.

3. The absent-minded man is often a man who is making the best of life and, therefore, has no time to remember the <u>mediocre</u>; who would have trusted Socrates or Shakespeare to post a letter or turn off the gas when leaving the house?

    (A) ordinary   (B) incredulous

    (C) bad   (D) considerate

> **어휘** **absent-minded** 방심 상태의, 멍해[얼빠져] 있는   **mediocre** 평범한; 2류의
> **turn off** (전등, 라디오, TV를) 끄다, (수도, 가스를) 잠그다   **incredulous** 의심 많은, 회의적인
> **considerate** 동정심 많은, 인정이 있는

> **해석** 어느 한군데 몰두하고 있는 사람은 보통 삶을 최대한 이용하고 있는 사람이며, 따라서 평범한 것들을 기억할 시간이 없다. 누가 집을 나서는 소크라테스나 셰익스피어에게 마음 편히 편지를 부치고 가스를 잠그라고 시키겠는가?

4. Even though it is going to be a long shot, our only hope is to prove that the witness as _______________ and guilty of perjury.

    (A) mendacious   (B) prejudiced   (C) improper

    (D) meddlesome   (E) meretricious

> **어휘** **mendacious** 거짓말 하는   **prejudiced** 선입관을 가진   **improper** 부적당한
> **meddlesome** 지겹게 참견하는   **meretricious** 저속한

> **해석** 비록 가능성이 희박하더라도 우리의 유일한 희망은 그 목격자가 거짓말을 하고 위증죄라는 것을 밝히는 것이다.

정답 1. C   2. A   3. A   4. A

01 mercenary
[má:rsineri]
돈[보수]를 목적으로 하는

- In "Pacific Heights", the evil crook character plotted some mercenary scheme to marry a wealthy widow down in southern California.
  ▶ "퍼시픽 하이츠"에서 사악한 사기꾼은 돈을 목적으로 하는 음모를 짜서 남부 캘리포니아에서 부유한 미망인과 결혼하였다.

02 mercurial
[mə:rkjú:riəl]
(수은처럼) 변덕스러운

- Geoffrey Rush leads the all-star cast as Sellers, all mercurial temperament and cruelty.
  ▶ Geoffrey Rush가 변덕이 심한 성질과 잔인함으로 똘똘 뭉친 Sellers 역으로 화려한 스타 배역진을 이끈다.

03 mesmerize
[mésməraiz]
최면술을 걸다, 매혹하다

- Classical pieces from acclaimed composers have never ceased to mesmerize listeners worldwide.
  ▶ 갈채를 받는 작곡가들로부터 나온 고전음악 작품들은 계속해서 세계에 있는 음악 애호가들을 매혹하고 있다.

04 mete
[mi:t]
(상, 벌 등을) 주다

- The community leaders urged the government to mete out punishment and ensure such an incident does not reoccur.
  ▶ 지역사회 지도자들은 정부에게 처벌을 줌으로써 다시는 그러한 사건이 일어나지 않도록 확실하게 해달라고 종용했다.

05 meticulous
[mitíkjuləs]
세심한, 꼼꼼한

- Whatever else she taught me about science, she also helped me understand that meticulous attention to detail and patience are as important to problem solving as a grand vision.
  ▶ 그녀가 내게 과학에 대해 다른 무엇을 가르쳐 주었건 간에, 그녀는 문제를 해결하는데 있어서 거대한 비전만큼이나 중요한 것이 세부사항에 대한 세심한 주의와 인내심이라는 것을 내가 이해하게끔 도와주기도 했었다.

06 mien
[mi:n]
(문학) 태도

- He raised and answered the question with the dispassionate mien of a professor advising a student on a course of study.
  ▶ 그는 일어나서 교수가 학생에게 공부하는 과정에 대해 충고를 하는 듯한 감정에 전혀 영향을 받지 않는 태도로 질문에 답을 하였다.

07 migrant
[máigrənt]
이주하는, 이주자

- A number of vacated flats have mostly been occupied by migrant households, particularly in that old, former West German city.
  ▶ 특히 그 오래된 전 서독 도시에선, 많은 수의 빈 아파트들이 대부분 이주하는 가정들에 의해 점유되어 왔다.

08 mitigate
[mítigeit]
누그러뜨리다

- It is not exactly clear how to mitigate the detrimental effects of tourism on the island.
  ▶ 관광사업이 그 섬에 주는 해로운 영향들을 어떻게 감소시킬 수 있을지는 아직도 정확히 드러나지 않았다.

1. My brother was so ______________ that he constantly changed his political outlooks. It is time to make his point of view, consistently.

(A) charming
(B) troublesome
(C) mercurial
(D) physical

> **어휘** **constantly** 끊임없이; 항상 **outlook** 견해 **charming** 매력적인; 호감이 가는 **troublesome** 골치 아픈; 다루기 힘든 **mercurial** 수성(水星)의; 민첩한; 변덕스러운(capricious) **physical** 산제의, 물질의

> **해석** 나의 형은 너무나 변덕스러워 끊임없이 자신의 정치적 견해를 바꾸었다. 그는 이제 일관성 있는 입장을 밝혀야 한다.

2. Andrea Dorfman remembers viewing Tyrannosaurus rex in a museum of natural history as a grade schooler, and like millions of her peers, being "mesmerized."

(A) inspired
(B) shocked
(C) fascinated
(D) fear-stricken
(E) enamored

> **어휘** **inspire** 고무하다 **shock** 충격을 주다 **fascinate** 매혹하다 **fear-stricken** 공포에 질린 **enamor** 반하게 하다

> **해석** Andrea Dorfman은 초등학생으로서 자연사 박물관에서 Tyrannosaurus의 박제를 구경한 것과, 또한 다른 수백만의 또래 아이들처럼 매료되었던 것을 기억하고 있다.

3. The painting had been executed with meticulous attention to detail. I could find a really tiny beauty mark.

(A) very careful
(B) very energetic
(C) really painstaking
(D) extremely fickle

> **어휘** **execute** 완성하다, 제작하다; 실행하다 **meticulous** 지나치게 세심한, 매우 신중한; 소심한 **energetic** 정력적인, 원기 완성한; 강력한 **painstaking** 수고를 아끼지 않는, 근면한; 공들인 **fickle** 변하기 쉬운, 마음이 잘 변하는

> **해석** 그 그림은 세부적인 곳까지 세심한 주의를 기울여 완성되었다. 얼굴의 작은 점까지 그려져 있었다.

4. The severe toothache was ______________ by taking a pain-killer. But the effect wore off, immediately and then my decayed tooth was getting hurt.

(A) debased
(B) corrupted
(C) mitigated
(D) outlived

> **어휘** **a pain-killer** 진통제 **debase** 떨어뜨리다, 저하시키다 **corrupt** 타락시키다, 부패시키다 **mitigate** (고통 등을) 누그러뜨리다 **outlive** ~보다 오래 살다

> **해석** 진통제를 먹어서 치통을 누그러뜨렸다. 하지만 이내 진통제의 약효가 떨어져서 다시 아프기 시작했다.

정답 1. C 2. C 3. A 4. C

01 mobile
[móubil]
움직일 수 있는

- Wireless phone operators are gearing up to offer mobile commerce services using satellite-based location-finding technology, promising convenience for shoppers willing to be traced.
  ▶ 무선전화 교환원들은 인공위성을 통한 위치 파악 기술을 이용하여 이동통신 상업 서비스를 제공하고 있다. 이는 기꺼이 위치 추적에 응하는 소비자들에게 편리함을 약속한다.

02 mode
[moud]
양식, 방식

- Despite the increasing numbers of cars in Beijing, bicycles are still the main mode of transport, with more than 10 million bikes on the streets.
  ▶ 북경에서는 늘어나는 자동차의 숫자에도 불구하고, 길거리에 천 만대가 넘는 자전거가 여전히 주된 교통 수단이다.

03 mollify
[málifai]
누그러지게 하다

- M. Chirac kept coming back with different calculations as he tried to mollify protesters far more threatening than the demonstrators who had brought Nice to a standstill at the start of the summit.
  ▶ M. Chirac은 정상회담이 시작할 당시 도시 니스를 정지 상태로 몰아넣었던 데모 군중보다 훨씬 더 위협적인 저항자들을 누그러뜨리려고 다른 계산들을 가지고 계속 돌아왔다.

04 momentous
[mouméntəs]
중대한, 중요한

- This momentous decree came as a great beacon light of hope to millions of Black slaves who had been seared in the flames of withering injustice.
  ▶ 이 중대한 포고령은 움츠리게 만드는 불평등의 불길 속에서 신음하던 수백 만의 흑인 노예들에게 위대한 희망의 불빛을 던져 주었습니다.

05 monetary
[mániteri]
화폐의

- The government will implement measures to boost domestic demand such as an interest rate cut and loose monetary policies.
  ▶ 정부는 내수를 진작시키기 위해 이자율 인하 및 제재가 별로 없는 통화정책 같은 조치들을 실시할 것이다.

06 morbid
[mɔ́:rbid]
(정신, 사상 등이) 병적인

- Her subject, though initially morbid, is a heavily coded story, a narrative that would take the voice of many murdered women.
  ▶ 그녀의 주제는 일단은 병적인 듯 하지만 많은 살인 당한 여인들의 목소리를 빌려 읊조리는 극심하게 암호로 꾸며진 이야기이다.

07 mordant
[mɔ́:rdənt]
신랄한

- I noticed with approval that his mordant remarks were intended to deflate the pompous and unmask the hypocritical.
  ▶ 그의 신랄한 말들이 거만한 자들의 콧대를 꺾고 위선자들의 가면을 벗기기 위한 것이라는 사실을 알고 나는 수긍했다.

08 moribund
[mɔ́:ribʌnd]
소멸해 가는, 죽어가는

- The real problem is not the economic crisis that dominates the headlines, but a pair of intertwined long-run concerns: the work force is shrinking fast, and Japan undermines its economy's productivity by squandering money on life support for moribund industries and backward regions.
  ▶ 진짜 문제는 헤드라인을 독점하고 있는 경제 위기가 아니었다. 대신 한 쌍의 서로 얽힌 장기적인 염려들, 즉 노동력이 빠른 속도로 감소하고 있으며, 일본이 생명유지 장치에 의지하고 있는 죽어가는 산업들과 발전이 뒤떨어진 지역들에 돈을 분산시킴으로써 경제의 생산성을 방해하고 있다는 것이다.

1. Despite the proliferation of other, faster __________ of transportation, the railroads remain the largest carriers of intercity freight in the United States.

   (A) schemes   (B) modes   (C) tracks   (D) variables

> **어휘** **proliferation** 번식; 확산   **intercity** (교통이) 도시 사이의, 도시 사이를 연결하는   **freight** 화물
> **scheme** 계획, 설계; 음모   **mode** 형식, 방식(means); 유행   **track** 흔적; 통로; (인생의) 행로
> **variable** 변화하는 것; 변수

> **해석** 빠른 다른 운송 수단이 급증함에도 불구하고, 철도는 여전히 미국 내의 도시 사이를 연결하는 화물 운반에서 가장 큰 수단으로 남아 있다.

2. Anne thought that throwing some scraps to the bear would ________ it, but instead the beast tore apart our campsite in search of more to eat.

   (A) accost   (B) preclude   (C) mollify

   (D) efface   (E) tout

> **어휘** **accost** 다가와서 말을 걸다   **preclude** 막다, 방해하다   **mollify** 완화시키다   **efface** 지우다
> **tout** 손님을 끌다

> **해석** Anne은 몇몇 조각들을 곰에게 던지면 그 놈이 좀 진정되리라고 생각했다. 그러나 그 대신 곰은 먹을 것을 더 찾으려고 우리의 캠프장을 갈갈이 찢어버리고 말았다.

3. We will have to make <u>a momentous</u> decision very soon. That could take our future away from us.

   (A) an important   (B) a quick

   (C) a short   (D) a right

> **어휘** **momentous** 중대한, 중요한   **decision** 결심, 결단(resolution); 해결   **make a decision** 결정을 하다
> **quick** 빠른; 즉석의(prompt)   **short** (길이, 거리, 시간 등이) 짧은; 간단한   **right** 옳은, 정당한

> **해석** 우리는 곧 중대한 결정을 내려야 할 것이다. 그 결정은 우리의 앞날을 송두리째 바꿔 놓을 수도 있다.

4. Three dramatic events have recast the seemingly <u>moribund</u> Middle East diplomacy and opened the way for a major American diplomatic initiative.

   (A) dying   (B) dominant

   (C) extant   (D) eloquent

> **어휘** **moribund** 죽어가는; 소멸해가는; 정체된   **recast** 개조하다; 고쳐 만들다
> **seemingly** 보기엔, 외관상   **dying** 죽어가는, 마지막의   **dominant** 지배적인, 우세한
> **extant** 현존하는, 잔존하는   **eloquent** 웅변의; 감동적인

> **해석** 세 가지 극적 사건이 빈사 상태에 있는 중동외교를 되살리고 미국이 주요한 외교적 주도권을 쥘 수 있는 길을 열었다.

01 morose
[məróus]
시무룩한

- She has tempted him to drink again because he is so morose when he is sober that she cannot endure living with him.
  ▶ 그는 술을 마시지 않으면 시무룩해 있어서, 그 여자는 참고 같이 살 수가 없기 때문에 그를 꾀어서 다시 술을 마시게 했다.

02 mortician
[mɔːrtíʃən]
장의사

- He would painfully alter his features with wire and mortician's wax, and bind his limbs so tightly that blood vessels burst in order to selflessly dazzle audiences.
  ▶ 그는 자신의 생김새를 철사줄과 장의사의 밀랍으로 변형시키고 팔 다리를 어찌나 꽉 묶었는지 핏줄들은 자기 자신을 희생시켜서라도 관객들을 압도하려는 듯이 터져버렸다.

03 mortify
[mɔ́ːrtifai]
굴욕감을 느끼게 하다

- As a pathologically shy teenager, making any mistake in public would have mortified me to no end.
  ▶ 병적으로 수줍음을 타는 십대였기에, 남들이 보는 데서 실수를 저지르는 것은 나로 하여금 한없이 굴욕감을 느끼게 만들었을 것이다.

04 muddle
[mʌ́dl]
뒤죽박죽을 만들다, 혼란

- Right now, pop is more excited about sharp young guitar bands than muddled-thinking dance veterans, a situation that this album won't change.
  ▶ 당장의 대중 음악은 생각이 뒤죽박죽 되어버린 댄스 베테랑들보다는 예리하고 젊은 기타 중심 밴드들에 대해 더 흥분하고 있으며, 이 앨범이 이러한 상황을 바꾸지는 못 할 것이다.

05 mundane
[mʌ́ndein]
세속적인

- The Korean singer had only three great songs, which he scattered through an otherwise mundane show.
  ▶ 그 한국 가수는 좋은 노래가 세 개 밖에 없었는데, 그 노래들이 없었다면 뻔한 쇼를 내내 끼워 넣었을 것이다.

06 munificent
[mjuːnífisənt]
아낌없이 주는

- The fleeting movement of air inside the black tunnel before and after the passage of a train made it a source of refreshment more munificent than a roaring window air conditioner.
  ▶ 기차가 통과하기 전과 후에 시커먼 굴 안을 빠르게 흐르는 공기의 움직임은 시끄러운 소리를 내는 창문에 붙은 에어컨보다 더 아낌없이 주는 신선함의 원인이 되었다.

07 mutilate
[mjúːtileit]
불구로 만들다

- Nearly upstaged by his own wounds, the mutilated soldier is only one blow away from a body bag.
  ▶ 자신의 상처들에 오히려 무대를 빼앗긴 듯한 그 불구가 된 군인은 까딱하면 죽을 상이었다.

08 myriad
[míriəd]
무수한

- Home is a place to which one is attached by myriad habits of thought and behavior-culturally acquired, of course, yet in time they become so intimately woven into everyday existence that they seem primordial and the essence of one's being.
  ▶ 집이란 무수한 생각과 행동의 버릇들에 의해 연결되어 있는 곳이다. 물론 문화적으로 습득된 것이지만, 시간이 지나다 보면 너무도 일상 생활과 긴밀하게 얽혀져서 원초적이며 자신의 존재의 핵심인 양 보여진다.

1. The young fellow with confidence of success in an examination, was <u>mortified</u> by his flunking the test, and he became incapacity for recovery.

   (A) shocked   (B) distressed

   (C) discouraged   (D) humiliated

   > **어휘** **mortify** (정욕, 감정을) 억제하다; 굴욕감을 느끼게 하다, 분하게 하다(humiliate)
   > **shock** ~에 충격[쇼크]을 주다[일으키다]; 깜짝 놀라게 하다 **distress** 괴롭히다, 고민케 하다; 슬프게 하다
   > **discourage** 용기를 잃게 하다, 실망[낙담]시키다 **flunk** (시험을) 잡치다, 실패하다

   > **해석** 시험통과에 자신이 있던 그 젊은이는 자신이 그 시험에 실패하자 굴욕감을 느껴서 재기 불능이 되었다.

2. Still he said it seemed a more reasonable thing to do it quite voluntarily than to ___________ through the current desperate circumstances.

   (A) muddle   (B) retrench

   (C) economize   (D) round up

   > **어휘** **muddle** 뒤죽박죽을 만들다, 혼란 **retrench** 절약하다, 줄이다; 삭제하다 **economize** 절약하다
   > **round up** 둥글게 하다, 모으다

   > **해석** 그는 여전히 현재의 절망적인 상황에서 헤매는 것보다는 의지대로 하는 것이 더 낫다고 말했다.

3. He is just one of those fanatical right-wing preachers who blame everything on <u>secular</u> humanism.

   (A) hedonistic   (B) sarcastic   (C) mundane

   (D) masochistic   (E) aesthetic

   > **어휘** **hedonistic** 쾌락주의자의 **sarcastic** 빈정되는, 풍자하는 **mundane** 세속적인
   > **masochistic** 자기학대적인 **aesthetic** 심미적인

   > **해석** 그는 세속적인 휴머니즘에 대해 모든 것을 비난하는 극우파적 설교자 중 한명이다.

4. A former student has donated a(n) ___________ sum of money to the college. He is the one of person who knows the meaning of 'noblesse oblige'.

   (A) acute   (B) cruel   (C) awkward

   (D) munificent   (E) military

   > **어휘** **acute** 격렬한 **cruel** 잔인한 **awkward** 어리석은, 어색한 **munificent** 아낌없이 주는, 풍부한
   > **military** 군사적인

   > **해석** 예전에 그 대학의 학생이었던 사람이 학교에 돈을 아낌없이 기부했다. 그는 진정으로 "노블리스 오블리제"의 뜻을 아는 사람이다.

01 nauseate
[nɔ́:ʃieit]
구역질 나게 하다

- Having seen a decomposing human corpse for the very first time in her life, she could not eat anything without feeling nauseated.
  ▶ 난생 처음으로 썩어 가고 있는 사람시체를 본 다음, 그녀는 무엇이고 먹으려 할 때마다 구토증세를 느꼈다.

02 nebulous
[nébjuləs]
(구름이 낀 것 처럼) 희미한

- If that peculiarly nebulous genre known as "world music" is turning into a institution, Spanish group Radio Tarifa looks set to become one of its sturdiest pillars.
  ▶ 만약에 "세계 음악"이라고 알려진 그 이상스럽게 애매모호한 장르가 존중 받을 만한 오래된 건물로 변하게 된다면, 스페인의 그룹인 Radio Tarifa는 그 건물의 가장 튼튼한 기둥 중 하나가 될 준비가 다 된 듯 보인다.

03 nefarious
[nifɛ́:riəs]
극악한

- Despite involvement in protection, narcotics, strong-arm debt collecting, strikebreaking, and blackmail, among other nefarious activities, all of them professed to be a cut above mobsters in other lands.
  ▶ 다른 극악한 활동들 중에서도 보호금, 마약, 폭력을 동원해서 빚 받아내기, 파업 중단시키기, 그리고 협박과 관련되어 있는데도 불구하고, 그들 모두는 다른 나라들에 있는 폭력배들 보다는 자신들이 한 수 위라고 공언하였다.

04 nepotism
[népətizəm]
연고자[친척] 등용

- Maggie Brown's kindly profile of Ian Hislop should have asked how he got his editorship of Private Eye, more or less straight out of Oxford, it being a publication that has always exposed corruption and nepotism.
  ▶ Ian Hislop에 대한 Maggie Brown의 관대한 프로필은 그가 거의 옥스포드대를 졸업 하자마자 곧장 항상 부패와 연고자 등용을 폭로하는 출판물인, Private Eye 잡지의 편집장 직을 어떻게 얻게 되었는지에 대한 질문을 던졌어야만 했다.

05 niggardly
[nígərdli]
인색한

- America's aid still appeared niggardly when compared with the amounts offered by countries with a fraction of America's economic wealth.
  ▶ 미국의 원조는 미국경제에 못 미치는 나라들의 원조와 비교해 볼 때 아직도 인색해 보인다.

06 nocturnal
[naktə́:rnəl]
(동·식물 등이) 밤에 활동하는

- Most bats are nocturnal and use supersonic waves to communicate with one another.
  ▶ 대부분의 박쥐들은 야행성이고 서로 초음파를 이용해서 의사소통을 한다.

07 notorious
[noutɔ́:riəs]
(나쁜 뜻으로) 유명한

- During the first nuclear crisis, there was little ground upon which Seoul could stand as the Clinton administration pursued two-way, direct talks with the North, armed with its notorious tactic of 'brinkmanship'.
  ▶ 첫 번째 핵 위기 중에는 클린턴 행정부가 악명 높은 '벼랑 끝 정책' 전법으로 무장한 북한과 쌍방, 직접 대화를 추진 하고 있어서, 남한 정부가 역할을 할 수 있는 여지는 거의 없었다.

08 novice
[návis]
초심자

- The first time, I was just a novice and simply at a loss to know how I can help you properly.
  ▶ 첫 번째로 할 때, 전 그저 초심자였고, 그냥 어떻게 해야 제가 여러분들을 제대로 도와줄 수 있을는지 몰랐습니다.

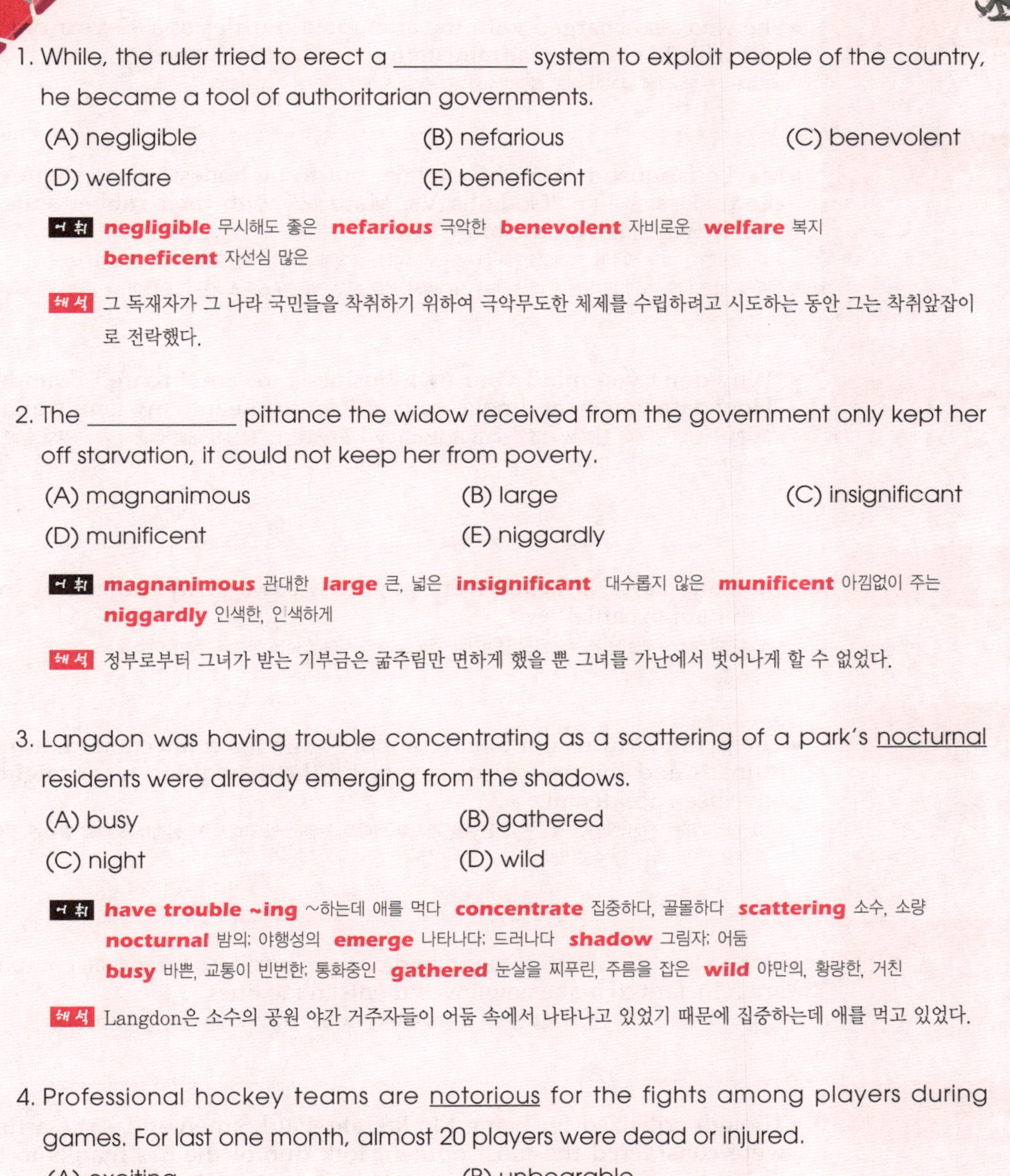

1. While, the ruler tried to erect a ___________ system to exploit people of the country, he became a tool of authoritarian governments.

   (A) negligible   (B) nefarious   (C) benevolent

   (D) welfare   (E) beneficent

   어휘 **negligible** 무시해도 좋은 **nefarious** 극악한 **benevolent** 자비로운 **welfare** 복지 **beneficent** 자선심 많은

   해석 그 독재자가 그 나라 국민들을 착취하기 위하여 극악무도한 체제를 수립하려고 시도하는 동안 그는 착취앞잡이로 전락했다.

2. The ___________ pittance the widow received from the government only kept her off starvation, it could not keep her from poverty.

   (A) magnanimous   (B) large   (C) insignificant

   (D) munificent   (E) niggardly

   어휘 **magnanimous** 관대한 **large** 큰, 넓은 **insignificant** 대수롭지 않은 **munificent** 아낌없이 주는 **niggardly** 인색한, 인색하게

   해석 정부로부터 그녀가 받는 기부금은 굶주림만 면하게 했을 뿐 그녀를 가난에서 벗어나게 할 수 없었다.

3. Langdon was having trouble concentrating as a scattering of a park's <u>nocturnal</u> residents were already emerging from the shadows.

   (A) busy   (B) gathered

   (C) night   (D) wild

   어휘 **have trouble ~ing** ~하는데 애를 먹다 **concentrate** 집중하다, 골몰하다 **scattering** 소수, 소량 **nocturnal** 밤의; 야행성의 **emerge** 나타나다; 드러나다 **shadow** 그림자; 어둠 **busy** 바쁜, 교통이 빈번한; 통화중인 **gathered** 눈살을 찌푸린, 주름을 잡은 **wild** 야만의, 황량한, 거친

   해석 Langdon은 소수의 공원 야간 거주자들이 어둠 속에서 나타나고 있었기 때문에 집중하는데 애를 먹고 있었다.

4. Professional hockey teams are <u>notorious</u> for the fights among players during games. For last one month, almost 20 players were dead or injured.

   (A) exciting   (B) unbearable

   (C) expecting   (D) infamous

   어휘 **notorious** (보통 나쁜 의미로) 유명한, 악명 높은 **exciting** 흥분시키는, 자극적인 **unbearable** 견딜 수 없는, 참기 어려운 **expecting** 임신한

   해석 프로 하키 팀들은 경기 중에 선수들 사이에서 벌어지는 격투로 악명이 높다. 지난 1달간 20여명의 선수가 죽거나 다쳤다.

정답 1. B   2. E   3. C   4. D

01 noxious
[nákʃəs]
유해한

■ She was also charged with the attempted murder of a 42-year-old man and with 13 counts of administering noxious substances.
▶ 그녀는 또한 42세 남자에 대한 살인미수와 유해물질 투여로 13건이 기소되었다.

02 nostalgia
[nastǽldʒiə]
향수

■ Maybe it's just a case of nostalgia, but to be honest, those slugfests in camp classics like "Godzilla Vs. Mothra," with their rubber suits and visible wires, felt a little more fun.
▶ 아마도 그건 그냥 향수를 불러일으켜서인지도 모르지만, 솔직히 얘기하자면, "고질라 대 모스라"와 같이 고무로 된 옷을 입고 나와, 와이어가 눈에 다 보이는 상태에서 서로 치고 받는 우스꽝스러운 고전들이 더 재미있게 느껴졌다.

03 officious
[əfíʃəs]
참견 잘 하는

■ "Why don't you mind your own business, ma'am?" roared Bounderby. "How dare you go and poke your officious nose into my family affairs?"
▶ "부인, 본인의 일에나 신경 쓰시죠?" 라고 Bounderby가 소리질렀다. "당신이 어떻게 감히 내 가족의 일에 참견을 하는거죠?"

04 offspring
[ɔ́:fspriŋ]
자식, 자손

■ As many as 1,543 heads were imported cows or hybridized offspring with foreign cattle.
▶ 1543 마리에 달하는 소가 수입된 것들이거나 외국산 소와 섞여서 나온 잡종의 자손들이었다.

05 ominous
[áminəs]
(조짐이) 불길한

■ The pyramid turns out to have a more ominous connection to primitive humans and the present discovery by the expedition team might not have been accidental.
▶ 그 피라미드는 원시인과 더 불길한 연관성을 가지고 있다고 판명이 났으며, 현재 탐험대에 의해 발견된 것이 그저 우연한 일이 아니었을 수도 있다.

06 opaque
[oupéik]
불투명한

■ Due to low domestic demand and opaque business forecasts, companies are reluctant to make new investments in facilities.
▶ 내수가 저조하고 경기 전망이 불투명하기 때문에 회사들은 시설에 신규 투자하는 것을 주저하고 있다.

07 opulent
[ápjulənt]
(재산 등이) 풍부한

■ Though criticized for being too literate, Paul Simon and Art Garfunkel were considered the most opulent folk duo of the 60s thanks to their dulcet harmonies, poetic lyrics and clear, resonant acoustics.
▶ 너무 박식하다고 비난을 받긴 했지만, 폴 사이먼과 아트 가펑클은 아름다운 화음들, 시적인 가사, 그리고 맑고 울려 퍼지는 음향 덕분에 60년대에 가장 호화로운 포크 듀엣이었다고 여겨졌다.

08 ordinance
[ɔ́:rdinəns]
법령

■ Article 95- The Prime Minister or the head of each Ministry of the Executive may, under the powers delegated by Act or Presidential Decree, or ex officio, issue ordinances of the Prime Minister or the Ministry of the Executive concerning matters that are within their jurisdiction.
▶ 제95조 국무총리 또는 행정각부의 장은 자신의 관할권 내 사항에 관하여 법률이나 대통령령의 위임 또는 직권으로 총리령 또는 부령을 발할 수 있다.

1. These reports give support that when people put on uniforms, their attitude becomes more confident and their manner more <u>officious</u>.

   (A) official
   (B) gentlemanly
   (C) proud
   (D) meddlesome

   > **어휘** **officious** 참견하기 좋아하는 **official** 공무상의, 관(官)의, 공식의 **gentlemanly** 신사적인, 점잖은, 예의바른 **proud** 거만한, 자존심이 있는 **meddlesome** 참견하는

   > **해석** 이번 연구는 사람들이 제복을 입을 때, 사람들의 태도에 더 자신이 있고, 그들의 자세는 더 간섭하기를 좋아하게 된다는 사실을 뒷받침하고 있다.

2. Before hatching the eggs, the female of the species is care of her baby, however, after that they seem to lose interest in her <u>progeny</u>.

   (A) mate
   (B) nest
   (C) offspring
   (D) welfare

   > **어휘** **hatch** 부화하다, (알을) 까다 **species** 종 **progeny** 자손 **mate** 상대; (특히) 배우자 **nest** 보금자리, 둥우리 **offspring** 자식, 자손 **welfare** 복지, 후생

   > **해석** 그 종의 암컷은 알을 까고 난 후는 그 새끼에 대한 관심을 잃어버리는 것 같다.

3. These clouds are ______________; they portend a severe storm. Meteorologist said "Maybe its dissemination will have dealt enormous damage to our country."

   (A) odious
   (B) ominous
   (C) niggardly
   (D) nomadic

   > **어휘** **odious** 밉살스러운 **ominous** 불길한, ~의 전조가 되는 **niggardly** 인색한, 인색하게 **nomadic** 유목의, 방랑의

   > **해석** 구름이 불길하다. 강력한 폭풍을 예시하고 있다. 기상 전문가들은 "아마도 우리나라에 엄청난 손실을 가져올 만한 위력일 것입니다."라고 말했다.

4. The monarch should have taken more appropriate measures before extravagant project such as the collection of a(n) ____________ jewelry put his kingdom on the verge of economic disaster.

   (A) opulent
   (B) offspring
   (C) noxious
   (D) nostalgia

   > **어휘** **extravagant** 낭비하는; 터무니 없는 **offspring** 자식, 자손 **noxious** 유해한 **nostalgia** 향수

   > **해석** 왕은 풍부한 보석류를 모으는 것과 같은 사치스러운 사업으로 경제적 재난에 직면하기 전에 적절한 대책을 마련해야 했다.

01 ostracize
[ástrəsaiz]
추방하다, 배척하다

- As soon as the newspapers carried the story of his connection with the criminals, his friends began to ostracize him.
  ▶ 신문들이 그와 범죄자들과의 관련설을 내보내자마자 그의 친구들이 그를 배척하기 시작했다.

02 overt
[ouvə́:rt]
공공연한

- According to the United States Constitution, a person must commit an overt act before he may be tried for treason.
  ▶ 미국 헌법에 의하면 반역죄로 재판되기 전에 그 사람이 저지른 명백한 범행이 있어야만 한다.

03 palatable
[pǽlətəbl]
입에(기분에) 맞는

- I'm afraid the longtime members won't find all these changes that you introduced very palatable.
  ▶ 유감스럽게도 오래된 회원들은 당신이 도입한 모든 변화들을 아주 기분 좋게 받아들이진 않을 것입니다.

04 palpable
[pǽlpəbl]
명백한

- But the royal parents' shock is palpable when they learn their little princess has not only married an ugly green ogre, not a handsome prince, but has become an ogress too.
  ▶ 하지만, 그들의 꼬마 공주가 잘생긴 왕자가 아닌 추한 외모의 초록색 괴물과 결혼한 것 뿐만 아니라 공주 역시 여자 괴물이 된 것을 알자 부모인 왕과 왕비의 충격은 명백해 보인다.

05 paltry
[pɔ́:ltri]
(금액 등이) 보잘 것 없는

- These days, student grants are paltry, and quite a lot of students have to take out loans.
  ▶ 요즘, 학생 보조금은 그 금액이 보잘 것 없어서 꽤 많은 수의 학생들이 할 수 없이 대출을 받아야만 한다.

06 parsimonious
[pa:rsimóuniəs]
인색한

- He was famously parsimonious, and used postwar shortages as a cover for his economies.
  ▶ 그는 아주 명성이 자자하도록 인색했는데, 자신의 돈 쓰는 행태에 대해 전후의 물자부족을 핑계로 삼았다.

07 partial
[pá:rʃəl]
부분적인, 불공정한

- The general has ordered a partial withdrawal of troops from the area immediately after the enemy attack.
  ▶ 장군은 적군의 공격 직후 즉시 그 지역에서 병력을 부분적으로 퇴거시키라고 명령했다.

08 patent
[pǽtənt]
명백한

- That he graduated from Harvard was a patent lie.
  ▶ 그가 하버드 대학을 졸업했다는 것은 명백한 거짓말이다.

1. John's unsportsmanlike behavior caused him to be _________ by the other members of the club. Finally, he became an outcast.

  (A) excelled   (B) ostracized

  (C) readmitted   (D) wavered

> **어휘** **excel** 능가하다 **ostracize** 추방하다, 따돌리다 **readmit** 다시 넣다 **waver** 흔들리다

> **해석** John의 비신사적 행위는 다른 클럽 멤버들이 그를 따돌리게 하였다. 결국 그는 개밥에 도토리가 되었다.

2. Computer memories have grown much larger since the <u>paltry</u> hundred or so bites or store of the earliest machines.

  (A) enormous   (B) inordinate

  (C) meage   (D) exorbitant

> **어휘** **enormous** 거대한 **inordinate** 지나친, 과도한 **meager** 메마른, 빈약한 **exorbitant** 터무니없는

> **해석** 초창기의 컴퓨터가 하찮은 수백 바이트 정도의 저장용량을 가진 이래로 컴퓨터의 기억용량은 점차 증대되어 오고 있다.

3. Making his staff work till night, underpaying them and failing to heat his business office were only a few of Scrooge's <u>parsimonious</u> habits.

  (A) stingy   (B) wasteful

  (C) immature   (D) generous

> **어휘** **underpay** ~에게 급료[임금]를 충분히 주지 않다 **parsimonious** 인색한; 지나치게 알뜰한 **stingy** 인색한, 적은 **wasteful** 낭비하는; 사치스런 **immature** 미숙한; 미성년의 **generous** 후한, 푸짐한

> **해석** 저녁까지 일 시키기, 충분치 않은 급료 지급, 그리고 사무실 난방을 하지 않는 것은 스크루지의 인색한 습관 중 몇 가지에 지나지 않는다.

4. They had to adjudicate upon the issue of whether the dismissal was fair or _________. In case of point was a trade secret, so it was too hard to judge.

  (A) unbiased   (B) lawful

  (C) partial   (D) refined

> **어휘** **adjudicate** 판결을 내리다; 재정을 내리다 **dismissal** 해산; 해고 **unbiased** 선입관이 없는; 공평한 **lawful** 합법의, 법률이 인정하는 **partial** 일부분의; 불공평한 **refined** 정제된; 세련된

> **해석** 그들은 그 해고의 정당성 여부에 대해 판결을 내려야 했다. 쟁점 사안은 모두 영업비밀이어서 판결이 쉽지 않았다.

01 pathetic
[pəθétik]
감동적인

- Then, alas, with pathetic ignorance of human psychology, it has proceeded by some educational scheme to bind humanity afresh with inert ideas of its own fashioning.
  ▶ 그런데 슬프게도 인간은 인간 심리의 가련한 무지로 인한 어떤 교육계획으로 그 인간 스스로가 만들어 놓은 불활성 사상에 또 다시 인류를 새로이 얽어매는 과정을 밟아 왔다.

02 patriarch
[péitria:rk]
족장

- They are spoken of as antediluvian (from Adam to Noah) and post-diluvian (from Noah to Jacob) patriarchs.
  ▶ 그들은 (아담에서 노아까지에 해당하는) 대홍수 전의 부족장들과 (노아부터 야곱까지) 대홍수 후의 부족장들로 이야기 되어진다.

03 pecuniary
[pikjú:nieri]
금전(상)의

- "He lacked the finer element of conscience which looks upon Art as a sacred calling," she remembered, and because of "pecuniary necessities" he "scattered his forces in many different and unworthy directions."
  ▶ "그는 예술을 신성한 직업으로 바라보는 양심이란 고상한 요소가 부족했습니다" 그리고, "금전적인 필요들" 때문에 그는 "서로 다르고 가치 없는 많은 방향으로 자신의 힘을 분산시켰습니다."라고 그녀는 회고했다.

04 pedagogue
[pédəgag]
(경멸적) 선생

- He was one of the worst pedagogues you can imagine, who seemed to have been born a couple of centuries ago.
  ▶ 그는 이백년 정도 전에 태어난 듯 보이는 네가 상상할 수 있는 최악의 선생들 중 하나였다.

05 pedantic
[pədǽntik]
현학적인

- They admitted that he was being unnecessarily pedantic by insisting that the author himself, and not his wife, should have made the announcement.
  ▶ 그들은 그가 그의 아내가 아니라 작가 자신이 짧은 인사말을 직접 했어야 했다고 우기면서 불필요하게 현학적인 태도를 취했다는 것을 인정했다.

06 penance
[pénəns]
참회

- Canon law of the Catholic Church absolutely forbids priests from disclosing information gained during the celebration of the sacrament of penance that might link a patient with a grave sin.
  ▶ 카톨릭교회의 Canon법률은 절대적으로 신부가 고해성사에서 들은 무덤까지 가져갈 죄와 관련된 정보를 누설하는 것을 금지하고 있습니다.

07 penchant
[péntʃənt]
경향

- Even as an adolescent bookkeeper in a trading house in Cleveland, Rockefeller minutely recorded his charitable donations in ledgers, which confirms that from an early age he had a penchant for giving money no less than for making it.
  ▶ Cleveland에 있는 거래소에서 소년기에 회계장부 기록자로 있었을 때도 록펠러는 자신이 자선을 위해 기부하는 것을 장부에 세밀하게 기록해놓아서 그가 어린시절부터 돈을 버는 것 만큼이나 남에게 주는 것을 좋아하는 성향을 가지고 있었다는 사실을 확인해준다.

08 penitent
[pénitənt]
(죄를) 뉘우치는

- Although he is not yet truly penitent for the murder, we are given to understand that with her influence he will eventually achieve genuine contrition and religious conversion.
  ▶ 그는 살인행위에 대해 아직은 진심으로 참회하고 있지 않지만, 그녀의 영향으로 결국 진정으로 뉘우치고 종교적 귀의를 하게 될 것으로 생각된다.

1. We found a small dog sitting outside the back door, looking <u>pathetic</u>. The dog looked like severely mistreated and treated cruelly.

(A) satisfied   (B) curious

(C) pitiful   (D) sleepy

어휘 **pathetic** 애처로운, 가엾은(pitiful) **satisfied** 만족한, 흡족한; 납득한 **curious** 호기심 있는; 진기한 **pitiful** 가엾은, 비참한 **sleepy** 졸린; 최면(성)의

해석 우리는 가엾어 보이는 작은 개가 뒷문 밖에서 앉아 있는 것을 발견했다. 그 개는 심하게 혹사 당하고 잔인하게 학대 받은 것처럼 보였다.

2. The store has been given suspension and fined, in criminal law, a fine is a <u>pecuniary</u> penalty imposed on an offender by a court.

(A) strict   (B) civil

(C) monetary   (D) discretionary

어휘 **criminal law** 형법 **pecuniary** 금전상의; 벌금형의 **impose** 지우다, 부과하다 **offender** 범죄자; 위반자 **strict** 엄격한; 엄밀한 **civil** 시민의, 문명(사회)의, 정중한 **monetary** 화폐의, 금융의 **discretionary** 임의의, 자유 재량의

해석 그 상점은 영업정지와 벌금형에 처해졌는데 형법에서 벌금형이란 법원의 결정에 따라 범죄자에게 부과되는 금전상의 형벌이다.

3. Following a lengthy diatribe against mendacity, the genial griest imposed upon an intolerance and illiberal sinner.

(A) penance   (B) compliment

(C) indignation   (D) infuriation

어휘 **diatribe** 비난, 혹평 **penance** 참회, 속죄 **compliment** 찬사, 칭찬의 말 **indignation** 분개, 화 **infuriation** 격분

해석 위선에 대해 길게 비난의 연설을 마친 후 온화한 사제는 편협하고 옹졸한 죄인에게 참회를 명했다.

4. It is difficult to be _______________ for its past crimes and make a clear break from its past, but, the boy promised not to cheat again.

(A) arrogant   (B) sad

(C) penitent   (D) sinning

어휘 **arrogant** 거만한 **sad** 슬픈 **penitent** 회개하는 **sinning** 죄를 짓는

해석 과거의 잘못을 진심으로 뉘우치고 사죄하는 것만큼 힘든 일은 없지만 소년은 다시는 속이지 않겠다고 약속했다.

정답 1. C 2. C 3. A 4. C

01 pensive
[pénsiv]
수심에 잠긴, 구슬픈

- After the famously messy divorce, she became withdrawn and pensive, hardly communicating with anyone.
  ▸ 소문이 자자할 정도로 엉망진창인 이혼 이후, 그녀는 사회를 등지고 수심에 잠겨, 누구와도 거의 의사소통을 하지 않았다.

02 penurious
[pinjúːriəs]
가난한

- Charles regretted his departure, and the penury of his treasury, but trusted that God would favor him in his struggle against the king of France.
  ▸ Charles는 자신의 출발과 기금이 형편없이 적은 것을 후회했다. 하지만, 그는 신 프랑스 왕을 상대로 하는 자신의 투쟁에 신이 도움을 주리라는 것을 믿고 있었다.

03 pessimistic
[pesimístik]
비관적인

- Since the injury from the car crash was so brutal, the doctors in the emergency ward were pessimistic about his chances of recovery.
  ▸ 자동차 충돌에서 얻은 부상이 너무도 끔찍해서, 응급실에 있던 의사들은 그가 회복할 가능성에 대해 비관적이었다.

04 petrify
[pétrifai]
돌처럼 무감각하게 하다, 깜짝 놀라게 한다

- I'm quite certain you petrified the poor kid, he never said a single word the whole time you were in the shop.
  ▸ 네가 그 딱한 꼬마를 아주 놀라게 만든 것이 분명해, 네가 가게에 있을 동안 내내 그는 단 한 마디도 하지 않았어.

05 philanthropist
[filǽnθrəpist]
박애주의자

- Rockefeller, a conservationist, philanthropist and leading figure in the field of venture capital died in his sleep Sunday morning.
  ▸ 환경보호 운동가이자 박애주의자로서 위험부담 자본의 분야의 대표적인 인물인 록펠러가 일요일 아침 자는 도중 숨을 거두었다.

06 phlegmatic
[flegmǽtik]
냉정한

- As a major league baseball pitcher, one of his greatest assets was his calm, phlegmatic manner.
  ▸ 메이저리그 야구 피처로서, 그의 가장 커다란 장점 중 하나는 그의 침착하고 냉정한 태도였다.

07 phony
[fóuni]
위조(품)

- When stopped for a minor traffic violation, he gave the police a phony driver's license to hide his identity.
  ▸ 경미한 교통 법규 위반으로 멈춰서게 됐을 때, 그는 자신의 정체를 숨기기 위해 위조 운전면허증을 경찰에게 제시했다.

08 pillage
[pílidʒ]
약탈, 강탈하다

- The sale of so many great works of art to foreign museums and collectors is, in my eyes, little more than pillage of our cultural treasures.
  ▸ 외국의 박물관과 수집가들에게 그렇게 많은 위대한 예술 작품을 팔아 넘기는 것은 내가 보기엔 우리의 문화적 보고의 약탈일 뿐이다.

1. The conditions of tenant life were <u>penurious</u>, often in the extreme, with stiff rents paid in kind and a general insecurity of tenure.

   (A) non-rewarding
   (B) injurious
   (C) salubrious
   (D) poverty-stricken

   > **어휘** **in kind** 현물로 **non-rewarding** 보상이 없는 **injurious** 사악한, 무례한 **salubrious** 건강에 좋은 **poverty-stricken** 가난에 찌든

   > **해석** 현물로 지불되는 어려운 임대료, 일반적인 임대기간의 불안정과 더불어 소작 생활의 환경은 자주 극단적으로 가난했다.

2. I was __________ when a snake came near me. I was almost missing that vipers exist all over the world except Australia.

   (A) dejected
   (B) relieved
   (C) petrified
   (D) exhilarated

   > **어휘** **deject** 기를 죽이다, 낙담시키다 **relieve** 경감하다; 구원하다 **be petrified** 몹시 겁내다, ~하는 것을 무서워하다 **exhilarate** 원기를[기분을] 돋우다, 유쾌[상쾌]하게 하다

   > **해석** 뱀이 가까이 다가왔을 때 나는 깜짝 놀랐다. 나는 호주를 제외한 전 지역에 독사가 존재한다는 사실을 간과했다.

3. My former manager was a man of __________ disposition. Since my debut, he used to be so hard on me for just a minor mistake.

   (A) enthusiastic
   (B) passionate
   (C) romantic
   (D) phlegmatic

   > **어휘** **enthusiastic** 열정적인 **passionate** 열정적인 **phlegmatic** 냉정한 **romantic** 낭만적인

   > **해석** 나의 전매니저는 냉정한 성격을 가진 사람이었다. 작년에 데뷔한 이래로 그는 언제나 사소한 실수에 대해 나를 혼내곤 했다.

4. The pirates <u>pillaged</u> our town along the coast two nights ago. We could do nothing but watch incredulously while they looted the our jewelry and provisions.

   (A) contributed
   (B) plundered
   (C) assaulted
   (D) visited

   > **어휘** **loot** 약탈품; 약탈하다 **contribute** 기부하다 **plunder** 약탈하다 **assault** 습격하다 **visit** 방문하다

   > **해석** 이틀 전 밤에 그 해적들이 해안가의 우리 마을을 약탈했다. 마을 사람들은 그들이 자신의 보석과 식량을 가지고 가는 것을 바라보는 수밖에는 없었다.

정답 1. D 2. C 3. D 4. B

01 pinnacle
[pínəkl]
정상

- The pinnacle of all sports remains a gold medal in Korea as well as in other countries. The Beijing Olympics will be no different.
  ▸ 다른 나라에서나 마찬가지로 한국에서도 모든 스포츠에 있어서 그 정상은 금메달이다. 그런 상황은 Beijing Olympics에서도 다르지 않을 것이다.

02 pious
[páiəs]
신앙심이 깊은

- She was a pious follower of the Tibetan Buddhist faith, never missing her meditation practice.
  ▸ 그녀는 명상수련을 절대 빼놓지 않고 하던 티벳 불교 신앙의 신실한 추종자였다.

03 piquant
[pí:kənt]
매운

- Thai food offers a deliciously exotic blend of distinctive tastes - spicy, yet piquant, sweetened with a highlight of citrus.
  ▸ 태국 음식은 서로 절묘하게 섞인 독특한 맛을 제공한다. 감귤로 하이라이트를 주어 단맛을 준 톡쏘고, 매운 그런 맛이다.

04 pithy
[píθi]
간결한

- The centerpiece of the campaign is a new logo that emphasizes the company's pithy nickname, HP, over its clunkier full name.
  ▸ 이번 캠페인의 뼈대는 회사의 투박한 전체 이름보다 간결한 약칭 HP를 강조하는 새 로고이다.

05 placate
[pléikeit]
(노여움 등을) 진정시키다

- In order to placate the newsmen who were threatening to leave, her husband, John Biddulph Martin, the wealthy head of a family-owned bank in London, ordered the waiters to serve whiskey and ham sandwiches.
  ▸ 떠나겠다고 위협하는 기자들을 달래기 위해서, 런던에 있는 가족 소유 은행의 부유한 대표인, 그녀의 남편, John Biddulph Martin은 웨이터들에게 위스키와 햄 샌드위치를 그들에게 대접하라고 주문했다.

06 placid
[plǽsid]
평온한

- The players were furious as the referee waved play on, although on the positive side, the decision helped rouse the large but placid crowd and provide a real match day atmosphere.
  ▸ 선수들은 심판이 경기를 속행하라고 손짓하자 크게 화를 냈다. 하지만 긍정적인 면으로 그 판정은 규모가 크지만 조용한 관중을 자극시키는 것을 도와 진정한 결전일 분위기를 제공하게 했다.

07 plagiarism
[pléidʒərizm]
(사상, 고안, 문장 등의) 표절

- An academic science journal, has accused a Chinese scientist of plagiarism, citing evidence to back its claims in its newest issue released last week.
  ▸ 학술 과학지 하나가 지난 주 나온 최신호에서 자신들의 주장을 뒷받침하는 증거를 인용하면서 한 중국 과학자가 표절을 했다고 비난했다.

08 plaintive
[pléintiv]
구슬픈

- Meanwhile Jack Byron's plight in France was becoming desperate and his letters to his sister increasingly plaintive.
  ▸ 그러는 동안, 프랑스에서 Jack Byron의 상황은 갈수록 절망적이 되어갔고, 그의 여동생에게 보내는 편지도 점차적으로 더 구슬퍼졌다.

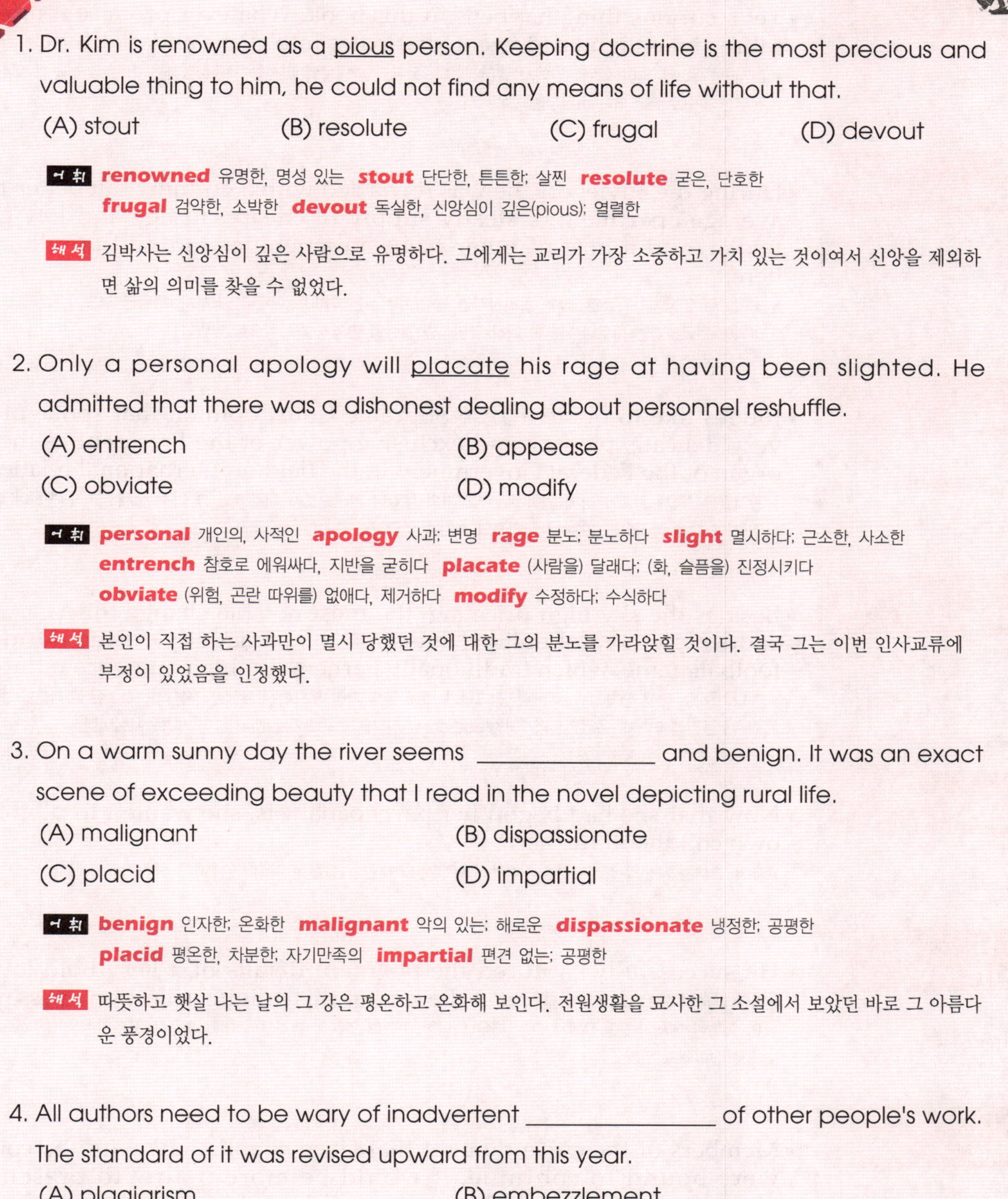

1. Dr. Kim is renowned as a <u>pious</u> person. Keeping doctrine is the most precious and valuable thing to him, he could not find any means of life without that.

(A) stout   (B) resolute   (C) frugal   (D) devout

어휘 **renowned** 유명한, 명성 있는 **stout** 단단한, 튼튼한; 살찐 **resolute** 굳은, 단호한 **frugal** 검약한, 소박한 **devout** 독실한, 신앙심이 깊은(pious); 열렬한

해석 김박사는 신앙심이 깊은 사람으로 유명하다. 그에게는 교리가 가장 소중하고 가치 있는 것이여서 신앙을 제외하면 삶의 의미를 찾을 수 없었다.

2. Only a personal apology will <u>placate</u> his rage at having been slighted. He admitted that there was a dishonest dealing about personnel reshuffle.

(A) entrench   (B) appease

(C) obviate   (D) modify

어휘 **personal** 개인의, 사적인 **apology** 사과; 변명 **rage** 분노; 분노하다 **slight** 멸시하다; 근소한, 사소한 **entrench** 참호로 에워싸다, 지반을 굳히다 **placate** (사람을) 달래다; (화, 슬픔을) 진정시키다 **obviate** (위험, 곤란 따위를) 없애다, 제거하다 **modify** 수정하다; 수식하다

해석 본인이 직접 하는 사과만이 멸시 당했던 것에 대한 그의 분노를 가라앉힐 것이다. 결국 그는 이번 인사교류에 부정이 있었음을 인정했다.

3. On a warm sunny day the river seems ______________ and benign. It was an exact scene of exceeding beauty that I read in the novel depicting rural life.

(A) malignant   (B) dispassionate

(C) placid   (D) impartial

어휘 **benign** 인자한; 온화한 **malignant** 악의 있는; 해로운 **dispassionate** 냉정한; 공평한 **placid** 평온한, 차분한; 자기만족의 **impartial** 편견 없는; 공평한

해석 따뜻하고 햇살 나는 날의 그 강은 평온하고 온화해 보인다. 전원생활을 묘사한 그 소설에서 보았던 바로 그 아름다운 풍경이었다.

4. All authors need to be wary of inadvertent ______________ of other people's work. The standard of it was revised upward from this year.

(A) plagiarism   (B) embezzlement

(C) etching   (D) deadlock

어휘 **inadvertent** 부주의한, 우연한 **plagiarism** 표절 **embezzlement** 횡령 **etching** 식각 판화 **deadlock** 막다른 골목

해석 모든 저자들은 부주의로 인해 다른 사람들의 작품을 표절하지 않도록 조심해야 한다. 올해부터 표절의 기준이 상향조정 되었다.

정답 1. D 2. B 3. C 4. A

01 platitude
[plǽtitu:d]
진부(한 문구)

- Yet a curious thing happens in this book: Whatever promise it offers of satire and enlightened vision dissipates into cliche and platitude.
  - 하지만, 재미난 일이 이 책 안에서 벌어집니다. 풍자와 깨달음의 비전을 제공하겠다는 어떤 약속도 케케묵은 말과 진부한 문구로 흐트러져 버린다는 것입니다.

02 plebeian
[plibíːən]
평민의

- During the Soviet era, he was rewarded with a crummy but better-than-average apartment, a steady supply of cheap sausage and low-grade vodka, and a host of other plebeian amenities too dull to talk about here.
  - 소비에트 연방 시기 동안, 그는 초라하지만 평균보다 나은 아파트, 싸구려 소시지, 하등급 보드카, 그리고 그 밖에 여기에 언급하기엔 너무나 따분한 기타 평민적인 일련의 편의시설을 상으로 받았다.

03 plenary
[plíːnəri]
완전한, 전원 출석의

- Judges like to quote a 1936 Supreme Court opinion that spoke of "the very delicate, plenary and exclusive power of the President as the sole organ of the Federal Government in the field of international relations."
  - 판사들은 "국제 관계 분야에 있어서 연방정부의 유일한 기관으로서 대통령의 그 아주 섬세하고, 완전하며 배타적인 권력"에 대해 얘기하는 1936년 대법원의 의견을 언급하길 즐긴다.

04 plethora
[pléθərə]
과다

- Besides the sky-high price tag, the most notable change this year is the sudden plethora of online "dot-com" companies advertising during the football game, which traditionally garners sky-high audience ratings.
  - 게다가 하늘 높은 줄 모르고 치솟는 광고단가 외에 올해 가장 두드러진 특색은 전통적으로 높은 시청률을 올리는 미식축구동안에 이른바 온라인상의 "닷컴(dot-com)" 기업들의 광고가 갑자기 늘어났다는 사실이다.

05 plumb
[plʌm]
꿰뚫어 보다, 연추

- Now that she had begun her psychoanalysis, she wanted to plumb her own childhood further.
  - 이제 그녀는 자신의 정신분석을 시작했기에, 본인의 어린 시절을 한 층 더 완전히 이해하기를 원했다.

06 poignant
[pɔ́injənt]
가슴에 사무치는

- He successfully captured the poignant details of a very bold journey and the transformations of the soul in this unique collection of essays.
  - 이 독특한 에세이 모음집에서 그는 매우 대담한 여행과 영혼의 변화들에 대한 가슴에 사무치는 디테일들을 성공적으로 잡아내고 있다.

07 politic
[pálitik]
사려 깊은

- Members of the circle thought that since negotiations with the country were bound to continue, it would be more politic to present the concessions that would have to be made as having been made by the late premier.
  - 그 서클의 회원들은 국가와의 협상이 계속될 마당이라, 해야만 할 양보들에 있어서 전 수상에 의해 만들어진 것을 제시하는 것이 더 사려 깊은 것이라고 생각했다.

08 pragmatic
[prǽgmætik]
실용적인

- Myanmar's tough but pragmatic prime minister Gen. Khin Nyunt has been sacked by his hard-line army colleagues, clouding prospects for the freedom of opposition leader.
  - 미얀마의 완강하지만, 실용적인 수상 Khin Nyunt 장군이 강경파 군 동료들에 의해 해임되어 반대파 지도자의 자유에 대한 전망을 흐려놓고 있다.

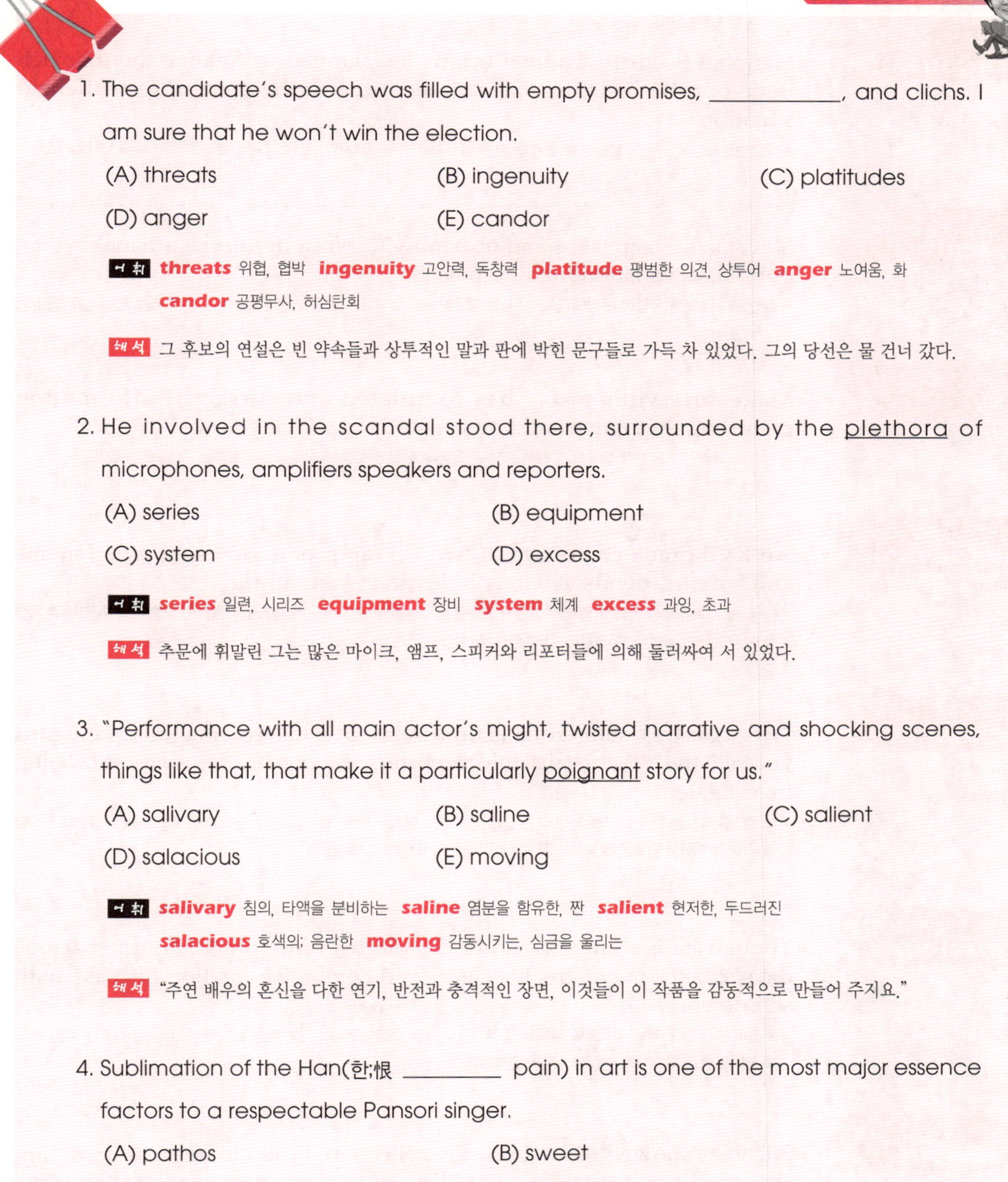

1. The candidate's speech was filled with empty promises, ___________, and clichs. I am sure that he won't win the election.

(A) threats　　　(B) ingenuity　　　(C) platitudes

(D) anger　　　(E) candor

어휘 **threats** 위협, 협박　**ingenuity** 고안력, 독창력　**platitude** 평범한 의견, 상투어　**anger** 노여움, 화　**candor** 공평무사, 허심탄회

해석 그 후보의 연설은 빈 약속들과 상투적인 말과 판에 박힌 문구들로 가득 차 있었다. 그의 당선은 물 건너 갔다.

2. He involved in the scandal stood there, surrounded by the <u>plethora</u> of microphones, amplifiers speakers and reporters.

(A) series　　　(B) equipment

(C) system　　　(D) excess

어휘 **series** 일련, 시리즈　**equipment** 장비　**system** 체계　**excess** 과잉, 초과

해석 추문에 휘말린 그는 많은 마이크, 앰프, 스피커와 리포터들에 의해 둘러싸여 서 있었다.

3. "Performance with all main actor's might, twisted narrative and shocking scenes, things like that, that make it a particularly <u>poignant</u> story for us."

(A) salivary　　　(B) saline　　　(C) salient

(D) salacious　　　(E) moving

어휘 **salivary** 침의, 타액을 분비하는　**saline** 염분을 함유한, 짠　**salient** 현저한, 두드러진　**salacious** 호색의; 음란한　**moving** 감동시키는, 심금을 울리는

해석 "주연 배우의 혼신을 다한 연기, 반전과 충격적인 장면, 이것들이 이 작품을 감동적으로 만들어 주지요."

4. Sublimation of the Han(한;恨 ________ pain) in art is one of the most major essence factors to a respectable Pansori singer.

(A) pathos　　　(B) sweet

(C) poignant　　　(D) sarcastic

어휘 **pathos** 페이소스, 연민의 정을 자아 냄　**sweet** 단, 맛있는　**poignant** 가슴에 사무치는　**sarcastic** 비꼬는, 풍자적인

해석 훌륭한 판소리가가 되기 위해서는 한(가슴에 사무치는 슬픔)의 승화가 가장 중요하다.

정답　1. C　2. D　3. E　4. C

01 precarious
[prikɛ́:riəs]
불안정한

- National Security Council originally planned to finalize the dispatch issue but the meeting was cancelled due to the precarious battlefield situation.
  ▶ 국가안전보장회의가 원래는 파병 문제를 최종 결정지을 계획이었지만, 전장 상황이 불안정하여 회의가 취소되었다.

02 proximity
[praksímiti]
근접

- Slovakia's cheap labor and proximity to Western Europe are making it a popular destination for automakers.
  ▶ 값싼 노동력과 서유럽에 근접해 있다는 사실 때문에 슬로바키아가 자동차 생산자들에게 인기 있는 행선지가 되었다.

03 proxy
[práksi]
대리(권)

- Make sure your proxy has completed and corrected information regarding the course and units of study in which you wish to enroll.
  ▶ 당신의 대리인이 당신이 등록하기 원하는 연구 과정에 관한 정보를 작성하고 수정했다는 것을 확인하시오.

04 pseudonym
[súː:dənim]
필명

- An R&B prank comprised of two US rap producers using pseudonyms and famous friends, it barely hides an in-joke smirk.
  ▶ 미국 랩 프로듀서 두명이 가명과 유명인사 친구들을 이용해서 R & B 관련 장난을 쳤는데, 그렇다고 해서 내부 사람들만 알아듣는 농담 속의 웃음은 거의 숨길 수 없었다.

05 psychiatrist
[saikáiətrist]
정신과 의사

- "He took this dangerous action today because he imagined he heard voices," the psychiatrist told reporters, saying his case was still being investigated.
  ▶ 그 정신과의사는 아직 그 사람의 사례는 조사 중이라고 얘기하면서, "그 사람은 자신이 어떤 목소리들을 들었다고 생각해서 이런 위험한 행동을 오늘 저지른 겁니다." 라고 기자들에게 얘기했다.

06 pugnacious
[pʌgnéiʃəs]
싸움을 좋아하는

- Though he is rounder than he was in his more physically pugnacious days, Mailer maintains his clear-eyed combative quality, his ease with self-defense.
  ▶ 자신이 지금보다 더 신체적으로 싸움을 좋아하던 시절에 비교하면 살이 좀 찌긴 했지만, Mailer는 총명한 싸움 능력과 별 힘 안들이고 자기 방어하는 실력을 유지하고 있다.

07 punctilious
[pʌŋktíliəs]
꼼꼼한

- Nicholas showed us his butterfly collection. I tried to impress upon him the need for punctilious labeling, a tedious business that raises a butterfly from a mere curio to a specimen of scientific value.
  ▶ Nicholas가 자신의 나비 콜렉션을 보여주었다. 난 그에게 따분한 일이긴 하지만 나비를 단순히 호기심을 자극하는 물건에서 과학적 가치를 지닌 견본의 위치로 상승시켜 주는 꼼꼼하게 라벨을 붙여 명시하는 것의 필요성을 강조했다.

08 pungent
[pʌ́ndʒənt]
(미각, 후각 등을) 자극하는

- All of his music has the pungent satire of the human life, but always with humor.
  ▶ 그의 모든 음악은 인간 삶에 대한 자극적인 풍자를 담고 있다. 하지만 항상 유머는 잃지 않는다.

1. The mountain climber rested <u>precariously</u> on a narrow ledge before continuing on.
He was too old to go up a mountain but his firm-set lips indicated obstinate will.

(A) proudly (B) desperately

(C) improperly (D) insecurely

> **어휘** **precariously** 불안정하게, 믿을 수 없게 **ledge** (벽에서 돌출한) 선반; 바위 턱
> **proudly** 거만하게; 자랑스럽게 **desperately** 필사적으로; 절망적으로 **improperly** 그릇되게, 틀려서
> **insecurely** 불안전하게

> **해석** 그 등산가는 산을 계속 올라가기에 앞서서 좁은 암벽 위에서 불안정하게 휴식을 취했다. 등산을 하기에는 많은
> 나이처럼 보였지만 굳게 다문 입술은 그의 의지를 대변하고 있었다.

2. John almost always gets <u>pugnacious</u> when he dips the bill in the bar.

(A) persistent (B) punishable

(C) good-tempered (D) quarrelsome

> **어휘** **persistent** 고집 센, 완고한 **punishable** 처벌할 만한 **good-tempered** 무던한, 온순한
> **quarrelsome** 싸움하기 좋아하는

> **해석** John은 술집에서 한잔 하면 거의 항상 시비조가 된다.

3. There is the nicety of each equipment, my uncle is ______________ about using the
right tool for each job.

(A) punctilious (B) stressed

(C) punctual (D) casual

> **어휘** **punctilious** 세심한, 꼼꼼한(meticulous); 격식을 차리는, 딱딱한 **stress** 강조하다; 역설하다; 압박하다
> **punctual** 시간[기한]을 엄수하는; 어김없는 **casual** 우연한, 무심결의, 무관심한

> **해석** 각 기계마다 미세한 차이가 있기 때문에, 삼촌은 작업마다 알맞은 도구를 사용하는 것에 세심한 주의를 기울인다.

4. Garlic which protects genes from cancer damage is a plant grown for its ________
flavored bulb, which is used to season foods.

(A) seriously (B) pungently

(C) strangely (D) deliciously

> **어휘** **seriously** 심각하게 **pungently** 강하게, 자극적으로 **strangely** 이상하게 **deliciously** 맛있게

> **해석** 암의 공격으로부터 유전자를 보호하는 기능을 하는 마늘은 음식의 맛을 내기 위해 강한 맛이 나는 알뿌리를 재
> 배하여 기르는 식물이다.

정답 1. D 2. D 3. A 4. B

01 purge
[pə:rdʒ]
(마음, 몸 등을) 깨끗이 하다

- Aristotle maintained that tragedy created a catharsis by purging the soul of base concepts.
  ▶ 아리스토텔레스는 비극이 기본 개념으로서의 영혼을 정화함으로써 카타르시스를 만들어 냈다고 주장했다.

02 quack
[kwæk]
돌팔이 의사

- Nemorino borrowed a love potion from a visiting quack in the hope of winning Adina's affection.
  ▶ Nemorino는 Adina의 애정을 차지하려고, 방문 중인 돌팔이 의사로부터 사랑의 묘약을 빌렸다.

03 quandary
[kwúndəri]
난처한 처지

- James told me of the quandary that the authorities were in. Should the ruins be left untouched or should they be reconstructed for a new wave of tourists?
  ▶ James는 관계당국이 처한 난처한 상황에 대해 얘기해주었다. 그 폐허를 그냥 지금 상태로 놔두어야 하는 것인지 아니면 새로운 관광객몰이를 위해 재건시켜야 하는 것인지?

04 quell
[kwel]
(폭동, 혼란 등을) 진압하다

- The protesters demonstrated against the excessive force used by Thai authorities to quell an Islamic insurgency last week, which led to the deaths of 85 Muslims.
  ▶ 저항 세력들은 태국 당국이 지난 주 회교도 폭동을 진압하기 위해 과도한 병력을 투입해 85명의 회교도인을 사망에 이르게한 것에 항의하는 시위를 하였다.

05 quintessence
[kwintésns]
전형, 본질, 제 5원소

- An American football game is widely considered to be the quintessence of machismo.
  ▶ 미식 축구는 남자다움의 전형으로 널리 인식되어진다.

06 quixotic
[kwiksátik]
공상적인

- He was buying up commercial buildings in his hometown of Archer City and filling them with used books - hundreds of thousands of used books gathered from all over the country - as part of a quixotic scheme to turn this sleepy rural community into a mecca for book lovers.
  ▶ 그는 자신의 고향, Archer시에 있는 상업 건물들을 사 모은 다음 전국에서 모은 수 천, 수 만의 중고 서적들로 가득 채웠는데, 이것은 이 활기없는 촌동네를 책을 사랑하는 이들의 메카로 만들겠다는 황당무계한 계획의 일부였다.

07 rancor
[rǽŋkər]
원한

- What prompted the president's rancor was last week's news coverage of an unsavory scandal involving the president's personal secretary.
  ▶ 대통령의 원한을 부채질한 것은 대통령의 개인 비서가 연루된 불미스러운 스캔들에 대한 지난 주 뉴스 보도였다.

08 rapacious
[rəpéiʃəs]
강탈하는, 탐욕스러운

- The West, according to the more outspoken members of this group, was, of all civilizations, uniquely rapacious, racist, sexist, exploitative, environmentally destructive, and hostile to all human dignity.
  ▶ 이 모임에서 주위 사람들에 비해 거리낌없이 말하는 회원들에 따르면, 서구는 모든 문명 중에서도 독특하게 강탈적이고, 인종차별적이며, 성차별적이고, 착취적이고, 환경 파괴적이며, 모든 인간 존엄성에 대해 적대적이라고 한다.

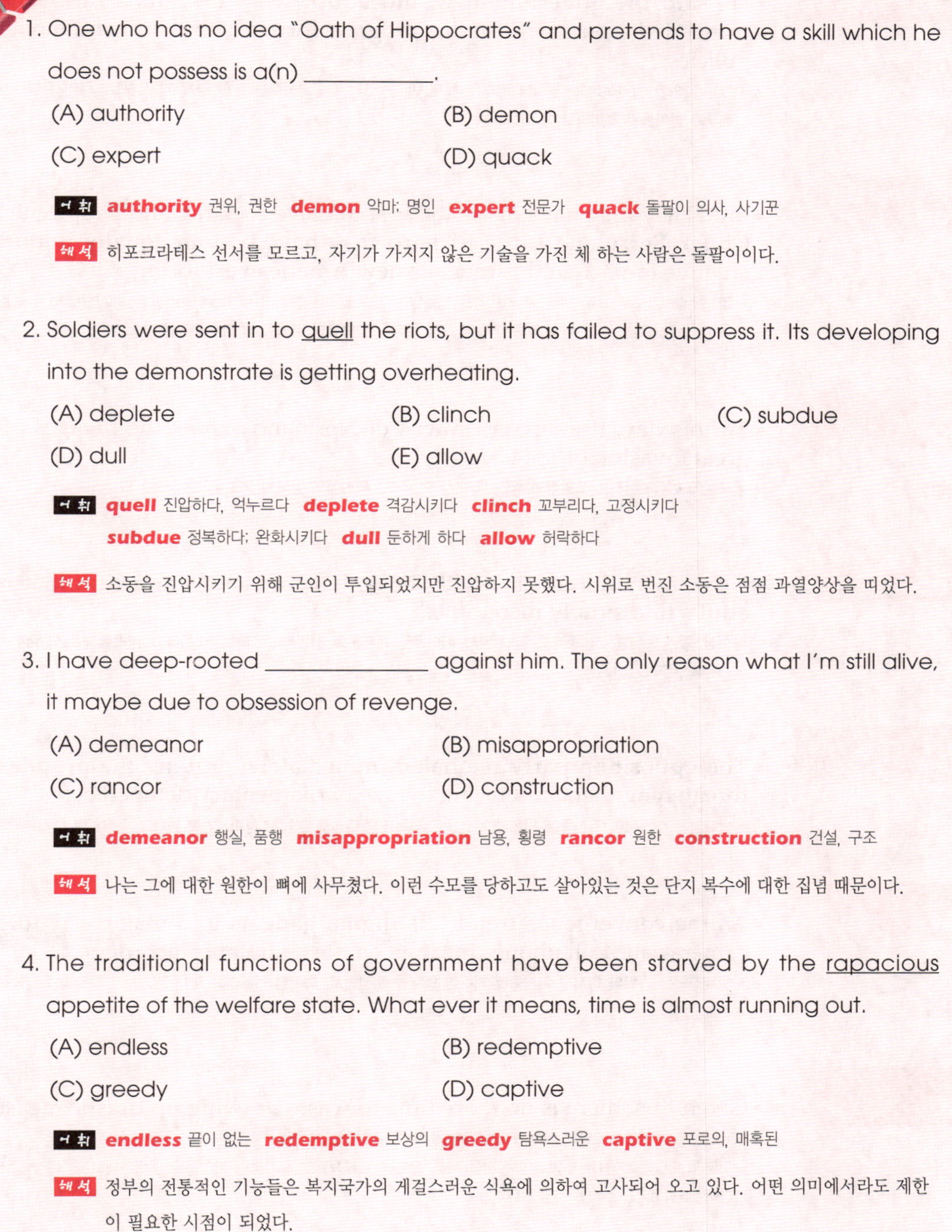

1. One who has no idea "Oath of Hippocrates" and pretends to have a skill which he does not possess is a(n) __________.

   (A) authority
   (B) demon
   (C) expert
   (D) quack

   어휘 **authority** 권위, 권한 **demon** 악마; 명인 **expert** 전문가 **quack** 돌팔이 의사, 사기꾼

   해석 히포크라테스 선서를 모르고, 자기가 가지지 않은 기술을 가진 체 하는 사람은 돌팔이이다.

2. Soldiers were sent in to <u>quell</u> the riots, but it has failed to suppress it. Its developing into the demonstrate is getting overheating.

   (A) deplete
   (B) clinch
   (C) subdue
   (D) dull
   (E) allow

   어휘 **quell** 진압하다, 억누르다 **deplete** 격감시키다 **clinch** 꼬부리다, 고정시키다
   subdue 정복하다; 완화시키다 **dull** 둔하게 하다 **allow** 허락하다

   해석 소동을 진압시키기 위해 군인이 투입되었지만 진압하지 못했다. 시위로 번진 소동은 점점 과열양상을 띠었다.

3. I have deep-rooted ____________ against him. The only reason what I'm still alive, it maybe due to obsession of revenge.

   (A) demeanor
   (B) misappropriation
   (C) rancor
   (D) construction

   어휘 **demeanor** 행실, 품행 **misappropriation** 남용, 횡령 **rancor** 원한 **construction** 건설, 구조

   해석 나는 그에 대한 원한이 뼈에 사무쳤다. 이런 수모를 당하고도 살아있는 것은 단지 복수에 대한 집념 때문이다.

4. The traditional functions of government have been starved by the <u>rapacious</u> appetite of the welfare state. What ever it means, time is almost running out.

   (A) endless
   (B) redemptive
   (C) greedy
   (D) captive

   어휘 **endless** 끝이 없는 **redemptive** 보상의 **greedy** 탐욕스러운 **captive** 포로의, 매혹된

   해석 정부의 전통적인 기능들은 복지국가의 게걸스러운 식욕에 의하여 고사되어 오고 있다. 어떤 의미에서라도 제한이 필요한 시점이 되었다.

정답 1. D 2. C 3. C 4. C

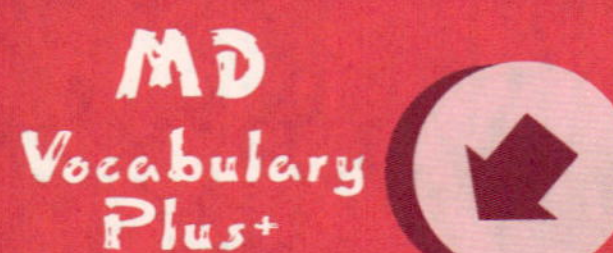

01 rational
[rǽʃənl]
합리적인, 이성적인

- He said the government would adopt what he calls a rational and principled economic stimulus program through tax, fiscal and monetary policies.
  ▶ 그는 자기가 합리적이고, 원칙에 입각한 세제, 재정, 그리고 통화정책을 통한 경제 자극 프로그램이라 부르는 것을 정부가 받아들일 것이라고 얘기했다.

02 raucous
[rɔ́ːrkəs]
귀에 거슬리는

- Bill Haley may have made the first massive rock hit, and people such as Chuck Berry and Little Richard may have had an equally important creative impact on this raucous new American art form.
  ▶ Bill Haley가 처음으로 대형 록 히트곡을 만들었는지도 모른다. 그리고 Chuck Berry나 Little Richard 같은 이들이 이 소란스러운 신생 미국 예술 형태에 그에 못지않게 중요한 창조적 영향을 끼쳤을 수도 있다.

03 ravage
[rǽvidʒ]
황폐화 (하다)

- To this day, the seacoast towns of Normandy show the ravages of the great invasion of 1944.
  ▶ 오늘에 이르기까지 노르망디의 해안 도시들은 1944년 대침공의 황폐의 흔적을 보여 주고 있다.

04 ravenous
[rǽvinəs]
굶주린

- Growing children, especially boys, have ravenous appetites that most adults find simply incredible.
  ▶ 성장 중인 아이들, 그 중에도 특히 남자 아이들은 대부분의 성인들이 그저 경이롭다고 생각할 정도의 굶주린 듯한 식욕을 가지고 있다.

05 raze
[reiz]
완전히 파괴하다

- The opposition party retaliated immediately, arguing the president is threatening them and trying to raze parliamentary democracy.
  ▶ 반대당은 대통령이 자신들을 위협하고 있으며 의회 민주주의를 완전히 파괴시키려 한다고 주장하며 즉각 반격했다.

06 realm
[relm]
영역, 왕국

- As the convergence trend hits digital gadgets in a major way, digital cameras and cell phones infringe on the realm of camcorders.
  ▶ 일체화되는 경향이 디지털 기기들에 커다란 영향을 끼치면서, 디지털 카메라와 휴대 전화기가 캠코더의 영역을 침범하고 있다.

07 rectify
[réktifai]
고치다

- Given this, there is no more time to waste drawing up drastic measures to rectify the current helpless situation.
  ▶ 이렇게 되었는데, 현재 절망적인 상황을 바로 잡으려는 목적으로 획기적인 방안들을 준비해내려 더 이상 낭비할 시간이 없습니다.

08 rectitude
[réktituːd]
정직

- An austere clergy of unequalled moral rectitude, he inspired deep devotion in those who worked for him.
  ▶ 도덕적인 정직함에 있어서는 따를 사람이 없는 한 금욕적인 성직자는 그를 위해 일하는 이들에게 심오한 신심을 불러 일으켰다.

1. They looked sorrowfully at the crops ___________ by the hurricane. Time was when golden field was suffused with ripe grains and insects.

   (A) insulted   (B) discarded   (C) trapped

   (D) molested   (E) ravaged

   > **어휘** **insult** 모욕하다, 욕보이다 **discard** 버리다, 해고하다 **trap** ~을 덫으로 잡다, 속이다
   > **molest** 괴롭히다; 간섭[방해]하다 **ravage** 파괴하다(ruin), 황폐하게 하다

   > **해석** 그들은 허리케인 때문에 황폐해진 농작물을 슬프게 바라보았다. 황금빛 들판이 잘 익은 곡식들과 곤충들로 가득하던 때가 있었다.

2. After two decades closure, the old building finishes much needed renovations and it was <u>demolished</u> and a new high rise took its place.

   (A) razed   (B) remodeled

   (C) rendered   (D) renovated

   > **어휘** **raze** 파괴하다, 무너뜨리다 **remodel** 개작하다, 개축하다 **render** 주다, 되게 하다
   > **renovate** 보수하다, 수선하다

   > **해석** 짧은 것만 같던 20년 세월은 많은 변화를 가져 왔다. 그 오래된 빌딩은 헐렸고 새로운 고층 건물이 그 자리를 대신했다.

3. The team of accountants spent hours trying to locate and then to ___________ the error I had so carelessly made.

   (A) rectify   (B) irrigate   (C) invoke

   (D) jettison   (D) lapse

   > **어휘** **rectify** 고치다 **irrigate** 물을 대다 **invoke** 호소하다, 불러내다 **jettison** 내버리다
   > **lapse** 작은 실수를 하다, 타락하다

   > **해석** 내가 무심코 저지른 실수를 찾아 바로 잡느라고 회계팀이 몇 시간을 보냈다.

4. His winning is relatively obvious because people tend to vote for a candidate who promises a return to law and order, <u>rectitude</u>, and low taxes.

   (A) sacrifice   (B) faithfulness

   (C) uprightness   (D) sensitivity

   > **어휘** **sacrifice** 희생, 제물 **faithfulness** 충실함, 신뢰할 만함 **uprightness** 정직함, 고결함
   > **sensitivity** 민감도, 감수성

   > **해석** 사람들은 법과 질서를 잘 지키고, 청렴하며 낮은 세금을 약속하는 후보자를 뽑는 경향이 있으니 그는 분명히 당선될 것이다.

01 regal
[ríːgəl]
왕의

- He made a regal entrance to receive the lifetime honor's award at the ceremony.
  ▶ 시상식장에서 평생 공로상을 받기 위해 그는 마치 왕인 양 입장했다.

02 regime
[riʒíːm]
제도, 정권

- Pakistan was one of only three countries that recognized the ousted Taliban regime in Afghanistan, although it cooperated in the U.S-led military operation that drove the Taliban from power in late 2001.
  ▶ 물론 2001년 말 미국이 주도해서 탈리반을 권좌에서 몰아내는 군사작전에 협조하긴 했지만, 파키스탄은 아프가니스탄에서 추방된 탈리반 정부를 인정한 겨우 세 개 되는 나라 중 하나이다.

03 relish
[réliʃ]
맛, 풍미, 즐기다

- Jackson, who appeared in court on Monday, appeared to relish the confrontation and a statement on his Web site referred to it as a 'showdown'.
  ▶ 월요일 날 법정에 모습을 드러낸, Jackson은 자신의 웹 사이트에 '결전'이라고 명시되어있는 맞대면과 성명서를 즐기는 듯 보였다.

04 rend
[rend]
찢다

- With only one stroke of the sword, the knight rent his opponent's helmet in two.
  ▶ 칼을 단 한번 휘두르는 것으로, 그 기사는 적수의 헬멧을 두 조각으로 찢어놓았다.

05 rigor
[rígər]
(생활, 처벌 등의)
엄격함, 혹독함

- The restrained yet emotional account of the story of a political prisoner arrested for his siding with the communists during the war and recognized in 1990 by Amnesty International as the longest-serving political prisoner on earth, impressed and moved the audience for its rigor and sensitivity.
  ▶ 전쟁 동안 공산주의자들의 편을 들었다고 해서 체포되어 1990년 지구상에서 가장 오래 수감생활을 한 정치수로 국제사면위원회로부터 인정 받은 한 정치수의 절제되었으면서도 감동적인 이야기는 그 가혹함과 감수성 때문에 관객들에게 감명과 감동을 남겼다.

06 robust
[roubʌ́st]
건장[건강]함

- Domestic advertising companies expect to see solid growth in November, as revenues are seen to be robust for ads in newspapers and magazines, a survey showed yesterday.
  ▶ 어제 나온 조사에 따르면, 국내 광고사들은 신문과 잡지 광고의 견고한 수익에 힘입어 11월에 견실한 성장세를 나타낼것이라 예상한다.

07 rudimentary
[ruːdiméntəri]
기본적인

- Although only rudimentary information is offered for the time being, the officials said they plan to continually add more in the weeks ahead.
  ▶ 당분간은 그냥 기본적인 정보들만 제공될 것이지만, 관리들은 앞으로 몇 주 내에 계속 더 많은 것을 추가시킬 계획이라고 말했다.

08 ruminate
[rúːmineit]
심사숙고하다

- Her lyrics are less narratives than fragments of personal philosophy; she ruminates about the miserable ways people treat each other, and looks for comfort in her own solitude.
  ▶ 그녀의 가사는 이야기들이라 하기 보다는 개인적 철학의 편린들이다. 그녀는 사람들이 서로를 대하는 형편없는 방식들에 대해 심사숙고하고 고독 속에서 평안을 모색한다.

1. Although smokers could __________ the freedom of smoking almost anywhere ten years ago, with the ever growing awareness of hearth, they have to smoke in smoking room.

   (A) regal
   (B) regime
   (C) ruminate
   (D) relish

   > **어휘** **regal** 왕의 **regime** 제도, 정권 **ruminate** 심사숙고 하다 **relish** 맛; 즐기다

   > **해석** 불과 10년 전만 하더라도 아무데서나 담배를 필 수 있었지만 건강에 대한 인식이 높아지면서 흡연은 일부 제한된 장소에서만 가능해졌다.

2. He made a(n) __________ study of the plants in the area to fortify his field of research. So birds presumed for many years to be extinct have been discovered.

   (A) requiring a lot of time
   (B) indistinct
   (C) recent
   (D) rigorous

   > **어휘** **indistint** 희미한 **recent** 근래의, 최근의 **rigorous** 엄격한; 철저한(thorough)

   > **해석** 그는 자신의 연구 분야를 발전시키기 위해 그 지역의 식물에 대해 철저한 연구를 했다. 그로 인해 멸종된 것으로 알려진 종의 새로운 개체를 발견하는 성과를 얻었다.

3. There the children lead a <u>robust</u>, confident life which Pelle tries with partial success to enter into. His pure heart worked out this case.

   (A) gentle
   (B) calm
   (C) brave
   (D) strong

   > **어휘** **robust** 튼튼한, 강건한 **gentle** 온화한, 점잖은 **calm** 고요한; 침착한 **brave** 용감한; 훌륭한 **strong** 힘 센, 강한

   > **해석** 그곳 어린이들은 강건하고, 자신감 있는 생활을 하는데 Pelle는 그들과 어울리는데 어느 정도 성공한다. 그의 순수함이 큰 도움이 되었다.

4. A number of terrorist organizations have developed not only <u>rudimentary</u> technical skills but also terroristic tactics.

   (A) basic
   (B) complicated
   (C) improper
   (D) precise

   > **어휘** **rudimentary** 기초의; 초보적인 **complicated** 복잡한; 번거로운 **basic** 기본; 기초의 **improper** 부적당한, 타당치 않은 **precise** 정밀한, 딱 들어맞는

   > **해석** 수많은 테러 단체들이 기본적 기술 뿐만 아니라 테러의 방법 또한 발달시켜왔다.

정답 1. D 2. D 3. D 4. A

01 rummage
[rʌ́midʒ]
샅샅이 뒤지다

- She rummaged through all the drawers, looking for the document she prepared for the conference.
  ▶ 그녀는 자신이 회의를 위해 준비한 자료를 찾기 위해 모든 서랍을 샅샅이 뒤졌다.

02 ruthless
[rúːθlis]
무자비한

- The uprising was subjected to the ruthless crack down by martial-law troops and 1,563 demonstrators were arrested.
  ▶ 폭동은 계엄군의 무자비한 진압에 맞닥뜨려졌고, 1563명의 시위자들이 체포되었다.

03 sacrilegious
[sækrilídʒəs]
신성을 더럽히는

- The priest strongly advised against committing any sacrilegious acts while the visitors are in the shrine room for the deity.
  ▶ 사제는 방문객들이 그 신의 사당에 있는 동안 어떤 신성을 더럽히는 행위도 하지 말라고 강력하게 권고했다.

04 sadistic
[sədístik]
남을 학대하는

- It was quoted as saying American military police and intelligence officials committed "sadistic, blatant and wanton criminal abuses."
  ▶ 미국 헌병과 정보부 관리들이 "가학적이고 뻔뻔하며 도덕을 무시하는 범죄적인 학대"를 자행했다고 언급하였다.

05 salvage
[sǽlvidʒ]
구조하다, 구출하다

- Relatives of Palestinian suicide bomber Amar Alfar salvaged valuables in the damaged family house in Askar refugee camp.
  ▶ 팔레스타인 자살 폭탄 테러범 Amar Alfa의 친척들이 Askar 피난 캠프에 있는 파괴된 자기 가족의 집에서 귀중품들을 되찾았다.

06 salient
[séiliənt]
눈에 띄는

- He gave science an exciting, positive image when many Americans were skeptical of it, worried that its most salient effect was to disenchant the universe and undercut religion.
  ▶ 많은 미국인들이 과학의 가장 눈에 띄는 효과가 우주의 환상에서 깨어나게 하고 종교를 헐값에 넘기는 것이 아닌가 걱정하면서 의구심을 가지던 당시, 그는 과학에 흥미진진하고 긍정적인 이미지를 제공했다.

07 saline
[séilain]
소금기(있는)

- Saline solution was given to children newly admitted to the State Government hospital, Kalyani (50 km north of Calcutta) with the symptoms of drinking poisonous water.
  ▶ 독이 든 물을 마신 증상을 가지고 (캘커타에서 50킬로 북부에 위치한) Kalyani에 있는 주정부 병원에 새로 들어온 아이들에게 식염수가 주어졌다.

08 sang-froid
[saːŋfrwáː]
침착

- Both men were mightily impressed by the calmness of the Americans on board, particularly among the women. "I had, during my sojourn in America, a thousand occasions to see the sang-froid of the American." he said.
  ▶ 두 사람 모두 배에 탄 미국인들, 그 중에서도 특히 여성들의 침착성에 커다란 인상을 받았다. "제가 미국에 머무르는 동안 미국인의 침착성을 본 경우가 천 번은 될 거예요."라고 그는 얘기했다.

1. When his back was turned, mother let me get a chair and <u>rummaged</u> through his treasures. Something was going to be wrong.

   (A) to refuse as wrong
   (B) to arrange the colors
   (C) to gather together
   (D) to search a place diligently

   어휘 **rummage** 샅샅이 찾다; 검사하다 **refuse** 거절하다; 받아들이지 않다 **arrange** 배열하다, 정리하다 **gather** 모으다; 채집하다 **diligently** 부지런히, 열심히 **treasure** 보물; 소중한 것

   해석 그가 등을 돌렸을 때, 어머니께서는 내게 의자를 가져오게 하시고는 그의 소장품을 샅샅이 뒤지셨다. 무언가 잘못되고 있었다.

2. There is a tendency on the part of the guardians of the elite to be perhaps a little more <u>ruthless</u> of someone to whom they haven't given permission to be successful.

   (A) candid
   (B) scathing
   (C) generous
   (D) skeptical

   어휘 **on the part of** ~편에서는, 부분에서는 **guardian** 감시인, 관리인 **give permission to** ~에게 허가를 주다 **candid** 정직한; 노골적인 **generous** 관대한, 후한 **scathing** 냉혹한, 가차 없는 **skeptical** 의심 많은, 회의적인

   해석 엘리트를 후원하는 사람의 편에서는 자신들이 성공하도록 허용하지 않은 사람들에 대해서는 아마 약간 더 비판적인 경향이 있다.

3. 10-year-old Jenita visits this rubbish dump nearly every day, not to throw things away, but to comb through the waste to see what she can ________ to sell on the streets.

   (A) hurl
   (B) revive
   (C) survive
   (D) salvage

   어휘 **hurl** 집어 던지다, 세게 던지다 **revive** 소생하게 하다; 회복시키다; 재상연하다 **survive** ~의 후까지 생존하다, 면하다 **salvage** 구출하다

   해석 어부들에게 인양작업은 어려운 일이었기 때문에 군 잠수팀이 가라앉은 배를 회수하기 위하여 급파되었다.

4. There are too many reports to think about. Please, remind me of the <u>salient</u> features of the proposal.

   (A) noticeable
   (B) humid
   (C) unbearable
   (D) odorous

   어휘 **noticeable** 주목할만한 **humid** 눅눅한 **unbearable** 견딜 수 없는 **odorous** 향기로운

   해석 읽어야 할 보고서가 너무 많습니다. 그 제안의 주목할만한 점이 무엇인지 알려주십시요.

01 sanguinary
[sǽŋgwineri]
피비린내 나는

- Both sides agreed to have their navies share a radio frequency and use the same flag signaling system to avoid accidental clashes on the maritime border, the scene of sanguinary naval skirmishes in 1999.
  ▶ 양측은 서로의 해군이 라디오 주파수를 공유하고 동일한 깃발 신호 체제를 써서 1999년에 피비린내 나는 해상충돌의 현장이었던 해상경계선상에서 뜻밖의 충돌을 피하자고 합의했다.

02 satiate
[séiʃieit]
(너무) 만족시키다

- The guests, having eaten until they were satiated, now listened inattentively to the speakers.
  ▶ 물릴 정도로 먹은 손님들은 이제 연사의 말에 귀 기울이지 않았다.

03 saturate
[sǽtʃəreit]
흠뻑 적시다

- Even when summer temperatures were above freezing and the top inches of earth became saturated with water, the soil below remained frozen into a permafrost, as hard as rock.
  ▶ 여름의 온도가 빙점 이상으로 올라가고 땅 표면 몇 인치의 흙이 습기로 가득 찰 때조차도 그 아래층의 흙은 마치 바위처럼 굳은 영구동토로서 얼어있는 상태였다.

04 saunter
[sɔ́:ntər]
산책하다

- Whenever he finds himself too stressed out, he would drop all of his depressing affairs and saunter off somewhere.
  ▶ 그는 스트레스를 너무 많이 받았다는 생각이 들 때마다 우울한 일들을 다 집어치우고 어디론가 어슬렁거리며 걸어서 사라지곤 한다.

05 savor
[séivər]
~의 맛

- The inn is a place where guests come to lounge in hot tubs, savor the region's wines and walk among orchards and down country lanes.
  ▶ 이 여관은 손님들이 뜨거운 욕조 안에 들어가 여유 있게 몸을 풀고 이 지방 포도주들을 맛보고 과수원과 시골길을 산책하실 수 있는 곳입니다.

06 scintillate
[síntileit]
(불꽃, 재치 등이) 번쩍이다

- Estee Lauder and Babalu's Nightclub bring to you the scintillating colors of the rainbow in a unique cocktail aptly named Beyond Paradise.
  ▶ '낙원 저 너머'라고 적절하게 이름 지어진 독특한 칵테일로 에스티 로더와 바발루의 나이트클럽이 여러분에게 무지개의 번쩍거리는 색깔들을 가져다 드립니다.

07 scrupulous
[skrú:pjuləs]
양심적인

- Ideally speaking, a scrupulous politician would not lie about his business interests.
  ▶ 이상적으로 얘기하자면, 양심적인 정치가는 자신의 사업적 이해관계에 대해 거짓말하지 않을 것이다.

08 secular
[sékjulər]
세속적인

- Turkey had a unique opportunity to show the compatibility of Islamic values with secular democracy as it strives for membership in the European Union.
  ▶ 터키는 유럽 연합의 회원이 되기 위해 힘을 쓰면서, 이슬람적인 가치관과 세속적인 민주주의가 공존할 수 있다는 것을 보여줄 독특한 기회를 가졌다.

1. Gettysburg was the scene of as __________ as any recorded in history. During America's Civil War, hundreds of a youth was buried there.

(A) sanguinary   (B) meaningless   (C) futile   (D) historic   (E) variable

> **어휘** **sanguinary** 피비린내 나는, 피투성이의 **meaningless** 뜻 없는, 무의미한 **futile** 헛된, 효과 없는
> **historic** 역사상의, 역사적인 **variable** 변하기 쉬운

> **해석** Gettysburg는 역사상 최고로 기록될 만한 피비린내 나는 현장이었다. 남북전쟁 당시 수많은 젊은이들이 그곳에 묻혔다.

2. After rainy season, the vacationists __________ themselves with sunshine. This is the first fine day we have had in many days.

(A) involved   (B) complicated   (C) saturated   (D) obsessed

> **어휘** **involve** 포함하다, 관계시키다 **complicate** 복잡하게 하다, 뒤얽히게 만들다
> **saturate** 흠뻑 적시다, 충만 시키다 **obsess** 사로잡다; 괴롭히다

> **해석** 우기가 끝나고, 여름 피서객들은 온몸에 햇빛을 받았다. 오랜만에 화창한 날씨이다.

3. When he <u>sauntered</u> onto the scene at 12:50, there was really no harm done. He avoided danger by the skin of his teeth.

(A) came together   (B) strolled   (C) entered   (D) retired   (E) arrived

> **어휘** **saunter** 산보하다(stroll), 어슬렁거리다 **scene** (사건, 이야기의) 무대, 현장 **come together** 단결하다; 동시에
> 발생하다 **enter** ~에 들어가다; 넣다 **retire** 물러가다; 은퇴하다 **arrive** 도착하다, 오다

> **해석** 12시 50분에 그가 사건의 현장을 거닐었을 때는 아무런 이상이 없었다. 그는 간발의 차로 위험을 피할 수 있었다.

4. Without any confidence, he is just one of those fanatical right-wing preachers who blame everything on <u>secular</u> humanism.

(A) hedonistic   (B) sarcastic   (C) mundane

(D) masochistic   (E) aesthetic

> **어휘** **humanism** 인간성; 인본주의; 인문주의, 인문학 **secular** 현세의, 세속적인(mundane)
> **fanatical** 열광적인, 광신적인 **right-wing** 우익의; 보수주의의 **preacher** 설교자, 훈계하는 사람
> **blame** 비난하다; (죄를 ~에게) 지우다 **hedonistic** 쾌락주의(자)의 **sarcastic** 빈정거리는, 풍자의, 신랄한
> **masochistic** 자기학대의, 피학대 경향의 **aesthetic** 미(美)의, 미술의; 미학의

> **해석** 그는 아무런 확신도 없이 단지 모든 것을 세속적인 인간성 탓으로 돌리는 광적인 우익 전도자들 중의 한 사람일 뿐이다.

정답 1. A 2. C 3. B 4. C

01 sedentary
[sédnteri]
앉아 있는, 정적인

- My physician says I should start playing sport of some sorts if I want to lose any weight because my lifestyle is too sedentary.
  ▶ 의사 선생님은 내 생활양식(라이프스타일)이 너무 꼼짝 않고 앉아있기만 하기 때문에, 살을 조금이라도 빼고 싶다면 모종의 스포츠를 시작해야만 한다고 얘기한다.

02 seethe
[si:ð]
(들)끓다

- Most major French cities are marred by North African slums that seethed with hatred under the sway of self-appointed fundamentalist firebrands.
  ▶ 대부분의 프랑스 주요 도시들은 자칭 원리주의 선동자들이 활개치는 가운데 증오로 들끓는 북아프리카계 주민들의 빈민가에 의해 엉망이 되어 버렸다.

03 semblance
[sémbləns]
(외형의) 유사

- The city of Rio has now returned to some semblance of normality and sanity after last night's mad festival.
  ▶ Rio시는 어젯밤의 열광적인 축제를 마치고 이제 어느 정도 온전한 정신상태와 유사하게 돌아왔다.

04 senility
[sinílət i]
(고령으로 인한) 노망

- I tend to misplace my valuables quite often these days. I think I must be going senile.
  ▶ 요즘 들어서 난 꽤 자주 귀중품들을 어디엔가 놓고는 잊어버리는 경향이 있어. 아마 노망이 나려는 게 분명해.

05 sententious
[senténʃəs]
금언 같은

- In his efforts to impress moral principles on the children, he made use of sententious formulas, such as "To be good, do good."
  ▶ 어린이들에게 도덕적인 원칙을 심어 주려는 노력에서 그는 "선량하려면 선을 행하라"와 같은 교훈적인 문구를 이용했다.

06 sequester
[sikwéstər]
격리[은퇴]하다

- Formerly the goods of a defendant in chancery were, in the last resort, sequestered and detained to enforce the decrees of the court. And now the profits of a benefice are sequestered to pay the debts of ecclesiastics.
  ▶ 이전에는 교황청 상소국에 있는 피고의 물건들이 법원의 명령을 관철시키기 위해 최후의 보루로 격리되어서 보관되었다. 그리고 현재는 유급 성직자의 이득이 따로 나뉘어져 성직자의 부채를 갚는데 쓰인다.

07 serenity
[sərénəti]
평온

- With refreshing decoration, serene lighting and the finest cuisine, we promise to help change the lifestyles of our patrons.
  ▶ 신선한 내부 장식, 평온한 조명, 그리고 최상의 음식으로, 저희는 손님들께서 라이프 스타일을 변화시키는 것을 도와드립니다.

08 servile
[sə́:rvil]
노예와 같은, 비굴한

- He criticized the government officials for being servile, comparing them with British Prime Minister making efforts to win favor from U.S President.
  ▶ 그는 영국 수상이 미국 대통령의 호응을 받아내려 노력하고 있는 것과 비교하면서 정부 관리들의 비굴함을 비난하였다.

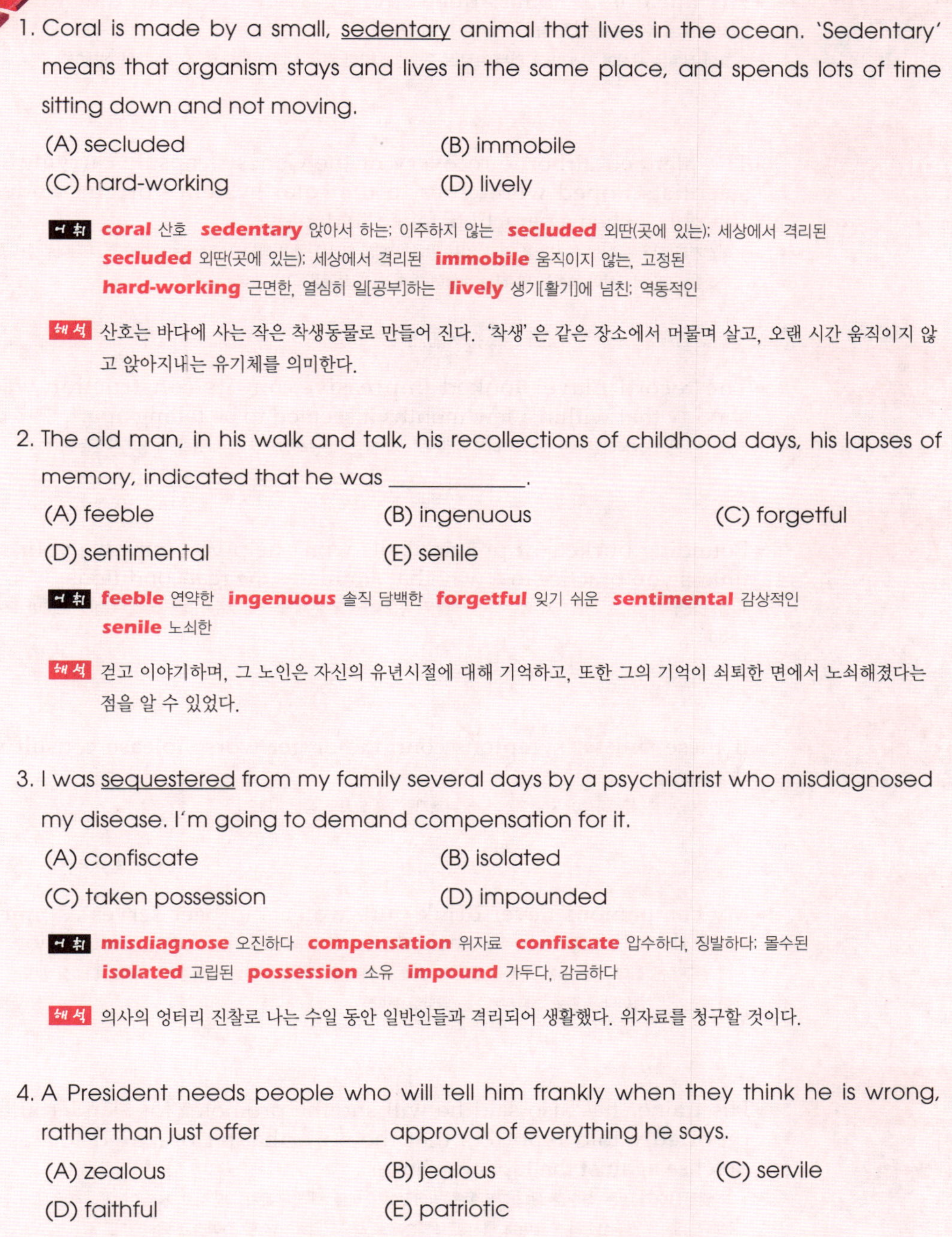

1. Coral is made by a small, <u>sedentary</u> animal that lives in the ocean. 'Sedentary' means that organism stays and lives in the same place, and spends lots of time sitting down and not moving.

   (A) secluded   (B) immobile

   (C) hard-working   (D) lively

> **어휘** **coral** 산호   **sedentary** 앉아서 하는; 이주하지 않는   **secluded** 외딴(곳에 있는); 세상에서 격리된
> **secluded** 외딴(곳에 있는); 세상에서 격리된   **immobile** 움직이지 않는, 고정된
> **hard-working** 근면한, 열심히 일[공부]하는   **lively** 생기[활기]에 넘친; 역동적인

> **해석** 산호는 바다에 사는 작은 착생동물로 만들어 진다. '착생'은 같은 장소에서 머물며 살고, 오랜 시간 움직이지 않고 앉아지내는 유기체를 의미한다.

2. The old man, in his walk and talk, his recollections of childhood days, his lapses of memory, indicated that he was ___________.

   (A) feeble   (B) ingenuous   (C) forgetful

   (D) sentimental   (E) senile

> **어휘** **feeble** 연약한   **ingenuous** 솔직 담백한   **forgetful** 잊기 쉬운   **sentimental** 감상적인
> **senile** 노쇠한

> **해석** 걷고 이야기하며, 그 노인은 자신의 유년시절에 대해 기억하고, 또한 그의 기억이 쇠퇴한 면에서 노쇠해졌다는 점을 알 수 있었다.

3. I was <u>sequestered</u> from my family several days by a psychiatrist who misdiagnosed my disease. I'm going to demand compensation for it.

   (A) confiscate   (B) isolated

   (C) taken possession   (D) impounded

> **어휘** **misdiagnose** 오진하다   **compensation** 위자료   **confiscate** 압수하다, 징발하다; 몰수된
> **isolated** 고립된   **possession** 소유   **impound** 가두다, 감금하다

> **해석** 의사의 엉터리 진찰로 나는 수일 동안 일반인들과 격리되어 생활했다. 위자료를 청구할 것이다.

4. A President needs people who will tell him frankly when they think he is wrong, rather than just offer __________ approval of everything he says.

   (A) zealous   (B) jealous   (C) servile

   (D) faithful   (E) patriotic

> **어휘** **zealous** 열심인, 열광적인   **jealous** 질투가 많은, 시샘하는   **servile** 야비한, 아첨하는
> **faithful** 충실한, 열심인   **patriotic** 애국의, 애국적인

> **해석** 대통령이 하는 모든 말을 아첨으로 수긍하지 말고 그가 틀렸다고 생각할 때는 솔직하게 말해 줄 사람들이 대통령에게는 필요하다.

정답   1. B   2. E   3. B   4. C

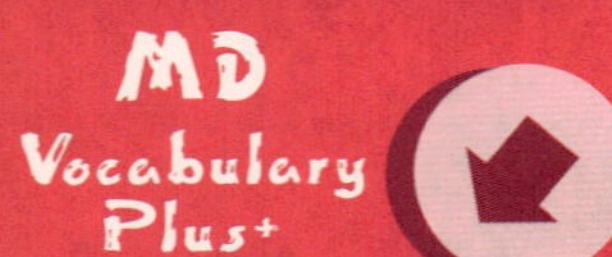

01 setback
[sétbæk]
(진보 등의) 방해

- His uncle is in coma after suffering a setback at a French military hospital where he is being treated.
  ▸ 그의 삼촌은 자신이 치료 받고 있는 프랑스 군병원에서 한 차례 상태가 악화된 후 의식불명 상태이다.

02 shambles
[ʃæmblz]
(도살장과 같은) 수라장

- The planned airborne recovery of the Genesis capsule carrying what scientists hoped were clues to the solar system's origins ended in shambles when a parachute failed to deploy.
  ▸ 태양계의 기원에 대한 단서들을 갖고 있지 않을까 하고 과학자들이 바라던 Genesis 캡슐을 예정대로 공중에서 회수하는 것이 낙하산이 작동을 안 하는 바람에 아수라장으로 끝나고 말았다.

03 shoddy
[ʃádi]
조잡한, 가짜의

- The record player looked impressive, but its construction was so shoddy that within a few months it seemed to be falling apart.
  ▸ 그 전축은 인상적이었지만 조립이 너무 허술해서 몇 달 안에 분해될 것처럼 보였다.

04 simulate
[símjuleit]
가장하다

- Pounding buckets of practice balls won't help you improve your score unless you practice in a way that simulates the real conditions.
  ▸ 실체처럼 가정하고 연습하지 않는다면 연습용 공으로 골대를 세게 내려 치는 것은 너의 득점에 도움이 되지 않을 것이다.

05 sinister
[sínistər]
불길한

- If these sinister symptons continue or get worse, please consult your doctor.
  ▸ 만약 이런 불길한 증상이 지속되거나 더 나빠지면, 곡 의사와 상담하세요.

06 slake
[sleik]
(갈증, 욕망 등을) 풀다

- My companions never drink pure water and beer serves as much to slake their thirst as to fill their stomachs and lubricate conversation.
  ▸ 내 친구들은 절대 그냥 물은 마시질 않는다. 그래서 맥주가 그네들의 배를 채워주기도 하고, 대화를 부드럽게 만들어 주는 것만큼이나 갈증을 해소시켜주는 역할을 한다.

07 slander
[slændər]
비방하다, 훼손하다

- His trainer has also said he will sue the promoter for slander after he reportedly told reporters that the boxer hadn't prepared for his title defense against the Japanese boxer.
  ▸ 그 권투선수가 일본 선수를 상대로 타이틀 방어전에 준비를 제대로 하지 않았다고 프로모터가 기자들에게 말했다고 전해진 후 그 권투선수의 트레이너 역시 명예훼손으로 프로모터를 고소할 것이라고 얘기했다.

08 sloppy
[slápi]
자극하다, 엉성한

- If you look sloppy just once, there is no turning back.
  ▸ 한번 지저분해 보인 인상은 다시 될돌릴 수 없다.

1. The 2001 September ruling, given by the U.S. Supreme Court in favor of Napster, was a major <u>setback</u> for the recording industry.

   (A) progress   (B) momentum

   (C) frustration   (D) tombstone

   어휘 **setback** 방해; 좌절(frustration) **progress** 전진; 경과 **momentum** 운동량; 여세, 힘 **frustration** 좌절, 복종 **tombstone** 묘석, 묘비

   해석 2001년 9월, Napster에 유리하게 내려진 미 대법원의 판결은 음반 산업에 큰 타격을 주었다.

2. A sheet of metal was shaken to __________ the voice of thunder. Soon, rain came down in a torrent as there was a big whole in the sky.

   (A) concur   (B) simulate

   (C) transform   (D) encourage

   어휘 **concur** 일치하다 **imitate** 모방하다, 흉내 내다 **transform** 변형시키다 **encourage** 격려하다, 장려하다

   해석 금속판은 천둥소리에 맞춰 흔들렸다. 그리고는 하늘에 구멍이 난 것처럼 비가 억수같이 쏟아졌다.

3. He was incapacitated by a <u>sinister</u> accident. In this situation, his condition was still far too weak to handle it. The slump had continued for a while.

   (A) unhappy   (B) great   (C) heavy

   (D) merciful   (E) evil

   어휘 **unhappy** 불행한, 비참한 **great** 큰, 중대한 **heavy** 무거운, 가혹한 **merciful** 자비로운 **evil** 나쁜, 불길한

   해석 그는 불행한 사고에 무능력했다. 지금 상황으로는 그의 우울한 상황을 이겨내기에는 역부족이었다. 그의 그러한 침체는 얼마 간 지속되었다.

4. Angry at what the newspaper had printed, she sued for <u>slander</u>. But she was getting indignant because of their impudence not article.

   (A) ferocity   (B) libel

   (C) propensity   (D) arson

   어휘 **slander** 명예 훼손(죄); 모욕하다 **ferocity** 사나움, 잔인성; 만행 **libel** 모욕 **propensity** 경향, 버릇 **arson** 방화(죄)

   해석 신문에 나온 보도 내용에 화가 난 그녀는 출판물에 의한 명예훼손으로 고소했다. 하지만 기사 내용보다는 그들의 지나친 뻔뻔함이 그녀를 더욱 화나게 만들었다.

01 sloth
[slɔːθ]
게으름

- The article strongly criticizes the government's sloth and unwillingness in tackling environmental problems.
  ▶ 그 기사는 환경 문제들을 해결하는데 있어서 게으름을 부리고 의욕이 없는 정부를 강력하게 비난하고 있다.

02 slovenly
[slʌ́vnli]
단정하지 못한

- I'll have to improve my slovenly habits such as spreading dirty laundry all over the floor- my new girl friend's coming to stay here for the next few days.
  ▶ 마루 여기저기에 더러운 빨랫감을 널어놓는다거나 하는 단정하지 못한 버릇을 고쳐야만 할 것 같아. 새 여자친구가 여기서 앞으로 이틀 정도 지내러 오거든.

03 sober
[sóubər]
진지한, 술 취하지 않은

- Sharon issued a sober statement on this morning's Palestinian suicide bombing in a crowded Tel Aviv market that killed several people and wounded 30 others.
  ▶ Sharon은 오늘 아침 북적대는 Tel Aviv 시장에서 팔레스타인 사람의 자살 폭탄을 일으켜 몇 명이 사망하고 30명이 부상당한 것에 대해 차분한 성명서를 발표했다.

04 solicitous
[səlísitəs]
걱정하는, 세심한

- The driver was excessively solicitous, constantly apologizing to me for the car's poor suspension, the heat, the state of the roads, and the insane behavior of other drivers.
  ▶ 그 운전수는 필요 이상으로 걱정이 많아서, 자동차의 완충장치가 형편없는 것, 더위, 도로 상태, 그리고 타 운전자들의 미친 듯한 행동까지 쉴새없이 나에게 사과하고 있었다.

- The faculty members could not have been more solicitous than I expected.
  ▶ 내가 기대 했던것 보다 교수진들은 너무도 세심했다.

05 soliloquy
[səlíləkwi]
(연극 속의) 독백

- Hamlet's soliloquy "To be or not to be" is probably one of the most well known lines in history.
  ▶ 햄릿의 독백인 "죽느냐 사느냐 그것이 문제로다"는 아마도 역사상 가장 많이 알려진 대사 중 하나일 것이다.

06 somnolent
[sámnələnt]
졸리는

- Back in the somnolent heat of Bangalore he wrote a revealing novel entitled 'Savrola', at once a typical romance, a perceptive biographical confession and a revealing glimpse of his political views.
  ▶ 그는 Bangalore의 졸음오게하는 더위 속에서 'Savrola'라는 제목의, 자신을 드러내는 소설을 썼다. 그것은 전형적인 연애소설인 동시에 통찰력있는 자전적 고백이었으며 자신의 정치적 관점을 넌지시 밝혀주는 소설이다.

07 spasmodic
[spæzmádik]
발작적인, 간헐적인

- She made spasmodic attempts to clean up the house once in a while in the hopes that her husband might notice.
  ▶ 그녀는 가끔 한 번씩 혹시 남편이 알아볼까 하는 바람을 가지고 간헐적으로 집안 청소를 하려는 시도를 했다.

08 specious
[spíːʃəs]
그럴 듯한

- With just a few clicks in your address book, it is easy to forward a chain letter, a virus warning or a list of specious True Facts.
  ▶ 주소록에 클릭만 두어 번 하면, 행운의 편지, 바이러스 경고, 혹은 사실인 것 같이 보여지는 그럴 듯한 거짓말들의 리스트를 쉽게 다른 주소로 전송할 수 있다.

1. Such __________ work habits will never produce good products. He can naver concentrate upon his work.

   (A) slovenly (B) diligent
   (C) sinuous (D) servile

   어휘 **slovenly** 부주의한, 게으른 **diligent** 근면한 **sinuous** 꾸불꾸불한, 간접적인 **servile** 노예의, 노예 근성의

   해석 그의 그 같이 부주의한 일하는 습관은 절대 좋은 상품을 생산해 내지 못할 것이다. 그는 자기일에 정신을 집중하지 못하는 사람이다.

2. Kenneth, who was worried that he had failed the test, was the only one who got 100%. His __________, as you see, was entirely unnecessary.

   (A) solicitude (B) solicitation
   (C) elicitation (D) lassitude

   어휘 **solicitude** 근심, 걱정 **solicitation** 간청, 간원 **elicitation** 끌어내기, 꾀어내기 **lassitude** 나른한, 권태

   해석 시험에서 낙방했다고 걱정하던 Kenneth는 만점을 받은 유일한 사람이었다. 당신이 알다시피, 그는 걱정할 필요가 없었다.

3. Because of his <u>somnolent</u> voice, students find it difficult to concentrate in his classes. He should train to speak more loud.

   (A) angry (B) sleepy
   (C) foolish (D) honest

   어휘 **somnolent** 졸린, 최면의 **angry** 성난; 모진 **sleepy** 졸린 **foolish** 미련한, 어리석은; 바보 같은 **honest** 정직한, 성실한

   해석 그의 졸리는 목소리 때문에 학생들은 그의 수업에 집중하기가 어렵다고 생각한다. 그는 더 큰소리를 내도록 연습해야 한다.

4. We could take the <u>specious</u> goal of the tax cutters more seriously if we saw that they were also at least trying to reduce government spending.

   (A) malicious (B) ostensible
   (C) tactical (D) candid

   어휘 **specious** 허울좋은, 그럴듯한 **reduce** 줄이다; 축소하다 **malicious** 악의 있는, 심술궂은 **ostensible** 외면의; 겉치레의 **tactical** 전술상의, 전술적인 **candid** 정직한; 노골적인

   해석 감세론자들이 정부 지출을 줄이기 위해 조금이라도 노력하는 모습을 보인다면, 우리는 그들이 표면상으로 내세우고 있는 목표를 좀 더 신중하게 고려할 수 있을 것이다.

01 sporadic
[spərǽdik]
간헐적인

- Throughout the early years of Kelly's life, she suspected, her father would make sporadic reappearances, make ever more incompetent attempts to be a good father to her and a good partner to her mother, before leaving again.
  - ▶ Kelly는 어린 시절 내내, 그의 아버지가 때때로 한번씩 다시 나타나서는, 그녀에겐 좋은 아버지, 어머니에겐 좋은 남편 노릇을 하려는 이전 보다 더 형편없는 시도를 하다가, 다시 떠나리라는 심증을 가지고 있었다.

02 spurious
[spjúːriəs]
가짜의

- Some of these graves are clearly spurious and were manufactured by nineteenth-century royalists who wanted evidence of an unbroken 2,000-year-old imperial line.
  - ▶ 이 무덤들 중 몇몇은 확실하게 가짜이고, 2000년 동안 깨어지지 않고 내려온 황실의 맥에 대한 증거가 있었으면 하던 19세기 왕정파에 의해 만들어진 것이다.

03 squalid
[skwɑ́lid]
불결한

- More than 200,000 people have sought refuge in a neighboring town and a million people have fled their homes and are living in squalid, overcrowded camps in Sudan.
  - ▶ 이십만명이 넘는 사람들이 한 이웃 마을에서 피난처를 찾았고, 백만 명이 자신들의 집에서 도망 나와 수단에 있는 불결하고 비좁은 수용소에서 생활하고 있다.

04 squander
[skwɑ́ndər]
(돈, 시간 등을) 낭비하다

- The lottery tempts many who hope to become millionaire through the squandering of minuscule sums.
  - ▶ 복권은 소액을 낭비해서 백만장자가 되기를 바라는 많은 사람들을 유혹한다.

05 stagnant
[stǽgnənt]
고인, 정체된

- With the domestic construction industry looking poised to remain stagnant next year, the overall demand for steel-related products will be likely to sputter.
  - ▶ 내년도 국내 건설업이 정체상태를 유지할 것으로 보이는 가운데, 제철 관련 제품들에 대한 전체 수요도 급락할 확률이 높다.

06 statute
[stǽtʃuːt]
법령

- Some 52 violators, including three famous actors, for whom the statute of limitations has expired, will have to join the military by the end of next month after having a new medical check-up by Nov. 4.
  - ▶ 소송 제기 기한 한정법령이 만료된 유명 배우 3명을 포함한 52명의 위반자들은 11월 4일까지 새로 건강진단을 받은 후 다음 달 말까지 군에 입대해야 한다.

07 stolid
[stɑ́lid]
둔감한

- There was an excellent verbal and psychological conflict between stolid bourgeois Maigret and an intelligent, arrogant Dutch art connoisseur.
  - ▶ 둔감한 부르주아 Maigret과 총명하고 건방진 네덜란드의 예술감정가 사이에서 기가 막힌 설전과 심리전이 벌어졌다.

08 strident
[stráidənt]
귀에 거슬리는

- It was strident in their condemnation and insistence that we immediately admit to the `truth' of their allegations.
  - ▶ 그들이 비난하는 것과 우리가 자신들 주장의 '진실'에 대해 당장 인정하라고 억지를 쓰는 것이 귀에 거슬렸다.

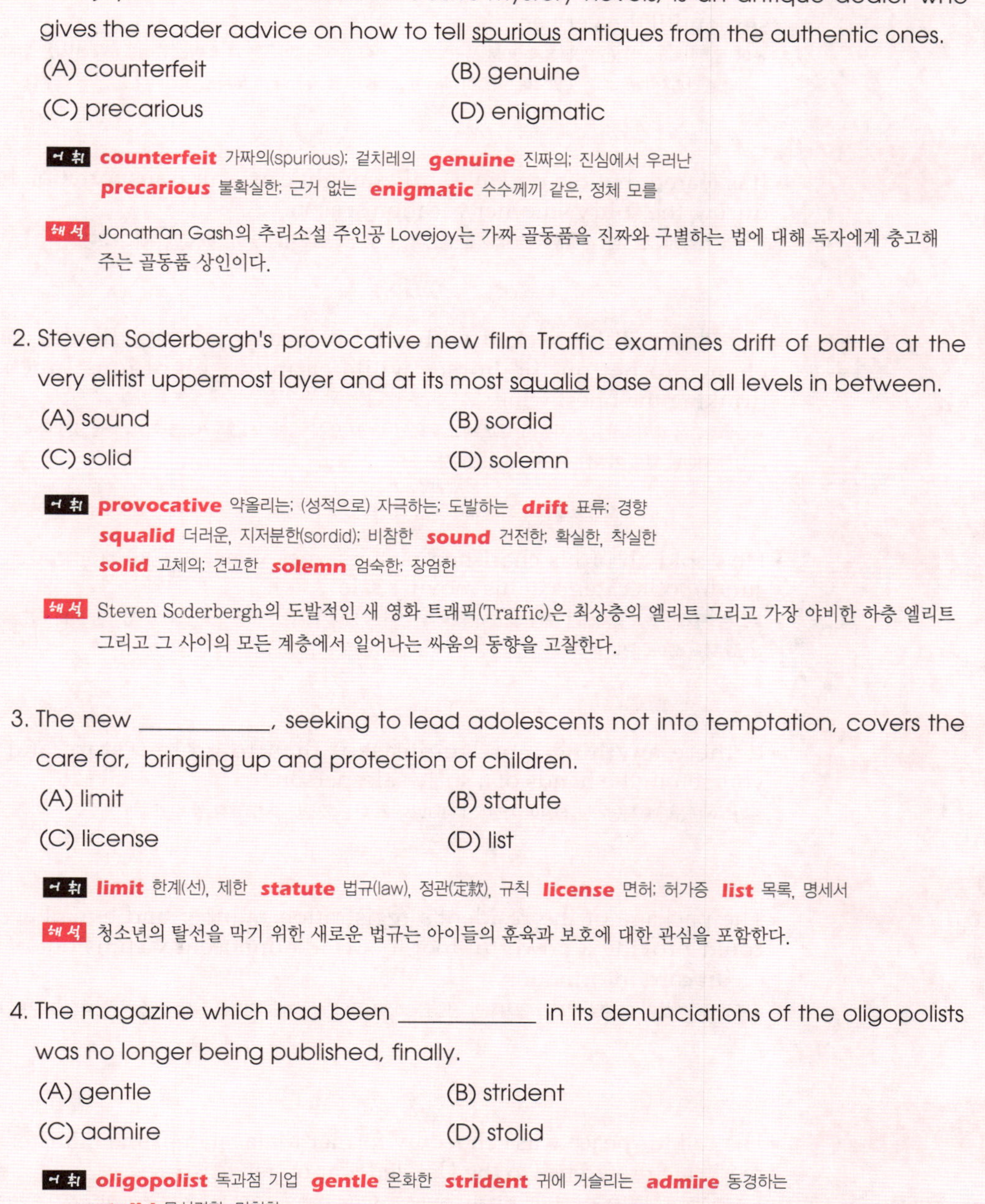

1. Lovejoy, the hero of Jonathan Gash's mystery novels, is an antique dealer who gives the reader advice on how to tell <u>spurious</u> antiques from the authentic ones.

   (A) counterfeit   (B) genuine

   (C) precarious   (D) enigmatic

> **어휘** **counterfeit** 가짜의(spurious); 겉치레의 **genuine** 진짜의; 진심에서 우러난
> **precarious** 불확실한; 근거 없는 **enigmatic** 수수께끼 같은, 정체 모를

> **해석** Jonathan Gash의 추리소설 주인공 Lovejoy는 가짜 골동품을 진짜와 구별하는 법에 대해 독자에게 충고해 주는 골동품 상인이다.

2. Steven Soderbergh's provocative new film Traffic examines drift of battle at the very elitist uppermost layer and at its most <u>squalid</u> base and all levels in between.

   (A) sound   (B) sordid

   (C) solid   (D) solemn

> **어휘** **provocative** 약올리는; (성적으로) 자극하는; 도발하는 **drift** 표류; 경향
> **squalid** 더러운, 지저분한(sordid); 비참한 **sound** 건전한; 확실한, 착실한
> **solid** 고체의; 견고한 **solemn** 엄숙한; 장엄한

> **해석** Steven Soderbergh의 도발적인 새 영화 트래픽(Traffic)은 최상층의 엘리트 그리고 가장 야비한 하층 엘리트 그리고 그 사이의 모든 계층에서 일어나는 싸움의 동향을 고찰한다.

3. The new __________, seeking to lead adolescents not into temptation, covers the care for, bringing up and protection of children.

   (A) limit   (B) statute

   (C) license   (D) list

> **어휘** **limit** 한계(선), 제한 **statute** 법규(law), 정관(定款), 규칙 **license** 면허; 허가증 **list** 목록, 명세서

> **해석** 청소년의 탈선을 막기 위한 새로운 법규는 아이들의 훈육과 보호에 대한 관심을 포함한다.

4. The magazine which had been __________ in its denunciations of the oligopolists was no longer being published, finally.

   (A) gentle   (B) strident

   (C) admire   (D) stolid

> **어휘** **oligopolist** 독과점 기업 **gentle** 온화한 **strident** 귀에 거슬리는 **admire** 동경하는
> **stolid** 무신경한, 멍청한

> **해석** 독과점에 대해 기업의 눈에 거슬리는 비난을 해오던 잡지는 결국 폐간되었다.

01 succulent
[sʌ́kjulənt]
수분이 많은, 흥미진진한

- The beauty of the plate is that it maintains its heat for some 20 to 30 minutes, meaning that guests can enjoy a warm, succulent and juicy steak until the very end.
  ▶ 이 플레이트의 강점은 20분에서 30분 동안 그 열을 유지한다는 점인데, 그 의미는 손님들께서 식사를 마치시는 마지막 순간까지 따뜻하고, 맛있으며, 육즙이 촉촉한 스테이크를 즐기실 수 있다는 것입니다.

02 sultry
[sʌ́ltri]
무더운

- It is feared that the possible strikes might cause air transportation havoc during the sultry summer vacation season.
  ▶ 파업이 일어나게 되면 무더운 여름 휴가철 동안 항공 운항에 대소동이 일어날까 두려워하고 있다.

03 sumptuous
[sʌ́mptʃuəs]
고가의, 사치스러운

- The day will be packed with a lot of fun as guests will also have a chance to bet on the horses while eating a sumptuous lunch and drinking the finest wine.
  ▶ 손님들께서 고가의 점심식사를 하시고 최고급 와인을 마시면서 경마까지 할 기회를 가지게 될 것이라서 그날은 굉장히 재미난 일로 가득찬 시간이 될 것입니다.

04 sundry
[sʌ́ndri]
잡다한

- He's sold all of his cherished posters, rock concert T-shirts, plates, and sundry other items at his moving sale.
  ▶ 그는 자기가 애지중지하던 모든 포스터들과 록 콘서트 기념 티셔츠들, 접시들, 그리고 잡다한 기타 물건들을 이사 세일에서 팔아버렸다.

05 surly
[sə́ːrli]
퉁명스런

- Is there anything more unpleasant than to go to a store and find yourself in the hands of a surly salesperson?
  ▶ 가게에 갔을 때 퉁명스런 점원이 자신을 대하고있음을 아는 것보다 더 불쾌한 일이 있을까?

06 swindle
[swíndl]
(돈 등을) 사취하다

- The package of the resident's registration number and e-mail account could provide a powerful tool to swindle innocent victims out of their credit card information.
  ▶ 주민등록번호와 이메일 계좌가 합쳐지면 선량한 희생자들의 신용카드 정보를 빼낼 수 있는 강력한 도구를 제공하게 된다.

07 tacit
[tǽsit]
암묵적인, 묵시적인

- His call for peace was echoed by former Malaysian prime minister, who made tacit reference to the U.S.-led war on terrorism.
  ▶ 그의 평화에 대한 요구는 미국이 주도하는 테러와의 전쟁에 대해 암묵적인 언급을 한 적이 있는 전직 말레이시아 수상에 의해 반향되었다.

08 taciturn
[tǽsitəːrn]
말수가 적은

- A balding, stocky, taciturn man who wore glasses, give an impression of distance and seriousness.
  ▶ 안경을 쓰고 머리가 벗겨졌으며, 땅딸막하고 말수가 적은 그 남자는 거리감이 느껴지고 심각한 듯한 인상을 준다.

1. The display of fresh beef looked temping, but, it looked red and <u>succulent</u> when it was taken from the supermarket to my home.

   (A) frozen   (B) juicy   (C) delicious

   (D) rotten   (E) cold

   어휘 **succulent** 즙[수분]이 많은; 흥미진진한 **frozen** 언; 동상에 걸린; 차가운 **juicy** 즙 많은 **delicious** 맛있는; 유쾌한 **rotten** 썩은, 부패한 **cold** 추운; 냉정한

   해석 진열해 놓은 신선한 소고기는 먹음직스러웠지만 슈퍼마켓에서 집으로 가져왔을 때 붉고 물기가 많은 것처럼 보였다.

2. We expect some _______________ weather during July, because the average temperature of early in summer has been above normal years.

   (A) heat   (B) sultry   (C) roast

   (D) cold   (E) scoff

   어휘 **heat** 열 **sultry** 무더운, 찌는 듯한 **roast** 굽다, 불에 쬐다 **cold** 추운 **scoff** 조소하다

   해석 초여름 평균기온이 예년에 비해 높았기 때문에 7월엔 무더운 날씨가 예상된다.

3. They love his <u>sumptuous</u> croon and his songs about eggshell hearts breaking on the stones of romance.

   (A) luxurious   (B) chippy   (C) cheap

   (D) infectious   (E) inexpensive

   어휘 **croon** 읊조림, (낮은 소리로 부르는) 감상적인 유행가 **eggshell** 얇고 부서지기[깨지기] 쉬운; 달걀 껍데기 **luxurious** 사치스러운, 화려한, 값진 **chippy** 무미건조한 **cheap** 싼, 싸구려의 **infectious** 전염하는, 옮기 쉬운 **inexpensive** 값싼; 값에 비하여 품질이 좋은

   해석 그들은 사랑이라는 돌에 의해 부서지는 연인들의 마음에 대한 그의 화려하고 낮은 목소리의 감상적인 유행가를 좋아한다.

4. The management and the unions have reached ___________ agreement on the matter. The situation will be settled by coordination of coordinate stances on details and sign agreements.

   (A) a sinister   (B) a well-known

   (C) a loudly   (D) a tacit

   어휘 **agreement** 동의, 승낙 **sinister** 불길한, 재난의 **well-known** 유명한, 잘 알려진 **tacit** 무언의(unspoken); 잠잠한

   해석 경영진과 노조 측은 그 문제에 대해 묵시적인 합의에 이르렀다. 세부적인 사항을 조율하고 합의서를 작성하면 모든 분쟁이 해결될 것이다.

01 tactile
[tǽktil]
촉각의

- Surface texture is equal to color in its prominence, as the imminent forms are given a tactile dimension instead of an exact, meticulous finish.
  ▶ 돌출된 외형은 정확하고 말끔한 마무리 처리 대신 손에 만져지는 차원이어서 표면 재질은 그 색갈만큼이나 두드러진다.

02 tainted
[téintid]
부패된, 오염된

- Most religious institutions are run based on transparent systems. But for some of them, a few religious leaders unduly brandish their influence to taint the image of the most faithful devotees.
  ▶ 대부분의 종교 기관들은 투명한 시스템을 바탕으로 운영된다. 하지만 그 중 몇몇은, 일부 종교 지도자가 과도하게 영향력을 행사해서 가장 신앙심이 강한 신도들의 이미지를 더럽혀놓고 있다.

03 tantalize
[tǽntəlaiz]
애태우게 하여 괴롭히다

- Her eyes were glued to the tantalizing display of chocolates next to the counter.
  ▶ 그녀의 눈은 카운터 옆에 전시되어 애타게 하는 초콜릿에 고정되어 있었다.

04 tedium
[tí:diəm]
지루함

- He glanced at his heavily laden bookshelves. Nothing there appealed to him. The tedium seemed to have settled into his very bones.
  ▶ 그는 무겁도록 책들이 들어찬 책장을 슬쩍 보았다. 아무것도 그의 마음에 와 닿지 않았다. 지루함이 뼛속까지 들어와 자리를 잡은 듯 했다.

05 temporal
[témpərəl]
세속의

- Queen Elizabeth II is the temporal head of the Church of England.
  ▶ 엘리자베스 여왕 2세는 영국 교회의 세속적인(성직이 아닌) 우두머리이다.

06 tenacious
[tənéiʃəs]
완강한

- The Ghana-born forward was contained by tenacious marking and failed to impress.
  ▶ 그 가나 출신 포워드는 끈질긴 집중 방어에 눌려서 아무런 인상도 남기지 못했다.

07 tentative
[téntətiv]
시험적인, 일시적인

- The tentative import ban will also affect imports of pork and dairy products.
  ▶ 일시적인 수입 금지조치는 돼지고기와 유제품의 수입에도 영향을 끼치게 될 것이다.

08 tenuous
[ténjuəs]
얇은, 빈약한

- The director tries to link their fight to the fact that they're both good-looking and to their assumptions about each other, but it's a tenuous connection at best.
  ▶ 감독은 그들의 다툼을 둘 다 잘생겼다는 사실과 서로에 대한 짐작들과 연결시키려는 시도를 하지만, 그건 기껏해야 보잘것 없는 연결에 불과하다.

1. Unsanitary conditions in the bottling factory caused hundreds of cases of soda to be __________ by dirt and foreign objects. The health department refused to allow the soda to be sold.

(A) tainted
(B) purified
(C) refined
(D) sterilized

> **어휘** **taint** 오염시키다 **purify** 정화하다 **refine** 정제하다 **sterilize** 소독하다

> **해석** 병을 제조하는 공장의 비위생적인 환경으로 인해서 먼지와 이물질에 의해서 수백만 소다 음료수병이 오염되고 있었다. 보건과는 그 음료수의 판매를 허용하기를 거부했다.

2. The mystic planet is now heading toward its closest approach to the earth in 17 years, _______________ near and beckoning.

(A) tantalizingly
(B) tantalize
(C) tantalization
(D) tantalum

> **어휘** **tantalize** (애태우게 하여) 괴롭히다, 안달나게 하다

> **해석** 지금 이 불가사의한 행성은 애태울 정도로 가까이에서 신호를 보내면서 17년 이래 지구에 가장 가까운 접근로를 향하고 있다.

3. I think he may have lost his job in broadcasting because he was too <u>tenacious</u>. A number of epoch-making didn't come to anything.

(A) aggressive
(B) lazy
(C) hardworking
(D) persistent

> **어휘** **tenacious** 고집 센, 완강한 **aggressive** 침략적인; 싸우기 좋아하는, 진취적인
> **lazy** 게으른, 게으름쟁이의 **hardworking** 근면한, 열심히 일[공부]하는 **persistent** 완고한, 고집 센

> **해석** 나는 그가 너무 고집이 세기 때문에 방송관련 일자리를 잃었다고 생각한다. 그의 쓸모 없는 오기로 획기적인 계획들이 수도 없이 수포로 돌아갔다.

4. His business survived on a <u>tenuous</u> relationship with one customer. This is the part of his enormous fortune.

(A) a tentative
(B) an insubstantial
(C) a salient
(D) a lucrative

> **어휘** **tenuous** 희박한; 빈약한 **tentative** 시험적인; 임시의 **insubstantial** 비현실적인, 무른
> **salient** 현저한; 돌출한 **lucrative** 유리한, 수지맞는

> **해석** 그의 사업은 한 고객과의 보잘 것 없는 관계를 통해 살아남게 되었다. 이것 또한 그가 가진 방대한 행운의 일부 이다.

01 tenure
[ténjuər]
보유(권, 기간)

- An economic outlook under the President's remaining tenure until next year looks dim unless the government admits their mistakes and changes their current policy stance.
  ▶ 정부가 자신들의 실책을 인정하고 최근의 정책에 대한 입장을 바꾸지 않고서는 내년까지 대통령의 남은 재임기간까지 경제적인 전망은 비관적으로 보인다.

02 tepid
[tépid]
미지근한

- Boil two or three minutes, while whipping. Cool it down until it becomes tepid.
  ▶ 세게 휘저으면서 2~3분 끓이세요. 그리고 미지근해 질 때까지 식혀주세요.

03 terse
[təːrs]
(문체 등이) 간결한, 무뚝뚝한

- "The medication will be kicking in any moment now. Are you feeling any better?" "No," was the terse reply.
  ▶ "약 기운이 이제 금방 퍼질 거예요. 기분 좀 나아지셨어요?" "아뇨" 라는 무뚝뚝한 대답뿐이었다.

04 tether
[téðər]
밧줄(로 메다)

- His servant tethered the cows securely lest they would be stolen.
  ▶ 그의 하인은 소들이 도둑맞을까봐 든든하게 밧줄로 매어놓았다.

05 thermal
[θə́ːrməl]
열의

- An urban rescue worker was searching for any survivors using a thermal imaging unit in a house that was destroyed by Hurricane Ivan.
  ▶ 한 도시 구조 요원이 폭풍 Ivan에 의해 파괴된 집에서 열 이미지 장치를 이용하여 생존자가 있는지 찾고 있었다.

06 thwart
[θwɔːrt]
방해하다

- In an effort to thwart such potential perils, these robots need safety devices geared toward double checking everything before the products hit the market shelf.
  ▶ 그런 잠재적인 위험을 막고자 하는 노력의 일환으로, 이 로봇들은 제품으로 시판되기 전에 모든 것을 재점검하게 조정된 안전 도구들이 필요합니다.

07 timid
[tímid]
겁 많은

- This timid looking dog has canine teeth bigger than its huge ears, barking that it would save the earth like a hero.
  ▶ 이 겁 많게 생긴 개는 자기의 커다란 귀보다도 더 큰 이빨을 가지고 있었고 영웅처럼 지구를 구할 것이라고 짖어댄다.

08 tirade
[táireid]
긴 비난 연설

- The force of this tirade made Matthew glance nervously at Coots, who shrugged and asked his partner, "You just about all through?".
  ▶ 이 긴 비난 연설의 위력이 Matthew로 하여금 신경질적으로 Coots를 힐끔 바라보게 만들었다. Coots는 어깨를 으쓱하며 자신의 파트너에게 물어보았다. "이제 너 거의 다 끝난거야?"

1. The period for which office is held is not the same for all members of Congress: Senators serve for six years, but Representatives have a two-year ______________.

   (A) tenacity   (B) tenure

   (C) tendency   (D) tentativeness

   > **어휘** **tenacity** 고집 **tenure** 보유기간, 신분 보장권 **tendency** 경향 **tentativeness** 망설임, 시험적임

   > **해석** 직책이 보유되는 기간이 모든 의원들에게 동일한 것은 아니다. 즉 상원의원은 6년의 기간 동안 봉사하고, 하원 의원은 2년의 보유기간을 갖는다.

2. Due to your impatience, when your patience is exhausted, you might say, "I'm at the end of my <u>tether</u>." even though he can live more months if he takes the treatments regularly.

   (A) leash   (B) lead

   (C) limit   (D) chain

   > **어휘** **tether** 밧줄; 한계 **leash** 가죽 끈, 속박 **lead** 납, 측연 **chain** 쇠사슬

   > **해석** 당신의 조바심으로 인해 당신의 환자가 지칠대로 지쳤을 때, 정기적인 치료를 받으면 몇 개월 더 살 수 있어도 당신은 아마 '나는 할 수 있는 것은 다 했습니다' 라고 말할 것이다.

3. You don't have to feel <u>thwarted</u> by the most probing questions as long as you are prepared. The interviewer will ask you a disturbing question, intentionally.

   (A) spied on   (B) discomfited

   (C) compromised with   (D) surrendered to

   > **어휘** **probing** 면밀히 조사하는, 집요한 **spy on** 감시하다, 정찰하다 **discomfit** 패배시키다, 좌절시키다(thwart) **compromise** 타협하다, 양보하다 **surrender** 넘겨주다, 포기하다

   > **해석** 당신이 준비가 되어 있는 한은 가장 집요한 질문들에 좌절감을 느낄 필요가 없다. 그들은 일부러 짓궂은 질문을 할 것이다.

4. As ____________ head of the organization, he attended social functions and civic meetings but had no voice in the formulation of company policy.

   (A) titular   (B) complete   (C) actual

   (D) competition   (E) real

   > **어휘** **titular** 명의뿐인, 유명무실한 **complete** 전부의, 완전한 **actual** 사실상의 **competition** 경쟁 **real** 진짜인

   > **해석** 그 기관의 유명무실한 우두머리로서 그는 사회적 접촉과 시민의 모임에는 참여했지만 회사 방침의 결정에 있어서는 목소리를 내지 못했다.

정답 1. B   2. C   3. B   4. A

01 titular
[títʃulər]
이름뿐인

- It was already finalized that he will be the titular head of the new bank for the next 6 months.
  ▶ 그가 다음 6개월 동안 새 은행의 명목상 우두머리가 될 것이라고 이미 최종확정이 났다.

02 torpid
[tɔ́ːrpid]
활발하지 못한

- The trade winds get interrupted by strong gusts from the east that bring hot dust and sometimes even torpid, wind-buffeted locusts.
  ▶ 무역풍은 동쪽에서부터 오는 강한 돌풍에 의해 차단되고, 그 돌풍은 뜨거운 먼지와 때로는 활발하게 움직이지 않으며 그저 바람에 휩쓸려 다니는 메뚜기들까지 가져다 준다.

03 touchy
[tʌ́tʃi]
(사람 문제 등이) 까다로운

- He has been highly praised for his composure and outspokenness while hosting televised debates over touchy social and political issues.
  ▶ 그는 까다로운 사회, 정치 이슈들을 다루는 텔레비전으로 방영된 토론의 사회를 보면서 침착함과 기탄이 없는 모습을 보여주어 칭찬이 자자했다.

04 toxic
[táksik]
유독한

- It may be another two years before construction firms start to reveal the levels of toxic substances in home
  ▶ 건설 회사들이 집 안의 유독 물질 수준을 공개하기 시작하려면 아직 2년은 더 기다려야 할지도 모른다.

05 tractable
[trǽktəbl]
다루기 쉬운

- He thought that our temperaments are at least partly innate: "Some men by unalterable frame of their constitution are stout, others timorous, some confident, others modest and tractable."
  ▶ 그는 우리의 성질이 적어도 일부는 선천적일 것이라 생각했다. "체질의 틀이 바뀔 수 없는 것이어서 어떤 이들은 용감하고, 다른 이들은 소심하며, 또 어떤 이들은 자신감에 넘치고, 다른 이들은 겸허하며 유순하다."

06 treaty
[tríːti]
조약, 협정

- South and North Korea technically remain at war since the 1950-53 Korean War ended with an armistice, not a peace treaty.
  ▶ 남한과 북한은 엄격하게 보자면 평화 조약이 아닌 휴전으로 막을 내린 1950년에서 1953년까지의 한국전쟁 이후 계속 전쟁이 지속중인 셈이다.

07 trenchant
[tréntʃənt]
날카로운

- After the Senator's trenchant analysis, each of us should have a clear idea of what is involved and where we stand on the issue.
  ▶ 그 상원의원의 날카로운 분석이 있은 뒤 우리는 어떤 문제가 포함되어 있으며 그 문제에 있어 우리가 위치하고 있는 곳이 어딘가를 분명히 알아야 한다.

08 trepidation
[trepidéiʃən]
두려움

- I approached this new production with some trepidation, for not only did I adore the original Broadway show so much, but I also remember what became of it when, with a different cast, it was roughly translated to London.
  ▶ 저는 새로운 프로덕션에 대한 어느 정도의 두려움을 가지고 접근했습니다. 그 이유는 제가 브로드웨이 쇼 원작을 무척 좋아했기 때문이기도 하지만 또한 다른 출연진으로 런던에 맞게 고쳐졌을 때 어떻게 되었는지 기억하기 때문입니다.

1. It's best not to ask people how their marriage is going if they are ____________ about discussing their personal lives. You should keep curiosity in your mind.

   (A) touchy   (B) distinctive

   (C) delighted   (D) sentimental

   어휘 **touchy** 성미 까다로운; 과민한(sensitive); 다루기 어려운   **distinctive** 독특한, 구별이 분명한
   delighted 아주 기뻐하는   **sentimental** 감정적인, 감상적인

   해석 사생활을 논하는 것에 대해 민감한 사람이라면 결혼 생활이 어떤지 묻는 것은 좋지 않다. 궁금하더라도 참는 것이 좋다.

2. These chemicals have been found to be ____________ to human life. It cause mortal chemical substances to combine atmospheric carbon dioxide.

   (A) textual   (B) toxic

   (C) usefull   (D) harmless

   어휘 **textual** 본문의; 원문대로의   **toxic** 유독한(poisonous); 중독성의   **useful** 쓸모 있는, 유익한
   harmless 해가 없는, 무해한

   해석 이 화학약품들은 사람의 목숨에 유해하다고 알려져 있다. 공기 중의 이산화탄소와 결합하여 치명적인 화학물질을 만든다.

3. The argument by Linda's lawyer was marked by <u>trenchant</u> observation. She had a tendency to aim vigorously at perfection.

   (A) incisive   (B) negative

   (C) fulsome   (D) cagey

   어휘 **trenchant** 통렬한, 신랄한; 명쾌한   **observation** 관찰, 주목   **incisive** 신랄한   **negative** 부정의, 소극적인
   fulsome 억척스런, 집요한; 아첨이 철철 넘치는   **cagey** 빈틈없는, 조심성 있는; 태도를 분명히 하지 않는(about)

   해석 Linda의 변호사의 주장은 예리한 관찰이 특징이었다. 그녀는 모든 변호에 철저하게 완전을 기하는 성향을 가지고 있었다.

4. I thought Lucy would be nervous when she made her speech, but she delivered it without <u>trepidation</u>. She was woman of great courage remarkably.

   (A) dexterity   (B) fortitude

   (C) fright   (D) avarice

   어휘 **dexterity** 손재주 있음, 솜씨 좋음   **fortitude** 꿋꿋함, 불굴   **fright** 공포, 놀람   **avarice** 탐욕

   해석 나는 Lucy가 연설을 할 때 긴장할 것이라고 생각했지만 그녀는 떨지 않고 잘 끝냈다. 그녀는 무척이나 담대했다.

정답   1. A   2. B   3. A   4. C

01 tribute
tribunal
[traibjúːnəl]
법정, 법원

- A unanimous Security Council vote to exempt American peacekeepers from prosecution by a new war crimes tribunal for a year ended a US threat to stop the peacekeeping.
  ▶ 유엔 안보리가 향후 1년간 미국의 평화유지군이 전범재판소에 의해 기소를 당하지 않도록 보장하는 결의안을 만장일치로 가결함으로써, 평화유지군 활동을 중단하겠다는 미국의 위협이 매듭지어졌다.

02
tribute
[tríbjuːt]
찬사, 공물

- Tributes have been pouring in from all over the globe for the famous singer who died yesterday in the plane crash.
  ▶ 어제 비행기 추락사고로 죽은 그 유명 가수에게 전세계로부터 존경의 표시들이 쇄도했다.

03
trite
[trait]
진부한

- Her immature lyrics about love and peace are too trite for me to take them seriously.
  ▶ 사랑과 평화에 대한 그녀의 유치한 가사들은 내가 그걸 심각하게 받아들이기엔 너무도 진부하다.

04
turbid
[tə́ːrbid]
탁한

- Although both are found in the same waters, black crappies usually prefer clearer, quieter water, while white crappies flourish in warmer, saltier and more turbid water.
  ▶ 두 가지 모두 동일한 물에서 발견되지만, 흰색의 크래피 물고기들이 따뜻하고, 염분이 더 많으며, 탁한 물에서 잘 사는 반면, 까만색의 크래피 물고기는 일반적으로 더 맑고, 조용한 물을 선호한다.

05
turbulent
[tə́ːrbjulənt]
(풍파, 사회 등이) 동요하는

- Hopefully putting an end to the last 15 turbulent years of marriage and making a fresh new start, the actress returned to the filmdom.
  ▶ 지난 15년 동안 폭풍우에 휩싸인 듯한 결혼 생활에 종지부를 찍고 신선하게 새 출발을 하고자, 그 여배우는 영화계로 돌아갔다.

06
turgid
[tə́ːrdʒid]
부풀은, 과장된

- His novels are filled with the rigged episodes of melodrama and the turgid prose that passed for elegance among the literary circles in America back then.
  ▶ 그의 소설들은 급조된 감상적인 통속극 에피소드들과 당시 미국에 있던 문학 동호회들 사이에선 고상함으로 받아들여지던 과장된 산문들로 가득차있다.

07
tyro
[táiərou]
초심자

- It will be advisable for a tyro in composition to look over what he has written.
  ▶ 작문 초심자는 자신이 쓴 내용을 검토하는 게 현명할 것이다.

08
ubiquitous
[juːbíkwətəs]
(동시에) 도처에 존재하는

- Adding to my perplexity, this lack of clarity even appeared evident among the best and brightest sociologists, those working in cultural studies, and journalism; the problem looked to be ubiquitous.
  ▶ 나를 더 혼란스럽게 만들려는 듯, 이런 꺼림직한 상황은 최고이며 가장 비상한 두뇌를 가진 사회학자들과 문화학 및 저널리즘 분야에서 연구하는 이들에게도 확연하게 나타났다. 문제는 도처에 존재하고 있는 듯 보였다.

1. If a man steals your money, you must establish the facts before a neutral _______.
Before it, you should not to treat him as a thief.

   (A) person
   (B) tribunal
   (C) institute
   (D) organization

   > **어휘** **person** 사람, 신체 **tribunal** 법정, 심판 위원회 **institute** 세우다, 학회 **organization** 조직, 단체

   > **해석** 만일 어떤 사람이 당신의 돈을 훔치게 되면, 당신은 그 사실을 중립적인 법정 앞에서 확증해야만 한다. 그 전까지, 너는 그 도둑을 죄인 취급해서는 안 된다.

2. They had been together for five or six <u>turbulent</u> years of rows and reconciliations.
They are still close friends, though.

   (A) initial
   (B) prosperous
   (C) wild
   (D) lackluster

   > **어휘** **turbulent** 사나운; 소란스러운, 난폭한 **reconciliation** 조정; 화해; 복종 **initial** 처음의; 초기의
   > **prosperous** 번영하는; 순조로운 **lackluster** 빛이 없는, (눈 따위가) 열기가 없는; 거슴츠레한

   > **해석** 그들은 말다툼과 화해의 격한 5, 6년을 보냈어도, 아직까지 친한 친구로 지내고 있다.

3. Because of the heavy rains of the past two weeks the river is ___________ and
uncross-able at this point.

   (A) swollen
   (B) pseudo
   (C) wandering
   (D) turgid

   > **어휘** **swollen** 부푼 **pseudo** 허위의, 불성실한 **wandering** 방랑하는 **turgid** 부어 오른

   > **해석** 지난 2주 동안 내린 폭우 때문에 강은 차 올랐고 지금은 건널 수 없다.

4. Today, desktop counterfeiters have little reason to worry about prison, at any rate,
because the systems they use are <u>ubiquitous</u> and there is no means of tracing
forged documents to the machine that produced them.

   (A) appearing or existing everywhere

   (B) most modern and recently developed

   (C) travelling faster than the speed of sound

   (D) believing that one is the center of everything

   > **어휘** **counterfeiter** 위조자, 모조자 **ubiquitous** (동시에) 도처에 있는, 어디에나 있는 **trace** 자국을 밟다, 추적하다,
   > 출처를 조사하다 **forge** (문서, 돈을) 위조하다 **document** 문서 **speed of sound** 음속

   > **해석** 어쨌든, 오늘날 탁상 위조범들이 감옥에 대해 하등 걱정할 이유가 없는 것은 그들이 사용하는 시스템들이 어디에나 있고, 위조문서들을 추적해 그것들을 만든 기계를 알아낼 수 있는 수단이 없기 때문이다.

정답 1. B 2. C 3. D 4. A

01 ultimate
[ʌ́ltimit]
최종의, 근본적인

- Still, none of these measures seem to work with individuals and businesses who are still uncertain about the government's ultimate intention.
  ▶ 그렇다고 해도, 정부의 궁극적인 의도에 아직도 확신을 가지지 못하는 개인들이나 사업체들에게 이 조치들 중 효과를 거두는 것은 아무것도 없어 보인다.

02 umbrage
[ʌ́mbridʒ]
분개

- A less kindly-tempered man would have taken umbrage at the tone of this letter.
  ▶ 성질이 덜 순한 사람이었다면 이 편지의 말투에 분개했을 것이다.

03 undulate
[ʌ́ndjuleit]
물결치다, 파동치다

- Most startling was the dancer's exposed, undulating abdomen, which she could adroitly activate while hardly moving her feet.
  ▶ 가장 놀라운 것은, 발은 거의 움직이지 않으면서 기민하게 흔들어대는 무용수의 노출되고 물결치듯 움직이는 복부였다.

04 urbane
[əːrbéin]
우아한

- The son of a famous father, Harvard-educated, handsome, charming, urbane, a northeastern aristocrat with all the advantages, JFK appeared to be everything LBJ was not.
  ▶ 유명한 아버지의 아들이고, 하버드에서 교육을 받았으며, 미남에다가, 매력적이며, 우아한, 북동부의 특권계급 출신으로 모든 유리한 점을 갖춘, 케네디 대통령은 죤슨 대통령의 정반대인듯 보였다.

05 uxorious
[ʌksóːriəs]
아내를 너무 사랑하는

- Ray is a 33-year-old, twice-married, womanizing yet uxorious Tuscaloosan with six children.
  ▶ Ray는 서른 셋의 나이에, 결혼 경력이 두 번 있고, 여자를 밝히지만, 동시에 아내를 무척 사랑하는 아이가 여섯인 투스카니 사람이다.

06 vacillate
[vǽsileit]
흔들리다

- If we vacillate now at adopting a tough energy policy, we may find ourselves in a desperate situation not too many years from now.
  ▶ 지금 강력한 에너지 정책을 그대로 주저한다면 앞으로 몇 년 가지 않아 절망적인 입장에 처하게 될 것이다.

07 validity
[vəlídəti]
(법적인) 효력

- Thatcher and his lawyers appeared in court to contest the validity of a subpoena compelling him to answer questions from Guinea's prosecutors, in connection with his alleged involvement in an unsuccessful coup there.
  ▶ Thatcher와 그의 변호사들은 Thatcher가 기니에서 실패한 쿠데타에 연관되었다고 추증되는 문제와 관련해서 그가 기니 검사들의 질문에 강제로 답을 해야만 한다는 공소장의 효력에 이의를 제기하기 위해 법정에 모습을 드러냈다.

08 vanguard
[vǽngaːrd]
선구자

- He has been in the vanguard of political reform since the new president stepped into power 4 years ago.
  ▶ 그는 4년 전 새 대통령이 집권한 후, 줄곧 정치 개혁의 선구자였다.

1. Bacon differed from the men of his time. He had little regard for authority. When he read in some ancient author that a vessel of hot water freezes faster than one of cold, he didn't accept this as <u>ultimate</u> truth.

   (A) the most important
   (B) extremely believable
   (C) extremely unbelievable
   (D) unanswerable

   어휘 **ancient** 고대의 **vessel** 그릇, 옹기 **freeze** 얼다, 얼게 하다, 움직이지 않다 **ultimate** 궁극적인; 최종적인, 근본적인 **unanswerable** 대답[답변]할 수 없는, 반박할 수 없는

   해석 Bacon은 그 당시 사람들과는 달랐다. 그는 권위에 대해 별 관심이 없었다. 그는 고대 작가가 쓴 책에서 뜨거운 물을 담은 그릇이 차가운 물을 담은 그릇보다 더 빨리 언다는 사실을 읽었을 때, 이것을 절대적 진리로 받아들이지 않았다.

2. The building perfectly withstood the earthquake and tsunami was destroyed as if flower ______________ in the wind.

   (A) undulatory
   (B) undulation
   (C) undulatus
   (D) undulates

   어휘 **undulate** 물결치다, 파동치다

   해석 강력한 지진이나 해일에도 끄떡없던 건물은 사상 최대의 폭풍에 꽃이 바람에 물결치듯이 무너져 내렸다.

3. You shouldn't judge people by the way they look. John Herschel with sinister features was an <u>urbane</u>, kindly and generous man. [반의어 찾기]

   (A) poison
   (B) rustic
   (C) scholarly
   (D) futile
   (E) naive

   어휘 **poison** 독약, 독물 **rustic** 시골풍의, 전원생활 **scholarly** 학자적인 **futile** 헛된 **naive** 순진한

   해석 사람은 외모로 판단하면 안된다. 험악하게 생긴 John Herschel은 세련되고 친절하며 너그러운 사람이었다.

4. Foreign students often __________ between loving and hating their new school. For fixing the problems, the school offers them opportunity to stay with a host family in another culture.

   (A) vacillate
   (B) decide
   (C) review
   (D) move

   어휘 **vacillate** 흔들리다 **decide** 결심하다 **review** 복습하다 **move** 움직이다; 이사하다

   해석 외국 학생들은 그들에 새로운 학교에 대해 좋아함과 싫어함 사이에서 망설인다. 이를 해결하기 위해 학교는 현지 호스트 가정에 머무를 수 있는 기회를 제공한다.

정답 1. B 2. D 3. B 4. A

01 vegetate
[védʒiteit]
(식물처럼) 단조로운 생활을 하다

- It is a growing concern in most countries that children spend too much time vegetating in front of the TV or computer screen.
  ▶ 아이들이 텔레비전 앞이나 컴퓨터 화면 앞에서 멍하게 지내는 시간이 너무 많다는 사실이 대부분의 나라에서 갈수록 더 큰 우려를 낳고 있다.

02 vehement
[víːəmənt]
열렬한, 맹렬한

- The report found high-educated young women are the most vehement Internet shoppers and the long-time Internet users are more prone to the transactions in the virtual world.
  ▶ 고학력의 젊은 여성들이 가장 맹렬한 인터넷 소비자들이며, 인터넷을 오래 이용한 사람들은 가상 세계에서 더 많이 거래를 하는 경향이 있다고 보고서는 밝히고 있다.

03 venerable
[vénərəbl]
(연령, 품성, 지위 등으로 보아) 존경할 만한

- They plan on razing the venerable temple and building a swank apartment complex instead.
  ▶ 그들은 숭엄한 사찰을 부숴버리고 대신에 멋진 아파트 단지를 지으려 계획하고 있다.

04 veracious
[vəréiʃəs]
정직한, 진실한

- The Spirit is most perfectly and absolutely veracious.
  ▶ 그 영은 가장 완벽하고 절대적으로 진실하다.

05 verbiage
[vɚːrbiidʒ]
(문장, 말 등의) 장황

- But the point here is not to add to the mountains of verbiage already written about the meaning of 'Lear'.
  ▶ 하지만 여기서 요점은 이미 '리어'의 의미에 대해 쓰여진 장황한 얘기들이 산처럼 쌓였는데 거기에 무엇을 더 추가시키지 말자는 겁니다.

06 verbose
[vəːrbóus]
말이 많은

- Many tombstones have inscriptions that are not only touching but also, by modern standards, verbose.
  ▶ 많은 비석들은 감동을 주긴 하지만 현대적 기준으로는 너무 장황한 비문들을 가지고 있다.

07 verdant
[vɚːrdənt]
(초목으로) 푸릇푸릇한

- For residents of the more densely populated coast, the Piedmont was still the gateway to the wooded mountains of the Blue Ridge and the verdant Shenandoah Valley.
  ▶ 좀 더 인구밀도가 높은 해변가 주민들에게, Piedmont는 아직도 숲이 우거진 Blue Ridge와 초목이 푸릇푸릇한 Shenandoah 계곡으로 들어가는 입구였다.

08 vernal
[vɚːrnl]
봄의, 봄다운

- Vernal equinox is only two weeks away.
  ▶ 춘분이 겨우 2주일 앞으로 다가왔다.

1. The <u>respectable</u> pop star received a special award today for his 30 years in the music business.

   (A) venerable   (B) vehement

   (C) verdant   (D) vernal

> **어휘** **venerable** 존경할만한 **vehement** 열렬한, 맹렬한 **verdant** 푸릇푸릇한 **vernal** 봄의, 봄다운

> **해석** 그 존경할만한 팝스타는 오늘 음악분야에서 30년간 몸담아 온 것에 대해 특별상을 받았다.

2. I can remember him for this position because I have always found him _______ and reliable. As he has been around, he know how to deal with the situation.

   (A) voracious   (B) veracious   (C) vindictive

   (D) valorous   (E) mendacious

> **어휘** **voracious** 게걸스레 먹는 **veracious** 진실을 말하는 **vindictive** 복수심 있는 **valorous** 씩씩한 **mendacious** 거짓의

> **해석** 그가 항상 진실되고 믿을 만하다는 생각을 해왔기 때문에 나는 그를 이 직책에 추천하는 바이다. 그는 경험이 많아서 어떠한 상황에도 대처할 수 있을 것이다.

3. After we had waded through all the _____________, we discovered that the writer had said very little. She would let us know all about it later on.

   (A) context   (B) vortex   (C) treatise

   (D) verbiage   (E) volubility

> **어휘** **context** 문맥 **vortex** 소용돌이, 회오리바람 **treatise** 논문, 전문서적 **verbiage** 장황, 다변 **volubility** 다변, 수다

> **해석** 그 모든 장황한 말들이 지나간 후에, 우리는 그 작가가 아주 조금 얘기한다는 것을 깨달았다. 그는 나중에 모든 것을 이야기할 생각이었다.

4. Much of the region's <u>verdant</u> countryside has been destroyed in the hurricane which was destruction on an unprecedented scale. [반의어 고르기]

   (A) insincere   (B) stationary   (C) absolute

   (D) blunt   (E) faded

> **어휘** **insincere** 성의 없는; 거짓의 **stationary** 움직이지 않는, 정지한 **absolute** 절대적인, 완전한 **blunt** 무딘; 퉁명스러운 **faded** 시든, 빛바랜

> **해석** 그 지역의 녹지대 대부분은 이 허리케인 때문에 파괴됐다. 이것은 역사상 전례가 없는 규모였다.

01 versatile
[və́:rsətl]
다재 다능한

- One of Britain's most versatile stage and screen actors, Staunton was Gwyneth Paltrow's tart-tongued nurse in "Shakespeare in Love".
  ▶ 영국에서 가장 다재다능한 연극 및 영화배우 중 하나인, Staunton은 영화 "쉐익스피어 인 러브"에서 Gwyneth Paltrow의 독기어린 말투를 가진 간호원 역이었다.

02 vertex
[və́:rteks]
최고점

- It is now an accepted fact that the vertex of an Egyptian pyramid was originally capped with pure gold.
  ▶ 이집트 피라미드의 최고점은 원래 순금으로 모자가 씌워져 있었다는 것이 현재 인정되는 사실이다.

03 vertigo
[və́:rtigou]
(병리) 현기증

- My grandma can't stand heights and has always suffered from severe case of vertigo.
  ▶ 우리 할머니는 높은 곳은 견딜 수 없어 하셔서, 항상 심각한 현기증 증세로 고생해오셨다.

04 vicarious
[vaiké:riəs]
대리의, 대신의

- Given Lee's tendency to hit the man almost as often as the ball, there were doubtless a number of players around the league getting a vicarious thrill out of his swing.
  ▶ 공을 치는 것만큼이나 자주 사람을 치는 Lee의 경향을 볼 때, 리그에 있는 많은 선수들이 그의 스윙에서 대리 만족을 얻고 있는 것이 분명했다.

05 vie
[vai]
우열을 다투다

- Fifty models from the around the world will vie for the title when the final is held in the capital.
  ▶ 전 세계에서 온 50명의 모델들이 수도에서 열리는 결승전에서 타이틀을 가지고 우열을 다투게 될 것이다.

06 vigilance
[vídʒiləns]
경계

- The country remains vigilant after a terrorist Web site warned that their members will attack it unless it withdraws troops from Iraq.
  ▶ 그 나라는 한 테러리스트 웹 사이트에서 이라크에서 군대를 철수시키지 않으면 자기네 멤버들이 해당국을 공격할 것이라고 경고하자 줄곧 경계를 늦추지 않고 있다.

07 vilify
[víləfai]
중상하다, 비방하다

- Reform-minded lawyers and civic groups have argued the law has been misused to vilify democratic movements as anti-state activities.
  ▶ 개혁 성향의 변호사들과 시민 단체들은 그 법이 민주화 운동들을 반정부 활동으로 중상하는데 오용되어 왔다고 주장했다.

08 vindicate
[víndikeit]
정당성[결백]을 입증하다

- My faith in that seemingly "ordinary" young girl was vindicated many years later when she won the Pulitzer Prize in fiction.
  ▶ 겉으로 보아 "평범해" 보이는 그 어린 소녀에 대한 나의 신뢰가 여러 해 뒤 그녀가 소설 부문 퓰리처상을 탔을 때 타당함이 입증되었다.

1. Our overactive brain stays busy, always making up stuff about everything around it, but the nose is no less <u>versatile</u> than its cultural stand-ins.

   (A) contradictory   (B) complicated   (C) ubiquitous

   (D) fragile   (E) skilful

   어휘 **overactive** 지나치게 활약[활동]하는 **stuff** 재료, 자료 **versatile** 재주가 많은, (물건의) 용도가 넓은 **stand-in** (배우의) 대역 대용물(인체의 다른 감각기관) **contradictory** 모순된, 양립치 않는 **complicated** 복잡한, 까다로운 **ubiquitous** (동시에) 도처에 있는, 편재하는 **fragile** 망가지기 쉬운, 허약한 **skillful** 재주가 많은

   해석 지나칠 정도로 활동적인 우리의 뇌는 그 주위에 있는 모든 것에 관련된 잡다한 것을 모으느라 여전히 바쁘지만, 코도 그것의 문화적 대역들 못지않게 무엇이든 할 수 있다.

2. I looked forward to something that is going to happen or that I'm going to experience, but I felt frustration at being forced to experience it all <u>vicariously</u>.

   (A) by proxy   (B) for myself

   (C) in spite of myself   (D) spontaneously

   어휘 **vicariously** 대신하여 **by proxy** 대신, 대리로 **for myself** 혼자 힘으로 **in spite of myself** 나 자신에도 불구 하고 **spontaneously** 자발적으로

   해석 여행을 통해 앞으로 경험하게 될 일을 기대하고 있었지만, 나는 그 모든 것을 대신 경험할 수 없다는 사실에 좌절감을 느꼈다.

3. Many European nation <u>vied for</u> North American territory. All countries filled with conviction that their own country win the ultimate victory.

   (A) competed for   (B) argued over   (C) disposed of

   (D) arrived on   (E) none of the above

   어휘 **compete for** 경쟁하다 **argue over** 논쟁하다 **dispose of** 처리하다 **arrive on** 도착하다 **none of the above** 최상의

   해석 많은 유럽 국가들이 북미 영토를 가지고 경쟁했다. 모든 나라가 최후의 승자가 자신이 될 것이라는 확신에 차 있었다.

4. The mother of the sick child sat __________ by his bed with gloomy face, noticing every small change in his breathing.

   (A) inextricably   (B) ruthlessly

   (C) adeptly   (D) vigilantly

   어휘 **inextricably** 풀 수 없게 **ruthlessly** 무자비하게 **adeptly** 솜씨 좋게 **vigilantly** 주의깊게

   해석 병든 아이의 어머니는 우울한 얼굴로 소소한 호흡의 변화를 살피면서, 침대 옆에서 조심하게 앉아 있었다.

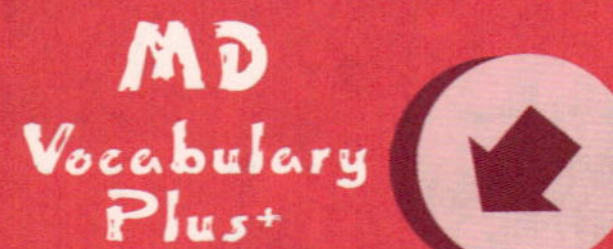

01 virtuoso
[vəːrtʃuóusou]
(예술 등의) 대가

- Lionel Hampton, the vibraphone virtuoso died today at a hospital in New York at the age of 82.
  ▸ 비브라폰의 거장 Lionel Hampton이 82세를 일기로 오늘 뉴욕의 한 병원에서 숨을 거두었다.

02 visage
[vízidʒ]
얼굴

- With crew-cut blond hair and the stern visage of a drill sergeant, Kranz certainly looked the part.
  ▸ 스포츠형으로 짧게 자른 금발머리에 훈련조교같이 준엄한 얼굴을 한 Kranz는 그 배역으로 적임자였다.

03 vitiate
[víʃieit]
~의 질을 나쁘게 하다

- It is conceivable that an error could be so serious as to vitiate the entire body of the work.
  ▸ 한가지 잘못이 일 전체의 질을 떨어드릴 정도로 심각할 수 있다는 것은 상상할 수 있는 일이다.

04 vivacious
[vivéiʃəs]
활발한

- Her manner of speaking is so vivacious that even commonplace remarks seem to suggest charm and excitement.
  ▸ 그녀의 이야기하는 태도가 매우 활달해서 평범한 말조차 매력적이고 흥미롭게 들린다.

05 vociferous
[vousífərəs]
큰소리로 외치는

- The local heroes received meals, heard speeches, and were presented with flags, and were accompanied to railroad stations by vociferous crowds.
  ▸ 그 지역의 영웅들은 음식을 대접받고, 연설을 들었으며, 깃발들을 증정받은 후, 요란한 인파에 휩싸여 기차역으로 갔다.

06 vogue
[voug]
유행

- The postwar vogue for tearing down old buildings all but destroyed the city's classic architecture.
  ▸ 전후에 오래된 건물들을 철거해버리는 것이 유행이 되어 그 도시의 고전적인 건축은 거의 파괴되어 버렸다.

07 volatile
[válətl]
휘발성의, 변덕스러운

- My ex-wife had a rather volatile temper and can't have been easy to live with by anybody's standard.
  ▸ 내 전처는 꽤 변덕스러운 성격을 가지고 있어서 누구의 기준으로 보더라도 함께 살기가 결코 쉽지 않았을 것이다.

08 volition
[voulíʃən]
의지력

- Politicians must hold themselves responsible for whatever misdeeds they do and retire from politics of their own volition.
  ▸ 정치인들은 자신이 저지른 실책이 무엇이던 간에 책임을 지고 자신의 의지로 정계에서 물러나야만한다.

1. Here was a master musician of health, with the hands of a <u>virtuoso</u> and the heart of a child. He was a versatile genius.

   (A) pedagogue
   (B) bicyclist
   (C) peddler
   (D) highly skilled artist

   어휘 **pedagogue** 학자인 체 하는 **bicyclist** 자전거 타는 사람 **peddler** 행상인
   highly skilled artist 아주 숙련된 예술가

   해석 여기 거장의 손과 어린이의 마음을 가진 건강한 음악 대가가 있습니다. 그는 다재다능한 천재입니다.

2. There audience's laughter <u>vitiated</u> the effect of the dramatic final scene. Among them a girl who concentrated on film made me captivate. [반의어 찾기]

   (A) weakened
   (B) watered
   (C) pleased
   (D) secured
   (E) strengthened

   어휘 **weaken** 약화시키다 **water** 물을 대다 **please** 기쁘게 하다 **secure** 확보하다, 강화하다
   strengthen 강화하다

   해석 청중의 웃음소리가 그 극적인 마지막 장면의 효과를 망치고 말았다. 그 사이에서 마지막까지 집중하고 있는 소녀의 모습은 보기 좋았다.

3. The president was wakened by a ＿＿＿＿＿＿＿ crowd which had assembled on the White House lawn to protest his foreign policies.

   (A) credulous
   (B) vociferous
   (C) conscientious
   (D) capricious

   어휘 **credulous** 잘 믿는, 속기 쉬운 **vociferous** 시끄러운, 큰 소리로 외치는
   conscientious 양심적인, 성실한 **capricious** 변덕스러운

   해석 그 대통령은 그의 외교 정책에 항의 하기 위해 백악관 잔디밭에 집합해 큰 소리로 외치는 군중들에 의해 잠에서 깼다.

4. Because this liquid is highly ＿＿＿＿＿＿＿, it should be kept in a tightly stoppered bottle. If it combine with air, it would disappear magically.

   (A) voluble
   (B) volatile
   (C) voluptuous
   (D) expensive
   (E) explosive

   어휘 **voluble** 입심 좋은 **volatile** 휘발성의; 변덕스러운 **voluptuous** 관능적인, 육감적인
   expensive 값비싼, 사치스러운 **explosive** 폭발성의, 폭발적인

   해석 그 액체는 휘발성이 높아서, 꽉 막혀진 병에 보관되어야 한다. 공기와 결합하면 마법처럼 사라질 것이다.

정답 1. D 2. E 3. B 4. B

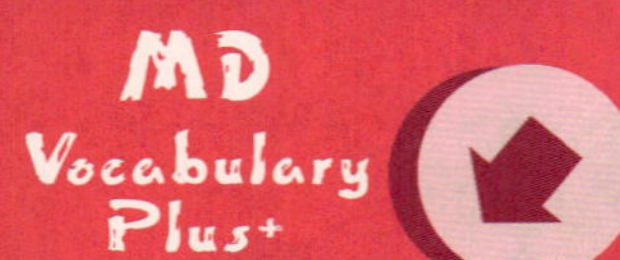

01 voluble
[váljubl]
다(달)변의

- Two glasses of wine made him voluble and three made him bellicose, sentimental and sometimes slurred.
  ▸ 와인 두 잔을 마시면 그는 말이 많아졌고, 세 잔째면 호전적이 되고 감상적이기도 하다가 종종 발음까지 불분명해졌다.

02 voluptuous
[vəlʌ́ptʃuəs]
육감적인, 관능적인

- It is a touching film about a young filmmaker whose relationship with three women - his widowed grandmother, his neurotic mother and a voluptuous tenant in his apartment - shapes how he sees the world.
  ▸ 그것은 세 여자들 – 미망인이 된 그의 할머니, 신경질적인 어머니, 그리고 자기 아파트에 세들어 사는 육감적인 여성 – 과의 관계가 어떻게 한 젊은 영화제작자의 세상 바라보는 눈을 만들어 가는지에 대한 감동적인 영화이다.

03 voracious
[vouréiʃəs]
게걸스러운

- The locusts were voracious and rapidly destroyed crops, but little plantation damage has so far been reported.
  ▸ 메뚜기들은 게걸스러웠고, 빠른 속도로 농작물들을 파괴했지만, 아직까지는 농장의 피해가 거의 보도되지 않고 있다.

04 vulnerable
[vʌ́lnərəbl]
상처입기 쉬운

- Critics said that under the current system, everyone's accounts are vulnerable to the traces conducted by government agencies.
  ▸ 비평가들은 현 체제 하에선, 모든 사람의 계좌가 정부 기관들이 실시하는 추적에 취약하다고 말했다.

05 wanton
[wántən]
무자비한

- The prosecutors dropped four charges of murder, cruelty and the wanton destruction of villages during the war.
  ▸ 검찰 측은 전쟁 중 살인, 잔혹 행위, 그리고 무자비한 마을 파괴에 관한 네 개의 고소를 취하했다.

06 wary
[wɛ́:ri]
조심성 있는

- I'm just a bit wary of giving people my home phone number when I don't know them very well.
  ▸ 저는 잘 모르는 사람들에겐 제 집 전화번호를 주는 것이 그저 좀 조심스럽습니다.

07 whimsical
[wímzikəl]
변덕스러운

- Despite his kindly, sometimes whimsical air, he was a shrewd observer of people.
  ▸ 인정 많고, 때로는 변덕스러운 분위기까지 있었지만, 그는 사람들을 아주 빈틈없이 관찰하는 사람이었다.

08 worldly
[wə́:rldli]
세속의

- When the human mind is completely freed from the wild waves of worldly desires and follies, it will finally attain Enlightenment.
  ▸ 인간의 마음이 세속적 욕심과 어리석음의 거친 파도로부터 완전히 자유로워질 때 마침내 깨달음을 얻게 될 것이다.

1. Heavier ranfall combined with thinner soils on the steep slopes and the ___________ destruction of forests has led to widespread erosion.

   (A) wanton   (B) prudent

   (C) negligible   (D) creditable

> **어휘** **slope** 경사지다, 비탈 **destruction** 파괴, 멸망 **erosion** 부식, 침식 **wanton** 변덕스러운 **prudent** 신중한 **negligible** 대수롭지 않은, 하찮은 **creditable** 신용할만한, 명예있는

> **해석** 맹렬한 강우는 경사진 비탈의 흙과 무자비한 숲의 파괴와 더불어 광범위한 침식을 가져왔다.

2. <u>Vulnerable</u> countries in Asia, Eastern Europe and the Caribbean face a similar catastrophe unless they take urgent action now to contain spreading infections.

   (A) Extremely poor   (B) Underdeveloped

   (C) Likely to be hurt   (D) Politically unstable

> **어휘** **vulnerable** 상처입기 쉬운, 취약한 **face** (사실·사정 등에) 직면하다, 맞서다 **catastrophe** 대이변, 대참사 **urgent** 긴급한, 절박한 **contain** ~을 포함하다, 억누르다 **infection** 감염, 오염 **extremely poor** 대단히 빈약한 **underdeveloped** 발달[발육]이 불충분한, 저개발의 **likely** ~할 것 같은 **unstable** 불안정한, 변하기 쉬운

> **해석** 퍼지고 있는 전염병을 억제하기 위한 긴급조치를 지금 즉시 취하지 않으면, 아시아, 동유럽, 그리고 카리브 해에 위치하고 있는 질병에 취약한 국가들은 유사한 재앙에 직면하게 될 것이다.

3. We must proceed <u>warily</u> when the perspective is too flattering. It is possible to fall over a cliff if you are carried away by it.

   (A) bravely   (B) slowly

   (C) cautiously   (D) quickly

> **어휘** **bravely** 용감하게, 훌륭하게 **slowly** 천천히 **cautiously** 조심스럽게 **quickly** 빨리, 급하게

> **해석** 전망이 좋은 경우에 우리는 조심해서 앞으로 나아가야 한다. 넋을 잃고 경치를 보다가는 낭떠러지에 떨어 질 수도 있다.

4. He was concerned only with _______________ matters, especially the daily stock market quotations and fluctuation of the structure of the interest rates.

   (A) global   (B) futile

   (C) spiritual   (D) worldly

> **어휘** **stock** 주식, 재고 **quotation** 인용문, (물건의) 시세 **global** 지구의, 세계적인 **futile** 쓸데없는, 하찮은 **spiritual** 정신적인, 신성한

> **해석** 그는 단지 세속적인 일들, 특히 매일의 주식시장 시세나 금리체계변동에만 관심을 가졌다.

01
zealot
[zélət]
열광자

- It's not wise to bring up topics even remotely related to religions when you're with religious zealots.
  ▸ 신앙심이 깊은 광신자들과 있을 때는 멀찌감치라도 종교에 관련된 주제들은 꺼내지 않는 것이 현명하다.

02
zenith
[zé:niθ]
정점

- His political career reached its zenith in the late 1990s.
  ▸ 그의 정치적인 성공은 1990년대 말에 그 정점에 도달했다.

1. If somebody shows great and uncompromising enthusiasm for a religion, we usually call him a ______________ believer.

(A) zealot
(B) zealous
(C) zest
(D) zigzag

어휘 **zealot** 열중자, 광신자 **zealous** 열심인, 열광적인 **zest** 열정, 강한 흥미 **zigzag** 지그재그형

해석 만일 어떤 사람이 종교에 대해서 크고 완강한 열정을 보이면, 우리는 그를 광신적인 믿음을 가진 사람으로 부르게 된다.

2. At its <u>zenith</u> the Roman empire covered almost the whole of Europe, and it had great influence on advance of culture.

(A) lowest point
(B) compass
(C) middle
(D) summit

어휘 **zenith** 천정, 최고점 **lowest point** 최저점 **compass** 나침반, 컴퍼스 **middle** 중위의; 중앙 **summit** 정점, 최고점

해석 로마 제국은 절정기 때 유럽 전체를 장악했고, 많은 문화발전에 영향을 미쳤다.

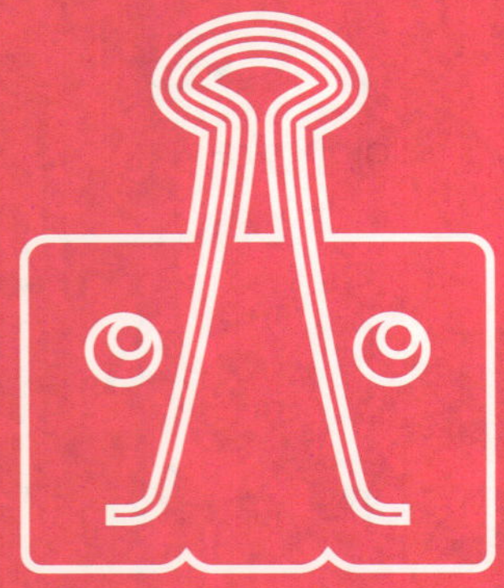

MD VOCABULARY

PLUS⁺

ESSENTIAL & HIGH LEVEL WORDS

MD PLUS⁺

주요
접두어편

01 abdicate
[金bdikeit]

(주로 고유권, 책임 등을)
퇴위하다, 포기하다

- We will not allow you to abdicate your responsibilities as a leading citizen of this community.
  ▶ 당신이 이 지방 유지로서의 책임을 저버리도록 내버려두지는 않겠습니다.

02 abduct
[金bdʌ́kt]

(특히 여성을) **유괴하다**

- A mob attacked the undercover police officers mistaking them for kidnappers trying to abduct school children.
  ▶ 군중들은 잠복근무를 하고 있는 경찰을 학생을 납치하려는 유괴범으로 오인하여 공격하였다.

03 aberrant
[金bérənt]

정도를 벗어난, 변태적인

- The group said that they are totally against any aberrant activity that could have a negative effect on society.
  ▶ 그 그룹은 사회에 나쁜 영향을 미칠 수 있는 어떠한 비정상적인 활동에 대해서도 강력히 반대한다고 주장했다.

04 abhor
[əbhɔ́ːr]

(매우) **혐오하다**

- Considering his nice and gentle personality, it is no wonder he has no enemies who would abhor and thus harm him.
  ▶ 그의 훌륭한 인격을 고려할 때, 그를 혐오하거나 그에게 해를 끼칠 적이 없다는 것은 조금도 놀랄만한 일이 아니다.

05 abject
[金bdʒekt]

(상태가) **비참한,**
(사람이) **비굴한, 비열한**

- The East Bank, an area showing progress amidst the abject poverty of Palestinian refugee camps, was not fully under the control of the Jordanian government.
  ▶ 팔레스타인 난민 수용소의 비참한 빈곤 속에서 진전을 보여주고 있는 지역인 요르단 강 동안은 요르단 정부의 완전한 통제하에 있지 않았다.

06 abolish
[əbáliʃ]

(특히 오래된 제도나 관습
따위를) **폐지하다, 없애다**

- Thousands of farmers have staged violent street protests in recent weeks to abolish ongoing rice negotiations.
  ▶ 수 천명의 농부들이 최근 몇 주에 걸쳐 진행되고 있는 쌀 협상을 폐지하라며 격렬한 거리 시위를 해오고 있다.

07 abominate
[əbámineit]

(매우) **혐오하다, 증오하다**

- He abominates cruelty of all kinds, especially against animals, let alone abandoned children.
  ▶ 그는 모든 종류의 잔인함을 혐오하는데, 어린이 유기에 대해선 말할 것도 없고 동물들에 대해서는 더 각별하다.

08 aboriginal
[金bərídʒinəl]

원시의, 토착의

- They will campaign for the return of traditional lands and respect for aboriginal rights and customs.
  ▶ 그들은 토착민의 옛 땅의 반환과 그들의 권리와 관습에 대한 존중을 요구하는 캠페인을 할 것이다.

1. It can provoke <u>aberrant</u> behavior on the part of both parents and children when emotional resources to deal with aberrance are completely drained.

   (A) perspicuous   (B) prevalent   (C) deviant   (D) pugnacious   (E) punctual

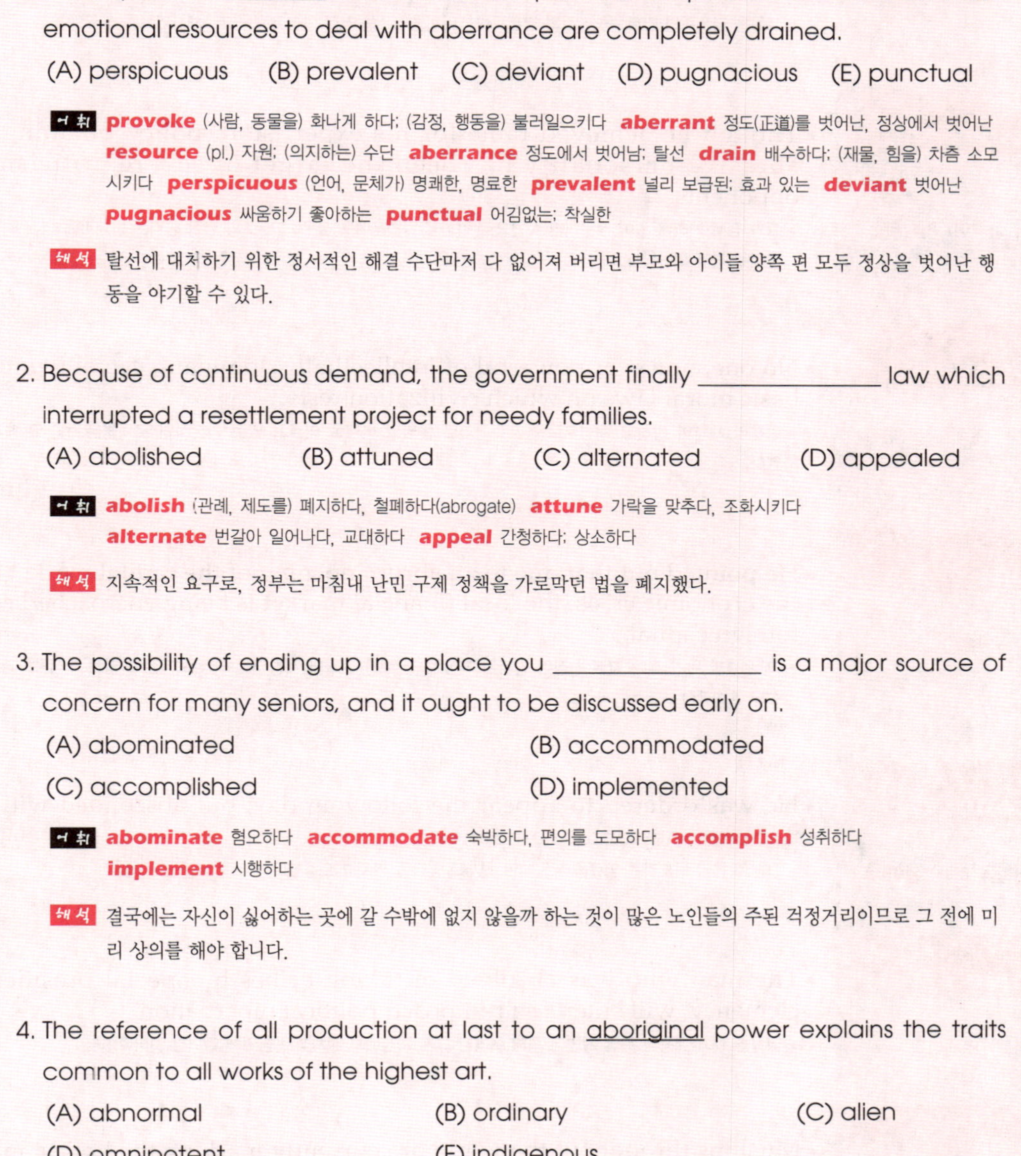

어휘 **provoke** (사람, 동물을) 화나게 하다; (감정, 행동을) 불러일으키다 **aberrant** 정도(正道)를 벗어난, 정상에서 벗어난 **resource** (pl.) 자원; (의지하는) 수단 **aberrance** 정도에서 벗어남; 탈선 **drain** 배수하다; (재물, 힘을) 차츰 소모시키다 **perspicuous** (언어, 문체가) 명쾌한, 명료한 **prevalent** 널리 보급된; 효과 있는 **deviant** 벗어난 **pugnacious** 싸움하기 좋아하는 **punctual** 어김없는; 착실한

해석 탈선에 대처하기 위한 정서적인 해결 수단마저 다 없어져 버리면 부모와 아이들 양쪽 편 모두 정상을 벗어난 행동을 야기할 수 있다.

2. Because of continuous demand, the government finally ______________ law which interrupted a resettlement project for needy families.

   (A) abolished   (B) attuned   (C) alternated   (D) appealed

어휘 **abolish** (관례, 제도를) 폐지하다, 철폐하다(abrogate) **attune** 가락을 맞추다, 조화시키다 **alternate** 번갈아 일어나다, 교대하다 **appeal** 간청하다; 상소하다

해석 지속적인 요구로, 정부는 마침내 난민 구제 정책을 가로막던 법을 폐지했다.

3. The possibility of ending up in a place you ______________ is a major source of concern for many seniors, and it ought to be discussed early on.

   (A) abominated   (B) accommodated

   (C) accomplished   (D) implemented

어휘 **abominate** 혐오하다 **accommodate** 숙박하다, 편의를 도모하다 **accomplish** 성취하다 **implement** 시행하다

해석 결국에는 자신이 싫어하는 곳에 갈 수밖에 없지 않을까 하는 것이 많은 노인들의 주된 걱정거리이므로 그 전에 미리 상의를 해야 합니다.

4. The reference of all production at last to an <u>aboriginal</u> power explains the traits common to all works of the highest art.

   (A) abnormal   (B) ordinary   (C) alien

   (D) omnipotent   (E) indigenous

어휘 **aboriginal** 원주민의, 토착의 **abnormal** 비정상의 **ordinary** 보통의 **alien** 외국의, 이질적인 **omnipotent** 전능한 **indigenous** 토착의, 지역 고유의

해석 모든 작품 창작에서 최종적으로 토착적인 힘을 참조한다는 사실이 모든 최고 수준의 예술 작품들에 공통되는 특징들을 설명해 준다.

01 abortion
[əbɔ́:rʃən]
낙태

- They seek to strengthen marriage, oppose same-sex marriage, improve the lives of children, and reduce poverty and abortion.
  ▶ 그들은 결혼제의 강화, 동성 간의 결혼 금지, 아이들의 생활개선 그리고 빈곤과 낙태 퇴치를 추구한다.

02 abrasive
[əbréisiv]
닳게 하는
(목소리, 성격이) 거슬리는

- Though he achieved fame for his expertise in policy planning, his abrasive personality has been the target of severe criticism by opponents.
  ▶ 그가 정책 계획에 있어 전문적인 식견으로 명성을 얻었음에도 불구하고, 그의 거친 성격은 반대파에 의해 격렬한 비판의 표적이 되어왔다.

03 abrogate
[ǽbrəgeit]
(권위 있는 조치를 통해)
폐지하다

- No one, however powerful of intellectually dominant, can abrogate the basic moral laws on which civilization rests.
  ▶ 아무리 세력이 강하고 지적으로 우세하더라도 문명의 바탕을 이루고 있는 기본적인 도덕률은 누구도 폐지할 수 없다.

04 abrupt
[əbrʌ́pt]
돌연한, 갑작스러운

- He pointed out that due to an abrupt opening of the capital market after the economic crisis, the local financial market is being encroached on by foreign capital.
  ▶ 그는 경제 위기 후에 자본 시장이 갑자기 개방된 것 때문에 국내 재정 시장이 해외자본에 의해 잠식당하고 있다는 점을 지적했다.

05 abscond
[æbskánd]
(특히 처벌을 피해) 달아나다

- He was ordered to appear the following day, but absconded with the public money of the company.
  ▶ 그는 다음날 나오라는 명령을 받았지만 회사의 공금을 가지고 도주했다.

06 absolve
[əbzɔ́lv]
(책임 등을) 면제하다,
용서하다, 사면하다

- The man who was absolved of taking bribes by special presidential clemency, will enter a self-imposed political hibernation.
  ▶ 뇌물을 받고 대통령 특별 사면에 의해 풀려난 그는 자진해서 정치적인 동면에 들어갈 것이다.

07 abstain
[æbstéin]
삼가다, (고의로) 기권하다

- Muslims throughout the world are currently marking the holiest month of Ramadan, and abstain from having food, drink and sex from dawn to dusk.
  ▶ 전세계의 이슬람 교도들은 현재 라마단이라는 가장 성스러운 달을 기념하면서 새벽부터 해질녘까지 음식, 음료, 그리고 성행위를 삼가고 있다.

08 abstruse
[æbstrú:s]
심오한, 난해한

- He tried to conceal his lack of true scholarship and intellectual depth by making use of unnecessarily abstruse language.
  ▶ 그는 쓸데없이 난해한 말을 사용함으로써 참다운 학식과 지적인 깊이의 부족을 감추려고 애썼다.

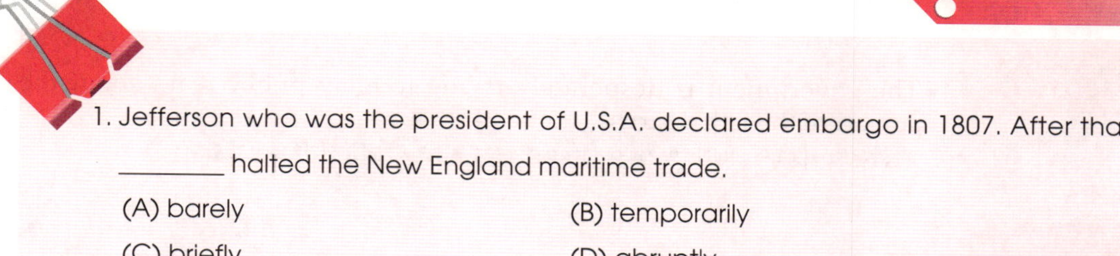

1. Jefferson who was the president of U.S.A. declared embargo in 1807. After that
   _________ halted the New England maritime trade.

   (A) barely   (B) temporarily
   (C) briefly   (D) abruptly

   > **어휘** **barely** 간신히, 거의~않다 **temporarily** 일시적으로 **briefly** 간단하게 **abruptly** 갑자기

   > **해석** 1807년 미국 대통령이었던 Jefferson은 엠바고(통상정지)를 선언했고, 이후 New England의 해상무역은 갑자기 주춤했다.

2. Big-business crooks enter poor countries in order to <u>abscond</u> with their natural
   resources for record time and feathering their nest.

   (A) temper   (B) run off
   (C) grow rich   (D) experiment

   > **어휘** **crook** 굽은 것, 갈고리; 사기꾼, 도둑 **abscond** 도망하다, 달아나다 **temper** 진정시키다, 누르다
   > **run off** 달아나다 **grow rich** 부유해지다 **experiment** 실험하다, 시험하다

   > **해석** 악덕 기업들이 후진국의 천연 자원을 가지고 달아나기 위해, 또, 배를 채우기 위해 들어온다.

3. My dentist said I would have fewer decayed teeth if I <u>abstained</u> from eating
   candy.

   (A) discouraged   (B) prohibited
   (C) refrained   (D) didn't vote

   > **어휘** **dentist** 치과의사 **a decayed tooth** 충치 **abstain** 삼가다; 금주하다 **discourage** 용기를 잃게 하다, 실망시키다
   > **prohibit** 금지하다, 방해하다 **refrain** 삼가다, 자제하다 **vote** 투표하다

   > **해석** 내가 사탕 먹는 것을 자제했더라면 충치가 덜 생겼을 거라고 치과의사가 말했다.

4. Baffled by the <u>abstruse</u> philosophical texts assigned in class, Jane asked Mark to
   explain Kant's "Critique of Pure Reason."

   (A) ancient   (B) abstract
   (C) annoying   (D) fundamental

   > **어휘** **baffle** 좌절시키다, 실패로 끝나게 하다 **abstruse** 심원한, 난해한 **philosophical** 철학(상)의; 이성적인
   > **assign** 할당하다; (임무·일 따위를) 부여하다 **critique** (문예 작품 따위의) 비평, 비판 **ancient** 옛날의, 고대의
   > **annoying** 성가신, 귀찮은 **fundamental** 기초의, 기본의, 근본적인

   > **해석** Jane은 학급에 할당된 난해한 철학 주제에 어리둥절하여 Mark에게 칸트의 '순수 이성 비판'을 설명해달라고 했다.

정답 1. D 2. B 3. C 4. B

01 allay
[əléi]

(공포, 고통 따위를)
가라앉히다, 경감시키다

- The government is desperately trying to allay public fears about the spread of the lethal virus.
  ▶ 정부는 그 치명적인 바이러스의 전파에 대한 대중의 공포를 경감시키려고 안간힘을 쓰고 있다.

02 avert
[əvə́:rt]

피하다, 돌리다

- Our's is a critical period: we are confronted with grave problems which must be solved to avert a tragedy
  ▶ 우리는 위기의 시기에 있다. 비극을 피하기 위해서는 반드시 풀어야 할 종말의 문제들에 직면해 있다.

03 abandon
[əbǽndən]

(사람, 집, 지위 등을) 버리다

- Thousands of people in the region have been forced to abandon their homes to enemy troops.
  ▶ 이 지역의 수 천 명의 사람들은 적군 때문에 자신의 고향을 강제로 떠나야만 했다.

04 abase
[əbéis]

(지위, 평판 등을)
떨어뜨리다, 비하하다

- It's not advisable to excessively abase yourself even in the presence of royalty.
  ▶ 왕의 앞이라 하더라도 필요 이상으로 자신을 비하시키는 건 바람직하지 못하다.

05 abate
[əbéit]

(수량, 고통 따위를)
줄이다, 완화하다

- With the global economy expected to slow down in the second half of this year, the skyrocketing price hikes in raw materials are poised to abate.
  ▶ 올해 후반기에 세계 경제가 주춤할 것으로 예상되는 가운데, 원자재 가격이 천장부지로 치솟던 것이 완화 국면을 유지할 것이다.

06 abbreviate
[əbríːvieit]

(특히 글자를) 생략, 축약하다

- 'Chief Executive Officer' is abbreviated as 'CEO'.
  ▶ '최고 경영자는 축약해서 'CEO' 가 된다.

07 abet
[əbét]

(주로 나쁜 일을)
부추기다, 선동하다

- Contrary to what most people initially believed, his accountant had overtly aided and abetted him in the fraud from start to finish.
  ▶ 애초에 대부분의 사람들이 믿었던 것과는 반대로, 그의 회계사는 시종일관 사기를 치도록 노골적으로 협조하고 부추겼다.

08 abeyance
[əbéiəns]

정지, 중단 (상태)

- The plan had been in abeyance because of the heavy cost of extending the high-speed track connecting the capital with key cities of Jeolla Province.
  ▶ 이 계획은 수도와 전라도의 주요 도시들을 연결하는 고속철도 건설에 소요되는 막대한 비용으로 인해 일시적으로 중단된 상태였다.

09 abridge
[əbríd3]

요약하다, 단축하다

- A long story can be abridged by leaving out unimportant parts.
  ▶ 긴 이야기는 중요하지 않은 부분들을 빼버림으로써 요약할 수 있다.

1. More and more young professors were absolutely disappointed to <u>abandon</u> their project about global warming.

(A) give up completely   (B) modify

(C) change   (D) delay

어휘 **abandon** (사람, 지위, 장소를) 버리다   **give up** 포기하다   **completely** 완벽하게; 굉장하게   **modify** 수정하다; 조절하다   **change** 바꾸다; 교환하다   **delay** 미루다, 늦추다

해석 많은 어린 교수들은 지구온난화에 관한 프로젝트가 끝난 것에 매우 실망했다.

2. The professor I considered as a stony-hearted for a long time said to me, "Don't _____________ yourself."

(A) abuse   (B) abase

(C) overpraise   (D) overestimate

어휘 **abuse** 남용하다   **abase** 떨어뜨리다. 비하하다   **overpraise** 지나치게 칭찬하다   **overestimate** 과대평가하다

해석 오랫동안 냉철하다고 생각했던 교수님께서 스스로를 비하하지 말라고 나에게 말씀하셨다.

3. It's not easy to read Prof. Kim's writing, because he often <u>abbreviates</u> words where other professors normally wouldn't.

(A) omits   (B) shortens

(C) misses   (D) invents

어휘 **abbreviate** (이야기를) 단축하다; 간략하게 하다(curtail)   **normally** 정상적으로; 보통은   **omit** 빼다, 빠뜨리다; 생략하다   **shorten** 간략하게 하다   **miss** (목표를) 못 맞히다; (목표, 기차, 기회를) 놓치다   **invent** 발명하다; 날조하다

해석 김 교수의 글을 읽는 것은 쉽지 않다. 왜냐하면 그는 다른 교수들이 보통 줄여 쓰지 않는 단어를 종종 줄여 쓰기 때문이다.

4. With a firm determination, he had sworn not to touch to smoke, lots of his friends _____________ him against his wipe.

(A) abetted   (B) abridged

(C) abducted   (D) abased

어휘 **abet** 부추기다, 지원하다   **abridged** 요약하다, 단축하다   **abduct** 유괴하다, 납치하다   **abase** 떨어뜨리다, 낮추다

해석 그는 몇 차례나 담배를 끊으리라 결심했지만 친구들이 부추기는 바람에 매번 실패했다.

01 accede
[æksíːd]

(제안, 요구에) 응하다, 동의하다

- Jiang Zemin, the Chinese president, announced that China would accede to the Information Technology Agreement signed last winter, which will eliminate China's steep tariffs on imported computer and telecommunications equipment.
  - ▶ 중국의 국가주석 Jiang Zemin은 중국이 지난 겨울 서명한 수입 컴퓨터와 장거리 통신 장비에 부과하는 높은 관세 장벽을 없앨 정보 기술 협약에 동의할 것이라고 공표했다.

02 accelerate
[æksélereit]

촉진하다, 가속하다

- The comment cast a chill on the South's euphoria that the first Kaesong products would accelerate inter-Korean economic cooperation.
  - ▶ 그 코멘트는 처음으로 개성에서 생산되는 제품들이 남북한 사이의 경제적 협력을 촉진시키리라는 남한 측의 행복감에 찬물을 끼얹었다.

03 accessory
[æksésəri]

부품, 악세사리

- Accessories for the top-of-the-range car include leather upholstery, a CD player, a navigation system and a sunroof.
  - ▶ 최고급 사양의 자동차 액세서리(부속품)에는 가죽 시트, CD 플레이어, 네비게이션 시스템과 썬루프가 포함되어있다.

04 acclaim
[əkléim]

~에게 갈채를 보내다, 환호하며 맞이하다

- She has been widely acclaimed for her good work helping children living in the poorer sections of the inner city.
  - ▶ 그녀는 도심지 빈민지역에 사는 어린이들을 돕는 훌륭한 업적으로 널리 갈채를 받았다.

05 acclivity
[əklívəti]

오르막길

- She did everything she could, but her car just couldn't make it up the acclivity.
  - ▶ 그녀가 할 수 있는 모든 것을 다 해보았지만, 그녀의 차는 그 오르막길을 올라갈 수가 없었다.

06 accomplice
[əkámplis]

공범자

- The police withdrew the arrest warrant for Johnson's accomplice Tim and are continuing to investigate him following the prosecution's order to delay the warrant until Johnson is captured.
  - ▶ 경찰은 Johnson의 공범자인 Tim에 대한 체포영장을 철회하였고, Johnson이 잡힐 때까지 영장을 연기하라는 검찰의 지시에 따라 그를 계속 조사하고 있는 중이다.

07 accost
[əkɔ́ːst]

~에게 다가와 말을 걸다

- I'm usually accosted by beggars, drunks, and prostitutes as I walk down to the station at night.
  - ▶ 밤에 역으로 걸어가노라면 걸인들, 주정뱅이들과 창녀들이 노상 내게 말을 걸어댄다.

08 accretion
[əkríːʃən]

(자연적 또는 부착에 의한) 성장, 증가(물)

- His study hadn't been properly cleaned for years and showed several accretions of dirt and dust.
  - ▶ 그의 서재는 여러 해 동안 제대로 청소가 된 적이 없어서 때와 먼지가 여러 겹 쌓여있는 상태를 보여주었다.

1. Even though uncompromisingly opposition of environmentalist, a forest association ______________ with reducing forester.

   (A) acceded　　　　　　(B) believed　　　　　　(C) listened
   (D) argued　　　　　　 (E) suggested

   > **어휘** **accede** (요구에) 동의하다(agree); (높은 지위에) 오르다　**believe in** ~을 믿다, 신용하다
   > **listen to** ~에 귀를 기울이다, 듣다　**argue about** ~에 관하여 논하다, 논의하다
   > **suggest** 암시하다, 시사하다; 제안하다

   > **해석** 환경보호론자들의 거센 반대에도 불구하고, 삼림조합은 산림감독관 경감에 동의했다.

2. 'Fundamental' is the most over-used word in the debate. There is nothing more fundamental than the markets, which had sound reasons to <u>precipitate</u> the crisis.

   (A) prevent　　　　　　　(B) pacify
   (C) foretell　　　　　　　(D) accelerate

   > **어휘** **fundamental** 기초의, 근본적인; 중요한　**over-used** 남용된　**sound** 완전한; 타당한
   > **precipitate** 거꾸로 떨어뜨리다; 촉진시키다　**crisis** 위기, 중대 국면　**prevent** 방해하다; 예방하다
   > **pacify** 진정시키다, 가라앉히다　**foretell** 예언하다; 예고하다　**accelerate** 촉진하다, 가속하다

   > **해석** '중요한' 이란 말은 토론에서 가장 남발하는 말이다. 시장보다 더 중요한 것은 없는데, 이것이 위기를 촉진했다고 해도 무리가 아니다.

3. During the Cultural Revolution, Mao Zedong Thought was <u>hailed</u> as the ultimate wisdom of the ages.

   (A) thought of　　　　　　(B) criticized
   (C) rejected　　　　　　　(D) acclaimed

   > **어휘** **the cultural revolution** 중국의 문화혁명　**hail** 우박이 내리다; 환호하여 맞이하다
   > cf.) acclaim ~에게 갈채를 보내다, ~을 환호하다　**ultimate** 최후의, 궁극적인; 근본적인
   > **think of** ~라고 생각하다　**criticize** ~을 비평하다; 비난하다　**reject** ~을 거절하다, 사절하다

   > **해석** 문화혁명 기간 동안 모택동의 사상은 그 시대 최고의 지혜라고 환영을 받았다.

4. The dominant opinion is that the fund will be increased by the <u>accretion</u> of new shareholders.

   (A) separation　　　　　　(B) reaction
   (C) accumulation　　　　　(D) motion

   > **어휘** **separation** 분리　**reaction** 반응　**accumulation** 축적　**motion** 운동, 동작

   > **해석** 새로운 주주들이 증가함에 따라 자금이 늘어날 것이라는 의견이 팽배해 있다.

01 accumulate
[əkjúːmjuleit]

(특히 오랜 기간에 걸쳐)
모으다, 축적하다

- He was so profligate with his inheritance that he consumed in a few years the fortune it had taken his parents a lifetime to accumulate.
  ▶ 그는 그의 유산을 낭비해서 부모가 평생 모은 재산을 단지 몇 년에 다 써 버렸다.

02 acquiesce
[ækwiés]

묵인하다. (마지못해) 따르다

- Sellers might acquiesce to mafia involvement in their business as a way of ensuring payment for goods: if the buyer defaults, the gangsters will collect.
  ▶ 판매자들은 상품에 대한 보수를 확실하게 받는 방법의 하나로 자신들의 사업에 마피아가 관련하는 것을 마지못해 묵인했는지도 모른다. 즉 구매자가 채무를 불이행 하는 경우가 생기면 깡패들이 가서 수금을 해온다는 것이다.

03 acquit
[əkwít]

(죄인을) 석방하다,
~를 무죄로 하다

- The unfavorable evidence against the accused man proved to be so weak that the jury had no choice but to acquit him.
  ▶ 피고에게 불리한 증거가 너무 약하다는 사실이 드러났기 때문에 배심원은 그를 무죄로 하는 수밖에 없었다.

04 addict
[ədíkt]

~에 빠지다, 탐닉하다

- Tobacco industries learned early on through their research that cigarettes are harmful to health, but they covered up the information from their consumers. They even doctored the amount of nicotine in cigarettes to keep smokers addicted to smoking.
  ▶ 담배업계들은 자신들의 연구를 통해 애당초 담배가 건강에 해롭다는 것을 알았지만, 소비자들에게서 그 정보를 숨겨왔다. 그들은 심지어 흡연자들을 담배에 계속 중독상태로 남아있게 하려는 목적으로 니코틴의 양까지도 변조시켰다고 한다.

05 adept
[ədépt]

숙련된, 능숙한

- However, some people who are adept at searching information on the Internet choose to ignore copyright laws and download movies illegally, as they don't want to pay for the services available in cyber space.
  ▶ 하지만 인터넷에서 정보를 검색하는 것에 능숙한 사람들은, 사이버 공간에서 사용 가능한 서비스에 대해 돈을 지불하는 것을 원하지 않기 때문에, 저작권을 무시하고 불법적으로 영화들을 다운로드 받는다.

06 adhere
[ədhíər]

들러붙다, 부착하다,
고수하다

- Local film-makers should hone competitiveness through free market competition rather than adhere to the screen quota system, which has lost its usefulness.
  ▶ 국내 영화 제작자들은 그 유용성이 사라진 스크린 쿼터 시스템을 고수하기보다 자유 시장 경쟁을 통해서 경쟁력을 강화시켜야 할 것이다.

07 adjacent
[ədʒéisnt]

근접한, 인접한

- The principal asked the students not to hang around in front of the houses and other buildings adjacent to the school.
  ▶ 교장이 학생들에게 학교에 인접한 집이나 건물 앞을 배회하지 말도록 부탁했다.

08 adjourn
[ədʒə́ːrn]

(회의, 재판 등을 잠시) 휴회하다, 중단하다, 연기하다

- He appeared there to face questions from Equatorial Guinea lawyers regarding his alleged involvement with the coup attempt in Equatorial Guinea but managed to adjourn the hearings until next February.
  ▶ 그는 적도 기니 공화국에서 있었던 쿠데타 시도에 관련되었다는 심증을 받고 있는 것과 관련하여 그곳 변호사들로부터 질문 공세를 받기 위해 그곳에 나타났지만, 가까스로 다음 2월까지 청문회를 연기시켰다.

1. Primitive peoples do devote certain types of goods to facilitating production, and from time to time <u>accumulate</u> them in advance for this specific purpose.
   (A) exhaust
   (B) scatter
   (C) hoard
   (D) disperse

   어휘 **primitive** 원시적인; 야만의 **devote** 바치다; 헌신하다 **facilitate** (일을) 용이하게 하다; 촉진하다
   from time to time 때때로 **accumulate** 조금씩 모으다, 축적하다 **exhaust** 다 써버리다; (사람을) 지치게 하다
   scatter 흩뿌리다; 낭비하다 **hoard** 축적하다; 저장하다 **disperse** 흩뜨리다; 퍼뜨리다

   해석 원시인들은 정말로 생산을 촉진하는데 특정 종류의 물건들을 바치며 때로는 이러한 특별한 목적을 위해 미리 이 물건들을 모아둔다.

2. After she ____________ on her employer's suggestions, most of employees made her dissuaded from keeping that suggestion.
   (A) acquiesced
   (B) disagreed
   (C) complimented
   (D) revised

   어휘 **suggestion** 암시; 제의 **acquiesce** 묵묵히 따르다, (마지못해) 동의하다(consent) **disagree** 일치하지 않다, 의견이 다르다 **compliment** 칭찬하다; 아첨의 말을 하다 **revise** 교정하다, 바꾸다

   해석 그녀가 고용주의 제안에 동의하고 난 후에 다른 고용인들은 그녀가 그 제안을 지키지 못하게 했다.

3. Two years after charging the leader of the militia with treason, the government had no choice but to <u>acquit</u> him. But he still faces a possible death sentence if convicted of a separate charge of having organized a protest against the government.
   (A) to put somebody in jail
   (B) to take somebody to a police station
   (C) to formally declare not to have committed the crime
   (D) to kill someone as a punishment for a serious crime

   어휘 **put in jail** ~를 감옥에 수용하다 **formally** 정식으로, 공식으로; 형식적으로 **declare** 선언하다; (세관에 과세품, 소득액을) 신고하다 **commit a crime** 죄를 범하다

   해석 그 국민군 지도자를 반역 혐의로 고발하고 2년이 지난 뒤에 그 정부는 그를 석방할 수밖에 없었다. 그러나 정부에 저항하는 단체를 조직했다는 개별 혐의에 대해 유죄가 선고되는 경우, 그는 여전히 사형 선고에 직면할 가능성이 크다.

4. He wanted me to buy the building <u>adjacent</u> to the river. Although it was not yet given a construction permit, he was convinced.
   (A) touching
   (B) fast growing
   (C) same-sized
   (D) densely populated

   어휘 **adjacent** 인접한(touching), 인근의 **same-sized** 같은 크기의
   densely populated 인구 밀도가 높은

   해석 그는 내가 강에 인접한 건물을 사기를 원했다. 비록 건축허가도 받지 못했지만, 그에게는 확신이 있었다.

정답 1. C 2. A 3. C 4. A

01 adjunct
[ǽdʒʌŋkt]
부가물, 부수물

- I hoped I would find the computer course a useful adjunct to my other studies in the university.
  ▶ 나는 그 컴퓨터 과정이 대학 내에서 나의 다른 공부에 유용한 부가과목이 되리라 기대했다.

02 administer
[ədmínister]
관리하다

- Many believe that the economy has been badly administered by the present government.
  ▶ 많은 이들이 경제가 현 정부에 의해 형편없이 관리되고 있다고 믿고 있다.

03 admonish
[ədmániʃ]
훈계하다, 충고하다

- His mother admonished him for eating his meal too ravenously when the guests are present.
  ▶ 그의 어머니는 손님들이 계실 때, 그에게 식사를 너무나 게걸스럽게 먹어댄다고 따끔하게 충고했다.

04 adopt
[ədápt]
채택하다, 양자로 삼다

- There is evidence now that he plans to adopt a more reserved, conciliatory approach to ensure he is not labeled an over-reacher in the history books.
  ▶ 역사책에서 너무 도에 지나친 사람으로 낙인 찍히지 않게하기 위해 그가 보다 조심스럽고 화해적인 접근 방식을 채택할 계획이라는 증거가 현재 있다.

05 adore
[ədɔ́:r]
(마음 속 깊이)
존경하다, 사모하다

- Those who enjoy food and cooking will adore this new illustrated cook-book.
  ▶ 음식과 요리하는 것을 즐기는 사람들은 사진이 들어간 이 새 요리책을 무척 좋아할 것이다.
- But is "8 Mile" gonna make us adore Eminem, despite our best efforts to detest him?
  ▶ 그렇지만 Eminem에 대한 사람들의 거부감에도 불구하고, "8마일"이 그에게 호감을 갖도록 만들 수 있을까요?

06 adorn
[ədɔ́:rn]
꾸미다, 장식하다

- For at least 4,000 years, Native American artists adorned rocks, cliff walls, and caves in the American Southwest with an amazing variety of symbolic figures.
  ▶ 최소한 4,000년 동안 미국 원주민 화가들은 미국 남서부의 바위, 절벽의 벽, 그리고 동굴들을 놀라울 정도로 다양한 상징적인 형상들로 장식했다.

07 adroit
[ədrɔ́it]
능숙한, 재치있는

- She became adroit at dealing with difficult situations through years of firsthand experience.
  ▶ 오랜 세월 동안의 직접 경험을 통해 그녀는 어려운 상황들을 다루는 것에 능숙해졌다.

08 adulterate
[ədʌ́ltəreit]
(불순물 따위를) 섞다,
(섞어) 질을 떨어뜨리다

- Do you really believe that the academic curriculum will be adulterated if courses like driver education and consumer science are introduced?
  ▶ 운전 교육이나 소비학 같은 과목이 도입되면 교과과정의 질이 떨어지리라고 실제로 믿으십니까?

1. She insisted pro-North korean activities must be included in the inquiry and that neutral scholars with no political ____________ conduct the probe outside the National Assembly.

(A) affiliation

(B) accommodation

(C) articulation

(D) apprehension

어휘 **affiliation** 제휴, 양자, 결연 **accommodation** 숙박, 설비, 편의 **articulation** 또렷한 발음 **apprehension** 우려, 이해

해석 그녀는 친북 활동도 조사 대상에 포함되어야 하며 정치와 관련이 없는 중립적 전문가들이 국회 밖에서 조사를 실시해야 한다고 주장했다.

2. A professor who is a distinguished psychologist said, "Humor has its roots not in cynicism but in <u>sympathy</u>"

(A) affinity

(B) sarcasm

(C) satire

(D) allegory

어휘 **affinity** 애호, 공감 **sarcasm** 비꼬는 말 **satire** 풍자 **allegory** 우화

해석 저명한 심리학자인 그는 유머는 냉소가 아니라 공감에서 나온다고 말했다.

3. The continuous music on special-fare trains ____________ feelings of all passengers especially the aged.

(A) excited

(B) aggravated

(C) disciplined

(D) obliterated

어휘 **special-fare train** 특별 요금 열차 **excite** 흥분시키다, 자극하다 **discipline** 훈련하다, 통제하다 **obliterate** (글자 따위를) 지우다, 말살하다

해석 특별 요금 열차에서 계속 흘러나오는 음악이 모든 승객 특히 고령자들의 감정을 상하게 했다.

4. The WPI, which measures changes in wholesale prices, is an <u>aggregate</u> of the indices for domestic prices, export prices, and import prices.

(A) subtraction

(B) detachment

(C) total

(D) individual

어휘 **wholesale** 대량판매의, 도매의 **indices** index의 복수 **sutraction** 삭감, 공제 **detachment** 분리, 이탈 **total** 합계, 총계(aggregate) **individual** 개인, 개체

해석 도매가 변동을 측정하는 WPI는 국내 물가, 수출가 및 수입가 지수를 종합한 수치이다.

01 adumbrate
[ǽdəmbreit]
어렴풋이 나타내다

- Since there was no time to get into elaborate details, all that we did was to adumbrate the general features of the plan.
  ▶ 세부적인 것들로 들어갈 시간이 없었기 때문에 우리가 했던 일은 기껏해야 그 계획의 전반적 특징을 윤곽 잡는 일이었다.

02 advent
[ǽdvent]
(중요한 사건, 시대의) 도래

- The giant leap forward in the world of communication was made possible by the advent of the mobile phone.
  ▶ 커뮤니케이션 분야의 거대한 진보는 휴대전화의 도래와 함께 가능해졌다.

03 adventitious
[ædvəntíʃəs]
우연한

- His investments in the stock market proved to be profitable, but I considered this adventitious rather than the result of knowledge and planning.
  ▶ 그가 증권투자에서 이익을 보았는데 나는 이것이 지식과 계획의 결과라기보다는 우연이라고 생각한다.

04 adverse
[ædvə́:rs]
(방향이) 반대의, 역의, (상황이) 불리한

- The adverse publicity that he received during the investigation was probably the cause of his defeat in the next election.
  ▶ 수사 도중 그가 받았던 불리한 여론이 아마 다음 선거에서 그가 패한 원인이었을 것이다.

05 advert
[ædvə́:rt]
언급하다, 주목하다

- I'd like to remind you that you will have to directly advert to the issue in question during the hearing.
  ▶ 청문회 도중 문제가 되고 있는 이슈를 여러분이 직접 언급해 주셔야 한다는 사실을 상기시켜 드리고 싶습니다.

06 advocate
[ǽdvəkeit]
(공개적으로) 지지하다, 옹호하다

- There has been no pressure of any kind from people in power, but Microsoft is drawing more lawyers, professors and other experts to advocate their case.
  ▶ 권력자들로부터는 어떤 종류의 압력도 없었지만 마이크로소프트는 자신들의 사례를 옹호하려고 더 많은 숫자의 변호사들과 교수들 및 기타 전문가들을 끌어들이고 있는 중이다.

07 affable
[ǽfəbl]
상냥한, 붙임성 있는

- The two brothers were very different - the older one was affable and good-natured, while the younger one was very quick-tempered.
  ▶ 그 두 형제는 너무도 달랐다. 형은 붙임성 있고 착한 반면, 동생은 매우 화를 잘 냈다.

08 affiance
[əfáiəns]
~을 약혼시키다

- The man was affianced to my sister while I was in the army.
  ▶ 그는 내가 군 복무 중 나의 여동생과 약혼했다.

1. Before the <u>advent</u> of a spider-silk marketplace, human web weavers had to close the technology gap on their arachnid counterparts.

(A) appearance　　　　(B) surge　　　　(C) peak　　　　(D) close

어휘 **advent** 도래, 출현　**spider-silk** 거미 명주실　**web** 거미집; 직포　**weaver** 직조공　**arachnid** 거미류 동물　**counterpart** 상대물　**appearance** 출현　**surge** 굽이치는 파동; (감정 따위의) 격동　**peak** 산꼭대기, 절정　**close** 결말; 근접

해석 거미 명주실 시장의 출현이전에, 인간 거미집 직조공들은 실제 거미들을 보고 배우며 기술의 차이를 메워야 했다.

2. The delay of flight has been attributed to operational malfunctions and __________ weather.

(A) authentic　　　　(B) favorable

(C) adverse　　　　(D) apparent

어휘 **delay** 지연시키다　**flight** 비행, 날기　**weather** 날씨　**authentic** 믿을 만한, 진정한　**adverse** 역(逆)의; 불리한(unfavorable)　cf.) unfavorable 불리한　cf.) averse 싫어하여, 반대하고　**apparent** 명백한, 겉모양의

해석 비행기는 오작동과 기상 악화 때문에 지연되었다.

3. The government, while pretending to __________ a capitalistic market economy, is actually formulating anti-market policies, he argued.

(A) prohibit　　　　(B) preclude　　　　(C) advocate　　　　(D) provoke

어휘 **prohibit** 금지되다　**preclude** 방해하다　**advocate** 지지하다　**provoke** 화나게 하다

해석 정부는 자본주의 시장을 옹호하는 척 하면서 실제로는 반 시장적인 정책을 만들어 내고 있다고 그는 주장했다.

4. We enjoyed meeting her brother yesterday. On first impression, he seemed to be <u>affable</u>, outgoing and warm.

(A) very determined in character　　　　(B) very eloquent in speech

(C) obnoxious and arrogant　　　　(D) easy and pleasant to talk to

(E) rich and willing to give out

어휘 **affable** 상냥한, 붙임성 있는　**outgoing** 외향적인　**determined** 결의에 찬, 단호한　**character** 성격; 인물; (연극의) 역(役)　**eloquent** 설득력 있는; 감동적인　**obnoxious** 밉살스러운, 역겨운　**arrogant** 거만한, 건방진　**give out** 배포하다; 공개하다

해석 우리는 어제 그녀의 오빠를 즐겁게 만났다. 첫 인상에 그는 붙임성 있고 외향적이고 다정한 것 같았다.

정답　1. A　2. C　3. C　4. D

01 affiliate
[əfílieit]
가입시키다, (더 큰 단체나 회사에) 합병시키다

- The newspaper revealed that the city's chief building inspector was affiliated with a large construction company.
  ▶ 그 시의 건축 감독관이 한 대규모 건설회사와 제휴하였다고 신문에 발표되었다.

02 affinity
[əfínəti]
유사성, (강한) 호감

- Henry had an excellent chance to make an honorable career for himself, but he seemed to have a fatal affinity for easy money and shady deals.
  ▶ Henry는 스스로 명예로운 출세를 할 수 있는 뛰어난 기회가 있었지만 그는 쉽게 돈을 벌고 암거래하는 것을 숙명적으로 좋아했던 것 같다.

03 affluent
[ǽfluənt]
풍요한, 부유한

- Six private universities in the city have recently been criticized for favoring graduates of high schools only in the affluent southern part of the town when admitting students this year.
  ▶ 최근 그 도시에 있는 여섯 개의 사립대학들은 올해 학생들을 전형하는데 있어서 오로지 그 지역의 부유한 남쪽 부분에 위치한 고등학교 출신 졸업생들만 선호했다는 비난을 받아오고 있다.

04 affront
[əfrʌ́nt]
(맞대놓고) 모욕을 주다, 모욕

- But some longtime inmates at the prison said the brutal tortures were better than sexual affront.
  ▶ 하지만 그 감옥에 있는 몇몇 장기수들은 잔혹한 고문이 성적인 모욕보다 낫다고 얘기했다.

05 aggravate
[ǽgrəveit]
(어려운 상황을 더욱) 악화시키다

- The job market is projected to aggravate even further next year as the economy is forecast to remain in doldrums.
  ▶ 취업시장은 경기가 계속 침체상태에 머물러 있으리라는 예상과 함께 내년엔 한 층 더 악화되리라 추측되어진다.

06 aggregate
[ǽgrigeit]
모으다, 합계가 ~이 되다, 총액

- Manchester United lost the second game, but got through to the final on aggregate.
  ▶ 맨체스터 유나이티드 팀은 두 번째 경기에서 패했지만 총 골 합계에 의해서 결승에 진출했다.

07 aggressive
[əgrésiv]
공격적인, 적극적인

- Respondents were dissatisfied with aggressive driving the most in transportation conditions, followed by lack of parking lots.
  ▶ 응답자들은 교통 상태에 있어서 가장 불만스러운 부분이 공격적인 운전이며, 그 다음이 주차 공간의 부족이라고 답했다.

08 aggrieve
[əgríːv]
~에게 고통을 주다

- One aggrieved customer complained that she still haven't received the CD she had ordered several weeks ago.
  ▶ 감정이 상한 한 소비자가 자신이 여러 주 전에 주문한 CD를 아직도 받아보지 못했다고 불만을 토로했다.

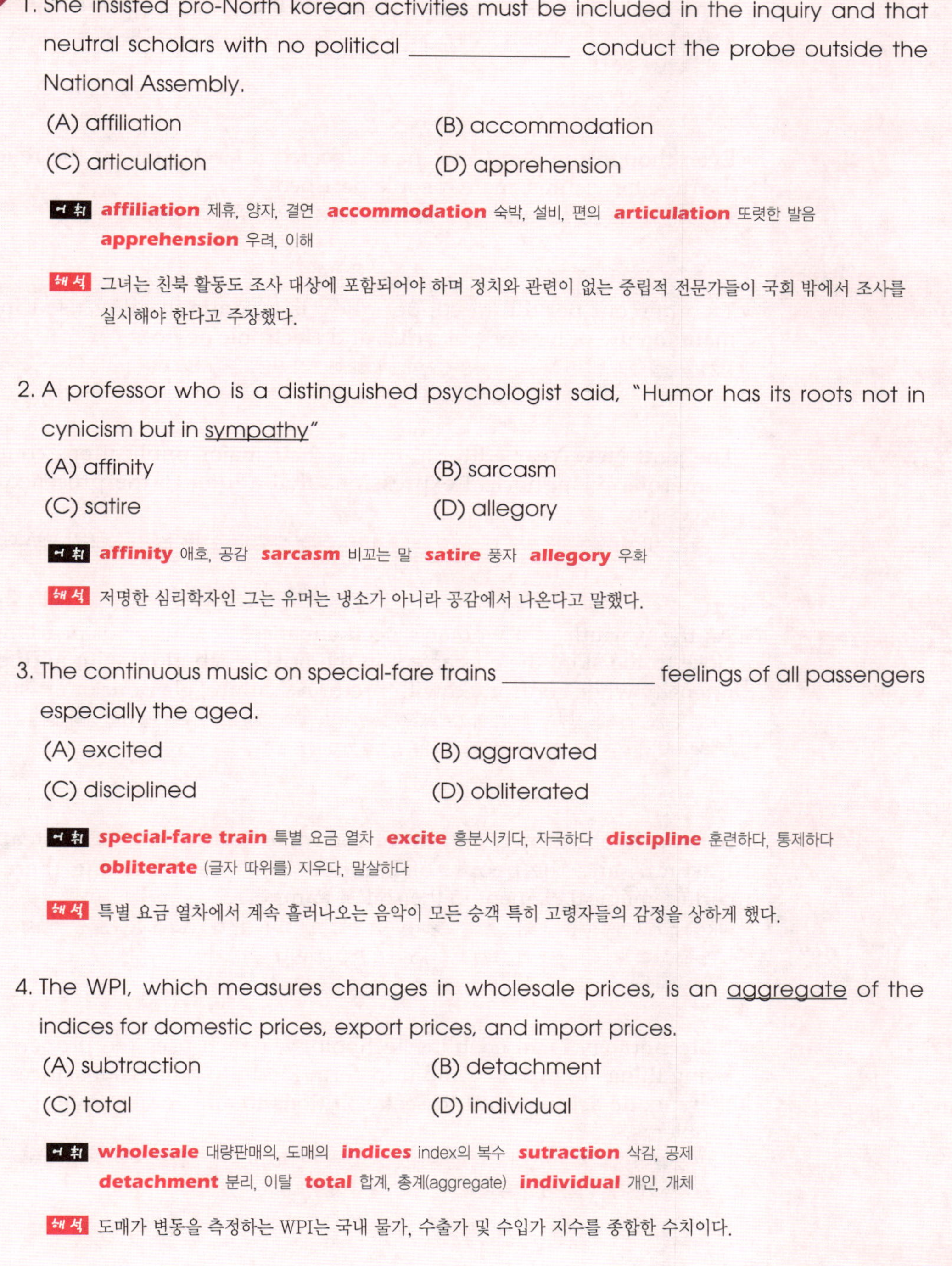

1. She insisted pro-North korean activities must be included in the inquiry and that neutral scholars with no political ____________ conduct the probe outside the National Assembly.

   (A) affiliation
   (B) accommodation
   (C) articulation
   (D) apprehension

   > 어휘 **affiliation** 제휴, 양자, 결연 **accommodation** 숙박, 설비, 편의 **articulation** 또렷한 발음 **apprehension** 우려, 이해

   > 해석 그녀는 친북 활동도 조사 대상에 포함되어야 하며 정치와 관련이 없는 중립적 전문가들이 국회 밖에서 조사를 실시해야 한다고 주장했다.

2. A professor who is a distinguished psychologist said, "Humor has its roots not in cynicism but in <u>sympathy</u>"

   (A) affinity
   (B) sarcasm
   (C) satire
   (D) allegory

   > 어휘 **affinity** 애호, 공감 **sarcasm** 비꼬는 말 **satire** 풍자 **allegory** 우화

   > 해석 저명한 심리학자인 그는 유머는 냉소가 아니라 공감에서 나온다고 말했다.

3. The continuous music on special-fare trains ____________ feelings of all passengers especially the aged.

   (A) excited
   (B) aggravated
   (C) disciplined
   (D) obliterated

   > 어휘 **special-fare train** 특별 요금 열차 **excite** 흥분시키다, 자극하다 **discipline** 훈련하다, 통제하다 **obliterate** (글자 따위를) 지우다, 말살하다

   > 해석 특별 요금 열차에서 계속 흘러나오는 음악이 모든 승객 특히 고령자들의 감정을 상하게 했다.

4. The WPI, which measures changes in wholesale prices, is an <u>aggregate</u> of the indices for domestic prices, export prices, and import prices.

   (A) subtraction
   (B) detachment
   (C) total
   (D) individual

   > 어휘 **wholesale** 대량판매의, 도매의 **indices** index의 복수 **sutraction** 삭감, 공제 **detachment** 분리, 이탈 **total** 합계, 총계(aggregate) **individual** 개인, 개체

   > 해석 도매가 변동을 측정하는 WPI는 국내 물가, 수출가 및 수입가 지수를 종합한 수치이다.

01 alleviate
[əlí:vieit]

(고통을)
완화시키다, 경감시키다

- The only truly effective way to alleviate the poverty of underdeveloped third-world nations is to help increase their capacity to produce wealth.
  ▸ 제3세계 저개발 국가들의 가난을 덜어주는 실로 효율적인 단 한 가지 방법은 그들의 부를 생산하는 능력을 증대시키도록 돕는 것이다.

02 allocate
[æləkeit]

할당하다, 충당하다

- Even though the Red Cross had allocated a large sum for the relief of the disaster victims, many people perished.
  ▸ 적십자는 재해로 인한 희생자들을 구하기 위해 거액을 할당했지만 많은 사람들이 죽어갔다.

03 alloy
[ǽlɔi]

합금, 섞다, 합금하다

- Two percent beryllium copper alloy is a common alloy used in the manufacture of toasters, bicycles, and electronic devices.
  ▸ 2% 베릴륨 구리 합금은 토스터기, 자전거, 전자기기 제조에 흔히 사용되는 합금이다.

04 allude
[əlú:d]

(간접적으로) 언급하다,
(넌지시) 암시하다

- The joint New Year editorial by the their major publications contains numerous metaphorical expressions that allude to the presence of a successor.
  ▸ 그들의 주요 출판물에 나온 합동 신년 사설에는 후계자의 존재를 암시하는 수많은 은유적 표현들이 포함되어 있다.

05 allure
[əlúər]

(강하게) 유혹하다

- As the warmth of a woman's neck enhances the luster of pearls worn close to the skin, the characters in the novel each glow with a different intensity when confronted with prettiness, allure, glamour or artistry.
  ▸ 피부 가까이에 걸린 진주의 광채가 여자 목의 온기로 인해 그 빛을 더하게 되듯, 그 소설 내의 캐릭터들은 각기 예쁨, 매력, 화려함 혹은 예술성과 맞닥뜨려질 때 다른 강도로 각자 빛을 발한다.

06 alluvial
[əlú:viəl]

(지질) 충적의

- Saffron is not grown on any of the other fertile alluvial plateaus of Kashmir, and the people of Pampore are fond of saying there is a certain magical element in the soil of Pampore.
  ▸ Kashmir 지역의 다른 비옥한 충적 고원에선 사프란이 재배되지 않는다. 그래서 Pampore 지방의 사람들은 Pampore의 토양에는 뭔가 마법적인 요소가 있다고 즐겨 얘기한다.

07 ameliorate
[əmíliəreit]

개선시키다, 좋아지다

- Biotechnology is an enabling technology, which uses the properties of living things to produce and transform foods, to obtain substances with therapeutic activity, and to seek solutions to ameliorate environmental problems.
  ▸ 생명공학은 권능을 갖는 기술이다. 그것은 음식물을 생산하고 변형시키는 것, 치료활동으로 물질을 획득하는 것, 환경문제를 개선하는 해결책을 찾는 것에 생명체의 특성을 사용한다.

08 amenable
[əmí:nəbl]

유순한, 기꺼이 따르는

- Your wife might be more amenable to the idea if you explained how much money it would save in the long run.
  ▸ 결국에 얼마나 돈이 절약될지 네가 설명을 해주었다면, 네 부인은 그 아이디어에 보다 적극적으로 따랐을 지도 몰라.

1. Therapy is defined as "an activity of treatment intended to _____________ an undesirable condition."

  (A) assimilate   (B) augment   (C) aggravate   (D) alleviate

> **어휘** **therapy** 치료, 요법 **define** (성격, 내용 따위를) 규정짓다; (말의) 정의를 내리다 **treatment** 대우; 치료(법)
> **intend** ~할 작정이다; 의도하다 **undesirable** 바람직하지 않은, 달갑지 않은
> **assimilate** 받아들이다, 소화하다 **augment** 늘리다 **aggravate** 악화시키다; 괴롭히다
> **alleviate** 경감하다(assuage); (문제를) 해소하다

> **해석** 치료란 "바람직하지 못한 상황을 완화시키기 위해 의도된 일종의 치료 활동"이라 정의된다.

2. Each person was <u>allocated</u> a certain share of the profits according to the amount of time and work he or she had put into the project.

  (A) given   (B) limited   (C) repressed   (D) estimated

> **어휘** **allocate** 할당하다; 배정하다 **share** 몫, 할당 **profit** (금전상의) 이익, 이윤 **project** 계획; 예정 **give** 주다, 할당하다
> **limit** 제한하다, 한정하다 **repress** 억누르다, 진압하다 **estimate** 어림잡다; 통계적으로 예측하다

> **해석** 각각의 사람들에게 그들이 사업에 바친 시간과 노력의 양에 따라서 이익의 정해진 몫이 배분되었다.

3. You <u>implied</u> in your speech to certain developments - what exactly did you mean? Situation was too complicated so nobody understood.

  (A) alluded   (B) deceived   (C) evaded   (D) surmounted

> **어휘** **impliy** 함축하다, 암시하다 **deceive** 속이다 **evade** 피하다, 회피하다 **surmount** 오르다, 극복하다

> **해석** 당신은 연설에서 특정한 전개 상황을 넌지시 비추셨는데, 그게 정확히 뭘 말씀하신 겁니까? 상황이 너무 복잡해서 아무도 이해하지 못했습니다.

4. Efforts to <u>ameliorate</u> housing condition for the poor were halted because govern ment funds were cut off.

  (A) add to   (B) develop   (C) study   (D) improve

> **어휘** **ameliorate** 개선하다, 개량하다; 좋아지다 **halt** 멈추다, 중지하다 **cut off** 중단하다, 끊다

> **해석** 빈곤층을 위한 주거환경 개선 노력이 정부 자금의 중단으로 인해 중지 되었다.

정답 1. D 2. A 3. A 4. D

01 annex
[ənéks]
부가하다, 추가하다,
(영토, 토지 따위를) 합병하다

- He increased the size of his farm by annexing an adjoining field.
  ▸ 그는 인접한 논밭을 합병함으로써 자신의 농지 면적을 늘렸다.

02 annihilate
[ənáiəleit]
(완전히) 파괴하다, 전멸시키다

- We wanted to determine how much gas was necessary to annihilate the whole city through this experiment.
  ▸ 우리는 이 실험을 통해서 도시 전체를 전멸시키는데 어느 정도 양의 가스가 필요한지를 측정해보고자 했습니다.

03 aplomb
[əplɔ́m]
(어려운 상황에서의)
침착, 평정

- We suspect you would have some very important responsibilities but we are certain you will carry them out with aplomb.
  ▸ 귀하가 책임이 막중하리하 짐작되지만 침착하게 잘하시리라 믿습니다.

04 appal
[əpɔ́ːl]
소름 끼치게 하다,
섬뜩하게 하다

- Even the policemen hardened by long experience, were appalled when they came on the scene of the automobile accident.
  ▸ 오랜 경험으로 다져진 경찰관들조차도 그 자동차 사고 현장에 왔을 때는 소름이 끼쳤다.

05 apparatus
[æpəréitəs]
(특정한 목적의) 기구, 장치

- The politician vowed efforts to speed up the reform of the governmental apparatus to help advance the era of $10,000 income per capita by the target year.
  ▸ 그 정치인은 목표하는 해까지 개인 평균 소득 10,000불 시대가 오는 것을 앞당기기 위해 정부 기구의 개혁을 촉진시키는데 노력을 다하겠다고 다짐했다.

06 apparel
[əpǽrəl]
옷, 복장

- I always feel sad in the fall, when trees begin to lose their beautiful apparel of leaves.
  ▸ 나무들이 아름다운 나뭇잎의 옷을 벗기 시작하는 가을이면 나는 언제나 슬프다.

07 apparition
[æpəríʃən]
환영, 유령

- The use of too much makeup, made her look like an apparition rather than a pretty young girl.
  ▸ 화장을 너무 짙게 해서 그녀는 예쁜 아가씨가 아니라 귀신처럼 보였다.

08 appease
[əpíːz]
(욕구, 슬픔 따위를)
달래다, 진정시키다

- Local media have largely appreciated the new ambassador's fresh efforts to appease the people's ill sentiments, calling it a clever and reconciliatory step.
  ▸ 현지 언론은 대체적으로 주민들의 불편한 심기를 달래주려는 신임 대사의 신선한 노력에 대해 좋게 평가하면서 현명하고 화해적인 조치라고 평했다.

1. If cities cannot <u>annex</u> suburbs, they can do the next best thing: finding new areas to permit the construction of suburban-style housing.

   (A) conquered　　　　　(B) obliterated　　　　　(C) coveted
   (D) surpassed　　　　　(E) acquired

   > **어휘** **annex** 부가하다, 합병하다, 획득하다　**conquer** 정복하다　**obliterate** 지우다, 말소하다
   > **covet** 몹시 탐내다　**surpass** 능가하다, ~보다 낫다

   > **해석** 근교를 흡수할 수 없다면, 시에서는 차선책으로 전원 주택 건축을 허용하기 위해 새로운 구획을 찾을 수 있다.

2. An eloquent speech with all her might, but somehow I had never quite sensed its <u>appalling</u> desolation. People were in pain sometimes.

   (A) accepting　　　　(B) asymmetric　　　　(C) dreadful　　　　(D) capricious

   > **어휘** **sense** 느껴 알다; 알아채다　**appalling** 질색인, 무시무시한　**desolation** 황폐시킴; 외로움(loneliness)
   > **accepting** 쾌히 받아들이는, 솔직한　**asymmetric** 불균형[부조화]의; 비대칭의　**dreadful** 무시무시한, 지독한
   > **capricious** 변덕스러운

   > **해석** 그의 혼신적인 연설에도 불구하고 여하튼 나는 그 지독한 고독을 결코 이해하지 못했다. 누구나 고통 속에서 살았다.

3. Inarticulate pronunciation and bad-mannered but his <u>apparel</u> showed him to be a successful man.

   (A) clothing　　　　(B) confidence　　　　(C) answer　　　　(D) manner

   > **어휘** **inarticulate** 발음이 똑똑하지 않은　**apparel** 의상, 기성복　**clothing** 의복　**confidence** (남에 대한) 확신; 비밀
   > **answer** 대답　**manner** 매너

   > **해석** 알아들을 수 없는 발음, 거친 매너 그러나 그의 옷은 그가 성공한 사람임을 보여주었다.

4. He seemed he didn't know that in case of racial segregation, only a personal apology will ______________ her rage at having been slighted.

   (A) entrench　　　　(B) appease　　　　(C) obviate　　　　(D) modify

   > **어휘** **rage** 분노; 분노하다　**slight** 무시하다; 근소한　**entrench** 참호로 에워싸다, 지반을 굳히다
   > **appease** (사람을) 달래다(placate); (화, 슬픔을) 진정시키다　**obviate** (위험, 곤란 따위를) 없애다; 회피하다
   > **modify** 수정하다; 한정하다; 변경하다

   > **해석** 인종차별의 경우, 본인이 직접 하는 사과만이 멸시당했던 것에 대한 그녀의 분노를 가라앉힐 것이라는 사실을 그는 모르고 있는 것처럼 보였다.

정답　1. E　2. C　3. A　4. B

Prefix AD- 방향, 접근

01 append
[əpénd]
(말, 글을) 덧붙이다, 추가하다

- I knew that mother has given you all kinds of instructions before you leave for camp, but I'd like to append some advice of my own.
  ▶ 네가 캠핑을 떠나기 전에 어머니께서 모든 지시를 해두었다는 사실을 알지만, 난 나름대로의 몇 마디 충고를 덧붙이고 싶다.

02 applaud
[əplɔ́ːd]
박수갈채 하다, 칭찬하다

- Canada is an exciting, innovative country where creative business thinking is applauded.
  ▶ 캐나다는 창의적인 사업구상이 박수갈채를 받는 흥미롭고 혁신적인 나라이다.

03 apposite
[ǽpəsit]
적합한, 적절한

- Because the speaker before her had defined the topic so narrowly, Sylvia had to revise her notes so that only apposite data remained.
  ▶ 앞서 연사가 그 주제를 너무 자세히 설명했기 때문에 Sylvia는 적절한 자료만 남도록 그녀의 주석을 수정해야 했다.

04 appraise
[əpréiz]
평가하다

- The Portuguese coach said he used last year to appraise individual players' abilities and get a grasp of Korean football.
  ▶ 그 포르투갈 감독은 자신이 작년 한 해를 개개 선수들의 능력을 평가하고 한국 축구에 대한 감을 잡는데 썼다고 얘기했습니다.

05 apprehend
[æpriːhénd]
붙잡다, 체포하다

- Shortly after the crime, the malefactor was apprehended and turned over to the police.
  ▶ 그 범죄 직후에 범인은 체포되어 경찰에 넘겨졌다.

06 apprentice
[əpréntis]
도제, 견습생

- Lee, apprentice to Master tea pot maker Liu Jianping, is carefully attaching a delicate handle to a clay tea pot at Master Liu's studio.
  ▶ 찻주전자 제작의 대가인 Liu Jianping의 견습생인 Lee가 Liu 대가의 스튜디오에서 진흙 찻주전자에 섬세한 손잡이를 조심스레 붙이고 있는 중이다.

07 apprise
[əpráiz]
~에게 알리다, 통지하다

- When he was apprised of the dangerous weather conditions, he decided to postpone his trip.
  ▶ 날씨가 위험하다고 통고 받았을 때 그는 여행을 연기하기로 하였다.

08 approbation
[æprəbéiʃən]
(공식적인) 승인, 인가

- Popularity polls seem to be based on the mistaken idea that the basic task of a political leader is to win immediate approbation from the people.
  ▶ 인기투표는 국민들로부터 즉각적인 인정을 받는 것이 정치가의 기본 임무라는 잘못된 생각에 근거를 두고 있는 것 같다.

1. After years of earnest and meaningful discussion, the amendments to the Constitution of the United States were <u>appended</u> to it.

   (A) inscribed   (B) attached

   (C) depended   (D) suspended

   > **어휘** **append** 추가하다, 첨부하다   **inscribe** 새기다   **attach** 붙이다, 첨부하다   **depend** 의지하다
   > **suspend** 매달다, 중지하다

   > **해석** 수년간의 진지하고 의미있는 논의 끝에 미국 헌법 수정 조항들이 헌법에 부가되었다.

2. However, while students may ________________ the Renaissance Program, many parents and educators disagree with its principles.

   (A) detest   (B) applaud

   (C) renounc   (D) simulate

   > **어휘** **detest** 혐오하다   **applaud** 갈채를 보내다; 칭찬하다, 찬양하다(praise)   **renounce** 포기하다
   > **simulate** 흉내 내다

   > **해석** 하지만, 학생들이 르네상스 계획에 갈채를 보내는 반면, 많은 부모와 교육자는 이 계획의 원칙에 대한 의견을 달리하고 있습니다.

3. According to a news report, a woman, who has no previous police record, was <u>apprehended</u> picking flowers from an office park for her grandmother's grave.

   (A) witnessed   (B) seized

   (C) discovered   (D) blamed

   > **어휘** **apprehend** 체포하다; 이해하다   **witness** 목격하다, 증언하다   **seize** 체포하다, 붙잡다
   > **discover** 발견하다, 밝히다   **blame** 나무라다, ~의 책임으로 돌리다

   > **해석** 뉴스 보도에 의하면, 전과 기록이 없는 어떤 여자가 관공서 공원에서 그녀 할머니의 무덤에 놓을 꽃을 따다가 체포되었다.

4. They were ____________ of situation that rocks had fallen from the cliff blocked the road <u>because of</u> lightning.

   (A) appraised   (B) inspired

   (C) exploited   (D) apprised

   > **어휘** **appraise** 평가하다   **inspire** 숨을 들이쉬다; 격려하다   **exploit** 이용하다; 착취하다
   > **officiate** 직무를 이행하다

   > **해석** 그들은 낙뢰로 인해 떨어진 낙석이 길을 막고 있다는 사실을 알게 되었다.

01 appropriate
[əpróuprieit]

(허가 없이) 사유화 하다, 적절한

- The critic amended the book by selecting the passages which he thought most appropriate to the text.
  ▶ 비평가는 원문에 가장 적합하다고 여겨지는 문구들을 선택해서 그 책을 교정했다.

02 approximate
[əpróksimeit]

가까워지다, 대략적인

- Determining how closely theories approximate the truth is the day-to-day business of science.
  ▶ 이론이 진실에 얼마나 가깝게 접근하는가를 밝히는 것이 과학이 하는 일상적인 일이다.

03 arbitrary
[áːrbitrəri]

제멋대로인, 변덕스러운

- The interpretation of laws should be based on facts and objective standards, but the Constitutional Court's recent ruling is regarded as arbitrary by many.
  ▶ 법의 해석은 사실과 객관적인 기준들에 근거해야만 한다. 하지만 헌법 재판소가 최근 내린 결정은 많은 사람들에게 독단적인 것이라고 여겨진다.

04 arraign
[əréin]

기소, 고발하다

- A 52-year-old Detroit man has been arraigned on charges of multiple murders.
  ▶ 디트로이트 출신의 52세 남자가 연쇄 살인 혐의로 기소되었다.

05 array
[əréi]

(특히) 군대를 정렬시키다, (옷을) 치장하다

- Meanwhile, Internet users can easily access the information on quality goods produced by Korea's small businesses, since they are arrayed in an alphabetical order in the Boranet page.
  ▶ 또한, 인터넷 사용자들은 보라넷 페이지 안에 알파벳 순서로 한국 중소기업체들이 잘 정리되어 있으므로 양질의 상품 정보를 손쉽게 검색할 수 있게 되었다.

06 arrogant
[ǽrəgənt]

거만한, 오만한

- The fable of the tortoise and the hare drives home the moral that steady, persistent application is more rewarding in the end than arrogant, unstable brilliance.
  ▶ 토끼와 거북이 우화는 꾸준하고 인내하는 것이 오만하고 변하기 쉬운 총명함보다 가치가 있다는 윤리를 깨닫게 한다.

07 ascertain
[æsərtéin]

확인하다, 알아내다

- An on-site inspection immediately after the crash failed to ascertain who caused the accident.
  ▶ 충돌 직후에 행해진 현장 검증은 누가 사고를 유발하였는지 확인하는데 실패했다.

08 ascribe
[əskráib]

(결과, 작품 따위를) ~의 탓으로 생각하다

- You are following an all too familiar pattern in ascribing your failure to anyone and everyone except yourself.
  ▶ 너는 너의 실패를 너를 제외한 모든 다른 사람들의 탓으로 돌리는 너무나 평범한 행동방식을 따르고 있다.

1. The casual clothes he was wearing were hardly <u>appropriate</u> for such a solemn occasion. He would just as soon stay at home.

   (A) suitable   (B) dignified

   (C) approximate   (D) improper

   > **어휘** **casual** 우연의; 되는 대로의 cf.) casual clothes 평상복 **appropriate** 적당한, 어울리는
   > **solemn** 진지한; (종교상의) 신성한 **occasion** 경우, 행사; 기회 **dignified** 위엄 있는, 고귀한
   > **approximate** 대략의; 접근하다 **improper** 부적당한, 어울리지 않는

   > **해석** 그가 입고 있었던 평상복은 그런 엄숙한 행사에는 어울리지 않았다. 차라리 집에 있어야 했을 것이다.

2. In 1972, the Unite States abolished the death sentence with the U.S. supreme Court ruling that the punishment was <u>capricious</u> and capricious.

   (A) compassionate   (B) benevolent

   (C) arbitrary   (D) discreet

   > **어휘** **capricious** 변덕스러운 **compassionate** 동정하는, 인정 많은 **benevolent** 자비로운, 인자한
   > **arbitrary** 닥치는 대로의, 임의의 **discreet** 사려깊은

   > **해석** 1972년, 미국은 미 대법원이 사형제도가 "임의적이고 변칙적"이라고 판결 내리면서 사형제도를 폐지했다.

3. Before an important negotiation, the ambassadorial party satisfied their voracious appetites with an astounding <u>array</u> of foods.

   (A) amount   (B) collection

   (C) variety   (D) quantity

   > **어휘** **amount** 총액 **collection** 수집물 **variety** 변화, 갖가지 종류 **quantity** 양

   > **해석** 중요한 협상 전에 놀랄 만한 다양한 음식들로 대사 일행의 게걸스러운 식욕을 만족시켰다.

4. By contraries, he is one of the ______________ people who think that they're always right about everything.

   (A) flimsy   (B) waxy

   (C) arrogant   (D) critical

   > **어휘** **flimsy** 무른; (근거, 논리가) 박약한 **waxy** 납빛의, 창백한 **arrogant** 오만한, 건방진(haughty)
   > **critical** 비평의; 비판적인, 중대한

   > **해석** 대조적으로 그는 자신이 모든 것에 대해 언제나 옳다고 생각하는 오만한 사람들 중 하나이다.

정답 1. A   2. C   3. C   4. C

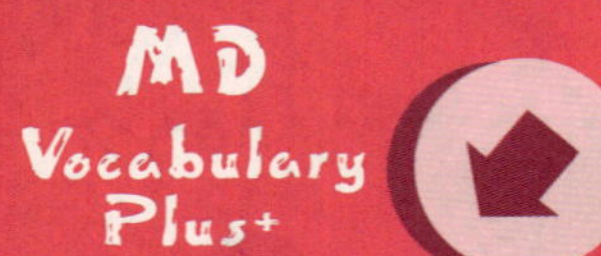

Prefix AD- 방향, 접근

01 asperse
[əspə́ːs]
악담을 퍼붓다, 중상하다

- Who could be so base as to asperse the character of a family so harmless as ours?
  ▶ 어느 누가 우리같이 악의없는 가족의 기질을 중상만큼 비열할 수가 있을까요?

02 aspire
[əspáiər]
야망을 품다, 열망하다

- She aspires to nothing less than the chairmanship of the company by the time she's 45.
  ▶ 그녀는 자신의 나이 45세까지는 최소한 그 회사의 회장이 되고야 말리라는 포부를 품고 있다.

03 assail
[əséil]
공격하다, 습격하다

- Asian countries emerge as world competitors in their own right. They will brutally assail the competitiveness of the US and Europe as Japan did over the past decades.
  ▶ 아시아의 국가들은 자기 나름대로 세계적인 경쟁자로서 떠오르고 있다. 그들은 지난 수십 년에 걸쳐 일본이 그래왔던 것처럼, 미국과 유럽의 경쟁력에 인정사정없는 공격을 가하게 될 것이다.

04 assault
[əsɔ́lt]
맹공, ~에게 폭행을 가하다

- The story of his unhappy childhood aroused our sympathy but did not exonerate him from the charge of criminal assault on aged ladies.
  ▶ 그의 불행했던 어린 시절에 관한 이야기가 우리의 동정심을 불러일으켰지만 그가 늙은 여자들에게 범법적인 공격을 했다는 죄는 면할 수 없었다.

05 assent
[əsént]
동의하다, 찬성하다

- Once the directors have given their assent to the proposal, we can begin immediately.
  ▶ 그 제안에 대해 이사들의 동의만 주어지면 우리는 즉시 시작할 수 있습니다.

06 asset
[ǽset]
가치 있는 것, 자산

- Their asset quality improved following massive write-offs of bad loans over the past few years.
  ▶ 지난 몇 년에 걸쳐 악성 대출이 대량 탕감된 후 그들의 자산 품질이 향상되었다.

07 assiduous
[əsídʒuəs]
근면한

- His high average is the result of assiduous study and not of fortune or wishful thinking.
  ▶ 그의 높은 평점은 근면한 학습의 결과이지 행운이나 희망적 사고의 결과가 아니다.

08 assimilate
[əsímileit]
동화하다

- The United States was able to assimilate millions of immigrants from all over the world who made valuable contributions to their new country.
  ▶ 미국은 세계 각처에서 온 수백만의 이민들을 동화시킬 수 있었고, 이들이 그들의 새로운 조국에 값진 공헌을 했다.

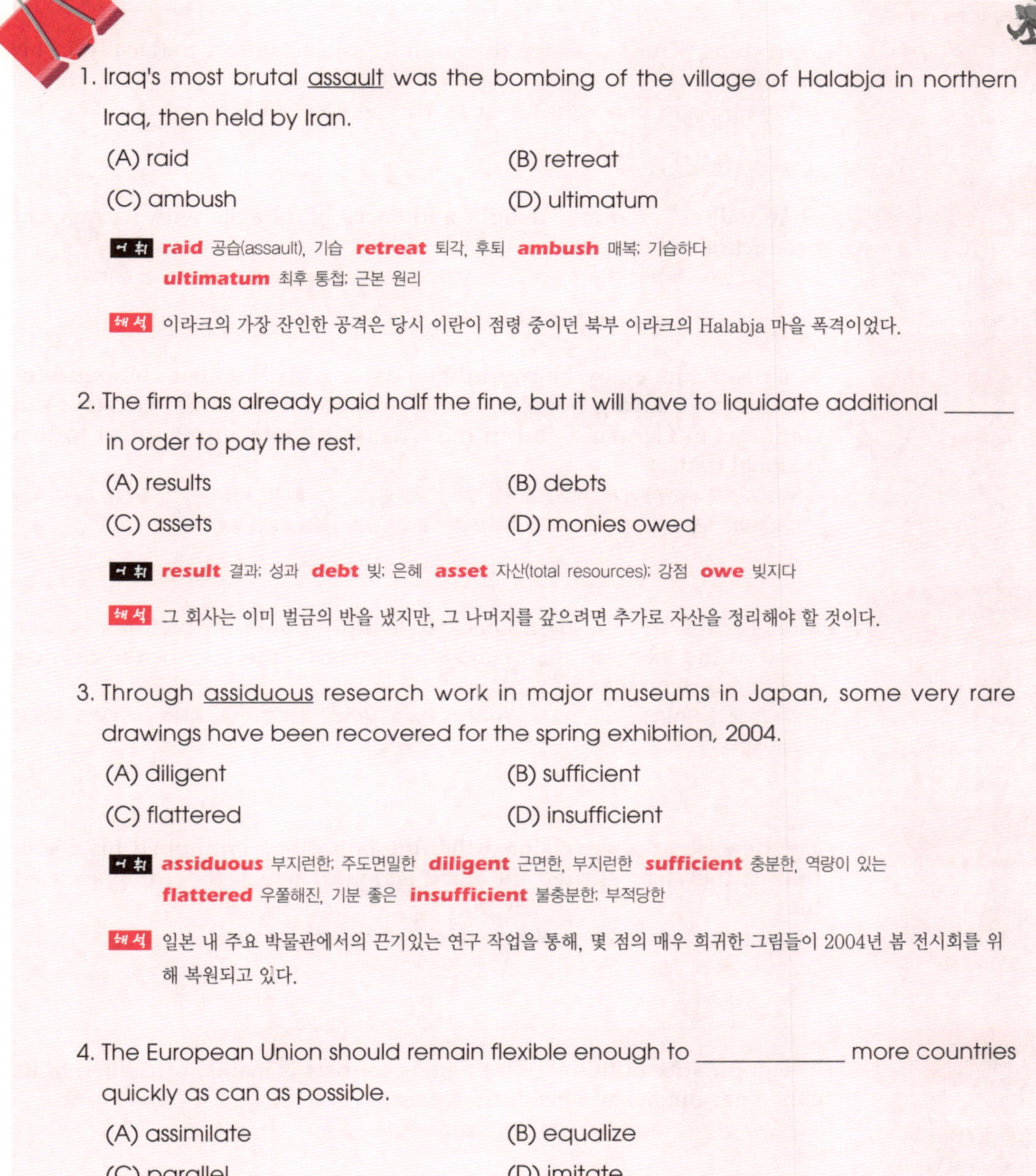

1. Iraq's most brutal <u>assault</u> was the bombing of the village of Halabja in northern Iraq, then held by Iran.

(A) raid   (B) retreat

(C) ambush   (D) ultimatum

어휘 **raid** 공습(assault), 기습 **retreat** 퇴각, 후퇴 **ambush** 매복; 기습하다
ultimatum 최후 통첩; 근본 원리

해석 이라크의 가장 잔인한 공격은 당시 이란이 점령 중이던 북부 이라크의 Halabja 마을 폭격이었다.

2. The firm has already paid half the fine, but it will have to liquidate additional ______ in order to pay the rest.

(A) results   (B) debts

(C) assets   (D) monies owed

어휘 **result** 결과; 성과 **debt** 빚; 은혜 **asset** 자산(total resources); 강점 **owe** 빚지다

해석 그 회사는 이미 벌금의 반을 냈지만, 그 나머지를 갚으려면 추가로 자산을 정리해야 할 것이다.

3. Through <u>assiduous</u> research work in major museums in Japan, some very rare drawings have been recovered for the spring exhibition, 2004.

(A) diligent   (B) sufficient

(C) flattered   (D) insufficient

어휘 **assiduous** 부지런한; 주도면밀한 **diligent** 근면한, 부지런한 **sufficient** 충분한, 역량이 있는
flattered 우쭐해진, 기분 좋은 **insufficient** 불충분한; 부적당한

해석 일본 내 주요 박물관에서의 끈기있는 연구 작업을 통해, 몇 점의 매우 희귀한 그림들이 2004년 봄 전시회를 위해 복원되고 있다.

4. The European Union should remain flexible enough to __________ more countries quickly as can as possible.

(A) assimilate   (B) equalize

(C) parallel   (D) imitate

어휘 **assimilate** 동화하다, 흡수하다 **equalize** 같게 하다, 균등하게하다 **parallel** 평행의 **imitate** 모방하다

해석 유럽 연합은 가능한 빨리 더 많은 나라를 흡수하기에 충분할 만큼 유연해야 한다.

정답 1. A 2. C 3. A 4. A

01 assuage
[əswéidʒ]

(고통, 욕구 따위를)
덜어주다, 가라앉히다

- Refreshing winds assuage the summer's heat almost magically in an instant.
  ▸ 신선한 바람이 여름의 열기를 순간적으로 거의 마술과 같이 가라앉혀준다.

02 astound
[əstáund]

깜짝 놀라게 하다

- They will astound and delight audiences of all ages with its magical productions of the play.
  ▸ 그들은 그 연극의 마력적인 공연을 통해 모든 연령대의 관객들을 놀라게하고 기쁨을 안겨 주게 될 것이다.

03 attest
[ətést]

입증하다, 증언하다

- Most Koreans enjoy being dubbed as one of the most competitive-minded and daring peoples of the world and the huge red waves in stadiums in Germany and in the streets at home amply attest to this national trait.
  ▸ 대부분의 한국 사람들은 세계에서 가장 경쟁력 있고 대담한 민족들 중의 하나라고 불리는 것을 즐긴다. 그리고 독일의 경기장은 물론이고 국내의 거리에서의 거대한 붉은 물결은 민족적 특성을 널리 증명한다.

04 attire
[ətáiər]

(옷을 차려) 입히다

- Models dressed in ancient Greek-style attire posed for pictures as they stood at the lobby of the casino shortly before the start of the casino's opening ceremony.
  ▸ 고대 그리스 양식의 의상을 입은 모델들이 카지노의 개장식이 시작하기 조금 전 카지노 로비에 서서 사진을 위해 포즈를 취했다.

05 attorney
[ətə́:rni]

대리인, 변호사

- The defense attorney claimed that the police had entrapped his client; that is, they had elicited the illicit action of which they now accused him.
  ▸ 피고측 변호사는 경찰이 피고를 함정에 빠뜨렸다고 주장했다. 즉, 경찰이 그를 지금 고소한 불법 행동을 하도록 유도했다는 것이다.

06 attribute
[ətríbju:t]

~의 탓으로 생각하다(돌리다)

- The popularity of this country among tourists is mainly attributed to its congenial climate and beautiful scenery.
  ▸ 이 나라가 관광객들 사이에 인기가 있는 것은 주로 쾌적한 기후와 아름다운 경치 때문이다.

07 avenge
[əvéndʒ]

보복하다, 복수하다

- In most Western films that I've seen, there is a character who is out to avenge a wrong done to a close friend or relative.
  ▸ 내가 본 대부분의 서부영화에는 가까운 친구나 친척이 받은 피해의 복수를 하려는 등장인물이 있다.

08 avenue
[ǽvənju:]

대로, ~가

- Fireworks were seen around the Ferris Wheel on the Champs Elysee avenue to celebrate the New Year in Paris on New Year's Day.
  ▸ 새해 첫날을 축하하기 위해 파리의 샹젤리제 거리에 있는 Ferris wheel 근처에선 불꽃놀이가 벌어졌다.

1. He dismissed the changes as minor policcy adjustments that would do little to <u>alleviate</u> the American embargo first imposed on Cuba 37 years ago.

  (A) assimilate   (B) augment

  (C) aggravate   (D) assuage

> **어휘** **dismiss** 일축하다, 해고하다 **allviate** 경감하다, (문제를) 해소하다 **embargo** 무역제재 **impose** 부과하다
> **assimilate** 받아들이다, 소화하다 **augment** 늘리다 **aggravate** 악화시키다, 성나게 하다
> **assuage** 완화하다, 진정시키다

> **해석** 그는 최근의 변화를, 37년 전 쿠바에 처음으로 내려진 미국의 경제 제재 조치를 완화시키는데는 큰 도움이 안될 미미한 정책 조정일 뿐이라고 일축했다.

2. Thousands of people came out onto the streets to ______________ their support for the democratic opposition party.

  (A) attest   (B) protrude

  (C) exude   (D) prevent

> **어휘** **attest** 증명하다(confirm), 인증하다 **protrude** (밀어)내다; 불쑥 나오다, 비어져 나오다
> **exude** 발산시키다, 유출하다 **prevent** 막다, 회피하다

> **해석** 민주야당에 대한 자신들의 지지를 증명하기 위해 수천 명의 인파가 거리로 나왔다.

3. The president-elect is calling for a new era of social authority to remedy this perceived nationwide Korean ailment, which he <u>attributes</u> to the aftereffects of military rule."

  (A) ascribes   (B) contributes

  (C) insinuates   (D) construes

> **어휘** **ascrib** ~을 탓을 하다 **attribute** ~의 탓으로 여기다, ~의 소치로[업적으로] 돌리다
> **contribute** ~을 기부하다; 기여하다; (글, 기사를) 기고하다 **insinuate** (사상을) 은근히 심어주다; 암시하다
> **construe** ~의 뜻으로 취하다; 추론하다

> **해석** 대통령 당선자는 전국적으로 만연된 군사 통치의 후유증탓이라고 보는 한국병을 치유하기 위해 사회적 권위의 새로운 시대를 촉구하고 있다.

4. The infamous Hatfield-McCoy feud began in earnest when, in 1882, the Hatfield ______________ the slaying of Ellison Hatfield by executing three McCoy brothers.

  (A) avenged   (B) compensated   (C) reimbursed   (D) accentuated

> **어휘** **infamous** 불경예스러운, 악명 높은 **feud** 불화, 싸움 **in earnest** 진지하게, 본격적으로
> **slay** 죽이다, 살해하다 **avenge** 보답하다; 앙갚음하다 **compensate** ~에게 보상하다, 변상하다
> **reimburse** (빚 따위를) 갚다; 상환하다 **accentuate** 강조하다, 두드러지게 하다

> **해석** 악명 높은 Hatfield와 McCoy 분쟁은 Hatfield 집안에서 McCoy 가의 세 형제를 처형함으로써 Ellison Hatfield의 학살에 보복했던 1882년에 본격적으로 시작되었다.

01 avow
[əváu]
공언하다, 인정하다

- As an avowed supporter of bilingual education, she favors hiring teachers who are fluent in Spanish as well as in English.
  ▶ 2개 국어 병용교육을 공공연히 주장하는 사람으로 그녀는 영어는 물론 스페인어도 유창하게 할 수 있는 교사를 채용하기를 바란다.

02 famish
[fǽmiʃ]
~을 굶주리게 하다

- The missing climbers were badly famished when we found them; they had not eaten for more than twelve hours.
  ▶ 우리가 길 잃은 등산객들은 발견했을 때 그들은 몹시 굶주려있었다. 그들은 12시간 이상이나 먹지 못했었다.

03 adamant
[ǽdəmənt]
(의지가) 더없이 굳은, 단호한

- In the cabin, the skipper and Truong Hong were arguing furiously, one convinced the boat had run aground, the other was adamant that it was snared in nets.
  ▶ 객실에선 선장과 Truong Hong이 격렬하게 다투고 있었다. 한 사람은 배가 땅에 쳐 박혔다고 하고, 다른 한 사람은 낚시 그물에 걸린 것이 분명하다고 확신하고 있었다.

04 agnostic
[æɡnάstik]
불가지론자(의)

- Although she was raised a Catholic by her Irish mother, she was an agnostic for most of her adult life.
  ▶ 아일랜드계 어머니에 의해 카톨릭신자로 자랐지만, 그녀는 대부분의 성인 시절에는 불가지론자였다.

05 amnesty
[ǽmnəsti]
사면, 은사

- Thousands of Indonesian migrant workers rushed to the embassy to take advantage of the amnesty period given by the Malaysian government to go back to their country, which expires 31 December this year.
  ▶ 수천명의 인도네시아 이주 노동자들이 자신들의 나라로 돌아갈 수 있도록 말레이지아 정부가 부여한 올해 12월 31일 만료되는 사면 기간의 기회를 이용하려고 대사관으로 돌진해 들어갔다.

06 amorphous
[əmɔ́ːrfəs]
무정형의

- It's all but impossible to describe in words an amorphous mass of jelly exactly.
  ▶ 무정형의 젤리가 어떤 모습인지 글로 딱 떨어지게 묘사하는 것은 거의 불가능하다.

07 anarchy
[ǽnərki]
무정부 상태

- Even if the communist government's centralized functions weaken, it could not guarantee the people democratic rights and freedoms, leading to a state of anarchy.
  ▶ 만약 그 공산정부의 중앙기능이 약화된다 하더라도, 그것이 국민들에게 민주주의적인 권리나 자유, 그리고 무정부 상태로 이어지는 것을 보장할 수는 없다.

08 anecdote
[ǽnikdout]
일화

- The spokesperson, however, said she was unaware of the anecdote related to the news story.
  ▶ 하지만 대변인은 그녀가 그 뉴스에 나온 이야기와 관련된 일화는 전혀 모르고 있었다고 얘기했다.

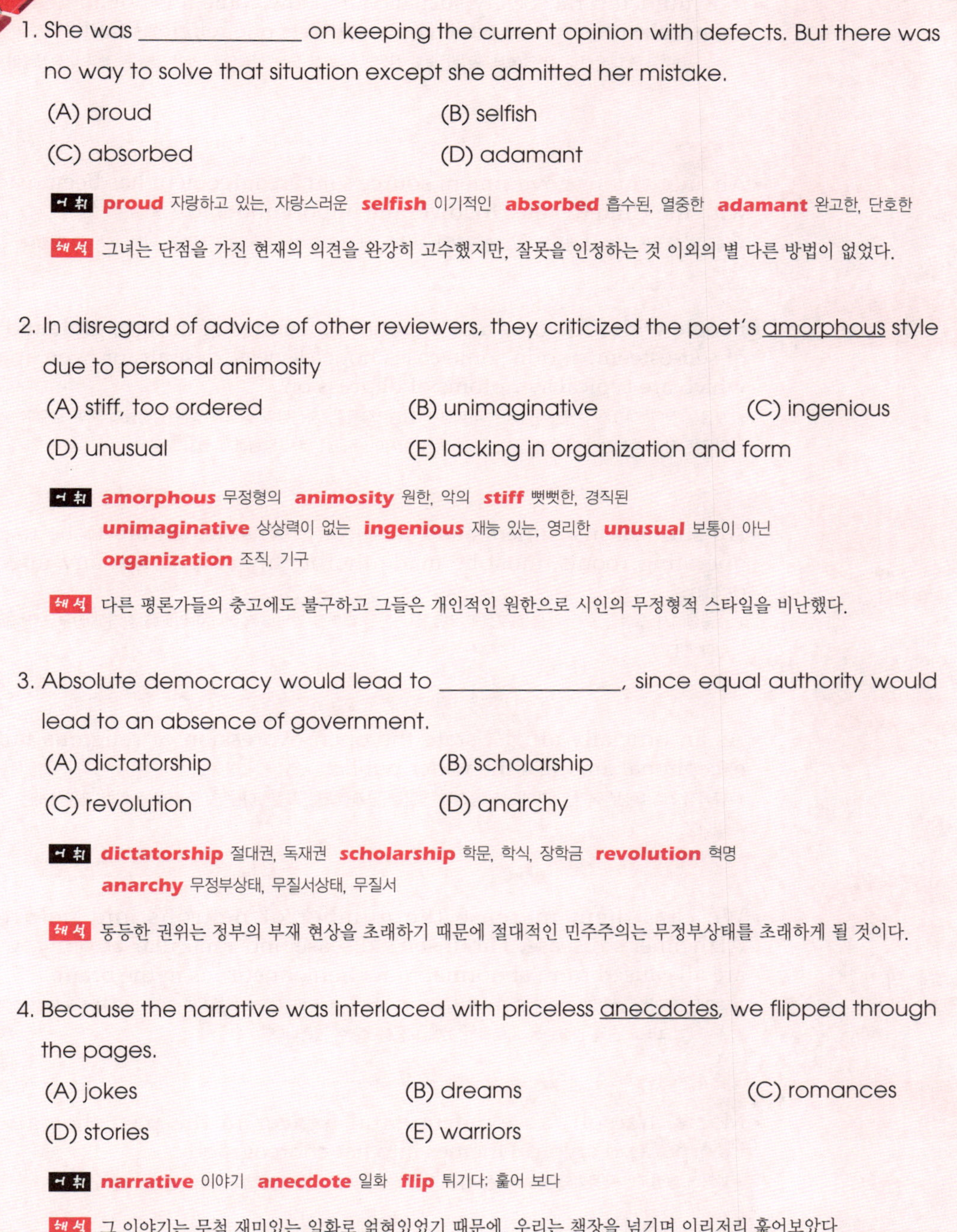

1. She was _____________ on keeping the current opinion with defects. But there was no way to solve that situation except she admitted her mistake.

(A) proud
(B) selfish
(C) absorbed
(D) adamant

어휘 **proud** 자랑하고 있는, 자랑스러운 **selfish** 이기적인 **absorbed** 흡수된, 열중한 **adamant** 완고한, 단호한

해석 그녀는 단점을 가진 현재의 의견을 완강히 고수했지만, 잘못을 인정하는 것 이외의 별 다른 방법이 없었다.

2. In disregard of advice of other reviewers, they criticized the poet's <u>amorphous</u> style due to personal animosity

(A) stiff, too ordered
(B) unimaginative
(C) ingenious
(D) unusual
(E) lacking in organization and form

어휘 **amorphous** 무정형의 **animosity** 원한, 악의 **stiff** 뻣뻣한, 경직된 **unimaginative** 상상력이 없는 **ingenious** 재능 있는, 영리한 **unusual** 보통이 아닌 **organization** 조직, 기구

해석 다른 평론가들의 충고에도 불구하고 그들은 개인적인 원한으로 시인의 무정형적 스타일을 비난했다.

3. Absolute democracy would lead to _____________, since equal authority would lead to an absence of government.

(A) dictatorship
(B) scholarship
(C) revolution
(D) anarchy

어휘 **dictatorship** 절대권, 독재권 **scholarship** 학문, 학식, 장학금 **revolution** 혁명 **anarchy** 무정부상태, 무질서상태, 무질서

해석 동등한 권위는 정부의 부재 현상을 초래하기 때문에 절대적인 민주주의는 무정부상태를 초래하게 될 것이다.

4. Because the narrative was interlaced with priceless <u>anecdotes</u>, we flipped through the pages.

(A) jokes
(B) dreams
(C) romances
(D) stories
(E) warriors

어휘 **narrative** 이야기 **anecdote** 일화 **flip** 튀기다; 훑어 보다

해석 그 이야기는 무척 재미있는 일화로 얽혀있었기 때문에, 우리는 책장을 넘기며 이리저리 훑어보았다.

정답 1. D 2. E 3. D 4. D

01 anomalous
[ənámələs]
이례적인, 예외적인

- In a multicultural society such as ours, how come it is not anomalous to have a blasphemy law which only protects one religious faith?
  ▸ 우리 사회 같은 다문화 사회 안에서, 왜 한 종교 신앙만 감싸고 도는 신성모독 법이 있다는 것이 비정상적이지 않은 거죠?

02 anonymous
[ənániməs]
익명의

- An anonymous government source said an agreement has been reached with the United States to lower the import quota to 7.9%.
  ▸ 익명을 요구한 정부 소식통은 수입 할당량을 7.9%로 하향 조정하는 미국과의 합의가 이루어졌다고 전했다.

03 apathy
[ǽpəθi]
냉담, 무관심

- People with SAD may also experience feelings of misery, guilt and loss of self-esteem, and in some cases hopelessness, despair, or even apathy, which are typical symptoms of depression.
  ▸ 계절성 장애(SAD)를 가진 사람들은 어쩌면 비참함, 죄책감, 자신감의 상실과 같은 감정들과 어떤 경우에는 우울증의 전형적인 증상들인 희망의 상실, 절망, 혹은 심지어 무관심 역시 경험하게 될지 모른다.

04 aseptic
[əséptik]
무균의, 방부성의

- All surgical instruments and medical gowns, which are to be used in operating rooms, must be made thoroughly aseptic lest any infection occurs.
  ▸ 수술실에서 쓰여질 모든 수술 도구들과 의료용 가운은 어떠한 감염도 일어나지 않도록 철저하게 무균 상태로 만들어야 한다.

05 atheist
[éiθiist]
무신론자

- As an officially atheist state the open expression of religious faith is exceptional amongst the wider public.
  ▸ 공식적으로 무신론적인 나라이므로 종교적 신앙을 공개적으로 표현한다는 것은 폭넓은 일반 대중에게는 예외적인 일이다.

06 atrophy
[ǽtrəfi]
(영양 장애에 의한)
발육 불능, 감퇴

- We can, then, increase the number of neurons and help treat Alzheimer's disease, Parkinson's disease and muscular atrophy, which are all caused from abnormal reduction of neurons in the brain.
  ▸ 그러면 우리는 뉴런의 숫자를 증가시켜서 뇌안에 있는 뉴런의 비정상적인 감소로 인해 비롯되는 노년성 치매, 파킨스씨 병 그리고 근육 감퇴증을 치료하는 것에 도움을 줄 수 있습니다.

07 atypical
[eitípikəl]
비정형의, 불균형의

- Marie, herself, an experimental dancer in the past, has always incorporated atypical themes into her choreography.
  ▸ 과거에 실험적인 무용가였던 Marie는 항상 자신의 안무에 비정형적인 테마들을 포함시켜 왔다.

08 afloat
[əflóut]
(물에) 떠있는,
(경제적인) 곤경에서 벗어나

- The experts predicted the companies will be able to stay afloat during the next couple of years but thereafter there will be a need for drastic measures like mergers.
  ▸ 전문가들은 그 회사들이 앞으로 2년 정도는 파산하지 않고 버틸 수 있겠지만 그 후에는 합병과 같은 파격적인 조치들이 필요할 것이라고 예상했다.

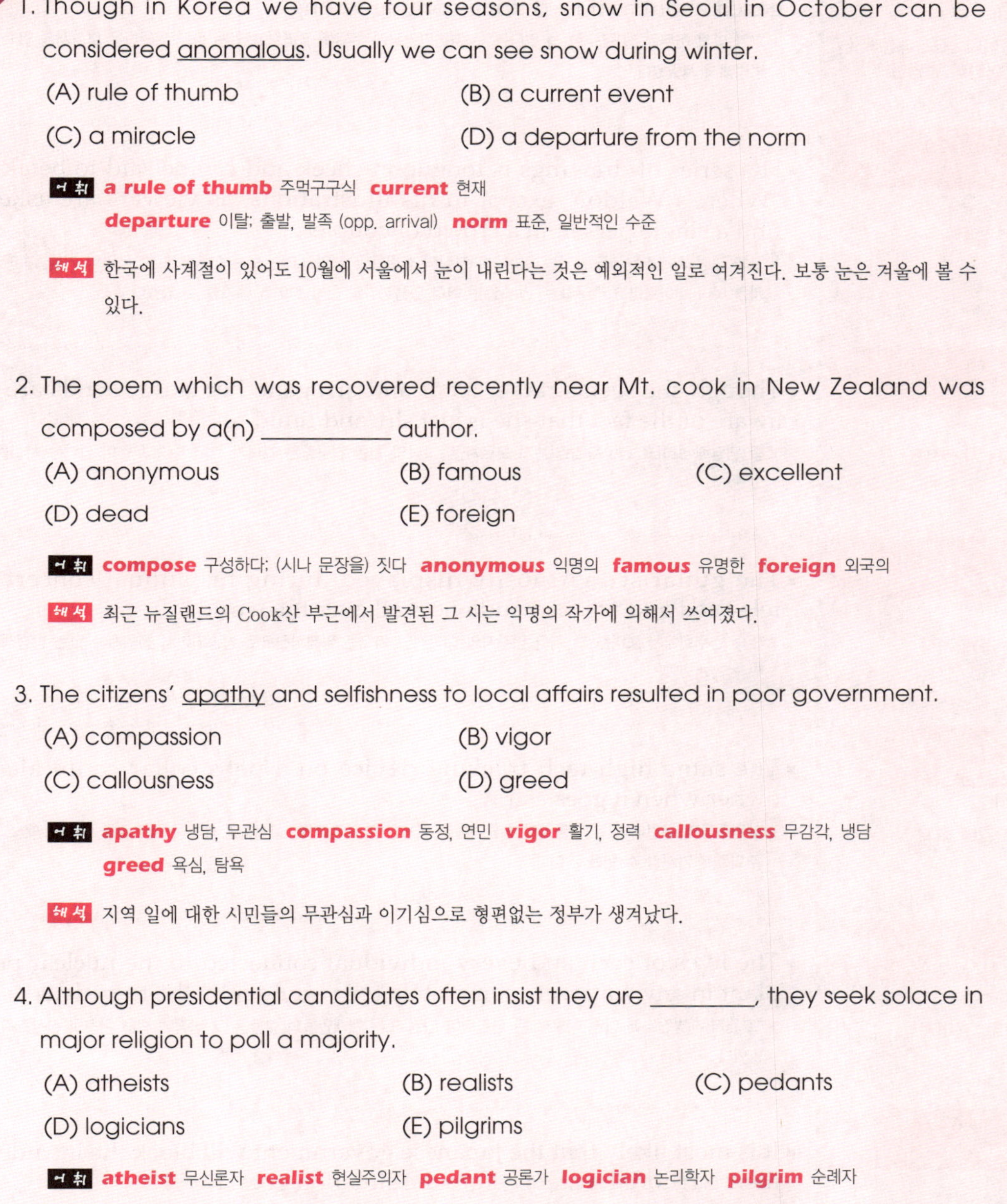

1. Though in Korea we have four seasons, snow in Seoul in October can be considered <u>anomalous</u>. Usually we can see snow during winter.

  (A) rule of thumb
  (B) a current event
  (C) a miracle
  (D) a departure from the norm

  > **어휘** **a rule of thumb** 주먹구구식 **current** 현재
  > **departure** 이탈; 출발, 발족 (opp. arrival) **norm** 표준, 일반적인 수준

  > **해석** 한국에 사계절이 있어도 10월에 서울에서 눈이 내린다는 것은 예외적인 일로 여겨진다. 보통 눈은 겨울에 볼 수 있다.

2. The poem which was recovered recently near Mt. cook in New Zealand was composed by a(n) __________ author.

  (A) anonymous
  (B) famous
  (C) excellent
  (D) dead
  (E) foreign

  > **어휘** **compose** 구성하다; (시나 문장을) 짓다 **anonymous** 익명의 **famous** 유명한 **foreign** 외국의

  > **해석** 최근 뉴질랜드의 Cook산 부근에서 발견된 그 시는 익명의 작가에 의해서 쓰여졌다.

3. The citizens' <u>apathy</u> and selfishness to local affairs resulted in poor government.

  (A) compassion
  (B) vigor
  (C) callousness
  (D) greed

  > **어휘** **apathy** 냉담, 무관심 **compassion** 동정, 연민 **vigor** 활기, 정력 **callousness** 무감각, 냉담
  > **greed** 욕심, 탐욕

  > **해석** 지역 일에 대한 시민들의 무관심과 이기심으로 형편없는 정부가 생겨났다.

4. Although presidential candidates often insist they are ________, they seek solace in major religion to poll a majority.

  (A) atheists
  (B) realists
  (C) pedants
  (D) logicians
  (E) pilgrims

  > **어휘** **atheist** 무신론자 **realist** 현실주의자 **pedant** 공론가 **logician** 논리학자 **pilgrim** 순례자

  > **해석** 대통령 후보들은 종종 자신들이 무신론자라고 주장하지만 다수표를 획득하기 위해서 종교에서 위안을 얻는다.

정답 1. D 2. A 3. C 4. A

Prefix A- / ANTI- 상태 / 반대

01 aghast
[əgǽst]
(두려움이나 공포 때문에 놀라서) 어안이 벙벙한

- The commissioners read the report and stood aghast while he proudly gazed about as if he'd done nothing wrong.
  - ▶ 그가 마치 아무런 잘못도 한 적 없다는 듯 자신만만하게 주위를 둘러보고 있는 동안 위원들은 보고서를 읽고 어안이 벙벙해서 서있었다.

02 akin
[əkín]
친척의, 유사한

- His series of drawings is tongue-in-cheek and can be said to be akin to "Where's Waldo?" except in his illustrations, as viewers are asked to find a single person in a crowd of couples.
  - ▶ 그의 그림 시리즈는 짓궂은 풍자이며, 그 자신의 삽화들만 제외하고는 보는 이들에게 한 무리의 커플들속에서 독신자를 하나 찾아보라고 주문하는 "Waldo는 어디 있을까?"의 친척 뻘이라 얘기할 수 있겠다.

03 aloof
[əlúːf]
떨어져서, 내성적인

- Though she seems rather aloof and arrogant, her close friends are well aware of the fact that she is just shy and timid.
  - ▶ 좀 냉담해 보이고 건방져 보일는지 모르지만, 그녀의 친한 친구들은 그녀가 그저 수줍고 겁이 많다는 사실을 잘 알고 있다.

04 amaze
[əméiz]
~를 놀라게 하다

- The guitarist's virtuosity displayed during his annual concert was televised and amazed audiences all over the world.
  - ▶ 연중 연주회에서 보여준 그 기타 연주자의 대가적인 기교는 텔레비전으로 방송되어서 전세계에 있는 방청객들을 깜짝 놀라게 했다.

05 astray
[əstréi]
잘못된 길에 빠져

- The same high-tech tracking device on a pet's collar could alert an owner when it goes astray.
  - ▶ 애완동물의 목걸이에 그와 동일한 첨단기술을 이용한 추적 장치를 설치하면 애완동물이 길을 잃었을 때 그 주인의 주의를 환기시킬 수 있을 것이다.

06 asunder
[əsʌ́ndər]
낱낱으로, 흩어져

- The lives of each and every individual connected to the nuclear power plant in any way were completely torn asunder by the tragedy.
  - ▶ 그 원자력 발전소에 어떤 식으로 든 연결되어 있는 모든 개개인들의 삶들은 그 비극에 의해 완전히 산산조각이 나고 말았다.

07 awry
[ərái]
구부러져,
(계획 따위가) 잘못되어

- It is most likely that the Japanese government will block the intruders in their territorial waters before the situation goes awry.
  - ▶ 상황이 잘못되기 전에 일본 정부가 그 침입자들을 자신의 영해 안에서 차단시켜 버리게 될 확률이 가장 크다.

08 antagonist
[æntǽgənist]
적대자, 반대자

- Although they are fully aware of the fact that they are not in the right all the way, the antagonists in this legal dispute are quite unwilling to compromise.
  - ▶ 자신들이 전적으로 정당하지만은 않다는 사실을 잘 알고 있으면서도, 이 법적 투쟁의 반대편에 선 사람들은 도대체 타협 할 생각을 않는다.

1. Whenever politicians started quarreling and disputing on TV, I would always remain <u>aloof</u>.

   (A) distrustful
   (B) disgusting
   (C) unattractive
   (D) detached

> **어휘** **aloof** 초연한, 떨어진　**distrustful** 의심이 많은　**disgusting** 역겨운　**unattractive** 매력이 없는

> **해석** 그 왕비는 초연했고 심지어는 거만했다. 그녀는 어떤 도움도 없이 복잡하게 얽힌 문제를 해결할 것 같이 보인다.

2. Easily influenced by their peers, young people are often led ____________ by the wrong companions.

   (A) astray
   (B) restless
   (C) differently
   (D) quit
   (E) oddly

> **어휘** **companion** 동료, 친구　**astray** 길을 잃다, 탈선한　**restless** 불안한　**differently** 다르게　**quit** 그만두다　**oddly** 기묘하게, 홀수로

> **해석** 친구의 영향을 받기 쉬운 청소년들은 나쁜 친구들 때문에 탈선하는 일이 자주 있다.

3. Four years later, the Hill's happy home life was torn ____________ when Graham and several members of his Formula One team were killed in an air crash.

   (A) asunder
   (B) aspire
   (C) arraign
   (D) arbitrate

> **어휘** **tear asunder** ~을 갈기갈기 찢다　**asunder** 낱낱으로, 조각난　**aspire** 갈망하다　**arraign** 비난하다, 기소하다(accuse); 심문, 비난　**arbitrate** 중재하다, 조정하다

> **해석** 4년 후, Hill의 행복했던 가정은 Graham과 몇몇의 포뮬라 원 멤버들이 비행기 충돌로 사망하면서 산산조각났다.

4. The <u>antagonists</u> in this dispute are quite unwilling to compromise in spite of financial turmoil of their own country.

   (A) captives
   (B) competitors
   (C) refiners
   (D) professionals

> **어휘** **antagonists** 적대자, 경쟁자　**dispute** 논쟁　**compromise** 타협하다; (명성을) 손상하다　**turmoil** 소란, 소동　**captive** 포로　**competitor** 경쟁자　**refiner** 정제자; 정제기　**professional** 전문가; 직업 선수

> **해석** 자국의 경제적 위기에도 불구하고 이 논쟁의 상대편 사람들은 타협할 의사가 거의 없어 보인다.

01 antibiotic
[æntibaiátik]
항생제

- As the antibiotic substance from the food is nontoxic and safe for human bodies, the antibiotics extracted from kimchi heighten the possibility of inventing a new medical cure.
  - ▸ 음식에서 나오는 항생물질은 인체에 무독하고 안전하므로 김치에서 추출된 항생제는 새로운 의학치료법을 발명할 수 있는 가능성을 높여준다.

02 antidote
[æntidout]
해독제

- The antidote is intended to protect residents from radioactive fallout from any missile attack on the nuclear station, or in case of a reactor accident.
  - ▸ 그 해독제는 원자력 발전소에 대한 미사일 공격 때문에, 혹은 원자로 반응장치 사고 때문에 나올 수 있는 방사능 낙진으로부터 주민들을 보호하려는 용도이다.

03 antipathy
[æntípəθi]
혐오, 반감

- Koreans still harbor antipathy towards Japan. It's partially due to the fact that some of whose leaders have repeatedly provoked its neighboring nations with improper sayings and doings, without sincere apology.
  - ▸ 한국인들은 아직도 일본에 대해 반감을 품고 있는데, 그것은 부분적으로 보자면 몇몇 일본 지도자들이 진정한 사과도 없이 적절하지 못한 언사와 행동으로 주변 국가들의 감정을 반복적으로 자극하고 있기 때문이다.

04 antiseptic
[æntiséptik]
방부제(의)

- Cosmetics producers cannot avoid adding some amount of chemical antiseptic before the product reaches consumers.
  - ▸ 화장품 제조자들은 제품이 소비자에게 가기 전에 어느 정도 양의 화학적 방부제를 첨가할 수밖에 없다.

05 befall
[bifɔ́:l]
(~의 신상에) 일어나다, 생기다

- Should any unexpected harm befall me on my journey to Lhasa, you may open this letter and follow the instructions therein.
  - ▸ Lhasa로 가는 여행 중에 내게 예상치 못한 위해가 닥치게 되면, 이 편지를 열어보고, 그 안에 있는 지시를 따르도록 하거라.

06 beget
[bigét]
(아버지가 자식을) 얻다, 낳다, (결과로서) 초래하다

- It is an undeniable fact all around the world that poverty begets hunger, and hunger begets crime.
  - ▸ 가난이 굶주림을 낳고, 굶주림이 범죄를 야기하는 것은 세계 어디에서나 부인할 수 없는 사실이다.

07 beguile
[bigáil]
속이다, 즐겁게 하다

- The cunning salesman beguiled the innocent guy into buying a car, which was outside the price range that he had in mind.
  - ▸ 그 교묘한 세일즈맨은 순진한 남자를 속여서 그가 생각했던 가격대를 벗어나는 차를 사게끔 만들었다.

08 behold
[bihóuld]
~을 보다

- The monument that was put up right in the middle of the plaza is truly an incredible sight to behold.
  - ▸ 광장 한가운데에 세워진 그 기념비는 실로 놀라운 장관이다.

1. The list of modern drugs derived from plants and natural organisms is striking - everything from ___________ such as penicillin to drug such as cyclosporin which reduces organ rejection, and lovastatin which controls increases in blood cholesterol.

    (A) resignation
    (B) provision
    (C) stability
    (D) antibiotics

    어휘 **resignation** 사직; 사표; 체념 **provision** 예비; 공급 **stability** 안정; 안정성
    antibiotic 항생의; 항생제

    해석 식물을 비롯하여 생물체에서 추출되는 현대 의약품의 목록은 엄청납니다. 페니실린 같은 항생제부터 혈액의 콜레스테롤 증가를 억제하는 로비스타딘과 조직이식시 거부반응을 감소시키는 시클로스포닌 같은 약에 이르기까지 그 모든 것이 포함됩니다.

2. In spite of the deep <u>antipathies</u> between them, the two sides have managed to negotiate an agreement.

    (A) hostility
    (B) indifference
    (C) telepathy
    (D) perfidy

    어휘 **antipathy** 혐오, 반감 **indifference** 무관심 **telepathy** 이심전심 **perfidy** 배신, 불성실

    해석 양측 사이에 깊은 반감이 있었음에도 불구하고 그들은 그럭저럭 합의에 도달했다.

3. His fiance couldn't left him even if she already knew that he is a slick salesman who _____________ unwary investors.

    (A) implores
    (B) assaults
    (C) invades
    (D) beguiles

    어휘 **slick** 말재주 있는; 교묘한, 교활한 **unwary** 조심성 없는, 방심한 **investor** 투자자 **implore** 간청[탄원, 애원]하다
    assault 습격; 급습하다 **invade** 침략하다; 침해하다 **beguile** 속이다, 현혹시키다

    해석 그의 약혼녀는 그가 방심한 투자자들을 속이는 교활한 판매원인 것을 알았다고 하더라도 그를 떠나지 못했을 것이다.

4. The new building which was designed by two distinguished artists is an incredible sight to <u>behold</u> for prospective architects.

    (A) purchase
    (B) lodge
    (C) see
    (D) rent

    어휘 **incredible** 놀라운, 믿어지지 않는 **sight** 시각, 봄 **behold** 보다, 주시하다 **prospective** 예비의, 기대되는
    purchase 사다; 획득하다 **lodge** 조그만 집; 숙박하다 **see** 보다, 이해하다 **rent** 집세; 임대하다

    해석 저명한 예술가 두 명이 디자인한 그 새로운 건축물은 예비건축자들에겐 놀라운 볼거리이다.

정답 1. D 2. A 3. D 4. C

01 belated
[biléitid]
(때) 늦은, 시대에 뒤진

- The health authorities admitted that they had taken belated measures against the toxin-containing products and the delayed action had caused widespread health problems.
  ▶ 보건 관계당국은 자신들이 독소를 함유한 제품들에 대한 뒤늦은 대응과 굼뜬 조치가 광범위한 건강 문제들을 야기 시켰다는 사실을 인정했다.

02 belie
[biláí]
거짓 전하다, 어긋나다

- Her cool and calm facial expression belied the extreme terror she was feeling when confronted with the rapist.
  ▶ 그녀는 그 강간범과 마주쳤을 때 극도의 공포를 느꼈지만, 자신의 차분하고 침착한 표정 속에 감정을 숨기고 있었다.

03 belittle
[bilítl]
과소평가하다, 비하하다

- Although I do not wish to belittle your contribution, I feel we must place it in its proper perspective.
  ▶ 당신의 공헌을 경시하고 싶지는 않지만 그것을 올바른 견지에 두어야 한다고 생각한다.

04 bemoan
[bimóun]
슬퍼하다

- Their detractors continuously bemoaned the amount of money the football team spent on hoarding star players this season.
  ▶ 그들을 비난하는 이들은 계속해서 그 축구팀이 이번 시즌 스타 선수들을 영입하기 위해 쓴 금액을 생각하며 비통해 하고 있었다.

05 bequeath
[bikwí:ð]
(재산 등을) 물려주다, 유증하다

- The measure aims to cut the society's vicious circle where children in poor households become poor adults, while the rich bequeath their wealth to their children.
  ▶ 그 정책은 부자들이 자신의 부를 아이들에게 물려주고, 가난한 가정의 아이들은 가난한 성인이 되어버리고 마는 사회의 악순환을 끊어버리는 것을 목표로 하고 있다.

06 berate
[biréit]
호되게 꾸짖다

- The teacher who berates his class is rationalizing his own shortcomings.
  ▶ 자신의 학급 학생들을 호되게 꾸짖은 선생님은 자신의 단점을 합리화하고 있다.

07 bereave
[birí:v]
(죽음이 가족을) 빼앗다, 잃게 하다

- He found the dolorous lamentations of the bereaved family emotionally disturbing and he left as quickly as he could.
  ▶ 그는 남겨진 유족들의 괴롭고 슬픈 모습을 보며 마음이 안 좋아서 그 자리를 가능한 빨리 벗어났다.

08 beseech
[bisí:tʃ]
간절히 원하다

- Could you please stick around a little longer at least until my sister comes back? I beseech you! I'm scared.
  ▶ 제발 부탁인데 우리 언니가 돌아올 때까지만이라도 조금만 더 여기 머물러있어 주시겠어요? 이렇게 빌어요. 무섭다니까요.

1. Illustrations of this sort could be multiplied by reference to the <u>belated</u> identification of uranium fission.

   (A) beloved　　　　　(B) tardy　　　　　(C) related

   (D) famous　　　　　(E) premature

   > **어휘** **illustration** 삽화; 실례　**reference** 문의, 조회(to); 참고(to); 참조문헌
   > **belated** 뒤늦은; 시대에 뒤진　**fission** 분열; (원자의) 핵분열　**beloved** 사랑하는, 소중한　**tardy** 더딘, 느린
   > **related** 관계있는; 상관하고 있는　**premature** 조숙한; 너무 이른; 너무 서두른

   > **해석** 뒤늦게 밝혀진 우라늄 분열을 참조하면 이러한 종류의 설명은 더 다각적일 수 있다.

2. I find it <u>belittling</u> to be reprimanded by someone so much younger than me. However all of my superiors are elder than me.

   (A) subtracting　　　　　(B) transmuting

   (C) disparaging　　　　　(D) relinquishing

   > **어휘** **belittle** 과소평가[경시]하다, 작게 보이게 하다　**subtract** 빼다, 감하다　**transmute** 변형시키다
   > **disparage** 얕보다; 비난하다　**relinquish** 포기하다, 단념하다

   > **해석** 나는 나보다 훨씬 어린 사람에게 질책을 받는 것이 창피하다. 그렇지만 내 상사들은 전부 나보다 나이가 어리다.

3. She hysterically <u>berate</u> herself for the loss of his beloved mother, however it could not be blame to anyboby.

   (A) remitted　　　　　(B) scolded

   (C) soothed　　　　　(D) protruded

   > **어휘** **berate** 몹시 꾸짖다　**remit** 보내다; 용서하다　**sooth** 달래다; 위로하다　**protrude** 내밀다, 튀어나오다

   > **해석** 그녀는 사랑하는 어머니의 죽음에 대해 이성을 잃고 자책했지만 어머니의 죽음은 누구의 잘못도 아니었다.

4. During the World War Ⅱ, many families were ____________ of sons, so women should have worked such as reclaim of waste land.

   (A) adopted　　　　　(B) bereft

   (C) dispatched　　　　　(D) forbore

   > **어휘** **reclaim** 개화하다, 개간하다　**adopt** 양자[양녀]로 삼다; (의견, 방침을) 채택하다
   > **dispatch** 급송하다, 급히 해치우다　**forbear** 억제하다, 아끼다

   > **해석** 2차 세계대전 중에 많은 가족들이 아들을 잃어서 여성들은 황무지개간 같은 일을 해야했다.

Prefix BE- / BENE- 동사 형성 / 좋은

01 beset
[bisét]

에워싸다, 포위 (공격)하다
(곤란이) 괴롭히다

- The apprehension that our party would be beset with an ideological conflict had already emerged during the general elections campaign.
  ▶ 우리 정당이 이념 갈등으로 어려움을 당하리라는 걱정은 이미 총선 선거운동 중에 나타났었다.

02 besiege
[bisí:dʒ]

~을 포위하다, 공격하다

- The town had been besieged for well over three months but still successfully resisted the aggressors.
  ▶ 그 마을은 포위당한지 석달이 훨씬 넘었지만, 아직 성공적으로 침략자들에게 저항하고 있었다.

03 bethink
[biθíŋk]

숙고하다, 생각해내다

- I bethought myself of what needs to be done immediately after my father passes away in the hospital.
  ▶ 저는 병원에 계신 아버님께서 돌아가신 직후 해야 하는 일들이 어떤 것들인지 곰곰이 생각해 보았습니다.

04 betroth
[bitrɔ́:θ]

약혼시키다

- The announcement that had become betrothed surprised their friends who had not suspected any romance.
  ▶ 그들이 약혼했다는 발표는 로맨스를 전혀 기대하지 않았던 친구들을 놀라게 했다.

05 bewail
[biwéil]

몹시 슬퍼하다, 통곡하다

- He bewailed his misfortune and the loss of his most treasured possessions including his race horse and the castle.
  ▶ 그는 자신의 불운과 경주마와 성을 포함한 가장 소중하게 생각하는 소유물들을 잃어버린 것에 대해 애통해하였다.

06 bewitch
[biwítʃ]

~에게 마법을 걸다,
~을 매혹시키다

- In his youth, John was a muscle-bound guy with absolutely bewitching blue eyes that women found irresistible.
  ▶ John은 젊은 시절엔 완전히 여자들을 녹이는 매혹적인 푸른 눈을 가진 근육질의 사내였다.

07 benediction
[benədíkʃən]

(예배, 의식 등의) 기도, 축복

- It is an essential part of the Christian tradition to ask for the benediction of a pastor at the end of any marriage ceremony that takes place in churches.
  ▶ 어떤 결혼예식이건 교회에서 거행되는 경우는 맨 마지막에 목사님의 축복기도를 요구하는 것이 기독교 전통의 핵심적 부분 중 하나이다.

08 benefactor
[bénəfæktər]

자선가, 후원가

- An anonymous benefactor, who donated his lifetime savings, now hides himself because of numerous requests from bad borrowers for help.
  ▶ 평생 저축한 돈을 기부한 익명의 자선가는 신용 불량자들이 도와달라고 너무 많이 요청을 해오는 바람에 이젠 숨어 지낸다.

1. Her path to becoming an artist in her own right was <u>beset</u> by difficulties. Her contestant was a formidable.

   (A) harassed (B) blessed
   (C) devoured (D) avowed

   > **어휘** **contestant** 경쟁자, 경기자 **formidable** 만만치 않은, 강력한 **beset** 괴롭히다; 포위하다
   > **harass** 괴롭히다, 귀찮게 굴다 **bless** 축복하다; 은혜를 베풀다 **devour** 게걸스레 먹다, 탐식하다
   > **avow** 솔직히 인정하다; 공언하다

   > **해석** 스스로의 능력으로 예술가가 되고자 하는 그녀의 행로는 많은 어려움에 봉착했다. 그녀의 경쟁자는 뛰어났다.

2. In this emergency, the commander ordered young soldiers to break through the _____ enemy.

   (A) besieging (B) catching
   (C) telling (D) asking

   > **어휘** **emergency** 긴급 **commander** 장군 **besiege** 포위하다; 공격하다

   > **해석** 이런 위급한 상황속에서, 장군은 어린 병사들에게 적을 공격할 것을 명했다.

3. The appearance of the sun after the many rainy days was like a _______________. Situation could cause drinking water shortage.

   (A) benediction (B) contradiction
   (C) curse (D) hatred

   > **어휘** **benediction** 축복 **contradiction** 모순, 부정 **curse** 저주 **hatred** 증오, 원한

   > **해석** 여러 날 동안 비가 내린 뒤에 해가 보이니 축복과도 같았다. 이번 상황은 식수 부족까지 유발할 수도 있었다.

4. Although he had been the recipient of many favors, he was not grateful to his <u>benefactor</u>. He used to say that support was not enough.

   (A) a person who sells something
   (B) a person who receives help from other people
   (C) a person who repairs cars
   (D) a person who helps one in trouble

   > **어휘** **the recipient** 수혜자 **benefactor** 자선가, 은인 **support** 지원, 도움

   > **해석** 그는 은혜를 많이 받은 사람이었음에도 불구하고 그의 은인들에게 감사해 하지 않았다. 오히려 도움이 부족하다고 말하곤 했다.

01 beneficent
[bənéfəsənt]
선행을 베푸는, 자비로운

- Unlike most of his contemporaries, he always maintained unchanging optimism about the beneficent effects of new technology.
  ▶ 그의 동시대 사람들과는 다르게, 그는 항상 신기술의 선행적인 효과에 대해서 변함없는 낙관론을 유지해왔다.

02 benevolent
[bənévələnt]
자비로운, 인정 많은

- He was considered to be a benevolent old man by many, he wouldn't hurt a fly.
  ▶ 그는 많은 이들로부터 인정이 많은 노인이라고 여겨졌습니다. 그는 파리 한마리도 해치지 않을 사람이었어요.

03 benign
[bináin]
친절한
(상황이) 유리한

- Spook was the only one who suspects the mechanical servants (the robots) may not be as benign as they seem.
  ▶ Spook씨가 그 기계적인 하인들 (로보트 들)이 겉보기처럼 그저 좋은 것만은 아니라고 의구심을 품는 유일한 사람이었다.

04 bounteous
[báuntiəs]
후한, 풍부한

- As far as his neighbors are concerned, he has always been a man of bounteous nature, who is very giving.
  ▶ 그의 이웃들에게 있어서, 그는 굉장히 베풀기 좋아하는 항상 관대한 성품의 사람이었다.

05 circuit
[sə́:rkit]
회전, 순회, (스포츠의) 연맹

- The promotion centered around a tourism and leisure project including opportunities related to a Formula One race circuit and a new international city for commercial and residential purposes.
  ▶ 그 프로모션은 포뮬러 원 경주 트랙과 상업 및 거주를 목적으로 만들어진 새로운 국제 도시에 관련된 기회들이 포함된 관광과 레저 프로젝트에 중점을 두고 있었다.

06 circumference
[sərkʌ́mfərəns]
원주, 둘레

- According to tour guide info, the island is about 17 kilometers in circumference and has about 650 houses for 1,700 residents.
  ▶ 여행 안내 책자에 나온 정보에 따르면, 그 섬은 둘레가 17킬로미터이고 약 650채 정도의 집이 있으며 주민의 수는 1700명입니다.

07 circumlocution
[sə̀:rkəmlɔkjú:ʃən]
넌지시 둘러 말하기, 완곡어법

- Courtesies and circumlocutions are out of place, where the morals, health, lives of thousands are at stake.
  ▶ 도덕관, 건강, 그리고 수천명의 생명이 걸린 상황에서 예의나 넌지시 둘러 말하는 것은 설 자리가 없다.

08 circumscribe
[sə́:rkəmskraib]
~의 둘레에 선을 긋다, 한계를 정하다

- The former president's movements have been severely circumscribed since the new laws came into effect.
  ▶ 새로운 법령들이 효력을 발생한 이후로 그 전임 대통령의 움직임은 극심하게 제한을 받고 있다.

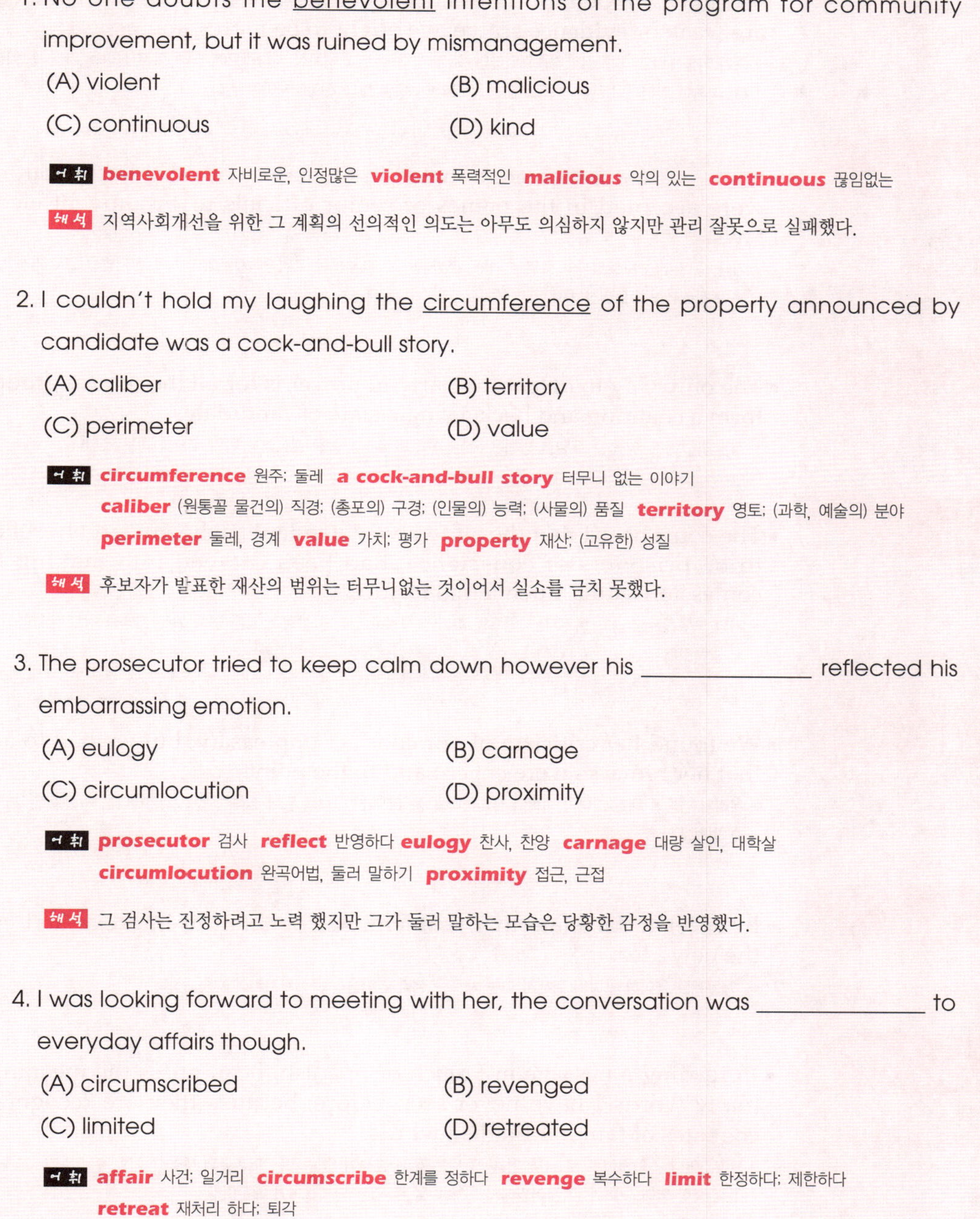

1. No one doubts the <u>benevolent</u> intentions of the program for community improvement, but it was ruined by mismanagement.

    (A) violent   (B) malicious

    (C) continuous   (D) kind

> **어휘** **benevolent** 자비로운, 인정많은 **violent** 폭력적인 **malicious** 악의 있는 **continuous** 끊임없는
>
> **해석** 지역사회개선을 위한 그 계획의 선의적인 의도는 아무도 의심하지 않지만 관리 잘못으로 실패했다.

2. I couldn't hold my laughing the <u>circumference</u> of the property announced by candidate was a cock-and-bull story.

    (A) caliber   (B) territory

    (C) perimeter   (D) value

> **어휘** **circumference** 원주; 둘레 **a cock-and-bull story** 터무니 없는 이야기
> **caliber** (원통꼴 물건의) 직경; (총포의) 구경; (인물의) 능력; (사물의) 품질 **territory** 영토; (과학, 예술의) 분야
> **perimeter** 둘레, 경계 **value** 가치; 평가 **property** 재산; (고유한) 성질
>
> **해석** 후보자가 발표한 재산의 범위는 터무니없는 것이어서 실소를 금치 못했다.

3. The prosecutor tried to keep calm down however his _____________ reflected his embarrassing emotion.

    (A) eulogy   (B) carnage

    (C) circumlocution   (D) proximity

> **어휘** **prosecutor** 검사 **reflect** 반영하다 **eulogy** 찬사, 찬양 **carnage** 대량 살인, 대학살
> **circumlocution** 완곡어법, 둘러 말하기 **proximity** 접근, 근접
>
> **해석** 그 검사는 진정하려고 노력 했지만 그가 둘러 말하는 모습은 당황한 감정을 반영했다.

4. I was looking forward to meeting with her, the conversation was _____________ to everyday affairs though.

    (A) circumscribed   (B) revenged

    (C) limited   (D) retreated

> **어휘** **affair** 사건; 일거리 **circumscribe** 한계를 정하다 **revenge** 복수하다 **limit** 한정하다; 제한하다
> **retreat** 재처리 하다; 퇴각
>
> **해석** 그녀와 만나기를 고대했지만, 대화는 일상사에 대한 것들로 한정되었다.

Prefix CIRCUM- / COM- 주위, 둘레 / 함께, 서로

01 circumspect
[sə́:rkəmspekt]

조심성 있는, 신중한

- When the evidence is plentiful and the theories well confirmed, we can be more confident of the historical scenarios we propose; when theories are weak or evidence scarce, we ought to be more circumspect.
  ▶ 증거가 충분하고 이론들이 검증되었다면, 저희가 주장한 그 역사적 시나리오에 대해 더 자신감을 가질 수 있을 것이다. 이론이 약하거나 증거가 거의 없는 경우라면, 우린 보다 신중해져야만 한다.

02 circumvent
[sə̀:rkəmvént]

(교묘히) 피하다, 함정에 빠뜨리다

- Some of the funds were donated in the names of subsidiaries, but most were accepted in the names of senior officials to circumvent election laws.
  ▶ 기금 중 일부는 보조회사의 명의로 기부 되었지만, 그 대부분은 고위공직자들의 명의로 선거법을 교묘하게 피해가려는 목적으로 받아들여졌다.

03 coalition
[kouəlíʃən]

연합, 제휴

- The only way to defeat the party in power is for all the reform groups to form a coalition and back a single slate of candidates.
  ▶ 집권당을 이길 수 있는 유일한 방법은 모든 개혁 단체가 연합을 결성해서 단일 후보를 미는 것이다.

04 coerce
[kouə́:rs]

강제로 ~하게 하다, 강요하다

- The court heard that the all twelve defendants, who are largely believed to be prisoners of conscience, had been coerced into making false confessions after much lethal torture.
  ▶ 거의 모두 양심수라고 여겨지는, 열두명 피고인 전원이 엄청난 살인적 고문 끝에 거짓 자백을 강요 당했음이 법정에서 밝혀졌다.

05 cogent
[kóudʒənt]

설득력 있는

- We found her criticism of our conduct unpleasant, but we had to admit that her remarks were cogent and to the point.
  ▶ 우리의 행동에 대한 그녀의 비판이 불쾌하다고 생각했지만 그녀의 말이 설득력 있고 타당하다는 사실을 인정하지 않을 수 없었다.

06 cogitate
[kádʒiteit]

곰곰이 생각하다, 숙고하다

- In order to facilitate that problem, he cogitated to improve and create the new idea.
  ▶ 그 문제를 용이하게 하기 위해서 그는 새로운 생각을 떠올리고 심화시키려고 숙고했다.

07 cognate
[kágneit]

조상이 같은, 동계 언어

- In reading a passage in French or Spanish, I can guess the meanings of many words I have never seen before, because they are recognizable cognates of familiar English words.
  ▶ 프랑스어나 스페인어로 된 글을 읽을 때 나는 전에 본적이 없는 많은 어휘들의 뜻을 짐작할 수 있는데, 그것은 이들이 친숙한 영어 단어와 같은 어원에서 온 알아볼 수 있는 단어들이기 때문이다.

08 cognition
[kagníʃən]

인식

- This research is meaningful because I got to observe all the discussions and theories on Viagra, as well as Korea's cognition toward sex and the social changes caused by it.
  ▶ 이번 연구는 비아그라에 대한 토론과 이론들을 모두 관찰할 수 있었으며 또한 한국의 성관계에 대한 인식과 그것에 기인한 사회적 변화를 볼 수 있었다는 점에서 참 의미가 깊다.

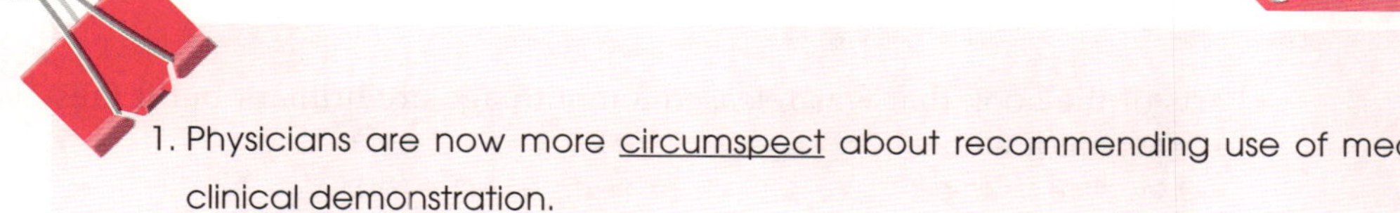

1. Physicians are now more <u>circumspect</u> about recommending use of medicine in clinical demonstration.

   (A) discreet   (B) impudent   (C) imprudent   (D) discrete

> **어휘** **circumspect** 조심성 있는, 신중한 **impudent** 건방진, 뻔뻔한 **imprudent** 경솔한, 경망스러운 **discrete** 분리한, 구별된

> **해석** 현재 내과 의사들은 임상실험 중인 그 약을 추천하는 것에 대해 더욱 신중한 입장이다.

2. Large retailers fail to maintain or even try to <u>circumvent</u> these standards in the name of achieving fame or a policy goal.

   (A) avoid   (B) compensate for

   (C) adjust to   (D) comply with

> **어휘** **circumvent** 앞지르다; 교묘히 회피하다 **achieve** 성취하다, 달성하다 **avoid** 피하다, 회피하다 **compensate** 보충하다, 보상하다 **adjust** 순응하다, 조정하다 **comply** 동의하다, 따르다

> **해석** 거대 소매업자들은 명성을 얻기 위한 혹은 정책 목표를 달성이라는 미명하에 이러한 기준들을 제대로 지키지 못하거나 심지어 고의적으로 회피하려한다.

3. The essay has a long history, but there is something else more striking than this — it has power. By "power" I mean precisely the capacity to do what force always does: <u>coerce</u> assent.

   (A) bring about by persuasion   (B) compel by pressure   (C) coax

   (D) restrain by force   (E) realize

> **어휘** **striking** 현저한; 인상적인 **precisely** 정밀하게; 까다롭게 **capacity** 용적; 역량; 자격 **coerce** 강요하다; 억압하다 **assent** 동의; 인정 **bring about** 일으키다; 해내다 **coax** 감언으로 설득하다, 달래다 **restrain** 제지하다, 제한하다; 억제하다; 감금하다 **by force** 우격다짐으로, 강제력으로

> **해석** 수필은 역사가 길지만, 이러한 사실보다 더 두드러진 것이 있으니, 그것은 수필이 가진 힘이다. 내가 말하는 "힘"이란 정확히 폭력이 항상 하는 바를 할 수 있는 능력, 곧 동의를 강요한다.

4. Match the english <u>cognate</u> with the related Armenian word.

   (A) spontaneous   (B) fatal   (C) kindred   (D) critical

> **어휘** **cognate** 같은 조상의, (어원이) 같은 **spontaneous** 자발적인, 자연적인 **fatal** 치명적인 **kindred** 일족의, 동종의 **critical** 결정적인

> **해석** 아르메니아 단어와 같은 어원에서 온 영어를 연결하시오.

정답 1. A 2. A 3. B 4. C

Prefix COM- 함께, 서로

01 cohere
[kouhíər]
(서로) 붙다, 응집하다

- Parts of the book that was released a month ago are brilliant but it fails to cohere as a whole.
  ▸ 지난 달에 발매된 그 책의 부분 부분들은 훌륭하지만 전체적으로는 응집력이 부족하다.

02 coincide
[kouinsáid]
동시에 일어나다, 일치하다

- The jury was impressed by the fact that the testimony of two witnesses who were complete strangers coincided in every detail.
  ▸ 전혀 모르는 사이인 두 증인의 증언이 모든 사소한 점에서 일치한다는 사실은 배심원에게 깊은 인상을 주었다.

03 collaborate
[kəlǽbəreit]
(특별한 목적을 위해) 공동으로 일(연구)하다

- IBM and Apple have announced that they will collaborate on the development of the next generation of high-performance chips.
  ▸ IBM과 Apple사는 차세대 고성능 칩을 개발하기 위해 공동 작업을 할 것이라고 발표했다.

04 collapse
[kəlǽps]
(건물, 가격 등이) 무너지다, (계획, 희망 따위가) 실패하다

- Amid speculations that North Korea may collapse because of its economic problems, South Korea is preparing for mass defections by North Koreans.
  ▸ 경제난으로 인한 북한 붕괴 가능성이 점쳐지고 있는 가운데 대한민국 정부는 대량탈북자들에 대한 대책 마련에 들어갔다.

05 collate
[kə:léit]
대조하다

- With tireless patience, the detective collated bits and pieces of evidence until he gained an insight into how, why, and by whom the crime had been committed.
  ▸ 지칠 줄 모르는 끈기를 가지고 그 탐정은 모든 증거들을 일일이 대조해서 결국 어떻게, 왜, 누구에 의해서 그 범죄가 저질러졌는지를 알게 되었다.

06 collateral
[kəlǽtərəl]
부수적인, 간접적인
담보로 내놓은, 담보물

- The problem is that the amount you are asking for is too large for the collateral you can put up.
  ▸ 문제는 융자신청액이 담보물에 비해 너무 크다는 것이다.

07 colleague
[káli:g]
(직업상의) 동료

- Women are unequally represented in various fields of industry and their career progression is not comparable to their male colleagues.
  ▸ 여성들은 산업의 각 분야에서 동등하게 대우를 받지 못하며, 진급에 있어서도 남자 동료직원과 동등한 취급을 받지 못하고 있다.

08 collide
[kəláid]
충돌하다, (의견 따위가) 일치하지 않다

- It is a miracle that there were any survivors since the two automobiles that collided were traveling with great impetus.
  ▸ 충돌한 두 자동차는 상당한 속도로 달리고 있었기 때문에 생존자가 있었다는 것은 기적이다.

1. The campaign was widely criticized for making tactical mistakes and for a lack of <u>coherence</u>. It's better not to do.

   (A) understanding   (B) consistence   (C) mindfulness   (D) scrutiny

> **어휘** **campaign** (일련의) 군사 행동; 선거 운동; 캠페인   **tactical** 전술상의
> **coherence** 부착; (문체, 이론의) 일관성   **understanding** 이해   **mindfulness** 염두에 둠, 주의
> **scrutiny** (면밀한) 음미, 자세히 보는 일

> **해석** 그 캠페인은 전술적 실수와 일관성의 결여로 인해 널리 비판 받았다. 차라리 하지 않는 것이 나았다.

2. The initial appearance of the silver three-cent piece <u>coincided with</u> the first issue of three-cent stamps in 1851.

   (A) occurred at the same time as   (B) collided with

   (C) was necessitated by   (D) was similar to

> **어휘** **initial** 처음의; 초기의   **appearance** 출현; 외관, 양상   **coincide** 동시에 일어나다; 일치하다
> **issue** 유출(물); 발행   **collide** 충돌하다(against, with); (의견, 이해 등이) 일치하지 않다
> **necessitate** 필요로 하다; (결과를) 수반하다   **similar** 유사한

> **해석** 3센트짜리 은화의 최초의 발행은 3센트짜리 우표의 최초 발행과 동시에 1851년에 일어났다.

3. The middle class has taken the brunt of the currency and stock market <u>collapse</u> with intent to make a healthy profit.

   (A) construction   (B) intrusion   (C) breakdown   (D) change

> **어휘** **middle class** 중산층   **brunt** (공격의) 예봉, 주력   **currency** 통화; 유통
> **stock market** 증권 시장; 주가   **collapse** 붕괴, 와해   **construction** 건설; 구조
> **intrusion** (의견의) 강요; (사생활의) 침해

> **해석** 중산층은 많은 이익을 올리기 위해 통화가치 상승과 주식 시장의 붕괴를 주도하고 있다.

4. Seven people died and twenty-three were injured today, thirteen of them seriously, when a bus __________ with a truck.

   (A) collided   (B) evaded   (C) avoided   (D) expanded

> **어휘** **collide** 충돌하다   **evade** 피하다   **avoid** 피하다   **expand** 넓히다

> **해석** 오늘 버스가 트럭과 충돌한 사고로 7명이 죽고 23명이 다쳤는데, 그 중 13명은 중상입니다.

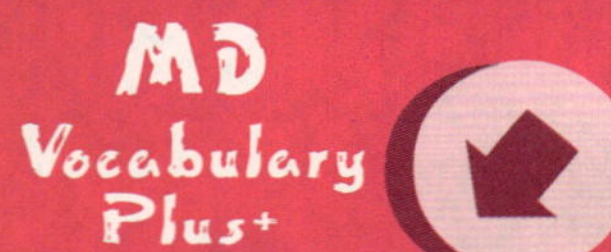

01 colloquial
[kəlóukwiəl]
일상 회화의, 구어체의

- People tend to underestimate comics as a way to study English. English found in comics is very close to the real colloquial one that's currently used.
  ▶ 사람들은 영어 공부의 하나로 만화를 얕보는 경향이 있다. 만화에서 볼 수 있는 영어는 현재 사용되고 있는 진짜 구어적인 영어와 매우 흡사하다.

02 collude
[kəlúːd]
공모, 결탁하다

- Several public servants were found to have colluded with organized real-estate speculators by supplying information and assisting in the transaction process, the prosecution said yesterday.
  ▶ 검찰은 몇몇 공무원들이 정보를 제공하고 업무처리과정에서 도움을 주는 등 조직화된 부동산 투기꾼들과 연루되었다고 어제 발표했다.

03 combustion
[kəmbʌ́stʃən]
연소

- The Brazil International Auto show will take place from the 21st to the 31st of October and will present new concepts with Brazilian designs and alternative combustibles.
  ▶ 브라질 국제 자동차 쇼는 10월 21일에서 31일 사이에 열리며, 브라질 디자인의 새로운 개념들과 대체 가연성 물질들을 소개할 것이다.

04 commandeer
[kaməndíər]
(개인 재산을) 징발하다

- Commandeering private cars to transport troops has been a customary practice in many countries around the world.
  ▶ 군인들을 실어 나르기 위해서 개인 차량들을 징발하는 것은 전세계의 많은 나라에 걸쳐서 일상적인 관행이 되어왔다.

05 commemorate
[kəméməreit]
(특히 의식을 통해) 기념하다

- A statue, a monument, a building, or a park may be dedicated to commemorate a distinguished individual.
  ▶ 동상, 기념물, 빌딩, 또는 공원은 뛰어난 인물을 기념하기 위해서 헌납될 수 있다.

06 commence
[kəméns]
시작하다, 개시하다

- A copy of the institute's employee handbook will be provided to fellows upon commencing the program.
  ▶ 그 기관의 직원 안내책자는 프로그램이 시작하자마자 회원들에게 제공될 것이다.

07 commend
[kəménd]
칭찬하다, (특히 자기 자산을) 맡기다, 위탁하다

- For an extremely low-budget film, which was made under horrible conditions and with second-hand equipment, it has much to commend it.
  ▶ 형편없는 조건들에 중고 장비들로 만들어진 초저예산 영화 치고, 그 영화는 칭찬 받을 만한 여지가 많이 있다.

08 commensurate
[kəménsərət]
같은 크기의, ~에 상응하는

- "A new eray," Hoover called it, one that was witnessing breathtaking transformations in traditional ways of life and that demanded commensurate transformations in the institutions and techniques of government.
  ▶ 전통적인 삶의 방식들이 숨가쁘게 변화하고 그에 상응하는 정부제도와 기술의 변화가 요구되는 것이 목격되는 시기를 Hoover는 "신시대"라 명명했다.

1. "He's off his head !" is a <u>colloquial</u> way of saying "His behavior is not reasonable."

   (A) literary   (B) figurative

   (C) informal   (D) legitimate

> **어휘** **colloquial** 구어체의 **literary** 문학의, 문어의 **figurative** 추상적인
> **informal** 격식을 따지지 않는, 구어체의 **legitimate** 합법적인
>
> **해석** "He's off his head!"라는 말은 "그의 행동은 이성적이지 않다."를 구어로 표현한 것이다.

2. A peaceful big demonstrate is getting common but everyone is sure that the demonstrations have become <u>combustible</u>.

   (A) offensive   (B) nervous

   (C) hotheaded   (D) stimulant

> **어휘** **demonstration** 증명; 시위운동 **combustible** 타기 쉬운; 격하기 쉬운
> cf.) hotheaded 성급한, 격하기 쉬운 **offensive** 불쾌한; 모욕적인 **nervous** 신경(성)의; 소심한
> **stimulant** 흥분성의; 자극성의; 격려하는
>
> **해석** 평화적인 시위가 증가하고 있지만 누구나 시위운동들이 점점 격해지고 있다고 믿고 있다.

3. Vandals wrecked a monument _______________ the millions who died in Nazi concentration camps, just before it was to be unveiled.

   (A) encouraging   (B) recording in history

   (C) commemorating   (D) publicizing

> **어휘** **encourage** 용기를 북돋우다 **commemorate** 기념하다, 축하하다 **vandal** (예술품 등의) 고의적 파괴자
> **unveil** ~의 베일을 벗기다; 제막식하다, 발표하다 **publicize** 공표하다
>
> **해석** 파괴자들은 나치 강제수용소에서 죽은 수백만 명을 추도하는 기념비를 제막 직전에 파괴했다.

4. Attractive salary <u>commensurate</u> with qualifications and experience will be offered to successful candidates short-listed for the vacant positions.

   (A) reinforced by   (B) oblivious to   (C) proportionate to

   (D) influenced by   (E) extraneous to

> **어휘** **commensurate** 같은 정도의, 균형이 잡힌, 상응한(with) **reinforce** 강화하다, 보강하다
> **oblivious** ~이 염두에 없는, 안중에 없는(of, to) **influenced** 영향을 받는
> **extraneous** 외부로부터의, 관계가 없는
>
> **해석** 공석을 메울 최종 합격자 명단에 오른 지원자에게는 자격과 경험에 걸맞는 만족할만한 급여가 주어질 것입니다.

Prefix COM- 함께, 서로

01 commiserate
[kəmízəreit]
동정하다, 가엾게 여기다

- Instead of saying anything about the outcome of the game itself, I began by commiserating with her over the defeat.
  ▸ 게임 자체의 결과에 대해 일절 얘기를 하지 않는 대신, 난 먼저 패배에 대해 그녀를 가엾게 여겼다.

02 commodious
[kəmóudiəs]
(방 따위가) 널찍한

- The trunk of the car was so commodious that it held all of our skiing equipment as well as our other luggage.
  ▸ 자동차의 트렁크는 매우 넓어서 우리들의 다른 짐은 물론 스키장비까지 모두 들어갈 수 있었다.

03 commonplace
[kámənpleis]
흔한, 진부한

- It is a commonplace of human experience that most improvident young people do not become aware of their folly until they are no longer young.
  ▸ 대부분의 앞일을 생각하지 않는 젊은이들이 늙고 나서야 그들의 어리석음을 알게 되는 것은 사람의 흔한 경험이다.

04 commotion
[kəmóuʃən]
소요, 소동

- The criminal said he had something to confess but suddenly started to make a commotion by stabbing his own face with a pen.
  ▸ 그 범죄자는 자기가 자백할 것이 무언가 있다고 얘기하고는 갑자기 펜으로 자기 얼굴에 자해를 가하면서 소동을 피우기 시작했다.

05 compact
[kámpækt]
계약, 협정

- Both parties made a compact not to reveal any details about the final settlement in regard to the malpractice case.
  ▸ 양측은 모두 그 의료사고에 대한 최종 합의의 세부사항에 대해 일체 밝히지 않기로 협정을 맺었다.

06 compassion
[kəmpǽʃən]
연민, 동정

- In Argentina, both left and right wings tried to convince people of their compassion for the poor and downtrodden to get votes.
  ▸ 아르헨티나에선 좌익과 우익진영 모두가 국민들에게서 표를 얻기 위해 자신들이 가난한 이들과 억압을 받는 이들에 대해 연민을 가지고 있음을 납득시키려 했다.

07 compatible
[kəmpǽtəbl]
양립할 수 있는

- Do you think that your unwillingness to study foreign language is compatible with your ambition to get a job in the Foreign Service?
  ▸ 외국어 공부를 꺼리는 당신의 태도가 외무부서에서 일자리를 구하려는 당신의 야망과 양립할 수 있다고 생각하십니까?

08 compensate
[kámpənseit]
보상하다

- For the shortage in weight stated in your letter of Feb 4, we are willing to compensate you by making you a reduction of 7% in price.
  ▸ 2월 4일자 귀하의 서한에서 말씀하신 중량의 부족에 대해서는 7%의 가격인하로 보상해드리겠습니다.

1. Only someone who has suffered from bursitis can fully <u>commiserate</u> with me when I am in the throes of an acute attack.

   (A) enforce　　　　　　　　　　(B) drench

   (C) disclaim　　　　　　　　　　(D) pity

   > **어휘** **bursitis** 점액낭염　**commiserate** 가엾게 여기다, 동정하다　**throe** 심한 고통, 심한 고민
   > **enforce** 시행하다; 강요하다　**drench** 흠뻑 물에 적시다, 담그다　**disclaim** 부인하다, 거부하다
   > **pity** 불쌍함; 딱하게 여기다
   >
   > **해석** 점액낭염을 앓아 본 적이 있는 사람만이 내가 심한 통증을 느끼고 있을 때 나를 충분히 동정할 수 있다.

2. After the ________ of the city, he welcomed the tranquility of the state park where he camped for two weeks.

   (A) heat　　　　　　(B) nutrition　　　　　　(C) dexterity

   (D) monotony　　　　(E) commotion

   > **어휘** **tranquility** 고요, 평정　**nutrition** 영양; 영양학　**dexterity** 손재주 있음, 솜씨 좋음　**monotony** 단조로움
   > **commotion** 소동, 폭동
   >
   > **해석** 도시의 폭동 후 그는 2주간 집회를 했던 시의 공원에서 평정을 맞이했다.

3. On reflection, it was a frightening that they allowed her to stay out of <u>compassion</u> for her terrible suffering.

   (A) sympathy　　　　　　　　　(B) compact

   (C) tumult　　　　　　　　　　(D) commodity

   > **어휘** **sympathy** 동정, 연민　**compact** 계약　**tumult** 소란　**commodity** 상품
   >
   > **해석** 돌이켜 생각 할때 그녀의 심각한 고통에 대한 동정심 때문에 우리가 그녀를 머물도록 허락한 것은 끔찍한 일이었다.

4. Unless he did obstinately like a layman we are willing to ________ him. But the case was out of my control.

   (A) calculate　　　　　　　　　(B) compensate

   (C) divide　　　　　　　　　　(D) think about

   > **어휘** **obstinately** 완고하게, 고집세게　**layman** 문외한, 평신도　**calculate** ~을 계산하다(reckon); (장래의 일을) 예측하다
   > **compensate** ~을 보상하다, 벌충하다　**divide** ~을 나누다, 분할하다, 쪼개다(split up)
   > **think about** ~을 고려하다; ~에 대하여 생각하다; 회상하다
   >
   > **해석** 그가 문외한처럼 막무가내로 굴지 않았다면 우리는 그에게 보상해주었을 것이다. 하지만 이 사건은 이미 내 권한 밖이다.

01 compile
[kəmpáil]
(자료를) 모으다

- Using the computer, they compiled a list of customers, with names and addresses.
  ▶ 그들은 컴퓨터를 사용하여 이름, 주소로 고객들의 리스트를 모았다.

02 complacent
[kəmpléisnt]
만족해 하는, 자기 만족의

- She was complacent about her grades, but her parents thought she should have been working harder.
  ▶ 그녀는 자신이 받은 학점에 만족해 했으나, 그녀의 부모는 좀더 열심히 했었어야 한다고 아쉬워했다.

03 complaisant
[kəmpléizənt]
(성품이) 고분고분한, 공손한

- Far from being rude, she is so unfailingly sweet and complaisant that I sometimes find her personality a little cloying.
  ▶ 그녀는 결코 무례하지 않고 매우 친절하고 공손해서 나는 때때로 그녀의 성격이 싫증난다고 생각한다.

04 complement
[kámplimənt]
보충물, ~을 보충하다

- Televised baseball works when the audio and pictures complement each other. The picture should support the words, and the words should support the picture.
  ▶ 텔레비전으로 방송되는 야구 중계는 소리와 영상이 서로를 잘 보완해야만 제구실을 한다. 화면이 해설에 힘을 실어주고, 해설은 화면을 받쳐주어야 한다.

05 complexion
[kəmplékʃən]
안색, 용모

- His sudden resignation put such a radically different complexion on things that many of his former subordinates simply panicked.
  ▶ 그의 갑작스러운 사임은 상황의 양상에 아주 급진적인 변화를 주어서 그의 이전 부하 직원들은 그냥 공황상태에 빠지고 말았다.

06 complicate
[kámplikeitl]
복잡하게 하다, (특히 병을) 악화시키다

- To complicate things further the carving and the placement of the wooden posts had to be performed on the same day.
  ▶ 일을 더 복잡해진 이유는 나무 장승을 새기는 것과 재치하는 것이 같은 날 실행되어야 했기 때문이다.

07 compliment
[kámplimənt]
칭찬, 칭찬하다, 선물

- Can you be so ingenuous that you don't realize she is paying us all those phony compliments to get something out of us?
  ▶ 당신은 우리들로부터 무엇인가 얻어내기 위해 그녀가 우리에게 거짓 칭찬을 하고 있다는 사실을 당신이 깨닫지 못할 만큼 그렇게 순진할 수가 있습니까?

08 component
[kəmpóunənt]
성분, 구성요소

- Only recently has it become possible to separate the components of fragrant substances and to determine their chemical composition.
  ▶ 최근에서야 비로소 향이 나는 물질의 성분을 규명하는 것과 그들의 화학적 구성을 밝혀내는 것이 가능해졌다.

1. In irrespective of reproach, there was a <u>complacent</u> look on his face as he examined his paintings.

   (A) complaining   (B) anxious

   (C) satisfied   (D) computerized

> **어휘** **reproach** 비난, 질책 **complacent** 만족한 **complaining** 불평하는, 투덜거리는 **anxious** 걱정하는; 열망하여 **computerized** 전산화한, 컴퓨터로 처리한
>
> **해석** 비난과는 상관없이 자신의 그림을 감상하며 그는 만족한 표정을 지었다.

2. Why does he have to wrap up even a simple statement in such _______ language? Definitely he has a desire to show off his knowledge.

   (A) decent   (B) innovative

   (C) complicated   (D) convenient

> **어휘** **show off** 잘난 체하다 **decent** (복장, 집 등이) 버젓한; 예의 바른 **innovative** 혁신적인 **complicated** 복잡한; 혼란한 **convenient** 편리한, 사용하기 좋은
>
> **해석** 그는 간단한 말도 왜 그리 어려운 말로 마쳐야 할까? 분명히 그는 그의 지식을 자랑하고 싶은 욕구가 있는것 이다.

3. More than all, your sincerity was <u>complimented</u> by your predecessor.

   (A) compiled   (B) rejected   (C) detested   (D) praised

> **어휘** **sincerity** 성실함, 진솔 **predecessor** 전임자 **compile** 편집하다, 수집하다 **reject** 거절하다, 퇴짜놓다 **detest** 싫어하다, 혐오하다 **praise** 칭찬, 칭찬하다
>
> **해석** 무엇보다도 네 성실함을 너의 전임자는 칭찬했다.

4. For children, playing and spending time with parents is an integral and automatic <u>component</u> of growing up.

   (A) part   (B) element

   (C) purport   (D) nourishment

> **어휘** **integral** 없어서는 안 되는; 완전한(whole) **component** 성분, 구성 요소 **part** (전체 속의) 부분, 성분 **element** 요소 **purport** (서류·연설 등의) 의미, 요지; 목적 **nourishment** 음식물(nutriment); 영양 상태
>
> **해석** 어린이들에게, 부모와 놀거나 시간을 함께 보내는 것은 성장에 필수적이며 필연적인 요소이다.

Prefix COM- 함께, 서로

01 comprehend
[kɑmprihénd]
이해하다, 포함하다

- Rational thought, logical and metaphysical thought can comprehend only those objects which are free from contradiction.
  - ▶ 합리적인 사고, 즉 논리적이고 형이상학적인 사고는 모순이 없는 대상들만 이해할 수 있다.

02 compress
[kəmprés]
압축하다, 요약하다

- The foundation courses offered by some of the British Universities compress two year's of college work into nine intensive months.
  - ▶ 영국 대학들 중 일부가 제공하는 기초 과정들은 2년 동안에 걸친 단과대학 교양과정을 9개월의 심화과정으로 압축시켜 놓은 것이다.

03 comprise
[kəmpráiz]
포함하다, ~을 구성하다

- The one-day seminar comprised an opening plenary meeting, group discussions and a closing session.
  - ▶ 하루 일정으로 열린 이번 세미나는 본회의 개최, 그룹별 토의와 폐회기로 구성되었다.

04 compunction
[kəmpʌ́ŋkʃən]
양심의 가책

- The judge was especially severe in his sentencing because he felt that the criminal had shown no compunction for his heinous crime.
  - ▶ 판사는 범죄자가 그의 흉악한 범죄에 대하여 양심의 가책을 받지 않는다고 생각했기 때문에 판결에 있어서 특별히 엄격했다.

05 compute
[kəmpjúːt]
계산하다, 선출하다

- The convergence of wireless and broadband Internet technologies is expected to allow people to revolutionize the way they compute and communicate.
  - ▶ 무선과 광역 인터넷 기술의 합일은 사람들로 하여금 계산하고 의사소통하는 방법에 혁명을 일으키는 것을 가능하게 하리라 예상된다.

06 concave
[kɑnkéiv]
오목한

- The telescope contains a large concave mirror to focus light into the magnifying lens.
  - ▶ 망원경 안에는 확대 렌즈 안에 빛을 집중시키기 위한 커다란 오목 거울이 들어가 있다.

07 concede
[kənsíːd]
(종종 마지 못해) 인정하다, (권리, 특권 등을) 부여하다

- The Government has reluctantly conceded that the array of recent economic policies have all been disasters.
  - ▶ 정부는 근래 일련의 경제 정책들이 모두 처참한 실패작이었다는 것을 마지못해 인정했다.

08 conciliate
[kənsílieit]
달래다, (대립, 분쟁을) 조정하다

- An independent adviser and a professional negotiator have been brought in to conciliate between the two sides involved in the long-standing conflict.
  - ▶ 무소속 고문 한명과 전문 협상가 한명이 오랜 시간을 끈 갈등에 관계된 양측 사이의 분쟁을 조정하기 위해 호출되었다.

1. Her face was blank and numb as though she could no longer <u>comprehend</u> the reality around her, or she was in white rage.

  (A) grasp   (B) seize

  (C) bisect   (D) include

> **어휘** **comprehend** 이해하다, 포함하다 **seize** 붙잡다 **bisect** 양분하다 **include** 포함하다
>
> **해석** 그녀의 얼굴은 무표정하고 마비되어 마치 자기 주위의 현실을 파악하지 못하거나 공포에 질린 것 같았다.

2. We can ＿＿＿＿＿＿＿＿ the message of the sermon into one sentence: "Do to others as you would have them do to you."

  (A) dilate   (B) oppress

  (C) compress   (D) elucidate

> **어휘** **sermon** 설교, 교훈 **dilate** 팽창시키다; 부연하다 **oppress** 압박하다; 괴롭히다
> **compress** 압축하다 **elucidate** 해명하다, 밝히다
>
> **해석** 우리는 그 설교의 내용을 "남이 나에게 해주기를 바라는 것처럼 타인에게 해라."라는 하나의 문장으로 요약할 수 있다.

3. If I thought that my superiors had made a bad decision, I would have no ＿＿＿＿＿＿ about saying so.

  (A) compunction   (B) connection

  (C) conviction   (D) testimony

> **어휘** **compunction** 양심의 가책 **connection** 연결, 관계 **conviction** 유죄판결 **testimony** 증언
>
> **해석** 내 상급자들이 잘못된 결정을 내렸다고 생각했다면 난 아무 거리낌없이 그렇다고 말했을 것입니다.

4. He talks about a great game of tennis, but I <u>concede</u> nothing to him until he has shown that he can beat me on the court.

  (A) admit   (B) fear

  (C) announce   (D) doubt

> **어휘** **concede** 인정하다; (권리를) 부여하다 **admit** 인정하다 **announce** 알리다, 공표하다 **doubt** 의심하다
>
> **해석** 그가 중요한 테니스 경기에 관해서 이야기하지만 나는 그가 코트에서 나를 이길 때까지는 아무 것도 인정하지 않을 것이다.

Prefix COM- 함께, 서로

01 concoct
[kənkάkt]
(여러 재료를 섞어) 만들다,
(거짓말, 음모 등을) 꾸미다

■ He decided to concoct a story about weapons of mass destruction and invade the country.
▶ 그는 대량살상무기에 대한 이야기를 꾸며서 그 나라를 침공하기로 결정했다.

02 concourse
[kάŋkɔːrs]
집합, 군중, 광장

■ A New York Police Department Emergency Service Unit patrolled with automatic weapons through the concourse as commuters hurried to catch trains and subways.
▶ 뉴욕 경찰서의 긴급구호대는 자동 무기로 무장하고서 통근자들이 기차와 지하철을 타려고 서둘러 다니는 광장을 순찰하였다.

03 concur
[kənkə́ːr]
동의하다, 동시에 일어나다

■ The board of directors concurred that the editor should have full control over editorial matters, whatever they may be.
▶ 이사회는 편집자가 편집관련 문제들에 대해선 그것이 무엇이건 간에 완전한 지휘권을 가져야만 한다는 사실에 동의했다.

04 condemned
[kəndémd]
(형을) 선고 받은, 사형수의

■ Thousands of people demonstrated across Bulgaria on Friday to call for the release of five Bulgarian nurses and a Palestinian doctor condemned to death for infecting hundreds of Libyan children with HIV.
▶ 금요일 불가리아에서 전국적으로 수천명의 사람들이 수백명의 리비아 아이에게 에이즈 바이러스를 투약한 혐의로 사형선고를 받은 5명의 불가리아 간호사와 팔레스타인 의사의 석방을 요구하는 시위를 벌였다.

05 condense
[kəndéns]
(사물 또는 문장을) 압축하다

■ I condensed well over ten pages of comments into twoin order that those who were not present at the conference can at least get the summarized message.
▶ 난 회의에 참석하지 못한 사람도 요약된 메시지는 최소한 얻을 수 있도록 열 장이 넘는 코멘트를 두 장으로 압축시켜 놓았다.

06 condescend
[kandisénd]
(좋은 의미로)
자신을 낮추어~하다

■ I was surprised that the president of the company had condescended to talk with him, a mere temporary employee.
▶ 나는 그 회사의 사장님이 자신을 낮추어 단지 임시 직원인 그와 이야기를 나눴다는 사실에 놀랐다.

07 condole
[kəndóul]
(특히 죽음에 대해)
애도하다, 조의를 표하다

■ He condoled with her, saying, "On behalf of the government, I wish to express my deepest sympathy."
▶ 그는 "조국을 대표하여 슬픈 감정을 금할 길이 없다."고 말하며 그녀에게 조의를 표했다.

08 condone
[kəndóun]
용서하다

■ If the government is seen to condone fraud of any kind, the economic offence such as phony insurance claims will never disappear.
▶ 만약 정부가 어떤 종류의 사기범죄에라도 관용을 베푸는 듯 보인다면, 엉터리 보험 배상 청구와 같은 경제사범은 결코 사라지지 않을 것이다.

1. The government <u>concocted</u> plan to change the welfare program, but the system that it created didn't work.

  (A) consumed   (B) transformed

  (C) contrived   (D) conveyed

> **어휘** **concoct** (음료를) 혼합하여 만들다; (음모를) 꾸미다 **welfare** 복지 **work** 효과가 있다, (일이) 잘 되어가다 **consume** 다 써버리다; 소비하다 **transform** 변형시키다, 바꾸다 **convey** 나르다, 전달하다

> **해석** 정부는 복지 프로그램을 바꿀 계획을 마련했지만 정부가 만든 제도는 효과가 없었다.

2. The demonstration had been carefully stage-managed to ____________ with the royal visit. Full impact of it transcended our expected.

  (A) concur   (B) contend

  (C) collude   (D) collide

> **어휘** **concur** 동시에 일어나다 **contend** 싸우다, 논쟁하다 **collude** 공모하다 **collide** 충돌하다, 상충하다

> **해석** 그 시위는 왕의 방문과 일치하도록 세심히 연출되었다. 여파는 상상을 초월했다.

3. The speaker was asked to <u>condense</u> his presentation in order to allow his audience to ask questions.

  (A) abbreviate   (B) expand

  (C) continue   (D) postpone

> **어휘** **condense** 압축하다; 요약하다 **abbreviate** 생략하다, 요약하다 **expand** ~을 넓히다, 팽창시키다 **continue** ~을 계속하다, 존속시키다 **postpone** ~을 미루다; (병 등이) 손쓰기에 늦어지다

> **해석** 그 연사는 청중들이 질문을 할 수 있도록 하기 위하여 발표를 간략하게 해달라는 요청을 받았다.

4. Obscure death of president, dignitaries from all over the world came to offer their ______________ to the president's widow.

  (A) consolation   (B) condolence

  (C) eulogy   (D) encomium

> **어휘** **dignitary** 고위인사 **widow** 미망인, 과부 **consolation** 위로 **condolence** 애도 **eulogy** 찬미 **encomium** 찬사

> **해석** 대통령의 미심쩍은 죽음으로 전세계의 고관들이 와서 대통령의 미망인에게 애도를 표했다.

01 confederate
[kənfédərət]
동맹국, (범죄의) 공모자

■ It took the police several months to track down the embezzler's confederates, but they were eventually able to arrest most of them.
▶ 공금 횡령 범인의 공범들을 추적하는데 수개월이 걸렸지만, 경찰은 결국 대부분의 공범들을 체포할 수 있었다.

02 confer
[kənfə́:r]
수여하다, 상담하다

■ The ministry of Culture will confer awards of contribution to those who have devoted themselves for the development of local cartoons and its industry.
▶ 문화부 장관이 국내 만화와 만화업계의 발전을 위해서 헌신한 이들에게 공로상을 수여할 것이다.

03 confine
[kənfáin]
한정하다, ~을 가두다

■ The eccentric musical does not confine itself to one genre, but instead gives the audience an opportunity to taste various genres of traditional performance at once.
▶ 그 별난 뮤지컬은 한 장르에 얽매이지 않고, 대신 관객들에게 전통적인 공연의 다양한 장르들을 맛 볼 수 있는 기회를 제공한다.

04 confiscate
[kánfiskeit]
몰수하다, 압수하다

■ The books were confiscated because they contained sentences which were considered derogatory to the country and its rulers.
▶ 그 책들은 국가와 통치자들의 명예를 손상시키는 것으로 간주되는 문장들을 포함하고 있었기 때문에 몰수되었다.

05 conform
[kənfɔ́:rm]
(법률, 규칙에) 따르(게 하)다

■ The General Accounting Office reviews the accounting systems used by federal agencies to determine whether expenditures conform to laws.
▶ 회계감사원은 지출이 법에 따르고 있는가를 확인하기 위해서 연방 기관들에 의해 사용된 회계 시스템을 검토한다.

06 confound
[kənfáund]
혼동하다, 당황하게 하다

■ An elderly man from Phoenix has confounded doctors by recovering after he was officially declared dead.
▶ 피닉스 출신의 한 노인이 사망한 것으로 공식적인 공표가 된 후 소생하여 의사들을 당혹하게 만들었다.

07 confront
[kənfrʌ́nt]
(어려움 따위에) 맞서다, 대항하다

■ I always thought I would remain cool, calm and collected, but when I was confronted with the TV camera, I became very nervous.
▶ 난 항상 냉정하고, 차분하고, 침착함을 유지 할거라 생각했었는데, 막상 텔레비전 카메라와 맞닥뜨리니 굉장히 초조해졌다.

08 congenial
[kəndʒí:njəl]
같은 성질의, 마음이 맞는

■ The foreign minister underlined that relations between Seoul and Washington have been and will continue to be congenial.
▶ 외무부 장관은 한국정부와 미국정부 사이의 관계는 지금까지도 그래왔고 앞으로도 계속 친근하게 지속될 것이라고 강조했다.

1. The rigid social protection law had allowed the authorities to __________ ex-convicts to prevent possible criminal acts by them.

   (A) enlarged   (B) ragged

   (C) liberated   (D) confined

> **어휘** **rigid** 엄격한, 뻣뻣한 **ex-convict** 전과자 **enlarge** 크게 하다, 확대하다
> **rag** 너덜너덜하게 하다; 놀리다 **liberate** 해방하다; 석방하다 **confine** 제한하다, 한정하다
>
> **해석** 엄격한 사회보호법은 당국이 전과자에 의한 범죄 재발을 막기 위해 그들을 구금할 수 있게했다.

2. Some members criticized a progressive group in the party for demanding that the government <u>confiscate</u> illegal profits by the Lee family.

   (A) confer   (B) assent   (C) bewitch   (D) forfeit

> **어휘** **confiscate** 몰수하다, 압수하다 **assent** 동의하다, 찬성하다 **bewitch** 요술을 걸다, 매혹 시키다
>
> **해석** 일부 의원들은 정부가 이회장 일가에게서 불법 이익을 몰수할 것을 요구하는 당내 급진 세력을 비난했다.

3. And as for litigation, the key criterion, really, from the Justice Department is a good-faith effort to <u>comply with</u>.

   (A) vote for   (B) defy   (C) compromise with   (D) conform to

> **어휘** **litigation** 소송, 기소 **comply with** 응하다, 따르다 **vote for** 투표하다 **defy** 무시하다
> **compromise with** 타협하다 **conform to** 따르다, 순응하다
>
> **해석** 그리고 소송 문제에 관해서, 실제로 법무부의 주요 판단 기준은 이 법을 따르려는 성실한 노력을 보려는 것입니다.

4. And, in a way, it's kind of, I'm trying to make a piece that can, kind of, <u>confront</u> the massiveness of the building, yet be on the other hand sort of antithetical to the building, as well.

   (A) face   (B) avoid

   (C) evade   (D) conclude

> **어휘** **confront** 직면하다; 대처하다 **antithetical** 대조되는, 정반대의 **avoid** 피하다, 회피하다
> **evade** 벗어나다, 모면하다 **conclude** 끝내다; 결론을 내리다
>
> **해석** 그리고 나는 어떤 면에서는, 일종의 건물의 거대함에 맞선다고나 할까, 그러면서 또 다른 한편으로는 건물에 대조가 되기도 하는 그런 작품을 만들려고 노력하고 있어요.

정답 1. D   2. D   3. D   4. A

01 congenital
[kəndʒénitl]
(병, 결함 따위가) 타고난, 선천적인

- A congenital cardiovascular defect occurs when the heart or blood vessels near the heart don't develop normally before birth.
  ▶ 선천적인 심장혈관의 결함은 심장이나 심장 근처의 혈관들이 출생 전에 정상적으로 자라지 않은 경우에 생겨난다.

02 congest
[kəndʒést]
혼잡하게 하다

- On their way to the city hall, the truckers staged road demonstrations using their trucks, which congested traffic downtown seriously.
  ▶ 시청으로 향해 가는 길에, 트럭 운전자들은 자신들의 트럭을 이용해서 길가에서 시위를 벌여서 시내 교통이 심각하게 혼잡해지게 만들었다.

03 conglomerate
[kənglámərət]
집성체, 집합, 복합 기업

- The state prosecution sought prison terms for two executives of the nation's largest family-owned conglomerate, on charges of illegally helping group chairman transfer wealth to his son.
  ▶ 검찰은 가족이 소유한 국가 최대 규모 복합기업체의 두 중역에게 불법으로 그룹 회장이 자신의 아들에게 부를 상속시켜주는 것을 도왔다는 혐의로 징역형을 내리려 했다.

04 congregate
[káŋgrigeit]
(사람들이) 모이다, 집합시키다

- It really seems to be a smart and nice group of people that congregate and communicate here from time to time.
  ▶ 가끔 여기에 모여서 얘기하는사람들은 참 영리하고 친절해 보이더라.

05 conjecture
[kəndʒéktʃər]
추측(하다)

- To our dismay, we became aware that what the salesman represented as definitely ascertained facts were no more than vague conjectures.
  ▶ 당황스럽게도 우리는 그 판매원이 분명히 확인된 사실로 제시했던 것들이 막연한 추측에 불과했다는 사실을 알게 되었다.

06 conjure
[kándʒər]
마술로~하다, (마음속에) 그려내다, 생각해내다

- He conjured up an image of a reformed city and had the cotters completely under his spell.
  ▶ 그는 개선된 도시의 이미지를 그려냈고 완전히 유권자들을 사로잡았다.

07 connubial
[kənu:biəl]
결혼의, 부부의

- Given her dismissive attitude toward marriage and the tumult of her relationships with men, it would also be fascinating to know more than we do about the emotional texture and tone of her parents' thirty years of connubial life.
  ▶ 그녀의 결혼에 대해 깔보는 듯한 태도와 난잡한 이성관계들을 감안할 때, 그녀의 부모님의 30년간의 부부 생활의 감정적인 질감과 경향에 대해 더 알아보는 것도 매우 흥미로운 일일 것이다.

08 conscript
[kənskrípt]
(군대에) 징집, 징병하다

- When there were not enough volunteers for the armed forces, the government conscripted additional men.
  ▶ 군대에 자원자들이 충분하지 않게 되자, 정부에서는 추가 병력을 징집했다.

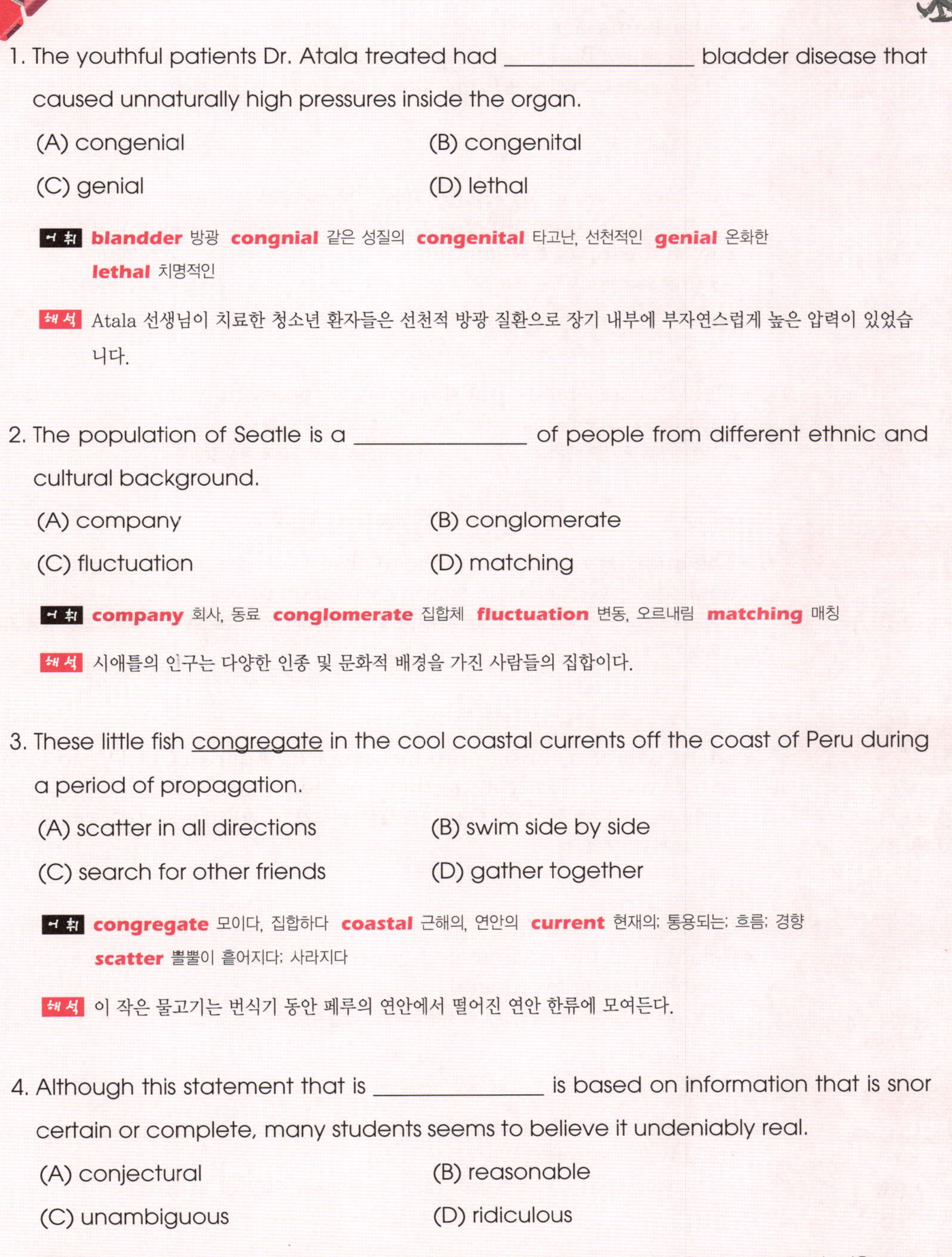

1. The youthful patients Dr. Atala treated had _______________ bladder disease that caused unnaturally high pressures inside the organ.

(A) congenial
(B) congenital
(C) genial
(D) lethal

어휘 **blandder** 방광　**congnial** 같은 성질의　**congenital** 타고난, 선천적인　**genial** 온화한　**lethal** 치명적인

해석 Atala 선생님이 치료한 청소년 환자들은 선천적 방광 질환으로 장기 내부에 부자연스럽게 높은 압력이 있었습니다.

2. The population of Seatle is a _______________ of people from different ethnic and cultural background.

(A) company
(B) conglomerate
(C) fluctuation
(D) matching

어휘 **company** 회사, 동료　**conglomerate** 집합체　**fluctuation** 변동, 오르내림　**matching** 매칭

해석 시애틀의 인구는 다양한 인종 및 문화적 배경을 가진 사람들의 집합이다.

3. These little fish <u>congregate</u> in the cool coastal currents off the coast of Peru during a period of propagation.

(A) scatter in all directions
(B) swim side by side
(C) search for other friends
(D) gather together

어휘 **congregate** 모이다, 집합하다　**coastal** 근해의, 연안의　**current** 현재의; 통용되는; 흐름; 경향　**scatter** 뿔뿔이 흩어지다; 사라지다

해석 이 작은 물고기는 번식기 동안 페루의 연안에서 떨어진 연안 한류에 모여든다.

4. Although this statement that is _______________ is based on information that is snor certain or complete, many students seems to believe it undeniably real.

(A) conjectural
(B) reasonable
(C) unambiguous
(D) ridiculous

어휘 **conjectural** 추측적인　**reasonable** 합리적인　**unambiguous** 분명한　**ridiculous** 우스꽝스러운

해석 추측적인 이 논평은 불분명하고 불완전한 사실에 근거하고 있지만, 많은 학생들은 그것을 부정할 수 없는 사실로 믿는 듯했다.

Prefix COM- 함께, 서로

01 consecrate
[kánsikreit]
신성하게 하다, 봉헌하다

- Dalai Lama arrived today in Russia on a purely religious visit to consecrate a Buddhist temple in Elista.
  ▸ Dalai Lama는 Elista에 있는 불교사원을 축례하기 위해 순수하게 종교적인 방문차 오늘 러시아에 도착하였다.

02 consecutive
[kənsékjutiv]
연속적인, 계속적인

- The men's squad were crowned the overall winners of the tournament for the sixth consecutive year, while the women made it four years in a row at the top of the standings.
  ▸ 남자팀은 토너먼트에서 6년 연속 종합 우승의 영예를 안았으며, 여자팀은 4년 연속 정상 순위를 차지했다.

03 consensus
[kənsénsəs]
(의견 등의) 일치

- He will consistently put the policies successfully in place based on the people's consensus.
  ▸ 그는 여론의 지지를 바탕으로 꾸준히 그 정책들을 성공적으로 실행에 옮길 것이다.

04 conserve
[kənsə́ːrv]
보존하다, 보호하다

- The minister urged the public to observe a 'car free' day once a week to help conserve fuel amid soaring world oil prices.
  ▸ 장관은 치솟고 있는 세계 유가의 상황 속에서 연료 보존을 돕기 위해 일주일에 한번씩 "차 없는" 날을 지켜달라고 국민에 호소했다.

05 consign
[kənsáin]
(상품을) 보내다,
(판매를) 위탁하다

- Sharp will also consign production of its Aquos LCD TVs to Loewe to reduce production cost, starting from June next year.
  ▸ sharp사는 내년 6월부터 시작해서 생산가를 낮추려는 목적으로 자사의 Aquos LCD 텔레비전의 생산 역시 Loewe에 위탁할 것이다.

06 console
[kənsóul]
(슬픔, 고통 따위를)
달래다, 위로하다

- Relatives of the assassinated governor of Baghdad were consoling one another during his funeral.
  ▸ 암살된 바그다드 총독의 친척들이 그의 장례식 도중 서로를 위로해주고 있었다.

07 consolidate
[kənsálideit]
(회사, 학교 등을)
합병하다, 통합하다

- If gangs seriously enter the business, we will consolidate supervision and investigation.
  ▸ 폭력배들이 심각하게 이 사업에 개입하게 된다면, 우리는 감시와 조사를 더 강화시킬 것이다.

08 consort
[kənsɔ́ːrt]
(특히 나쁜 사람들과)
사귀다, 어울리다

- Though the actor himself has been denying the claims put forth by the authorities, police consistently maintained that he had been consorting with drug dealers.
  ▸ 그 배우는 관계당국이 내놓은 주장을 스스로 부인해오고 있었지만, 경찰은 꾸준히 그가 마약 판매상들과 어울려왔다고 주장하였다.

1. As we move into the third century of our nation's life, we should <u>consecrate</u> ourselves anew to the ideals of human freedom.

(A) devote
(B) renounce
(C) absolve
(D) confine

> **어휘** **consecrate** 신성하게 하다, 전념하다 **devote** 헌신하다, 전념하다 **renounce** 포기하다, 부인하다 **absolve** 용서하다 **confine** 제한하다 인접하다

> **해석** 우리나라 역사가 3세기로 접어들면서 우리는 인류의 자유라는 이상에 새롭게 헌신해야 한다.

2. The number of North Korean defectors increased as Pyongyang's chronic food shortages have been notably aggravated by severe flood damage for the last two <u>consecutive</u> years, said an official from the Ministry of National Unification.

(A) straight
(B) leap
(C) preceding
(D) descending

> **어휘** **chronic** 만성적인, 장기간에 걸친 **aggravate** 악화시키다 **consecutive** 연속적인, 잇따른 **straight** 곧은, 직선의 **leap** 껑충 뛰다, 뛰어넘다 **preceding** 이전의, 전술의 **descending** 내려가는 **defector** 탈주자, 망명자

> **해석** 통일원 관계자는 탈북자 수가 늘어난 것은 지난 2년 연속 이어진 심각한 홍수 피해로 고질적 식량 부족현상이 더욱 악화되었기 때문이라고 밝혔다.

3. There is a broad ___________ that the government should not slow down the pace of its drive to get rid of red tape and bureaucracy.

(A) destination
(B) portal
(C) pinnacle
(D) consensus

> **어휘** **red tape** 관료적 형식주의 **bureaucracy** 관료주의 **destination** 목적지 **portal** 정문 **pinnacle** 작은 뾰족탑 **consensus** 일치, 합의

> **해석** 정부가 형식주의와 관료주의 청산 운동의 속도를 늦추지 말아야 한다는 것에 폭넓은 합의가 모아지고 있다.

4. Pirates got angry as if it was illegal thing to _________ the taken treasure to marine time police guard.

(A) compare
(B) consign
(C) compile
(D) conserve

> **어휘** **pirate** 해적, 표절자 **compare** 비교하다, 대조하다 **consign** 건네주다(commit); 위탁하다 **compile** 편집하다, 집계하다 **conserve** 보존하다; 보호하다

> **해석** 해적들은 해양경찰에게 갈취한 보물을 인도하는 것이 불법인 양 기분 나빠했다.

Prefix COM- 함께, 서로

01 conspire
[kənspáiər]
음모를 꾸미다, 공모하다

- Antony, Octavius, and Lepidus proscribed all those who had conspired against Julius Caesar.
  ▸ 안토니, 옥타비우스, 레피두스는 쥴리어스 시저에 대항하는 음모를 꾸민 사람들을 모두 추방했다.

02 constellation
[kansteléiʃən]
별자리, 성좌

- The star 55 Cancri is about 5 billion years old, a bit lighter in weight than the Sun, and is located 41 light-years away in the constellation Cancer.
  ▸ 별 55 Cancri는 생겨난 지 약 50억년이 되었고 태양에 비하면 무게가 약간 덜 나가며, 41광년 떨어진 게자리에 위치하고 있다.

03 constrict
[kənstríkt]
조이다, 압축하다

- The surrounding unsanitary conditions constricted our impulses to become better acquainted with the villagers.
  ▸ 비위생적인 주위 환경이 마을 사람들과 더 친숙해지고자 하는 우리의 충동을 위축시켰다.

04 construe
[kənstrú:]
(말, 행동 등을) 해석하다

- It's been speculated that some politicians construe complicated diplomatic issues from their own angle or are reluctant to report them to the president.
  ▸ 몇몇 정치인들은 복잡한 외교적 이슈들을 나름대로의 각도로 해석하거나 대통령에게 보고하기를 주저하는 것이 아닌가 추정되고 있다.

05 consummate
[kánsəmeit]
(목표, 결혼 등을)
완성하다, 완벽한

- Their unique imagination and consummate musicianship eventually elevated the art of the brass quintet to what it is today.
  ▸ 그들의 독특한 상상력과 완벽한 음악성이 결국 관악 4중주의 예술을 현재의 모습으로 승격시켜 놓았다.

06 contagious
[kəntéidʒəs]
(접촉에 의한) 전염성의

- With hundreds of thousands of displaced people living in unsanitary camps, health authorities said they were braced for outbreaks of contagious diseases.
  ▸ 비위생적인 캠프들 안에 수백 수천명의 집을 잃은 사람들이 살고 있는 상황이라서, 보건당국은 전염병의 발생에 대해 바짝 긴장하고 있다고 했다.

07 contaminate
[kəntǽmineit]
더럽히다, 오염시키다

- The sewage of the city so contaminated those water that swimming was forbidden.
  ▸ 그 도시의 하수가 물을 너무 오염시켰기 때문에 수영하는 것이 금지되었다.

08 contemn
[kəntém]
~을 경멸하다

- People who have been disabled all their lives write to me saying that they contemn me because I look phony as a disabled person and have money as well.
  ▸ 평생을 장애인으로 지내오신 분들은 제가 가짜 장애인같이 보이고 돈까지 가졌다는 이유로 나를 경멸한다는 편지를 보내오십니다.

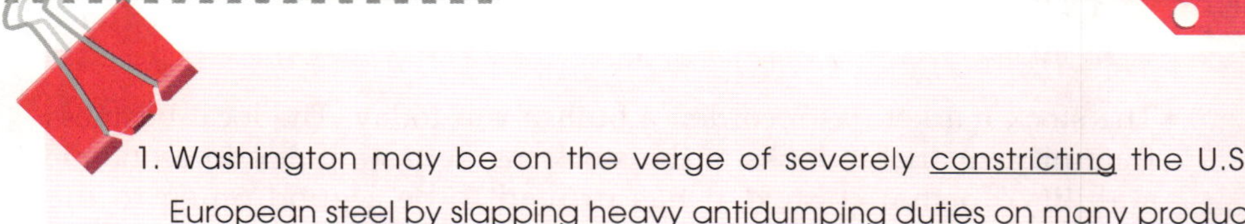

1. Washington may be on the verge of severely <u>constricting</u> the U.S. market to European steel by slapping heavy antidumping duties on many products.

   (A) becoming rigid   (B) contracting

   (C) closing   (D) following

   > **어휘** **rigid** 단단한, 고정된   **constrict** 압축하다, 억제하다

   > **해석** 미국 정부는 많은 제품에 대해 무거운 반덤핑 관세를 부과함으로써 곧 유럽산 철강의 미국시장 진출을 강력히 저지하려들지 모른다.

2. The merchant was a _____________ snob without any humanity. Such action may be construed as unfair pressure and resented.

   (A) humane   (B) philanthropic

   (C) consummate   (D) respectable

   > **어휘** **snob** 속물   **construe** 해석하다, 번역하다   **humane** 인정 있는   **philanthropic** 박애의   **consummate** 완전한   **respectable** 존경할만한

   > **해석** 그 상인은 인간미라고는 조금도 없는 완전한 속물이다. 그러한 행동은 부당한 압력으로 해석되어 원성을 살 수 있다.

3. The strain of the disease, which is airborne and therefore far more <u>contagious</u> than AIDS, has infected people in London and New York, as well as in the developing world.

   (A) toxic   (B) dangerous

   (C) incurable   (D) communicable

   > **어휘** **strain** 계통, 특징, 기질   **airborne** 공중수송의, 공기로 운반되는   **contagious** 전염성의; 만연하는   **communicable** 전염성의; 전달할 수 있는   **toxic** 독(성)의; 중독(성)의   **dangerous** 위험한, 위독한   **incurable** 불치의; 교정할[고칠] 수 없는

   > **해석** 그 질병은 공기로 전염되는 특성으로 에이즈보다 더 전염성이 강하다. 그래서 개발 도상국과 마찬가지로 런던과 뉴욕에도 전염된 사람들이 있다.

4. Antibiotic residue is likely to be found in milk from cows which eat cattle food _____ by a variety of antibiotic substances, a ministry official said.

   (A) frozen   (B) contaminated

   (C) inhabited   (D) purified

   > **어휘** **residue** 잔여, 잔여물   **cattle** 소, 가축   **frozen** 얼은   **contaminated** 더럽힌, 오염된   **inhabited** 살고 있는   **purified** 정화된

   > **해석** 여러 항생물질이 섞인 사료를 먹은 젖소의 우유에 항생물질이 잔류할 가능성이 있다고 복지부 관계자는 말했다.

01 context
[kántekst]
(글의) 전후 관계, 문맥

- The stock market has recorded a bullish run today. The local business fraternity invariably looks at the stock market as a guide to economic stability. In that context it has proved to be a good omen to the government and the business leaders too.
  ▶ 오늘 증시는 엄청난 상승세를 기록했다. 현지 사업인들 모임에선 예외 없이 증권시장을 경제 안정의 본보기라고 본다. 그런 정황에서 보자면 오늘 상황은 정부에게나 기업주들에게나 좋은 징조였다고 하겠다.

02 contiguous
[kəntígjuəs]
맞닿아 있는, 인접한

- The two states are contiguous to each other, but the laws are so very different, especially those concerning gambling.
  ▶ 그 두 개의 주는 서로 인접해 있지만 법은 아주 생판 다른데, 특히나 도박에 관련한 법은 더더욱 그렇다.

03 contingent
[kəntíndʒənt]
~을 조건으로 하는,
~에 달려있는, 파견단

- Outdoor arrangements are, as ever, contingent on the weather without exception. So, we have other plans in the event of rain.
  ▶ 예외 없이 야외에서 준비하는 것은 항상 그렇듯 날씨에 달려있기 때문에 우리는 비가 올 경우를 대비해서 다른 계획을 마련해놓고 있습니다.

04 contort
[kəntɔ́:rt]
비틀다, (얼굴을) 찡그리다

- When the secret agents suddenly handcuffed him in the presence of his family, his face contorted with bitterness and rage.
  ▶ 비밀 요원들이 그의 가족 면전에서 그에게 수갑을 채우자, 그의 얼굴이 씁쓸함과 분노로 뒤틀려졌다.

05 contour
[kántuər]
윤곽, 외형

- Her latest collection of swim-wear this season shows off the contours of the human body to perfection.
  ▶ 그녀의 이번 시즌 최신 수영복 컬렉션은 인체의 윤곽을 완전히 내보여주고 있다.

06 contrite
[kántrait]
(죄를) 뉘우치는, 회한의

- If you had paid some attention to my warning in the first place, there would be no need for you to be contrite now.
  ▶ 처음부터 나의 경고에 약간만 주의를 기울였더라면 당신은 지금 뉘우칠 필요가 없을 텐데.

07 convene
[kənví:n]
(공식 모임을 위해) 회합하다

- The board of directors will convene next week to approve thethree years strategical business plan for the international activities.
  ▶ 이 사회에서는 국제 활동을 위한 3년의 전략적인 사업 계획을 승인 받기 위해 다음주에 회합할 예정이다.

08 converse
[kánvə:rs]
(방향, 의견 등이)
역의, 반대의, 대화하다

- To converse well, either with another person or with a crowd, it is vitally necessary to feel relaxed and comfortably at ease.
  ▶ 개인 또는 군중과 대화를 잘하기 위해서는, 편안하고 안락하게 느끼는 것이 지극히 중요하다.

1. We rented a house fairly close to that of my wife's parents, but I made sure that the two were not <u>contiguous</u>.

(A) isolated   (B) neighboring
(C) far   (D) justifiable

> 어휘 **contiguous** 접촉하는, 인접하는 **isolated** 분리된, 고립된 **neighboring** 인접하는 **far** 먼, 멀리
> **justifiable** 정당한

> 해석 우리는 처가에서 꽤 가까운 곳에 집을 얻었지만 두 집이 인접하지 않도록 확실히 했다.

2. Both the South Korean government and the nation's political parties reacted immediately to the sensitive issue of Japan's sovereignty claim over the Tokdo islets, which are now guarded by a <u>contingent</u> of South Korean maritime police.

(A) contagious   (B) appropriate
(C) independent   (D) dependent

> 어휘 **contigent** ~에 부수하는, ~에 달려있는 **contagious** 전염성의 **appropriate** 적당한
> **independent** 자주적인 **dependent** 의존하는, ~에 좌우되는

> 해석 정부와 여야는 민감한 사안인 일본의 독도 영유권 주장에 대해 즉각적으로 반응했다. 현재 독도는 한국 해경 파견수비대가 경계하고 있다.

3. It is impossible for us to _____________ a meeting while so many of our members are away on their summer vacations.

(A) convene   (B) construe
(C) contaminate   (D) condescend

> 어휘 **convene** 소집하다, 회합하다 **construe** 추론하다 **contaminate** 오염시키다
> **condescend** 생색내며 ~하다, 내려다 보다

> 해석 많은 회원들이 여름 휴가차 떠나고 없는 동안에 우리가 회의를 소집하는 것은 불가능하다.

4. North Korea said yesterday that Japan's lack of _____________ attitude toward its imperialist past puts it out of the running for a permanent seat on the United Nations Security Council.

(A) smooth   (B) repeated   (C) contrite
(D) tired   (E) joyful

> 어휘 **smooth** 매끄러운, 유창한 **contrite** 회개하는, 뉘우치는 **tired** 피곤한, 싫증난 **joyful** 기쁜, 즐거운

> 해석 북한은 어제 일본이 과거 제국주의 시절에 저지른 만행을 참회하지 않고 있는 등 유엔 안전보장이사회 상임이사 국이 될 자격이 없다고 주장했다.

정답 1. B 2. D 3. A 4. C

01 convert
[kənvə́:rt]
변환시키다, 개종자

- Photovoltaics, commonly called "solar cells", convert sunlight directly into electricity.
  ▶ 흔히 "태양전지"라고 불리는 광발전지는 햇빛을 전기로 직접 변환시킨다.

02 convict
[kənvíkt]
~의 유죄를 입증하다, 선고하다, 죄인, 죄수

- It was only revealed after the marriage that the bride had twice been convicted of fraud.
  ▶ 신부가 사기 혐의로 두 번이나 유죄선고를 받았다는 사실이 결혼 이후에나 밝혀졌다.

03 convivial
[kənvíviəl]
연회를 좋아하는, 유쾌한

- During a most convivial evening, we were entertained by Russian folk musicians, singers and dancers.
  ▶ 가장 유쾌했던 저녁, 우리는 러시아 민속 음악가, 가수 그리고 댄서들로 즐거웠다.

04 convoke
[kənvóuk]
불러 모으다, 소집하다

- Taking into consideration the state of the nation at the present time, it is imperative that the legislature be convoked into session.
  ▶ 현재 국가의 상태를 고려해 볼 때, 의회 개정이 긴급한 상황이다.

05 convoy
[kənvói]
(특히 해상으로) 호송하다, 호위하다

- A roadside bomb that missed a passing U.S. military convoy killed seven civilians in a minibus on Tuesday, police and hospital sources said.
  ▶ 화요일에 지나가는 미군 군사 호송차량을 놓친 도로변 폭탄이 미니버스에 있는 민간인 일곱명을 죽였다고 경찰과 병원 소식통이 말했다.

06 coordinate
[kouɔ́:rdineit]
(적절하게) 조정하다, 조화시키다

- They will coordinate policies over North Korea and cooperate in dealing with the threat of the proliferation of nuclear and other weapons of mass destruction.
  ▶ 그들은 북한에 대한 정책을 조정할 것이며 핵무기 확산과 다른 대량살상무기의 위협을 처리하는 일에도 협력할 것이다.

07 copious
[kóupiəs]
많은, 풍부한

- The chances are that you and I have already ingested copious amounts of genetically modified grub.
  ▶ 너와 내가 이미 유전자 조작된 음식을 상당량 먹었을 가능성이 있다.

08 correlate
[kɔ́rileit]
상호 관련시키다

- The report also revealed that education levels among women also correlate with improved outcomes for child survival and development.
  ▶ 그 보고서는 또한 여성들의 교육수준이 아이들의 생존과 발전을 위한 지출 증가와 상호 연관되어 있다는 사실도 보여준다.

1. All special characters must be entered in encoded format. Click the encode button to _______________ the selected special characters into the equivalent encoded characters.

   (A) exaggerate
   (B) convert
   (C) imitate
   (D) refuse to work with

   어휘 **exaggerate** 과장하다; 지나치게 강조하다   **convert** 변환시키다   **imitate** 모방하다; 모조하다
   refuse 거절하다, 거부하다

   해석 모든 특수 문자는 반드시 인코드된 형식으로 입력해야 합니다. 인코드 단추를 클릭하면 선택한 특수 문자가 이에 상응하는 인코드된 문자로 변환됩니다.

2. It was thought that he'd committed the crime but there wasn't sufficient evidence to _______________ him.

   (A) accuse
   (B) charge
   (C) torment
   (D) convict

   어휘 **accuse** 고발하다   **charge** 비난하다, 고발하다   **torment** 괴롭히다
   convict 유죄 선고하다, ~의 유죄를 입증하다

   해석 그가 범행을 저질렀을 것으로 생각되었지만 그의 유죄를 입증할만한 충분한 증거가 없었다.

3. Unfortunately, the staffs in absence of CEO, Henderson, could not <u>coordinate</u> these activities well enough to get more finished products shipped.

   (A) detach
   (B) harmonize
   (C) persecute
   (D) indemnify

   해석 유감스럽게도 최고 경영자 Henderson의 부재 상태에서 직원들은 완제품을 더 많이 발송하기에 충분할 활동을 조정하지 못했다.

4. On camera, they provided <u>copious</u> details of the attack, disclosing that in coded e-mails they had referred to the twin towers as "the Faculty of Town Planning."

   (A) abundant
   (B) confidential
   (C) sordid
   (D) corporeal

   어휘 **copious** 매우 많은, 풍부한   **disclose** ~을 노출시키다; 밝히다   **code** 암호로 하다   **refer to** ~을 언급하다
   abundant 풍부한, 풍족한   **confidential** 은밀한; 신임이 두터운   **sordid** 더러운; 야비한
   corporeal 육체상의; 물질적인

   해석 암호화된 이메일에서 그들이 쌍둥이 빌딩을 the Faculty of Town Planning이라고 언급하였다는 사실을 밝히면서, 그들은 카메라 앞에서 공격에 대한 방대한 세부사항을 제공하였다.

01 corroborate
[kərábəreit]
(증거 등을 통해) 확증하다

- There are many physical as well as moral facts which corrobovate this opinion, and some few that would seem to weigh against it.
  ▶ 이 의견을 확증할만한 도덕적 사실 뿐만 아니라 많은 물리적 증거가 있고, 일부는 그것과 비교할 수 있을 것처럼 보인다.

02 contraband
[kántrəbænd]
밀수품, 금지된

- Customs officials examined the luggage of the suspected smuggler but found no contraband.
  ▶ 세관 관리들은 밀수용의자의 짐을 조사했으나 밀수품은 발견하지 못했다.

03 contraception
[kantrəsépʃən]
피임

- Eighty-one percent of married women between 15-49 were found to use contraception, while the infant mortality rate was a low 7.44 out of 1,000.
  ▶ 영아 사망률이 1000명 당 7.44명으로 낮은 가운데, 15세에서 49세 사이의 기혼 여성들 중 81%는 피임을 하고 있는 것으로 밝혀졌다.

04 contradict
[kantrədíkt]
~과 모순되다, 반박하다

- It often flatly contradicts other things they have been told, and hardly ever has any relation to what they really know—to the rough model of reality that they carry around in their minds.
  ▶ 그것은 종종 그들이 배운 다른 것들과 완전히 모순되며, 또한 그들이 정말로 알고 있는 것 — 그들이 마음에 품고 있는 현실의 개략적 모델 – 과는 거의 관계가 없다.

05 contravene
[kantrəvíːn]
(법률, 규칙 따위를) 위반하다

- By invading the neutral nation, the dictator contravened his earlier pledge to guarantee its independence.
  ▶ 중립국을 침략함으로써 독재자는 그 나라의 독립을 보장하겠다는 앞서의 약속을 위반했다.

06 controversial
[kantrəvə́ːrʃəl]
논쟁의 소지가 있는

- In a pluralistic democracy, such as the United States, there is a little chance that a monolithic public opinion will develop on any controversial issue.
  ▶ 미국과 같은 다원적인 민주국가에서는 어떤 논란이 되고 있는 문제에 대해 획일적인 여론이 형성될 가능성은 거의 없다.

07 counter
[káuntər]
거꾸로(의), 반대[반격]하다

- When criticisms were made of the school's poor performance, the parents' group countered with details of its examination results.
  ▶ 학교의 형편없는 성적에 대해 비난이 쏟아지자, 학부형회는 시험 결과의 세부사항을 가지고 반격에 나섰다.

08 counteract
[kauntərǽkt]
~에 반대로 행동[작용]하다

- He plans to propose the adoption of a postal ballot system to the Ministry of Labor that would grant corporations more power to counteract illegal actions by labor unions.
  ▶ 그는 기업들이 노동조합들에 의한 불법 행동에 대해 반대로 행동하는데 힘을 실어주도록 하는 우편 투표 체계를 노동부에 제안하려 계획하고 있다.

1. All the available evidence ___________ my theory that the theft was planned by someone familiar with the layout of the house.

   (A) corroborates   (B) invigorated

   (C) circulated   (D) distorted

   > **어휘** **corroborate** 확증하다   **invigorate** 기운 나게 하다   **circulate** 순환하다   **distort** 찌푸리다

   > **해석** 수집할 수 있는 모든 증거가 그 도난사건이 그 집의 구조를 잘 알고 있는 누군가에 의해서 계획되었다는 나의 주장을 확증해 주고 있다.

2. The customs inspector was indicted to misappropriation of <u>contraband</u> goods from other countries.

   (A) smuggled   (B) vivid

   (C) attested   (D) deterrent

   > **어휘** **contraband** 밀수의   **vivid** 생생한, 활발한   **attest** 증명하다   **deterrent** 억제하는; 방해물
   > **customs** 세관   **inspector** 감시자   **contraband** 수출 금지의; 밀수의

   > **해석** 세관 감시자는 다른 국가로부터의 밀수품을 횡령한 혐의로 구속 기소되었다.

3. Impartial advice on ___________ is needed to reduce the number of babies born out of marriage. Blame can't change anything.

   (A) nutrition   (B) renaissance

   (C) contraception   (D) illiteracy

   > **어휘** **impartial** 편견 없는   **reduce** 줄이다, 감소하다   **nutrition** 영양; 영양학   **renaissance** 부활, 부흥
   > **contraception** 피임   **illiteracy** 문맹, 무학

   > **해석** 피임에 대한 편견 없는 조언이 미혼모의 출산율을 낮추기 위해 필요하다. 비난은 소용없다.

4. But proverbs often <u>contradict</u> one another, as any reader soon discovers. The sagacity that advises us to look before we leap promptly warns us that if we hesitate we are lost; that absence makes the heart grow fonder, but out of sight, out of mind.

   (A) reject   (B) support

   (C) deny   (D) praise

   > **어휘** **contradict** 반박하다, 모순되다   **reject** 거절하다, 무시하다   **support** 지탱하다, (주의 · 정책 등) 지지하다
   > **deny** 부정하다   **praise** 칭찬하다, 찬미하다

   > **해석** 어느 독자라도 금방 알 수 있듯이, 속담은 종종 서로 모순되기도 한다. 돌다리도 두들겨 보고 건너라는 현명한 충고는 망설이면 놓친다고 경고하고 있고, 또한 없으면 오히려 그리워진다는 말이 있지만 보지 않으면 마음도 멀어진다는 말이 있다.

정답 1. A   2. A   3. C   4. C

Prefix COUNTER- / DE- 반대 / 아래

01 counterfeit
[káuntərfit]

가짜의, 모조품

- Given that the difference between the true value of the original and the cost of the counterfeit is so great for software, international piracy has become big business.
  ▶ 소프트웨어의 경우 원판의 가격과 복제품 비용의 차이가 너무 크기 때문에 국제적 해적행위는 이미 큰 사업으로 자리 잡았다.

02 countermand
[kauntərmænd]

(명령 따위를) 철회하다, 취소하다

- A superior officer has the power to countermand orders issued by a subordinate.
  ▶ 고급 관리는 하급자가 내린 명령을 철회시킬 수 있는 권한이 있다.

03 counterpart
[káuntərpa:rt]

상대물, 짝을 이루는 것

- The Prime Minister is to meet his European counterparts to discuss the legalization of marijuana.
  ▶ 수상은 대마초의 합법화를 논의하기 위해서 자신과 대등한 유럽의 지도자들과 만날 예정이다.

04 debase
[dibéis]

(품질, 가치를) 저하시키다

- By concentrating on personal gain, he has debased both himself and the high office to which he was elected.
  ▶ 개인적인 이익에 치중해서 그는 자신과 그가 당선된 높은 직위의 품위를 떨어뜨렸다.

05 debauch
[dibɔ́:tʃ]

(특히 성적으로) 타락시키다

- His debauched lifestyle not only ruined his own life but destroyed the lives of all his children at the same time.
  ▶ 그의 방탕한 삶의 방식은 자기 자신의 삶을 망가뜨렸을 뿐만 아니라 동시에 자기 아이들 모두의 인생까지 파괴시켜 놓았다.

06 debilitate
[dibíliteit]

(열, 병 등으로) 쇠약하게 되다

- The historian explained that luxury and self-indulgence debilitated the Roman people and led to the fall of the empire.
  ▶ 사치와 방종이 로마 국민들을 쇠약하게 해서 제국의 멸망을 가져왔다고 그 역사가가 설명했다.

07 deceased
[disí:st]

(특히 최근에) 죽은, 죽은 사람들

- The relatives who received little or nothing sought to invalidate the will by claiming that the deceased had not been in his right mind when he had signed the document.
  ▶ 유산을 거의 못 받았거나 전혀 받지 못한 친척들은 고인이 유서에 서명할 당시에 제정신이 아니었음을 주장함으로써 그 유언장을 무효화시키려 했다.

08 decipher
[disáifər]

(글, 암호 따위를) 해독하다

- It was a toll-free number and every message was in Korean in an automated voice. No person was available to help me decipher the messages.
  ▶ 그것은 무료 전화번호였는데, 모든 메시지는 자동화된 목소리에 한국말로 되어있었다. 그 메시지들을 해독하는데 도움을 줄 사람은 전혀 없었다.

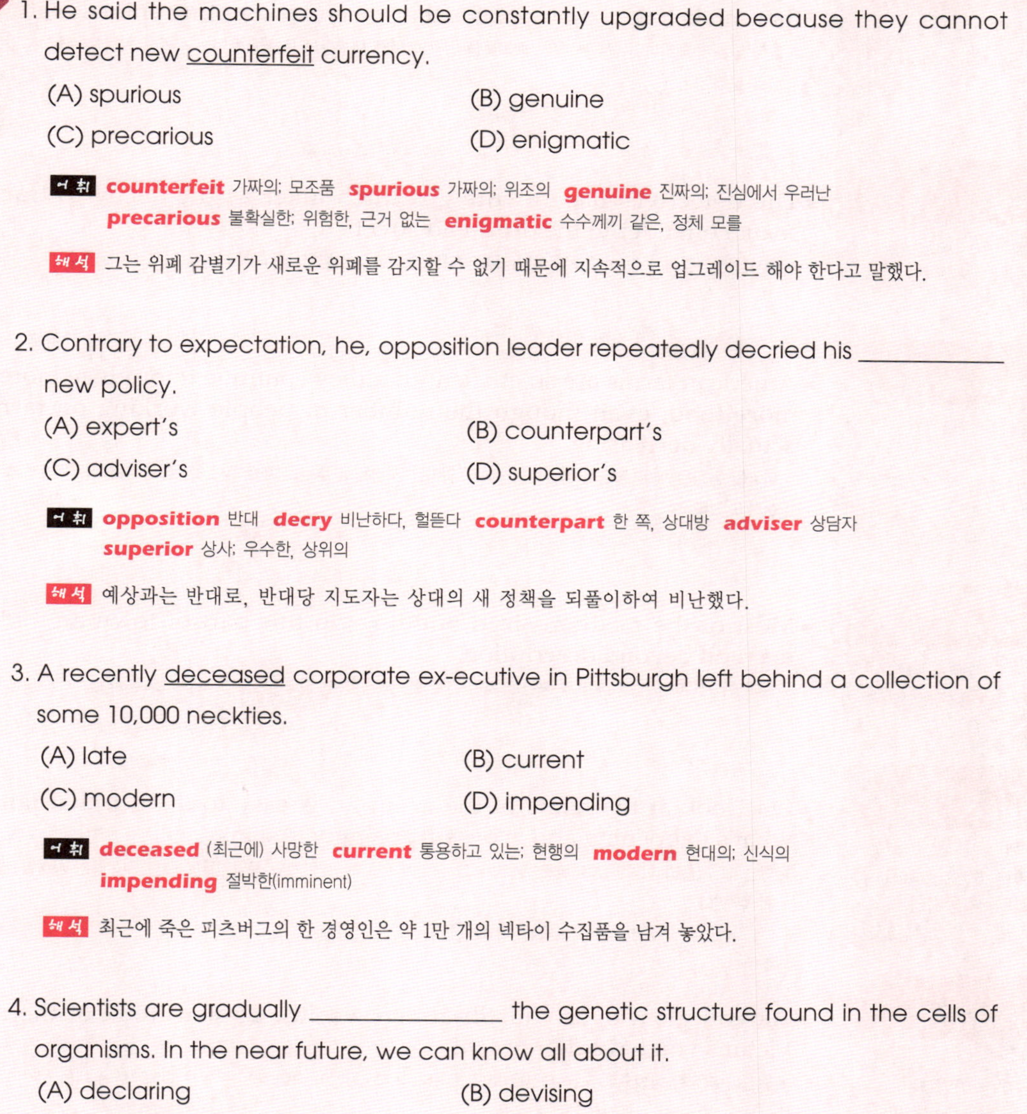

1. He said the machines should be constantly upgraded because they cannot detect new <u>counterfeit</u> currency.

   (A) spurious
   (B) genuine
   (C) precarious
   (D) enigmatic

> **어휘** **counterfeit** 가짜의; 모조품 **spurious** 가짜의; 위조의 **genuine** 진짜의; 진심에서 우러난 **precarious** 불확실한; 위험한, 근거 없는 **enigmatic** 수수께끼 같은, 정체 모를
>
> **해석** 그는 위폐 감별기가 새로운 위폐를 감지할 수 없기 때문에 지속적으로 업그레이드 해야 한다고 말했다.

2. Contrary to expectation, he, opposition leader repeatedly decried his __________ new policy.

   (A) expert's
   (B) counterpart's
   (C) adviser's
   (D) superior's

> **어휘** **opposition** 반대 **decry** 비난하다, 헐뜯다 **counterpart** 한 쪽, 상대방 **adviser** 상담자 **superior** 상사; 우수한, 상위의
>
> **해석** 예상과는 반대로, 반대당 지도자는 상대의 새 정책을 되풀이하여 비난했다.

3. A recently <u>deceased</u> corporate ex-ecutive in Pittsburgh left behind a collection of some 10,000 neckties.

   (A) late
   (B) current
   (C) modern
   (D) impending

> **어휘** **deceased** (최근에) 사망한 **current** 통용하고 있는; 현행의 **modern** 현대의; 신식의 **impending** 절박한(imminent)
>
> **해석** 최근에 죽은 피츠버그의 한 경영인은 약 1만 개의 넥타이 수집품을 남겨 놓았다.

4. Scientists are gradually __________ the genetic structure found in the cells of organisms. In the near future, we can know all about it.

   (A) declaring
   (B) devising
   (C) deciding
   (D) deciphering

> **어휘** **genetic** 유전자의 **declare** 선언하다; 의견을 표명하다; (세관·세무서에서 과세품·소득액을) 신고하다 **devise** 궁리하다, 상상하다 **decide** 결정하다; 해결하다 **decipher** (암호를) 해독하다, 풀다(decode)
>
> **해석** 과학자들은 점차적으로 유기체의 세포 속에서 발견된 유전자 구조를 해독해내고 있다. 멀지 않은 미래에 유전자 구조를 모두 알게 될 것이다.

정답 1. A 2. B 3. A 4. D

01 decompose
[di:kəmpóuz]
(성분, 원소로) 분해하다

- Bacteria and fungi in the soil decompose organic wastes into nutrients that can be taken up by plants that we and most other animals eat.
  ▶ 흙에 있는 박테리아와 균류는 유기 폐기물을 인간과 여타 대부분의 동물들이 먹는 식물에 의해 흡수될 수 있는 양분으로 분해한다.

02 decoy
[di:kɔ́i]
꾀어들이다, 유인하다

- The detectives used a cute girl hitch-hiker as the decoy to trap the sexual offender in the dead-end street.
  ▶ 형사들은 귀엽게 생긴 여자 히치 하이커를 막다른 골목에서 성범죄자를 사로잡는데 미끼로 이용했다.

03 decrease
[dikrí:s]
감소하다

- American farms are so efficient that they continue to produce more and more food, even though the number of people working on farms is actually decreasing.
  ▶ 미국의 농장은 매우 능률적이어서 농장에서 일하는 사람들의 수는 실제로 감소하는데도 계속 더욱 많은 식량을 생산하고 있다.

04 decrepit
[dikrépit]
노쇠한, 노후한

- Most of the medium-sized buildings in this part of town are old and decrepit beyond description.
  ▶ 동네 이 지역에 있는 대부분의 중간 크기인 건물들은 형용할 수 없으리만큼 오래되고 노후하다.

05 deduce
[didjú:s]
(이미 아는 것으로부터) 연역하다, 추론하다

- One look at the name of the group, it is easy to deduce that tango is what's happening and is by, surprisingly, Asians.
  ▶ 한번 그 그룹의 이름만 보더라도, 탱고가 그 중심에 있으며, 놀랍게도 동양인들에 의한 것이라는 사실을 쉽게 추론할 수 있다.

06 defraud
[difrɔ́:d]
(권리, 재산 따위를) 속여 빼앗다, 사기치다

- As you gloat over your ill-gotten wealth, do you think of the many victims you have defrauded?
  ▶ 당신이 부정한 방법으로 모은 재산을 보고 흡족해 할 때, 당신이 속여 빼앗은 많은 피해자들에 대해 생각하시나요?

07 defunct
[difʌ́ŋkt]
죽은, 현존하지 않는

- Although many of the formalities of etiquette of earlier days are now generally disregarded, the basic principles of courtesy are never defunct.
  ▶ 옛날 예절의 여러 가지 형식이 현재는 일반적으로 경시되지만 예의의 기본적인 원리는 결코 소멸되지 않았다.

08 degenerate
[didʒénəreit]
퇴화하다, 퇴보하다

- What was originally intended as a peaceful demonstration against nearly all abortion, unexpectedly degenerated into violence.
  ▶ 원래는 거의 모든 낙태를 반대하는 평화로운 시위로 의도되었던 것이 전혀 예상 밖의 폭력 사태로 악화되고 말았다.

1. The researchers advise people who are dependent on caffeine not to stop using it suddenly. They say it is best to _______________ the amount a little each day.

   (A) increase
   (B) summon
   (C) decrease
   (D) promote

   > **어휘** **summon** 호출하다, 소집하다 **promote** 촉진하다, 장려하다

   > **해석** 연구원들은 카페인에 의존하던 사람들이 갑작스럽게 사용을 중단하는 것은 금물이라고 충고하며, 매일 조금씩 양을 줄이는 게 상책이라고 말한다.

2. The Ministry of Construction and Transportation also said it will improve bus services by providing an electronic ticketing service and scrapping old and ______ vehicles.

   (A) crude
   (B) bereft
   (C) adept
   (D) decrepit

   > **어휘** **crude** 가공하지 않은 **bereft** 빼앗긴, 잃은 **adept** 숙달한 **decrepit** 쇠약한

   > **해석** 건설 교통부는 앞으로 승차권 전산발매, 노후차량 폐차 등을 통해 서비스를 개선할 방침이라고 밝혔다.

3. Since light is a form of energy, scientists will <u>deduce</u> that light has mass and will therefore be affected by a gravitational field.

   (A) introduce
   (B) defer
   (C) infer
   (D) refer

   > **어휘** **deduce** 연역하다; 유래를 찾다 **mass** 질량 **gravitational field** 중력장 **introduce** 받아들이다; 소개하다 **defer** 연기하다; 경의를 표하다; 양보하다 **infer** 추론하다, 추측하다 **refer** 보내다; 참조시키다; 위탁하다

   > **해석** 빛은 에너지의 일종이기 때문에 과학자들은 빛은 질량을 갖고 있으므로 중력장에 의해 영향을 받을 것이라고 추론한다.

4. His life <u>degenerated</u> and deviated from what was acceptable. His renown and status was gone with the wind.

   (A) debilitated
   (B) enfeebled
   (C) dissipated
   (D) deteriorate

   > **어휘** **degenerate** 퇴화하다, 퇴보하다 **debilitate** 쇠약하게 하다 **enfeeble** 약화시키다 **dissipate** 흩뜨리다, 나빠지다 **deteriorate** 퇴보하다, 후퇴하다

   > **해석** 그의 삶은 용인할 수 있는 것으로부터 퇴보하고 벗어났다. 그의 명예와 지위는 순식간에 사라졌다.

정답 1. C 2. D 3. C 4. D

01 degrade
[digréid]

강등시키다,
(~의 품성을) 타락시키다

- A famous historian has said that slavery was an evil that degraded not only the slave but also the slaveholder.
  ▶ 한 유명한 역사가가 노예제도는 노예 뿐만 아니라 주인도 타락시키는 악이라고 말했다.

02 dejected
[didʒéktid]

기가 죽은, 낙심한

- Valencia's goal keeper Santiago Canizares lied dejected on the pitch after Inter Milan scored during the Champions League soccer match against Inter Milan in Valencia, Spain.
  ▶ 발렌시아팀의 골키퍼 Santiago Canizares가 스페인 발렌시아에서 벌어진 인터 밀란과의 챔피언스 리그 축구 경기 도중 한 골을 먹은 후 그라운드에 낙심한 모습으로 누워있었다.

03 delegate
[déligeit]

대표로 파견하다,
(권한 따위를) 위임하다

- President vowed Monday he would continue to delegate more power to Prime Minister in dealing with domestic affairs, including the naming of cabinet ministers.
  ▶ 대통령은 자신이 국무총리에게 내각 장관들의 임명을 포함하는 내정을 다루는 일에 지속적으로 더 큰 권한을 위임시키겠다고 월요일에 서약했다.

04 deliberate
[dilíbəreit]

(특히 나쁜 일에 대해)
고의적인, 심사숙고 하다

- They tried to 'explain away' their racial insults as slips of the tongue, but in my opinion they were deliberate and premeditated.
  ▶ 그들은 인종적인 모욕을 말실수라고 '해명' 하려고 했지만, 내 생각으로는 그들은 고의적이고 계획적이었다.

05 delinquent
[dilíŋkwənt]

태만한, 범죄인

- Citizens who fail to vote out of indifference or laziness are delinquent in their civic duties.
  ▶ 무관심이나 게으름 때문에 투표를 안하는 시민들은 시민으로서의 의무에 있어서 태만한 것이다.

06 delude
[dilú:d]

현혹하다, 속이다

- If you think that you can get away with selling second-rate and overpriced vacuum cleaners to the people of this town, you are deluding only yourself.
  ▶ 이 마을 사람들에게 보잘 것 없는 진공청소기를 비싸게 팔고 무사할 수 있다고 생각한다면 당신은 자신을 속이고 있을 뿐입니다.

07 demeanor
[dimí:nər]

행실, 태도

- The chairman's serious demeanor is in sharp contrast with that of his humorous deputy.
  ▶ 그 의장의 진지한 태도는 익살스런 그의 보좌관의 태도와 뚜렷한 대조를 이룬다.

08 demolish
[dimáliʃ]

(오래된 건물 등을) 파괴하다

- Before the new hotel can be constructed, the two old buildings now on the site will have to be demolished.
  ▶ 새 호텔을 건축하기 전에 현재 그 대지 위에 있는 두 개의 낡은 빌딩이 철거되어야 한다.

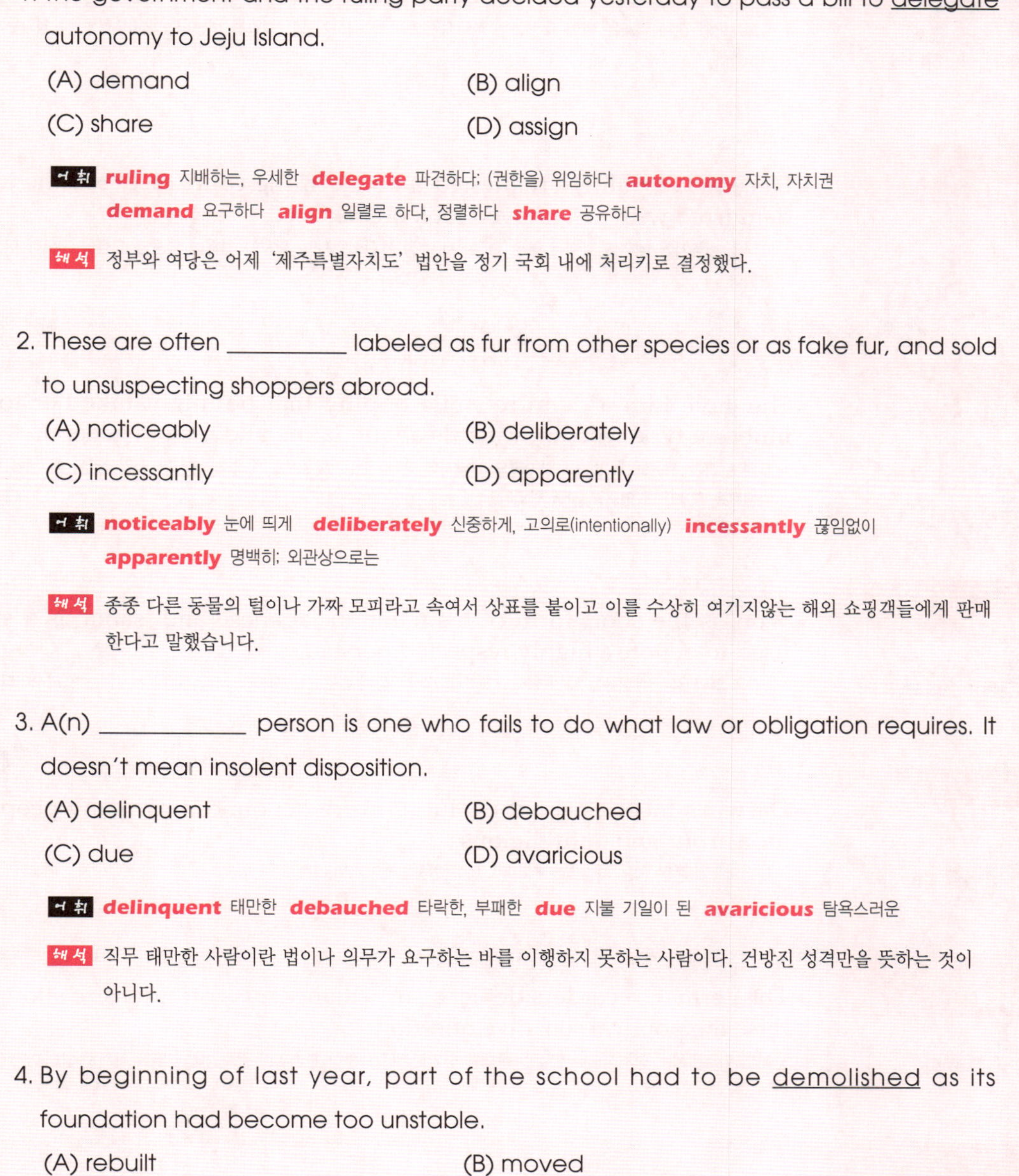

1. The government and the ruling party decided yesterday to pass a bill to <u>delegate</u> autonomy to Jeju Island.

   (A) demand   (B) align

   (C) share   (D) assign

   > **어휘** **ruling** 지배하는, 우세한 **delegate** 파견하다; (권한을) 위임하다 **autonomy** 자치, 자치권
   > **demand** 요구하다 **align** 일렬로 하다, 정렬하다 **share** 공유하다

   > **해석** 정부와 여당은 어제 '제주특별자치도' 법안을 정기 국회 내에 처리키로 결정했다.

2. These are often __________ labeled as fur from other species or as fake fur, and sold to unsuspecting shoppers abroad.

   (A) noticeably   (B) deliberately

   (C) incessantly   (D) apparently

   > **어휘** **noticeably** 눈에 띄게 **deliberately** 신중하게, 고의로(intentionally) **incessantly** 끊임없이
   > **apparently** 명백히; 외관상으로는

   > **해석** 종종 다른 동물의 털이나 가짜 모피라고 속여서 상표를 붙이고 이를 수상히 여기지않는 해외 쇼핑객들에게 판매한다고 말했습니다.

3. A(n) __________ person is one who fails to do what law or obligation requires. It doesn't mean insolent disposition.

   (A) delinquent   (B) debauched

   (C) due   (D) avaricious

   > **어휘** **delinquent** 태만한 **debauched** 타락한, 부패한 **due** 지불 기일이 된 **avaricious** 탐욕스러운

   > **해석** 직무 태만한 사람이란 법이나 의무가 요구하는 바를 이행하지 못하는 사람이다. 건방진 성격만을 뜻하는 것이 아니다.

4. By beginning of last year, part of the school had to be <u>demolished</u> as its foundation had become too unstable.

   (A) rebuilt   (B) moved

   (C) destroyed   (D) remodeled

   > **어휘** **destroy** 망치다 **demolish** 부수다; (계획·제도를) 뒤엎다 **unstable** 불안정한; 변하기 쉬운
   > **rebuild** 재건하다 **move** 움직이다; 감동시키다 **destroy** 망치다 **remodel** 고쳐 만들다

   > **해석** 지난 해 초에 학교 건물의 토대가 너무 불안정해서 학교의 일부를 헐어야만 했다.

01 demonstrate
[démənstreit]
(추론, 예 등을 통해)
증명하다, 설명하다

- The whole history of social reform demonstrates how much easier it is to deprecate evils than to take effective action against them.
  ▶ 사회개혁의 전체 역사는 악에 대항하는 적극적인 행동을 취하기보다는 악을 비난하는 것이 훨씬 더 쉽다는 사실을 보여준다.

02 demur
[dimə́:r]
이의를 제기하다

- Her lawyer politely requested a break in the court case, but the judge demurred with an annoyed look on his face.
  ▶ 그녀의 변호사가 예의를 갖춰서 공판 과정에서 휴정을 신청했지만, 판사는 얼굴에 짜증난 표정을 지으며 이의를 제기했다.

03 demure
[dimjúər]
(여성, 어린이가) 얌전한

- She gave him a demure smile hoping that he might take her for an innocent type who knows little about dating and men in general.
  ▶ 그녀는 그가 자신을 데이트나 일반적으로 남자에 대해서는 거의 아는 게 없는 순진한 타입이라고 착각했으면 하는 바람으로 다소곳한 미소를 지어 보였다.

04 denote
[dinóut]
~을 표시하다, 나타내다

- 'Yon' is the short form of his name in Japanese and 'sama' is a suffix used to denote a highly respected person.
  ▶ "욘"은 그의 일본말 이름을 줄인 형태이고, "사마"는 굉장히 존경받는 사람을 나타내는데 사용되는 접미사이다.

05 denounce
[dináuns]
(공공연히) ~을 비난하다

- Darwin's theories about evolution were denounced by many people as monstrous and antireligious.
  ▶ 다윈의 진화론은 많은 사람들에게 터무니없고 반종교적인 것이라고 비난 받았다.

06 depict
[dipíkt]
(생생이) 묘사하다

- The german recorders depict a surveillance mission extensire enough to raise the political sensitive question.
  ▶ 독일 기록문서는 정치적으로 민감한 문제를 야기하기에 충분한 광범위한 감시감독 임무를 자세히 밝히고 있다.

07 deplete
[diplí:t]
(크게) 감소시키다, 고갈시키다

- The prolonged drought has so depleted the supplies in our reservoir that we may have to consider rationing water.
  ▶ 오랫동안의 가뭄이 우리 저수지의 물을 고갈시켰기 때문에 우리는 물 배급을 고려해야 할지도 모르겠다.

08 deplore
[diplɔ́:r]
(남의 죽음, 과오 등을)
비탄하다

- The entire world deplores this tragic situation and agrees that swift action is needed.
  ▶ 전세계는 이 비극적인 상황을 개탄하고 있으며 조속한 조치가 필요하다는 것에 동의하고 있다.

1. An internationally famous ballerina, Maria Tallchief <u>demonstrated</u> that the quality of ballet in the United States could equal that of the ballet in Europe.

(A) corrected
(B) created
(C) repeated
(D) showed

어휘 **demonstrate** 증명하다, 보여주다 **ballet** 발레 **correct** 고치다, 수정하다

해석 국제적으로 유명한 발레리나인 Maria Tallchief 는 미국에서의 발레 수준이 유럽에서의 발레 수준에 견줄 만하다[동일하다]는 것을 보여주었다.

2. The president publicly <u>denounced</u>, but privately celebrated, the illegal activities of the director of the Central Intelligence Agency.

(A) condemned
(B) depicted
(C) acknowledged
(D) humiliated

어휘 **denounce** 공공연히 비난하다; 고발하다 **condemn** 비난하다; 형을 선고하다 **depict** (그림·조각으로) 그리다; (말로) 묘사[서술]하다 **acknowledge** 인정하다, 승인하다 **humiliate** 욕보이다

해석 대통령은 미중앙정보부(CIA) 국장의 불법 행위를 공식적으로는 비난했지만 사적으로는 칭찬했다.

3. She has gained success as a writer who knows how to ___________ in a lifelike way the hopes, fears, and problems of young people today.

(A) depict
(B) engrave
(C) levy
(D) interdict

어휘 **depict** 묘사하다 **engrave** 새기다 **levy** 징수하다 **interdict** 금지하다, 막다

해석 오늘날 젊은이들의 희망, 공포 및 문제들을 생생하게 묘사하는 방법을 아는 작가로서 그녀는 성공을 거두었다.

4. Under such circumstances, government's economic resources must not be _______ as Opinion of Minister of Financial department .

(A) deposited
(B) conditioned
(C) depleted
(D) devoured

어휘 **economic** 경제(학)의, 재정상의 cf.) economical 경제적인; 검소한 **resource** 자원, 물자; (의지하는) 수단 **deposit** 아래에 놓다, 두다; 맡기다 **condition** ~의 필요조건이 되다 **deplete** 감소시키다, 고갈시키다 **devour** 게걸스럽게 먹다; 먹어 치우다

해석 이러한 상황에서, 재무부 장관의 의견처럼 정부의 경제적 재원이 소모되어서는 안된다.

01 deport
[dipɔ́ːrt]
(국외로) 추방하다

- It was confirmed that two employees of the North Korea Embassy in Moscow were deported from Russia as they tried to steal technical blueprints of technology related to the Mig 21 fighter aircraft.
  ▶ 모스크바의 북한대사관 직원 두 명이 미그21 전투기 관련 설계 청사진을 빼내려다 러시아에서 추방되었음이 확인되었다.

02 depose
[dipóuz]
(특히 고위직에서)
물러나게 하다, 퇴위시키다

- A group of younger people tried to get control of the political club, but they were unable to depose the shrewd old leader who had headed it for so many years.
  ▶ 일단의 젊은이들이 그 정치단체를 장악하려고 했지만 그들은 여러해 동안 이 단체를 이끌어왔던 영리한 노지도자를 밀어낼 수 없었다.

03 deposit
[dipázit]
(특정한 장소에)
내려놓다, 침전시키다

- We put a "cussing cup" on the desk, and for every cuss word that slipped out, the offending party had to deposit one quarter.
  ▶ 우리는 책상 위에 "욕설 컵"을 두었고, 욕설이 튀어나올 때마다 위반자[욕설을 한 사람]는 25센트를 컵에 넣어야 했다.

04 deprecate
[déprikeit]
(진지하게) 불찬성하다,
비난하다

- His purpose was deprecated by all round him, and eventually he was with difficulty induced to abandon it.
  ▶ 그의 의도는 주위 모든 이들로부터 비난을 받았고 결국 그는 힘겹게 권유를 당해서 자신의 결의를 저버리게 되었다.

05 depreciate
[diprí:ʃieit]
가치가 떨어지다, 경시하다

- They believe that the global dollar weakness will continue as the U.S. dollar will depreciate to a new all-time low against the common European currency and the Japanese yen.
  ▶ 그들은 미국 달러가 유럽 공용 화폐와 일본 엔화에 대한 신기록적인 최저가까지 가치하락을 하는 동안 세계적인 달러의 약세가 계속되리라 믿고 있다.

06 depress
[diprés]
의기소침하게 하다,
불경기로 만들다

- That cold afternoon in Manhattan, waiting for a dear friend, I was feeling depressed because of some bad mistakes I had made.
  ▶ 맨하탄의 그 추웠던 오후, 나는 내가 저지른 지독한 실수 때문에 우울해하며 소중한 친구를 기다리고 있었다.

07 deputy
[dépjuti]
대리, 보좌관

- The senior manager has been acting as deputy while the boss is out of town over the past five days.
  ▶ 지난 닷새 동안에 걸쳐 사장님께서 출장을 가신 사이 그 선임 매니저가 대행을 맡아오고 있다.

08 deranged
[diréindʒd]
발광한, 미친

- The audience who watched "Team America" is rewarded with a deranged, wildly entertaining feature that could spawn a puppet revolution!
  ▶ "팀 아메리카"를 본 관객들은 인형극의 혁명을 낳을 수도 있을 법한 광기 어리고, 격렬한 재미를 안겨주는 내용을 선사 받았다.

1. The long-nurtured myths about French resistance to German occupation during World War II have been challenged by new information about the role played by the collaborationist Vichy government in <u>deporting</u> Jews to Nazi death camps.
   (A) sending out of the country (B) carrying to bed
   (C) dropping out of school (D) inviting to come

   어휘 **resistance** 저항, 반대 **collaborationist** 협력가, 부역가

   해석 2차 세계대전 중 프랑스인의 항독 레지스탕스에 관한 오랜 통념들이 Vichy 부역 정부가 유대인을 나치의 죽음의 수용소로 추방하는데 행한 역할에 관한 새로운 정보가 나타남으로써 흔들리고 있다.

2. The company in confidence was ___________ as illegal discharging of waste water but that happened again.
   (A) admired (B) depressed
   (C) deprecated (D) depreciate

   어휘 **illegal discharging of waste water** 불법 폐수 방출 **admired** 감탄하다; 칭찬하다
   depress 의기소침하게 하다, 불경기로 만들다 **deprecate** (진지하게) 찬성하지 않다, 비난하다
   depreciate 가치가 떨어지다, 경시하다

   해석 신망이 두텁던 그 기업은 폐수 무단 배출로 질타 받았지만, 또다시 폐수를 무단 방출했다.

3. Yesterday, the won ___________ against the dollar after the government said it's closely watching currency moves.
   (A) slowed (B) reduced
   (C) depreciated (D) lowered

   어휘 **currency** 통용, 화폐 **depreciate** 화폐 가치를 절하하다 **slip** 하락

   해석 어제 정부가 환율 추이를 면밀히 감시할 것이라고 발표한 이후 달러화 대비 원화 가치가 절하 되었다.

4. We guessed that she had been <u>mad</u> after the terrible accident. But it was a fraudulence in order to insurance money.
   (A) deranged (B) involuntary
   (C) confined (D) interned

   어휘 **fraudulence** 사기 **derange** 혼란시키다, 발광하게 만들다 **involuntary** 비자발적인
   confine 가두다, 감금하다 **intern** 구금하다, 구금자

   해석 우리는 그녀가 그 끔찍한 사고 이후에 미쳤다고 생각했다. 하지만 그것은 보험금을 노린 사기극이었다.

정답 1. A 2. C 3. C 4. A

01 derelict
[dérilikt]

(특히 배, 건물이)
유기된, 버려진

- The building that used to be the City Hall in the early 20th century has been left derelict and unattended.
  ▶ 20세기 초반에 시청이었던 그 건물은 유기된 채 내버려 둔 상태로 남아있다.

02 deride
[diráid]

비웃다, 조롱하다

- It is in the nature of tyranny to deride the will of the people as the voice of the mob and to denounce the cry for freedom as the roar of anarchy.
  ▶ 국민의 의지는 폭도들의 목소리라고 조롱하고, 자유를 갈구하는 울부짖음은 무질서의 아우성이라고 공공연히 비난하는 것이 독재의 본질이다.

03 derive
[diráiv]

(다른 근원에서) 끌어내다

- The city of Kalamazoo, Michigan, derives its name from a Native American word meaning "bubbling springs".
  ▶ 미시간주의 Kalamazoo라는 도시는 "거품이 일어나는 샘물"을 의미하는 미국원주민의 단어로부터 그 이름이 유래한다.

04 descry
[diskrái]

(먼 것, 희미한 것을)
알아보다, 발견하다

- I could only just descry the vessel in full sail, at such a distance that I soon lost sight of it.
  ▶ 곧 시야에서 사라져 버릴 정도의 거리에서 돛을 최대한으로 올리고 있는 배를 단지 희미하게 알아 볼 수 있었다.

05 designate
[dézigneit]

명명하다, 임명하다

- Even before the new President took office, he designated the men and women who were to serve in his cabinet.
  ▶ 그 신임 대통령은 취임하기도 전에 그의 내각에서 일할 사람들을 임명했다.

06 desolate
[désələt]

(장소, 건물이)
사람이 살지 않는, 황폐한

- This desolate town, with its empty streets and ruined houses, used to have a large population.
  ▶ 텅 빈 거리와 폐가들이 즐비한 이 황량한 마을에는 한때 많은 사람들이 살고 있었다.

07 despise
[dispáiz]

경멸하다

- She despised their corrupt business methods but she was envious of their wealth.
  ▶ 그녀는 그들의 부패한 경영 방식을 비난했지만 그들의 부는 부러워했다.

08 despondent
[despándənt]

낙담한, 풀이 죽은

- Many doctors believe that when sick people become despondent about their health, it is more difficult for them to recover.
  ▶ 환자들이 그들의 건강에 관해서 낙담할 때 회복하기가 더 어렵다고 많은 의사들이 믿고 있다.

1. Her body was found dumped in a ______________ warehouse less than a mile her house owing to deposition of eyewitness.

(A) dandy
(B) derelict
(C) debunked
(D) demonic

> **어휘** **dandy** 멋쟁이; 훌륭한 물건, 일품 **derelict** 유기된; 무책임한 **debunk** (정체를) 폭로하다; 헐뜯다
> **demonic** 악마의; 마력을 지닌

> **해석** 그녀의 시신은 그녀의 집에서 1마일도 되지 않는 버려진 공장에서 목격자에 의해 발견되었다.

2. During the five-day meeting of the International Whaling Commission, Japan derided the delegates of anti-whaling nations as "mimics for Greenpeace."

(A) ridiculed
(B) designated
(C) named
(D) degenerated

> **어휘** **anti-whaling** 반 고래잡이 **mimic** 모방자 **deride** 조롱하다, 비웃다 **designate** 가리키다
> **name** 이름을 붙이다[짓다], 명명하다 **degenerate** 나빠지다, 퇴보하다

> **해석** 국제 고래잡이 위원회의 5일간의 회담기간 동안 일본은 고래잡이에 반대하는 국가의 대표자들을 그린피스의 모방자라며 비웃었다.

3. At the party, Mr. Whitaker drank whisky rather than beer, so his friends _________ his driver for the trip home.

(A) designated
(B) discharged
(C) deluded
(D) collected

> **어휘** **designate** ~을 나타내다; 지명하다(appoint)
> **discharge** (배에서) 짐을 부리다; (속박·의무 등에서) 해방하다; 해고하다
> **delude** ~을 속이다; 속여서 ~하게 하다 **collect** 모으다; (생각을) 집중하다; (마음을) 가라앉히다

> **해석** 파티에서 Whitaker씨는 맥주보다는 위스키를 마셨기 때문에, 그의 친구들은 그를 안전하게 귀가 시켜줄 운전사를 지명했다.

4. Despondent, when he arrived, he has since moved to his own apartment and now directs at his school, a transformation Graham calls "miracle."

(A) Refused
(B) Depressed
(C) Guarded
(D) Neglected
(E) Survived

> **어휘** **refuse** 거절하다 **depressed** 낙담한 **guard** 지키다 **neglect** 무시하다 **survive** 살아남다

> **해석** 그가 도착했을 때, 낙담하여, 그는 그 후로 자신의 아파트로 이사하고는 이제 학교를 운영하고 있었는데, 그것은 Graham이 말하는 바로는 "기적"인 변신이다.

01 destitute
[déstitu:t]
빈궁한, 빈곤한

- The Geneva-based Red Cross Federation is supporting the Afghan Red Crescent in its efforts to assist thousands of destitute people in Kabul.
  ▶ 제네바에 본부를 둔 적십자 연맹은 수천명의 카불 빈민들을 돕기 위해 아프가니스탄 적십자를 지원하고 있다.

02 desuetude
[déswitju:d]
폐지(상태)

- Probably only one in a hundred girls who give birth clandestinely even knows that anedict of King Henry II, now fallen into desuetude, once made their action punishable by death.
  ▶ 아마도 몰래 아이를 낳는 여자들 중 100에 오직 한 명 정도나 이제는 폐지되었지만 한 때는 그런 행동을 죽음으로 벌했던 헨리 2세의 칙령에 대해 알고 있을 듯 하다.

03 desultory
[désəltə:ri]
종잡을 수 없는, 산만한

- Persons of a light and desultory temper that skip about are blown with every wind, as grasshoppers are.
  ▶ 이리저리 뛰어다니는 경망스럽고 산만한 성격의 사람들은 귀뚜라미나 매한가지로 바람이 불 때마다 휩쓸려 날아간다.

04 detach
[ditǽtʃ]
분리시키다, 파견하다

- Her timely advice helped him detach himself from his current problems and become a lot more objective about the whole thing.
  ▶ 그녀의 시기 적절한 조언은 그로 하여금 자신을 현재 당면한 문제들로부터 분리되도록 도와주어서 그를 전체적으로 훨씬 더 객관적으로 만들어주었다.

05 detain
[ditéin]
지체하게 하다,
(법률) 감금하다

- Probation officials can either warn or detain the people under probation if there is reason to believe they are abusing drugs or violating the treatment order.
  ▶ 보호 감찰 관리들은 그들이 마약을 남용한다거나 치료 명령을 위반하고 있다고 믿을 만한 이유가 있는 경우, 집행유예 중인 사람들에게 주의를 주거나 그들을 감금 시킬 수가 있다.

06 deter
[ditə́:r]
(공포, 위협 따위로)
그만두게 하다, 단념시키다

- All those smooth words and vague promises are not going to deter us from doing what we know is needed to improve conditions.
  ▶ 그런 모든 부드러운 말과 막연한 약속 때문에 우리가 상황을 개선하기 위해 필요하다고 알고 있는 일을 하기를 멈추지는 않을 것이다.

07 deteriorate
[ditíəriəreit]
(가치, 품질 따위)
떨어뜨리다

- If auto-makers launch diesel cars, which produce emissions as much 10 times the amount of gasoline cars, it will greatly deteriorate the atmosphere in the Metropolitan area.
  ▶ 자동차 생산자들이 가솔린 자동차의 열 배나 되는 양의 방출 물질을 만들어내는 디젤 자동차 생산을 개시하게 되면, 주요 도시 지역의 공기는 굉장히 악화될 것이다.

08 detest
[ditést]
몹시 싫어하다

- Pragmatism is the word most often used to describe the two leaders these days, and both are widely known to detest authoritarianism.
  ▶ 그 두 지도자들을 묘사하기 위해 가장 자주 사용되는 단어는 바로 실용주의이며, 두 사람 모두 권위주의를 몹시 싫어한다고 널리 알려져 있다.

1. North Korea has still been dealing with chronic food shortages and relies heavily on foreign aid to feed its _____________ people.

    (A) detached
    (B) detesting
    (C) destitute
    (D) desultory

어휘 **detached** 분리된, 초연한　**detesting** 몹시 싫어하는　**destitute** 빈궁한, 빈곤한　**desultory** 종잡을 수 없는, 산만한

해석 북한은 계속 만성적인 식량 부족에 여전히 시달려 왔으며 빈곤한 자국민을 먹여 살리기 위해 외국 식량 지원에 크게 의존하고 있다.

2. In addition, fingerprinting, once mandatory for all foreigners hoping to reside in South Korea for over one year, fall into <u>desuetude</u> last year, excluding those suspected of having a criminal record.

    (A) destitution
    (B) decrepitude
    (C) disuse
    (D) dissolution

어휘 **desuetude** 폐지　**destitution** 결핍　**decrepitude** 노쇠　**disuse** 폐지, 폐기　**dissolution** 해산, 분해

해석 이와 함께 국내에 1년이상 체류를 희망하는 외국인에 대해 의무적으로 시행하던 지문날인 제도가 작년에 폐지되었다. 단, 전과 기록이 있는 자는 제외된다.

3. Timothy has lived a <u>desultory</u> life without regular occupation since he was bereaved of his parents by a traffic accident.

    (A) unmethodical
    (B) misguided
    (C) disguised
    (D) systematic

어휘 **desultory** 종잡을 수 없는, 산만한　**bereave** 앗아가다, 잃게하다(deprive)　**unmethodical** 질서없는　**misguided** 오도된, 잘못 안　**disguised** 변장한, 속이는　**systematic** 체계적인, 계획적인

해석 Timothy는 교통사고로 부모님과 사별한 이후, 정해진 직업 없이 불규칙한 삶을 살고있다.

4. The heavy rain did not _____________ people from coming to the charity concert. Nearly every seat was occupied.

    (A) repeat
    (B) deter
    (C) intervene
    (D) surmount

어휘 **charity concert** 자선 공연　**occupy** ~을 점령하다; (지위, 일자리를) 차지하다　**repeat** 되풀이하다, 반복하다　**deter** 제지하다; 방해하다　**intervene** 사이에 들다; 방해하다; 조정하다　**surmount** (산에) 오르다; 극복하다

해석 비가 많이 왔지만 사람들은 자선공연에 왔다. 거의 모든 자리가 찼다.

01 detrimental
[detriméntəl]
해로운

- A golf course is very detrimental to the environment and causes water shortages because it requires so much water for operations.
  ▶ 골프 코스는 환경에 매우 해로우며, 운영을 하는데 있어 엄청난 양의 물이 필요하기 때문에 물 부족을 야기 시킨다.

02 devastate
[dévəsteit]
(도시, 국토를) 유린하다, 황폐화하다

- The hurricane so devastated a large section of the coast that the President declared it a disaster area.
  ▶ 태풍이 그 해안의 넓은 지역을 황폐시켰기 때문에 대통령은 그 지역을 재난 지역으로 선포했다.

03 deviate
[díːvieit]
(바른 길 등에서 약간) 벗어나다, 빗나가다

- The recent pattern of almost glacial weather wildly deviates from the norm for this time of year in this part of the globe.
  ▶ 거의 빙하기 날씨를 방불케 하는 최근의 양상은 지구에서 이 지역의 이맘때 기준에서 크게 벗어난다.

04 devour
[diváuər]
게걸스레 먹다

- It is in no way an exaggeration that some people can actually devour a pound of meat in the course of one meal.
  ▶ 한 번 식사를 하는 도중에 어떤 사람들은 1파운드에 달하는 고기를 실제로 먹어 치울 수 있다는 것은 결코 과장이 아니다.

05 devout
[diváut]
독실한, 경건한

- His mother is a devout Catholic who never misses every church service.
  ▶ 그의 어머니는 모든 예배를 결코 빠뜨리지 않는 독실한 카톨릭 신자다.

06 diminish
[dimíniʃ]
줄(이)다, 축소하다

- Many older people complain that the warm spirit of neighborliness has greatly diminished under the condition of city living.
  ▶ 많은 노인들은 도시 생활의 조건하에서 이웃간의 따뜻한 마음이 크게 줄어들었다고 불평한다.

07 dismay
[disméi]
(공포, 격정 따위가) 당황하게 하다

- She is dismayed to discover that Stella lives in what is, in her eyes, a horrible slum.
  ▶ 그녀는 자신이 보기에 형편없는 빈민굴 같은 곳에 Stella가 살고 있는 것을 보고 실망한다.

08 defer
[difə́ːr]
(남의 의견에) 따르다

- I have to defer to my boss on important decisions like this one because I simply cannot afford to suffer the consequences when things go wrong.
  ▶ 다름이 아니라 일이 잘못 되었을 때 저는 그 결과를 감당할만한 능력이 안되기 때문에, 이와 같이 중요한 결정에 있어서 저는 사장님의 의견에 따를 수밖에 없습니다.

1. Bacteria can be both <u>detrimental</u> and helpful to human beings, depending on the specific type and effect.

    (A) harmful
    (B) fatal
    (C) useful
    (D) beneficial

  > **어휘** **detrimental** 유해한, 손해되는 **fatal** 치명적인; 운명의 **useful** 쓸모 있는, 유용한 **beneficial** 유익한, 이익을 가져오는

  > **해석** 박테리아는 특정한 유형과 영향에 따라 인간에게 해롭기도 하고 도움이 될 수 있다.

2. The walkout, if carried out as planned, is feared to deal a(n) ____________ blow to the economy.

    (A) devastating
    (B) promising
    (C) ingratiaton
    (D) preserving

  > **어휘** **devastate** 황폐하게 하다 **promising** 장래가 촉망되는 **ingratiating** 매력 있는 **preserve** 보호, 보존하다

  > **해석** 파업이 계획대로 시작된다면 경제에 치명적인 타격이 될 것으로 우려되고 있다.

3. The lawyer said the suspect was a <u>devout</u> Muslim who had lived in the United States for five years and was faint with hunger from fasting during Ramadan.

    (A) stout
    (B) resolute
    (C) frugal
    (D) pious

  > **어휘** **devout** 독실한, 경건한 **stout** 단단한; 살찐 **resolute** 굳게 결심한, 단호한 **frugal** 검약한, 소박한 **pious** 경건한, 신앙심 깊은

  > **해석** 변호사는 용의자가 5년 동안 미국에 거주해 온 독실한 회교 신자이며 라마단 동안 단식으로 인해 현기증을 일으키고 있었다고 말했다.

4. It is less easy to see why economic difficulties and industrial ineptitude should have produced the present ____________ about society itself, the churchs, the schools, the unions, the laws.

    (A) courage
    (B) dismay
    (C) favor
    (D) side

  > **어휘** **ineptitude** 부조리

  > **해석** 왜 경제적 어려움과 산업정책의 부조리가 사회 자체, 교회, 학교, 노조, 법률 등에 관한 현재의 실망을 야기시켰는지를 알기는 더더욱 쉽지 않다.

01 deluge

[déljuːdʒ]

대홍수, 폭주,
~을 범람하게 하다

- Otherwise, businesses here will be doomed to face a deluge of class action suits with minority shareholders and civic groups are sharpening their teeth, they pointed out.
  - ▶ 그렇지 않으면, 이곳 사업체들은 소주주들에 의한 집단 소송이 폭주하는 걸 맞닥뜨릴 수 밖에 없는 운명에 처하게 될 것이고, 시민 단체들은 이를 갈고 있는 중이라고 그들이 지적했다.

02 devoid

[divɔ́id]

~이 빠진, 전혀 없는

- U.S. foreign policy is flawed in that it is devoid of consistency, lacks relevant historical perspective, is insensitive to cultural nuances and is based on an arrogant stance, best described as 'Might is Right'.
  - ▶ 미국의 외교 정책은 일관성이 결여되어 있고, 적절한 역사관도 없으며, 문화적인 미묘한 차이에도 둔감하고, '힘이 정의이다'라고 딱 떨어지게 묘사될 수 있는 오만한 태도에 바탕을 두고 있다는 점에서 결점을 가지고 있다.

03 diffident

[dífidənt]

(자신의 능력, 자질에)
자신이 없는, 수줍어 하는

- In the film, the former rock star takes up the role as a diffident bus-driver who falls madly in love with a blind yet blithe passenger.
  - ▶ 그 영화에서 그 전직 록 스타는 장님이지만 쾌활한 성격의 승객과 뜨거운 사랑에 빠지는 자신감 없는 버스 운전사 역할을 맡았다.

04 digress

[daigrés]

(대화 논의 도중)
본론에서 벗어나다

- I digressed a little bit there. To get back to what I was saying, this poem reflects the poet's love of nature and his religious beliefs.
  - ▶ 제가 조금 옆길로 빠졌었군요. 하던 얘기로 돌아가자면, 이 시는 그 시인의 자연에 대한 사랑과 종교적 믿음을 반영하고 있습니다.

05 dilapidated

[dilǽpideitid]

(오랜 시간 방치되어)
황폐한, 낡아빠진

- The little girl had to do her homework outdoors because her house and school were dilapidated by an earthquake measuring 5.0 on the Richter scale, which hit the area.
  - ▶ 그 지역을 강타한 리히터 강도 5.0의 지진으로 인해 자신의 집과 학교가 황폐화 되어버린 바람에 그 어린 소녀는 야외에서 숙제를 할 수 밖에 없었다.

06 dilate

[dailéit]

(둥그렇게) 넓히다, 팽창시키다

- The pupils of the eyes dilate not only when darkness increases but also when a person becomes sexually aroused.
  - ▶ 눈의 동공은 어둠이 짙어질 때 만이 아니라 사람이 성적으로 흥분하게 될 때 역시 팽창한다.

07 dilatory

[dílətɔːri]

(사람, 행동이) 느린,
지연시키는

- I am inclined to be dilatory, and if I had not enjoyed extraordinary luck in life and love, I might have been living with my mother at that very moment, doing nothing.
  - ▶ 난 꾸물대는 경향이 있는데, 만약 인생과 사랑에 있어서 운이 억세게 좋지 않았더라면, 아마도 바로 그 순간 아무 일도 하지 않고 내 어머니와 살고 있었을 지도 모른다.

08 dilute

[dailúːt]

(물을 타서) 묽게 하다,
약하게 하다

■ The phased introduction of the policy was spearheaded by the government to dilute the dominance of the particular company, which has carved out more than half of the local mobile telephone service market.

▶ 국내 이동 전화 서비스 시장 절반 이상에 해당하는 지분을 쥐고 있는 특정 회사의 지배력을 약화시키는 정책의 단계적인 도입은 정부에 의해 주도되었다.

---

1. The account, in the Bible, of Noah's Ark and the forty-day flood may be based on actual ________________.

   (A) incineration   (B) sterility

   (C) extermination   (D) deluge

   어휘 **incineration** 소각, 화장   **sterility** 불모, 불임   **extermination** 박멸, 근절   **deluge** 대홍수

   해석 성경에 나오는 노아의 방주와 40일의 홍수는 아마도 실재 대홍수에 근거를 둔 설명일 것이다.

2. The third has a few books or many, every one of which was dog-eared and <u>dilapidated</u>, shaken and loosened by continual use, marked and scribbled in from front back.

   (A) intact   (B) dates that are written in a careless manner

   (C) worn out   (D) concerns turned down

   (E) words that are written in the center

   어휘 **dog-eared** 책의 모서리가 접힌   **dilapidate** 방치하여 못쓰게 하다   **scribble** 휘갈겨 쓰다   **intact** 손대지 않은   **worn out** 닳아 빠진

   해석 3층에는 몇 권의 책과 다른 것들이 많이 있는데 그것들은 낡았으며 헤지고 갈라졌으며 계속 사용해서 너덜너덜해졌다.

3. Your ______________ tactics may compel me to cancel the contract because the job must be finished on time. I can't tolerate even a slight delay anymore.

   (A) dilatory   (B) offensive   (C) infamous

   (D) confiscatory   (E) obstructive

   어휘 **tactic** 전술   **compel** 강요하다   **dilatory** 지연하는   **confiscatory** 몰수의   **obstructive** 방해하는

   해석 그 일은 제때에 이루어져야 하는 것이기 때문에, 당신의 지연 전술로 인해서 내가 그 계약을 취소하지 않으면 안될지도 모른다. 더 이상의 지연은 받아들일 수 없다.

01 dimension
[diménʃən]

(길이, 폭, 두께 등의)
치수, 크기

■ The airline said it opened the new dimension in travel on Dec. 1 and is now offering exclusive services and enhanced individual assistance.
▶ 그 항공회사는 자신들이 12월 1일 자로 여행의 새로운 차원을 열었으며, 이제 독자적인 서비스와 향상된 개인차원의 보조를 제공하고 있다고 얘기했다.

02 disable
[diséibl]

~을 불구로 만들다

■ He conspired with and aided and abetted Richard Reid and others to detonate shoe bombs in an attempt to destroy, disable or wreck American aircraft, including American Airlines Flight 63.
▶ 그는 미국 항공 63호기를 포함한 미국 비행기들을 파괴, 작동 불능 혹은 난파 시키려는 시도로 Richard Reid 및 기타 인물들과 함께 음모를 꾸미고, 지원해주며, 그들을 선동하여 신발에 넣은 폭탄들을 폭파시켰다.

03 disband
[disbǽnd]

해산하다

■ Iraq's prime minister Iyad Allawi announced a deal to disband the ethnically divided country's powerful militias, in a move seen as key to guaranteeing a stable transition after the handover of sovereignty later this month.
▶ 이라크의 수상 Iyad Allawi가 민족적으로 갈라진 나라의 강력한 저항군들을 해산시키고자 거래를 공표하였는데, 이 움직임은 이번 달 후반에 주권을 이양한 다음 안정된 변화기를 보장하는 열쇠로 보여진다.

04 discard
[diskά:rd]

(불필요한 것을)
버리다, 포기하다

■ "Labor unions should discard the stereotype that employees are weak, unlike the strong management and cooperate with the management's efforts to improve labor productivity", he said.
▶ 그는 "노동 조합들은 피고용자들이 강력한 경영진들과는 달리 약자라는 고정관념을 버려야만 하며, 경영진의 노동 생산성 향상을 위한 노력에 협조해야 하겠습니다." 라고 얘기했다.

05 disciple
[disάipl]

제자, 문하생

■ Andrea Bocelli has been dubbed as the fourth tenor, not only because he was a disciple of Pavarotti but also because of his exceptional voice.
▶ Andrea Bocelli는 그가 Pavarotti의 제자라는 이유 때문만이 아니라 그의 특출한 목소리 때문에도 제 4의 테너라고 명명되어지고 있다.

06 disconcert
[diskənsə́:rt]

평정을 잃게 하다,
~을 당황케하다

■ When she turned away from the window, she was vaguely disconcerted to see that there was no snow on the ground and that the sky was the colorless gray of an overcast April day.
▶ 그녀가 창가에서 돌아왔을 때, 그녀는 땅에 눈이라곤 하나도 없고, 4월의 빛을 잃은 회색의 잔뜩 찌푸린 하늘을 보고 어렴풋이 마음의 평정을 잃었다.

07 discord

[dískɔːrd]

의견차이, 불화

- In the process of reaching a compromis with the main opposition party over the controversial bills, discord occurred between the ruling party's hard-liners and moderates.
  ▶ 논쟁의 여지가 있는 법안들을 두고, 주요 반대 정당과 절충에 이르는 과정에서 집권당의 강경파들과 중도파 사이에서 불화가 일어 났다.

08 discourse

[dískɔːrs]

대화, 강연하다

- The objective is to create a platform for discussion and discourse on pase, current and future security issues with relevance on the global, regional and Swiss
  ▶ 목적은 세계적, 지역적, 그리고 스위스 범위에서 연관성을 가지는 과거, 현재, 그리고 미래의 국가보안 이슈들에 대한 토론과 대화의 장을 만드는 것 입니다.

1. This room is large room. Its ______________ are 13 meters by 8 meters. But it's not suitable for like that many.

   (A) environments   (B) dimensions

   (C) expansions   (D) extremities

   어휘 **dimension** 치수, 규모 **extremity** 극단, 곤경

   해석 이 방은 매우 크다. 13 x 8 미터의 크기이다. 그렇지만 그렇게 많은 사람이 살기에는 적합하지 않다.

2. He was born in blind; but although he is ____________, he still managed to become one of the top singers of his generation. The general public was impressed with his agreeable voice.

   (A) sick   (B) injured

   (C) disable   (D) deformed

   해석 그는 소경으로 태어났다. 그러나 이러한 장애에도 불구하고 그는 여전히 이럭저럭 동시대 최고 가수 중 한 명이 될 수 있었다. 매력적인 그의 목소리에 대중들은 큰 감동을 받았다.

3. But Christmas was soon over and the pine tree my most prized thing during Christmas was <u>discarded</u> and thrown into the yard.

   (A) thrown away   (B) left alone

   (C) eaten   (D) reviewed

   해석 하지만 크리스마스가 끝나자 내가 가장 중요시했던 소나무는 버려져 뜰에 내동댕이쳐졌다.

정답 1. B 2. C 3. A

01 discredit
[diskrédit]

~의 신용을 떨어뜨리다,
명예의 실추

- Gutierrez, who has recently restricted his appearances with the media, said that "the country is living a permanent campaign of misleading information to discredit the Government's image and weaken Democracy".

  ▶ 근자에 들어 언론에 나타나길 자제하고 있는 Gutierrez는 그 나라가 "정부의 이미지를 믿을 수 없는 것으로 만들어 버리고 민주주의를 약화시키기 위해 오해를 불러일으키는 정보들이 벌이는 영원한 선거전 속에 사는 셈이라"고 얘기했다.

02 discreet
[diskrí:t]

(말, 행동에 있어서)
조심스러운, 신중한

- It has succeeded in increasing its fans with beautiful costumes, wild action using wires and heart-rending romance, making it very different from stereotypical historical dramas, which are considered rather solemn and discreet.

  ▶ 아름다운 복장들, 와이어를 이용한 거친 액션, 그리고 가슴 아픈 로맨스 등을 통해 왠지 엄숙하고 신중하게 여겨지는 상투적인 사극들과는 커다랗게 차별화를 시켜 팬들을 늘리는데 성공했다.

03 discrepancy
[diskrépənsi]

(진술, 계산 따위의)
차이, 불일치

- But there is a need to narrow the discrepancy between the protection and rights enjoyed by unionized workers and those of temporary workers.

  ▶ 하지만, 노조에 가입한 노동자들이 향유하는 보호와 권리, 그리고 비정규직 노동자들에 대한 보호와 권리 사이에 놓여진 차이점들을 줄여야 할 필요가 있습니다.

04 discrete
[diskrí:t]

분리된, 별개의

- Niels Bohr, working with Rutherford in 1912, was intensely aware... of the need for a radically new approach. He found this in quantum theory, which postulated that electromagnetic energy - light, radiation - was not continuous but emitted or absorbed in discrete packets, or "quanta."

  ▶ 1912년 Rutherford와 함께 연구를 하던 Niels Bohr는 획기적으로 새로운 접근방법이 필요하다는 것을 절감하고 있었다. 그는 전기자기장 에너지, 즉, 빛이나 방사능은 계속적으로 나가는 것이 아니라 별개의 꾸러미들, 혹은 "양자" 안에서 방출되고 흡수된다고 전제하는 양자론에서 이 새로운 접근방법을 발견했다.

05 discriminate
[diskrímineit]

구별하다, 차별 대우하다

- We are strengthening supervision on foreign investors, not to discriminate against them or to protect local investors, but to also offer a level playing field for both of them fit to global financial standards.

  ▶ 저희는 외국 투자자들에 대한 감시를 강화시키고 있는데 이는 그들을 차별대우 하려 한다거나 국내 투자자들을 보호하려는 목적이 아니라 세계 재무 수준에 걸맞는 대등한 경쟁의 장을 양측 모두에게 제공하려는 이유에서 입니다.

06 disdain
[disdéin]

경멸하다, 경멸

- Irish actor Pierce Brosnan shows that even martini-loving James Bond would not disdain the Spanish bubbly he is promoting in a TV commercial that just wrapped filming.

  ▶ 아일랜드의 배우 Pierce Brosnan은 방금 촬영을 마친 텔레비전 광고에서 마티니를 사랑하는 James Bond 조차도 그가 광고하는 스페인 샴페인은 거부하지 않으리란 걸 보여준다.

07 disentangle

[disentǽŋgl]

(얽힘, 혼란 따위를)
풀다, 구해내다

- Because those guys are known to be 'master manipulators' by many in this field, it will be difficult for us to disentangle hard fact from myth, or truth from lies.
  ▶ 그 친구들은 이 계통에서 많은 사람들에게 '사람 조종하는데 도가 튼 이들'이라고 알려져 있기 때문에, 우리가 근거 없는 통념에서 확고한 사실을 풀어낸다거나 거짓말들 중 진실을 분리해내는 것은 힘들 것이다.

08 disfigure

[disfígjər]

(형태, 모양을)
망가뜨리다, 흉하게 하다

- This part of the quaint old city has been largely disfigured by ugly buildings that were put up as part of the new urban development project.
  ▶ 새로운 도시 개발 프로젝트의 일환으로 세워진 추한 건물들에 의해 예스러운 옛 도시의 이 부분은 대부분 모양이 망가지고 말았다.

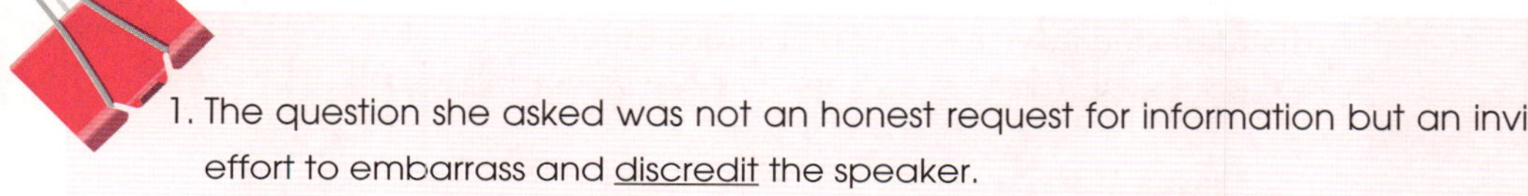

1. The question she asked was not an honest request for information but an invidious effort to embarrass and <u>discredit</u> the speaker.

   (A) find out   (B) do harm to the reputation of

   (C) take away the courage of   (D) destroy the hope of

   어휘 **invidious** 비위에 거슬리는, 불쾌한 **discredit** 신용을 떨어뜨리다, 믿지 않게 하다

   해석 그녀가 한 질문은 솔직하게 지식내용을 요구하는 것이 아니라 연사를 당황하게 하고 깎아 내리려는 불쾌한 시도였다.

2. The comparison would not reveal such a __________ in the knowledge acquired, even than some day or other truth will assert itself.

   (A) discretion   (B) discredit

   (C) discrepancy   (D) discomfort

   어휘 **comparison** 비교 **discretion** 신중함, 분별 **discrepancy** 불일치, 어긋남 **discomfort** 불안

   해석 비교는 필요한 지식 내에서 그러한 불일치를 누설하지 못한다 하더라도, 언젠가 진실은 밝혀진다.

3. The phenomena we encounter in our individual experience are so various, so complicated and contradictory that we can scarcely <u>disentangle</u> them.

   (A) unravel   (B) disregard   (C) disapprove

   (D) underrate   (E) understand

   어휘 **phenomena** 현상 **counter** 우연히 마주치다 **contradictory** 모순되는
   unravel 엉킨 것을 풀다, 해결하다 **underrate** 과소평가하다, 깔보다

   해석 우리 개인 생활에서 우리가 직면하게 되는 현상들은 너무나 다양하고 너무나 복잡하고도 모순되는 것이어서 우리는 거의 그것들을 해결할 수 없다.

▶ 정답 1. B 2. C 3. A

01 dishearten
[dishá:rtn]

의기 소침하게 하다,
낙담시키다

- Another aide to Kim revealed that his boss has been disheartened by the fact that many of his former aides had been arrested in connection with the matter.
  ▶ 김의 또 다른 보좌관은 자신의 우두머리가 전직 보좌관 중에 다수가 그 문제와 관련해서 체포 당했다는 사실 때문에 의기소침해 하고있다고 밝혔다.

02 disillusion
[disilú:ʒən]

환상에서 깨어나게 하다

- Starring some of the biggest names in Hong Kong cinema, '2046' is set in 1960s Hong Kong and revolves around Chow, a disillusioned writer of pulp fiction.
  ▶ 홍콩 영화계에서 가장 커다란 스타들이 여럿 출연하는 영화 '2046'은 1960년대 홍콩이 배경이고, 환멸감을 느끼고 있는 싸구려 대중 소설 작가인 Chow를 중심으로 벌어지고 있는 내용이다.

03 disinterested
[disíntərestid]

공정한, 객관적인

- At a time like the present, what we could really use is a piece of disinterested advice from an outside source.
  ▶ 지금같은 상황에서, 우리에게 정말 필요한 것은 외부에서부터 오는 객관적인 조언이다.

04 disorient
[disɔ́:riənt]

어리둥절하게 하다

- When we reached the capital of the country around noon, all of us were completely disoriented by the maze of streets.
  ▶ 우리가 정오경에 그 나라 수도에 도착했을 때, 우리 모두는 거리들이 미로 같아서 완전히 방향 감각을 잃어버렸다.

05 disparage
[dispǽridʒ]

신용을 손상시키다; 얕보다,
헐뜯다

- The actress's work for charity has been severely disparaged in the press as a blatant attempt to get publicity.
  ▶ 그 여배우가 자선 사업을 위해 한 일은 선전 효과를 얻기 위한 노골적인 시도라고 언론에서 심각하게 깎아 내려졌다.

06 disparity
[dispǽrəti]

(본질적, 절대적)
차이, 상이함

- The gap in medical and educational spending between the rich and the poor widened over the past year, due to the broadening income disparity amid the prolonged sluggish domestic economy.
  ▶ 장기화되고 있는 부진한 국내 경제 속에 수입 차이의 폭이 더 늘어나고 있기 때문에 지난 해 가진 자와 없는 자 사이의 의료 및 교육 지출의 격차는 더욱 커졌다.

07 dispatch
[dispǽtʃ]

급파하다, 급파, 공문서

- The Brown Memorandum contains agreements between Seoul and Washington just ahead of Korea's dispatch of troops to Vietnam, such as a promise to help South Korean businesses make inroads into the Southeast Asian nation after the war.
  ▶ 브라운 각서는 한국이 베트남으로 군대를 급파하기 바로 전에 한국 정부와 미국 정부 사이에서 이루어진 남한 사업체들이 전후에 동남 아시아 국가에 진출하는 것을 돕겠다는 약속과 같은 합의 내용을 포함하고 있었다.

08 dispel

[dispél]

(생각 따위를) 없애다, 떨쳐버리다

■ This seemingly odd-sounding combination, pork and squid, however, will quickly dispel your reasonable prejudice once in your mouth.

▸ 하지만, 이 언뜻 보면 이상하게 들리는 조합, 즉 돼지고기와 오징어는 일단 입안에 넣고 나면 당신의 있을 법한 편견을 금세 떨쳐버리게 될 것이다.

---

1. Many classical music lovers feel _________ when they listen to modern atonal music.

  (A) disoriented   (B) fantastic   (C) enchanted

  (D) disguised   (E) disappointed

> **어휘** **atonal** 음조가 없는 **disoriented** 방향을 잃게 하다, 혼란스러운 **enchant** 황홀하게 하다 **disguise** 변장하다 **disappoint** 실망시키다

> **해석** 많은 클래식 애호가들은 음조가 없는 현대 음악을 들으면 혼란을 느낀다.

2. Do not <u>disparage</u> anyone's contribution; these little gifts add up to a large sum, ultimately it save plenty of needy.

  (A) reject   (B) accept   (C) belittle

  (D) refuse   (E) laud

> **어휘** **disparage** 경멸하다, 헐뜯다 **belittle** 작게 하다, 깔보다 **laud** 찬양하다, 찬미하다; 찬양, 찬미(praise)

> **해석** 누구의 기부라도 경멸하지 마라. 그 작은 것들이 모여서 많은 금액을 이룬다.

3. The decision has still been delayed. Because there was much ___________ among the members of the jury, they could not reach no common verdict.

  (A) agreement   (B) discussion

  (C) plotting   (D) disparity

> **어휘** **decision** 결정, 판결 **verdict** 평결 **plot** 음모 **disparity** 불일치, 불균형

> **해석** 판결은 계속 지연되고 있었다. 배심원들간에 많은 의견의 불일치가 있었기 때문에, 그들은 보편적인 평결에 이를 수 없었다.

정답 1. A 2. C 3. D

01 dispense
[dispéns]

나누어 주다, 분배하다

- The warning was issued after more than 40 stations in Manila were discovered to have incorrectly calibrated pumps that dispense wrong amounts of fuel to paying motorists.
  ▶ 마닐라에 있는 40개가 넘는 주유소들이 부정확하게 눈금을 조정한 펌프로 틀린 양의 연료를 구매 운전자들에게 분배한 것이 발견 된 후 경고가 공포되었다.

02 disperse
[dispə́:rs]

흩뜨리다,
(사상 따위를) 보급하다

- Israeli soldiers used tear gas to disperse a crowd of Palestinians, gathered to protest against the demolition of a civilian house.
  ▶ 이스라엘 군인들이 민간인 가옥을 파괴한 것에 대해 저항하려 모인 팔레스타인 군중들을 흩어버리려 최루 가스를 사용했다.

03 displace
[displéis]

(원래 있던 곳에서) 옮기다,
옮겨놓다

- Since each technology have its own advantages, one standard has so far not been able to displace the other.
  ▶ 각 기술이 나름대로의 장점들을 가지고 있기 때문에, 한 기준이 아직까지는 다른 한 편을 대신하지 못하고 있다.

04 dispose
[dispóuz]

배치하다,
~ 할 마음이 생기게 하다

- Korea will consider buying part of the U.S. conventional ammunitions reserves in Korea which Washington plans to dispose of vy next year.
  ▶ 미국이 내년까지 폐기할 계획으로 있는 미국의 재래식 비축탄약을 한국이 일부 매입하는 방안을 검토할 예정이다.

05 disproportionate
[disprəpɔ́:rʃənit]

어울리지 않는, 불균형한

- The two are going to the European Court of Human Rights today and will argue that the proceedings were unfair, principally because the proceedings and their outcome constituted a disproportionate interference with their right to freedom of expression.
  ▶ 그 두 사람은 소송절차와 그 결과가 그들이 가진 표현의 자유에 평형감을 잃은 간섭을 야기시켰다고 하는 것을 주된 이유로 오늘 유럽 인권법정에 가서 소송절차가 불공평했다고 주장할 것입니다.

06 disregard
[disrigá:rd]

(경고 반대 따위를) 무시하다

- Several generous measures by the government for illegal foreign residents only made them disregard the authority's warning.
  ▶ 불법 외국인들을 위해 정부가 실시한 여러가지 관용적인 조치들은 그저 그들로 하여금 당국의 경고를 무시하게 만들었을 뿐입니다.

07 disrupt
[disrʌ́pt]

붕괴시키다, 분열시키다

- Equipped with flashing blue lights and sirens, police chiefs believe they will strengthen attempts to hunt down thieves or muggers planning to disrupt the town's idyllic charm.
  ▶ 경찰 서장들은 번쩍거리는 푸른 불빛과 사이렌을 장착하면, 그 마을의 목가적인 매력을 붕괴시키려 획책하는 도둑들 혹은 강도들을 추적 하는 시도에 힘을 싣게 될 것이라 믿는다고 믿는다.

08
dissect
[disékt]

(동, 식물체를) **해부하다**,
(면밀히) **분석하다**

■ In biology classes at school we used to dissect rats under the guidance of the teacher during which time a few girls fainted just by looking at the rat.

▶ 학교 생물학 수업시간에 우리는 선생님의 지도 하에 쥐들을 해부하곤 했는데, 그러던 와중에 두어명의 여학생들은 그저 쥐를 보기만 해도 실신을 했다.

---

1. Doctors say the new medical reforms are unfair to them and to their patients because it strips them of the right to <u>dispense</u> medicine while allowing some leeway for pharmacies to prescribe drugs.

   (A) prescribe   (B) dismay   (C) dismantle   (D) dismiss

   어휘 **dismay** 당황하게 하다 **dismantle** 철거하다 **dismiss** 해고하다

   해석 의사들의 주장은 새로운 의약정책은 약을 조제할 수 있는 의사들의 권리를 박탈하면서 약사들에게는 약을 처방할 수 있는 여지를 어느 정도 남기고 있기 때문에 의사와 환자들에게 부당한 제도라는 것이다.

2. The end of the festival, at the request of the police, the huge crowd _________ and everyone went home.

   (A) dispersed   (B) banished   (C) exiled   (D) excited

   어휘 **disperse** 소멸되다 **banish** 추방하다, 내쫓다 **excite** 흥분시키다, 일으키다 **exile** 추방하다

   해석 축제 막바지에 경찰의 요청으로, 거대한 군중이 흩어져서 집으로 향했다.

3. When a tribe encounters civilization, the first things to get <u>disregarded</u> are the religious beliefs of the tribe.

   (A) conserved   (B) ignored   (C) considered   (D) attracted

   어휘 **disregard** 무시하다 **conserve** 보존하다 **ignore** 무시하다 **consider** 심사숙고하다 **attract** 꾀다, 유혹하다

   해석 원시 부족이 문명과 만날 때, 그들의 종교적인 믿음이 가장 먼저 무시된다.

4. We will gain from the wide range of case studies, which <u>analyze</u> the marketing failures experienced by many industries in various countries.

   (A) transfer   (B) obey   (C) confirm   (D) dissect

   어휘 **transfer** 옮기다, 이동하다 **obey** 복종하다, 따르다 **confirm** 확실히 하다, 승인하다 **dissect** 해부하다, 분석하다

   해석 우리는 여러 나라의 수많은 산업분야에서 경험한 마케팅의 실패 여부를 분석하는 폭넓은 사례연구들을 얻을 수 있습니다.

정답 1. A   2. A   3. B   4. D

01 dissemble

[disémbl]

(감정 등을) 숨기다, 가장하다

- The civic organizations accused the government of dissembling in regard to the actual agreement it made with the victims.
  ▶ 그 시민 단체들은 정부가 피해자들과 실제로 맺은 합의에 관해서 시치미를 떼고 있다고 비난했다.

02 disseminate

[disémineit]

(사상, 소식을) 퍼뜨리다, 유포시키다

- Under the legislation, the U.S. will also be able to increase broadcasts into North Korea to disseminate information to the public, which has limited access to outside media.
  ▶ 그 제정법 하에서, 미국은 외부 언론에 대한 접근이 제한되어 있는 대중에게 정보를 유포시키려는 목적으로 북한으로 들어가는 방송을 증가시킬 수도 있게 될 것입니다.

03 dissent

[disént]

의견을 달리하다, 반대하다

- The 1975 Helsinki Agreement, is viewed, however, as the beginning of the end for the Soviet, opening it up to the dissent that led to its eventual disintegration.
  ▶ 하지만, 1975년 헬싱키 협정은 소련이 결국 붕괴되는 것을 야기시킨 의견차에 문을 연 소련 종말의 서곡이었다고 해석되고 있다.

04 dissident

.[dísidənt]

불찬성자, 의견을 달리하는

- Under the late president's regime, political dissidents were wrongfully framed, arrested, tortured and even assassinated almost on a daily basis.
  ▶ 죽은 대통령의 정권 지속 기간 동안, 반체제 인사들은 거의 매일 불법적으로 누명 쓰고, 체포되고, 고문 당하고 심지어는 암살을 당하기도 했다.

05 dissipate

[dísəpeit]

(구름, 안개 따위를) 흩어지게 하다, (시간, 돈 따위를) 낭비하다

- The company anticipates the global oversupply of LCD panels to dissipate around the fourth quarter of next year in line with growing demand for LCD TVs.
  ▶ 그 회사는 늘어가는 LCD TV에 대한 수요와 발 맞추어서 내년 4사분기에는 세계적인 LCD판의 과다공급이 일소되리라 예상하고 있습니다.

06 dissuade

[diswéid]

설득하여 단념시키다

- Prince Norodom Ranariddh is to fly to Beijing on Saturday to try and dissuade his father from stepping down after he announced his abdication yesterday.
  ▶ Norodom Ranariddh 왕자는 자신의 아버지가 어제 왕위를 퇴임하겠다는 선언을 한 후 그가 권좌에서 내려오겠다는 결정을 설득하여 단념 시켜보려고 토요일 베이징에 비행기를 타고 갈 예정이다.

07 distort

[distɔ́:rt]

(원래 모양을) 일그러뜨리다, (사실, 말 등을) 왜곡하다

- They also pointed out the rehabilitation program could increase moral hazard among the venture companies and distort the efficient distribution of resources in the economy.
  ▶ 그들은 재활 프로그램이 벤처 회사들 사이에서 도덕적 해이함을 증가시킬 우려가 있고 경제에 있어서 자원의 효율적인 분배를 왜곡시킬 수 있다고 지적했다.

08 distract

[distrǽkt]

(마음, 주의를)
딴 데로 돌리다, 어지럽히다

- The prime minister seems to be raising this issue intentionally to **distract** people's attention at a time when the ruling party is suffering it's lowest-ever popularity.
  ▶ 집권당이 사상 최저의 지지도로 고통 받고 있는 시기에 사람들의 주의를 딴 데로 돌려보려는 목적으로 국무총리가 이 이슈를 고의적으로 들고나온 것 같다.

---

1. Perhaps he did not originate that vicious rumor, but he certainly shares the responsibility for having <u>disseminated</u> it.

   (A) carried out   (B) investigated   (C) spread

   (D) financed   (E) reviewed

   어휘 **disseminate** 전파하다, 보급하다   **carry out** 수행하다   **investigate** 연구하다   **finance** 자금을 공급하다

   해석 확실히 그가 그 악성 유언비어를 만들어내지는 않았지만, 그것을 퍼뜨린데 대한 책임이 일부 있을 것은 확실하다.

2. Because the members of jury __________ each other, they could not reach no common verdict. Judgment deferred till next week.

   (A) agreed   (B) plotted

   (C) discussed   (D) dissented

   어휘 **verdict** 평결   **dissent** 이의를 제기하다   **plot** 꾀하다, ~의 줄거리를 만들다

   해석 배심원들은 서로의 의견에 차이를 보였기 때문에, 합일된 평결을 내릴 수 없었다. 판결은 다음주로 미뤄졌다.

3. No one will be allowed in the building during the work and for at least 48 hours after the painting is completed. This is to allow the fumes from the paint to <u>dissipate</u> safely.

   (A) waste   (B) disappear   (C) come along

   (D) use up foolishly   (E) disturb

   어휘 **dissipate** 흩뜨리다, 물리치다   **come along** 나타나다, 동행하다   **use up** 다 써버리다   **disturb** 혼란시키다

   해석 이에 따라 페인트칠을 하는 당일과 칠이 끝난 후 최소 48시간 동안은 페인트 냄새가 완전히 사라질 수 있도록 건물 출입을 통제합니다.

01 distress
[distrés]

(심신의) 고통, 재난

- Unlike the government scheme, however, the new reactor in the area, is suffering a delay of longer than one and a half years than its initial schedule and more serious distress lies in finding sites for nuclear refuse.
  ▶ 하지만, 정부의 계획과는 달리, 그 지역의 새로운 원자로는 애초의 계획보다 일년 반 너머 지연을 겪고 있는 중이며, 보다 심각한 고민은 핵 폐기물들을 위한 부지를 찾는데 있다.

02 diverge
[divə́:rdʒ]

갈라지다,
(의견 따위가) 다르다, 이탈하다

- The president has firmly put his foot down, and it will be difficult to diverge from his course, which has been reinforced by the vice president's forced exit
  ▶ 회장님께선 아주 결연한 태도를 취하셨고, 부회장님의 강제 퇴임으로 보다 강화된 그 분의 항로에서 이탈한다는 것은 힘들 것입니다.

03 diverse
[divə́:rs]

여러 가지의, 다양한

- The stories featured on the show are becoming more and more diverse as new lifestyles and new forms of family life evolve.
  ▶ 그 쇼에서 특종으로 다루어지는 이야기들은 새로운 삶의 방식과 새로운 형태의 가족들이 더 생겨나감에 따라 갈수록 더 다양해지고 있다.

04 divulge
[divʌ́ldʒ]

(비밀 따위를) 누설하다,
폭로하다

- The Pakistani intelligence source would not divulge details of any timetable for the attack or say whether the terrorists were planning to use truck bombs to blow up passenger terminals and other buildings or fire missiles at a passenger jet.
  ▶ 그 파키스탄 정보기관 소식통은 공격 시간표의 세부사항을 누설하거나 혹은 테러리스트들이 트럭 폭탄을 이용해서 승객이 있는 터미널이나 건물들을 폭파하거나 승객이 탄 비행기에 미사일을 발사한다거나 할 계획이 있었는가에 대한 언급은 하려 하지 않았다.

05 embargo
[imbá:rgou]

출입항[교역]을 금지하다,
제재

- Zhao's death occurred while some members of the European Union were pushing to lift an arms embargo against China that had been put in place after the massacre on Tiananmen.
  ▶ Zhao의 죽음은 유럽 연합의 몇몇 회원국들이 천안문에서의 대량학살 이후 내려진 중국에 대한 무기 통상 금지를 해제하려 밀어붙이고 있는 와중에 일어났다.

06 embark
[imbá:rk]

승선시키다, 시작하다

- The government has embarked on an undertaking of wide scope which it is hoped will put an end to the recurrent shortage of water.
  ▶ 정부는 해마다 주기적으로 일어나는 물의 부족을 종식시키게 될 광범위한 사업에 착수했다.

07 embellish
[imbéliʃ]

아름답게 장식하다,
(이야기를) 재미있게 꾸미다

■ As the news traveled from person to person, it became embellished with so many fanciful details that we found it impossible to tell what had actually happened.

▶ 그 소식이 이사람저사람에게 전해짐에 따라 공상에서 나온 많은 세부적인 것들이 윤색되어 실제로 어떤 일이 일어났던지 알 수가 없었다.

08 embezzle
[imbézl]

(공금을) 유용하다, 횡령하다

■ I heard that Mr. Mcdowell of the accounting department embezzled company money and ran away.

▶ 경리부서의 Mr. McDowell이 회사 돈을 횡령하고 달아났다는 군요.

---

1. A person accused of a crime is not obliged to ____________ anything that might tend to incriminate him even thought it is unconscientious.

  (A) elicit   (B) divulge   (C) take

  (D) show   (E) sleigh

어휘 **elicit** 이끌어 내다 **divulge** 비밀 등을 누설하다 **sleigh** 썰매로 나르다

해석 범죄로 고발된 사람은 그것이 비록 양심에 어긋나는 일이라 해도 자기를 유죄로 만들지 모르는 어떤 사실도 누설할 필요는 없다.

2. Before <u>embarking</u> on a role-play, have students decide on a mood or attitude, e.g. You're the server, you're normally polite but today you've got toothache, and you've been working for seven hours.

  (A) deciding   (B) teaching

  (C) beginning   (D) commanding

어휘 **embark** 출항하다; 시작하다 **role-play** 역할 연기

해석 연기를 시작하기에 앞서서, 학생들로 하여금 분위기나 태도를 결정하게끔 해라. 예를 들자면, '너는 급사이며 보통은 공손하지만 오늘은 이가 아프다. 그리고 너는 7시간 동안 일하고 있는 중이다' 처럼.

3. The money found in his personal safes may be part of the sums he took in bribes or ______________.

  (A) conserved   (B) corroborated

  (C) embezzled   (D) extricated

어휘 **personal safes** 개인 금고 **sum** 총계, 합계 **bribe** 뇌물; 매수하다 **conserve** 보존하다, 유지하다 **corroborate** 확증을 주다 **embezzle** (위탁금, 공금 등을) 쓰다, 횡령하다 **extricate** 구출하다, 해방하다

해석 그의 개인금고에서 발견된 돈이 그가 뇌물로 받았거나 횡령한 돈의 일부일 것이다.

01 emblem
[émbləm]
상징, 표상

- The latest report points out that our new emblem is supposed to greatly improve the company's image.
  ▸ 최근의 보고서는 우리의 새로운 로고가 회사 이미지를 크게 증가시켜야 한다고 지적한다.

02 embody
[imbádi]
구체화 하다, 포함하다

- The revision will embody the current law only containing ideas of animal protection in concrete lists of malicious activities.
  ▸ 그 개정안은 그저 동물에 대한 악행들을 딱딱한 목록들 안에 넣어 동물보호에 대한 생각이 포함되어 있는 것이 고작인 현재의 법안을 구체화시키게 될 것입니다.

03 emboss
[imbɔ́ːs]
(금속, 종이 따위를) 튀어나오게 하다

- She handed me a business card with her name neatly embossed on it right before I walked out of her office.
  ▸ 내가 그녀의 사무실에서 걸어 나오기 바로 직전, 그녀는 자신의 이름이 깔끔하게 양각으로 새겨진 명함을 건네주었다.

04 embroider
[imbrɔ́idər]
수를 놓다, 자수하다

- My sister has been embroidering this picture for my mother as her 30th wedding anniversary gift over the past week.
  ▸ 내 여동생은 지난 주 내내 어머니의 결혼 30주년 선물로 이 사진을 수놓아 오고 있습니다.

05 embryo
[émbriou]
(동, 식물의) 태아, 배

- The evil of class and race hatred must be eliminated while it is still in embryo.
  ▸ 계급적 그리고 인종적 증오의 악은 초기 단계에 근절되어야 한다.

- The research team stole the global show by announcing that they cloned the world's first human embryo and extracted stem cells from it last February.
  ▸ 그 연구 팀은 자신들이 지난 2월 세계 최초로 인간 태아를 복제했으며, 그로부터 줄기 세포를 추출해 냈다고 공표함으로써 그 세계적인 쇼에서 인기를 독차지했다.

06 empower
[impáuər]
~에게 권한을 주다

- As a result, the vest way to empower students in terms of accessing resources online is to teach them searching skills.
  ▸ 결과적으로 학생들에게 온라인 정보에 접근할 능력을 주기위한 최선책은 검색 기술을 가르치는 것이다.

07 enact
[inǽkt]
(법률을) 제정하다, (연극을) 상연하다

- Because much needed legislation had to be enacted, the governor ordered the legislature to convene in special session by January 15.
  ▸ 많은 필요한 법률이 제정되어야 했기 때문에 주지사는 1월 15일까지 특별 회의를 소집하도록 의회에 명령했다.

08 enchant

[intʃǽnt]

마법을 걸다, 매혹시키다

- Not only the lovely voice but the youthful beauty of the soprano enchanted the audience.
▶ 그 소프라노 가수의 예쁜 목소리 뿐만 아니라 젊은 아름다움이 청중을 매혹시켰다.

---

1. In spite of all the criticism, our flag still stands throughout the world as <u>an emblem</u> of justice and freedom.

(A) a spoil (B) a result
(C) a symbol (D) a suggestion

어휘 **emblem** 상징; 문장 **spoil** 전리품, 약탈품 **result** 결과, 성과 **symbol** 상징
suggestion 암시; 제안

해석 많은 비판이 있지만, 우리의 국기는 아직도 정의와 자유의 상징으로 전 세계에 펄럭인다.

2. Listening to the classical music and doing light exercise is said to have a good influence on _______________ and unborn children.

(A) embryo (B) relic
(C) prologue (D) obese

어휘 **influence** 영향; 영향력 **unborn children** 태아 **embryo** 태아, 배아 **relic** 유물, 유적
prologue 서사, 발단 **obese** 지나치게 살 찐

해석 클래식 음악을 듣거나 간단한 운동을 하는 것은 태교에 좋다고들 한다.

3. The Constitution _______________ the President to name the men and women who will fill many of the most important positions in the government.

(A) empowers (B) orders
(C) motivates (D) forbids

어휘 **empower** 권력·권한을 주다(authorize), 자격을 부여하다 **order** 명령하다; 주문하다
motivate ～에게 동기를 주다, 자극하다 **forbid** 금하다, 방해하다

해석 미국헌법은 대통령에게 정부의 많은 중요한 자리를 채울 사람들을 임명할 수 있는 권한을 부여하고 있다.

4. What <u>enchants</u> him in this case was the nicety of procedure, which began by deceiving and ended by murdering.

(A) embarrasses (B) imprisons
(C) attracts (D) imputes

어휘 **enchant** 황홀하게 하다 **nicety** 정확, 정밀 **imprison** 교도소에 넣다; 감금하다 **impute** 원동력

해석 이 경우 그를 황홀하게 만든 것은 절차가 치밀했다는 점이다. 그 절차는 사기에서 시작해서 결국 살인으로 끝난 것이었다.

정답 1. C 2. A 3. A 4. C

01 encircle
[insə́:rkl]
에워싸다

- The demonstrators were completely and quickly encircled by the police yesterday.
  ▶ 어제 시위대는 완전히 그리고 순식간에 경찰에 의해 포위되었다.

02 encompass
[inkʌ́mpəs]
둘러싸다, 포함하다

- From late last year, conventional barriers among Internet outfits started to evaporate and now they seek to encompass community, gaming, search engine and auction all at the once.
  ▶ 지난 해 말부터, 인터넷 회사들 간의 진부한 벽들이 사라지기 시작하더니, 이제 인터넷 회사들은 커뮤니티, 게임, 검색 엔진, 그리고 경매까지 모두를 한꺼번에 포함하려 하고 있다.

03 encounter
[inkáuntər]
(사람과) 우연히 만나다

- Before starting on a sea voyage, prudent navigators learn the sea charts, study the sailing directions, and memorize lighthouse locations to prepare themselves for any conditions they might encounter.
  ▶ 바다항해를 떠나기 전에, 현명한 항해자들은, 그들이 만날 수도 있는 어떤 상황에 대해서든지 준비하기 위해서, 바다 지도를 공부하고, 항해방향을 연구하고, 등대의 위치를 기억한다.

04 encroach
[inkróutʃ]
(남의 재산, 권리를) 침해하다

- The London-based bank is likely to actively encroach on a great part of the business territory of domestic banks.
  ▶ 런던에 본거지를 두고 있는 그 은행은 국내 은행들 사업 영역의 커다란 부분을 활발하게 잠식하게 될 것 같습니다.

05 encumber
[inkʌ́mbər]
방해하다, 막다

- Some people encumber themselves with too much luggage when they go on short trips.
  ▶ 어떤 사람들은 짧은 여행을 떠날 때에 부담스러울 정도로 많은 짐을 갖고 간다.
- Today, thankfully, female tennis players are not encumbered by long, heavy skirts and high-necked blouses as they were in the past.
  ▶ 오늘날 여성 테니스 선수들은 다행히 길고, 묵직한 치마들이나 목이 높게 올라온 블라우스에 의해 과거처럼 방해 받지 않는다.

06 encyclopedia
[ensaikloupí:diə]
백과사전

- Encyclopedias may be used to answer questions, to solve problems, or to obtain information on a particular topic.
  ▶ 백과사전은 질문에 대답하기 위해서, 문제를 해결하기 위해서, 또는 어떤 특정 주제에 관한 정보를 얻기 위해서 사용될 수 있다.

07 endanger
[indéindʒər]
위태롭게 하다

- Doctors urged that a TV program set to show a man eating live centipedes and cockroaches be canceled, saying it might endanger the lives of copycat youngsters.
  ▶ 의사들은 한 남자가 산 지네와 바퀴들을 먹는 것을 보여줄 예정인 텔레비전 프로그램이 어쩌면 보고 따라하려는 어린이들의 생명을 위태롭게 할지도 모른다고 얘기하면서 취소할 것을 요청했다.

08 endear

[indíər]

애정을 느끼게 하다

- He is unlikely to endear himself to his lady friends with such an aggressive approach.
  ▶그가 그렇게 공격적으로 접근해서는 자신의 여자 친구들에게 애정을 느끼게 만들 가망이 거의 없다.

---

1. The evangelical movement ________________ one-quarter of Canadians and is growing steadily. Even then it doesn't mean there are no people who has a scunner against that.

   (A) accuses
   (B) encompasses
   (C) excludes
   (D) isolates

   어휘 **evangelical** 복음 전도의, 복음주의의 **accuse** 고발하다, 고소하다 **encompass** 둘러싸다; 포함하다 **exclude** 못 들어오게 하다, 제외[배제]하다 **isolate** 고립시키다, 분리[격리]하다

   해석 복음주의 운동은 캐나다 사람이 1/4을 차지하며 꾸준히 성장하고 있다. 그렇다고 하더라도 복음주의에 반감을 가진 이가 없다는 뜻은 아니다.

2. The younger generation in this time of day ___________ problems quite different from those of past generations.

   (A) adopts
   (B) advocates
   (C) encounters
   (D) abandons

   어휘 **adopt** 채택하다(choose) **advocate** 옹호[주창]하다(defend, support) **encounter** 우연히 마주치다, 우연히 만나다(meet, come across) **abandon** 포기하다(give up)

   해석 현대의 젊은 세대들이 부딪치는 문제들은 과거의 젊은 세대들이 부딪쳤던 문제들과 다르다.

3. You will never be able to complete this hike if you <u>obstruct</u> yourself with so much "essential equipment".

   (A) support
   (B) perform
   (C) encumber
   (D) substitute

   어휘 **obstruct** 막다, 방해하다, 훼방 놓다 **perform** 수행하다; 작동되다 **encumber** 방해하다, 막다 **substitute** 대신하다, 대체하다

   해석 그렇게 많은 "기본장비"로 자신을 부담스럽게 한다면 당신은 결코 이 하이킹을 끝낼 수 없을 것이다.

정답 1. B 2. C 3. C

01 endemic
[indémik]

풍토성의,
한 지방에만 나타나는

■ Afghanistan is still one of seven countries where polio remains endemic, although ongoing child vaccination programs by the Afghan ministry of health, the United Nations Children's Fund and World Health Organization aim to eradicate the terrible disease.

▶ 아프가니스탄 보건국, 미국 어린이 기금, 그리고 세계 보건 기구가 지속적인 어린이 백신 프로그램으로 이 끔찍한 병을 퇴치하려 하고 있긴 하지만, 아프가니스탄은 아직 홍역이 풍토적으로 남아있는 일곱개 국가들 중 하나이다.

02 endorse
[indɔ́:rs]

(수표 따위에) 배서, 이서하다,
보증하다

■ Before you bring the check to the bank, plaease endorse your name on it.

▶ 수표를 은행에서 가져 오시기전에 배서해 주시기 바랍니다.

03 engender
[indʒéndər]

발생[야기]시키다

■ My winning lottery ticket engendered a great deal of envy among my co-workers.

▶ 나의 복권 당첨이 내 동료들의 질투심을 유발시켰다.

04 engrave
[ingréiv]

새기다, 조각하다

■ This is to again voice my appreciation for the fine engraved watch I received from you at your commemoration party early this month.

▶ 이달 초 기념식장에서 정교한 무늬가 새겨진 멋진 시계를 주신 것에 대해 거듭 감사의 말씀을 드립니다.

05 engross
[ingróus]

(마음을) 빼앗다, 몰두시키다

■ The kids were so thoroughly engrossed in the new video game they received from their cousin that they didn't hear me come in.

▶ 아이들은 자기네 사촌한테서 받은 비디오 게임에 어찌나 완전히 푹 빠졌는지, 내가 들어가는 소리도 듣지 못했다.

06 enlist
[inlíst]

입대하다, 도움을 주다(받다)

■ President Bush is announcing plans to expand Amber Alert programs that enlist the help of the public in finding those who kidnap children.

▶ 부시 대통령은 어린이 유괴범들을 색출하는데 있어 국민들의 협조를 요청하는 '황색경보' 프로그램의 확대실시 계획을 발표하고 있습니다.

■ Prince Harry has achieved his dream of joining the Army after passing his Sandhurst entrance exams, and the 20-year-old will enlist for officer training at the prestigious Royal Military Academy early next year.

▶ Harry 왕자는 샌드허스트 입학 시험에 합격한 후 군에 들어가고자 하는 자신의 꿈을 이루었고, 20세가 된 그는 내년 초 신망이 있는 로얄 사관 학교에서 장교 훈련에 참가할 것입니다.

07 enliven
[inláivən]

활기 있게 하다

■ The feeling of friendship is like that of being comfortably filled with roast beef; love, like being enlivened with champagne.

▶ 우정의 느낌은 로스트비프로 기분 좋게 배를 채운 느낌과 비슷하고, 사랑은 샴페인으로 활기를 얻는 느낌이다.

08

ennoble
[inóubl]
품위있게 하다

■ He has this theory of his own that suffering can ennoble a person's character by leaps and bounds.
▶ 그는 고난이 사람의 인격을 빠른 속도로 고상하게 만들어줄 수 있다는 자신만의 이론을 가지고 있다.

---

1. John F. Kennedy warned us that governments which make no effort at peaceable reform may <u>engender</u> social unrest that will make violent revolution inevitable.

   (A) beget
   (B) beguile
   (C) embroider
   (D) enlighten

   어휘 **engender** (사태를) 발생시키다; (애정, 미움을) 일으키다 **beget** 생기다, 얻다 **beguile** 현혹시키다 **embroider** 수를 놓다, 꾸미다 **enlighten** 계몽하다; ~에게 가르치다

   해석 John F. Kennedy는 평화적인 개혁에 노력을 기울이지 않는 정부는 폭력혁명을 불가피하게 할 사회불안을 야기시킬지도 모른다고 우리에게 경고했다.

2. The study of irregular verbs may not be too ____________, but you'll have to master them if you want to learn French.

   (A) engrossing
   (B) suspending
   (C) bewildering
   (D) ignoring

   어휘 **engross** (마음을) 빼앗다(attract), 몰두시키다 **suspend** (매)달다, 걸다, 중지하다 **bewilder** 어리둥절케[당황케]하다 **ignore** (의식적으로) 무시하다, 묵살하다

   해석 불규칙 변화 동사 공부는 열중하게 할 정도로 재미있지는 않지만 프랑스어를 배우기를 원한다면 여기에 숙달해야 할 것이다.

3. He can ____________ his chances of finding a good job by getting a graduate degree in Business Administration.

   (A) diminish
   (B) enhance
   (C) clarify
   (D) reduce

   어휘 **Business Administration** 경영학 **diminish** 줄이다, 작게 하다 **enhance** 향상시키다(improve), (가치·능력을) 높이다 **clarify** 분명[명료]하게 하다, 해명하다 **reduce** 줄이다; 축소하다

   해석 그는 경영학 석사 학위를 받음으로써 좋은 직장을 구할 기회를 늘릴 수 있다.

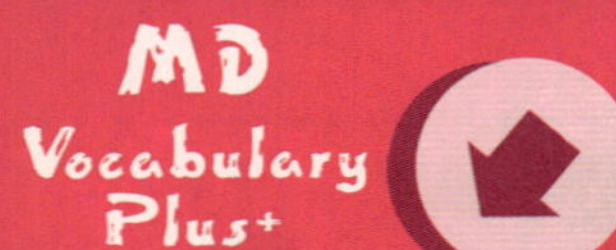

Prefix EN-   동사 형성

01 enrage
[inréidʒ]
격노하게 하다

- Your boorish remarks to the driver of the other car were not warranted by the situation and served merely to enrage him.
  ▶ 상대방 운전사에게 했던 당신의 버릇없는 말이 그 상황에서 정당화되지 못하고 오히려 그를 화나게 했을 뿐이었다.

02 enroll
[inróul]
등록[가입, 입대]시키다

- The parents want to enroll their children in their local school since the poor kids spend over an hour a day in traffic to get to the school where they originally went before the move.
  ▶ 이사 오기 전에 원래 다니던 학교에 가려고 교통체증 속에서 한 시간 이상을 보내는 딱한 아이들을 생각해서 그 부모는 아이들을 근처 학교에 등록시키길 원합니다.

03 ensemble
[a:nsá:mbl]
전체적 효과[조화], 앙상블

- Its members have a commendable knack of subordinating themselves as parts of the total ensemble.
  ▶ 그 조직의 구성원들은 전체적인 조화의 부분들로써 그들 스스로를 종속시키는 칭찬할만한 기술을 가지고 있다.

04 ensign
[énsain]
(국)기, 상징

- Ensigns of all the participating countries are flying outside the stadium as the players are marching into the arena.
  ▶ 선수들이 경기장으로 행진하며 들어오는 동안 모든 참여국들의 국기가 스타디움 바깥에서 휘날리고 있다.

05 enslave
[insléiv]
노예로 만들다

- Though most youngsters in the present day might want to believe it otherwise, the early settlers, their forefathers, enslaved or killed much of the native population.
  ▶ 현대를 사는 대부분의 젊은 친구들은 그렇게 믿고 싶어하지 않을지 모르지만, 그들의 조상들인 초기 정착자들은 대량의 원주민을 노예로 만들거나 죽여 버렸다.

06 ensue
[insú:]
계속해서 (결과로서) 일어나다

- Curtailed investment in the film industry will ensue a drop in the number of domestic flicks produced and then theaters will call on the government to further reduce the quota.
  ▶ 영화 산업에 투자가 줄어들게 되면 이어서 제작되는 국내 영화들의 숫자가 감소하는 결과로 나타나고, 그러면 극장들은 정부에 한층 더 쿼터를 줄이라고 주문하게 될 것이다.

07 ensure
[inʃúər]
책임지다, 보장하다

- Our customs officials will attach the radio tags on imported beef when it passes through customs. The process will ensure the transparency of imported beef in circulation.
  ▶ 우리 관세국 관리들은 수입 소고기가 세관을 통과할 때 라디오 수신 꼬리표를 붙일 것입니다. 그 과정은 유통되고 있는 수입 소고기에 투명성을 보장하게 될 것입니다.

08
entail
[intéil]
(필연적인 결과로서)
수반하다, 필요로 하다

■ When we moved from an apartment to a house in the suburbs, we found that being a homeowner entails more responsibilities than we had imagined.

▶ 아파트에서 교외 단독주택으로 이사했을 때 우리는 단독주택을 갖는 것이 상상했던 것보다 더 많은 책임을 수반한다는 것을 알았다.

---

1. Identifying an advisor during the applications process will allow the student to facilitate their involved in the advisor's research program once they officially ______.

  (A) deposited   (B) enrolled   (C) illuminated   (D) infused

어휘 **deposit** 내려놓다; 맡기다 **enroll** 등록하다, 가입시키다 **illuminate** 조명하다; 설명하다 **infuse** 주입하다; 불어넣다

해석 지원서 처리기간 동안에 지도교수를 잘 알아두는 것은 학생들이 공식적으로 등록했을 때 그 지도교수의 연구 프로그램에 참여하는 것을 용이하게 해준다.

2. I am taking this step with my eyes open, and I will accept full responsibility for whatever may <u>ensue</u>.

  (A) result   (B) join in

  (C) begin   (D) fall down

어휘 **ensue** 계속해서 일어나다; 결과로써 일어나다 **result** 기인하다, 결과로써 생기다 **join in** ~에 참여하다, 참가하다 **begin** 시작되다, 시작하다 **fall down** 넘어지다; 실패하다

해석 나는 두 눈 똑바로 뜨고 이 조처를 취하면 거기에 따라오는 어떤 결과에 대해서도 전적인 책임을 질 것이다.

3. Plays that ____________ direct interaction between actor and audience present no unusual difficulties for actors.

  (A) advocate   (B) entail   (C) exaggerate   (D) announce

어휘 **interaction** 상호 작용 **advocate** 옹호[변호]하다; 주장하다 **entail** 일으키다; 필요로 하다 **exaggerate** 과장하다 **announce** 알리다

해석 배우와 청중 간에 직접적인 상호 작용을 필연으로 하는 연극이 배우들에게 특별한 어려움을 주는 것은 아니다.

01 entangle
[intǽŋgl]
엉키게 하다,
(어려움에) 말려들게 하다

- The new prime Minister is one of the few prominent politicians in the country who is not entangled in the spreading scandal in some way.
  ▶ 새 수상은 확산되고 있는 스캔들에 어쨌든 휘말려 들지 않은 몇 안되는 탁월한 정치가의 한사람이다.

02 enthrall
[inθrɔ́ːl]
매혹시키다, 노예화하다

- The whole audience was completely enthralled for over two hours by the magic performance by David Blaine.
  ▶ 전 관객은 2시간여의 David Blaine의 마술 공연에 완전히 매료되었다.

03 enthrone
[inθróun]
왕위에 앉히다

- Along with several other lawmakers, Kim spearheaded a campaign to enthrone Mr. Lee, an unsuccessful chairmanship bidder.
  ▶ 여러 다른 입법자들과 함께 김은 회장직에 도전했다가 실패한 이씨를 권좌에 앉히고자 하는 선거운동을 주도했다.

04 entice
[intáis]
꾀다, 유혹하다

- Hiking, camping, rock climbing, and white water rafting combine with the rugged beauty of the region to entice visitors from all over the East Coast.
  ▶ 하이킹, 야영, 암석등반, 급류타기는 동부해안 전역으로부터 방문객들을 유혹할만한 거칠고도 아름다운 지형들로 이루어져 있다.

05 entitle
[intáitl]
~에게 제목을 붙이다,
~에게 자격을 부여하다

- All students with averages above eighty are entitled to these scholarships, irrespective of their nationalities.
  ▶ 평균 80점 이상의 학생은 누구나 다 국적에 상관없이 이 장학금을 탈 자격이 있다.

06 entreat
[intríːt]
간절히 원하다, 간청하다

- The mouse piteously entreated, saying "If you would only spare my life, I would be sure to repay your kindness."
  ▶ 쥐는 간절하게 애원하며 말했다: "만약에 제 목숨을 살려 주시면 그 은혜에 꼭 보답할께요."

07 entrench
[intréntʃ]
참호로 에워싸다, 확립하다

- Ignoring calls for a referendum on the issue, the government has been seeking to entrench the new capital in the country's central region.
  ▶ 그 이슈에 대한 국민 투표 요구들을 무시하면서, 정부는 신수도를 국가의 중앙 지방에 확립시키려 추진해 오고 있다.

08 entrust
[intrʌ́st]
맡기다, 위탁하다

- It is not recommended to entrust someone else with one's e-banking or related information. For example, one should not ask other people, including friends or colleagues, to perform a withdrawal or transfer of cash.
  ▶ 다른 사람에게 자신의 e-Banking 혹은 관련 정보를 위탁하는 것은 권할만한 일이 아니다. 예를 들자면, 친구나 동료들을 포함한 타인들에게 현금 인출이나 계좌이체를 부탁하지 않아야겠다.

1. U.S. military forces are getting more deeply ___________ in Columbia's bloody civil war due to shooting spree from uncertain enemy.

   (A) encroached   (B) enmeshed

   (C) embittered   (D) enlightened

   어휘 **bloody** 유혈의 **encroach** (서서히) 침입하다, 잠식[침해]하다 **enmesh** 그물로 잡다; 말려들게 하다(entangle) **embitter** (약 따위를) 더 쓰게 하다; 한층 더 비참하게[나쁘게] 하다 **enlighten** 계몽하다; ~에게 가르치다

   해석 불확실한 적으로부터의 총기난사로 인해 미군은 유혈이 낭자한 콜롬비아 내전에 더 깊이 말려들고 있다.

2. The audience was <u>enthralled</u> by the sheer beauty of the music the first played this country by the orchestra.

   (A) shocked   (B) stimulated

   (C) captivated   (D) terrified

   어휘 **enthrall** 매혹하다, 마음을 빼앗다 **sheer** 완전한, 순전한 **shock** ~에 충격을 주다[일으키다]; 깜짝 놀라게 하다 **stimulate** 자극하다; 북돋우다 **captivate** 사로잡다, 매혹하다 **terrify** 겁나게 하다, 놀래다

   해석 청중들은 자국에서 처음으로 오케스트라가 연주하는 음악의 완전한 아름다움에 넋을 빼앗겼다.

3. To <u>lure</u> more caring individuals to the field, schools are seeking older students as well as non-science majors.

   (A) refer   (B) employ

   (C) entice   (D) transform

   어휘 **lure** 유혹하다; 불러내다 **refer** 보내다; 위탁하다 **employ** 쓰다; 소비하다 **entice** 유혹하다, 부추기다 **transform** 변형시키다, 바꾸다

   해석 좀더 관심 있는 사람들을 현장으로 끌어들이기 위하여, 학부는 비과학 전공자들뿐만 아니라 나이든 학생들도 찾고 있다.

4. I know from personal experience how much harm smoking can do, and I ________ you not to get started on that miserable habit.

   (A) entreat   (B) inflict

   (C) beg   (D) importune

   어휘 **entreat** 간청[탄원]하다 **inflict** 고통을 주다; 벌을 과하다 **beg** 구걸하다; 간청하다 **importune** 졸라대다; 치근덕거리다

   해석 흡연이 얼마나 많은 해를 끼치는가를 개인적인 경험으로 알기 때문에 그 나쁜 버릇을 들이지 않도록 간청합니다.

Prefix EN- / EPI- / EX- 동사 형성 / 위 / 밖

01 envoy
[énvɔi]
(외교) 사절, 특사

- A special envoy was named by the President to help negotiate a settlement in the war-torn Middle East.
  ▶ 전쟁에 휩싸인 중동문제 해결 협상을 돕도록 대통령이 특사를 임명했다.

02 ephemeral
[ifémərəl]
일시적인

- Looking at a lovely young girl, I feel a certain sense of sadness because I realize how ephemeral physical beauty is.
  ▶ 예쁘고 어린 소녀를 볼 때 나는 신체적 아름다움이 매우 덧없음을 알기 때문에 어떤 슬픔을 느낀다.

03 epidemic
[epidémik]
유행병, 전염병

- Health officials and international medical teams were battling to fend off an epidemic of cholera, malaria and typhoid in fishing villages along India's southern coast, nine days after the region was battered by towering tsunamis.
  ▶ 보건부 관리들과 국제 의학 팀들은 어마어마한 해일이 강타한 지 9일이 지난 인도의 남부 해안을 따라 있는 어촌들에서 콜레라, 말라리아, 그리고 장티푸스의 확산을 막아내려 분투하고 있었다.

04 epigram
[épigræm]
경구, 짧은 시

- The popular distrust of the bench and the bar is deep-rooted indeed. Hence the famous epigram by a former criminal suspect: "Guiltless are the moneyed, guilty are the money-less."
  ▶ 판사와 법정에 대한 일반 민중의 불신은 실로 뿌리가 깊다. 따라서 예전 범죄 용의자가 남긴 "유전무죄, 무전유죄"라는 유명한 경구도 있다.

05 epilogue
[épilɔːg]
맺음말, 결어

- The plot and the characters of this performance are taken from the tales of French writer Charles Perrault. It consists of five acts with a prologue and an epilogue.
  ▶ 이 공연의 줄거리와 캐릭터들은 프랑스 작가 Charles Perrault의 이야기들에서 인용하였다. 이 공연은 서막이 하나, 그리고 에필로그가 하나해서 5막으로 구성되어 있다.

06 epitome
[ipítəmi]
개략, 전형, 표본

- Despite their break-up followed by band mate Hide's suicide in 1998, X-Japan remains undisputed as the epitome of Japanese rock.
  ▶ 1998년 밴드 멤버인 Hide의 자살에 이은 해체에도 불구하고 X-Japan은 의론의 여지가 없는 일본 록의 표본으로 남아있다.

07 epoch
[épək]
(획기적인) 시대

- Since the beginning of the 19th century, populations, economies, cities and prosperity have been growing continuously at a rapid pace. However, this historic epoch is drawing to a close.
  ▶ 19세기 시작부터 인구, 경제, 도시 그리고 재정적인 번영은 빠른 페이스로 꾸준히 성장해왔다. 하지만, 이런 역사적 시대는 끝 나가고 있다.

08 allege

[əlédʒ]
**(증거 없이) 주장하다,
단언하다**

■ All of the applicants allege that they have the right background for the job, but we are not going to hire anyone without solid proof of qualifications.

▶ 모든 자원자들이 그 일자리에 적절한 배경을 갖고 있다고 주장하지만 우리는 자격의 확고한 증거가 없이는 누구도 채용하지 않을 방침이다.

---

1. A United Nations <u>envoy</u> will arrive in Jerusalem for a third attempt to persuade Israel to repatriate hundreds of Palestinians it deported to Lebanon.

(A) create   (B) messenger

(C) covet   (D) range

어휘 **envoy** 특사, 외교사절 **create** 창조하다 **messenger** 전령, 메신저 **covet** 몹시 탐내다 **range** 열, 범위

해석 유엔 특사는 이스라엘에게 레바논으로 추방한 수백명의 팔레스타인인들을 귀환시킬 것을 세 번째로 설득하기 위해 예루살렘에 도착할 예정이다.

2. Its adult stage lasting less than two days, the mayfly is by definition <u>an ephemeral</u> creature, the larval stage is quite long though.

(A) a harmful   (B) a feathered

(C) a beneficial   (D) a short-lived

어휘 **mayfly** 하루살이 **by definition** 정의(定義)에 의하면; 당연히 **ephemeral** 하루밖에 못 사는; 단명하는; 덧없는 **larval** 애벌레의 **harmful** 해로운 **feathered** 깃이 있는; 깃털로 장식된 **beneficial** 유익한, 수익의 **short-lived** 단명한

해석 유충기는 길어도 성충(成蟲)으로 사는 기간이 이틀 이상 지속되지 못하기 때문에 하루살이는 정의(定義)상, 수명이 짧은 생물이다.

3. He reportedly paid a mutimillian-dollar settlement to the __________ boy's family. It made lots of his fan disappoint.

(A) implied   (B) alleged

(C) designed   (D) retracted

어휘 **implied** 함축된, 암시적인 **designed** 설계[도안]에 의한; 계획된 **retracted** 수축된, 취소된

해석 그는 소년의 가족들에게 수 백만 달러의 합의금을 지불했다고 한다. 그의 이번 행동은 많은 팬들을 실망시켰다.

정답 1. B 2. D 3. B

01 eccentric
[ikséntrik]

괴짜의, 이상한, 기인

- The Aviator, directed by Martin Scorcese, tells the story of aviation pioneer Howard Hughes, the eccentric billionaire industrialist and Hollywood film mogul, famous for romancing some of the world's most beautiful women.
  ▶ Martin Scorces가 감독을 맡은 영화 '비행기 조종사'는 비행기 조종의 선구자 Howard Hughes의 이야기를 하고 있는데, 그는 괴짜스러운 거부 실업가였으며, 할리우드의 거물이었고, 세계의 최고 미녀들을 여럿 사귄 것으로 유명하다.

02 eclipse
[iklíps]

(해, 달의) 식,
(명예 등의) 상실, 실추

- We learned that an eclipse of the sun may occur in a limited area on the earth when moon passes between the earth and the sun.
  ▶ 달이 지구와 태양 사이를 통과할 때 지구상의 일정지역에 일식 현상이 일어날 수 있다는 사실을 배웠다.

03 ecstasy
[ékstəsi]

무아지경, 황홀

- The announcement that the war had ended brought on an ecstasy of joy that resulted in many uncontrolled celebrations.
  ▶ 전쟁이 끝냈다는 발표는 많은 억제할 수 없는 축하를 보내게 하는 기쁨의 황홀경을 가져다 주었다.

04 efface
[iféis]

지우다, 말살하다

- The inscription on the tombstone had been effaced by centuries of weather.
  ▶ 그 비석의 비문은 수세기의 비바람에 의해 지워졌다.

05 effigy
[éfidʒi]

상, 형상

- Determined to discredit the fallen leader, the opposition speakers presented a picture of him that was no more than a grotesque effigy for the mob to deride.
  ▶ 이 타락한 지도자를 깎아내릴 결심을 하고 반대 연사들은 대중이 경멸할 괴상한 인형에 불과한 그의 모습을 제시했다.

06 elaborate
a.[ilǽbərit] v.[ilǽbəreit]

정성들인, 정성 들여 만들다

- Two senior members of staff and their families were held hostage at their homes on the outskirts of the city as part of an elaborate plan to raid the bank's cash center.
  ▶ 그 은행의 현금 센터를 습격하려는 정교한 계획의 일부로 자문단 중 두사람의 고위 회원들과 그들의 가족들이 그 도시 외곽에 있는 자신들의 집에서 인질로 잡혀 있었다.

07 elapse
[ilǽps]

(때가) 경과하다, 경과

- Even Today, after the elapse of a half a century, the grief and pain of 10 million separated from their families still lingers.
  ▶ 50년이 지난 오늘날 까지도, 천만 이산가족들의 슬픔과 고통은 아직 여운이 가시지 않고 있다.

08 elate

[iléit]

의기양양하게 하다

■ Grinning from ear to ear, Janet Evans was clearly *elated* by her Olympic victory.

▶ 귀까지 찢어지도록 웃으며 Janet Evans는 그녀의 올림픽 우승에 의기양양했다.

---

1. When they appeared in <u>eccentric</u> clothing, everybody looked at them. They looked like circus clowns.

   (A) bold and colorful   (B) strange and peculiar

   (C) heavily accented   (D) very noble

> **어휘** **eccentric** 보통과 다른, 괴상한 **bold** 대담한, 뻔뻔스런, 되바라진 **peculiar** 기묘한, 이상한
> **heavily accented** 악센트가 강한 **noble** 고귀한, 숭고한

> **해석** 그들이 괴상한 옷을 입고 나타났을 때 모든 사람들은 그들을 쳐다보았다. 그들은 마치 서커스 광대 같았다.

2. Thought I tried to forget the horrible incident, I couldn't _________ it from my mind.

   (A) confide   (B) efface

   (C) object   (D) obey

> **어휘** **confide** 신임하다 **efface** 지우다 **obey** 순종하다, 따르다

> **해석** 비록 나는 그 끔찍한 사고를 잊어버리려 애썼지만 나의 마음에서 지워 없앨 수가 없었다.

3. The opposite party got a sudden fear that there are still four days to <u>elapse</u> before the former president responds to a government questionnaire.

   (A) go by   (B) be wasted

   (C) be saved   (D) be lonesome

> **어휘** **elapse** 경과하다 **lonesome** 쓸쓸한, 외로운, 고독한

> **해석** 야당은 전임 대통령이 정부 질문에 답변할 시한이 아직 4일 남아 있다는 것에 갑작스런 두려움을 느꼈다.

4. Contrary to our expectation, their animal report is considerably more <u>elaborate</u> than ours.

   (A) without any improvement   (B) excessively desirous

   (C) carefully planned or worked out   (D) not authorized by law

> **어휘** **expectation** 기대 **elaborate** 정성들인 **improvement** 향상

> **해석** 우리가 생각했던 것과는 반대로, 그들의 동물 조사보고서는 우리의 것보다 상당히 정성껏 작성되어 있다.

01 elicit
[ilísit]

(대답, 웃음 따위를)
이끌어 내다

- The army interpreter tried to elicit information from the captured soldier.
  ▶ 군의 통역가는 인질이 된 군인으로부터 정보를 이끌어 내기위해 노력했다.

02 eligible
[élidʒəbl]

적격의, 자격이 있는

- A Labor Ministry official said foreign migrant workers are eligible to benefit from the industrial accident compensation insurance even if they are illegal workers.
  ▶ 노동부 관리는 해외 이주 노동자들이 설사 불법 노동자들이라 할지라도 산업 재해 보상 보험의 혜택을 받을 자격이 있다고 얘기했습니다.

03 elucidate
[ilú:sideit]

(문제 등을) 밝히다,
명료하게 설명하다

- I am waiting for you to elucidate those strange remarks about the background of my family tree!
  ▶ 우리 가문의 배경에 관한 그 이상한 말에 대해서 당신이 분명히 설명해주기를 기다리고 있는 중입니다.

04 elude
[ilú:d]

(벌, 책임 따위에서)
교묘히 피하다, 빠져 나오다

- Since the duo began their singing career 6 years ago, they had minor breakthroughs but real success eluded them.
  ▶ 그 듀엣이 6년 전 가수생활을 시작한 이래, 미약하게나마 조금 빛을 본적이 있긴 했지만, 진정한 성공은 그들을 교묘히 피해가고 말았다.

05 emancipate
[imǽnsəpeit]

(속박, 구속에서)
해방시키다, 자유롭게 하다

- There are many millions of people throughout the world still waiting to be emancipated from the bonds of grinding poverty.
  ▶ 전 세계에 걸쳐 아직도 수백만의 사람들은 뼈에 사무치는 가난의 속박에서 해방되기를 기다리고 있다.

06 emerge
[imə́:rdʒ]

(물, 어둠 속에서) 나오다,
(가난, 낮은 신분으로부터)
벗어나다

- Compensation for individual sufferers of the 1910-45 Japanese colonialism will likely emerge as the "eye of the typhoon" in the aftermath of the disclosure of documents related to the South Korea-Japan Treaty in 1965.
  ▶ 1965년 한일 조약에 관련된 문서가 폭로가 된 여파로 1910년에서 1945년 사이 일본 식민시기 개인 피해자에 대한 보상이 "태풍의 눈"으로 떠올랐다.

07 emigrate
[émigreit]

(외국으로) 이주하다, 이민하다

- In the meantime, Central and South America at the far end of the globe were virtually excluded from Korean diplomatic efforts despite the act that many Koreans had emigrated to the region since the 1960s.
  ▶ 한편, 우리와 지구 반대편 끝에 있는 중남미 국가는 1960년대 이후 많은 한국인이 이주해 갔음에도 불구하고 한국의 외교 노력에서 사실상 제외되어 왔다.

08
eminent
[ém, inənt]
뛰어난, 탁월한

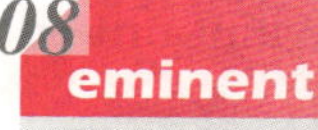

■ I am very much flattered that you had referred to me as "eminent educator", but I prefer to think of myself as just a good teacher.
▶ 당신이 나를 "저명한 교육자"로 지칭하니 매우 기쁘긴 하지만 나는 내 자신을 그저 훌륭한 선생으로 생각하기를 좋아합니다.

---

1. I want to know by whose authority my name was deleted from the list of students <u>eligible</u> to take the scholarship examinations.

(A) manifest   (B) convertible
(C) effusive   (D) entitled

어휘 **eligible** 적격의, ~할 자격이 있는   **manifest** 명백한, 일목요연한
convertible 바꿀 수 있는, 개조할 수 있는   **effusive** 심정을 토로하는, 감정이 넘쳐나는 듯한

해석 누구의 권위에 의해서 장학생 시험을 치를 자격이 있는 학생 명단에서 내 이름이 삭제되었는지 알고 싶다.

2. At first, the attempts of the Abolitionists to __________ the slaves were unpopular in New England as well as in the South.

(A) malinger   (B) emancipate
(C) culture   (D) foster

어휘 **malinger** (특히 군인 등이) 꾀병을 부리다   **emancipate** 해방하다(liberate); 이탈시키다
culture 교화하다; 재배하다; 문화   **foster** 기르다, 양육하다

해석 처음에 노예를 해방시키고자 했던 노예 폐지론자들의 시도는 남부에서와 마찬가지로 뉴잉글랜드 지방에서도 인기가 없었다.

3. Psychologists have insisted anxiety arises in response to inner stimuli which <u>emerge</u> from the unconscious levels of the mind.

(A) vanish   (B) relinquish
(C) suffer   (D) obtrude

어휘 **vanish** 사라지다, 희미해지다   **relinquish** 포기[양도]하다; 그만두다; 버리다
suffer (고통, 슬픔을) 경험하다, 받다; 견디다   **obtrude** 강요하다; 불쑥 내밀다

해석 심리학자들은 불안은 정신의 무의식적인 단계에서 나타나는 내적 자극에 반응하여 생겨난다고 주장해오고 있다.

4. That intelligence tests actually give a measurement of the intelligence of individuals is questioned by some <u>eminent</u> psychologists.

(A) strong but easily broken   (B) bold and wicked
(C) famous and admired   (D) proud and capricious

어휘 **intelligence** 지능, 지성   **measurement** 측량, 측정, 치수   **eminent** 저명한; 뛰어난; 두드러진
psychologist 심리학자   **bold** 대담한, 용감한   **wicked** 사악한; 심술궂은   **admired** 감탄한; 존경받는
capricious 변덕스러운, 급변하는

해석 지능 검사가 실제로 개인의 지능을 측정한다는 사실은 몇몇 저명한 심리학자들에 의해 의문이 제기되고 있다.

정답 1. D   2. B   3. D   4. C

01 emit
[imít]
(빛, 열, 소리 따위를) 내다, 방출하다

- Local automakers are poised to introduce a number of diesel-powered vehicles this year, which are expected to emit a greater amount of harmful pollutants into the atmosphere.
  ▶ 국내 자동차 생산업체들이 올해 더 많은 양의 해로운 오염물질을 대기에 뿜어내리라 생각되는 다수의 디젤 엔진 차량들을 소개할 준비를 하고 있다.

02 enervate
[énərveit]
기력을 빼앗다, 약화시키다

- She was slow to recover from her illness; even a short walk to the window left her enervated.
  ▶ 그녀는 병의 회복이 느렸다. 심지어 창까지 걸어가는 몇걸음에도 무기력해지곤 했다.

03 enumerate
[injú:məreit]
(일일이) 열거하다

- Chaebol's problems are even harder to enumerate; irregular inheritance, family-oriented management, the creation of secret funds and bribes paid to politicians.
  ▶ 재벌이 안고 있는 문제점들은 열거하기가 더 힘겹다. 변칙 상속, 가족중심 경영, 비자금 만들기, 그리고 정치인들에게 제공한 뇌물에 이르기까지.

04 eradicate
[irǽdikeit]
근절하다

- The deadly disease which once claimed millions of lives across the continent has now been completely eradicated.
  ▶ 한때 대륙전체에 걸쳐 수백만의 생명을 앗아갔던 그 치명적인 질병은 이제 완전히 근절되었다.

05 erode
[iróud]
(병 따위가) ~을 좀먹다

- Regarding the issue of polarization of large conglomerates and SMEs, Ogawa warned that too much support for the SME sector could further erode dynamics of entrepreneurship in this sector.
  ▶ 대형 복합 기업체들과 중소기업들의 양극화에 대한 이슈에 대해, Ogawa씨는 중소기업 영역에 대한 과다한 지원은 이 활동 분야에서 사업의 원동력을 한 층 더 좀먹게 할 수 있다고 경고 했습니다.
  cf) SME : small and medium sized enterprises

06 erudite
[érudait]
박식한, 학식있는

- His erudite writing was difficult to read because of the many allusions which were unfamiliar to most readers.
  ▶ 그의 박식한 글은 대부분의 독자들에게 생소한 암시들이 많아 읽기가 어렵다.

07 erupt
[irʌ́pt]
(화산 등이) 분출하다

- Among the effects of the eruption include cooler temperatures and specularsunsets.
  ▶ 추운 온도와 장관의 일몰이 화산분출의 여파 중 하나이다.

08 escort
[éskɔːrt]
호송자, 호위하다

- The police escorted herto the airport, and made sure that she left the country without getting a chance to talk to the press.
  ▶경찰은 그녀를 공항까지 호송해 갔고, 그녀는 언론과 이야기할 기회를 갖지 못하고 그 나라를 떠나게 했다.

---

1. Though smaller than our solar system, a quasar, which looks like an ordinary star, <u>emits</u> more light than an entire galaxy.

   (A) submits   (B) gives off   (C) rejects   (D) passes by

   어휘 **quasar** 준성 **emit** (빛·열·향·소리를) 내다, 방출하다 **submit** 복종시키다; 제출하다
   give off (빛 등을) 발하다 **reject** 거절하다, 사절하다 **pass by** 옆을 지나다; (때가) 지나가다

   해석 보통 별처럼 생긴 준성은 우리의 태양계보다 작지만 하나의 은하계 전체보다 더 많은 빛을 발산한다.

2. There are five steps involved in creating a piece of software: <u>enumerating</u> the requirement; designing the programming; actually writing the code; testing it; and then deploying it.

   (A) giving a list of   (B) understanding thoroughly
   (C) making a pattern of something   (D) causing something new to exist

   어휘 **involve** 필연적으로 포함하다, 수반하다, 연루시키다 **create** 창조하다, 만들어 내다
   enumerate 열거하다, 목록을 작성하다 **requirement** 필요한 것, 필수품, 요구 **deploy** 배치하다

   해석 하나의 소프트웨어를 만들어 내는 데는 5단계가 필연적으로 포함된다. 필요한 것들을 하나하나 열거하기; 프로그래밍을 디자인하기; 실제 코드를 부여하기; 소프트웨어를 테스트하기; 소프트웨어를 배치하기

3. Though his fellow students thought him ____________, Paul knew he would have to spend many years in serious study before he could consider himself a scholar.

   (A) erratic   (B) erudite
   (C) credible   (D) garrulous

   어휘 **erratic** 일정하지 않은, 변하기 쉬운 **erudite** 박학한(scholarly), 전공한
   credible 신용[신뢰]할 수 있는, 확실한 **garrulous** 수다스러운, 말 많은

   해석 비록 그의 동료 학생들은 그가 박학하다고 생각했지만 폴은 스스로를 학자로 여기기 전에 진지한 연구를 하는데 몇 년을 더 보내야 한다는 것을 알고 있었다.

4. Hundreds of people died yesterday when Mt.Vesuvius __________ and completely buried the city of Pompeii.

   (A) disrupted   (B) irrupted   (C) erupted   (D) corrupted

   어휘 **disrupt** 붕괴시키다 **irrupt** 돌입하다 **erupt** 분출하다, (피부가) 발진하다 **corrupt** 타락시키다

   해석 어제 베수비우스 화산이 폭발하여 폼페이 시를 완전히 뒤덮어 수백 명의 사람들이 사망했다.

정답 1. B 2. A 3. B 4. C

01 evacuate

[ivǽkjueit]

(사람, 군대 등을) 대피
(철수) 시키다

- An analysis done by the paper shows 121 firefighters died inside the North Tower, even though warnings were transmitted over police radios to evacuate 21 minutes before the building collapsed.
  ▶ 뉴욕 타임스가 자체 분석한 내용에 따르면, 북쪽 빌딩이 무너지기 21분전에 경찰 무전기를 통해 대피하라는 경고가 하달되었음에도 불구하고 121명의 소방관이 북쪽 빌딩 안에서 사망하였습니다.

02 evade

[ivéid]

(교묘히) 피하다, 벗어나다

- The police have repeatedly assured the public that the escaped convicts will not evade recapture for long.
  ▶ 경찰은 도망간 죄수들이 재검거를 오래 피해 다니지는 못 할 것이라고 대중들에게 반복적으로 확인시켜 주었다.

03 evaluate

[ivǽljueit]

평가하다

- Critical thinkers are able to identify main issues, recognize underlying assumptions, and evaluate evidence.
  ▶ 비평가들은 주요 문제를 식별하고, 그 밑에 깔려있는 추정들을 알아차리고, 증거를 평가할 수 있는 능력이 있다.

04 evaporate

[ivǽpəreit]

증발하다

- Pour the liquid through a coffee filter and leave the lid open for the alcohol to evaporate. If you want to use it for the winter, add a couple drops of vegetable oil.
  ▶ 커피 필터를 통해서 액체를 부어 넣고서 알코올이 증발하도록 뚜껑을 열어놓으세요. 만약 겨울에 쓸 거라면, 식물성 기름을 두어 방울 첨가하세요.

05 evoke

[ivóuk]

(기억, 감정 등을)
불러일으키다, 자아내다

- The brand new detergent was originally designed to evoke the fresh smell of summer meadows.
  ▶ 그 최신 합성세제는 원래 여름 초원의 신선한 냄새를 자아내도록 설계되어 있었다.

06 evolve

[iválv]

발전, 진화하다

- If you avoid going on a date, you could be missing out on a great opportunity that might evolve into a true friendship even if the romance doesn't last.
  ▶ 만일 데이트하는 것을 피한다면, 당신은 로맨스는 지속되지 않더라도 진실한 우정으로 발전할 수 있는 좋은 기회를 놓칠 수 있다.

07 exalt

[igzɔ́ːlt]

(명예, 직위 따위를) 높이다,
올리다

- It is written in the Bible that "whosoever shall humble himself shall be exalted, and he that shall exalt himself shall be abased."
  ▶ "자신을 낮추는 자는 높여질 것이고, 자신을 높이는 자는 낮아질 것이다 "라고 성경에 쓰여 있다.

08 exasperate
[igzǽspəreit]

몹시 화나게 하다

- She was thoroughly exasperated at her mother's vulgar attitude over at her boyfriend's house.
  ▶ 그녀는 자기 남자친구의 집에서 엄마의 상스러운 태도에 몹시도 화가나 있었다.

---

1. When he learned that a tornado was approaching his town, he ran to his house and ___________ his elderly mother immediately.
   (A) anticipated　　　　　　　　(B) removed
   (C) comforted　　　　　　　　(D) evacuated

   어휘 **anticipate** 기대하다　**remove** 제거하다　**comfort** 위로하다　**evacuate** 대피시키다, 철수시키다

   해석 폭풍이 그의 마을로 접근하고 있다는 사실을 알았을 때, 그는 집으로 뛰어가서 나이든 어머니를 즉시 대피시켰다.

2. To <u>evade</u> the interrogator's questions, the suspect started talking about his childhood with his parents in his hometown.
   (A) ignore　　　　　　　　(B) sidestep　　　　　　　　(C) talk back
   (D) answer sincerely　　　　(E) rebuff

   어휘 **interrogator** 심문자, 질문자　**suspect** 혐의자, 용의자　**sidestep** 옆으로 비키다; (책임, 질문을) 회피하다
   talk back 말대꾸하다; 응답하다

   해석 심문자의 질문을 회피하기 위해 용의자는 자신의 고향에서 부모님과 보냈던 유년시절에 관하여 이야기하기 시작했다.

3. When problems ___________ between an organization's management and its employees an objective, third party may be called in to mediate.
   (A) shift　　　　　　　　(B) evolve
   (C) recur　　　　　　　　(D) stagnate

   어휘 **mediate** (분쟁을) 중재하다　**shift** 이동하다, 바꾸다　**evolve** 전개하다, 발달시키다(develop); 진화하다
   recur 되돌아가다, 재발하다　**stagnate** (물이) 썩다; 침체되다

   해석 회사의 경영진과 종업원들 간의 문제가 확대되면, 객관적인 제 3자가 중재하도록 요청할 수 있다.

4. Many people at times feel <u>exasperated</u> at incessant social demands on their personal lives and try to isolate themselves from others.
   (A) encourage　　　　　　　　(B) disadvantage
   (C) amuse　　　　　　　　(D) enraged

   어휘 **exasperate** 성나게 하다, 격분시키다　**encourage** 용기를 북돋우다, 장려하다
   disadvantage (사람을) 불리하게 하다, ∼의 이익을 해치다　**amuse** 즐겁게 하다, 재미나게 하다　**enraged** 격분한

   해석 많은 사람들이 때때로 그들의 개인적인 생활에 대한 끊임없는 사회적 요구에 대해서 화를 내고 자신들을 남들로부터 고립시키려고 노력한다.

01 excavate
[ékskəveit]
~에 구멍을 파다

- Egyptian and Israeli rescue personnel worked side-by-side as they excavated a crater of wreckage, at the entrance to the Hilton Hotel, that was caused by the massive bombing.
  ▸ 이집트와 이스라엘의 구조 요원들이 힐튼 호텔로 들어가는 입구에서 엄청난 폭탄 폭발에 의해 일어난 파괴로 생긴 분화구를 파헤쳐 뚫으며 함께 작업하고 있었다.

02 excerpt
[éksə:rpt]
발췌, 인용(하다)

- The team's research will be printed in Neuroscience Letters, an international science journalnext month. An excerpt of the research is already available at the magazine's Web site.
  ▸ 그 팀의 연구는 국제적 과학 정기 간행물인 신경과학지 내달 호에 실리게 될 것입니다. 그 연구의 발췌분은 이미 그 잡지의 웹 사이트에서 이용할 수 있습니다.

03 exempt
[igzémpt]
(의무 따위를) 면제하다, 면제된

- There was utter chaos in Parliament when a member disclosed that some rich merchants had been exempted from income tax.
  ▸ 어떤 돈 많은 상인들이 소득세의 면제 혜택을 받고 있다는 사실을 한 국회의원이 폭로했을 때 국회에는 말할 수 없는 대혼란이 있었다.

04 exhale
[ekshéil]
(숨을) 내쉬다

- Just to make doubly sure that there's no blockage anywhere in the pipe, take a deep breath in then exhale into the mouthpiece.
  ▸ 파이프 어디에도 막힌 곳이 전혀 없다는 걸 재차 확인하려고 하니, 숨을 깊이 들이 마시시고 나서 입대는 곳에 내쉬어 보세요.

05 exhort
[igzɔ́:rt]
~에게 열심히 타이르다

- A former priest exhorted all sinners to repent and not to stand againt God.
  ▸ 전직 신부는 모든 죄인들이 회계하고, 주님에게 대항하지 말라고 타일렀다.

06 exile
[égzail]
추배, 유배, 추방하다

- One hundred years later the Black is till languishing in the corners of American society and finds themselves an exile in his own land.
  ▸ 1백 년이 흐른 오늘날 흑인들은 아직도 미국 사회의 귀퉁이에서 몸부림치고 있으며 자기들의 땅에서 유배자의 신세나 다름없음을 발견하고 있습니다.

07 exorbitant
[igzɔ́:rbitənt]
터무니 없는, 과도한

- Most of the customer complaints were due to expensive additional activities forced on tourists or exorbitant prices that differed from the contract's conditions.
  ▸ 손님들 불평의 대부분은 관광객들에게 강요되는 값비싼 추가활동이나 계약서 조건들과 상이한 터무니없는 가격들 때문이었습니다.

08 exotic

[igzátik]

외래의, 이국적인

■ Has it occurred to you that the exotic foods that we eat only on special occasions are part of the everyday diet in other parts of the world?

▶ 우리가 특별한 경우에만 먹는 외국 음식이 세계의 다른 지역에서는 일상적인 식사의 일부분이라는 생각을 해 본 적이 있습니까?

1. The lady became ____________ when she heard busy signal on the phone all day long. She almost lost her mind at that time.

(A) obsequious
(B) soothed
(C) flattered
(D) impatient

> **어휘** **busy signal** '통화중' 신호 **all day long** 하루 종일 **obsequious** 아첨[아부]하는; 비굴한 **soothe** 달래다, 위로하다, 진정시키다 **flatter** ~에게 발림말하다, 아첨하다 **impatient** 참을 성 없는(exasperated), 성급한

> **해석** 그 여자는 하루 종일 계속되는 통화 중 신호를 듣고 조급해졌다. 그녀는 그때 거의 참을성을 잃을 뻔했다.

2. Even though as far as power imbalance of the present regime is concerned, no politician can claim _immunity_, they held other side responsible for that.

(A) impurity
(B) legality
(C) exemption
(D) extinction

> **어휘** **as far as A is concerned** A에 관한 한 **imbalance** 불균형 **regime** 정부, 정권 **immunity** (의무·책임의) 면제; 면역 **impurity** 불순; 외설 **legality** 적법, 합법, 정당함 **extinction** 불을 끔, 소등, 멸종

> **해석** 현(現)정권의 권력 불균형에 관해서는 어떤 정치인도 면책을 주장할 수 없었지만, 상대방의 책임으로 돌렸다.

3. The President has ____________ the people to be ready to make sacrifices so that the nation can overcome the energy crisis.

(A) exasperated
(B) obliterated
(C) cast away
(D) exhorted

> **어휘** **exasperate** 몹시 약오르게[불쾌하게] 하다, 격앙시키다 **obliterate** (글자 따위를) 말살하다, 흔적을 없애다 **cast away** ~을 내버리다 **exhort** 열심히 타이르다, 권고하다(advise)

> **해석** 대통령은 국가가 에너지 위기를 극복할 수 있도록 국민들이 기꺼이 희생할 것을 권고했다.

4. One _exotic_ tour organizer said his expensive packages catered to richer customers who really are not affected by the recession.

(A) unusual
(B) expensive
(C) common
(D) beautiful

> **어휘** **exotic** 외래의; 색다른(unusual) **cater** 음식물을 조달하다; 요구를 채우다 **common** 공통의, 일반의

> **해석** 한 이국 관광 알선업자는 자신의 비싼 여행 상품은 실제로 불황 여부에 영향을 받지 않는 부유층을 주요 고객으로 하고 있다고 말했다.

정답 1. D 2. C 3. D 4. A

Prefix EX-   밖

01 expedient
[ikspíːdiənt]
수단, 편리한

- Such wrongful, but expedient, sales practices by automakers are pressuring sales employees at the carmaker.
  ▶ 그런 부당한, 하지만 편의주의적인 자동차업계에 의한 영업형태는 그 자동차회사 영업 직원들에게 부담을 주고 있습니다.

02 expedite
[ékspədait]
재촉하다, 촉진하다

- The new computerized referral system will greatly expedite the processing of complaints by customers.
  ▶ 새롭게 전산화된 참고 시스템은 고객의 불만 처리를 매우 신속히 할 것이다.

03 expel
[ikspél]
쫓아내다, 추방시키다

- The judge asked the guards to expel the spectators who were creating a disturbance.
  ▶ 재판관은 소란을 피우고 있는 관람인들을 쫓아내도록 경비병에게 요청했다.

04 expend
[ikspénd]
(시간, 노력 따위를) 들이다, 쓰다

- The company is expected to expend some 3 billion dollars to expand and upgrade its steel production facilities overseas.
  ▶ 그 회사는 해외에 있는 철강 생산 시설을 확장하고 품질을 개량하기 위해 30억 달러 정도를 쓸 예정이다.

05 expire
[ikspáiər]
(기한이) 끝나다, 만료되다

- The visas of around 60,000 migrant workers will expire by the end of the year, with another 120,000 expiring in the first half of next year.
  ▶ 6만명 가량의 이주 노동자들 비자가 올해말 까지 만료될 것이고, 내년 초반기에는 12만 명이 더 추가로 만료될 것이다.

06 explicit
[iksplisit]
명백한, 숨김없는

- The referee showed good judgment in giving an explicit warning that if either team protested his decisions he would call a technical foul.
  ▶ 그 심판은 어느 팀이라도 그의 심판에 항의하면 테크니컬 파울을 선언할 것이라는 분명한 경고를 함으로써 훌륭한 판단력을 보여주었다.

07 exploit
[eksplóit]
개발하다, (이기적인 목적으로) 착취하다

- We don't know why Japan hired Korean women as nurses at the end of the war, but we presume Japan tried to hide its comfort women system or exploit their labor as long as they could.
  ▶ 저희는 전쟁 말기에 일본이 왜 한국 여성들을 간호사로 채용했는지 이유는 모르고 있지만, 일본이 정신대 시스템을 숨기려 하는 것이었거나, 혹은 최대한 오래 그들의 노동력을 착취하기 위해서였던 것이라고 미루어 짐작하고 있습니다.

08 expound
[ekspáund]
상세히 설명하다

- The civic group leader used her newspaper column to expound her views on environmental issues.
  ▶ 그 시민 단체장은 자신의 신문 칼럼을 이용해서 환경 이슈들에 대한 자신의 시각을 상세히 설명하였다.

1. Trivial questions of junior reporters, she thought it _______________ not to tell her mother where she had been for past 2 years.

   (A) expedient   (B) cruel   (C) foolish

   (D) insolent   (E) disrespectful

> **어휘** **expedient** 유용한 **cruel** 잔인한 **disrespectful** 무례한, 실례되는 **foolish** 어리석은
> **insolent** 건방진

> **해석** 후배 기자의 하찮은 질문에, 어머니께 지난 2년 동안 어디에 있었는지를 말하지 않는 것이 편리하다고 그녀는 생각했다.

2. But in 1997, Britain's 99-year lease for Hong Kong <u>expires</u>, and it will revert back to being part of the People's Republic of China.

   (A) explores   (B) expires

   (C) expounds   (D) exposes

> **어휘** **explore** 탐험하다; 탐구하다 **expire** 끝나다; 꺼지다 **expound** 상술하다, 해설하다 **expose** 폭로하다

> **해석** 그런데 1997년이면 홍콩에 대한 영국의 99년간의 조차 기간이 만료되어, 홍콩은 중국의 일부로 다시 귀속될 예정입니다.

3. The law is very _______________ regarding the use of and standards for child safety seats in automobiles, I wasn't aware though.

   (A) brief   (B) new

   (C) firm   (D) explicit

> **어휘** **regarding** ~에 관해서, ~의 점에서는(with regard to) **standard** 표준; 도덕적 규범, 모범; 본위
> **brief** 간결한; 단시간의; 덧없는 **new** 새로운 **firm** 굳은, 단단한, 튼튼한 **explicit** 명백한(clear), 숨김없는

> **해석** 그 법에는 자동차 안에 어린이용 안전벨트에 대한 사용과 기준에 관해 명시되어 있었지만 나는 몰랐다.

4. In "Revolt of the Black Athlete," sociologist Harry Edwards contends that young black athletes have been <u>exploited</u> by some college recruiters.

   (A) entertain   (B) tell a lie

   (C) explain something   (D) take selfish advantage of

> **어휘** **exploit** 개발하다; 이용하다; 착취하다 **entertain** ~을 즐겁게 하다, 대접하다, 환대하다
> **tell a lie** 거짓말하다

> **해석** "흑인 선수의 반란"에서 사회학자 Harry Edwards는 젊은 흑인선수들이 몇몇 대학들에 의해 이용당하고 있다고 주장한다.

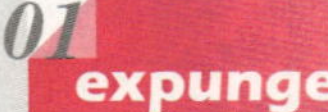

Prefix EX-   밖

01 expunge
[ikspʌ́ndʒ]
지우다, 삭제하다

- The military censors expunged any passages in the letters that they thought might jeopardize security.
  ▶ 군대의 검열관들은 보안을 위태롭게 한다고 생각되는 편지의 어떤 구절을 삭제했다.

02 extemporize
[ikstémpəraiz]
즉석에서 하다

- I'd lost my notes for the lecture and had to extemporize for the whole hour, which was most embarrassing.
  ▶ 강의용 노트들을 잃어버리는 바람에 한시간 내내 즉흥적으로 할 수 밖에 없었는데, 정말이지 굉장히 당혹스러웠다.

03 exterminate
[ikstə́:rmineit]
(잡초, 해충 등을) 근절하다, 박멸하다

- Millions of Jewish people were exterminated in concentration camps by various cruel means including the notorious gas chambers during the Second World War.
  ▶ 2차 세계 대전 도중 수백만명의 유대인들은 악명 높은 가스실을 포함한 여러가지 잔인한 방법을 통해 집단 수용소에서 전멸 당했다.

04 extinct
[ikstíŋkt]
(불이) 꺼진, 전멸한

- As the American buffalo began to decrease sharply in numbers, conservationists feared that this species might become totally extinct.
  ▶ 아메리카 들소의 수가 급격히 감소됨에 따라 자연 보호주의자들은 이 동물이 완전히 멸종될지도 모른다는 사실을 염려했다.

05 extol
[ikstóul]
칭찬하다

- The processes of nature, which most writers extol as symbols of renewal and eternal life were always seen darkly by Kerouac.
  ▶ 대부분 작가들이 재생과 영원한 생명의 상징들로 칭송한 자연의 과정들을 Kerouac은 항상 음울한 시각으로 바라보았다.

06 extrude
[ikstrú:d]
밀어내다, 내밀다

- These glittering crystals are then embedded in a plastic, and the plastic is extruded as a thin wire.
  ▶ 이 반짝이는 결정들은 다음에 플라스틱에 박혀지고, 그 플라스틱은 틀에서 밀어내어 가는 현이 나오게 됩니다.

07 exuberant
[igzú:bərənt]
풍부한, 넘치는

- His speeches were famous for his exuberant language and vivid imagery.
  ▶ 그의 연설은 풍부한 어휘와 생생한 비유적 표현으로 유명하였다.

08 exult
[igzʌ́lt]
크게 기뻐하다

- The football team exulted over their victory after they had beaten their arch rival for the very first time in the history of the championship.
  ▶ 그 축구팀은 선수권 역사상 최초로 자신들 최대의 라이벌을 물리친 후 승리를 크게 기뻐했다.

1. Since the speaker had not prepared his speech because he was in isolated place, he had to <u>extemporize</u> one.

  (A) provide   (B) duplicate

  (C) improvise   (D) visualize

> **어휘** **extemporize** 즉흥적으로 연주하다 **provide** 주다; 대비하다
> **duplicate** 이중으로 하다; (염색체가) 둘로 분열하다 **improvise** 즉석에서 연주하다
> **visualize** 보이게 하다, 마음에 떠오르게 하다

> **해석** 고립되어 있었던 연사는 연설을 준비하지 않았기 때문에, 즉석에서 연설해야 했다.

2. With their bigger, faster, more experienced players, they simply <u>exterminated</u> our team by 56 to 7, when we didn't know how to do.

  (A) abolished   (B) invalidated

  (C) assailed   (D) annihilated

> **어휘** **abolish** 폐지하다 **invalidate** 무효로 만들다 **assail** 맹공하다 **annihilate** 죽이다, 전멸시키다

> **해석** 체격이 더 크고, 더 빠르고, 경험이 풍부한 선수들을 가지고 있었던 그들은 우리가 어찌할 바를 모르는 동안에 우리 팀을 56대 7로 대파했다.

3. Some species of animals have become <u>extinct</u> because they could not adapt to a changing environment.

  (A) propagate   (B) be inherited

  (C) die out   (D) be prosperous

> **어휘** **become extinct** 꺼진; 멸종된 **propagate** 번식시키다; 유전하다; 만연시키다
> **be inherit** 상속한; 유전의 **be prosperous** 번영하는; 부유한

> **해석** 몇몇 종의 동물들은 변화하는 환경에 적응할 수 없었기 때문에 멸종하게 되었다.

4. After so many years of losing teams, the entire student body __________ when our team finally won the citywide basketball championship.

  (A) evaporated   (B) dejected

  (C) exulted   (D) discussed

> **어휘** **evaporate** 증발시키다 **deject** 낙담시키다 **exult** 크게 기뻐하다 **discuss** 토론하다

> **해석** 그렇게 여러 해 동안 지기만 하다가 우리 팀이 시 농구 선수권전에서 승리했을 때 전체 학생들이 몹시 기뻐했다.

01 scourge
[skə:rdʒ]
벌, 천벌

■ After years of fighting the scourage of air-pollution, he expounded his views on the protection of environment.
▶ 여러해동안 대기오염의 벌과 싸운 후에 그는 환경보호에 대한 자신의 의견을 설명했다.

02 enmity
[énməti]
증오, 적의

■ In the course of our conversation, he reverted to yesterday's aphorism about it being our joint task to guide our two peoples out of their old enmity into new amity.
▶ 대화가 진행되는 과정에서 그는 두나라 국민들을 오래된 증오에서 벗어나게 하여 새로운 우호관계로 인도해 가는 것이 공통 과업이라는 것에 대한 어제의 격언으로 말꼬리를 돌렸다.

03 ignoble
[ignóubl]
(성품이) 비열한,
(태생, 신분이) 비천한

■ Heroes are only human. Their noble deeds inspire, as they should. Their ignoble deeds make clear that even the greatest human is no god.
▶ 영웅들도 결국은 인간일 뿐이다. 그들의 고상한 업적들은 당연히 감명을 일으키지만, 그들의 비열한 행위들은 아무리 위대한 사람도 결코 신이 아니라는 사실을 명백하게 해준다.

04 ignominious
[ignamíniəs]
수치스러운, 치욕적인

■ It was an ignominious end as a desperate mutiny by a handful of soldiers blossomed into full-scale revolt.
▶ 치욕적인 최후였다. 몇 안되는 군인들에 의한 자포자기식 폭동이 전면적인 반란으로 발전하였으니 말이다.

05 illegible
[ilédʒəbl]
읽기 어려운

■ Though he was renown for his outstanding intelligence and scholarship, his writing was almost illegible.
▶ 그는 뛰어난 지성과 학식으로 이름이 자자했지만, 그가 쓴 글은 거의 판독할 수가 없었다.

06 illegitimate
[ilidʒítimit]
불법의, 불법화 하다,
서출[사생]의, 사생아

■ More especially, he is vexed because his illegitimate daughter must bear Karenin's name.
▶ 더구나 그는 그의 사생아 딸이 Karenin의 이름을 가져야 하기 때문에 속이 상한다.

■ Japanese treaties concerning Korea during the colonial rule were rendered illegitimate after the fall of the Japanese Empire.
▶ 식민 점령기 동안 한국에 대해 일본이 한 조약들은 일본 제국이 패망한 후 불법적인 것으로 간주되었다.

07 illicit
[ilísit]
불법의, 위법의

■ An Argentinean court today with drew arrest warrants that were out for the former president's arrest for charges ranging from illicit enrichment and tax evasion.
▶ 아르헨티나 법정은 오늘 부정축재에서 세금포탈에 이르는 혐의들로 전 대통령 체포를 위해 나온 체포영장을 취소하였다.

08 illiterate

[ilítərit]

무식한, 문맹의

■ Local youth are illiterate in their knowledge of finance. It is urgent for the government to develop systematic finance education programs.

▶ 현지 청소년들은 재정에 대한 지식이 무식할 정도입니다. 정부에서 체계적인 재정 교육 프로그램들을 개발하는 것이 시급합니다.

---

1. An attempt to harmonize the imbalances in my character by means of harsh discipline nearly led me to the same <u>ignominious</u> end.

   (A) disgraceful   (B) pitiless
   (C) honorable   (D) dangerous

   어휘 **by means of** ~에 의하여, ~으로 **ignominious** 불명예스러운; 비열한 **pitiless** 무자비한, 몰인정한 **honorable** 명예로운; 존경할 만한 **dangerous** 위험한, 위태로운

   해석 내 성격에 있어서의 불균형을 엄한 훈련을 통해 조화시키려는 노력은 나를 거의 똑같은 불명예스러운 결과로 이끌었다.

2. The teacher rejected Arthur's latest composition because it was ___________, and ordered him to rewrite it.

   (A) inedible   (B) edible
   (C) legible   (D) illegible

   어휘 **inedible** 먹을 수 없는, 식용에 적합하지 않은 **edible** 먹을 수 있는, 식용에 적합한 **legible** (필적·인쇄가) 읽기 쉬운 **illegible** 읽기 어려운(cannot be read); 명료하지 않은

   해석 선생님은 Arthur의 마지막 작문이 읽기 어렵다는 이유로 퇴짜 놓고 다시 쓰도록 명령했다.

3. The politician's <u>illicit</u> dealings with organized crime caused him to lose his government position and to shoot himself.

   (A) unlawful   (B) immortal
   (C) secret   (D) implicit

   어휘 **illicit** 불법의, 부정한 **dealing** 교섭, 관계; 거래 **organized** 조직(화)된; 계획된 **unlawful** 불법적인 **immortal** 죽지 않는, 영원한 **secret** 비밀[기밀]의, 은밀한 **implicit** 함축적인, 암시적인

   해석 그 정치인의 조직 범죄와의 불법 거래는 그가 정치적 신분을 박탈당하는 원인이 되었고, 결국에는 자살 원인이 되었다.

4. If his works had been regarded merely as those of a fool, he might have met with only ridicule not with violent <u>enmity</u> and strict.

   (A) favor   (B) benevolence
   (C) rancor   (D) dearth

   어휘 **merely** 단지 ~에 불과한, 다만 ~뿐인 **ridicule** 비웃다; 조롱거리 **enmity** 증오, 적의 **benevolence** 자비심, 자선

   해석 만일 그의 작품이 바보의 작품으로 간주되었다면, 그는 격렬한 증오와 엄격한 검열을 받지 않고 조롱만 당했을 것이다.

정답 1. A 2. D 3. A 4. C

01 immaculate

[imǽkjulit]

(흠 하나 없이) 깨끗한, 순결한

- He always wants the place to look immaculate, but he won't do anything to help keep it that way.
  ▶ 그는 언제나 깨끗해 보이는 곳을 원하지만, 그러한 상태를 유지하기 위해 어떠한 일도 하지 않을 것이다.
- The pope's pilgrimage to Lourdes marks the 150th anniversary of the Immaculate Conception dogma on 14 and 15 August.
  ▶ 교황이 8월 14일과 15일 양일에 걸쳐서 동정녀 마리아 교리 150주년을 기념하러 로즈 지방으로 순례길에 올랐다.

02 immature

[imətjúər]

미숙한, 미성년의

- Although her younger brother is physically and socially immature, mentally he's an adult.
  ▶ 비록 그녀의 남동생이 육체적으로나 사회적으로는 미성년이지만, 정신적으로는 성인이다.
- One problem is that he is said to be still too "immature" to lead the business empire with 48 million dollars in asset by himself.
  ▶ 한가지 문제는 그가 혼자서 4800만 달러의 자산을 가지고 있는 사업 제국을 주도해 나가기엔 아직 너무 "미숙하다"는 얘기가 돈 다는 것이다.

03 immemorial

[imimɔ́:riəl]

태고의, 먼 옛날의

- But various historical records written by France and other third parties prove that Korea was the owner of the island from time immemorial.
  ▶ 하지만 프랑스와 제 3자들에 의해 쓰여진 여러가지 역사 기록은 한국이 태고적부터 그 섬의 주인이었음을 증명해준다.

04 immortal

[imɔ́:rtl]

죽지 않는, 불후[불멸]의

- Most religions believe that a man's body dies, but his soul is said to be immortal.
  ▶ 대부분의 종교인들은 육체는 죽는다고 믿지만 그의 영혼은 죽지 않는다고 말한다.
- World famous Minsk Ballet Company's immortal performances are well - known for the synthesis with various elements of folk choreography, acrobatics, gymnastics, pantomime and gestures from every day life.
  ▶ 세계적으로 유명한 민스크 발레단의 불후의 공연들은 민속적 안무, 곡예, 기계체조, 무언극 그리고 일상생활에서 나오는 몸짓들의 다양한 요소들을 합성한 것으로 잘 알려져 있다.

05 immune

[imjú:n]

(병, 비난, 세금 따위에서) 면제된

- Authorities have found that the addition of antibiotics to livestock fodder can make humans immune to the drugs.
  ▶ 권위자들은, 가축의 사료에 항생제를 첨가하는 것은 인간을 그 약에 면역이 되도록 만들 수 있다는 것을 밝혀냈다.

06 impartial

[impá:rʃəl]

공평한, 편견 없는

- I believe that the people are the impartial observers of the current political scene.
  ▶ 나는 국민이 정치 현장의 사심 없는 관찰자라고 믿는다.

07 impassive
[impǽsiv]
감정이 없는, 무감각한

- Psychologists tell us that people who seem to be unusually impassive are often the ones most likely to lose emotional control of themselves in times of stress.
  ▶ 매우 냉담해 보이는 사람들도 긴장했을 때에는 자신에 대한 감정통제를 아주 잃기 쉬운 사람들이라고 심리학자들이 말했다.

08 impecunious
[impikjúːniəs]
돈이 없는, 가난한

- Now that he was wealthy, he gladly contributed to funds to assist the impecunious and the disabled.
  ▶ 그는 부자였으므로, 가난한 자와 불구자를 돕기 위한 기금에 기꺼이 돈을 기부하였다.

---

1. George Washington's __________ reputation as a dedicated patriot has been an inspiration to many generations of Americans.

   (A) mismatched
   (B) fashionable
   (C) very dirty
   (D) completely clean

   어휘 **immaculate** 더러워지지 않은, 티 하나 없이 깨끗한 **mismatch** 짝을 잘못 짓다; 어울리지 않는 결혼을 시키다

   해석 헌신적인 애국자로서의 George Washington의 깨끗한 명성은 여러 세대의 미국인들에게 하나의 자극이었다.

2. Each candidate for the scholarship is identified on the test paper only by a number, to make sure that the people doing the grading would be absolutely __________.

   (A) prejudiced
   (B) distorted
   (C) impartial
   (D) perverse

   어휘 **prejudiced** 선입관의, 편견의 **distorted** 비뚤어진 **impartial** 공평한 **perverse** 괴팍한, 뒤틀어진

   해석 모든 장학생 지원자는 시험지에서 번호로만 확인되는데 이것은 채점관이 절대로 공정하도록 하기 위해서다.

3. Although he speaks with sentimental fondness of his early years of poverty and struggle, I am quite sure that he has no desire to return to the impecunious status of his youth.

   (A) wealthy (B) absorbed (C) luxurious (D) penniless

   어휘 **poverty** 빈곤, 가난 **impecunious** 돈이 없는, 가난한 **wealthy** 부유한, 풍부한 **absorbed** 열중한, 몰두한 **luxurious** 호화로운, 사치스러운 **penniless** 무일푼의

   해석 그는 가난과 고생의 어린 시절을 감상적인 호감을 갖고서 이야기하지만 어린 시절의 가난한 상태로 되돌아가고 싶은 생각은 없다고 나는 확신한다.

정답 1. D 2. C 3. D

Prefix IN- 부정

01 imperceptible
[impərséptəbl]
알아차릴 수 없는, 극히 적은

- The sugar dissolved in water gradually; finally all that remained was an almost imperceptible residue on the bottom of the glass.
  ▶ 설탕은 점차 물속에 녹았고, 결국 컵의 바닥에 거의 알아볼 수 없는 찌꺼기로 남았다.

- Even though the manager apologized for his insensitive remark time and time again, there was almost imperceptible shift of opinion among the workers.
  ▶ 매니저가 몇 번이고 반복해서 자신이 주위 사람들의 감정을 고려하지 않고 내뱉은 언급에 대해 사과를 했지만, 노동자들 사이에선 의견의 변화가 거의 알아차릴 수 없는 정도였다.

02 impertinent
[impə́:rtinənt]
건방진, 부적절한

- We do realize that we are being quite impertinent in attempting to change the cultural climate with our project on launching this agency.
  ▶ 이 대행기관을 열면서 우리의 프로젝트로 문화적인 분위기를 바꾸려 시도를 한다는 것이 꽤 시건방진 일임은 저희도 잘 알고 있습니다.

03 impotent
[ímpətənt]
무력한, 성불능의

- Clearly, if we get the message out that violence reveals to the world that the individual feels powerless or impotent, no one would regard violent behavior as admirable.
  ▶ 분명하게 폭력은 개인이 무능하게 느끼고 있을때 세상에 드러내는 것이라고 밝히면 누구도 폭력적 행위를 존경할만한 것이라고 여기지 않을 것이다.

04 impracticable
[imprǽktikəbl]
(방법, 계획 따위가)
실행 불가능한,
(길 따위가) 다닐 수 없는

- The plan for a new stadium is regarded as impracticable? because the site is too marshy to permit safe constructions and too remote for patrons to attend games easily.
  ▶ 안전한 건축을 하기에는 터가 너무 습하고 후원자들이 경기를 쉽게 관전하기에는 너무 동떨어져 있어서 새 스타디움을 위한 계획은 실행 불가능한 것으로 여겨지고 있다.

05 impregnable
[imprégnəbl]
난공불락의, 확고부동한

- Until the development of the airplane as a military weapon, the fort was considered impregnable.
  ▶ 군사 무기로서 비행기가 개발되기 전까지 그 요새는 난공불락으로 여겨졌다.

06 improbable
[imprábəbl]
일어날 것 같지 않은

- Farce is a dramatic form that derives much of its humor from improbable characters and situations.
  ▶ 광대극은, 실제로는 있을 것 같지 않은 등장인물과 상황들로부터 많은 유머를 얻어내는 하나의 드라마 형태이다.

07 improper
[imprápər]
부적당한, 예의에 벗어난

- Korean victim groups complained that they have been deprived of the rights to seek compensation on an individual basis due to what they call, 'improper' negotiations with Japan.
  ▶ 한국 피해자 단체들은 그들 말을 빌리자면, 일본과의 '부적합한' 교섭 때문에, 개인 차원에서 보상을 청구할 권리를 박탈당했다고 불만을 토로했다.

08 improvise

[ímprəvaiz]

즉석으로 하다[만들다]

■ He is the kind of speaker who is more effective when he improvises his remarks than when he reads from a prepared script.

▶ 그는 준비된 원고를 읽을 때보다 즉석연설을 할 때 더 효과를 거두는 그런 연사이다.

---

1. The difference in the greenness of leaves in the morning and in the evening is almost <u>imperceptible</u>.

(A) naught

(B) unnoticeable

(C) strange

(D) unattractive

어휘 **imperceptible** 알아차릴 수 없을 만큼의, 미세한 **naught** 파멸한, 망한
unattractive 남의 눈을 끌지 않는, 아름답지 못한

해석 아침과 저녁에 나뭇잎이 푸르른 정도의 차이는 거의 알아차릴 수 없을 정도이다.

2. At those times, there were ______________ aristocrats talking regularly about the code of chivalry but unable to bring it to life.

(A) impotent

(B) dictatorial

(C) impartial

(D) tainted

어휘 **aristocrat** 귀족 정치주의자; 귀족 **code** 암호, 구약 **chivalry** 기사 제도, 기사도
bring ~ to life ~을 소생시키다 **impotent** 무력한, 무기력한(powerless) **dictatorial** 독재자의
impartial 공평한, 편견 없는 **tainted** 더럽혀진, 썩은, 부패한

해석 그 당시에는 평소엔 기사도 규범을 들먹거리면서도 실제로 행하지는 않은 무기력한 귀족들이 있었다.

3. Again and again, the army unsuccessfully attacked the fortress, only to conclude that it was __________.

(A) impregnable

(B) implicit

(C) fragile

(D) phenomenal

어휘 **impregnable** 난공불락의(unconquerable); 확고부동한 **implicit** 은연 중의, 함축적인
fragile 망가지기 쉬운, 허약한 **phenomenal** 놀라운, 경이적인, 굉장한

해석 계속해서 군대는 헛되이 그 요새를 공격했지만, 그 요새가 난공불락이라는 결론에 이르렀다.

정답 1. B 2. A 3. A

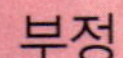

01 imprudent
[imprú:dənt]
경솔한, 무분별한

- The monkey has often been depicted as a restless and imprudent animal. The old phrase, which literally translates as 'three in the morning and four in the evening', is about the silliness of a monkey, who falls prey to his own shortsightedness.
  ▶ 원숭이는 종종 침착하지 못하고 경솔한 동물로 묘사되어 왔습니다. 말 그대로 해석하면, '아침에는 세 개, 저녁엔 네 개'라는 오래된 경구는 코앞의 일에만 연연하는 것에 희생물이 되고 마는 한 원숭이의 어리석음에 대한 것입니다.

02 impudent
[ímpjudənt]
뻔뻔한, 염치없는

- Some of the children were so downright impudent and insulting that the substitute physics teacher just walked out of the class room.
  ▶ 몇몇 학생들은 너무 뻔뻔하고 모욕적이어서 대체 체육교사는 교실 밖으로 나가버렸다.

03 impunity
[impjú:niti]
(처벌로부터) 무사, 안전

- The members of a few criminal organizations have been terrorizing the city with apparent impunity over the past 5 years.
  ▶ 지난 5년에 걸쳐서 두어 개 범죄 조직의 회원들이 처벌도 받지 않은 채 도시를 공포에 몰아넣어 오고 있습니다.

04 inaccessible
[inəksésəbl]
접근하기 어려운

- The U.S. government has deployed 25 ships and 94 aircraft to airlift supplies to areas inaccessible by land transportation, and to ferry out sick and injured survivors.
  ▶ 미국 정부는 25채의 선박과 94대의 비행기를 배치시켜서, 육지 교통수단으로는 접근하기 어려운 지역들에 보급품들을 공수하고 있고, 아프고, 부상당한 생존자들을 실어 나르고 있습니다.

05 inadvertent
[inədvə́:rtənt]
부주의한, 고의가 아닌

- Inadvertent thieves had left fingerprints on the safe door and were easily tracked down by the police.
  ▶ 부주의한 도둑들은 안전문에 지문을 남겼고, 경찰에 의해 쉽게 추적당했다.

- In the immediate future, the four-point accord comes as a great relief to fishermen on both sides as it will prevent inadvertent military clashes on the West Sea in the crab-fishing season of May and June.
  ▶ 가까운 장래에, 4개 조항 합의가 이루어지면, 오뉴월 게잡이 철에 서해에서 의도하지 않은 군사 충돌이 방지되므로 양측에 있는 어민 모두가 크게 안심하게 될 것입니다.

06 inanimate
[inǽnimit]
생명 없는, 무생물의

- In the hands of the great sculptor, the lump of inanimate clay seemed to take on all the attributes of a living thing.
  ▶ 생명이 없는 흙덩이도 위대한 조각가의 손에 들어가면 모든 생명을 얻게 되는 것 같았다.

07 inappropriate
[inəpróupriit]
부적당한

- While he admitted it was somewhat inappropriate as the foreign minister to comment on media reports that were yet to be proven accurate, he expressed a positive view, extolling the U.S. ambassador as a "competent diplomat".
  ▶ 외무부 장관으로서 아직 정확하다고 밝혀지지도 않은 언론보도에 대해 언급한다는 것이 어느 정도 부적당하다는 것은 인정하면서도, 그는 미국 대사를 "능력 있는 외교관"이라고 치켜세우면서, 긍정적인 시각을 표현했다.

08 inarticulate

[inɑ:rtíkjulit]

(발음, 의견 등이) **불분명한**

■ His acceptance speech was embarrassingly *inarticulate* and it was obvious he had been drinking before the ceremony.

▶ 그의 수상 연설은 당혹스러울 정도로 발음이 분명치 않았고, 그가 행사 전에 술을 마셔대고 있었다는 것이 분명해 보였다.

1. I have never seen such <u>an impudent</u> person before; nevertheless she doesn't know everyone thinks she is unpopular.

   (A) a presumptuous   (B) a sagacious

   (C) a frivolous   (D) a lewd

   어휘 **presumptuous** 주제넘은, 건방진   **sagacious** 총명[명민, 현명]한   **frivolous** 경솔한, 들뜬; 하찮은 **lewd** 음란한, 외설한

   해석 나는 결코 그렇게 건방진 사람을 본 적이 없다. 그럼에도 불구하고 그녀는 자신의 평판이 나쁘다는 것을 모른다.

2. The MRI scan allows a safe, painless, and rapid diagnosis of previously ______ areas of the body.

   (A) immutable   (B) inaccessible

   (C) imperceptible   (D) unfeasible

   어휘 **scan** 검사, 관찰   **diagnosis** 진단(법)   **immutable** 변경할 수 없는, 불변의 **inaccessible** 접근하기 힘든(unreachable); 얻기 어려운   **imperceptible** 감지할 수 없는, 미세한 **unfeasible** 실행할 수 없는

   해석 MRI 검사를 통해 전에는 접근이 불가능했던 신체 부위를 안전하고 통증 없이 신속하게 진단할 수 있다.

3. All of us had no idea what happened at that time but you may have pressed the wrong button. The police said it was <u>an inadvertent</u> error.

   (A) an unintentional   (B) an impetuous

   (C) an ungracious   (D) a casual

   어휘 **inadvertent** 부주의한, 고의가 아닌   **impetuous** 격렬한, 성급한   **ungracious** 공손치 않은, 무례한 **casual** 우연한, 무관심한

   해석 우리 모두 그때 무슨 일이 일어났는지 몰랐지만 네가 버튼을 잘못 눌렀을지도 모른다. 경찰은 그것이 부주의한 실수였다고 말했다.

정답 1. A   2. B   3. A

01 incalculable
[inkǽlkjələbl]
헤아릴 수 없는, 무수한

- He was responsible for some $200 million in losses to the company's subsidiaries and an incalculable amount of damage to their shareholders.
  ▸ 그는 그 회사 자회사들에게 대략 2억불의 손실을 끼쳤으며 주주들에겐 헤아릴 수 없는 액수의 피해를 준 장본인이다.

02 incessant
[insésnt]
끊임없는

- Incessant rains deteriorated the flood situation in northeast India marooning thousands of people.
  ▸ 끊임없는 비가 인도 북동부의 홍수상황을 악화시켜서 수천명이 고립되게 만들었다.

03 inclement
[inklémənt]
(날씨가) 험악한, 혹독한, (성격이) 냉혹한, 무자비한

- Again, we apologize for having to cancel on such short notice due to inclement weather, Weather permiting, we will inform you of the meeting again.
  ▸ 궂은 날씨 때문에 갑작스럽게 세미나를 취소하게 된 점 다시 한번 사과드립니다. 날씨가 좋아지게 되면 다시 회의에 대해 알려드리도록 하겠습니다.

04 incognito
[inkágnitou]
익명으로, 신분을 숨긴

- The prince often traveled abroad incognito for months at a time not only to get a taste of freedom outside the palace but to experience diverse cultures firsthand.
  ▸ 왕자는 종종 한번에 몇달씩이고 신분을 숨긴 채 해외로 여행을 다녔는데, 그 목적은 왕궁 밖에서의 자유를 맛보기 위한 것이기도 했지만, 직접 다양한 문화들을 체험해보기 위한 것이기도 했다.

05 incomparable
[inkámpərəbəl]
견줄 데 없는

- Now Korean Americans are gradually becoming members of the elite in mainstream American society, thanks to their parents' incomparable passion for their education.
  ▸ 그들 부모들의 교육에 대한 견줄데 없는 열정 덕분에, 이제 재미 교포들은 점진적으로 미국 주류사회 엘리트 구성원들이 되어가고 있다.

06 incompatible
[inkəmpǽtəbl]
양립할 수 없는

- The married couple argued incessantly and finally decided to separate because they were incompatible.
  ▸ 그 결혼한 부부는 계속 말다툼을 벌이더니 결국 서로 성격이 맞지 않아 헤어지기로 결정하였다.

07 incompetent
[inkámpətənt]
무능력한, 자격이 없는

- A book she published in July includes the names of some 40 dishonest and incompetent lawyers and detailed information concerning lawsuits as well as copies of related legal documents.
  ▸ 7월에 그녀가 출간한 한 서적에는 약 40명에 달하는 부정직하고 자격이 없는 변호사들의 이름과 관계 법적 자료의 사본 뿐만 아니라 소송에 관련한 세부 정보까지도 포함되어 있습니다.

08 incomprehensible

[inkamprihénsəbl]

이해할 수 없는, 불가해한

■ Her decision not to accept our sincere offer of help is completely *incomprehensible* to me.
▶ 돕겠다는 우리의 성실한 제의를 받아들이지 않겠다고 그녀가 결정한 것은 내가 전혀 이해할 수 없다.

---

1. Traffic accidents at expressways are more deadlier on clear days than under _________ weather conditions, according to statistics.

   (A) meek   (B) inclement

   (C) excessive   (D) moderate

   어휘 **deadly** 치명적인, 치사의   **meek** 순한, 온순한   **inclement** 날씨가 험악한, 성격이 냉혹한
   excessive 과도의, 지나친   **moderate** 절제 있는, 알맞은

   해석 통계에 따르면, 고속도로상의 교통사고는 흐린 날씨 보다 맑은 날에 더 치명적이라고 한다.

2. In politics, a competitive situation in which one side must always oppose the other on any issue is <u>incompatible</u> with the cooperation and compromise necessary for the government to function.

   (A) incomparable to   (B) complete with

   (C) opposed to   (D) divorced from

   어휘 **incompatible with** ~와 맞지 않는, 모순된   **incomparable to** ~에 견줄 데 없는, ~와 비교가 되지 않는
   complete with 전부 갖춘

   해석 정치에서, 어떤 이슈에 관하여 한쪽이 다른 한쪽과 항상 대립하는 경쟁적인 상황은 정부가 제 기능을 다하는 데 필요한 협력과 타협에 모순된다.

3. Many weak and <u>incapable</u> rulers were overthrown by more powerful forces in spite of strong regulation on the opposition party.

   (A) rotten   (B) routine

   (C) incompetent   (D) greedy

   어휘 **overthrow** ~을 뒤집어엎다; (정부 따위를) 전복시키다   **force** 힘, 세력; 무력
   rotten 썩은, 부패한; 타락한   **routine** 일상의; 판에 박힌
   incompetent 무능한; 쓸모 없는; 부적당한   **greedy** 욕심 많은, 탐욕스러운; 갈망하는

   해석 야당에 대한 강력한 규제에도 불구하고 많은 약하고 무능한 지도자들은 더욱 강한 세력에 의해 전복되었다.

정답 1. B 2. C 3. C

01 inconceivable
[inkənsí:vəbl]
상상할 수 없는

- Because there are formidable physical dangers in the remote areas of the border region, it is inconceivable to dispatch young soldiers without any information.
  ▶ 국경 지대의 외진 곳은 자연 환경상 엄청난 위험이 도사리고 있기 때문에 어떤 정보도 없이 어린 병사들을 급파하는 것은 엄두도 못 낼 일이다.

02 incongruous
[inkáŋgruəs]
일치하지 않는,
어울리지 않는

- Yesterday, two suspects were detained and under examination and they just set up incongruous alibis in the case.
  ▶ 어제 두명의 혐의자가 구류되어 취조를 받았으며 그들은 단지 그 사건에 대해 앞뒤가 맞지 않는 알리바이만을 내세웠다.

03 inconsistent
[inkənsístənt]
일치 되지 않은, 모순된

- Think tanks said sluggish domestic demand, unstable job market, inconsistent economic policies, political instability, corporate activity dampening regulations dim the country's economic prospects for next year.
  ▶ 두뇌집단은 부진한 내수, 불안한 취업 시장, 모순되는 경제 정책들, 정치적 불안함, 사업 활동에 찬물을 끼얹는 규제들이 내년도 경제 전망을 어둡게 만들고 있다고 얘기했다.

04 incredible
[inkrédəbl]
믿을 수 없는

- People's initial reaction to the incredible news was one of complete bewilderment.
  ▶ 그 믿을 수 없는 소식에 대한 사람들의 첫 반응은 완전히 어리둥절한 것이었다.

- The acrobats also did some incredible things, not only moved on the floor but hung from bells suspended over the stage, leaping across and around the wall, and jumping from substantial heights.
  ▶ 그 곡예사들은 믿어지지 않는 일들도 해냈는데, 바닥에서 하는 동작 뿐만이 아니라 무대 위에 걸려있는 종에 매달려 벽을 가로지르고 도약해서 돌아다니며, 상당한 높이에서 뛰어내리기도 했다.

05 incredulous
[inkrédʒuləs]
쉽사리 믿지 않는,
의심하는 듯한

- His incredulous claim is an example of the reaction Japan's government leaders have expressed against South Korea's plan to issue a set of stamps featuring the tiny island.
  ▶ 그의 의문스러운 주장은 일본정부 지도자들이 한국이 작은 섬을 담고 있는 우표를 발행한다는 계획에 대해 표현한 반응의 예이다.

06 indemnify
[indémnifai]
~에게 변상[보상]하다,
~의 법적 책임을 면제하다

- This particular insurance also indemnifies the house against most natural disasters including flooding.
  ▶ 이 특정 보험은 홍수를 포함한 대부분의 자연재해에 대해서도 그 집을 보상한다.

07 indescribable

[indiskráibəbl]

형언할 수 없는

- After I finally did it and realized I won, it was simply indescribable. Memories of the tough moments rushed through my head and I felt I spent all those years just for this.

  ▶ 결국 내가 해내고, 이겼다는 걸 깨달은 후, 정말 형언할 수 없는 기분이었다. 힘든 시기의 기억들이 머리 속을 스쳐갔고, "바로 이것을 위해서 그 많은 시간들을 보냈구나"하고 느꼈다.

08 indignant

[indígnənt]

분개한, 성난

- Anne was very indignant when her boss suggested she wasn't working hard enough.

  ▶ Anne의 사장이 그녀가 그다지 열심히 일하지 않는다는 것을 암시했을 때 Anne은 매우 분개했다.

1. These remarks do not have any relationship to the problem at hand. They are _______ and should be stricken from the record.

   (A) insightful   (B) bored   (C) prosperous

   (D) appropriate   (E) incongruous

   어휘 **at hand** 가까이에, 가까운 장래에   **stricken** (무기로) 상처받은; 고통받는; 삭제된   **insightful** 통찰력 있는   **prosperous** 번영하는, 부유한, 순조로운   **appropriate** 적절한, 알맞은   **incongruous** 모순된

   해석 이 발언들은 가까운 장래의 문제와 아무런 관련이 없다. 그것들은 앞뒤가 맞지 않아서 기록에서 삭제되어야 한다.

2. When asked about the biggest obstacles to improvement in education, 49.5 percent of the parents and 55.1 percent of the specialists indicated "an <u>inconsistent</u> educational policy."

   (A) contradicted   (B) enhanced   (C) incorporated

   (D) responded   (E) revealed

   어휘 **inconsistent** ~와 일치하지 않는, 상반되는, 모순되는   **enhance** 향상하다, (가치·능력·매력 따위를) 높이다   **incorporate** 합동[합체]시키다; 법인으로 만들다   **reveal** 드러내다, 알리다, 폭로하다

   해석 교육 발전의 가장 큰 방해물이 무엇인가를 물어보았을 때, 부모들은 49.5%, 선생님들은 55.1%가 "일관성 없는 교육 정책"이라고 지적하였다.

3. It is little short of <u>incredible</u> that all her mountainous lucubrations brought forth that tiny mouse of an idea.

   (A) phony   (B) sinister

   (C) entertaining   (D) unbelievable

   어휘 **little short of** 거의 ~한, ~에 가까운   **incredible** 믿을 수 없는   **lucubration** 열심히 공부[연구]하기, 노작   **bring forth** 낳다, 일으키다   **phony** 가짜의, 엉터리의   **sinister** 불길한   **entertaining** 재미있는   **unbelievable** 믿기지 않는

   해석 그녀의 그렇게 많은 노력의 결과가 그런 조그만 아이디어를 나았다니 거의 믿을 수 없는 일이다.

01 indiscreet
[indiskrí:t]
무분별한, 경솔한

- He advised that people should recognize the huge impact such an indiscreet move would bring about not only to the two business conglomerates but also to affiliated firms and subcontractors providing parts to the electronics giants.
  ▶ 그는 사람들이 그와 같은 경솔한 조치가 그 두개의 기업 복합체 뿐만이 아니라 제휴 회사들, 그리고 그 초대형 전자 제품 회사들에 부품을 공급하는 하청업체에까지 초래하게 될 엄청난 효과를 인지해야만 한다고 조언했다.

02 indiscriminate
[indiskrímənit]
무차별의, 가리지 않는

- He is an indiscriminate reader ; he shows no feeling for the differences between good books and bad ones.
  ▶ 그는 가리지 않고 책을 읽는 사람이다; 그는 좋은 책들과 나쁜 책들 사이의 차이에 대해 아무런 느낌도 나타내지 않는다.

03 indolent
[índələnt]
나태한, 게으른

- Average students who work hard usually do better than clever students who are indolent.
  ▶ 열심히 공부하는 보통의 학생들이 영리하지만 나태한 학생들보다 대체로 낫다.

04 indomitable
[indámətəbl]
굴하지 않은, 불굴의

- They made their way with an indomitable spirit in the face of adversity.
  ▶ 그들은 역경에 맞서 불굴의 정신으로 나아갔다.

05 inert
[iné:rt]
활동하지 않는, 느릿느릿한

- Not very far from the scene of the horrible car accident on the interstate highway, an inert figure of a man was witnessed lying in the front of a car.
  ▶ 주경계간 고속도로 상의 끔찍한 자동차 사고현장에서 그리 멀지 않은 곳에, 차의 앞좌석에 누워서 움직이지 못하고 있는 한 사내의 모습이 목격되었다.

06 inexorable
[inéksərəbl]
무정한, 냉혹한

- After listening to the pleas for clemency, the judge was inexorable and gave the convicted man the maximum punishment allowed by law.
  ▶ 관대히 처분해 달라는 호소들을 듣고 나서도 판사는 무정했고 그 죄인에게 법정 최고형을 내렸다.

07 inextricable
[inékstrikəbl]
(문제에서) 벗어날 수 없는

- Severe economic difficulty and political dissatisfaction are inextricable as most can easily presume.
  ▶ 대부분 사람들이 쉽사리 짐작할 수 있듯이, 심각한 경제적 어려움과 정치적 불만족은 서로 떼어 놓으려야 떼어놓을 수 없다.
- The detective finally gave up, declaring the mystery inextricable.
  ▶ 그 탐정은 결국 그 미스터리를 해결할 수 없다는 의견을 표명하면서 포기했다.

08
infallible
[infǽləbl]

(절대로) 틀림이 없는, 확실한

■ We'd like to pick just one book that can serve your traveling needs perfectly. But, unfortunately, none of the guidebooks on the market is infallible.

▶ 여러분의 여행상 필요들을 완벽하게 충족시켜 드릴 책을 딱한 권만 골라드렸으면 합니다만, 안타깝게도, 시판 중인 안내서들은 어느 하나도 절대적으로 확실한 것이 없습니다.

---

1. In the novel Silent Spring, Rachel Carson forcefully decried the <u>indiscriminate</u> use of pesticides.

(A) haphazard   (B) innovative

(C) unpleasant   (D) indispensable

어휘 **decry** ~을 비난하다 **indiscriminate** 무차별의, 닥치는 대로의, 분별없는 **pesticide** 살충제, 구충제 **innovative** 혁신적인, 창조적인 **unpleasant** 불쾌한, 싫은 **indispensable** 불가결의, 없어서는 안될, 절대 필요한

해석 고요한 봄이라는 소설에서, Rachel Carson은 살충제의 무분별한 사용을 강력히 비난했다.

2. My uncle has been fired from three jobs for being <u>indolent</u>. He shows up on time, but he does little work and leaves early.

(A) lazy   (B) industrious

(C) impudent   (D) vigilant

어휘 **fire** 해고하다, 파면하다 **indolent** 나태한, 게으른 **show up** (모임에) 나타나다, 나오다 **lazy** 게으른 **industrious** 근면한, 부지런한 **impudent** 뻔뻔스러운, 철면피의 **vigilant** 자지 않고 지키는, 부단히 경계하고 있는

해석 나의 삼촌은 게을렀기 때문에 세 곳의 직장에서 해고되었다. 그는 제 시간에 나오긴 하지만, 일은 거의 하지 않고 일찍 퇴근한다.

3. Neon is an element which does not combine readily with any other element. Because of this property, it is referred to as an ___________ element.

(A) obsolete   (B) inactive

(C) acute   (D) effective

어휘 **readily** 쉽사리, 손쉽게 **property** 특성, 성질 **obsolete** 쓸모없이[못쓰게] 된, 시대에 뒤진 **inactive** 활발치 못한; 불활성의(inert); 게으른 **acute** 날카로운, 뾰족한; 민감한 **effective** 유효한, 효과적인

해석 네온은 다른 원소들과 쉽게 혼합되지 않는 원소이다. 이러한 특성 때문에 네온은 불활성 원소라 불린다.

정답 1. A 2. A 3. B

01 infamous
[ínfəməs]
악명 높은

- Some 10,000 guests from around the world are expected to attend ceremonies marking the 60th anniversary of the liberation of the infamous Auschwitz-Birkenau Nazi death camp formerly located in southern Poland.
  ▶ 예전에 남부 폴란드에 위치했던 악명 높은 아우슈비츠 나치 죽음의 수용소에서 해방된지 60주년을 기념하는 의식에 전 세계에서 모인 만명 가량의 손님들이 참석하리라 예상된다.

02 infinitesimal
[infinitésiməl]
극소의 (량)

- In the twentieth century, physicists had made their greatest discoveries about the characteristics of infinitesimal objects like the atom and its parts.
  ▶ 20세기에 들어 물리학자들은 원자와 그 구성 요소들 같은 미소한 물체들의 특성에 대하여 가장 큰 발견들을 했다.

03 infirm
[infə́:rm]
(몸, 의지가) 허약한

- Seeing my childhood friend so gray and infirm, I became keenly aware of the relentless passage of the year.
  ▶ 어린 시절의 친구가 백발로 허약해진 것을 보고 냉혹한 세월의 흐름을 날카롭게 의식했다.

04 inhospitable
[inháspitəbl]
(손님에게) 불친절한,
(살기에) 부적당한, 불모의

- Think of a place as remote as the far side of the moon, as strange as Saturn and as inhospitable as Mars, and that will give some idea of what Antarctica is like.
  ▶ 달의 반대편처럼 먼 곳으로, 토성처럼 미지의 곳으로, 그리고 화성처럼 황폐한 곳으로 생각해보라, 그러면 남극대륙이 어떤 곳인지 어떤 생각이 떠오를 것이다.

- One of us has to cook them a decent meal at least once a day or they'll think we're being inhospitable.
  ▶ 우리들 중 한 사람이 그 분들에게 적어도 하루에 한번쯤은 제대로 된 식사를 해드려야만 하겠어, 안 그러면 그 분들이 우리를 불친절하다고 생각하실 거야.

05 iniquitous
[iníkwitəs]
부정한, 사악한

- It is an iniquitous and downright evil system that allows a person to die because they have no money to pay for medical service.
  ▶ 의료 서비스에 지불할 돈이 없다는 이유로 사람을 죽도록 내버려 둔다는 것은 부정하고 노골적으로 사악하기 이를 데 없는 시스템입니다.

06 innumerable
[injú:mərəbl]
셀수없는, 무수한

- The number of crimes committed everyday in New York city is virtually innumerable.
  ▶ 뉴욕에서 매일 발생하는 범죄의 수는 사실상 셀수없다.

07 inordinate
[inɔ́:rdənət]
무절제한, 터무니 없는

- He kept my book for such an inordinate length of time that I shall never lend him anything again.
  ▶ 그가 터무니없을 정도로 오랫동안 내 책을 돌려주지 않아서 다시는 아무 것도 빌려 주지 않을 것이다.

08 
insensible

[insénsəbl]

(몸이) **무감각한, 의식을 잃은**

■ We found her lying naked, drunk and *insensible* under the balcony where she had fallen.

▶ 우리는 그녀가 떨어진 발코니 아래에서 옷을 벗고, 술에 취해서 의식을 잃고 누워있는 그녀를 발견했다.

1. Cobalt is a toxic chemical highly hazardous to the human body but ____________ amounts is one of the metals essential to life.

   (A) infinitesimal   (B) prescribed

   (C) limited   (D) restricted

   어휘 **hazardous** 모험적인, 위험한 **infinitesimal** 극소의(minute), 극미의
   prescribed 규정된, 미리 정해진 **limited** 한정된, 유한의, 좁은 **restricted** 한정된, 제한된

   해석 코발트는 인체에 상당히 위험한 유독성 화학물질이지만 극소량으로는 생활에 꼭 필요한 금속 중 하나이다.

2. It is an <u>iniquitous</u> and superfluous system that allows a person to die, because he has no money to pay for medicine.

   (A) flattering   (B) smooth

   (C) sinful   (D) disregardable

   어휘 **iniquitous** 부정한, 사악한 **superfluous** 여분의; 불필요한 **flatter** 아첨하는, 기쁘게 하는
   smooth 매끄러운, 부드러운 **sinful** 죄가 있는, 죄 많은 **disregardable** 무시할 수 있는, 경시할 수 있는

   해석 그것은 약을 살 돈이 없다는 이유로 사람을 죽게 하는 사악하고 불필요한 제도이다.

3. Magnesium has <u>innumerable</u> uses in many countries where a light weight metal is desired. Because it's a base of all industry.

   (A) too many to be counted   (B) less valuable

   (C) uproarious   (D) trustworthy

   어휘 **innumerable** 무수한, 셀 수 없이 많은 **light weight metal** 경금속 **valuable** 값비싼; 귀중한
   uproarious 떠드는, 시끄러운, 떠들썩한 **trustworthy** 신뢰할 수 있는, 믿을 수 있는

   해석 마그네슘은 경금속을 원하는 많은 나라에서 무수히 많은 용도로 사용되고 있다. 경금속은 모든 산업의 기본이 되기 때문이다.

정답 1. A 2. C 3. A

Prefix IN-　부정

01 inseparable
[insépərəbl]
분리할 수 없는

- The number of new malicious codes stood in the double digits on an annual basis until 1994. But the figure began to explode from 1995 as personal computers became an inseparable part of peoples' daily lives and reached as much as 1,239 last year.
  ▶ 새로 나온 악성 코드들의 숫자는 1994년까지 매년 두 자리 숫자에 머물렀다. 하지만, 1995년부터 개인용 컴퓨터가 사람들 일상생활에서 떼어놓을 수 없는 한 부분이 되면서 폭발적인 증가를 시작해서 지난해는 1239라는 숫자에 달했다.

02 insolent
[ínsələnt]
무례한, 거만한

- Nemesis is the goddess of divine justice and vengeance in Greek mythology. She pursues the insolent and the wicked with inflexible vengeance.
  ▶ Nemesus는 그리스 신화에 나오는 성스러운 정의와 복수의 여신이다. 그녀는 불굴의 복수심으로 무례하고 사악한 무리들의 뒤를 쫓는다.

03 insolvent
[insálvənt]
지급불능의, 파산한

- A spokesman denied the bank was insolvent, but depositors are rushing to withdraw their money.
  ▶ 한 대변인이 그 은행이 파산했다는 것을 부인했지만, 예치자[고객]들은 자신들의 돈을 인출하기 위해 쇄도하고 있다.

04 intangible
[intǽndʒəbl]
만질 수 없는, 무형의,
(확실히) 알 수 없는, 모호한

- Although faith and love may be intangible, they are just as real and just as powerful as a mountain, a factory, or a jet airplane.
  ▶ 신의와 사랑이란 만져볼 수는 없지만 그것은 산, 공장 또는 제트기나 마찬가지로 현실적이고 힘찬 것이다.

05 integral
[íntigrəl]
완전한, 빠진 것이 없는, 전체

- The calcium channels are proteins that allow calcium ions to flow into cells. The influx of calcium plays an integral role in many important cell functions.
  ▶ 칼슘 통로는 칼슘 이온들이 세포 안으로 흘러 들어가게 해주는 단백질이다. 칼슘유입은 많은 중요한 세포 기능들에 있어서 필수적인 역할을 한다.

06 integrity
[intégrəti]
성실, 정직, 완전한 상태

- The new cabinet members swore an oath on the Koran to defend Islam, Afghanistan constitution, human rights, national unity, Afghan independence and territorial integrity.
  ▶ 새 각료들은 이슬람, 아프가니스탄의 헌법, 인권, 국가적 합일성, 아프가니스탄의 독립 그리고 영토의 완전한 보존을 수호하겠다고 코란에 대고 맹세하였다.

07 intrepid
[intrépid]
용맹스러운, 대담한

- Less than 70 years earlier, the intrepid James Cook in his ship Resolution had been the first explorer to cross the Antarctic Circle.
  ▶ 70년 이전에, 용맹스러운 James Cook은 자신의 배 Revolution로를 타고 남극권을 횡단한 최초의 탐험가였다.

08 invaluable

[invǽljuəbl]

매우 귀중한

■ Pansori is one of Korea's most treasured traditional performance arts. It is recently recognized as an invaluable asset not only for Koreans but for all of humanity as well.

▶ 판소리는 한국이 가장 아끼는 전통 공연 예술 중의 하나이다. 최근에 판소리는 한국인에게게만이 아니라 모든 인류에게 매우 귀중한 자산으로 인식되어 진다.

1. He always does with propriety at home, but at school he is the sort of child that teachers would describe as ______________.
   (A) lazy
   (B) insensitive
   (C) insolent
   (D) indolent

   어휘 **lazy** 게으른, 나태한 **insensitive** 감각이 둔한, 무감각한, 감수성이 없는 **insolent** 뻐기는, 거만한(arrogant), 무례한 **indolent** 나태한, 게으른

   해석 그는 집에서는 언제나 예의 바르게 행동하지만 학교에서는 교사들이 건방지다고 묘사하는 종류의 아이이다.

2. The doors were locked and the windows were boarded up. They doubted that they would even collect their final pay checks now that the company was <u>insolvent</u>.
   (A) impressive
   (B) rich enough
   (C) bankrupt
   (D) closing

   어휘 **board up** ~를 판자로 두르다[막다] **now that** ~이니까, ~인 이상 **insolvent** 지급불능의, 파산한 **impressive** 인상에 남는, 감동을 주는 **closing** 폐쇄, 폐지; 종결

   해석 문은 잠겨 있었고 창문도 (판자로) 막혀 있었다. 그들은 회사가 파산했기 때문에 자신들의 마지막 임금조차도 받을 수 없을 거라 생각했다.

3. Probity is an important requirement of many positions. The word "probity" means most nearly ______________ not inborn talent.
   (A) analytical ability
   (B) vision
   (C) tried integrity
   (D) clear insight

   어휘 **requirement** 요구, 필요 **probity** 정직, 성실(integrity) **analytical** 분석적인 **insight** 통찰, 간파

   해석 성실은 많은 직무에서 중요한 조건이다. "성실"이란 단어는 거의 선천적 재능이 아니라 성실하기 위해 노력하는 것을 의미한다.

4. Professor Warner's advice during one failure after another was <u>invaluable</u> to me at that stage of my work.
   (A) extremely useful
   (B) very interesting
   (C) rather overestimated
   (D) completely worthless

   어휘 **invaluable** 값을 헤아릴 수 없는, 매우 귀중한 **overestimate** (가치·능력을) 과대평가하다, 높이 사다 **worthless** 가치 없는, 보잘것없는, 소용없는

   해석 한번의 실패 이후 또 다른 실패 시기에 Warner교수의 충고는 내 연구의 그 단계에 있어서 매우 소중했다.

Prefix IN-　부정

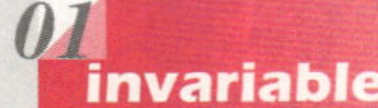

01
invariable
[invέəriəbl]
변하지 않는, 불변의

- An invariable sign of Sal's anger is that he becomes red in the face and starts to speak through clenched teeth.
  ▶ Sal이 화났을 때의 예외 없는 특징은 그의 얼굴이 붉어지면서 이를 악물고 말하기 시작하는 것이다.

02
invincible
[invínsəbl]
정복할 수 없는

- We learned that the strict discipline and superior leadership of the Roman legions made them all but invincible.
  ▶ 우리는 로마 군단의 엄격한 훈련과 우수한 지도력이 그들을 거의 정복할 수 없도록 만들었다는 사실을 알게 되었다.

03
involuntary
[inválənteri]
강제적인, 무심코 한

- An involuntary reflex, a yawn is almost impossible to stop once the mouth muscles begin the stretching action.
  ▶ 하나의 무의식적인 반사작용인 하품은, 일단 입의 근육이 뻗쳐지는 행동을 시작하면 멈추기가 거의 불가능하다.

04
irrational
[iræʃənəl]
비이성적인, 무분별한

- This is the reason we see so many irrational conflicts in the world both at the individual level and at the level of nations.
  ▶ 바로 이것이 개인 차원과 국가 차원에서 이 세상에 비이성적인 갈등이 수없이 존재하게 만드는 근본적인 이유입니다.

05
irrelevant
[irέləvənt]
부적절한, 관계없는

- Your statement may be correct, but since it has no bearing on the point now under discussion, I must reject it as irrelevant.
  ▶ 당신의 말이 옳을지는 모르지만 현재 토의중인 문제와는 관련이 없기 때문에 무관한 것으로 거부해야겠습니다.

06
irreparable
[irépərəbl]
고칠 수 없는

- The conflict between the two warring sides appears irreparable with neither willing to take a step back, even on minor differences.
  ▶ 싸워대고 있는 양측간의 갈등은 사소한 차이점에 이르기조차 어느 쪽도 한발 양보를 하지 않아 회복이 불가능할 듯 보인다.

07
irresistible
[irizístəbl]
저항할 수 없는,
너무나 매력적인

- High interest rates have made these saving plans irresistible to small investors.
  ▶ 높은 이자율이 소규모 투자자들로 하여금 이러한 너무나 매력적인 저축 계획들을 만들도록 해왔다.

08
irresolute
[irézəluːt]
결단력이 없는, 우유부단한

- As a result of irresolute attitude when that novel was submitted, the publishing house lost the biggest best seller of the year.
  ▶ 그 소설 원고가 제출되었을 때 우유부단한 태도의 결과로 그 출판사는 그 해의 큰 베스트셀러를 놓쳐버렸다.

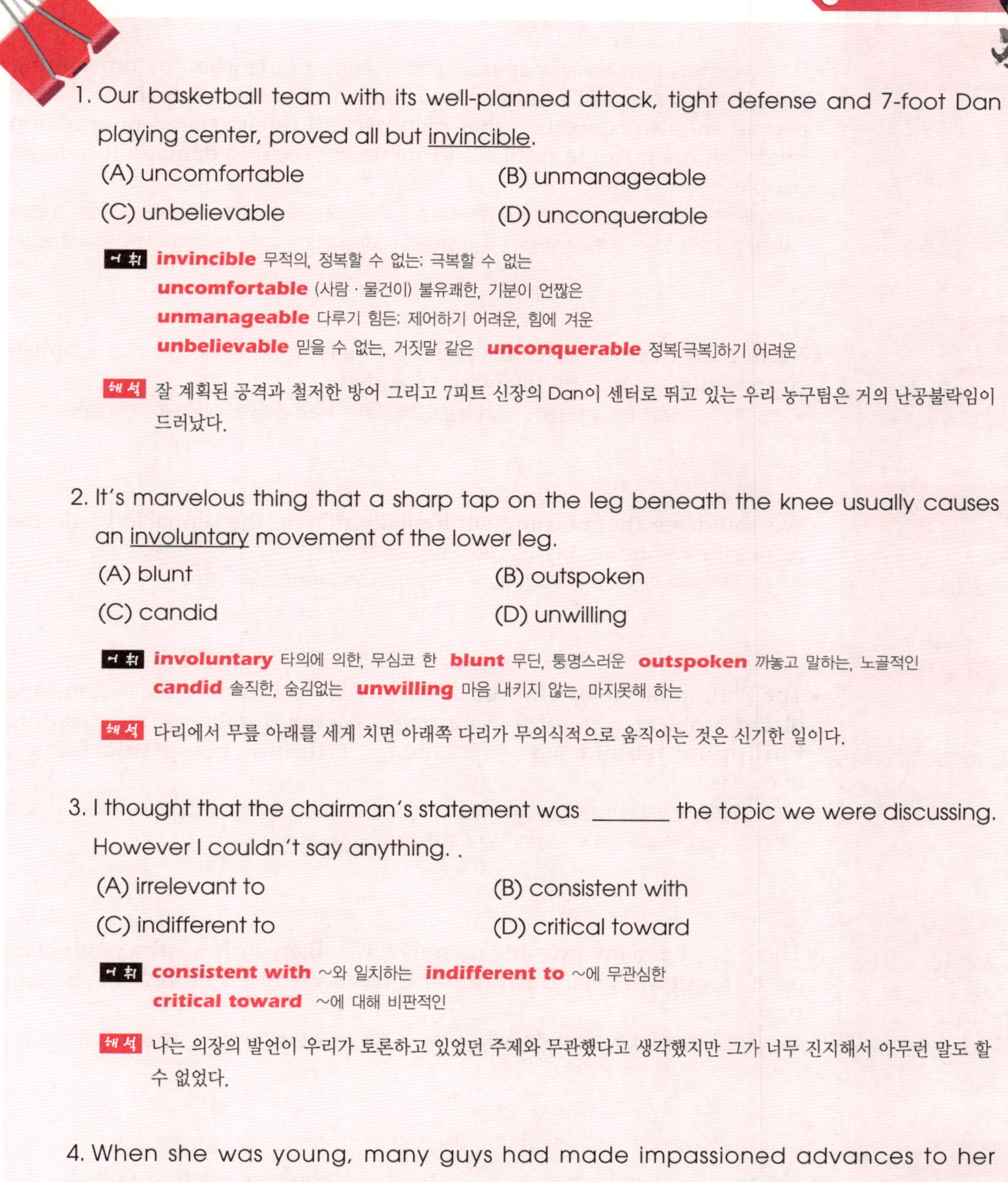

1. Our basketball team with its well-planned attack, tight defense and 7-foot Dan playing center, proved all but <u>invincible</u>.

   (A) uncomfortable   (B) unmanageable

   (C) unbelievable   (D) unconquerable

어휘 **invincible** 무적의, 정복할 수 없는: 극복할 수 없는
uncomfortable (사람·물건이) 불유쾌한, 기분이 언짢은
unmanageable 다루기 힘든: 제어하기 어려운, 힘에 겨운
unbelievable 믿을 수 없는, 거짓말 같은   **unconquerable** 정복[극복]하기 어려운

해석 잘 계획된 공격과 철저한 방어 그리고 7피트 신장의 Dan이 센터로 뛰고 있는 우리 농구팀은 거의 난공불락임이 드러났다.

2. It's marvelous thing that a sharp tap on the leg beneath the knee usually causes an <u>involuntary</u> movement of the lower leg.

   (A) blunt   (B) outspoken

   (C) candid   (D) unwilling

어휘 **involuntary** 타의에 의한, 무심코 한   **blunt** 무딘, 퉁명스러운   **outspoken** 까놓고 말하는, 노골적인
candid 솔직한, 숨김없는   **unwilling** 마음 내키지 않는, 마지못해 하는

해석 다리에서 무릎 아래를 세게 치면 아래쪽 다리가 무의식적으로 움직이는 것은 신기한 일이다.

3. I thought that the chairman's statement was _______ the topic we were discussing. However I couldn't say anything. .

   (A) irrelevant to   (B) consistent with

   (C) indifferent to   (D) critical toward

어휘 **consistent with** ～와 일치하는   **indifferent to** ～에 무관심한
critical toward ～에 대해 비판적인

해석 나는 의장의 발언이 우리가 토론하고 있었던 주제와 무관했다고 생각했지만 그가 너무 진지해서 아무런 말도 할 수 없었다.

4. When she was young, many guys had made impassioned advances to her because she was so ___________.

   (A) invariable   (B) irrational   (C) irreparable   (D) irresistible

어휘 **invariable** 변하지 않는, 불변의   **irrational** 비이성적인, 무분별한   **irreparable** 고칠 수 없는
irresistible 저항할 수 없는, 너무나 매력적인

해석 젊었을 적 그녀는 너무 매력적이어서 많은 남자들이 그녀에게 구애했다.

Prefix IN- / IN-   부정 / 안

01 irrevocable
[irévəkəbl]

취소할 수 없는,
돌이킬 수 없는

- It is worried that those paparazzi may commit extortion by threatening people who commit adultery and may destroy families' lives. Many people are also concerned that pictures and other related information might be open to the public and incur irrevocable damage to related people.
  ▶ 그 파파라치들이 외도한 사람을 협박함으로써 금전 착취를 해서 가정들의 삶을 파괴시킬까 우려하고 있다. 많은 사람들은 사진과 기타 관련 정보가 대중에게 알려져서 관련 인물들에게 돌이킬 수 없는 피해를 초래할까봐 역시 염려하고 있다.

02 ambush
[æmbuʃ]

매복, 잠복 (한 곳), 습격하다

- More than twenty Pakistani peace-keepers were killed in an ambush supposedly ordered by the warlord Aided.
  ▶ 20명 이상의 파키스탄 평화 유지군들이 Aided 장군의 명령을 받은 것으로 생각되는 매복 공격에 의해 살해되었다.

03 illuminate
[ilú:mineit]

조명하다, 설명하다

- We could see the morning sunlight illuminate the pinnacle while the rest of the mountain lay in shadow.
  ▶ 우리는 산꼭대기에 아침 햇빛이 비치는 것을 볼 수 있었지만 나머지 부분은 그늘져 있었다.

04 illustrate
[ilʌstreit]

(실례,그림 따위로) 설명하다

- The Philippine envoy showed some articles to illustrate the seriousness of the problem. One of those articles recently published by a leading Philippine tabloid was headlined, ``Filipinos being sold for sex overseas.''
  ▶ 필리핀 대사는 문제의 심각성을 설명해주기 위해 기사 몇 개를 보여주었다. 필리핀 주요 주간지에서 나온 기사들 중 하나에는 "필리핀인들이 해외에서 성적인 도구로 팔리고 있다."는 제목이 붙어있었다.

05 imbibe
[imbáib]

(술 등을) 마시다,
(사상 등을) 받아 들이다

- There can be many possible reasons why hikers visit nearby mountains on a frequent basis, but imbibing fresh air must be one of the top priorities.
  ▶ 하이킹하는 사람들이 자주 근교의 산을 찾는 데는 가능한 이유들이 많겠지만, 신선한 공기를 들이마시는 것은 최고 우선순위 중 하나일 것이 분명하다.

06 immerse
[imə́:rs]

(물 속에) 담그다,
(일 등에) 몰두시키다

- She was so deeply immersed in the book she was reading that she did not even hear us enter the room.
  ▶ 읽고 있는 책에 너무 깊이 몰두했기 때문에 그녀는 우리가 방에 들어가는 소리도 듣지 못했다.

07 immigrate
[ímigreit]

(타국에서) 이주해오다

- U.S court rejected a North Korean man's bid for political asylum on Tuesday, setting a precedent that could make it difficult for defectors who have already settled in South Korea to immigrate to the U.S.
  ▶ 미국 법정은 화요일 북한 남자 하나의 정치적 망명 요청을 거절했다. 그리하여 이미 한국에 정착한 탈북자들이 미국으로 이주해가는 것이 힘들게 될 전례가 생겼다.

08 imminent

[íminənt]

절박한, 긴급한

- However, many critics pointed out the government is overly optimistic about an imminent recovery in domestic consumption when most major economic indicators, such as consumer sentiment, showed the local economy will likely continue to stagnate in the foreseeable future.

▶ 하지만 많은 비평가들은 소비자 심리와 같은 대부분의 경제 지표들이 국내 경제가 가까운 장래에도 계속 침체국면을 유지할 것을 보여주고 있는 이때 정부가 국내 소비의 급격한 회복에 대해 필요 이상으로 낙관하고 있다는 점을 지적했다.

1. He said "Our determination never to yield to force or the threat of force is firm and ________ !" But nobody did throw themselves in to a matter with enthusiasm willingly.

(A) desirable　　　　(B) irrevocable　　　　(C) cheerless　　　　(D) resentful

어휘 **enthusiasm** 감격, 열광, 열의　**desirable** 바람직한, 탐나는
irrevocable 취소할 수 없는, 돌이킬 수 없는　**cheerless** 재미없는, 우울한　**resentful** 분개한, 화난

해석 그는 "폭력이나 폭력의 위험에 굴복하지 않겠다는 우리의 결심은 확고하고 철회될 수 없는 것이다."라고 말했지만 누구도 선뜻 의욕 있게 나서지 못했다.

2. His doctrine expressed at ordinal general meeting ____________ much that might seem obscure in the Christian teaching.

(A) illuminates　　　　(B) lights up　　　　(C) solves　　　　(D) justifies

어휘 **doctrine** 주의, 교의, 교리　**obscure** 애매한, 명확하지 않은　**illuminate** 조명하다, 밝게 비추다; 해명하다
(clarify)　**light up** ~을 밝게 하다, 불을 비추다　**justify** ~을 정당화하다

해석 정기총회에서 발표한 그의 교의는 기독교 가르침에서 분명치 않은 것으로 여겨질 수 있는 많은 것들을 명백히 해준다.

3. You can always spot someone who's never seen one of his plays before. Notice, no fear, no sense of <u>impending</u> doom.

(A) improvident　　　　(B) upending　　　　(C) imminent
(D) credulous　　　　(E) extravagant

어휘 **spot** 발견하다; 더럽히다　**impending** 급박한, 임박한　**improvident** 선견지명이 없는
upend 일으켜 세우다; 뒤집다　**imminent** 절박한, 긴급한　**credulous** (남을) 쉽사리 믿는
extravagant 돈을 함부로 쓰는

해석 한 번도 그의 연극을 본 적이 없는 사람들은 언제나 딱 알아볼 수 있어. 다가올 운명에 대해 아무런 공포도 느끼지 못하니 말이야.

Prefix IN-　안

01 impact
[ímpækt]
(강한) 충돌, 충격

- Some 65 percent of Korean economists think that hostile mergers and acquisitions (M&As) by foreign capital will have a positive impact on the domestic economy.
  ▶ 65퍼센트에 달하는 한국 경제학자들은 외국 자본에 의한 적대적인 기업 매수합병은 국내 경제에 긍정적인 영향을 주리라 생각한다.

02 impair
[impέər]
(힘, 가치, 건강 등을) 손상시키다

- We had many talented players, but the fractious behavior of a few individuals impaired our team spirit and led to a losing season.
  ▶ 많은 훌륭한 선수가 있었지만 몇몇 선수의 까다로운 행위로 우리 팀의 사기가 저하되어 결국 시즌에서 패배하고 말았다.

03 impart
[impá:rt]
(나누어) 주다, (지식, 비밀 등을) 전해주다

- The mutilated nose imparts a rather grotesque expression to the face of the statue.
  ▶ 잘라져 없어진 코 때문에 그 조각상의 얼굴은 다소 기괴한 인상을 준다.
- Courage which is a trait difficult to impart gradually will go along way toward helping you.
  ▶ 불어 넣기 어려운 특징을 가지는 용기가 너를 크게 도울 것이다.

04 impassioned
[impǽʃənd]
감동적인, 열의에 찬

- Adolf Ogi gave an impassioned speech on the importance of sports as Tennis Star Roger Federer listened at a news conference to launch the International Year of Sport and Physical Education at the United Nations.
  ▶ Adolf Ogi가 국제 스포츠와 체육교육의 해를 시작하는 기자회견에서 테니스 스타 Roger Federer가 경청하는 가운데, 스포츠의 중요성에 대해 열정에 찬 연설을 하였다.

05 impeach
[impí:tʃ]
(관공리를) 탄핵하다, 의심하다

- This case is nothing short of a resurrection of the madness which prompted the opposition to unfairly impeach the President in March.
  ▶ 이번 경우는 반대파를 자극해서 3월 부당하게 대통령을 탄핵했던 광기가 되살아난 것에 필적할만한 것입니다.

06 impede
[impí:d]
방해하다

- Fallen trees, blown up bridges, heaps of debris, heavy drifts of snow and other obstacles impeded the army's progress.
  ▶ 쓰러 넘어진 나무들, 날아가 버린 교량들, 파괴물의 더미들, 수북이 쌓인 눈더미 그리고 그 외의 다른 장애물들이 군대의 전진을 방해했다.

07 impel
[impél]
재촉하다, 강제로 ～하게 하다

- I wonder what it is exactly that impels her to lift weights as a woman all the time almost like a fiend.
  ▶ 난 정확히 무엇이 그녀로 하여금 여자이면서도 거의 미친듯이 항상 역기를 들게 만드는지 궁금하다.

08 impending
[impéndiŋ]
절박한, 임박한

- I have heard that firm measures against tax evaders are impending.
▶ 믿을 만한 소식통으로부터 탈세자들에 대한 강경한 조치가 임박해 있다고 들었다.

1. Killer whales also felt the <u>impact</u> of the spill of the crude oil. Since 1989, more than one third of the whale population has disappeared.
   (A) collision
   (B) effect
   (C) bounce
   (D) percussion

   어휘 **killer whale** 범고래 **impact** 충돌; 충격, 영향(력) **spill** 쏟아짐, 유출 **crude oil** 원유
   collision 충돌; (의견·이해 따위의) 불일치 **bounce** 되튐, 튐; 튀어오름 **percussion** 충격, 충돌; 진동

   해석 범고래 또한 원유 유출의 영향을 받았다. 1989년 이후 지금까지 그 고래 전체 수의 3분의 1이상이 사라졌다.

2. The best way to _______________ a spirit of patriotism to young people is to make them understand the ideals on which this nation is built.
   (A) concoct
   (B) conceal
   (C) impart
   (D) absorb

   어휘 **patriotism** 애국심 **concoct** 날조하다 **conceal** 숨기다 **impart** 나누어 주다, 전하다
   absorb 흡수하다

   해석 젊은이들에게 애국심을 전파하는 최선의 방법은 그들에게 이 나라가 세워진 이상을 이해시키는 것이다.

3. Completion of the building was _______________ by severe weather conditions, unexpected general strike and lack of funds.
   (A) assisted
   (B) encouraged
   (C) mutated
   (D) impeded

   어휘 **assist** 원조하다, 돕다 **mutate** 변화하다; 돌연변이를 하다 **impede** 방해하다, 지연시키다(hinder)

   해석 혹독한 기상 조건, 예기치 않은 총파업 그리고 자금부족으로 그 건물의 완공이 늦춰졌다.

4. Intellectual curiosity acts as <u>an impelling</u> force in science. Also it has tremendous effect on invention
   (A) a deterrent
   (B) an organizing
   (C) a motivating
   (D) an encroaching

   어휘 **impelling** 재촉하는, 몰아대는, 추진시키는(motivating) **deterrent** 단념시키는, 못 하게 하는
   organize 조직하다, 구성하다 **encroach** (서서히) 침입하다, 잠식[침해]하다

   해석 지적 호기심은 과학에서 하나의 추진력으로 작용한다. 또한 지적 호기심은 발명에도 중대한 영향을 미친다.

정답 1. B 2. C 3. D 4. C

01 imperative
[impérətiv]

필수적인, 강제적인

- Mutual respect and understanding among all racial and ethnic groups has become imperative in the life of this nation.
  ▶ 모든 인종집단간의 상호존경과 이해가 이 나라의 생활에 필수적인 것이 되었다.

02 impetuous
[impétʃuəs]

(바람, 속도 등이) 격렬한, (성격, 행위 등이) 성급한, 충동적인

- The conceited actress fell in love with a race driver who was flamboyant, impetuous, disdainful of death in a matter of minutes.
  ▶ 그 우쭐대는 여배우는 눈부시고, 충동적이며, 죽음을 우습게 여기는 한 자동차 경주 선수와 단 몇 분 만에 사랑에 빠지고 말았다.

03 implement
[implimənt]

도구, 실행하다

- I am unwilling to implement this plan until I have assurances that it has the full approval of your officials.
  ▶ 나는 당신의 관리들이 이 계획을 전적으로 승인한다는 것을 확신할 때까지 그것을 이행하지 않을 것이다.

04 implicate
[implikeit]

관련시키다, (의미를) 함축하다

- "When faced with evidence that could equally exonerate or implicate a suspect, we must, as objective interpreters of the evidence, side with the defendant."
  ▶ "용의자를 동등하게 결백하게 혹은 범행에 연루되게 증명할 수 있는 증거가 있을 때 우리는 제3자로서 피고인의 편에 서야 한다."

05 implicit
[implísit]

함축적인, 암시적인, 무조건적인

- The government's second half policy direction aims at boosting investment, with an implicit assumption that an instant recovery in consumption is difficult.
  ▶ 정부의 후반기 정책의 방향은 투자를 늘리는데 초점을 맞추고 있고 이는 즉각적인 소비의 회복이 힘들리라는 암시적인 전제를 바탕으로 한다.

06 implore
[implɔ́ːr]

애원하다, 간청하다

- He implored his parents and his headmaster not to send him away to the military school, which is renowned for its harsh discipline.
  ▶ 그는 가혹한 규율로 이름난 그 군사 학교에 자신을 보내지 말아달라고 자기 부모와 교장 선생님에게 애원했다.

07 impose
[impóuz]

(의무, 세금 따위를) 지우다, 부과하다

- No license fee will be charged to academic users, nor will any restrictions be imposed on their use or reuse of the data.
  ▶ 어떠한 라이센스요금도 배움이 목적인 사용자에게는 부과되지 않을 것이고, 그들의 정보에 대한 사용이나 재사용에 대한 어떠한 제한이 강요되지 않을 것입니다.

08 impoverish
[impávəriʃ]

가난하게 하다, 고갈시키다

- If you spend more than your income, you must expect sooner or later to be impoverished.
  ▶ 수입이상으로 지출하면 조만간에 가난해질 생각해야한다.

1. Writers of color and women increasingly responded to the <u>imperative</u> to speak for themselves and for others like themselves who had been silenced in history.

  (A) purpose   (B) impact

  (C) comment   (D) demand

> **어휘** **increasingly** 점점, 더욱 더   **respond** 대답하다, 응하다   **imperative** 명령; 의무; 요청
> **purpose** 목적, 의지, 용도   **impact** 충돌; 충격; 영향   **comment** (시사문제 등의) 논평, 설명

> **해석** 흑인과 여성에 관해 글을 쓴 작가들은, 자신들과 또 자신들처럼 역사 속에서 침묵을 지켜왔던 다른 사람들을 대변해달라는 요구에 점차 더 응하게 되었다.

2. Then, <u>impetuous</u> and stupid young guy that I was, I jumped out of the car and tapped the bear on the head with a shovel.

  (A) hasty   (B) optimistic

  (C) strong   (D) inexperienced

> **어휘** **impetuous** (바람·속도가) 격렬한; 성급한(hasty)   **tap** ~을 가볍게 두드리다[때리다]   **shovel** 삽
> **optimistic** 낙관적인, 낙천적인   **inexperienced** 경험이 없는, 미숙한

> **해석** 그때 나는 성급하고 어리석은 젊은이였기에, 차에서 뛰어내려 삽으로 그 곰의 머리를 때렸다.

3. The new government promised to ______________ a new system to control financial loan institutions.

  (A) delay temporarily   (B) carefully reorganize

  (C) mindfully scrutinize   (D) implement

> **어휘** **loan** 대부, 대부금   **mindfully** 염두에 두어, 잊지 않게   **scrutinize** 세밀히 검사하다, 철저히 따지다
> **implement** 도구를 주다; 필요한 권한을 주다; 이행하다(put in practice)

> **해석** 새로운 정부는 금전 대출 기관들을 통제할 새로운 시스템을 실시하기로 약속했다.

4. Rather than make concrete proposals for welfare reform, President Reagan told anecdotes about poor people who became wealthy despite their ______________ backgrounds.

  (A) enriched   (B) fertilized

  (C) inoculated   (D) impoverished

> **어휘** **enrich** 부유하게 하다   **fertilize** 비옥하게 하다   **inoculate** 접종하다   **impoverish** 가난하게 하다

> **해석** Reagan 대통령은 복지 정책 개정을 위한 구체적인 계획보다 오히려 가난한 환경을 딛고 부유해진 사람들의 일화만 말했을 뿐이었다.

01 impromptu
[imprɔ́mptu:]
즉석의, 준비 없이

- The professor wasn't prepared to talk to the class, but she gave a very good impromptu lecture without any notes.
  ▶ 교수는 수업에서 이야기할 준비도 하지 못했지만 그녀는 어떤 기록도 없이 아주 훌륭한 즉흥 강의를 했다.

02 impute
[impjú:t]
(잘못 따위를)
~의 탓으로 하다

- Without even batting an eyelid, the accused calmly imputed the error to the lawyer who was handling his case.
  ▶ 눈 하나 깜짝하지 않고, 피고는 침착하게 그 실수를 자신의 사건을 담당하고 있는 변호사의 탓으로 돌렸다.

03 inaugurate
[inɔ́:gjəreit]
취임시키다

- To inaugurate a president is to make him take the oath of office and then give him the keys to the White House.
  ▶ 대통령을 취임시키는 것은 그에게 직무에 대한 맹세를 하도록 하고 나서 백악관의 열쇠를 주는 것이다.

04 inborn
[inbɔ́:rn]
타고난, 선천적인

- Children develop language, not only by using their inborn mental and physical abilities, but also by operating on information provided by the society and environment.
  ▶ 아이들은 언어를 선천적인 두뇌 능력과 신체 능력만을 사용해서 배워나갈 뿐 아니라, 사회에서나 주변 환경에서 주는 정보에서 영향을 받기도 한다고 한다.

05 incarnate
[inká:rneit]
육체를 갖게 하다, 화신의

- The belief that the gods incarnate themselves in animals is illustrated in the worship of the cow.
  ▶ 신들이 동물의 모습을 한다는 믿음으로 소의 숭배를 설명할 수 있다.

- A few survivors from the notorious interrogation cells described their torturers or torture technicians, as they call them, as devils incarnate.
  ▶ 그 악명 높은 취조실에서 살아나온 두어 명의 생존자들은, 고문자들, 혹은 그들이 고문 기술자라고 부르는 사람들을 악마의 화신들이라 묘사했다.

06 incense
[ínsens]
향, 격분시키다

- These reports have naturally prompted incensed debates among the public as well as the government authorities on how to prevent sexual crime.
  ▶ 이러한 보도가 나가자 자연적으로 정부의 당국자는 물론 시민 단체가 분노하면서 성범죄를 방지할 대책을 논의하게 되었다.

07 incentive
[inséntiv]
자극적인, 자극(제), 격려

- We will also publish a guide on the tax incentive system on foreign investment in Korea so that international investors may become aware of the tax benefits we offer.
  ▶ 저희는 외국인들의 투자에 대해 세금 장려금을 주는 시스템에 대한 안내서도 출간함으로 국제 투자가들이 우리가 제공하는 세금 혜택에 대해 인식하게 만들려고 합니다.

08 incipient

[insípiənt]

시초의, 초기의

■ Certain serious diseases can be successfully treated if detected in an *incipient* stage.

▶ 어떤 위험한 질병들은 초기 단계에 발견되면 성공적으로 치료할 수 있다.

---

1. The professor wasn't prepared to talk to the class, but she gave a very good <u>impromptu</u> lecture without any notes.

(A) extemporaneous

(B) thoughtful

(C) unthoughtful

(D) well-designed

어휘 **impromptu** 즉석에서의, 즉흥적인 **thoughtful** 생각이 깊은, 신중한 **unthoughtful** 생각이 깊지 못한, 부주의한 **well-designed** 잘 설계[계획]된

해석 그 교수는 그 학급 학생들에게 이야기할 준비가 되어있지 않았지만, 아무 원고 없이 즉흥 강연을 아주 잘했다.

2. It's very common blunder for everyone to ___________ false motives to those who are kind.

(A) notify

(B) proclaim

(C) ascertain

(D) impute

어휘 **blunder** 큰 실수 **notify** ~에게 통지하다, 통고하다 **proclaim** 포고[선언]하다, 공포하다 **ascertain** 확인하다, 조사하다, 알아내다 **impute** (불명예를 ~에게) 돌리다, 탓으로 하다(ascribe); 전가하다

해석 친절한 사람들에게 불순한 동기가 있다고 보는 것은 모두가 하는 흔한 실수다.

3. People were envious <u>innate</u> ability of legendary swimmer who was disclosed about lazy and dissipated life.

(A) interminable

(B) inadvertent

(C) inborn

(D) inevitable

어휘 **innate** (성질이) 타고난, 선천적인 **legendary** 전설적인, 믿기 어려운 **dissipated** 방탕한, 난봉부리는 **interminable** 끝없는 **inadvertent** 부주의한, 소홀한 **inborn** 타고난, 선척적인 **inevitable** 불가피한, 피할 수 없는

해석 전설적인 수영선수의 나태하고 방탕한 사생활이 드러나면서 사람들은 그의 타고난 재능을 부러워했다.

정답 1. A 2. D 3. C

Prefix IN- 안

01 incite
[insáit]
자극하다, 선동하다

- The firm wants to incite the jitters among competitors with the new model, which will share production lines with Nissan as well as other Renault Samsung models.
  ▶ 회사는 Nissan과 기타 Renault Samsung 모델들과 생산라인을 공유할 새로운 모델로 경쟁자들 사이에 불안감을 자극하고자 합니다.

02 incorporate
[inkɔ́ːrpəreit]
합동, 통합시키다

- Since introducing the genre of fusion jazz over a quarter of a century ago, T-Square has continuously been setting forward innovative jazz numbers that incorporate awesome electronic sounds and ingenious editing.
  ▶ 25년도 더 된 시절 퓨전 재즈라는 장르를 소개한 이래, T-Square는 기상천외한 전자음과 교묘한 편집을 통합시킨 혁신적인 재즈곡들을 연속적으로 내놓고 있습니다.

03 incumbent
[inkʌ́mbənt]
~의 의무인, 재직 중인, 현직자

- Of the ten Congressional seats in our state, only one was won by a new member. All the other winners were incumbents.
  ▶ 우리 주의 열개 하원 의석 가운데 단 한 자리만을 신임이 차지했고 나머지 당선자들은 모두 현직 의원들이었다.

04 indent
[indént]
움푹 들어가게 하다, 움푹 들어간 곳

- According to the principles of standard written English, each new paragraph should be indented about two centimeters from the margin.
  ▶ 표준 영어 작문의 원칙에 따르면, 각 새로운 단락은 여백에서 2센티 가량 움푹 들어가게 해주어야 한다.

05 indigenous
[indídʒənəs]
토착의, 고유의

- For many years, there was a tendency in the part of American and Europeans to ignore the highly developed indigenous cultures of the peoples of Africa.
  ▶ 여러 해 동안 구미인들에게는 아프리카 민족들의 고도로 발달된 토착 문화를 무시하는 경향이 있었다.

06 indigent
[índidʒənt]
가난한, 궁핍한

- In a landmark case 35 years ago, a unanimous Supreme Court ruled that indigent defendants must be provided with a lawyer at state expense because there could be no fair trial in a serious criminal case without one.
  ▶ 35년 전 획기적인 사건에선, 심각한 범죄 사건에서 변호사 없이는 정당한 재판이 이루어 질 수가 없기 때문에 피고인이 가난하면 나라에서 돈을 내서 변호사를 제공해야만 한다는 것이 대법원에서 만장일치로 통과되었다.

07 induce
[indjúːs]
유도하다, 귀납하다

■ With the successful progress of the project, they established an online customs clearance system last year and has cut the customs clearance time considerably, which the agency expects will greatly help the nation induce more foreign investment.
▶ 그 프로젝트의 성공적인 진전과 더불어, 그들은 온라인 세관 통과 체제를 작년에 구축하고 세관 통과 시간을 획기적으로 단축시켜서 그들 기관은 국가가 더 많은 외국 투자를 유도하는 것에 커다란 도움을 주리라 기대하고 있다 .

08 indulge
[indʌ́ldʒ]
(욕망, 정열 따위를) 만족시키다, (제멋대로) 내버려 두다

■ Jack had spent the previous three weeks indulging in his passion for climbing.
▶ Jack은 지난 3주를 등산에 대한 열정에 빠져 지냈다.

---

1. My extraordinary success was due to my mother. She ________ me to make greater effort.
   (A) incited
   (B) incorporated
   (C) incumbent
   (D) indented

   어휘 incite 자극하다, 선동하다 incorporate 합동[통합]시키다 incumbent ~의 의무인, 재직 중인 indent 움푹 들어가게 하다, 움푹 들어간 곳

   해석 나의 놀라운 성공은 내 어머니 덕분이다, 어머니는 나를 격려하여 더욱 노력하게 했다.

2. Nearly two-thirds of the town's inhabitants are descendants of indigenous civilizations, others are immigrants recently.
   (A) hard-working   (B) advanced   (C) poor   (D) native   (E) developed

   어휘 inhabitant 주민; 서식 동물 descendant 후손 indigenous 토착의, 원산의; 고유의 civilization 문명, 문화 hard-working 근면한, 열심히 일하는 advanced 앞으로 나온, 진보한

   해석 그 마을 주민의 거의 3분의 2가 토착 문명의 후예들이고 나머지는 최근 귀화한 사람들이다.

3. In certain types of poisoning, immediately give large quantities of soapy or salty water in order to ____________ vomiting.
   (A) control
   (B) lessen
   (C) stop
   (D) induce

   어휘 poisoning 중독 quantity 양(量), 다량 vomit 게우다, 토하다 control 지배하다; 통제하다, 관리하다 lessen ~을 줄이다, 작게 하다 induce ~을 권유하다; 야기하다, 유발하다(cause)

   해석 어떤 유형의 중독에서는, 토하도록 유도하기 위해 즉시 다량의 비눗물이나 소금물을 주도록 하라.

정답 1. A 2. D 3. D

01 infer
[infə́:r]
추리하다,
(결론으로서) 암시하다

- We must be particularly cautious when we infer that a person is guilty on the basis of circumstantial evidence.
  ▶ 우리는 상황증거를 근거로 하여 어떤 사람이 죄가 있다고 추정될 때 특히 신중을 기울여야 한다.

02 infest
[infést]
(쥐, 해충, 병 등이)
~에 횡행하다, 만연하다

- The tapeworm is an example of the kind of parasite that may infest the human body.
  ▶ 촌충은 인체에 해를 끼칠 수 있는 기생충의 한 예다.

03 inflate
[infléit]
(공기, 가스 따위로)
부풀리다, 우쭐하게 하다

- He brought up the speculation that Citigroup might join the tender in order to inflate the auction price because it retains bonds at the Internet Service Provider.
  ▶ 그는 시티그룹이 그 인터넷 서비스 공급업체의 공채를 소유하고 있기 때문에 경매 가를 부풀리려고 입찰에 합류했을 지도 모른다는 추측을 제기했습니다.

04 inflict
[inflíkt]
(타격, 고통 따위를) 가하다

- The pirates who harassed the West Coast of Africa in the seventeenth century inflicted great suffering on the people.
  ▶ 17세기에 아프리카의 서해안을 괴롭혔던 해적들은 사람들에게 크나큰 고통을 가했다.

05 infringe
[infrínd3]
(법규, 규정을) 위반하다,
(타인의 권리를) 침해하다

- The law cannot regulate the way people feel about the rights of minority groups, but it can force people to desist from activities that would infringe on those rights.
  ▶ 법은 사람들이 소수집단의 권리에 대해서 느끼는 태도를 규제할 수 없지만 그들의 권리를 침해하는 행위를 중단하도록 강요할 수는 있다.

06 infuriate
[infjúərieit]
격노하다, 격분하다

- Inappropriate damage control will further infuriate the Arab Muslims and other people in the world and make them pause to wonder if the United States has the moral high ground to preach to other countries about human rights.
  ▶ 부적절한 사태 수습은 아랍 시민과 전 세계 국민을 더욱 분노케 할 것이고, 그들로 하여금 미국이 인권에 관해 여타 국가에 설교할 도덕적 자질을 갖추고 있는지 여부를 의문시하게 만들 것이다.

07 infuse
[infjú:z]
(액체, 사상 따위를)
주입하다, 불어넣다

- The American anarchist Emma Goldman infused her spirited lectures, publications, and demonstrations with a passionate belief in the freedom of the individual.
  ▶ 미국의 무정부주의자 Emma Goldman는 그녀의 힘찬 강의, 출판물과 시위운동에 개인의 자유에 대한 열렬한 신념을 불어넣었다.

08 ingenious

[indʒíːnjəs]

(발명의) 재능이 있는, 영리한

- My sister is so ingenious that she will think of a way to do this work more easily.
▶ 내 여동생은 너무나 영리해서 이 일을 좀 더 쉽게 하는 방법을 생각해 낼 것이다.

1. By continuing to praise his extremely modest accomplishments, you are helping to _____________ his already oversized ego.

   (A) constrict   (B) contort   (C) consume   (D) inflate

   어휘 **ego** 자아, 자부 **constrict** 압축하다 **contort** 잡아 비틀다 **consume** 소비하다
   inflate 부풀게 하다, 팽창시키다

   해석 그의 지극히 평범한 업적을 계속 칭찬함은 당신은 그가 이미 갖고 있는 지나친 자만심을 키우는데 도와줄 뿐이다.

2. Metaphysics and theology are two branches of study, or if, in the case of the latter, the term 'knowledge' be preferred, of knowledge, which also encroaches upon the sphere of ethics.

   (A) enhances   (B) assists
   (C) reinforces   (D) infringes upon

   어휘 **metaphysics** 형이상학 **theology** 신학 **encroach** 서서히 침입하다; (재산·권리를) 침해하다
   enhance 향상하다; (가치·능력 따위를) 높이다 **assist** 돕다 **reinforce** 강화하다, 보강하다
   infringe upon 어기다, 침해하다

   해석 형이상학과 신학은 학문에 속하는 두 분야이지만, 후자(신학)의 경우 지식이라는 용어를 취한다면 이것은 윤리학의 범주 또한 침범하게 된다.

3. The use of barbed-wire fencing by farmers in the nineteenth century infuriated cattle ranchers, whose herds were often injured after becoming entangled in the sharp spikes.

   (A) comforted   (B) encouraged   (C) enraged
   (D) frightened   (E) puzzled

   어휘 **barbed-wire** 철조망 **infuriate** 격노하게 하다 **rancher** 목장주 **entangle** ~을 얽히게 하다
   comfort 위로하다, 위문하다 **encourage** 용기를 돋우다, 격려하다 **frighten** 두려워하게 하다
   puzzle 당혹하게 하다

   해석 19세기에 농부들이 철조망 울타리를 사용한 것은 목장주들을 격분시켰는데, 이들의 소 떼가 종종 날카로운 가시에 걸려 상처를 입었던 것이다.

4. Prisoner was too much disingenuous, not even the police could figure out his _____ escape.

   (A) tremendous   (B) simple   (C) potential   (D) ingenious

   어휘 **disingenuous** 솔직하지 않은, 음흉한 **figure out** ~을 이해하다, 어림짐작 **tremendous** 무서운, 굉장한;
   거대한 **simple** 단순한; 검소한, 꾸밈없는(unadorned) **ingenious** 독창적인; 영리한(clever)

   해석 수감자가 너무 용의주도해서 경찰조차도 그 죄수의 영리한 탈출을 짐작할 수 없었다.

정답 1. D   2. D   3. C   4. D

Prefix IN- 안

01 ingenuous
[indʒénjuəs]
솔직한, 순진한

- It has to be said it was rather ingenuous of her to ask a complete stranger to look after her luggage while she used the pay phone.
  ▶ 공중전화를 이용할 동안 생판 모르는 사람에게 그녀가 자신의 짐을 봐달라고 요청한 것은 그녀가 너무 순진하다고 말할 수 있다.

02 ingrained
[ingréind]
(사상 따위가) 깊이 배어든

- She will need a long period of re-education to get rid of her ingrained prejudices against people of other races.
  ▶ 그녀에게는 다른 인종의 사람들에 대한 그녀의 뿌리깊이 밴 편견을 제거하기 위한 장기간의 재교육이 필요할 것이다.

03 ingredient
[ingríːdiənt]
(식품, 약의) 성분, 요소

- The perfume is reported to include a "secret" ingredient that Paris promises will enhance the wearer's allure.
  ▶ 그 향수는 뿌린 사람의 성적 매력을 강화시킨다고 프랑스가 장담하는 "극비" 성분이 포함되어 있다고 보도되었다.

04 inhale
[inhéil]
(공기 따위를) 흡입하다

- Keeping your head up, inhale and slowly bend your elbows as you lower your chest toward the floor.
  ▶ 머리를 위로 향한 채, 숨을 들이쉬면서 천천히 팔꿈치를 굽혀 가슴이 마루쪽으로 내려오도록 하세요.

05 inherent
[inhíərənt]
선천적인, 고유의

- Inherent in this basic goal is the assumption that social stability is meaningless—if not impossible—independent of the stability and dignity of human beings.
  ▶ 비록 불가능한 것은 아니지만, 인간의 안정성과 존엄성으로부터 독립적인 사회적 안정은 의미가 없다는 가정이 기본적 목적에 내재하고 있다.

06 inherit
[inhérit]
(재산, 권리 따위를) 상속하다, 물려받다

- They may have inherited wealth and social status, but their tradition of outstanding public service shows that they are far from effete.
  ▶ 그들이 부와 사회적 지위를 물려받았을지는 모르나 그들의 뛰어난 사회봉사의 전통에서 그들이 결코 나약하지 않다는 사실을 보여주고 있다.

07 inhibit
[inhíbit]
금지하다, 방해하다

- We all have aggressive impulses, but in most cases our early training and conditioning tend to inhibit the open expression of them.
  ▶ 우리 모두가 공격 본능을 갖고 있지만 대부분의 경우 어렸을 때의 훈련과 조절이 이 본능의 공개적인 표현을 억제하는 경향이 있다.

08 inject
[indʒékt]
(액체를) 주입하다, 주사하다

- When the infected mosquito (vector) bites a human host and sucks their blood, she injects saliva that contains the parasite into the person's body.
  ▶ 감염된 모기(매개 동물)가 인간 숙주를 물어 피를 빨 때, 그 모기는 기생충이 담긴 침을 인간의 몸 속에 주입한다.

1. Most modern printing inks contain synthetic pigments, binders, and solvents as well as <u>ingredients</u> to promote drying.

(A) chemicals

(B) components

(C) glues

(D) liquids

어휘 **synthetic** 합성의, 종합의 **pigment** 안료, 색소 **binder** 묶는 것, 접합재 **solvent** 용매, 해결책 **ingredient** (혼합물의) 성분; (요리의) 재료 **chemical** 화학 제품[약품] **glue** 아교, 끈적끈적한 물건 **liquid** 액체, 유동체

해석 대부분의 최신식 인쇄용 잉크들은 건조를 촉진시키는 성분은 물론 합성 색소, 고착제, 그리고 용매들을 함유하고 있다.

2. In the case of Brown vs Board of Education of Topeka, the Supreme Court ruled that separate facilities for Black people and White people were <u>inherently</u> unequal.

(A) fundamentally

(B) grossly

(C) probably

(D) legally

어휘 **the Supreme Court** (미국) 연방 대법원 **facility** 쉬움; (pl.) 시설 **inherently** 생득적으로; 본질적으로 **unequal** 같지 않은; 불평등한 **grossly** 총체적으로 **probably** 아마, 필시, 대개는 **legally** 법률적으로, 합법적으로

해석 Brown 대(對) Topeka 교육위원회 사건에서 미 연방대법원은 흑인과 백인들을 위한 별도 시설들이 본질적으로 불평등하다고 판결했다.

3. She soon lost her ________________ when she had two or three glasses of wine. Certainly something was going to be wrong.

(A) happiness

(B) senses

(C) inhibitions

(D) sorrows

어휘 **happiness** 행복 **sense** 감각 **inhibition** 금지, 억제, 자제력 **sorrow** 슬픔

해석 와인 두 세 잔을 마신 후 그녀는 곧 자제력을 잃었다. 분명히 무언가 잘못되고 있었다.

4. His behavior was so sincere and <u>ingenuous</u> that none of us couldn't believe him, at that time.

(A) ingenious

(B) gratuitous

(C) illiterate

(D) candid

어휘 **ingenious** 재능있는, 영리한 **gratuitous** 무료인, 이유없는 **illiterate** 문맹인 **candid** 솔직한

해석 그의 행동은 진지하고 솔직해서, 그 당시 우리 중 누구도 그를 믿지 않을 수 없었다.

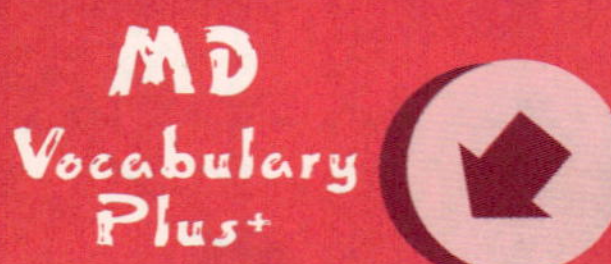

01 inmate
[ínmeit]

(병원, 교도소 따위의)
입원자, 수감자

- When the warden learned that several inmates were planning to escape, he took steps to balk their attempt.
  ▶ 교도소장은 몇몇의 재소자가 탈옥을 계획한다는 것을 알아채고 그것을 저지하기 위한 방법을 강구했다.

02 innate
[inéit]

(성질 따위가) 타고난,
선천적인

- The Buddha Shakyamuni taught us that we can be enlightened by awakening our innate bodhicitta (Buddha-mind).
  ▶ 석가모니 부처님께서는 우리가 선천적으로 가지고 있는 보리심을 일깨움으로써 깨달을 수 있다고 가르치셨다.

03 innovate
[ínouveit]

쇄신하다,
(새로운 것을) 도입하다

- The government should reform social security systems, stimulate economic activities by women and the elderly, innovate education systems to improve productivity and expand facilities for senior citizens to cushion the shock from the rapid aging of the Korean society.
  ▶ 정부는 사회복지 시스템들을 개혁하고, 여성과 노인들에 의한 경제 활동을 자극하며, 생산성을 향상시키기 위한 교육 시스템들을 쇄신하여야 하며 한국 사회가 급속도로 노령화 되는 것에서 오는 충격을 경감시키기 위해 노인들을 위한 시설을 확충시켜야만 하겠습니다.

04 innuendo
[injuéndou]

(부정적인 내용에 대한)
암시, 풍자, 빗대어 말하다

- Chinese officials last week complained advertisers were using too much sexual innuendo and announced stricter screening rules for television ads.
  ▶ 지난 주 중국 관리들은 광고업자들이 선정적 풍자를 너무 많이 이용한다고 불만을 토로하면서 텔레비전 광고들에 대한 보다 엄격한 검열 원칙들을 공표했습니다.

- I resent the innuendoes in your statement more than the statement itself.
  ▶ 나는 너의 진술 그 자체보다, 그 속에 담겨진 비꼬는 말에 더 화가 난다.

05 inoculate
[inákjəleit]

(예방) 접종하다, 접목하다

- It is vitally important that all of us be inoculated against cholera and malaria before we fly to India next month.
  ▶ 내달 인도에 가기 전에 우리 모두 콜레라와 말라리아 예방 접종을 받는 것이 매우 중요하다.

06 inscribe
[inskráib]

(비석, 금속, 종이 등에)
글을 새기다, 쓰다

- All the prize winners at the ceremony each received a book with their names inscribed on the first page.
  ▶ 그 시상식에서 상을 탄 모든 이들은 각기 자신들의 이름이 첫 장에 새겨진 책을 한 권씩 받았다.

07 insidious
[insídiəs]

음흉한, 잠행성의

- In some insidious way the glib salesman played upon my repressed desires and sold me a gaudy sports car.
  ▶ 음흉한 방법으로 말 잘하는 그 판매원은 나의 억제된 욕구를 이용하여 번지르르한 스포츠카를 팔았다.

08 insinuate

[insínjueit]

(사상 등을) 은근히 심어주다,
넌지시 비추다

■ I am very upset because I know that some people in this town are continuing to insinuate that I was responsible for the accident.
▶ 이 마을의 몇몇 사람들이 계속해서 사고의 책임이 나에게 있다고 넌지시 비치는 것을 내가 알고 있기 때문에 몹시 기분이 나쁘다.

---

1. "Looking back over the many years, Cyril's most impressive quality, for me, was his ____________ goodness."

   (A) interminable   (B) inadvertent

   (C) innate   (D) inevitable

   > **어휘** **interminable** 끝없는 **inadvertent** 부주의한, 소홀한 **innate** (성질이) 타고난, 선천적인(inborn)
   > **inevitable** 불가피한, 피할 수 없는

   > **해석** "지난 여러 해를 뒤돌아보니, 나한테 Cyril의 가장 인상적인 성격은 그의 타고난 선량함이었다."

2. The work for which the poet Emma Lazarus is best known is "The New Colossus," which is <u>inscribed</u> on the pedestal of the Statue of Liberty.

   (A) wrote   (B) read

   (C) translated   (D) removed

   > **어휘** **inscribe** 적다, 새기다, 파다 **translate** ~을 번역하다, 해석하다 **remove** ~을 옮기다, 움직이다

   > **해석** 시인인 Emma Lazarus 가 가장 유명해진 그 작품은 "새로운 거장" 인데, 그것은 자유의 여신상의 주춧돌에 새겨져 있다.

3. Why don't you say openly what is on your mind instead of ____________ such vile charges against me?

   (A) announcing   (B) insinuating

   (C) concerning with   (D) contradicting

   > **어휘** **vile** 몹시 나쁜, 비열한 **charge** 충전; 책임; 비난 **announce** 알리다, 공고하다
   > **insinuate** 은근히 심어주다, 넌지시 비치다(imply) **concern with** 관계하다, 관계되다
   > **contradict** 부정하다, 반박하다, 모순되다

   > **해석** 나에 대한 그런 나쁜 비난을 빗대어 하는 대신 마음속에 있는 것을 솔직히 말하는 게 어떻습니까?

01 inspect
[inspékt]

(세밀하게 떠는 공적으로)
조사하다

- Before agreeing to reduce American military forces in Europe, the president stipulated that NATO teams be allowed to inspect Soviet bases.
  ▸ 유럽에서 미 육군을 축소시키는데 동의하기 전에 대통령은 NATO가 소련 기지를 조사하는 것이 허용되도록 요구했다.

02 inspire
[inspáiər]

격려하다,
(감정, 사상 등을) 불어 넣다

- It goes without saying that it is your expertise that carried the day. We are sure that thousands of rally fans were inspired by your success.
  ▸ 이번 승리가 귀하의 탁월한 능력에 의한 것이라는 것은 말할 필요도 없습니다. 몇 천의 랠리 팬들도 귀하의 승리로 틀림없이 감동을 받았을 것입니다.

03 install
[instɔ́:l]

설치하다,
(정식으로) 취임시키다

- The cost of installing a computer system can be justified in terms of greater efficiency.
  ▸ 컴퓨터 시스템을 설치하는 비용은 효율성이 더 크다는 면에서 정당하다.

04 instigate
[ínstigeit]

부추기다, 선동하다

- Secret agents were sent behind the enemy lines in an effort to instigate a rebellion.
  ▸ 반란을 선동하려는 노력으로 적 후방에 첩보요원들이 파견되었다.

05 insurrection
[insərékʃən]

반란, 폭동

- The announcement came in response to the decision by the leader of the insurrection, retired army Maj. Antauro Humala, to break off talks with government negotiators and renege on an earlier pledge to hand over weapons.
  ▸ 그 성명은 폭동의 주동자인 퇴임 육군 소령 Antauro Humala가 정부 협상가들과의 회담을 파기하고 무기를 이양하리라는 이전의 서약을 어기겠다는 결정을 내린 것에 대한 반응으로 발표되었다.

06 intensify
[inténsifai]

격렬, 강렬하게 하다

- Prime Minister Ariel Sharon said he has ordered Israeli forces to intensify military operations to stop Palestinian attacks, adding that the military would act without restrictions until Palestinian leaders take action against militants themselves.
  ▸ Ariel Sharon 수상은 그가 이스라엘 군들에게 팔레스타인인들의 공격을 저지하는 군사작전들을 강화하라는 명령을 내렸다고 얘기하면서, 팔레스타인 지도자들이 투쟁자에 대한 조치를 취할 때까지 자신의 군대는 아무런 제약 없이 행동을 취하리라고 덧붙였다.

07 intimate
[íntəmit]

매우 친한, 개인적인,
암시하다

- While spending time with the Dalai Lama, conducting intimate and in-depth interviews and traveling with him for several years, Chan has seen firsthand how he puts his beliefs and teachings into practice.
  ▸ Dalai Lama님과 시간을 보내고, 친밀하고 심도 있는 인터뷰를 실시하며 여러 해 동안 그와 함께 여행을 하는 과정을 통해, 찬은 그가 어떻게 자신의 믿음과 가르침을 실행에 옮기는 지를 직접 목격하였다.

08 intimidate

[intímideit]

위협하다, 협박하다

■ I feared the Iragis wanted my address so they could mail something to the house or circulate it among their agents in the united stantes who could harm or intimidate my family.

▶ 나는 이라크인들이 나의 주소를 원하고 그것을 이용해 집으로 무엇인가를 보내거나, 우리 가족에게 해를 끼치거나 위협할 수 있는 미국내 자신들의 요원들 사이에서 유포될까봐 겁이 났다.

---

1. Unless you want to ______________ a quarrel, don't tell Ray that you saw me at the rink with another boy.

  (A) coerce   (B) entrust

  (C) withhold   (D) instigate

어휘 **coerce** 강제[강요]하다 **entrust** 맡기다, 위임하다 **withhold** 보류하다, 억제하다 **instigate** 유발시키다, 부추기다

해석 말싸움 시키기를 원하지 않으면 스케이트장에서 내가 다른 소년과 있는 걸 봤다고 Ray에게 말하지 마.

2. Are you ______________ that I am not strong enough to lift these measly little barbells, or are you overestimate your own ability?

  (A) intimating   (B) working

  (C) proclaiming   (D) intricating

어휘 **measly** 홍역의, 홍역에 걸린; 하찮은 **barbell** (역도에서 쓰는) 바벨 **intimate** 넌지시 비추다, 암시하다(hint) **proclaim** ~을 선언하다, 공포하다 **intricate** 뒤얽힌; 복잡한

해석 당신은 지금 제가 저 하찮고 조그마한 바벨도 들지 못할 정도로 힘이 없다는 것을 암시하는 것입니까, 아니면 당신 자신의 능력을 과대평가하는 것입니까?

3. A supervisor who has the loyal support of the employees will not find it necessary to attempt to <u>intimidate</u> them with threats of firing.

  (A) encourage   (B) discourage

  (C) frighten   (D) cox

어휘 **intimidate** 으르다, 위협하다, 협박하다 **encourage** 용기를 돋우다, 격려하다 **frighten** 놀라게하다, 위협하여 ~하게 하다 **discourage** 용기를 잃게 하다, 실망시키다 **cox** ~의 키잡이가 되다

해석 종업원들의 충실한 지지를 받고 있는 감독관은 해고 위협으로 그들을 협박하는 시도가 필요치 않다는 사실을 알게 될 것이다.

정답 1. D 2. A 3. C

01 intoxicate
[intáksikèit]
취하게 하다, 열광케 하다

- The pop star has pleaded not guilty to charges of child molestation, conspiracy and administering an intoxicating agent, alcohol, to the alleged victim.
  ▸ 그 팝스타는 아동 학대, 공모, 그리고 취하게 만드는 약물인 알코올을 피해자로 추정되는 이들에게 투여한 혐의들에 대해 무죄를 주장했다.

02 intricate
[íntrəkit]
뒤얽힌, 복잡한

- I was amazed when I looked through the microscope and saw the intricate pattern of blood vessels in the body of that tiny animals.
  ▸ 현미경을 통해서 그 작은 동물의 몸에 있는 혈관의 복잡한 모형을 보았을 때 나는 몹시 놀랐다.

03 intrigue
[intríːg]
음모(를 꾸미다), 흥미를 자아내다

- The producer hoped the film would intrigue audiences, but he never expected it to have such a spellbinding effect.
  ▸ 영화 제작자는 그 영화가 관중들에게 흥미를 자아내기를 바라면서도 그것이 관중들의 넋을 잃게 할 정도의 효과가 있었다는 것은 예상도 못한 일이었다.

04 intrude
[intrúːd]
(억지로) 밀어 넣다, 강요하다

- Even if the sex offenders involved feel disgraced in the exposure of their identities, the disclosure itself cannot be considered a form of punishment, as it is part of conviction and it does not intrude upon their privacy.
  ▸ 연관된 성 범죄자들이 자신들의 신분이 노출되는 데에 대해 불명예스럽다고 느낄지도 모르지만, 그것은 판결의 일부이며 그들의 사생활을 침해하지 않기 때문에 발표 자체가 형벌의 한 형태로 보여 질 수는 없다.

05 intuition
[intjuíʃən]
직관력, 통찰력

- Producers and marketers of the local performing arts industry have been depending on their intuition and experience without having objective and reliable data based on market research.
  ▸ 현지 공연예술 산업에 종사하는 프로듀서들과 흥행자들은 시장 연구에 바탕을 둔 객관적이며 믿을 만한 자료가 없는 상태에서 자신들의 직관과 경험에만 의지해왔습니다.

06 inundate
[ínəndeit]
(강물 등이) 범람시키다, (요구, 인파 등이) 쇄도하다

- The people living in the valley will have to leave their homes because the area will be inundated when a new dam is constructed across the lake.
  ▸ 호수를 가로질러 새로운 댐이 건설되면 그 지역은 침수되기 때문에 그 계곡에 살고 있는 사람들은 그들의 집을 떠나야 할 것이다.

07 invert
[invə́rt]
거꾸로 하다, 성도착자

- In some languages, the word order in questions is inverted. For instance, the subject and the verb are inverted in many cases.
  ▸ 어떤 언어들은, 질문형일 때 어순이 뒤집히는데, 예를 들자면 많은 경우에서 주어와 동사의 위치가 거꾸로 된다는 것이다.

08 irrigate

[írigeit]

(토지에) 물을 대다,
(상처 등을) 소독하다

- The fresh water lake is equal to building 200 mid-size reservoirs. Desalinated water is essential to irrigate rice paddies, provide water for industrial and tourist sites.

▶ 그 담수호는 200개의 중간 사이즈 저수지를 짓는 것과 맞먹는데, 염분을 제거한 물은 논을 관개하고, 산업, 관광객 용지들에 공급하는데 필수적이다.

1. Because the ___________ directions were difficult to understand, after I made, it was destroyed to pieces.

(A) intrigue
(B) uncomplicated
(C) diverse
(D) intricate

어휘 **directions** 지시, 사용법, 설명서 **intrigue** 호기심을 자극하다, 흥미를 돋구다 **uncomplicated** 단순한 **diverse** 다양한; 다른 **intricate** 뒤얽힌, 복잡한(complicated); 난해한

해석 복잡한 설명서는 이해하기 어려워서 설명서대로 만들자마자 부서졌다.

2. When my father told me of his trip to Africa, I <u>became intrigued by</u> the notion of sharing food with people of the primitive tribes.

(A) was shocked by
(B) was horrified by
(C) smelled conspiracy in
(D) was greatly interested in
(E) could not understand

어휘 **intrigue** 음모를 꾸미다; 호기심을 자아내다, 흥미를 돋우다 **notion** 관념, 의견, 견해 **primitive** 원시의, 미개의 **shock** ~에 충격[타격]을 주다 **horrify** ~을 무서워하게 하다, 소름 끼치게 하다 **conspiracy** 모의, 공모, 음모(plot)

해석 아버지가 아프리카 여행 이야기를 들려주었을 때 나는 원주민과 음식을 같이 먹었다는 말에 흥미를 가지게 되었다.

3. When we asked for suggestions on how to raise money for the intramural sports program, we found ourselves ___________ by "bright ideas" from all sides.

(A) survived
(B) inundated
(C) embellished
(D) fructified

어휘 **intramural** 교내의, 건물 안의 **inundate** 쇄도하다, 넘치게 하다 **embellish** 장식하다 **fructify** 비옥하게 하다

해석 교내 운동경기를 위한 모금방법에 관해서 제안을 부탁했을 때 사방에서 "훌륭한 아이디어"가 쏟아져 나오는 것을 알았다.

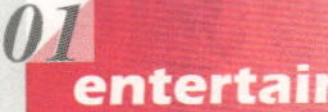

01 entertain
[entərtéin]

즐겁게 해주다, (생각을) 품다

- Most young people entertain the thought of being a celebrity, even a minor one at any cost.
  ▶ 대부분의 젊은 이들은 무슨 수를 써서라도, 좀 덜 유명하더라도 유명인사가 되려는 생각을 품고 있다.

02 intercept
[intərsépt]

가로채다, (빛, 물 따위를) 차단하다, 가로채기

- Israeli fighter jets were scrambled to intercept the Boeing 747 and prevent it from entering Israeli airspace.
  ▶ 이스라엘의 전투기들이 서둘러 보잉 747기를 차단해서 이스라엘의 영공에 들어가는 것을 저지했다.

03 interchange
[intərtʃéindʒ]

교환하다, 상호교환

- Iraqi firemen were busy extinguishing the flames from burning vehicles that were destroyed when a massive car bomb detonated on the Damascus Interchange.
  ▶ 이라크의 소방 대원들이 다마스쿠스 입체교차로에서 엄청난 규모의 자동차 폭탄이 폭발했을 때 파괴된 불타는 차량에서 나오는 불길을 분주하게 진압하고 있었다.

04 interdict
[intərdíkt]

금지하다, 폐지하다

- Evidently, Seoul balked at the Bush administration's efforts to build a coalition to interdict North Korean shipments of drugs, missile parts and possible components for weapons of mass destruction.
  ▶ 분명히 한국 정부는 부시 행정부가 북한이 마약, 미사일 부품들, 그리고 대량 살상 무기에 들어감 직한 구성요소를 실어 나르는 것을 금지하기 위해 연합전선을 구축하려는 노력에 동참하기를 주저하고 있었다.

05 interim
[íntərim]

중간의, 임시의, 중간시기, 한동안

- In a Sydney court, Kidman secured interim restraining orders against two freelance photographers following alleged incidents involving paparazzi in Sydney.
  ▶ 시드니 법정에서, Kidman은 시드니에서 파파라치들이 연관된 것으로 추정되는 사건들에 이어 두 명의 프리랜스 사진 작가들에 대한 접근 금지 명령을 확보했다.

06 interject
[intərdʒékt]

(말 따위를) 불쑥 끼어들어 하다, 첨가하다

- If I may interject a note of caution here, none of our students should be allowed outside the camp site after dark lest they get lost in the mountains.
  ▶ 제가 여기서 주의사항 하나 첨가해도 된다면, 산속에서 길을 잃을 수도 있으니 해가 지면 캠프 밖으로 학생들이 나가는 것을 절대 허락하지 말아야 하겠다는 겁니다.

07 intermediate
[intərmíːdiit]

중간의, 중개자, 조정하다

- According to sources, there will be no process to sign a memorandum of understanding, the usual procedure considered an intermediate measure, as there have already been sufficient bilateral negotiations.
  ▶ 소식통에 따르면, 이미 충분한 쌍방 교섭이 있었기 때문에 중간적인 조치로 여겨지는 일반적인 수순인 이해각서를 서명하는 과정은 없을 것이라고 한다.

08 intermission

[intərmíʃən]

중지, 막간, 휴식

■ Immediately after the intermission of its 100th performance, a man in the audience openly confessed his love for his girlfriend to the theme music of the musical.

▶ 100회 공연 막간이 지나자 마자, 관객 중 한 남자가 그 뮤지컬의 주제 음악에 맞춰 자기 여자 친구에게 공개적으로 사랑을 고백했다.

1. And the Entertainment and Recreation Center will allow you to unwind or _______ clients at almost any hour of the day or night.
   (A) entertain
   (B) intercept
   (C) interchange
   (D) ignore

   어휘 unwind (감은 것이나 얽힌 것을) 풀다, 긴장을 풀다 entertain 즐겁게 하다, 대접하다 intercept 가로채다, (빛, 물 따위를) 차단하다 interchange 교환하다, 주고받다

   해석 또한 밤낮 어떤 시간이든지 공연·오락 센터는 귀하가 긴장을 풀고 즐길 수 있도록 해줄 것이다.

2. What I really feel victimized was that my first play which put my whole energy has been <u>interdicted</u>. It was not a part of communistic drive.
   (A) permit
   (B) ensue
   (C) banned
   (D) implore

   어휘 victimize 희생시키다, 속이다 interdict 금지하다, 막다 permit 허가하다, 허용하다 ensue (당연한) 결과로서 일어나다 ban 금지하다 implore (애원조로) 간청하다

   해석 내가 정말 억울한 것은 나의 모든 에너지를 쏟아 부은 첫 연극이 상연 금지 당한 것이다. 그것은 공산주의 운동의 일환이 아니었다.

3. After war, all people aspired that there would have been _________ government to oversee the transition to democracy.
   (A) lewd
   (B) interim
   (C) libelous
   (D) limpid

   어휘 oversee 감독하다, 단속하다 lewd 음탕한; 배우지 못한 interim 중간의, 임시의 libelous 비방하는 limpid (물, 공기, 마음 등이) 맑은; 명쾌한

   해석 전쟁이 끝난 이후 사람들은 민주주의로의 이행을 감독하는 임시 정부가 세워질 것을 기대했었다.

4. He is a bit cynical and yet looks warm-hearted throughout the show. He seems quite comfortable with playing the role in a realistic and natural way even though he has to act, sing and run for 110 minutes without any ______________.
   (A) intercede
   (B) interject
   (C) interlock
   (D) intermission

   어휘 intercede 중재하다, 조정하다 interject (말 따위를) 불쑥 끼어들어 하다, 첨가하다 interlock 맞물리다, 연결하다 intermission 막간, 중지, 휴식

   해석 그는 사실 약간 냉소적이지만 공연 동안에는 마음이 따뜻해 보인다. 막간도 없이 110분 동안 연기하고 노래하고 뛰어야 하는데도 실감나고 자연스러운 연기로 꽤 편안해 보였다.

01 interrogate
[intérəgeit]
(공식적으로) 질문하다

- The prosecution is now expanding its probe to interrogate quite a few high-profile officials to get to the bottom of this scandal.
  ▶ 검찰은 이번 스캔들의 진원지를 파헤치려고 현재 꽤 많은 수의 잘 알려진 관료들까지 심문하며 그 조사의 폭을 넓혀 가고 있다.

02 interrupt
[intərʌ́pt]
가로막다, 저지하다, 일시 정지

- Will viewers have their favorite programs on terrestrial stations interrupted by commercials? Broadcasters are not allowed to interrupt shows with commercials and must slot them in between programs.
  ▶ 시청자들이 자기가 좋아하는 프로그램이 지상파에서 나올 때 광고들에 의해 중간에 끊기게 할까요? 방송하는 사람들은 광고들로 쇼를 중단시키지 못하게 되어있고, 반드시 광고는 프로그램 사이사이에 끼어 넣어야만 합니다.

03 intersect
[intərsékt]
가로지르다, 교차하다

- For Australia, one of the first Western countries to restore diplomatic ties with Pyongyang, there are two interests that intersect on the Korean peninsula.
  ▶ 북한정부와 외교관계를 맨처음 회복한 서방 국가들 중 하나인 호주에겐, 한반도를 가로지르는 두 가지의 이해관계가 있다.

04 maladroit
[mælədróit]
솜씨 없는, 서투른

- Do you know someone who . . . loves quiet conversations about feelings or ideas, and can give a dynamite presentation to a big audience, but seems awkward in groups and maladroit at small talk?
  ▶ 감정과 사상들에 대한 조용한 대화를 사랑하고, 큰 관중에겐 활기 찬 발표를 할 수 있지만, 그룹 상황에선 어색해보이고, 잡담에는 서투른 사람 누군가 알고 계시나요?

05 malady
[mælədi]
(특히 만성적인) 병, (사회의) 병폐

- Another chronic malady seriously afflicting the country's film industry is the poor welfare of workers.
  ▶ 그 나라 영화 산업을 괴롭히는 또 다른 만성적인 병폐는 작업진들에 대한 복지가 형편없다는 것이다.

06 malediction
[mælidíkʃən]
저주, 악담

- A conspiracy of infamy so black that, when it is finally exposed, its principals shall be forever deserving of the maledictions of all honest men.
  ▶ 너무도 음험하고 사악한 음모인 까닭에 완전히 폭로가 되는 날엔 그 주모자들은 모든 정직한 이들의 영원한 저주를 받아 마땅하게 될 것이다.

07 malefactor
[mælifǽktər]
죄인, 악인

- Puri, 72 died 12 January after suffering a brain hemorrhage. Puri has acted in 221 Bollywood films and was best known for his roles as a malefactor.
  ▶ Puri는 뇌출혈로 고생하다 1월 12일 72세를 일기로 사망했다. 그는 221개에 달하는 인도 영화들에 출연했고, 악인 역들로 가장 잘 알려져 있었다.

08 malevolent

[mǝlévǝlǝnt]

악의 있는, 사악한

- The central character of the eerie horror flick is a malevolent witch out for revenge through her magical power.
  ▶ 으스스한 공포 영화의 주역은 마법의 힘을 통해서 복수에 나선 한 사악한 마녀이다.

1. The task force concluded that no coercive ______________ was held during the prosecution's investigation. So that criminal has been incarcerated for 5 years.

   (A) interrogation
   (B) intersection
   (C) magnitude
   (D) maelstrom

   어휘 **task force** 특별조사단, 수사대 **coercive** 강제적인, 억압적인 **prosecution** 기소; 검찰 **incarcerate** 감금하다, 투옥하다 **interrogation** 질문; 의문 부호 **intersection** 교차점; 횡단 **magnitude** 크기 **maelstrom** 대혼란

   해석 조사단은 검찰의 수사 과정에서 강압적인 조사도 없었다는 결론을 내렸다. 결국 가해자는 5년간 투옥되었다.

2. He said "To be ignorant of one's ignorance is the ______________ of the ignorant and we should have been ashamed of ourselves."

   (A) malady
   (B) caprice
   (C) charlatan
   (D) citadel

   어휘 **ignorant** 무지한, 무식한 **malady** (특히 만성적인) 병, (사회의) 병폐 **caprice** 변덕 **charlatan** 아는 체하는 사람, 사기꾼 **citadel** (사나 시민을 지키는) 성

   해석 그는 "스스로의 무지를 모르는 것이 무지한 사람들의 가장 큰 폐단이며, 우리들은 스스로를 부끄러워해야 한다."고 했다.

3. The central character at movie is a malevolent beauty out for revenge. Key point is what we really need is not hatred and revenge, but love and reconciliation.

   (A) malicious
   (B) benevolent
   (C) charitable
   (D) beneficent

   어휘 **hatred** 증오, 원한 **reconciliation** 화해, 일치 **malicious** 악의가 있는, 심술궂은 **benevolent** 자애로운; 호의적인 **charitable** 자비로운, 너그러운 **beneficent** 선행을 행하는; 인정 많은, 친절한

   해석 영화의 중심인물은 복수에 찬 사악한 미녀이다. 핵심은 우리가 정말 필요로 하는 것은 증오와 복수가 아니라 사랑과 화해라는 것이다.

정답 1. A 2. A 3. A

01 malice
[mǽlis]
악의, 적의

- Though some people kept saying otherwise, there certainly wasn't any malice in her comments as far as I can tell.
  ▶ 어떤 사람들은 아니라고 하지만, 적어도 내가 보기에 그녀의 코멘트에는 분명 어떤 악의도 없었다.

02 malign
[məláin]
유해한, (병이) 악성인, 중상하다

- While Japanese officials are depicted as being guilty of malign neglect, Korean leaders are widely credited for having taken the initiative to oversee reforms in terms of how they dealt with economic downturns.
  ▶ 경기 하락을 어떻게 다루었는가 하는 관점에서 볼 때, 일본 관리들이 악의적으로 등한시한 죄가 있다고 묘사된 반면, 한국 지도자들은 개혁을 내다보기 위해 솔선수범 했다고 널리 공로가 돌려지고 있다.

03 malinger
[məlíŋgər]
꾀병을 부리다

- Because he twice slapped battle-stressed soldiers in Sicily who, he thought, were merely malingering, he was denied a major command in the Normandy landings.
  ▶ 시실리에서 전투에 지친 군인들이 그냥 꾀병을 부린다고 생각해서 두번 뺨을 때렸다는 이유 때문에, 노르망디 상륙 작전에서 그에게는 주요 지휘권이 주어지지 않았다.

04 miscarry
[miskǽri]
(일, 계획 따위가) 실패하다, (아이를) 유산하다

- All the family members were said to have been filled with dismay when she miscarried eight weeks into the pregnancy.
  ▶ 그녀가 임신 8주 만에 유산을 하자, 모든 가족 구성원들은 낙담에 휩싸였다고 전해진다.

05 misdemeanor
[misdimí:nər]
경범죄, 비행

- Since the semi-decriminalization of marijuana-related products in Britain in 2001, possession of dried grass is now considered only a petty misdemeanor.
  ▶ 2001년 영국에서 마리화나 관련 제품들이 반쯤 해금되고 난 후, 건조가 된 마리화나를 소지하고 있는 것은 이제 사소한 경범죄로만 인식되어진다.

06 misgiving
[misgíviŋ]
걱정, 불안

- Many foreign investors expressed serious misgivings about the new financial reforms.
  ▶ 많은 외국 투자자들이 새로운 재정 개혁에 대해 심각한 우려를 표명했다.

07 mishap
[míshæp]
불행, 불운

- Similar leaks of radioactive stream were reported in 1999 and 2002. The mishaps were brought to light days after it occurred only after pressure from regional civic groups that had visited the site.
  ▶ 유사한 방사선 누출들이 1999년과 2002년에도 보도된 바 있다. 그 불행은 지역 시민 단체들이 현장을 방문하고서 압력을 넣은 다음에서야 여러 날이 지나 그 전모가 밝혀졌다.

08 mislead
[misliːd]
(판단을) 현혹시키다

■ The doctor has admitted purposely misleading the police about his movements on the night of the murder.
▶ 그 의사는 살인이 일어난 밤 자신의 동선에 대해 경찰을 고의로 속였다는 사실을 인정했다.

1. You <u>malign</u> a generous person when you call him a stingy person. He is very permissive with everyone.
   (A) dissent
   (B) apprise
   (C) slander
   (D) improvise

   어휘 **stingy** 인색한 **permissive** 허용되는, 관대한 **dissent** 이의를 말하다 **apprise** 통지하다, 알리다 **malign** 악의적인, 비방하다 **improvise** 즉석으로 하다[만들다]

   해석 당신이 그를 인색하다고 할 경우 당신은 관대한 그 사람을 비방하는 것이 된다. 그는 모든 사람들에게 매우 관대하다.

2. The child's <u>misdemeanor</u> was never taken seriously by his parents even though the specialist recommended his behavior would never be overlooked anymore.
   (A) sickness
   (B) wrong doings
   (C) mistakes
   (D) rude words

   어휘 **misdemeanor** 경범죄, 못된 행동 **overlook** 못보고 지나치다, 간과하다

   해석 전문가가 더 이상 그 아이의 행동을 간과할 수 없다고 제안했지만 그 아이의 비행은 부모들에게는 결코 심각하게 받아들여지지 않았다.

3. Worse still, the government has no ________ about twisting the arms of corporations going against its policy.
   (A) certainties
   (B) wishes
   (C) misgivings
   (D) incentives

   어휘 **twist one's arm** ~에게 협박하다, 강요하다 **certainty** 확실성, 확신 **wish** 소원, 호의, 바라는 것 **misgivings** 양심의 가책 **incentive** 격려, 유인, 동기; 장려금

   해석 더욱 나쁜 것은 정부가 정책에 반대하는 기업에 대한 강압에 대해 아무런 가책도 느끼지 않고 있다는 점이다.

4. Though many scientific breakthroughs have resulted from <u>mishaps</u>, it has taken brilliant thinkers to recognize their potential.
   (A) misunderstandings
   (B) accidents
   (C) misfortunes
   (D) incidentals

   어휘 **breakthrough** 돌파구, 비약적 발전[진전] **mishap** 불운한 일; 불운 **potential** 가능성, 잠재력 **misunderstanding** 오해; 의견차이 **accident** 사고; 재해, 우연 **incidental** 부수적[우발적]인 일

   해석 비록 많은 과학적 발전이 불행에서 비롯되었을지라도, 발전의 가능성을 인식하는 데에는 뛰어난 사상가가 필요했다.

정답 1. C 2. B 3. C 4. C

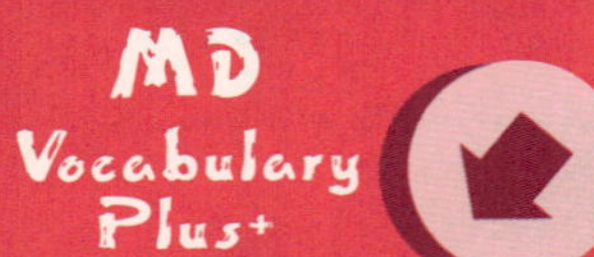

Prefix MIS- / OB- 나쁜, 틀린 / 반대, 저항

01 misuse
[misjúːz]
잘못 사용하다, 학대하다

- The move ended in failure due to conflict between prosecutors and police as well as concerns over the misuse of the information raised by civic groups.
  ▶ 시민 단체들에 의해 제기된 정보의 오용에 대한 우려만이 아니라 검사들과 경찰 사이의 갈등 때문에도 그 조치는 수포로 돌아갔다.

02 hostage
[hástidʒ]
담보물, 인질

- A number of the hostages were hospitalized after the days of trauma, also some of them were suffering the aftereffects.
  ▶ 많은 수의 인질들은 그 끔찍한 사건 이후 병원에 입원하였으며 그 중 몇명은 심각한 후유증에 시달리고 있다.

03 obdurate
[ábdjurət]
완고한, 고집 센

- The President remained excessively obdurate on the questions of tax cuts and welfare system.
  ▶ 대통령은 세금 감면과 복지 시스템에 대한 문제들에 대해 지나칠 정도로 완고한 태도를 유지했다.

04 obese
[oubíːs]
비만인

- According to a research conducted by a university team, obese men have a higher risk of developing large intestine polyps, which may develop into cancer.
  ▶ 한 대학 단체에 의해 실시된 연구에 따르면, 비만인 사람은 암으로 발전할 수도 있는 대장 종양이 발생할 위험이 더 높다고 한다.

05 oblige
[əbláidʒ]
~에게 강요하다,
~을 고맙게 여기게 하다

- We are demanding that the government restrict speculative capital from expanding into the financial industry and oblige foreign investors to disclose their long-term investment plans
  ▶ 우리는 정부가 투기 자본이 금융 산업으로 팽창하는 것을 저지하고 외국 투자가들이 그들의 장기 투자 계획을 밝힐 것을 강요해야 한다고 요구하는 바이다.

06 oblique
[əblíːk]
비스듬한, 기울어진,
간접의, 완곡한

- Draw an oblique line from one corner of the paper to the opposite.
  ▶ 종이의 한 모서리에서 반대편 모서리까지 사선을 그어라.
- The rescue worker delivered an oblique warning, talking of the danger of sudden action when the bomb goes off.
  ▶ 그 구조 요원은 폭탄이 터졌을 때 갑작스럽게 행동하는 것이 위험하다는 것에 대해 얘기하면서 간접적인 경고를 전했다.

07 obliterate
[əblítəreit]
(흔적을) 말소하다,
(문자 따위를) 삭제하다

- The missile strike that went on all through the night was devastating - the target was totally obliterated.
  ▶ 밤새도록 계속 된 미사일 공격은 파괴적이었다. 목표물은 완전히 흔적도 없이 사라져버렸다.

08 oblivion

[əblíviən]

(세상 따위에서)
잊혀진 상태, 망각

■ After his crushing defeat in the election, the candidate returned to his home town and disappeared into oblivion.
▶ 선거에서 압도적으로 패배한 뒤 그 후보자는 고향으로 돌아와 망각 속으로 사라졌다.

1. In democratic countries any efforts to restrict the freedom of the press are rightly condemned.?However, this freedom can easily be <u>misused</u>.

(A) preserved   (B) condemned

(C) abused   (D) denounced

어휘 **restrict** 제한하다; 금지하다 **rightly** 올바르게, 공정하게 **misused** 악용하다
preserve 보전하다, 보호하다 **condemn** 비난하다; 유죄판결을 내리다 **abuse** 남용하다, 악용하다
denounce (공공연히) 비난하다; 고발하다

해석 민주주의 국가에서 언론의 자유를 제한하려는 어떠한 노력도 응당 비난 받는다. 그러나 이 자유는 쉽게 악용될 수 있다.

2. I am much <u>obliged</u> to you for your prompt reply even in difficult situations.

(A) polite   (B) opposed

(C) accepted   (D) thankful

어휘 **polite** 공손한, 은근한, 예의 바른 **opposed** 반대의, 적대하는, 대항하는 **accepted** 일반에게 인정되는
thankful 감사하는, 고맙게 여기는

해석 어려운 상황 속에서도 빨리 회신을 보내 주셔서 고맙습니다.

3. I am willing to forgive you, but I can never ___________ from my mind the memory of your dishonesty.

(A) distorted   (B) blocked

(C) froze   (D) obliterate

어휘 **distort** 찡그리다, 비틀다 **block** (통로·관 따위를) 막다, (교통 따위를) 방해하다, 차단하다
freeze 얼다, 동결[빙결]하다 **obliterate** (글자를) 지우다; 흔적을 없애다(efface)

해석 내가 너를 용서해주겠지만 너의 부정직에 대한 기억을 내 마음에서 결코 지워버릴 수가 없다.

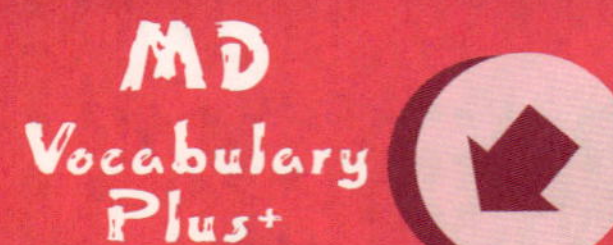

01 oblong
[áblɔːŋ]
옆으로 긴, 타원형의

- The papaya is native to tropical Africa but now grows in all tropical regions. It is round or oblong.
  ▶ 파파야는 열대 아프리카가 원산지이나 지금은 모든 열대지방에서 자란다. 모양은 둥글거나 타원형이다.

02 obloquy
[ábləkwi]
오명, 책망

- Once installed in office he earned near-universal obloquy by pushing through the biggest tax increase in the state's history.
  ▶ 일단 공직에 취임하자, 그는 주 역사상 가장 엄청난 세금 인상을 밀어부친 덕분에 도처에서 오명을 얻었다.

03 obnoxious
[əbnákʃəs]
아주 싫은,
(해 따위를) 입기 쉬운

- His conceit and his cold disregard of other people's feelings make him utterly obnoxious.
  ▶ 그의 자만심과 다른 사람들의 감정을 냉정하게 무시하는 태도는 그를 아주 미움 받게 한다.

04 obscene
[əbsíːn]
외설한, 음란한

- Newly created items in the law also include punishment for what it calls culturally "obscene" activities, such as distributing CDs, videotapes and music, a sign that it is worried about capitalistic influence on its isolated society.
  ▶ 새로 만들어진 법 조항에는 CD, 비디오테이프, 그리고 음악 등을 배포하는 것과 같이 소위 문화적으로 "음란한" 행위들에 대한 처벌 역시 포함되어 있는데, 이는 정부가 자신들의 격리된 사회에 자본주의적 영향이 끼쳐질까 우려하고 있다는 신호이다.

05 obsequious
[əbsíːkwiəs]
아부하는, 비굴한

- During imperial times, the Roman Senate was little more than a collection of obsequious yes men, intent on preserving their own lives by gratifying the Emperor's every whim.
  ▶ 제국시대 로마의 원로원은 황제의 갖가지 변덕을 충족시켜줌으로써 자신의 생명보존에 열중하고 아첨하는 예스맨의 집단에 불과했다.

06 obsess
[əbsés]
(악마, 망상 따위가) ~에
들다, ~에 붙어 괴롭히다

- The ruling party is pushing for a 'multi-function complex city', but we need not be obsessed with plan titles to negotiate the details.
  ▶ 집권당은 '다기능 복합 도시'를 밀어 부치고 있는 중이지만, 그 세부 사항에 대해 교섭하기 위해선 계획 명들에 필요 이상으로 집착할 필요가 없습니다.

07 obsolete
[ábsəliːt]
사라진, 구식의

- I am not a progressive or feminist. I am actually closer to a conservative in a way. But I find Confucianism obsolete since it doesn't give people any room to develop their originality.
  ▶ 전 진보주의자도 여권운동가도 아닙니다. 저는 사실 한편으로 보수주의자에 더 가깝습니다. 하지만 유교는 사람들에게 독창성을 개발할 여지를 주지 않기 때문에 구시대의 유물이라 생각합니다.

08
obstinate

[ábstənət]

완고한, 고집이 센,
(병이) 난치의

■ He was too obstinate to admit he had been wrong.
▶ 그는 너무 고집이 세서 자신이 실수했다는 사실을 받아들이지 않았다.

---

1. I knew that if I ran for public office, I would be exposed to severe criticism, but I never expected such a flood of _______________.
   - (A) violence
   - (B) infringement
   - (C) dispute
   - (D) obloquy

   어휘 **violence** 폭력, 폭행 **infringement** 위반, 침해 **dispute** 논쟁, 언쟁 **obloquy** 욕설, 비방

   해석 내가 공직에 출마하면 심한 비난을 받게 되리라는 사실은 알았지만 그렇게도 엄청난 비방은 예상하지 못했다.

2. They would gladly purchase the emperor's protection by the sacrifice of <u>an obnoxious</u> fugitive.
   - (A) a lustrous
   - (B) an anomalous
   - (C) a random
   - (D) a hypocritical
   - (E) a disagreeable

   어휘 **purchase** 구입하다, 획득하다 **obnoxious** 밉살스러운, 불쾌한
   fugitive 도망자, 탈주자 **lustrous** 광택 있는; 훌륭한 **anomalous** 변칙의, 파격의
   random 닥치는 대로의; 임의의 **hypocritical** 위선의; 위선(자)적인 **disagreeable** 불쾌한, 까다로운

   해석 그들은 비위에 거슬리는 어떤 도망자를 희생시킴으로써 황제의 보호를 기꺼이 얻어냈다.

3. I believe that present-day schools will become <u>obsolete</u>. Schools these days constrict the students' freedom and stifle their creativity.
   - (A) substantial
   - (B) outdated
   - (C) established
   - (D) enervating

   어휘 **present-day** 현대의, 오늘날의 **obsolete** 못쓰게 된; 시대에 뒤진 **constrict** 수축시키다, 억제하다
   stifle 숨을 막다, 질식시키다 **creativity** 창조성 **substantial** 실질적인; 실제상의, 내용이 풍부한
   established 확실한, 확립된, 인정된 **enervate** 기력을 빼앗다, 힘을 약화시키다

   해석 나는 오늘날의 학교가 시대에 뒤떨어진 것이 될 것이라고 믿고 있다. 요즘의 학교는 학생들의 자유를 제한하고 창조성을 억누른다.

4. We tried to persuade him to give up smoking for his baby, but he was ______________ and refused to change.
   - (A) tranquil
   - (B) obstinate
   - (C) waxy
   - (D) chaste

   어휘 **tranquil** 조용한, 편안한, 평화로운 **obstinate** 완고한, 억지 센, 고집 센(stubborn) **waxy** 납빛의, 창백한
   chaste 정숙한, 순결한

   해석 우리는 아기를 위해 그에게 담배를 끊도록 설득시키려 했지만 그는 고집이 세서 그러려고 하지 않았다.

정답 1. D 2. E 3. B 4. B

---

01 obstruct
[əbstrʌkt]
(길, 일 따위) 막다, 방해하다

- Greenpeace activists obstructed the road between the Cherbourg military port and a reprocessing complex on the la Hague peninsula in preparation for the imminent arrival of two British Nuclear Fuels ships.
  ▶ 그린피스 단체 운동가들이 조만간 도착할 두 척의 영국 핵연료선을 맞을 준비를 하고 있는 Cherbourg 군사 항구와 Hague 반도에 있는 재처리 단지 사이의 길을 막아버렸다.

---

02 obtrude
[əbtrú:d]
(의견 따위를) 강요하다

- The other members of the group object to the manner in which you obtrude your opinions into matters of no concern to you.
  ▶ 그 그룹의 다른 사람들은 당신이 당신과 관계없는 문제에 대해 당신의 견해를 강요하는 태도를 반대한다.

---

03 obtuse
[əbtjú:s]
(날, 각 따위가) 무딘,
(감각 따위가) 둔한

- Without a single doubt in my mind, the answer's obvious - or are you being deliberately obtuse?
  ▶ 전혀 의심의 여지없이 답은 명약관화 합니다. 그게 아니면 당신은 고의적으로 둔한 척 하고 있는 건가요?

---

04 obviate
[ábvieit]
(곤란, 위험, 장애 따위를)
제거하다, 미연에 방지하다

- A compromise agreement reached in the judge's chambers would obviate the need for a long, costly lawsuit.
  ▶ 판사실에서 나오는 타협안은 오래 끌고 돈이 드는 소송의 필요성을 없애줄 것이다.

---

05 occidental
[aksidéntl]
서양의

- For those brought up mainly in occidental cultures, oriental philosophical concepts such as 'no-self' or 'no-mind' are not easy to grasp.
  ▶ 주로 서양의 문화 속에서 자라난 이들에겐, '무아' 나 '무심' 과 같은 동양의 철학적인 개념들이 이해하기 쉽지 않다.

---

06 occult
[əkʌlt]
신비로운, 불가사의한

- The old magician claims to have tremendous occult powers, given to him by some mysterious spirit that he invoked through his rituals.
  ▶ 그 나이 든 마법사는 자신이 제사를 통해 불러 온 신비한 영들에게 받은 엄청난 신비스러운 능력을 가지고 있다고 주장한다.

---

07 opponent
[əpóunənt]
대립자, 반대의

- The champion dominated the fight from start to finish, but was frustrated by his 21-year-old opponent, who used his left to good effect, keeping him at a distance.
  ▶ 챔피언은 시종 일관 전세를 압도했지만, 왼손을 효과적으로 사용해서 그에게 거리를 허용하지 않는 21세의 상대자에 의해 골탕을 먹었다.

08 opportune

[apərtjúːn]

(때가) 알맞은, 시기 적절한

- There is a war on. It's not the most opportune of times to distract the president with a phony political scandal.

▶ 지금 전쟁 중입니다. 엉터리 정치 스캔들로 대통령을 혼란시키기에 가장 적절한 시기라 할 순 없겠죠.

1. Teams searching for a man carried away by the River Aire, at Apperley Bridge, near Bradford in West Yorkshire were also <u>hampered</u> by the bad weather.

(A) annul　　　　　　　　　　　(B) obstruct

(C) continue　　　　　　　　　　(D) assist

> **어휘** **hamper** (동작·진보를) 훼방하다; 곤란하게 하다　**annul** (의결·계약 등을) 무효로 하다, 취소하다
> **obstruct** 막다, 방해하다　**continue** 계속하다, 연속하다　**assist** 원조하다, 거들다

> **해석** West Yorkshir의 Bradford 부근의 Apperley 다리가 있는 Aire 강에서 휩쓸려갔던 한 남성을 찾던 구조대는 기상악화로 방해를 받았다.

2. Instead of facts and logic, he used rhetorical tricks and slashing invective to attack his ________________.

(A) opponent　　　　　　　　　　(B) partisan

(C) backer　　　　　　　　　　　(D) spectator

> **어휘** **rhetorical** 수사적인, 미사여구의　**slashing** 날카로운, 가차없는　**invective** 비난, 역설
> **opponent** 상대, 반대자　**partisan** 지지자, 일파　**backer** 후원자, 지지자　**spectator** 관객

> **해석** 사실과 논리 대신 그는 상대를 공격하기 위해 수사학적인 속임수와 날카로운 독설을 사용했다.

3. If you are going to wait for an occasion that seems <u>opportune</u> in every respect, then in all probability you will have to wait forever.

(A) wrong　　　　　　　　　　　(B) right

(C) miserable　　　　　　　　　　(D) happy

> **어휘** **occasion** 경우, 특별한 일　**opportune** 형편이 좋은; 시기 적절한　**respect** 주의, 고려, 점(point)
> **miserable** 불쌍한, 가련한, 초라한

> **해석** 모든 면에서 적절하다고 보여지는 기회를 기다린다면 아마 영원히 기다려야 할 것이다.

Prefix OB- / OVER- 반대, 저항 / 위

01 ostensible
[asténsəbl]
표면상의, 겉으로만의, 명백한

- Although the ostensible purpose of this expedition is to discover new lands, we are really interested finding new markets for our products.
  ▸ 이 원정의 표면상 목적은 새로운 땅을 발견하는 것이지만 실제로는 우리 상품을 팔 수 있는 새로운 시장을 찾는데 더 관심이 있다.

02 ostentatious
[astentéiʃəs]
허세 부리는, 과시하는

- Despite his significant sixty-year career, he remained uniquely devoted to simply being a painter instead of projecting some kind of ostentatious mystique in the artists' circle.
  ▸ 60년이란 엄청난 시간을 이 일에 종사해오고 있음에도 불구하고, 예술가들 사이에서 과시하는 식의 신비로움을 표출하는 대신 그는 독특하게도 그저 한 사람의 화가로 남기에 전념하고 있었다.

03 overall
[óuvərɔːl]
전체의, 총채적인

- Even though some of the details are badly done, the overall effect of the painting is very dramatic.
  ▸ 비록 몇 군데 세부적인 면들이 잘못 처리되었지만, 그 그림의 전체적인 효과는 매우 극적이다.

04 overcast
[ouvərkǽst]
흐르게 하다, 흐린, 음침한

- But overcast skies and their low resolution of the satellite pictures mean the initial images are unlikely to conclusively determine the cause of explosion.
  ▸ 하지만 하늘이 어두컴컴하고 위성사진의 해상도가 떨어진다는 얘기는 초기의 이미지들로는 폭발의 원인을 결정적으로 판단하지 못하리라는 것을 의미한다.

05 overcrowd
[ouvərkráud]
(~에 사람을) 너무 많이 들이다

- Populations are going up, too, and if the world becomes overcrowded, there may be more wars.
  ▸ 인구도 계속 증가한다. 그리고 세상이 붐빌수록 더 많은 전쟁이 발생하게 마련이다.

06 overdue
[ouvərdjúː]
(지급) 기한이 지난, 늦은

- The managing director called the people in charge of the project to remind them to submit the overdue reports by the extended deadline.
  ▸ 운영이사는 프로젝트 담당자들에게 연장된 마감일까지 밀린 보고서를 제출하라고 전화했다.

07 overhang
[ouvərhǽŋ]
(~위에) 걸쳐있다, (위에) 내밀다, (위험, 불행 따위가) 위협하다

- Prices are falling due to an anticipated overhang of chips and expectations for weaker-than-expected demand for personal computers this fall.
  ▸ 컴퓨터 칩이 과잉공급 상태가 되리라는 기대와 개인 컴퓨터에 대한 기대 이하 수요에 대한 예상들 때문에 이번 가을 칩의 가격이 하락하고 있다.

08 overhaul

[ouvərhɔːl]

~을 철저히 조사하다,
따라잡다

■ He has attempted to overhaul the government-funded university which changed its focus from graduate courses into a private institute emphasizing undergraduate education.
▶ 그는 정부지원을 받는 그 대학에 대한 철저한 조사를 시도해 왔는데, 그 대학은 학교 주안점을 대학원 과정에서 학부교육을 강조하는 사설 교육기관으로 변경했었다.

---

1. A: Isn't it rather <u>ostentatious</u> to wear a Phi Beta kappa key on a chain around your neck?

   B: I am offended by your impertinent manner!

   (A) indigent   (B) integral
   (C) splendid   (D) showy

   어휘 **ostentatious** 자랑 삼아 드러내는, 과시하는 **indigent** 궁핍한; 불완전한 **integral** 절대 필요한; 완전한 **splendid** 화려한 **showy** 눈에 띄는; 허세 부리는

   해석 A: 당신 목걸이에 Phi Beta Kappa 키를 달고 있는 것은 꽤 허세를 부리는 것이 아닐까요?
   B: 나는 너의 주제넘은 말에 화가 난다!

2. Also, since the account is long ____________, we would very much appreciate expeditious processing of payment procedures on your side.

   (A) too large   (B) overdue
   (C) in the mail   (D) canceled

   어휘 **overdue** 지불 기한을 넘긴, 늦은(late) **cancel** ~을 지우다; ~을 무효로 하다

   해석 지불기한이 많이 경과했으므로 지불절차를 신속히 취해주시면 대단히 감사하겠습니다.

3. Meanwhile Iraqi deputy prime minister Tareq Aziz has a message for the US: Washington's proposal to ____________ Security Council restrictions on Iraq is unacceptable.

   (A) overhaul   (B) pull
   (C) consult   (D) operate

   어휘 **overhaul** 조사하다, 따라잡다 **pull** 끌어당기다 **consult** 의견을 묻다, 참고하다 **operate** 작용하다; 수술하다

   해석 한편, Tareq Aziz이라크 부총리는, 이라크에 대한 유엔 안보리의 제재조치를 전면적으로 재검토하자는 미국의 제안을 수용할 수 없다고 유엔에 전했습니다.

정답 1. D 2. B 3. A

01 overland
[óuvərhíər]
어쩌다 엿듣다

- I unintentionally overheard them say in the hall that they didn't really like the meal because it was simply too vegetarian.
  ▶ 너무 심하게 채소들만 나와서 식사가 별로였다고 그들이 복도에서 얘기하는 걸 무심결에 엿들었다.

02 overland
[óuvərlænd]
육상의, 육로의

- The exhibition's main starting point is 1498, when the Portuguese explorer Vascoda Gama established the first direct maritime connection between Europe and Asia, rather than a centuries-earlier time, when intercontinental goods traveled overland via the Silk Road.
  ▶ 이 전시회의 주요 시대적 포인트의 설정은 수세기 전에 실크로드를 경유하여 육로를 통해 물품 교역이 이루어졌던 때부터가 아니다. 1498년부터 시작되는데, 이때가 바로 포르투갈의 탐험가 Vascoda Gama가 처음으로 동서양간의 직접적인 해상(무역)의 관계를 이루었을 때이다.

03 overlap
[ouvərlǽp]
(부분적으로) ~위에 겹치다,
(부분적) 중복[일치]

- Korea and Japan have launched negotiations to finalize an FTA by the end of this year, but industry watchers predict it will take longer for a trade pact to be reached as many industries in both nations overlap.
  ▶ 한국과 일본이 자유무역 협정을 올해 말까지 마무리 지으려고 협상을 개시했지만, 양국의 많은 기업들이 서로 겹치기 때문에 기업문제 전문가들은 무역 협정에 다다르기엔 시간이 더 걸릴 것이라 예상했다.

04 overload
[ouvərlóud]
짐을 너무 많이 싣다;
과적재, 과부하

- They feel stressed by their low wage, unsatisfactory treatment, the welfare system and work overload.
  ▶ 그들은 낮은 임금, 불만족스러운 대우, 복지 시스템, 그리고 과다한 업무량 때문에 스트레스를 받는다.

05 overlook
[ouvərlúk]
내려다보다, 못 보고 넘어가다;
눈감아주다, 감독[감시]하다

- We should not overlook the problems resulting from the widening gap between regular workers and non-regular workers such as part-time workers and day laborers and the capital and provincial areas.
  ▶ 우리는 정규직 노동자와 파트타임 노동자나 일용직 노동자와 같은 비정규직 노동자들 사이, 그리고 도시와 지방 지역 사이에서 격차가 벌어지는 데서 비롯된 문제들을 간과해선 안된다.

06 overnight
[ouvərnáit]
밤새도록; 전날 밤의(에);
하룻밤을 지내다

- We welcome constructive reforms, but we cannot support utopian schemes that are supposed to solve all our problems overnight.
  ▶ 건설적인 개혁은 환영하지만 우리는 모든 문제를 하룻밤 사이에 해결해 주리라고 믿는 몽상적인 계획은 지지할 수 없다.

07 overpower
[ouvərpáuər]
눌러버리다, 억누르다

- The newcomer is rolling up its sleeves to overpower its peers in the investment banking sector, which they hold as a top priority to stay ahead.
  ▶ 그 신생 회사는 동류 업체들이 선두를 유지하기 위한 최우선 과제로 여기고 있는 투자 금융 분야에서 경쟁 업체들을 제압하려고 적극적으로 나서고 있다.

08 override
[ouvəráid]

짓밟다, 무시하다

■ It is not a valid excuse that the current legislature is able to override the controversial decision because the Iraqi situation is worse than when the U.S.-led coalition forces first invaded the oil rich country.

▶ 미군이 주도하는 연합군이 그 기름 매장량이 풍부한 나라를 처음 침공했을 때보다, 이라크의 상황이 더 안 좋아졌기 때문에, 현 입법부가 논쟁의 소지가 있는 그 결정을 무효화할 수 있다는 것은 정당한 사유가 아니다.

1. All of patients wanted to know what happened to themselves but I <u>overheard</u> two doctors discussing my case.

  (A) peeped   (B) eavesdropped
  (C) consulted   (D) protested

어휘 **peep** 엿보다, 슬쩍 보다 **eavesdrop** 엿듣다, 도청하다 **consult** 의견을 묻다, 참고하다 **protest** 항의하다, 주장하다

해석 모든 환자들이 자신에게 일어난 일을 알고 싶어했지만 나는 내 경우에 대해 의사 두 명이 토론하는 것을 엿들었다.

2. Sales and service areas <u>overlap</u> in some cases, and there is often confusion about who is handling which customers.

  (A) exceed   (B) coincide
  (C) surcharge   (D) diverge

어휘 **exceed** 넘다 **coincide** 일치하다 **surcharge** 너무 많이 싣다 **diverge** 분기하다, 갈라지다

해석 어떤 경우에는 영업 지역과 서비스 지역이 중복되어 있어서 누가 어떤 고객을 담당하는지 혼선을 일으킬 때가 종종 있다.

3. They didn't give us straight answers to our questions that's a big 'if' to ___________ when you consider the kind of investment they're asking for.

  (A) overact   (B) overawe
  (C) overdye   (D) overlook

어휘 **overact** 과장하여 행동하다 **overawe** 위협하다, 위압하다 **overdye** 지나치게 염색하다

해석 그들은 우리의 질문에 확실한 답변을 주지 않았는데, 그 점이 바로 그들이 요구하는 투자를 고려할 때 조사해 봐야 할 중요한 '변수'입니다.

4. Because of poor consumer sentiment and increase in interest rate, things have changed and it happened almost _____________.

  (A) overnight   (B) insidious
  (C) predicted   (D) overload

어휘 **overnight** 밤 새는, 밤새도록 **insidious** 음흉한 **predicted** 예상 가능한 **overload** 짐을 너무 많이 싣다, 과적재

해석 소비심리 위축과 금리인상으로 인하여 사정이 달라지고 있었고 거의 하룻밤 사이에 그렇게 악화되었다.

01 overrun
[ouvərán]
마구 퍼지다,
초과하다; 초과량

- The meeting is going to overrun, so we better find out what time they close the Building.
  ▶ 그 모임이 길어지려고 하기 때문에 우리는 그들이 몇 시에 그 빌딩 문을 닫는지를 알아내는 편이 낫겠다.

02 overseas
[óuvərsi: (z)]
해외로(의), 해외로부터의[에서]

- With ample capital and ability, we are in a position to further the interests of our overseas business friend.
  ▶ 우리는 충분한 자본과 능력을 갖추고 해외고객의 이익을 위해 일할 수 있는 입장에 있습니다.

03 overtime
[óuvərtaim]
초과근무 (수당); 시간외의(로)

- Among these violations, delayed wages topped the list with 603, followed by overtime without proper compensation and forced work on holidays with 596 and unfair contract terms with 403.
  ▶ 이들 법률 위반들 중에는, 임금 체불이 603건으로 개중 가장 많았고, 적정한 수당 없이 초과 근무를 시킨 것과 휴일 강제 근무가 596건, 그리고 불공정 계약 조건들이 403건으로 그 뒤를 이었다.

04 overweight
[óuvərweit]
중량이 초과된, 지나치게
짐[부담]을 싣다[지우다]

- Problems associated with being overweight brought 16,000 people to hospitals last year, some nine times greater than the total for 2000.
  ▶ 과체중과 관련된 문제들 때문에 작년에 병원에 온 사람들은 16,000명인데, 이는 2000년도 총합보다 약 9배나 많은 숫자이다.

05 overwhelm
[ouvərhwélm]
제압(압도)하다;
물 속에 가라앉히다

- Both immediate and long-term safety concerns regarding the disposal of the nuclear wastes overwhelm any cost-related benefits.
  ▶ 핵 폐기물처리에 대한 즉각적이고 장기적인 안전우려들은 둘다 어떤 비용에 관련한 이득보다 우선다.

06 outburst
[áutbə:rst]
(감정의) 폭발, 분출

- The announcement of the verdict brought an outburst of angry shouts from the courtroom audience.
  ▶ 판결문이 낭독되자, 법정의 방청석에서 분노의 고함소리가 터져 나왔다.

07 outcry
[áutcrai]
부르짖기, 비명, 강력한 항의

- Eight people who allegedly took part in the movement were executed just 20 hours after the verdict, triggering an international outcry, including from organizations such as Amnesty International and the International Commission of Jurists.
  ▶ 그 운동에 참여했다고 추정되는 8명은 판결이 난지 겨우 20시간 후 처형되었고, 이는 국제 사면 위원회와 국제 변호사 위원회와 같은 단체들을 포함해 국제적으로 격렬한 항의를 불러일으켰다

08 outdo
[autdú:]
(행위 따위가) ~을 능가하다

- Two male peacocks walked proudly with the wings spread, each trying to outdo the other.
  ▶ 두 마리 수컷 공작들은 자신만만하게 날개를 펼친 채 걸으며, 각자 상대보다 더 나아 보이려고 노력했다.

1. Almost everybody's working <u>overtime</u> this month, but we're still short-handed. Unfortunately, we can't afford to hire any temporary staff.

   (A) on time
   (B) behind time
   (C) extra time
   (D) at times

   어휘 **short-handed** 일손이 모자라는, 사람이 부족한 **temporary** 한때의; 임시의 **on time** 정각에 **behind time** 지각하다 **extra time** 가외의 시간 **at times** 때때로

   해석 이번 달에는 거의 모든 직원들이 야근을 하고 있는데도 여전히 일손이 부족해요. 그렇다고 임시직원을 채용할 형편도 안됩니다.

2. One theory is that some of the 400 Chinese on board <u>overpowered</u> the mainly Indonesian crew and took control of the 94-meter cargo vessel.

   (A) promised
   (B) solved
   (C) consented
   (D) overwhelmed

   어휘 **promise** 약속하다 **consent** 동의하다, 찬성하다 **overwhelm** 제압하다, 압도하다

   해석 일설에 따르면 배에 탄 400명의 중국인 중 일부가 주로 인도네시아인으로 된 선원을 누르고 94m 되는 그 화물선을 장악했다는 것이다.

3. The reality of feminism is a lot of <u>frenzied</u> and overworked women dropping kids off at day - care centers.

   (A) outburst
   (B) frozen
   (C) tired
   (D) poor

   어휘 **frenzied** 열광한; 격노한 **day-care center** 탁아소 **outburst** (감정의) 폭발, 분출 **frozen** 언, 동상에 걸린 **tired** 피로한, 지친, 싫증난 **poor** 가난[빈곤]한; 불쌍한; 부족한

   해석 페미니즘의 현실은 아이들을 탁아소에 맡기는 여성들, 그리고 격앙돼 있고 과로에 시달리는 여성들이 많다는 것이다.

4. Everyone's got a story of misery and mayhem that can ___________ anyone else's, so please, stop talking about that.

   (A) surcharge
   (B) undo
   (C) cultivate
   (D) outdo

   어휘 **mayhem** 신체 상해, (문예 등의 비평, 논설의) 필요 이상의 비난 **undo** 취소하다; 망쳐놓다 **cultivate** 경작하다; 촉진하다 **outdo** (행위 따위가) ~을 능가하다

   해석 어떤 사람이든지 다른 사람들의 이야기를 능가하는 고통과 파괴의 이야기를 가지고 있으니 제발 그만해라.

01 outgoing
[áutgouiŋ]
(장소, 지위를) 떠나는, 외향적인

- Taiwanese outgoing Premier Yu Shyi-kun, who stepped down after a cabinet reshuffle, and his wife received a lot of flowers during a farewell party.
  ▶ 내각 재구성이 있은 후 권좌에서 내려와 퇴임하는 대만의 국무총리 Yu Shyi-kun과 그의 부인은 송별 파티 도중 수많은 꽃을 받았다.

02 outlaw
[áutlɔ:]
무법자, ~을 금지하다,

- In Westerns, the sheriff always wins out over the outlaws.
  ▶ 서부 영화에서 보안관은 언제나 무법자들을 물리친다.
- Korean government and lawmakers share the need to outlaw human cloning, but the legislation of a previous bill has been delayed due to differences of opinions among relevant government ministries.
  ▶ 한국 정부와 입법자들은 인간 복제를 금지하는 법안을 검토 중이나 이전 법안들의 법제화가 관계 부처들간의 의견 차이로 연기되고 있다고 한다.

03 outlay
[áutlei]
(돈의) 지출(액)

- With illegal commercial activities rampant like this, I can hardly balance my income and outlay. Even before The Matrix Reloaded was released last month, many thousands of copies were being circulated all over the place.
  ▶ 불법 상행위들이 이렇게 팽배한 상황에서 제 수입과 지출의 균형은 거의 맞출 수가 없습니다. 지난 달 매트릭스 속편이 아직 나오기도 전에, 수천장의 복사본들이 사방에서 유통되고 있었습니다.

04 outlive
[autlí:v]
~보다 오래 살다

- These days, many political scientists firmly believe that the UN is fast becoming an organization which has outlived its usefulness.
  ▶ 요즘 많은 정치학자들은 UN이 빠르게 그 유용성을 잃은 조직이 되어간다고 굳게 믿고 있다.

05 out-of-date
[áutəvdeit]
시대에 뒤떨어진, 케케묵은

- The Seoul government, on the other hand, believes that North Korea is acting more on a short-term perspective based on its peculiar and out-of-date diplomatic style.
  ▶ 한국정부는 다른 한편으로, 북한이 독특하고 시대착오적인 외교 스타일에 근거한 단기적 관점에서 행동하고 있다고 생각한다.

06 outrageous
[autréidʒəs]
잔인무도한; 터무니없는

- People very often do what is expected of them, even when what is expected of them is outrageous.
  ▶ 사람들은 그들에게 하도록 요구된 터무니없는 일조차도 자주 그것을 하게 된다.

07 outright
[áutrait]
솔직한; 완전히

- A pair of nuclear reactors would be established at North Anna, Virginia. It represents a major turnaround of the U.S.' decades-long policy principle that the nation doesn't approve new nuclear construction outright after the 1979 TMI accident.
  ▶ 한쌍의 원자로가 버지니아주 North Anna에 건설될 것이다. 이는 1979년 TMI 사고 이후 새로운 원자력 발전소 건설을 승인하지 않는다는 미국의 수십년된 정책원칙에 커다란 방향 전환을 의미한다.

08 outrun
[autrʌ́n]

~보다 빨리 달리다, ~을 초과하다

■ Andy should join the track team; he can outrun all the other boys in the class.
▶ Andy는 육상팀에 들어야 한다; 그는 반에서 다른 남자 아이들을 모두 앞지를 수 있다.

---

1. Johnson Manufacturing is looking for ________________, motivated salespersons to join its nationally acclaimed team of professionals.

  (A) interminable   (B) prodigal

  (C) outgoing   (D) ambiguous

어휘 **motivated** 자극을 받은, 의욕적인 **interminable** 끝이 없는; 지루하게 긴 **prodigal** 대범한, 풍부한 **ambiguous** 다의의; 애매모호한

해석 Johnson Manufacturing은 국가적으로 호평 받는 전문가 팀에 합류할 사교적이고 의욕적인 판매원을 찾고 있다.

2. There are legitimate fears that the International Atomic Energy Agency cannot be relied on to block the spread of nuclear weapons to <u>outlaw</u> states.

  (A) constitute   (B) enact

  (C) forbid   (D) desist

어휘 **constitute** 구성하다 **enact** (법률을) 제정하다 **forbid** 금지하다 **desist** 그만두다, 단념하다

해석 무법 국가에의 핵무기 확산 저지를 국제 원자력 기구에 의존할 수 없다는 우려는 타당한 것이다.

3. Different with a first settled determination, we were horrified by the ____________ treatment of the prisoners.

  (A) outmoded   (B) outrageous

  (C) benevolent   (D) distinctive

어휘 **outmoded** 시대에 뒤떨어지게 하다 **outrageous** 포악한 **benevolent** 자비로운 **distinctive** 특유의

해석 처음의 굳은 결심과는 다르게 우리는 죄수들에게 가해지는 포악한 행위에 겁에 질렸다.

4. Lukewarm acceptance was much more bewildering than <u>outright</u> rejection. I thought I should not have asked.

  (A) resentful   (B) prudent

  (C) direct   (D) judicious

어휘 **lukewarm** 미지근한, 미온적인 **acceptance** 인정, 수락 **bewilder** 어리둥절케[당황케]하다 **outright** 솔직한; 철저한 **rejection** 거절 **resentful** 분개한, 성 마른 **prudent** 신중한; 분별있는 **direct** 똑바른, 솔직한 **judicious** 현명한

해석 미온적인 수락은 솔직한 거절보다 훨씬 더 당혹스런 것이었다. 나는 차라리 물어보지 말아야 했다고 후회했다.

정답 1. C   2. C   3. B   4. C

01 outset
[áutset]
시작, 최초

- From the outset, however, he seemed to pay more attention to the market and perceived the dearth of scientific interest from a purely business perspective, as he had articulated in an interview before he took over.
  ▶ 하지만, 처음부터 그는 시장성에 더 신경을 쓰고 있는 듯 싶었고, 자신이 그 자리에 부임하기 전 한 인터뷰에서도 명확히 밝혔듯이, 순전히 사업적인 관점에서 과학적 관심은 결핍되어 있음을 인식하고 있었다.

02 outskirt
[áutskə:rt]
주변, 교외

- We lived, not in central London, but in one of those peripheral suburbs that spring up on the outskirts of a great city.
  ▶ 우리는 런던 중심가가 아니라 대도시 외곽 주변에 생긴 교외 중의 한 지역에서 살았다.

03 outspoken
[áutspoukn]
거리낌 없는, 솔직한

- As an outspoken opponent of the expansion of slavery and a political leader in the western states, Abraham Lincoln won the Republican Party nomination in 1860 and was elected president later that year.
  ▶ 확장되는 노예제도에 대한 거리낌 없는 반대자로 그리고 미국 서부 여러 주의 정치 지도자로 활약하던 Abraham Lincoln은 1860년 공화당의 대통령 후보로 지명되었고 다음해에 대통령으로 선출되었다.

04 outstretched
[autstrétʃt]
펼친, 뻗친

- Her fist opened, and into my outstretched palm she dumped two nickels and a dime.
  ▶ 그녀의 주먹이 펴졌고, 밖으로 펼친 내 손바닥 안으로 그녀는 5센트 동전 두개와 10센트 동전 하나를 떨어뜨렸다.

05 outweigh
[autwéi]
~보다 뛰어나다

- In a nutshell, economic benefits start to outweigh safety concerns of nuclear power plants in the above-mentioned situation change and the ripple effect is now being felt.
  ▶ 간단히 요점만 말하자면, 위에 언급한 상황 변화에서는 경제적 이득이 핵 발전소들의 안전상 우려들보다 더 중요해지기 시작하고 있으며, 그 파급 효과가 이제 느껴지고 있는 중이다.

06 parable
[pǽrəbl]
우화, 비유담

- The story of the Prodigal Son in the Bible is a parable that helps us understand problems and situations of present day life of human life.
  ▶ 성경에 나오는 방탕한 아들 이야기는 우리가 인간 사이의 현대생활 속의 문제와 상황을 이해하는데 도움이 되는 우화이다.

07 paradigm
[pǽrədaim]
모범, 예

- Pavlov's experiment in which he trains a dog to salivate on hearing a bell is a paradigm of the conditioned-response experiment in behavioral psychology.
  ▶ 개가 종소리를 들었을 때 침을 흘리도록 훈련시킨 Pavlov의 실험은 행동 심리학의 조건반사실험에 관한 전형적인 예다.

08 paradox

[pǽrədaks]

역설, 모순된 일

- Wordsworth's "The child is father to the man" is an example of paradox.
  ▶ Wordsworth의 "어린이는 어른의 아버지다."라는 말은 역설적인 말의 한 예다.

---

1. Most motels are located near busy interchanges of major highways <u>at the edges</u> of towns, or near airports.

   (A) in the scenic areas　　　　　(B) at the crossroads
   (C) in the commercial centers　　(D) on the outskirts

   어휘 **scenic** 경치가 좋은; 배경의　**crossroad** 네거리, 교차도로　**commercial** 상업의, 무역의
   outskirts (도시, 읍 따위의) 변두리, 교외　**on the outskirts of** ~의 변두리에

   해석 대부분의 모텔들은 도시 외곽이나 공항 근처에 있는 주요 고속도로의 번잡한 인터체인지 부근에 위치하고 있다.

2. We must pay attention to the side effects of some drug, which often <u>outweigh</u> the possible benefits.

   (A) maximize　　　　(B) minimize　　　　(C) promote　　　　(D) exceed

   어휘 **pay attention to** ~에 주의를 기울이다　**side effect** 부작용
   outweigh ~보다 무겁다; 가치가 있다　**maximize** 극한까지 증가[확대, 강화]하다
   minimize 최소로 하다; 경시하다　**promote** 진전[진척]시키다; 승진시키다

   해석 우리는 일부 약의 부작용에 주의해야 하는데 그것은 종종 가능한 이익보다 더 중요하다.

3. In democratic countries any efforts to restrict the freedom of the press are rightly condemned. However, this freedom can easily be <u>abused</u>.

   (A) preserved　　　(B) condemned　　　(C) misused　　　(D) denounced

   어휘 **abuse** 남용하다, 악용하다　**preserve** 보전하다, 지키다　**condemn** 비난하다; 유죄판결을 내리다
   denounce (공공연히) 비난하다; 고발하다

   해석 민주주의 국가에서 언론의 자유를 제한하려는 어떠한 노력도 응당 비난 받는다. 그러나 이 자유는 쉽게 악용될 수 있다.

4. One of the ___________ of modern China is that Christianity may well be growing at a more rapid rate today, under a sometimes repressive Communist government, than it ever did early in this century when missionaries were free to evangelize at will.

   (A) ceremonies　　　(B) rosaries　　　(C) elapses　　　(D) paradoxes

   어휘 **ceremony** 의식, 예배식　**rosary** 로사리오, 염주　**elapse** 시간의 경과　**paradoxe** 역설, 모순된 일

   해석 현대 중국의 역설 중 하나는 선교사들이 자유롭게 복음을 전파했던 금세기 초보다 때때로 억압적인 공산 정권 하에 있는 오늘날 기독교가 더 빠른 속도로 성장할 수 있다는 것이다.

정답 1. D　2. D　3. C　4. D

01 paralysis
[pərǽlisis]
마비, 불구

- As one of the most outstanding results, a Korean female patient surnamed Hwang with a spinal cord injury walked again last year, overcoming 19 years of paralysis.
  ▶ 가장 뛰어난 결과의 하나로는 성이 황씨인 한 한국 여성 환자가 척추 부상에 의한 19년 동안에 걸친 마비를 극복하고 다시 걷게 됐다는 것이다.

02 paramount
[pǽrəmaunt]
남보다 위인, 최고의

- There surely are many priorities, as all of you gentlemen are well aware of, but reducing the budget deficit is of paramount importance.
  ▶ 여러분들께서 잘 알고 계신 대로, 물론 많은 우선 과제들이 있습니다만, 예산 적자를 줄이는 것이 최고로 중요합니다.

03 paraphrase
[pǽrəfreiz]
알기 쉽게 하기 위해,
(자세한 설명으로) 바꾸어
말하기, 의역

- To paraphrase Marx, "television has become the opium of the masses."
  ▶ Marx의 말을 쉽게 바꿔 말하자면, "텔레비전은 대중의 아편이 되었다."

04 peremptory
[pərémptəri]
절대적인, 단호한

- Although I had no objection to proposal as such, I so resented the peremptory tone in which he spoke to me that I refused to cooperate.
  ▶ 그의 제안 자체에는 반대하지 않았지만 나에게 말하는 그 단호한 말투에 화가 나서 협력하기를 거부했다.

05 perennial
[pəréniəl]
연중 계속되는, 영구히 계속
하는; 다년생 식물

- Authors have come and gone, but Shakespeare has remained a perennial favorite.
  ▶ 많은 작가들이 왔다 갔지만 Shakespeare는 영원히 인기 있는 작가로 남아 있다.

06 perfidy
[pə́:rfidi]
배반, 불성실

- To ordinary Algerians, the news that chemical tests did not end until 1978 was renewed proof of the hypocrisy and perfidy of the military who have misruled them since independence in 1962.
  ▶ 일반적인 알제리인들에게, 1978년까지 화학 실험들이 계속되었다는 뉴스는 1962년 독립한 이래 그들에게 악정을 펼쳐온 군의 이중성과 배신행위에 대한 새삼스러운 증거였다.

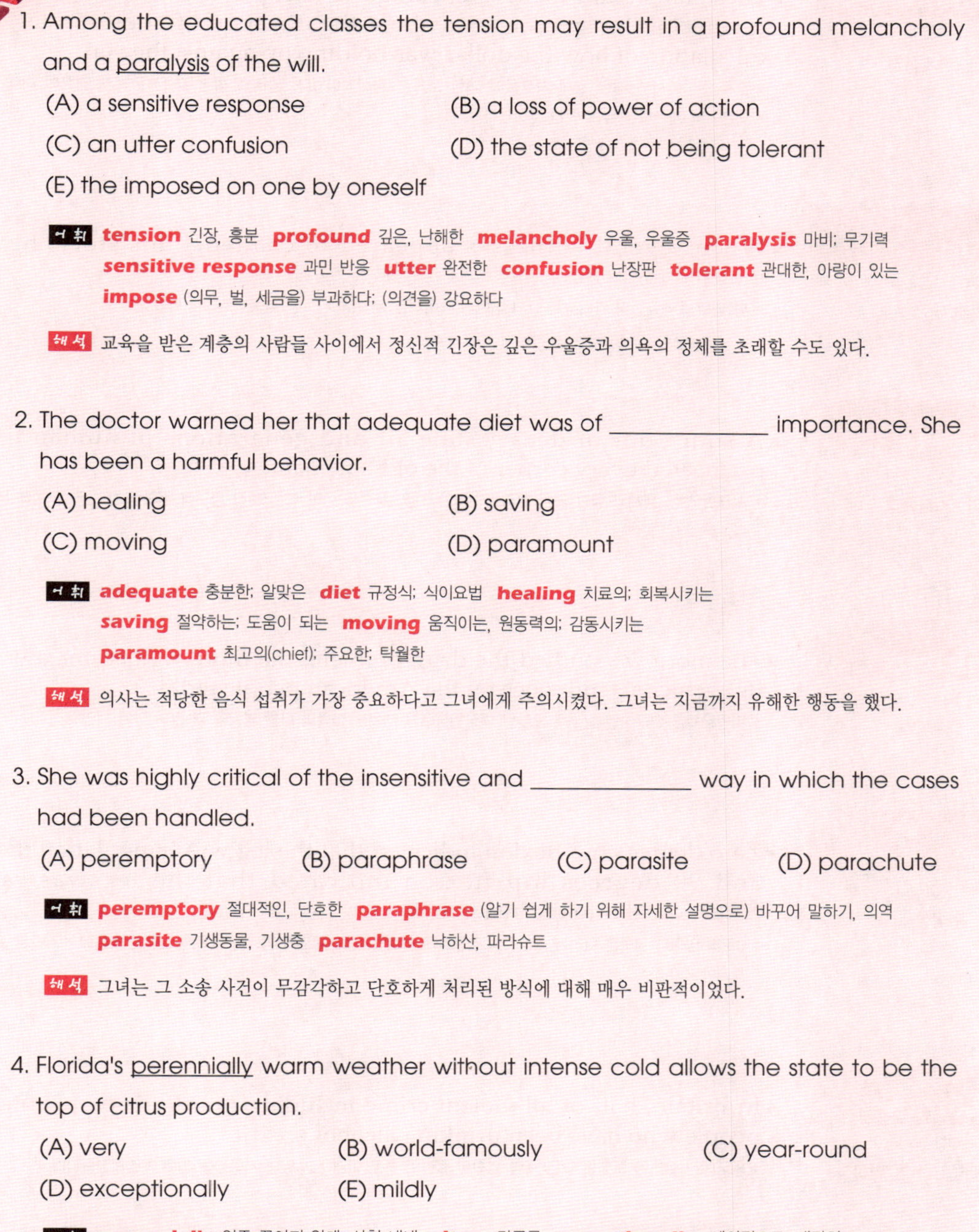

1. Among the educated classes the tension may result in a profound melancholy and a <u>paralysis</u> of the will.

   (A) a sensitive response   (B) a loss of power of action

   (C) an utter confusion   (D) the state of not being tolerant

   (E) the imposed on one by oneself

   > **어휘** **tension** 긴장, 흥분 **profound** 깊은, 난해한 **melancholy** 우울, 우울증 **paralysis** 마비; 무기력
   > **sensitive response** 과민 반응 **utter** 완전한 **confusion** 난장판 **tolerant** 관대한, 아량이 있는
   > **impose** (의무, 벌, 세금을) 부과하다; (의견을) 강요하다

   > **해석** 교육을 받은 계층의 사람들 사이에서 정신적 긴장은 깊은 우울증과 의욕의 정체를 초래할 수도 있다.

2. The doctor warned her that adequate diet was of ____________ importance. She has been a harmful behavior.

   (A) healing   (B) saving

   (C) moving   (D) paramount

   > **어휘** **adequate** 충분한; 알맞은 **diet** 규정식; 식이요법 **healing** 치료의; 회복시키는
   > **saving** 절약하는; 도움이 되는 **moving** 움직이는, 원동력의; 감동시키는
   > **paramount** 최고의(chief); 주요한; 탁월한

   > **해석** 의사는 적당한 음식 섭취가 가장 중요하다고 그녀에게 주의시켰다. 그녀는 지금까지 유해한 행동을 했다.

3. She was highly critical of the insensitive and ____________ way in which the cases had been handled.

   (A) peremptory   (B) paraphrase   (C) parasite   (D) parachute

   > **어휘** **peremptory** 절대적인, 단호한 **paraphrase** (알기 쉽게 하기 위해 자세한 설명으로) 바꾸어 말하기, 의역
   > **parasite** 기생동물, 기생충 **parachute** 낙하산, 파라슈트

   > **해석** 그녀는 그 소송 사건이 무감각하고 단호하게 처리된 방식에 대해 매우 비판적이었다.

4. Florida's <u>perennially</u> warm weather without intense cold allows the state to be the top of citrus production.

   (A) very   (B) world-famously   (C) year-round

   (D) exceptionally   (E) mildly

   > **어휘** **perennially** 연중 끊이지 않게, 사철 내내 **citrus** 감귤류 **exceptionally** 예외적으로, 대단히

   > **해석** 플로리다의 연중 내내 따뜻한 날씨는 플로리다 주가 감귤 생산에서 최고가 되도록 해주고 있다.

01 perfunctory
[pəːrfʌ́ŋktəri]
형식적인, 기계적인

- The mainstream media's coverage of hard economic data used to be perfunctory: a spot of news about the direction of interest rates, or a calculation of how the dollar was holding up against the yen.
  ▶ 주류 언론에서 난해한 경제 자료들에 대한 보도는 형식적이었다. 금리의 방향, 혹은 달러가 엔화에 대해 어떻게 되는가의 계산하는 뉴스 약간 뿐이었다.

02 perjury
[pə́ːrdʒəri]
위증, 거짓

- When several witnesses appeared to challenge his story, he was indicted for perjury.
  ▶ 몇 명의 목격자들이 나타나서 그의 이야기에 이의를 제기하자, 그는 위증죄로 기소되었다.

03 permeate
[pə́ːrmieit]
침투하다, 스며들다

- A sour odor of decay, stale air and generations of human living permeated every corner of the old tenement.
  ▶ 시큼한 썩는 냄새와 탁한 공기 그리고 여러 세대의 사람들 삶이 그 오래된 싸구려 연립주택의 구석구석에 배어있었다.

04 pernicious
[pəːrníʃəs]
해로운, 치명적인

- The more we studied the drug problem, the more we became aware of its pernicious influence on the American people today.
  ▶ 마약문제를 연구하면 할수록 오늘날 미국인들에게 끼치는 마약의 나쁜 영향을 더 많이 알게 되었다.

05 perpendicular
[pəːrpəndíkjulər]
수직의, 수직상태

- Zero degrees hip flexion indicated that the leg was lying flat on the bed and 90 degrees hip flexion indicated that the leg was raised perpendicular to the bed.
  ▶ 0도의 엉덩이 굴곡은 다리가 침대위에 평평하게 눕혀있음을, 90도의 엉덩이 굴곡은 다리가 침대에 수직으로 서있음을 표시한 것이다.

06 perpetrate
[pə́ːrpətreit]
(나쁜 짓을) 하다, 범하다

- In Britain, half of all violent crime including murder is perpetrated by people who have been drinking alcohol.
  ▶ 영국에선 살인을 포함한 모든 폭력 범죄의 절반이 술을 마셔대고 있던 사람들에 의해 저질러졌습니다.

07 perquisite
[pə́ːrkwizit]
부수입, 수당

- It is a shock to find the master, whom we cannot help thinking of as the greatest gentleman in the history of art, regarding petty larceny as a perquisite of office and diverting the wages of sweepers and cleaners.
  ▶ 예술사에 있어서 최고의 신사라고 생각할 수밖에 없는 그 대가가 좀도둑질을 공직의 부수입이라 여기고 청소부들과 세탁소의 임금을 빼돌렸다는 사실을 발견한 것은 충격이다.

08 persecute

[pə́:rsikjuːt]

박해하다, 괴롭히다

■ Although the Puritans came America to find religious freedom, some were quite ready to persecute other people for the religious beliefs.

▶ 청교도들은 종교의 자유를 찾아서 미국으로 왔으면서도 어떤 사람들은 자기들의 종교적 신앙을 위해서 다른 사람들을 선뜻 박해했다.

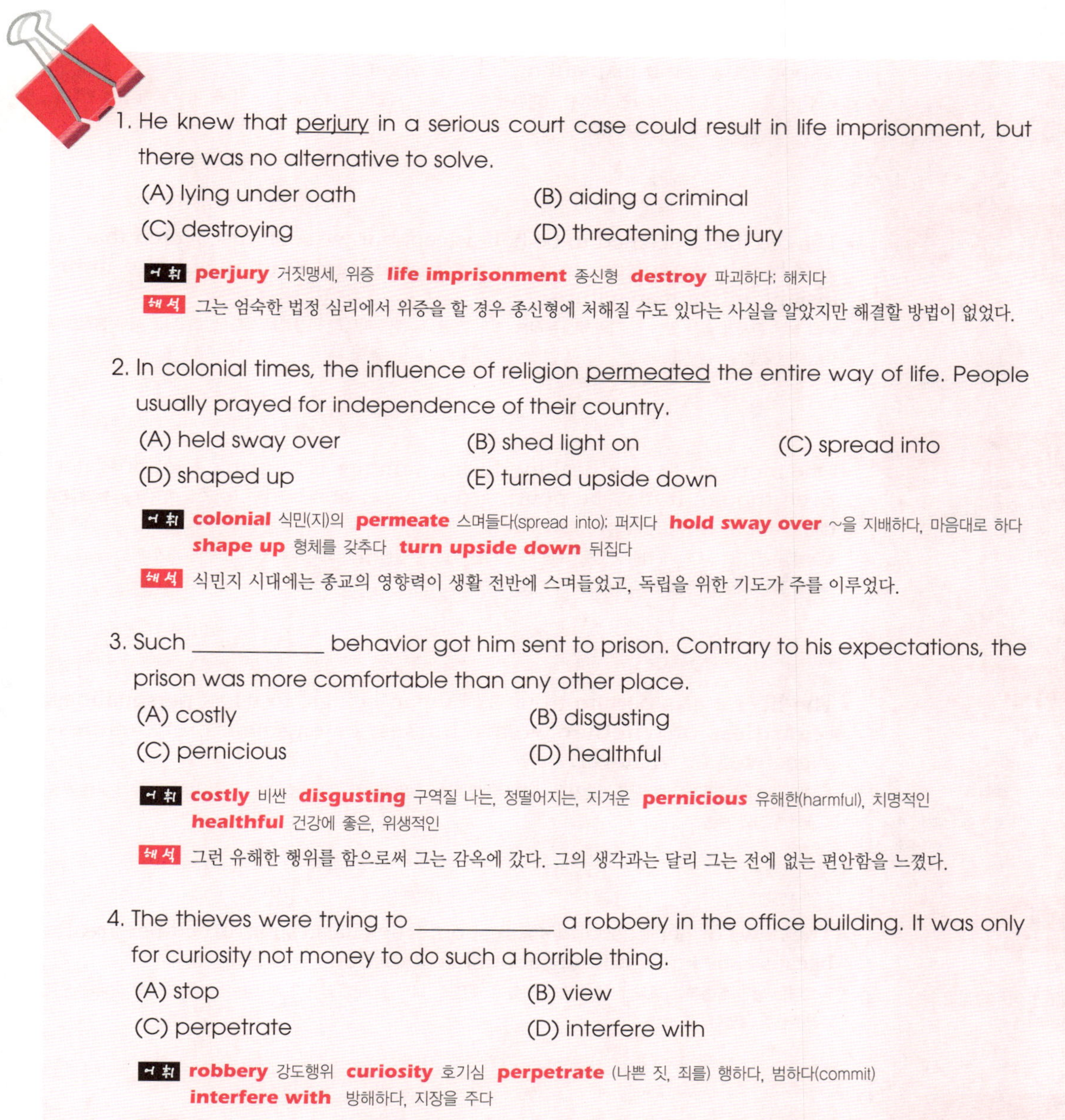

1. He knew that <u>perjury</u> in a serious court case could result in life imprisonment, but there was no alternative to solve.

(A) lying under oath   (B) aiding a criminal

(C) destroying   (D) threatening the jury

어휘 **perjury** 거짓맹세, 위증 **life imprisonment** 종신형 **destroy** 파괴하다; 해치다

해석 그는 엄숙한 법정 심리에서 위증을 할 경우 종신형에 처해질 수도 있다는 사실을 알았지만 해결할 방법이 없었다.

2. In colonial times, the influence of religion <u>permeated</u> the entire way of life. People usually prayed for independence of their country.

(A) held sway over   (B) shed light on   (C) spread into

(D) shaped up   (E) turned upside down

어휘 **colonial** 식민(지)의 **permeate** 스며들다(spread into); 퍼지다 **hold sway over** ~을 지배하다, 마음대로 하다 **shape up** 형체를 갖추다 **turn upside down** 뒤집다

해석 식민지 시대에는 종교의 영향력이 생활 전반에 스며들었고, 독립을 위한 기도가 주를 이루었다.

3. Such ___________ behavior got him sent to prison. Contrary to his expectations, the prison was more comfortable than any other place.

(A) costly   (B) disgusting

(C) pernicious   (D) healthful

어휘 **costly** 비싼 **disgusting** 구역질 나는, 정떨어지는, 지겨운 **pernicious** 유해한(harmful), 치명적인 **healthful** 건강에 좋은, 위생적인

해석 그런 유해한 행위를 함으로써 그는 감옥에 갔다. 그의 생각과는 달리 그는 전에 없는 편안함을 느꼈다.

4. The thieves were trying to ___________ a robbery in the office building. It was only for curiosity not money to do such a horrible thing.

(A) stop   (B) view

(C) perpetrate   (D) interfere with

어휘 **robbery** 강도행위 **curiosity** 호기심 **perpetrate** (나쁜 짓, 죄를) 행하다, 범하다(commit) **interfere with** 방해하다, 지장을 주다

해석 그 도둑들은 사무실 빌딩에서 강도짓을 저지르려 하고 있었다. 그것은 돈 때문이 아니라 단지 호기심 때문이었다.

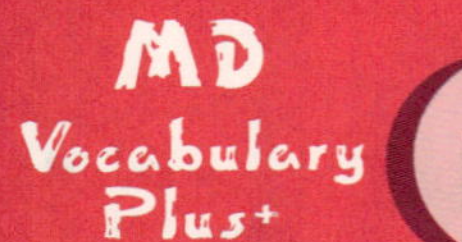

Prefix PER- 관통, 통과

01 persevere
[pə:rsivíər]
굴하지 않고 꾸준히 하다, 고집하다

- In spite of all that you say about how hard it is to get into medical school, I intend to persevere in my plans to become a doctor.
  ▸ 의과대학에 들어가는 것이 얼마나 어려운가에 관해서 당신이 여러가지로 말을 하지만 나는 의사가 되겠다는 계획을 꾸준히 밀고 나갈 것이다.

02 perspective
[pə:rspéktiv]
원근법; 전망, 관점

- From the perspective of medical effectiveness, stem cells cultured from frozen embryos also have a significant shortcoming of causing immune responses when transplanting cells or organs.
  ▸ 의학적 효과의 관점에서 보자면, 냉동된 태아에서 배양된 줄기 세포들 역시 세포나 장기들을 이식할 때 면역 반응을 일으키는 중대한 결점을 가지고 있다.

03 perspicacious
[pə:rspəkéiʃəs]
통찰력이 있는, 예리한

- The old judge seemed to be half asleep, but we soon discovered that he was highly perspicacious not only in the legal matters but also in his insight into human nature.
  ▸ 그 늙은 판사가 졸고 있는 것 같았지만 우리는 그가 법률문제 뿐만 아니라 인간성을 꿰뚫어 보는데도 매우 통찰력이 있다는 것을 곧 알았다.

04 perspiration
[pə:rspəréiʃən]
발한, 땀

- One more tip to stay healthy during summer is to drink a lot of water. Even though it may be pouring out there, our body loses more water than usual through perspiration.
  ▸ 여름에 건강을 유지하기 위한 조언을 하나 더 한다면, 그것은 물을 많이 마시라는 것이다. 밖에 비가 퍼붓더라도, 우리의 몸은 땀으로 평상시보다 더 많은 수분을 잃어버린다.

05 pertain
[pə:rtéin]
속하다, 관련[상관]하다

- The liberal arts pertain to us as human beings, to us as personalities, regardless of whether we are nurses, or engineers, or business executives, or whatever.
  ▸ 교양 과목은 우리가 간호사건, 기술자건, 전문 경영인이건, 무엇이든지 간에 관계없이, 인간으로서의 우리, 개인으로서의 우리와 관련된다.

06 perturb
[pərtə́:rb]
(마음을) 어지럽히다, 교란하다

- The news of her husband's arrest on drug charges perturbed her greatly because she knew nothing about his addiction.
  ▸ 그녀는 남편의 중독에 대해 전혀 모르고 있었기 때문에, 마약 혐의로 남편이 체포된 소식은 그녀의 마음을 온통 뒤흔들어 놓았다.

07 peruse
[pərú:z]
정독하다, 통독하다

- Ever since he was laid off, as soon as he gets up in the morning, he habitually opens a newspaper and peruses the job ads.
  ▸ 일시 해고를 당한 후, 그는 아침에 일어나자마자, 습관적으로 신문을 펼치고는 구인 광고들을 샅샅이 읽는다.

08 pervade

[pəːrvéid]

~에 온통 퍼지다, 가득차다

- The movie is a frighteningly realistic reflection of the violence that *pervades* American youth culture.
  ▶ 그 영화는 미국 청년 문화에 만연해 있는 폭력에 대한 섬뜩할만큼 사실적인 반영이다.

1. Her <u>perspicacious</u> judgment was evident in the bar examination.
   - (A) arrogant
   - (B) insightful
   - (C) unperceptive
   - (D) headstrong

   어휘 **perspicacious** 통찰력 있는, 투철한 **arrogant** 싹싹한 **headstrong** 완고한, 고집이 센; 제멋대로인

   해석 그녀의 통찰력 있는 판단은 그 사법시험에 있어 분명했다.

2. The skilled carpenter <u>perspired</u> as he cut trees under the blazing sun.
   - (A) parched
   - (B) exhaled
   - (C) scorched
   - (D) sweated

   어휘 **parch** 굽다, 볶다, 바싹 말리다 **exhale** 숨을 내쉬다, 발산하다 **scorch** 그슬리다, 태우다, 볶다 **sweat** 땀흘리다

   해석 노련한 목수가 이글거리는 태양 아래서 나무를 베며 땀을 흘렸다.

3. Attempts to locate missing persons are often hampered by people's unwillingness to become involved in matters of a personal nature that do not <u>pertain</u> to them.
   - (A) retain
   - (B) stick
   - (C) relate
   - (D) entertain

   어휘 **pertain** 속하다; 관련하다 **retain** 계속 유지하다; 보유하다 **stick** 찌르다; 고정시키다 **relate** 이야기 하다; 관계시키다 **entertain** 즐겁게 하다; 대접하다

   해석 실종자를 찾기 위한 노력은 자신과 무관한 남의 사생활에 끼어들기 꺼려하는 사람들의 속성 때문에 좌절되는 경우가 흔하다.

4. She was rather <u>perturbed</u> by the news that her father was seriously ill. It was almost time to start interview but she couldn't calm down.
   - (A) disturbed
   - (B) manufactured
   - (C) prescribed
   - (D) admonished

   어휘 **perturb** 교란하다, 혼란 시키다 **disturb** 방해하다; 어지럽히다 **manufacture** 제조하다 **prescribe** 규정하다; 처방하다 **admonish** 훈계하다; 권유하다

   해석 그녀는 그녀의 아버지가 심하게 편찮으시다는 소식으로 마음이 어지러웠다. 인터뷰가 곧 시작되었지만 마음을 가다듬을 수가 없었다.

정답 1. B 2. D 3. C 4. A

01 perverse
[pəːrvə́ːrs]
성질이 비뚤어진, 외고집의

- The psychologist said that troubled young people often have a perverse impulse to do exactly what will be most injurious to them.
  ▶ 고통 받는 젊은이들은 꼭 그들에게 매우 해로운 일을 하려는 비뚤어진 충동을 종종 갖게 된다고 심리학자가 말했다.

02 pervert
[pəːrvə́ːrt]
타락시키다; 왜곡하다

- As selfishness and complaint pervert and cloud the mind, so love with its joy clears and sharpens the vision.
  ▶ 이기심과 불만이 정신을 그르치고 흐리게 하듯이, 사랑도 그 기쁨으로 분별력을 명확하고 예리하게 해준다.

03 precept
[príːsept]
교훈; 명령서

- It has been unanimously agreed that the precept that all men are to be treated as equals must apply to this particular case.
  ▶ 모든 사람은 동등하게 대우받아야 한다는 계율 그대로 이 특정 사건에도 적용되어야 한다는 것이 만장일치로 동의 되었다.

04 precinct
[príːsiŋkt]
(행정상의) 경계, 선거구

- Several hundreds of voters waited in line to cast their ballot two hours after the polls were supposed to close because this precinct was equipped with only five voting machines.
  ▶ 이 선거구는 투표 기계가 다섯대 밖에 설치되어 있지 않아서 수백명의 투표자들이 선거가 끝나기로 되어있는 시간에서 두 시간이나 지나서도 투표를 하기 위해 줄 서서 기다리고 있었다.

05 precipitate
[prisípəteit]
촉진하다; 떨어뜨리다,
조급한, 충동적인

- Reports of sordid gains made by officials and of their abuse of power precipitated the downfall of the government.
  ▶ 관리들의 탐욕스러운 수익금과 그들의 권력 남용에 대한 보도들이 정부의 몰락을 촉진했다.

06 preclude
[priklúːd]
미리 막다, 차단하다

- The fact that he was found guilty of a felony many years ago doesn't preclude his running for mayor.
  ▶ 그가 여러해 전에 중죄를 저지른 것으로 밝혀진 사실이 그의 시장출마를 막을 수는 없다.

07 precursor
[prikə́ːrsər]
선구자, 전조

- Experience has shown that an increase in housing construction is the precursor of a general economic upturn.
  ▶ 주택건설의 증가는 일반적인 경제 호전의 전조임을 경험으로 보여주었다.

08 predecessor
[príːdisesər]
전임자, 선배

- I cannot hope to match the achievement of my brilliant predecessor in this office, but you can be sure that I will give the best that is in me.
  ▶ 이 사무실의 훌륭한 선임자의 업적에 필적하기를 바랄 수는 없지만 제가 할 수 있는 최대한의 능력을 발휘하리라는 사실은 확신하실 수 있습니다.

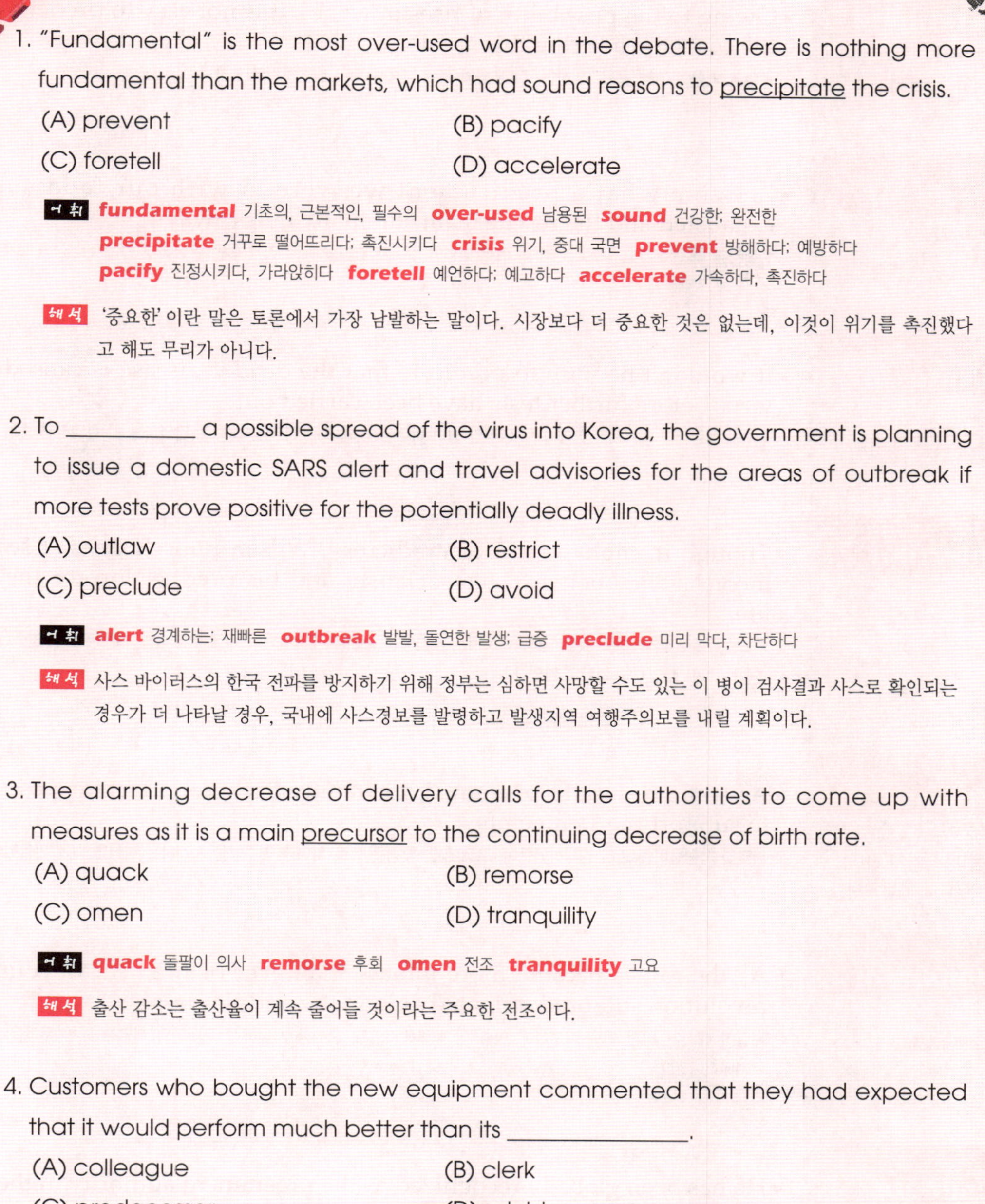

1. "Fundamental" is the most over-used word in the debate. There is nothing more fundamental than the markets, which had sound reasons to <u>precipitate</u> the crisis.

(A) prevent   (B) pacify

(C) foretell   (D) accelerate

어휘 **fundamental** 기초의, 근본적인, 필수의 **over-used** 남용된 **sound** 건강한; 완전한 **precipitate** 거꾸로 떨어뜨리다; 촉진시키다 **crisis** 위기, 중대 국면 **prevent** 방해하다; 예방하다 **pacify** 진정시키다, 가라앉히다 **foretell** 예언하다; 예고하다 **accelerate** 가속하다, 촉진하다

해석 '중요한'이란 말은 토론에서 가장 남발하는 말이다. 시장보다 더 중요한 것은 없는데, 이것이 위기를 촉진했다고 해도 무리가 아니다.

2. To __________ a possible spread of the virus into Korea, the government is planning to issue a domestic SARS alert and travel advisories for the areas of outbreak if more tests prove positive for the potentially deadly illness.

(A) outlaw   (B) restrict

(C) preclude   (D) avoid

어휘 **alert** 경계하는; 재빠른 **outbreak** 발발, 돌연한 발생; 급증 **preclude** 미리 막다, 차단하다

해석 사스 바이러스의 한국 전파를 방지하기 위해 정부는 심하면 사망할 수도 있는 이 병이 검사결과 사스로 확인되는 경우가 더 나타날 경우, 국내에 사스경보를 발령하고 발생지역 여행주의보를 내릴 계획이다.

3. The alarming decrease of delivery calls for the authorities to come up with measures as it is a main <u>precursor</u> to the continuing decrease of birth rate.

(A) quack   (B) remorse

(C) omen   (D) tranquility

어휘 **quack** 돌팔이 의사 **remorse** 후회 **omen** 전조 **tranquility** 고요

해석 출산 감소는 출산율이 계속 줄어들 것이라는 주요한 전조이다.

4. Customers who bought the new equipment commented that they had expected that it would perform much better than its ______________.

(A) colleague   (B) clerk

(C) predecessor   (D) ministry

어휘 **customer** 소비자 **equipment** 기계, 장비 **colleague** (관직, 직업 상의) 동료(associate) **clerk** 점원 **predecessor** 전임자, 선배(successor); 전의 것 **ministry** 성직자

해석 신형 장비를 구입한 소비자들은 신형이 구형보다 성능이 향상되었을 것으로 예상했었다고 말했다.

Prefix PRE- 앞, 전

01 predetermine
[pri:ditə́:rmin]
미리 결정하다, 예정하다

- Owing to the possibility of rises in wages, it is not easy to predetermine the cost of producing this article.
  ▶ 임금 인상의 가능성으로 인하여, 이 물품의 생산 비용을 미리 결정하기가 힘들다.

02 predicament
[pridíkəmənt]
곤경, 궁지

- Imagine what a predicament we were in with our food supply exhausted and the rescue team still many miles away!
  ▶ 식량은 다 떨어지고 구조대는 아직 여러 마일이 떨어져 있었을 때 우리가 어떤 곤경에 처했을지 상상해 보세요.

03 predicate
[prédikeit]
단언하다; 기초로 하다

- It wouldn't be wise to predicate that the deadly disease is caused by a virus before further tests have been carried out.
  ▶ 추가 실험들이 실시되기 전에 그 치명적인 병이 바이러스 하나에 의해 생겨났다고 단언하는 건 현명하지 못한 일이다.

04 predilection
[pri:dilékʃən]
애호, 편애

- Though it might sound contradictory, Wilson himself doesn't see any inconsistency between his socialism and his predilection for the high life.
  ▶ 모순적으로 들릴 수도 있겠지만, Wilson은 자신에겐 본인의 사회주의적 사상과 호사스러운 생활에 대한 애호 사이에는 어떤 불일치도 없다고 보았다.

05 predispose
[pri:dispóuz]
~할 마음이 생기게 하다; 병에 걸리기 쉽게 만들다

- As some rightfully presumed, his family background predisposes him to support the Democrats.
  ▶ 몇몇 사람들이 당연히 짐작하였듯이, 그의 집안 배경은 그로 하여금 민주당을 지지하는 성향을 띄게 만들었다.

06 predominate
[pridámineit]
뛰어나다; 지배하다

- As the rallies became more intense than ever before, fear of coup and revolution still predominated among the middle classes.
  ▶ 궐기 대회가 이전 어느 때보다도 한층 더 격렬해지면서, 중산층 사이에선 쿠데타와 혁명에 대한 두려움이 여전히 지배적이었다.

07 preeminent
[prié:mənənt]
우수한, 발군의

- He has been globally recognized as the preeminent authority in the field of astronomy for the past thirty years.
  ▶ 그는 지난 30년 동안 천문학 분야에서 탁월한 권위자로 세계적으로 인정되어왔습니다.

08 pregnant
[prégnənt]
임신한; 내포한

- Even the AMA says that pregnant women and children should not eat commercial vegetables because of the pesticide residue.
  ▶ AMA(미국의료협회)에서조차도 임산부와 아동들은 농약 잔류물 때문에 시장에 내다 팔기 위해 재배된 채소들은 먹지 말아야 한다고 말하고 있다.

1. For several years, the Third World has been pleading for such a move, but the selfish Western nations have refused to cooperate or to contemplate ways to alleviate the <u>plight</u> of the poor - even in their own lands.

(A) predicament
(B) defiance
(C) welfare
(D) pledge

어휘 **plead** 변론하다; 탄원하다,간청하다 **move** 조치, 행동; 진행, 추이 **selfish** 이기적인, 이기주의의 **refuse** ~을 거절하다, 거부하다 **cooperate** 협력하다, 서로 돕다 **contemplate** 심사숙고하다 **alleviate** ~을 덜다, 완화하다 **plight** 곤경, 궁지(predicament); 어려운 입장 **defiance** 도전; 저항, 반항; 무시 **welfare** 복지, 후생; 복지 사업 **pledge** 서약(vow); 담보

해석 여러 해 동안, 제 3 세계는 이러한 조치를 탄원하여 왔지만, 이기적인 서방 국가들은 가난한 사람들 — 심지어는 자신의 땅에 있는 가난한 사람들까지도 — 의 곤경을 덜어주기 위한 방법을 생각하거나 혹은 협력하기를 거부했다.

2. Politicians often manifest a ___________ making statements for short term political gain that are either nonsensical or contradictory to past positions they have held.

(A) provision for
(B) probability of
(C) predilection for
(D) prospect of

어휘 **manifest** 명백히 하다; (감정을) 드러내다 **nonsensical** 부조리한; 터무니없는 **contradictory** 모순 된, 양립하지 않는 **provision** 예비, 준비; 공급 **probability** 있음직함; 가망 **prospect** 전망; 기대 **predilection** 편애

해석 정치가들은 흔히 단기적인 정치적 이익을 얻기 위한 말을 많이 하는데, 그 내용은 그들 과거의 입장에 비하면 말도 안 되거나 모순되는 것들이다.

3. The ______________ of the newspaper as a daily source of information has been undermined as a result of the rapid expansion of the audiovisual media.

(A) promotion
(B) preeminence
(C) rank
(D) utility

어휘 **promotion** 승진; 촉진 **preeminence** 우월, 우세 **rank** 계급; 정렬 **utility** 유용, 공리

해석 일상적인 정보원으로서의 그 신문의 탁월함은 시청각 매체의 빠른 팽창의 결과로 침식당해 오고 있다.

4. Vomiting can lead to severe lack of water in the body. Some <u>pregnant</u> women need to be put in the hospital for treatment.

(A) replete
(B) suggestive
(C) pregnable
(D) expectant

어휘 **vomit** 입덧하다, 구역질하다; 분출하다 **replete** 가득한; 포식한 **suggestive** 시사적인; 도발적인 **pregnable** 정복할 수 있는, 약점이 있는 **expectant** 기다리고 있는; 임신중인

해석 입덧 때문에 심각한 탈수 증상이 나타나 병원에서 치료를 받아야 하는 사람들도 있습니다.

01 prehistoric
[pri:histɔ́:rik]
유사이전의, 선사시대의

- A newly-discovered prehistoric ape may be a missing link in the evolutionary chain leading to humans, scientists disclosed today.
  ▶ 새로 발견된 선사시대의 유인원은 인간으로 이어지는 진화사슬에서 잃어버린 고리일 수도 있다고 오늘 과학자들이 발표했습니다.

02 prelude
[pré:lu:d]
서곡; 예고, 전조;
전조가 되다

- Upon entering the restaurant you will see messages from satisfied customers decorating the walls, most of them proclaiming how much they enjoyed this 'specially hot' experience. It was a good prelude to a gourmet's adventure.
  ▶ 식당에 들어서면서, 당신은 벽들을 장식한 만족한 손님의 메시지들을 보게 될 텐데, 그 대부분은 얼마나 그 사람들이 '유별나게 매운' 경험을 만끽했는지에 대한 칭찬의 말들이었다. 그건 미식가의 모험에 대한 훌륭한 서곡이었다.

03 premature
[pri:mətjúər]
시기상조의, 너무 이른

- Since less than half of the votes have been counted, my opponent's claims of victory are premature.
  ▶ 투표의 절반도 채 개표가 안되었기 때문에 나의 상대가 승리를 주장하는 것은 시기 상조이다.

04 premise
[prémis]
전제; 건물, 구내;
전제하다, 가정하다

- The psychological therapy is based on the premise that everything we experience in life, whether real or imagined, arises in pairs or polarity or duality.
  ▶ 그 심리요법은 실제이건 상상이건 우리가 인생에서 경험하는 모든 것이 짝, 양극성, 혹은 이원성을 통해 일어난다는 전제에 바탕을 두고 있다.

05 premonition
[pri:məníʃən]
(불길한) 예감, 전조

- My father had a sudden premonition that his plane would crash, so he took the train instead.
  ▶ 아버지께선 타려던 비행기가 추락하리라는 갑작스러운 예감이 들어서 대신 기차를 타셨다.

06 preoccupy
[pri:ákjupai]
선점하다; 몰두시키다

- Many people have been preoccupied with the natural calamities which visited the country these past weeks.
  ▶ 많은 사람들의 마음은 지난 몇 주 동안 그 나라를 덮친 자연 재해로 여념이 없었다.

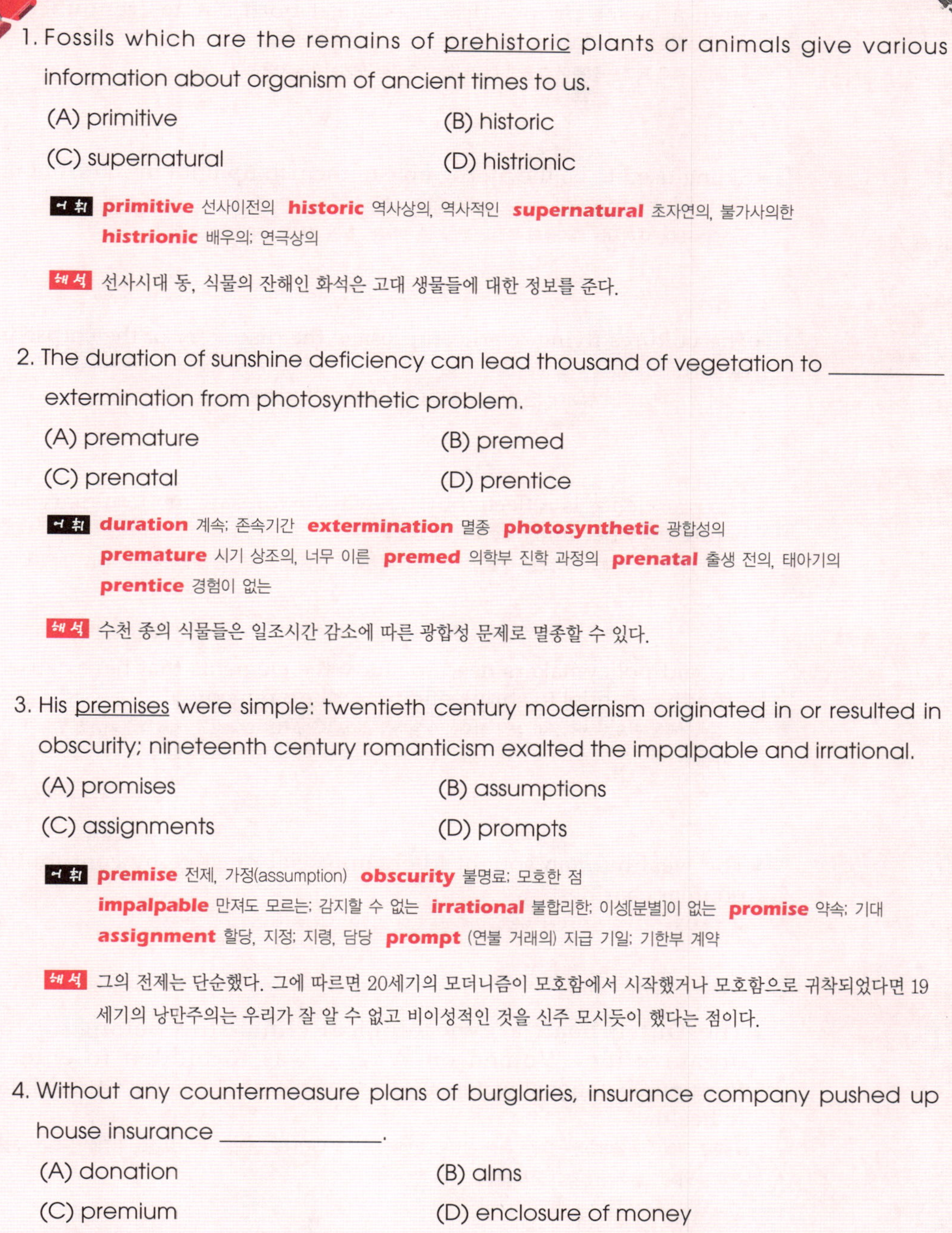

1. Fossils which are the remains of <u>prehistoric</u> plants or animals give various information about organism of ancient times to us.

  (A) primitive
  (B) historic
  (C) supernatural
  (D) histrionic

> **어휘** **primitive** 선사이전의 **historic** 역사상의, 역사적인 **supernatural** 초자연의, 불가사의한
> **histrionic** 배우의; 연극상의
>
> **해석** 선사시대 동, 식물의 잔해인 화석은 고대 생물들에 대한 정보를 준다.

2. The duration of sunshine deficiency can lead thousand of vegetation to __________ extermination from photosynthetic problem.

  (A) premature
  (B) premed
  (C) prenatal
  (D) prentice

> **어휘** **duration** 계속; 존속기간 **extermination** 멸종 **photosynthetic** 광합성의
> **premature** 시기 상조의, 너무 이른 **premed** 의학부 진학 과정의 **prenatal** 출생 전의, 태아기의
> **prentice** 경험이 없는
>
> **해석** 수천 종의 식물들은 일조시간 감소에 따른 광합성 문제로 멸종할 수 있다.

3. His <u>premises</u> were simple: twentieth century modernism originated in or resulted in obscurity; nineteenth century romanticism exalted the impalpable and irrational.

  (A) promises
  (B) assumptions
  (C) assignments
  (D) prompts

> **어휘** **premise** 전제, 가정(assumption) **obscurity** 불명료; 모호한 점
> **impalpable** 만져도 모르는; 감지할 수 없는 **irrational** 불합리한; 이성[분별]이 없는 **promise** 약속; 기대
> **assignment** 할당, 지정; 지령, 담당 **prompt** (연불 거래의) 지급 기일; 기한부 계약
>
> **해석** 그의 전제는 단순했다. 그에 따르면 20세기의 모더니즘이 모호함에서 시작했거나 모호함으로 귀착되었다면 19
> 세기의 낭만주의는 우리가 잘 알 수 없고 비이성적인 것을 신주 모시듯이 했다는 점이다.

4. Without any countermeasure plans of burglaries, insurance company pushed up house insurance _____________.

  (A) donation
  (B) alms
  (C) premium
  (D) enclosure of money

> **어휘** **countermeasure** 대항책; 보복 수단 **burglaries** 주거침입 **donation** 기부금
> **alms** 보시, 의연금 **premiums** 할증금; 특별 상여금 **enclosure of money** 금일봉
>
> **해석** 최근에 발생한 주거침입에 대한 대비책 없이, 보험회사에서는 주택 보험료를 올렸다.

01 preposterous
[pripásterəs]
앞뒤가 뒤바뀐, 터무니없는

- Such a peace proposal is feasible if both parties renounce their preposterous claims.
  ▸ 그러한 평화 제의는 양측이 그들의 터무니없는 요구를 포기한다면 가능하다.

02 prerogative
[prirágətiv]
(관직, 지위에 따르는)
특권, 특전

- Skiing used to be the prerogative of the rich up until the 80's, but now a far wider range of people enjoy it.
  ▸ 스키는 80년대까지는 부자들의 특전이었었지만, 이제는 훨씬 폭넓은 층이 즐기고 있다.

03 presage
[présidʒ]
예감, 전조; 전조가 되다,
예고하다

- The vultures flying overhead presage the discovery of the corpse in the desert.
  ▸ 독수리가 머리 위로 날아다니는 것은 사막에서 죽은 동물의 시체를 찾았다는 전조이다.

04 prescience
[préʃəns]
예지, 선견

- His prescience is reflected by the way he foresaw modern marvels long before they became a reality.
  ▸ 그의 예지력은 현대의 경이로운 것들을, 그것들이 실현되기 훨씬 전에 예견한 방법에서 잘 나타나고 있다.

05 prescribe
[priskráib]
규정[지시]하다;
(약을) 처방하다

- He said policymakers need to study the elements that have caused the growth potential to shrink and prescribe a remedy.
  ▸ 그는 정책을 만드는 사람들이 성장 잠재성의 위축을 초래한 요소들을 살펴보고, 치료책을 처방할 필요가 있다고 얘기했다.

06 prestige
[prestí:dʒ]
위신, 명성; 명성이 있는

- The wealthy man sought to obtain social prestige by contributing to popular charities.
  ▸ 그 부자는 널리 알려진 자선 사업에 기부함으로써, 사회적 명성을 얻으려고 노력하였다.

07 pretext
[prí:tekst]
구실, 핑계

- The Dutch boat, a gynecological clinic-ship belonging to the organization, Women on Waves, was forbidden to enter into Portuguese national waters under the pretext of being a national danger to health.
  ▸ 파도 위의 여인들이라는 단체에 속한 산부인과 병원선인 그 네덜란드 선박은 국가 보건에 위험이 된다는 구실로 포르투갈 영해에 들어서는 것이 금지되었다.

08 prevail
[privéil]
우세하다, 이기다

- The home entertainment pie in the film market has not grown because illegal online movie downloads via P2P programs still prevail among American teenagers and young adults.
  ▸ 미국 십대들과 젊은 성인층에서 P2P 프로그램들을 통한 불법 온라인 영화 다운로드가 아직도 만연하고 있기 때문에 영화 시장에서 가정용 오락기기가 차지하는 비중이 늘어나지 못하고 있다.

1. His ___________ blind remark on admiration of Nazi Germany and Adolf Hitler embarrassed his friends.

   (A) timely

   (B) ingenious

   (C) absurd

   (D) preposterous

   > **어휘** **timely** 적시의, 때에 알맞은 **ingenious** 정교한; 창조적인 **absurd** 불합리한, 어리석은 **preposterous** 앞뒤가 뒤바뀐; 상식을 벗어난, 터무니없는

   > **해석** 그의 터무니 없고, 맹목적인 히틀러와 나치즘에 대한 찬양은 그의 친구들을 당황하게 했다.

2. Still another said there were no signs of stepped-up security by either North Korean or Chinese armed forces that would ordinarily <u>presage</u> travel by Kim.

   (A) circumvent

   (B) foreshadow

   (C) propagate

   (D) transmit

   > **어휘** **stepped-up** 속력을 올린; 증가된 **circumvent** 우회하다, 교묘히 회피하다 **foreshadow** 예시하다, ~의 징조를 보이다 **propagate** 번식시키다, 보급시키다 **transmit** 부치다, 전하다

   > **해석** 또 다른 소식통은 김 위원장의 방중을 암시하는 북한군이나 중국군의 경계 강화 조짐이 보이지 않았다고 전했다.

3. A century later, the colonel's idea looks ____________. In the surrounding city of Agra, pollution has poured from factories, an oil refinery and thousands of portable power generators, along with trucks, trains, and autos.

   (A) humble   (B) antisocial   (C) prescient   (D) audacious

   > **어휘** **refinery** 정련소, 정련장치 **humble** 겸손한, 겸허한 **antisocial** 비사교적인, 반사회적인 **prescient** 미리 아는, 앞을 내다보는 **audacious** 대담한, 겁이 없는

   > **해석** 1세기가 지난 후, 그 대령의 생각은 예지력이 있었던 것처럼 보인다. Agra 시 주변에서 트럭, 기차, 및 자동차와 더불어 공장, 석유정제공장 및 수천대의 휴대용 발전기로부터 오염물질이 쏟아져 나왔다.

4. Drug companies have encouraged doctors to <u>prescribe</u> more and more drugs in recent years and that made the situation worse.

   (A) withdraw

   (B) order

   (C) emulate

   (D) concern

   > **어휘** **prescribe** 규정하다, 지시하다(dictate); (약을) 처방하다 **withdraw** 움츠리다; 회수하다; 철수하다 **order** 명령하다, 주문하다 **emulate** ~와 (우열을) 다투다, 서두르지 않으려고 애쓰다; 열심히 배우다 **concern** ~에 관계하다; 관심을 갖다, 걱정하다

   > **해석** 최근 몇 년 동안 제약회사들이 의사에게 약을 더 많이 처방하게끔 부추겨서 상황이 더 악화됐다.

정답 1. D 2. B 3. C 4. B

01 proclivity
[prouklívəti]
(특히 나쁜) 경향, 기질

- There have been some politicians who had a great proclivity for violence and authoritarianism.
  ▶ 정치가들 중엔 폭력과 권위주의를 특별히 선호하는 자들이 있어 왔다.

02 procrastinate
[proukrǽstənèit]
질질 끌다, 지체하다

- When a book is due, return it to the library promptly. Otherwise you will be fined 3 cents for every day you procrastinate.
  ▶ 책의 반환 만기일이 되면 바로 도서관에 그 책을 반납해라. 그렇지 않으면 지연되는 하루마다 3센트씩 벌금을 물게 될 것이다.

03 prodigal
[prádigəl]
낭비하는, 방탕한

- There have been rumors that he has been prodigal with company funds ever since he was hired as an accountant.
  ▶ 회계사로 채용된 이래 그가 줄곧 회사 공금을 낭비해 왔다는 소문들이 있어 왔다.

04 prodigious
[prədídʒəs]
거대한; 놀랄만한

- The Second World War resulted in widespread devastation and prodigious loss of life.
  ▶ 제 2차 세계 대전은 광범위한 황폐화와 막대한 인명피해를 가져 왔다.

05 profane
[prouféin]
불경스런 ~의 신성을 더럽히다

- Tourists were urged not to profane the sanctity of holy places by wearing improper garb.
  ▶ 관광객들은 부적절한 옷차림을 함으로써 성소의 신성함을 더럽히지 말아달라고 요청 받았다.

06 profess
[prəfés]
언명하다; ~인 체하다

- A thorough review of the draft amendment seems to be in order if the government's aim is as the officials professed it to be.
  ▶ 만약 정부가 목적하는 바가 그 당국자가 공언한 것과 같다면 개정안에 대한 철저한 검토가 뒤따라야 할 것이다.

07 proffer
[práfər]
~을 내놓다, 증정하다; 제출, 제안

- If you continue to proffer your resignation, there's always a chance that it will be accepted and you'll find yourself out of a job.
  ▶ 당신이 계속 사표를 제출하면 그것이 수리될 가능성은 항상 있을 것이고 그렇게 되면 당신은 일자리를 잃게 될 것이다.

08 proficient
[prəfíʃənt]
숙달한, 능숙한

- As for the nation's high school education, 83 percent responded that they would prefer to go abroad for their education if possible, due to their desire to become proficient in foreign languages.
  ▶ 국가의 고등학교 교육에 있어서, 83퍼센트는 가능하다면 외국어에 능숙해졌으면 하는 바람때문에 외국에 가서 공부하기를 선호한다고 응답했다.

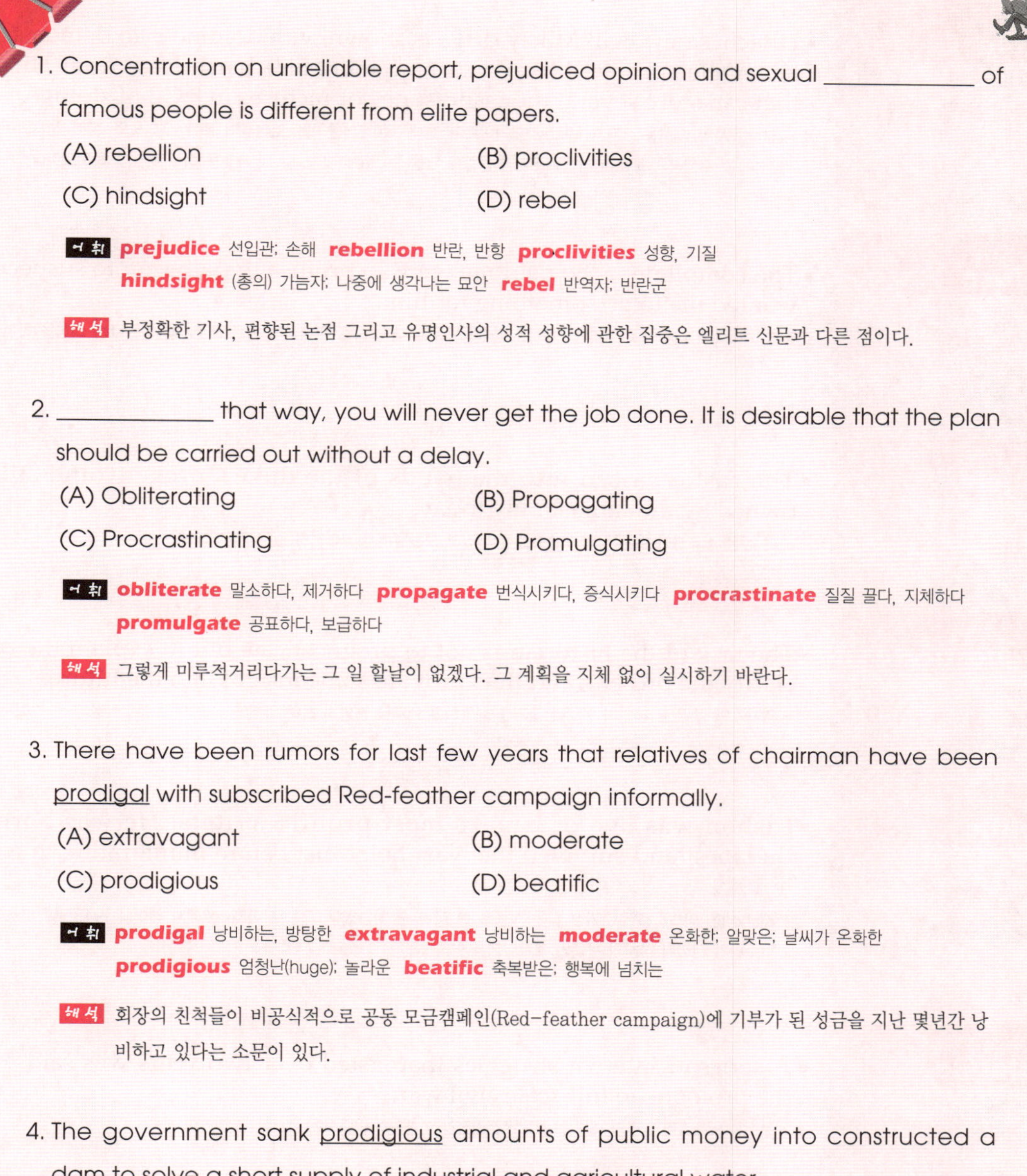

1. Concentration on unreliable report, prejudiced opinion and sexual ___________ of famous people is different from elite papers.

(A) rebellion

(B) proclivities

(C) hindsight

(D) rebel

어휘 **prejudice** 선입관; 손해 **rebellion** 반란, 반항 **proclivities** 성향, 기질
hindsight (총의) 가늠자; 나중에 생각나는 묘안 **rebel** 반역자; 반란군

해석 부정확한 기사, 편향된 논점 그리고 유명인사의 성적 성향에 관한 집중은 엘리트 신문과 다른 점이다.

2. ___________ that way, you will never get the job done. It is desirable that the plan should be carried out without a delay.

(A) Obliterating

(B) Propagating

(C) Procrastinating

(D) Promulgating

어휘 **obliterate** 말소하다, 제거하다 **propagate** 번식시키다, 증식시키다 **procrastinate** 질질 끌다, 지체하다
promulgate 공표하다, 보급하다

해석 그렇게 미루적거리다가는 그 일 할날이 없겠다. 그 계획을 지체 없이 실시하기 바란다.

3. There have been rumors for last few years that relatives of chairman have been <u>prodigal</u> with subscribed Red-feather campaign informally.

(A) extravagant

(B) moderate

(C) prodigious

(D) beatific

어휘 **prodigal** 낭비하는, 방탕한 **extravagant** 낭비하는 **moderate** 온화한; 알맞은; 날씨가 온화한
prodigious 엄청난(huge); 놀라운 **beatific** 축복받은; 행복에 넘치는

해석 회장의 친척들이 비공식적으로 공동 모금캠페인(Red-feather campaign)에 기부가 된 성금을 지난 몇년간 낭비하고 있다는 소문이 있다.

4. The government sank <u>prodigious</u> amounts of public money into constructed a dam to solve a short supply of industrial and agricultural water.

(A) unanimous

(B) characteristic

(C) eternal

(D) enormous

어휘 **prodigious** 거대한, 놀랄만한 **unanimous** 일치한; 만장일치의 **characteristic** 특유의, 독특한
eternal 영원의; 끊임없는; 불변의 **enormous** 거대한; 극악한; 무법적인

해석 정부는 공업, 농업 용수 부족을 해결하기 위한 댐 건설 정책에 막대한 자금을 쏟아 부었다.

01 profile
[próufail]
옆 얼굴상, 윤곽; 프로필, 인물소개

- Hitachi's new 8GB Mikey drive is shown with dominoes to demonstrate its smaller profile. Mikey is a new miniature hard drive from Hitachi that can store several thousand songs or pictures in 8 GB of storage.
  ▶ Hitachi사의 새로운 8기가 Mikey 드라이브가 보다 작아진 윤곽을 보여주기 위해 도미노와 함께 전시되어있다. Mikey는 수천곡의 노래나 사진을 8기가 용량에 담을 수 있는 Hitachi사의 새로운 미니 하드 드라이브이다.

02 profuse
[prəfjúːs]
사치스런; 풍부한

- The compliments he paid me were so profuse that I began to suspect he wanted me to do something for him.
  ▶ 그가 나에게 너무나 아낌없는 찬사를 보냈기 때문에 내가 그를 위해 무엇인가 해주기를 바란다는 의심을 하기 시작했다.

03 progeny
[prádʒini]
자손; 결과

- The castle passed into the hands of the duke's progeny and still is owned by the same family today.
  ▶ 그 성은 소유권이 그 공작의 후손으로 넘어갔고 오늘날까지도 여전히 같은 가문의 소유이다.

04 prognosticate
[pragnástikèit]
예언하다, 예지하다

- The task of the historian is not to prognosticate but to explain the past, clarify the present, and thus provide some insight into the future.
  ▶ 역사가의 할 일은 예언이 아니라 과거를 설명하고 현재를 분명히 하여 미래에 대한 어떤 통찰력을 주는 것이다.

05 prolific
[proulífik]
다산의, 다작의

- Kishon was one of Israel's most prolific writers. He was born in Budapest and survived the Nazi holocaust before immigrating to Israel in 1949.
  ▶ Kishon은 이스라엘에서 가장 많은 작품을 쓴 작가 중 하나였다. 그는 부다페스트에서 태어나 1948년에 이스라엘로 이주하기 전까지 나치의 유태인 대학살에서 살아남았다.

06 prologue
[próulɔːg]
서사, 발단

- A series of internal struggles that lasted over two years was said to be the prologue to full-scale civil war.
  ▶ 2년 넘어 계속된 일련의 내부 갈등들이 전격적인 시가전의 발단이었다고 얘기되어졌다.

07 prolong
[proulɔ́ːŋ]
연장하다

- The advances of modern medical science have made it possible to prolong the human life span by many years.
  ▶ 현대의학의 발달은 인간의 수명을 여러 해 연장시키는 것을 가능하게 했다.

08 prominent
[práminənt]
돌출한; 탁월한

- Although the announcement of the meeting had promised "a prominent speaker", he turned out to be a minor official of whom we had never heard.
  ▶ 그 회합공고는 "저명한 연사"를 약속했지만 그 연사는 우리가 들어본 적도 없는 하급공무원임이 드러났다.

1. The company admitted their grave blunder and sent us high-priced berthable seat with ____________ apologies

(A) profuse　　　　(B) awkward　　　　(C) profane　　　　(D) profess

어휘 **profuse** 사치스런; 풍부한　**berthable seat** 침대 겸용 의자　**awkward** 어색한; 다루기 힘든; 곤란한; 위험한　**profane** 불경스런, 세속적인, 이단의; 모독하다; 남용하다, 오용하다　**profess** 선언하다; 꾸미다

해석 회사는 어마어마한 실수를 인정하고 우리에게 거듭 사과하며 침대 겸용 의자를 보냈다.

2. Senior party officials took the podium, arguing the government's tax audit was aimed at ____________ its rule at next year's presidential election.

(A) enforcing　　　(B) prolonging　　　(C) consolidating　　　(D) guaranteeing

어휘 **official** 공무원, 관공리; 임원　**podium** 연단　**argue** ~을 논하다; 주장하다
audit 회계 감사; (특정 목적의) 감사, 사찰　**aim** ~을 겨누다; 목표로 삼다 (at)　**election** 선거
enforcing (법률을) 실시하는, 집행하는; (지불, 복종을) 강요하는　**prolonging** 길게 늘이는, 연장하는(elongating)
consolidating 합병 정리한, 통합한, 강화한　**guaranteeing** 보증하는

해석 고위직 당간부들은 연단을 점거하고, 정부의 세무 사찰은 내년도 대통령 선거에서 정권을 연장하는데 목적을 두고 있다고 주장했다.

3. Richard Rogers, he is one of the most <u>prolific</u> writers on Broadway, played a major role in the evolution of the American musical theater.

(A) young　　　　　　　　　　　(B) productive

(C) able　　　　　　　　　　　　(D) promising

어휘 **young** 젊은　**productive** 생산적인, 건설적인　**able** ~할 수 있는　**promising** 유망한

해석 Richard Rogers는 브로드웨이에서 가장 작품을 많이 쓴 작가중의 한 명이고, 미국의 뮤지컬 극장의 발전에 주요한 역할을 했다.

4. In later years he came to be <u>a prominent</u> citizen of the town, and there was even talk one year of running him for mayor.

(A) a sharp　　　(B) an important　　　(C) a clear　　　(D) an enviable

어휘 **prominent** 현저한; 저명한　**citizen** 시민　**run** (사람을) 선거에 입후보시키다　**mayor** 시장(市長), 면장
sharp 날카로운, 예리한　**important** 중요한; 저명한　**clear** 깨끗한; (모양, 윤곽 등이) 분명한　**enviable** 샘나는, 부러운

해석 후에 그는 그 마을의 유력한 시민이 되었다. 그리고 어느 해에는 심지어 그를 시장에 출마시키자는 이야기도 있었다.

01 promiscuous
[prəmískjuəs]
뒤섞인, 난잡한

- In the opera La Boheme, we get a picture of the promiscuous life led by the young artists of Paris.
  ▶ La Boheme 오페라에서, 우리는 파리의 젊은 예술가들이 영위하는 난잡한 생활상을 본다.

02 promising
[prámisiŋ]
장래가 촉망되는

- With the successful introduction of its latest personal computer, the coming fiscal year looks promising for Apple Computer.
  ▶ 최신형 퍼스널 컴퓨터의 성공적인 도입으로 애플 컴퓨터사의 차기 회계연도는 전망이 밝다.

03 promulgate
[prámǝlgeit]
~을 공포하다, 발표하다

- The new law that bans prostitution in any shape or form was finally promulgated in the autumn of last year.
  ▶ 어떤 형태의 매춘도 금지하는 새로운 법이 지난 해 가을 공포되었다.

04 propel
[prəpél]
~을 나아가게 하다, 추진하다

- Often, people's own diary problems can propel them in the direction of the revolutionary parties.
  ▶ 자주, 사람들 자신의 일상 문제들은 그들을 혁명적인 방향으로 나아가게 한다.

05 propensity
[prəpénsəti]
(보통 나쁜 뜻으로) 성벽, 성질

- Japanese customers are marked by a maniacal propensity to consume specific cultural products while China and Southeast Asian hallyu—the vogue for Korean pop culture and Korean entertainers—fans are more taken with Korean pop stars rather than Korean culture.
  ▶ 일본 고객들은 특정 문화상품들을 소비하는 광적인 성향이 두드러진 반면, 중국과 동남아 한류–즉 한국 대중문화와 한국 연예인 유행–의 팬들은 한국 문화 보다는 한국 대중 스타들에게 매료되어 있다.

06 prophesy
[práfisài]
예언하다

- I prophesy that in ten years' time, net income per head will be four times greater than now.
  ▶ 내가 예측컨대 10년 후에는 1인당 순소득이 지금의 4배가 될 것이다.

07 propitious
[prəpíʃəs]
길조의; 자비로운

- When I entered his office and observed that he seemed to be in a good mood, I felt that this might be a propitious time to ask for a rise.
  ▶ 내가 그의 사무실로 들어가서 그의 기분이 좋아 보이는 것을 보고는 이것이 급료인상을 부탁하기에 좋은 때라고 느꼈다.

08 proportional
[prəpɔ́:rʃənəl]
균형 잡힌, 비례하는

- The flow of electric current in a conductor is directly proportional to the electromotive force, volt and inversely proportional to the resistance.
  ▶ 전도체에서 전류의 흐름은 전기 유도력, 전압에 정비례하고 저항에 반비례한다.

1. Use of appetite suppressant is making a number of eating disorder patient _______ like anorexia and bulimia.

   (A) promiscuous
   (B) appropriate
   (C) discreet
   (D) intricate

   어휘 **appetite suppressant** 식욕 억제제 **promiscuous** 뒤섞인, 난잡한 **appropriate** 적절한, 고유한 **discreet** 사려 깊은; 신중한; 예의 바른 **intricate** 뒤얽힌, 복잡한(complicated); 난해한

   해석 식욕억제제의 무차별한 사용은 거식증과 폭식 같은 수많은 섭식 장애 환자를 만들고 있다.

2. Result of closed door negotiation with developing country, South Korea greets a __________ era in construction industry.

   (A) promising
   (B) discouraging
   (C) retrogressive
   (D) reluctant

   어휘 **promising** 장래가 촉망 되는 **discouraging** 낙담시키는; 가능성이 희박한 **retrogressive** 후퇴하는, 퇴화하는 **reluctant** 싫어하는; 다루기 어려운

   해석 개도국과의 비밀협상으로 한국의 건설사업은 유망한 시대를 맞이하고 있다.

3. From his <u>propensity</u> for jogging through city streets and stopping at local eateries to his planned inauguration week bus tour, the president-elect is a case study in risky impulse."

   (A) entail
   (B) inclination
   (C) prophecy
   (D) deduction

   어휘 **inauguration** 취임식 **risky** 위험한; 외설한 **entail** 수반하다, 부과하다; 필연적 결과 **inclination** 경향; 기호 **prophecy** 예언, 예언 능력 **deduction** 공제; 연역적 추론

   해석 시내거리를 조깅하고 지방의 식당들에 들르는 버릇에서 시작해 취임 전 1주간 버스 여행계획에 이르기까지, 대통령 당선자의 충동적인 위험스런 행동은 가히 연구 대상이다.

4. A hand on her shoulder <u>propelled</u> her along the corridor at amazing speed. she tried to escape but it was not work.

   (A) drove
   (B) projected
   (C) built
   (D) wrecked

   어휘 **propel** 추진하다 **drive** 운전하다, 쫓다 **project** 계획하다; 발사하다 **build** 짓다, 건축하다 **wreck** 난파시키다, 조난시키다

   해석 그녀의 어깨 위에 얹힌 손 하나가 놀라운 속력으로 그녀를 복도를 가로질러 몰아갔다. 그녀는 벗어나려 했지만 소용이 없었다.

정답 1. A 2. A 3. B 4. A

01 propriety
[prəpráiəti]

예의바름; 적당

- Before issuing startups with permission for business, we will be giving consideration to market conditions and be carefully looking into the propriety of the largest shareholders.
  ▶ 사업에 대한 승인과 함께 조업 시작을 공표하기에 앞서서, 우리는 시장 조건들에 대해 고려해 봐야 하겠고, 대주주들의 타당성에 대해 조사해봐야겠습니다.

02 proscribe
[prouskráib]

금지하다, 배척하다

- Laws against slander and libel have their place, but they must never be used to proscribe criticism of public officials.
  ▶ 중상과 비방을 금하는 법은 그 나름대로의 역할이 있으나 공무원에 대한 비판을 금지하는데 이용되어서는 안된다.

03 prosecute
[prásikjù:t]

기소하다, 수행하다

- This store will go to great trouble and expense, if necessary, to prosecute anyone who is caught shoplifting.
  ▶ 이 가게는 좀도둑을 고발하기 위해 필요하다면 큰 어려움과 비용도 감수할 것이다.

04 prospective
[prəspéktiv]

장래의; 가망이 있는

- By setting up a prenuptial agreement, the prospective bride and groom hoped to forestall any potential arguments about money in the event of a divorce.
  ▶ 혼전 합의서를 작성함으로써 예비 신랑과 신부는 이혼 시에 있을 지도 모를 재산에 대한 잠재적인 분쟁을 막아보려 했다.

05 prosper
[práspər]

번영하다, 성공하다

- The Asian air travel market is currently in a downturn but Japanese airlines continue to prosper, as Japan has not been as hard hit as other economies and traditionally most of their passengers have been Japanese.
  ▶ 현재 아시아의 비행기 여행 산업이 침체기에 있으나, 일본의 경제는 다른 나라처럼 큰 타격을 받지 않았으며, 전통적으로 일본의 항공사들의 승객들은 일본인이었기 때문에, 그들은 계속해서 번영 일로에 있다.

06 prostrate
[prástreit]

(자기 자신을) 엎드리게 하다; 엎드린

- He prostrated himself before the idol.
  ▶ 그는 그 우상 앞에서 엎드렸다.

- They had sealed off one of its most visited tombs in order to prevent the perpetration of lewd acts on the prostrate bronze form of the murdered 19th century journalist.
  ▶ 그들은 살해당한 그 19세기 대중작가의 엎드려 있는 동상에 외설적인 행위를 범하는 것을 방지하기위해 가장 사람들이 많이 찾는 무덤들 중 하나를 봉해버렸다.

07 protract
[proutrǽkt]

~을 연장하다, 오래 끌게 하다

- My aunt had planned to stay with us for the weekend only, but mother persuaded her to protract her visit for a full week.
  ▶ 우리 이모는 주말만 우리와 함께 머물 계획이었으나, 어머니께서 설득하셔서 체류를 1주일 연장하셨다.

08 protrude

[proutrúːd]

내밀다, 튀어나오다

■ In that neighborhood of small homes, a few massive apartment buildings protrude like giants set down in a community of dwarfs.

▶ 작은 집들이 모여 있는 그 동네에 몇 채의 거대한 아파트 빌딩이 마치 난쟁이 마을에 세워둔 거인들처럼 불쑥 솟아있다.

---

1. Even though he knew that his mother had been ill, he did not have the __________ to write to her.

   (A) apathy 　　　　　　　　(B) eulogy

   (C) posterity 　　　　　　　(D) propriety

   어휘 **apathy** 냉담; 무관심 **eulogy** 찬사; 칭송 **posterity** 자손; 후대 **propriety** 타당; 예의 바름(decency)

   해석 그는 자신의 어머니가 편찮으셨다는 것을 알았지만 어머니께 편지를 쓸 만큼의 예의도 없었다.

2. 50 books proscribed in other countries also will be included in this exhibition.

   (A) banned 　　　　　　　　(B) encouraged

   (C) interesting 　　　　　　(D) permanent

   어휘 **ban** 금지하다 **encourage** 북돋우다 **interesting** 흥미로운 **permanent** 영구적인

   해석 이번 전시회에는 외국 금서 50여점도 포함될 것입니다.

3. Such illegal conduct should have been indicted to the judicial authorities. Anyone wouldn't do due to his violence, though.

   (A) prosecuted 　　　　　　(B) alluded

   (C) resigned 　　　　　　　(D) perspired

   어휘 **prosecute** 기소하다; 수행하다 **allude** 암시하다; 언급하다 **resign** 사임하다; 포기하다 **perspire** 땀을 흘리다; 발한하다

   해석 그러한 불법적인 행동은 사법 당국에 고발되어야 마땅했지만 그의 강경함에 아무도 나서지 못하고 있었다.

4. The jury's deliberation was protracted because of their confusion over a point of view.

   (A) lengthened 　　　　　　(B) befuddled

   (C) illuminated 　　　　　　(D) distended

   어휘 **deliberation** 숙고; 신중함 **protract** 연장하다; 뻗다 **confusion** 혼란, 뒤죽박죽 **a point of view** 관점 **lengthened** 길게 하다, 연장하다 **befuddled** 정신을 잃게 하다, 어리둥절하게 하다 **illuminated** 조명하다; 설명하다 **distended** 넓히다; 과장하다

   해석 배심원단의 심의는 그들의 엇갈린 견해로 연장되었다.

01 prudent
[prú:dənt]
사려 깊은, 현명한

- Even the most prudent business person knows that there are times when it is necessary to take chances.
  ▶ 아무리 신중한 기업가라도 모험이 필요할 경우가 있다는 사실을 알고 있다.

02 purport
[pərpɔ́:rt]
주장하다; 요지

- If the purport of your speech was to arouse the rabble, you succeeded admirably.
  ▶ 당신의 연설의 취지가 폭도를 선동하는 것이라면, 당신은 대단히 성공한 것이다.

03 protagonist
[proutǽgənist]
주연; 지도자

- Brutus is the protagonist in William Shakespeare's JULIUS CAESAR, and Antony is theantagonist.
  ▶ Brutus는 윌리암 세익스피어의 "줄리어스 씨저"에서 주역이고 Antony는 그 상대역이다.

- Feverish, paranoid, he confused himself with his protagonist, a detective investigating the murder of a prostitute in the 1950s.
  ▶ 열병에, 편집증까지 겹쳐서, 그는 1950년대 한 창녀의 살인을 조사하던 주인공 탐정과 자신을 혼동했다.

04 protocol
[próutəkɔ̀l]
외교 의례, 통신규약, 프로토콜

- We must run this state dinner according to protocol if we are to avoid offending any of our guests.
  ▶ 손님 중 그 누구도 불쾌하게 하지 않으려면 외교 의례에 따라 국빈 초대 만찬을 이끌어야 한다.

05 prototype
[próutɔtaip]
원형, 본보기

- Our constitution has served as the prototype of similar documents in democratic nations all over the world.
  ▶ 우리의 헌법은 세계 도처의 민주 국가들이 사용하는 유사한 문서의 원형으로서 이바지해왔다.

06 ransom
[rǽnsəm]
몸값, 배상금

- What do you think the United States government should do when its representatives in foreign countries are abducted by armed bands and held for ransom?
  ▶ 외국에서 재외 공관원이 무장 괴한들에게 유괴되어 몸값요구로 억류되어 있을 때 미국 정부가 어떻게 해야 한다고 생각하십니까?

07 react
[ri:ǽkt]
반작용하다, 상호작용하다

- Children tend to react against their parents by going against their wishes.
  ▶ 아이들은 자기 부모님의 뜻을 거역함으로써 그들에게 반발하는 경향이 있다.

08
rebate
[rí:beit]
할인, 환불; 환불하다

■ None of internet coupons can be used in conjunction with the rebate offer that is advertised in this magazine.
▶ 인터넷 할인권은 본 잡지에 광고된 할인 혜택과 같이 사용하실 수 있습니다.

1. Although political leaders in the past like Dwight Eisenhower and John F. Kennedy had their <u>discreet</u> extramarital affairs, they were never spoken of in the press.
   (A) lewd
   (B) candid
   (C) loose
   (D) prudent

   어휘 **extramarital** 혼외의, 불륜의 **press** 신문; 출판물; 보도기관 **loose** 풀린; 치밀하지 못한

   해석 Dwight Eisenhower와 John F. Kennedy 같은 과거의 정치 지도자들이 조심스러운 혼외정사를 가지긴 했어도, 그것들이 언론에서 얘기되지는 않았다.

2. If <u>purported</u> truths turn out to be falsehoods, we naturally become wary and suspicious to find another one.
   (A) implied
   (B) alleged
   (C) designed
   (D) reacted

   어휘 **purported** 소문난; 근거 없이 주장된 **falsehood** 허위, 거짓말 **wary** 경계하는, 주의 깊은 **suspicious** 의심스러운, 미심쩍은 **implied** 함축된, 암시적인 **designed** 설계[도안]에 의한; 계획된

   해석 만약 주장된 사실들이 거짓으로 판명된다면 우리는 또 다른 거짓말을 찾기 위해서 당연히 경계하고 의심을 품게 된다.

3. The crude craft in which the Wright brothers make the first successful flight in 1903 was the <u>prototype</u> of the modern airplane.
   (A) rebuttal
   (B) archetype
   (C) conductor
   (D) deficit

   어휘 **rebuttal** 반박, 논박 **archetype** 원형 **conductor** 지휘자, 안내인 **deficit** 부족, 결손

   해석 1903년 Wright 형제가 첫 비행에 성공한 조잡한 비행기가 현대 항공기의 원형이다.

4. We believe what's important is how we <u>cope with</u> after a receiving a terror tip.
   (A) procrastinate
   (B) regenerate
   (C) react
   (D) profane

   어휘 **procrastinate** 질질 끌다, 지체하다 **regenerate** 재생시키다, 갱생시키다 **react** 대응하다 **profane** 모독하다

   해석 테러 언질을 받은 후 중요한 것은 우리가 어떻게 대응하느냐 하는 것이라고 생각한다.

01 rebuke
[ribjúːk]
책망하다; 질책

- The editor recognized the plagiarism and rebuked the culprit who had presented the manuscript as original.
  ▶ 편집자는 표절임을 알고서도 원고를 원작인 듯 제출한 범법자를 질책했다.

02 recant
[résəpiː]
취소하다, 철회하다

- After 11 years spent in solitary confinement without any access to his comrades, he publicly recanted his views on politics.
  ▶ 전혀 자기 동지들에게 접근하지도 못한 채 11년을 독방에서 지낸 후, 그는 공개적으로 정치에 대한 자기 원래의 입장을 철회했다.

03 recede
[risíːd]
물러나다, 희미해지다

- The weather agency forecast that the hot spell will likely recede for a while after scattered rainfall in central regions during the weekend.
  ▶ 기상청은 주말 동안 중부지방에 산발적인 비가 온 후 당분간 폭염이 물러날 것 같다고 예측했다.

04 recipe
[résipiː]
조리법; 비결

- Although leftover food is not used for the stew today (not openly at least), as it probably was done after the war, the recipe remains almost the same, in which items of Western food are submerged in the traditional hot and spicy Korean stew to produce a unique flavor not found in other Korean dishes.
  ▶ 오늘날 음식 찌꺼기는 아마도 전쟁 후에 그랬던 것과 같이 (적어도 내놓고는) 스튜요리에 사용되어지지 않지만, 서양 음식거리들이 전통적으로 맵고 자극적인 한국 찌개 국물에 푹 가라앉아서 다른 한국 요리에서는 찾아볼 수 없는 독특한 맛을 내는 조리법은 거의 동일한 모습으로 남아있다.

05 reciprocal
[risíprəkəl]
상호의, 호혜적인

- North Korean leader Kim has been asked to make a reciprocal visit to Seoul to keep the promise he made during a historic meeting with former President Kim Dae-jung in Pyongyang.
  ▶ 북한의 지도자 김정일은 전직 대통령 김대중과 평양에서 역사적인 만남 도중에 한 약속을 지키기 위해서 서울을 답방해 달라는 요청을 받았다.

06 reclaim
[rikléim]
반환을 요구하다; ~을 교정하다

- Whether she will be able to reclaim her spot at the top and whether her acting career will take off and follow in the footsteps of her success of her music and TV career will be up to the judgment of fans.
  ▶ 그녀가 정상의 자리를 탈환할 수 있을 것인지, 그리고 그녀의 배우 활동이 인기를 얻어 음악과 텔레비전 활동에서 보여준 성공의 선례를 쫓을 지는 팬들의 판단에 달려있다.

07 recline
[rikláin]
기대다, 눕다

- The seats in economy class do not recline very far and they are uncomfortable.
  ▶ 이코노미 클라스의 의자는 뒤로 많이 젖혀지지도 않고 불편해.

08 recluse

[riklú:s]

은둔자, 속세를 버린 사람

- The man had become a recluse, rarely going out and refusing invitations from his formerassociates.

▶ 그 사람은 속세를 떠나 거의 외출도 하지 않았고 이전에 친했던 친구로부터의 초대도 거절하였다.

1. After a rape accusation against the two athletes was <u>recanted</u>, questions arise on the news media's reporting of the case.

(A) criticized   (B) reinforced   (C) repeated

(D) withdrawn   (E) erased

어휘 **accusation** 비난, 죄상, 고발   **criticize** 비판[평론]하다, 비난하다   **reinforce** 강화하다, 보강하다   **repeat** 되풀이하다, 반복하다   **withdraw** 뒤로 빼다, 철회하다   **erase** 지우다, 없애다

해석 두 선수에 대한 강간죄 고소가 취하되자 그 사건의 보도 내용에 대한 의문점들이 제기되었다.

2. After all of family member returned home, fear of war hasn't ___________ for some time. pandemonium was still vivid in my mind

(A) receded   (B) remained

(C) infatuated   (D) trod

어휘 **receded** 물러나다, 희미해지다   **remained** 남다, 머무르다; 수중에 들어가·다 남는 것, 유물, 유적   **infatuate** 판단력을 잃게 하다; 홀리게 하다, 도취시키다   **tread** 밟다, 걷다; 억누르다, 압도하다

해석 모든 가족들일 돌아온 후에도 한동안 전쟁에 대한 두려움은 한동안 사라지지 않았다.

3. From earliest recorded history, humans have tried to farm fertile land <u>reclaimed</u> from floodplains.

(A) resorted   (B) restructured

(C) recovered   (D) reduced

어휘 **farm** (토지를) 경작하다   **fertile** 다산의; (땅이) 비옥한   **reclaim** 교정(矯正)하다; (땅을) 개간하다, 매립하다(recover)   **floodplain** 범람원   **resort** 가다; 의지하다, 호소하다   **restructure** 재구성하다, 개조하다   **reduce** 줄이다, 낮추다

해석 유사 이래 인간은 범람원을 개간한 비옥한 땅을 경작하기 위해 노력해 왔다.

4. It is really suitable for eating meal and having a rest with calm because first-class seats ___________ almost like beds.

(A) look   (B) include

(C) are occupied   (D) recline

어휘 **look** 보다, 주시하다   **include** 포함하다   **are occupied** 점유되다   **recline** 기대다, 눕다

해석 일등석의 자리는 거의 침대만큼 젖혀져서 밥을 먹거나 쉬기에 충분한 공간을 제공한다.

Prefix RE-   뒤

01 recompense
[rékəmpèns]
보상하다; 보수

- He said that without the government's efforts to seek reparations for victims and their bereaved families, individual victims have no hope of retrieving recompense for forced labor.
  ▶ 그는 정부가 피해자들과 유가족들에 대한 보상을 청구하는 노력을 하지 않는다면, 개개인 피해자들은 강제노동에 대한 보상을 만회할 희망이 전혀 없다고 얘기했다.

02 reconcile
[rékənsáil]
조화시키다;
~을 화해시키다,

- The highlight of the exhibition is his celebrated "Museum" series. The series is composed of monumental pictures of people visiting museums, churches, and other cultural destinations around the world that reconcile the timeless and the ephemeral, the real and the spiritual ideal.
  ▶ 전시회의 백미는 그의 유명한 '박물관' 시리즈였다. 그 시리즈는 사람들이 세계 곳곳의 박물관들, 교회와 기타 문화적인 행선지들을 방문하는 기념비적인 사진들로 구성되어 있는데, 이는 시간을 초월하는 것과 일시적인 것, 그리고 현실과 영적인 이상을 조화시키고 있다.

03 recondite
[rékəndáit]
심오한, 난해한; 비장의

- He read many recondite books in order to obtain the material for his scholarly thesis.
  ▶ 그는 학술 논문 자료를 얻기 위하여 난해한 책들을 많이 읽었다.

04 reconnaissance
[rikánisəns]
시찰, 정찰(대)

- Before you launch your attack on the problem of civic corruption, you should carry out a careful reconnaissance to get a realistic idea of what you are up against.
  ▶ 시의 부정 문제를 공격하기 전에 당신이 공격하고 있는 내용을 실제로 알기 위한 세심한 조사를 해야 한다.

05 recourse
[ríːkɔːrs]
의지(가 되는 것, 사람)

- The failure to reach a satisfactory conclusion left the company with no alternative other than to pursue legal recourse.
  ▶ 만족스러운 결론에 도달하지 못하면 그 회사는 법에 호소하는 것 외에 다른 대안이 없다.

06 recruit
[rikrúːt]
신병; 보충하다

- The recruits were given their uniforms, and now they are being drilled on the parade ground.
  ▶ 신병들은 군복을 지급 받았고, 지금은 연병장에서 군사훈련을 받고 있다.

07 recuperate
[rikjúːpərèit]
회복하다[시키다],
경제적 손실을 만회하다

- Graying hair, weight gain, and greater difficulty in recuperating from physical exertion may be physiological indices of a person's advancing age.
  ▶ 희어지는 머리칼, 몸무게의 증가, 그리고 신체적인 피로로부터 회복하는데 더 힘이 드는 것, 이 세 가지는 한 사람이 늙어간다는 것의 생리학적인 지표이다.

08 recur

[rikə́ːr]

다시 일어나다; 되돌아가다

- We apologize for any inconvenience this clerical error has caused and will do our best to see that such errors do not recur.

▶ 이번의 사무착오로 불편을 끼쳐드린 것에 대해 사과드리고 다시는 이러한 착오가 재발하지 않도록 최선의 노력을 다하겠습니다.

1. The philosopher's thesis was so <u>recondite</u> that I couldn't get past the first two sentences. Is there any person who can understand?

   (A) hard to understand   (B) easy to comprehend

   (C) hard to notice   (D) easy to dispel

어휘 **hard to understand** 이해하기 힘든, 난해한 **easy to comprehend** 이해하기 쉬운
hard to notice 알아채기 힘든 **easy to dispel** 쫓아버리기 쉬운

해석 그 철학자의 이론은 너무 난해해서 나는 첫 두 문장도 마칠 수 없었다. 이해하는 사람이 있기는 할까?

2. Recruit means a soldier recently _______________ into the armed forces. They are given one hundred days for training.

   (A) assorted   (B) aggrieved

   (C) depreciated   (D) enlisted

어휘 **recruit** 신병; 가입시키다 **armed forces** (일국의 육, 해, 공의) 군대, 군
assort 분류하다; 구비하다; 어울리다 **aggrieve** 괴롭히다; 화나게 하다
depreciate 가치가 떨어지다; 경시하다 **enlist** 병적에 편입하다; 찬조를 얻다

해석 신병은 최근에 군대에 모집된 군인을 의미한다. 그들에게는 100일간의 트레이닝 기간이 주어진다.

3. The fertility of the natural world and the ideas of birth, death, and resurrection appear as <u>recurring</u> themes throughout mythology.

   (A) respected   (B) repeated

   (C) reliable   (D) religious

어휘 **recurring** 되풀이하여 발생하는; 순환하는 **respected** 훌륭한; 평판 **repeated** 되풀이된, 거듭된
reliable 의지가 되는; 확실한, 신뢰성 있는 **religious** 종교(상)의

해석 자연계의 다산과 탄생, 죽음, 부활의 개념들은 신화 전반에 걸쳐 반복해서 등장하는 주제이다.

정답 1. A   2. D   3. B

Prefix RE- 뒤

01 redeem
[ridí:m]
~을 되찾다, 보상하다;

- If the reinvestigation can redeem the honor of victims, it will help unite society, rather than divide it.
  ▶ 재조사가 희생자들의 명예를 회복시켜 준다면, 그것은 사회 분열 보다는 사회 통합을 돕게 될 것이다.

02 redolent
[rédələnt]
향기로운; ~을 생각나게 하는

- Backed by soaring sax and energetic percussion, he makes the sort of celebratory, Spanish party music redolent of warm weather and cocktails.
  ▶ 고음을 뽑아내는 색소폰과 힘이 넘치는 타악기가 받쳐주어, 그는 따뜻한 날씨와 칵테일을 생각나게하는 일종의 축가풍 스페인 파티 음악을 만들어낸다.

03 redoubtable
[ridáutəbl]
가공할만한

- The neighboring countries tried not to offend the Russians because they could be redoubtable foes.
  ▶ 소련이 가공할만한 적이 될 수 있기 때문에, 이웃 국가들은 소련을 자극하지 않으려고 노력했다.

04 redress
[ri:drés]
고치다, 교정하다

- If some problems are found after the introduction of the prohibitive tax system, the government will redress the system.
  ▶ 금지세 시스템이 도입된 후 문제가 발견되면, 정부는 그 시스템을 시정할 것이다.

05 redundant
[ridʌ́ndənt]
과잉의

- In the sentence, "He is a single unmarried man", the word "unmarried" is redundant.
  ▶ "그는 독신인 미혼남입니다." 라는 문장에서 '미혼'이라는 단어는 불필요하다.

06 refine
[rifáin]
~을 순화하다, 정제하다

- Industrial pollution is derived principally from power plants and from plants that refine and manufacture basic metals.
  ▶ 산업 오염은 주로 발전소와 기초 금속 물질을 정제 및 제조하는 공장에서 발생한다.

07 refute
[rifjú:t]
~을 논박하다, 반박하다

- This is the core of slavery. It is only the rise of technology, not the rise of modern political ideas, which has refuted the old and terrible truth that only violence and rule over others could make some men free.
  ▶ 이것이 노예제도의 핵심이다. 다른 사람들에 대한 폭력과 통치만이 어떤 사람들을 자유롭게 한다는 오래되고 끔찍한 진실을 반박한 것은 현대 정치사상의 출현이 아니라 단지 과학기술의 발달이다.

08 regenerate
[ridʒénərèit]
재생시키다, 갱생시키다

- The new manager regenerated the losing team and made it a strong contender for first place.
  ▶ 신임 매니저는 지기만 하던 팀에게 새로운 힘을 불어넣어서 그 팀을 우승을 바라보는 강력한 경쟁팀으로 만들었다.

1. The __________ scent which came from the post card from her created in him a sense of beautiful memory with her.

   (A) condoling   (B) indolent

   (C) redolent   (D) insolent

> **어휘** **condoling** 문상하는; 동정하는   **indolent** 게으른, 나태한   **redolent** 좋은 냄새가 나는; 상기시키는   **insolent** 건방진, 무례한

> **해석** 빵집에서 나는 그 향기는 그녀에게 그녀의 할머니의 빵에 대한 추억을 연상시켰다.

2. I was surprised by his __________ plan. I was shuddered to think of a formidable prospect. His opponent faces the most dreadful one.

   (A) suspicious   (B) redoubtable

   (C) timid   (D) novel

> **어휘** **suspicious** 의심하는   **redoubtable** 당당한   **timid** 겁 많은, 소심한   **novel** 새로운, 신기한

> **해석** 나는 그의 무서운 계획에 놀랐다. 그가 연출할 어마어마한 광경을 상상하니 끔찍했다. 그의 경쟁자는 가공할만한 상대를 만난 것이다.

3. The opposition parties may push for an amendment that would bar the President from carrying out the treaty's provisions unless the conventional-arms imbalance is <u>redressed</u>.

   (A) rectify   (B) even up

   (C) equalize   (D) refine

> **어휘** **rectify** 바로잡다, 수정하다   **equalize** 똑같게 하다, 균일화하다   **equalize** 같게하다, 균등하게 하다   **refine** 순화하다, 정제하다

> **해석** 야당들은 재래식 무기의 불균형이 시정되지 않는 한 대통령이 조약의 조항들을 이행하는 것을 막을 개정을 요구할는지 모른다.

4. The innocent man <u>refuted</u> the accusation. Fortunately that guy evidenced his guilty with witness and alibi.

   (A) refused   (B) fought

   (C) disproved   (D) avoided

> **어휘** **innocent** 무죄한, 결백한   **refute** 논박[반박]하다; 이의를 제기하다   **accusation** 비난, 고소   **refuse** 거절하다; 받아들이지 않다   **fight** 싸우다; 노력하다   **disprove** ~의 반증을 들다, 논박하다   **avoid** 피하다; 무효로 하다

> **해석** 그 결백한 사람은 고소에 대해 논박했다. 다행히도 그 사람은 알리바이와 증인이 있었다.

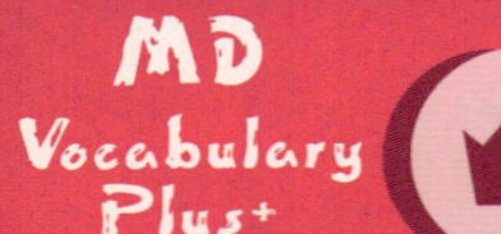

01 rehabilitate

[riːhəbílitèit]

원상태로 돌리다,
사회에 복귀시키다;명예를
회복시키다

- The purpose of our prisons is not just to punish offenders but to rehabilitate them.
  ▸ 우리 교도소의 목적은 단지 범법자들을 처벌하는 것이 아니라 그들을 (사회에) 복귀시키는 것이다.

02 rehearse

[rihə́ːrs]

예행연습을 하다

- Far from being impromptu, all those jokes and wisecracks you hear on TV talk shows are usually prepared by professional gag writers and are carefully rehearsed.
  ▸ TV 토크쇼에서 듣는 모든 농담과 재담은 결코 즉석에서 하는 것이 아니라 보통 전문적인 개그작가들이 준비해서 정성들여 예행연습된 것들이다.

03 reimburse

[riːimbə́ːrs]

~에게 변상하다, 갚다

- After the deportation, the Soviet government broke its promise to reimburse all livestock, crops and properties. Even today, the governments of Russia and other Central Asian states show no signs of keeping that promise in the near future.
  ▸ 국외 추방 후, 소련 정부는 모든 가축, 농작물, 그리고 재산에 대해 변상하겠다는 약속을 저버렸다. 오늘날에도, 러시아 정부와 기타 중앙아시아 국가들은 가까운 장래에 그 약속을 지킬 어떤 조짐도 보이지 않고 있다.

04 reinforce

[riːinfɔ́ːrs]

~을 보강하다, 강화하다

- The hospital ship arrived on Indonesia's tsunami-battered Sumatra island waters on Tuesday to reinforce emergency relief operations in the region.
  ▸ 쓰나미가 강타한 인도네시아 수마트라 섬 해상에 그 지역의 비상 구호 활동을 보강하기 위한 병원선이 도착했다.

05 reiterate

[riːítərèit]

반복하다

- What a bore to hear the same silly advertising slogans reiterated endlessly on TV programs!
  ▸ TV 프로그램에서 끝없이 반복되는 똑같은 광고 문구를 듣는 것은 얼마나 따분한 일인가!

06 rejuvenate

[ridʒúːvənèit]

다시 젊어지게 하다,
활기 띠게 하다

- Outworn ideas that belong to the past cannot be rejuvenated by expressing them in snappy, modern slang.
  ▸ 과거의 낡은 관념을 활기차고 현대적인 용어로 표현한다고 해도 다시 새로워질 수는 없다.

07 relegate

[réligèit]

~을 내쫓다, 좌천시키다

- The history of ideas can't be done without actually applying ideas; and unless we agree to relegate the writing of our history to Martians, we have to admit that a history of points of view can't be done without favoring at least one point of view.
  ▸ 아이디어들의 역사는 실제로 아이디어들을 적용해보지 않고는 이루어질 수가 없다. 그리고 우리가 역사에 대한 서술을 화성인들에게 맡기기로 동의하지 않는 이상 관점들의 역사는 적어도 한 관점을 편애하지 않는 상태에서는 이루어질 수 없다는 점을 인정해야만 한다.

08 relent

[rilént]

누그러지다

■ As she literally cried her eyeballs out over it, her parents eventually relented and let her go to the party.

▶ 그녀가 말 그대로 눈이 빠지도록 울어대니까, 그녀의 부모는 결국 마음이 누그러져서 그녀를 파티에 가도록 해주었다.

1. Expense reports will show that the man who bought the drinks was <u>reimbursed</u> by the company for those purchases.

(A) withhold (B) reduced

(C) waned (D) refunded

어휘 **expense report** 경비보고서 **reimburse** (빚을) 갚다; 변상하다 **withhold** 억누르다 **reduce** 축소하다, 한정하다 **wane** (달이) 작아지다 **refund** 갚다, 상환하다

해석 음료수를 구입한 사람이 회사로부터 환불 받았다는 내용이 경비보고서에 나타날 것이다.

2. The nuclear non-proliferation treaty has not been <u>reinforced</u> for all that effort of every possible means.

(A) relevant (B) buttress

(C) relent (D) strengthen

어휘 **reinforce** 보강하다, 강하게 하다 **relevant** 관련된, 적절한 **buttress** 지지하다; 버팀벽으로 받치다; 버팀벽, 지지물 **relent** 누그러지다 **strengthen** 강하게 하다; 격려하다, 활기차게 하다

해석 핵확산금지조약은 갖은 노력에도 불구하고 그 지위가 강화되지 못했다.

3. The suspect in white collar crime ____________ his view on the misappropriation of public money regardless of conviction.

(A) reiterated (B) belabored

(C) disheveled (D) tumefied

어휘 **misappropriate** 남용, 부정; 횡령; 착복 **reiterated** 반복하다 **belabor** 세게 치다; 공격하다, 매도하다 **dishevel** 헝클어뜨리다; (옷을) 단정치 못하게 입다 **tumefy** 부어 오르다

해석 화이트칼라 범죄 피의자는 법원의 유죄판결과는 상관없이 공금횡령에 대한 자신의 무죄를 거듭 말했다.

4. When James took over as chairman of Hera in 1977, he oversaw an equally <u>relentless</u> slashing of expenses.

(A) reliable (B) informal (C) merciless (D) adulatory

어휘 **reliable** 신뢰할만한 **informal** 비공식적인 **merciless** 냉혹한 **adulatory** 아첨하는

해석 1977년 James는 Hera 회장으로 취임하면서 바로 가혹한 경비 삭감 작업을 지휘했다.

정답 1. D 2. D 3. A 4. C

01 relevant
[rélivənt]
관련된, 적절한

- The town meeting tonight is to deal with water conservation, and it will be allowed only discussion relevant to that subject.
  ▶ 오늘밤 시 대표자 회의는 물 보존 문제를 다룰 것이고 그 문제에 관련이 있는 토의만을 허용할 것이다.

02 relinquish
[rilíŋkwiʃ]
포기하다, 양도하다

- I will relinquish my claims to this property if you promise to retain my employees.
  ▶ 만일 당신이 나의 종업원들을 고용하기로 약속한다면, 나는 이 재산에 대한 나의 주장을 포기하겠다.
- He was preparing to relinquish his presidency and step out of the military and government career that occupied two thirds of his life.
  ▶ 그는 대통령직을 그만두고 인생의 3분의 2를 몸담아 온 군과 정부에서 물러날 준비를 하고 있었다.

03 reluctant
[rilʌ́ktənt]
싫어하는, 꺼리는

- College graduates who majored in the areas of science and engineering are reluctant to take related jobs.
  ▶ 이공계를 전공했던 대학생들이 관련 직종에 종사하길 꺼려하고 있다.

04 reminiscent
[rèminísnt]
생각나게 하는, 연상시키는

- The movies coming out of China today are somehow reminiscent of the great films of postwar Europe.
  ▶ 오늘날 중국에서 나오는 영화는 어딘가 전후 유럽의 위대한 영화들을 상기시킨다.

05 remiss
[rimís]
태만한, 무책임한

- The news rings an alarm bell to Korea, which has been somewhat remiss in the flat-panel sector against China's challenge because of its flagship companies' technological prowess.
  ▶ 그 소식은 한국 최상급 회사들의 기술적인 역량 때문에 평면패널 부분에서 중국의 도전에 대해 어느정도 태만하던 한국에 경종을 울렸다.

06 remit
[rimít]
보내다, 용서하다

- Please notify us of any expenses you may incur in obtaining credit information about the company, and we will immediately remit the amount to you.
  ▶ 그 회사에 관한 신용정보를 얻기 위해 발생하는 비용은 모두 저희에게 통지해 주십시오. 그러면 즉각 귀사에 그 금액을 보내드리도록 하겠습니다.

07 remnant
[rémnənt]
나머지, 자취

- Thousands of Jews crowded the Western Wall, a remnant of the biblical Temple compound, after sundown Monday, beginning a daylong fast and prayer ritual mourning the destruction of the biblical Temples 20 centuries ago.
  ▶ 수천명의 유태인들이 20세기 전 성서에 나온 신전들이 파괴된 것을 애도하고 하루종일 계속되는 금식과 기도의 의식을 시작하며 월요일 일몰 후에 성서에 나온 신전의 터 잔해인 서쪽벽에 모여들었다.

08 remonstrate

[rimánstreit]

반대하다; 충고하다

- Since he seems to have no moral standards whatsoever, it would probably be futile to remonstrate with him about his outrageous behavior.
  ▶ 윤리기준이라고는 전혀 없어 보이는 그의 포악한 행위에 관해서 그에게 항의하는 것은 아마 쓸모없는 일이 될 것이다.

1. Successful candidates are required to take physical checkups to demonstrate whether their health is <u>relevant</u> to the position or not.

(A) infinite　　　　　　　　(B) plausible

(C) imperative　　　　　　　(D) pertinent

　어휘　**infinite** 무한한　**plausible** 그럴듯한　**imperative** 명령적인, 긴급한　**pertinent** 적절한

　해석　합격자들은 직위에 적합한 정도로 건강한지 확인하기 위해 건강검진을 받아야 한다.

2. Mr. Palmer made up his mind to <u>relinquish</u> his seat in the senate. Maybe any kind of effort couldn't work out.

(A) run for　　　　　　　　(B) hold on to

(C) replace　　　　　　　　(D) give up

　어휘　**relinquish** 포기[양도]하다; (습관·신앙을) 버리다　**senate** 상원; 입법부　**run for** ~을 부르러 가다; ~에 입후보하다　**hold on to** ~을 붙잡고 있다; ~을 의지하다　**replace** 제자리에 놓다, 되돌리다　**give up** 포기하다

　해석　Palmer씨는 상원의원의 자리를 포기하기로 결심했다. 아마도 어떤 노력도 헛수고였을 것이다.

3. Because he had so many problems on his mind, he was ___________ in performing his duties.

(A) remiss　　　　　　　　(B) scrupulous

(C) attentive　　　　　　　(D) careful

　어휘　**remiss** 태만한, 부주의한(negligent); 무기력한　**scrupulous** 빈틈없는; 양심적인　**attentive** 주의 깊은; 마음 쓰는　**careful** 주의 깊은; 신중한

　해석　그의 마음속에 골치 아픈 문제가 너무나 많았기 때문에 그는 자신의 의무 수행에 있어 소홀했다.

4. The coach ardently <u>remonstrated</u> with International gymnastics federation but that didn't adopt his dissatisfaction

(A) protested　　　　　　　(B) objected

(C) consented　　　　　　　(D) demonstrated

　어휘　**coach remonstrated** 반대하다, 불평하다　**ardently** 열렬히; 불같이　**protest** 항의하다, 주장하다　**object** 반대하다　**consent** 동의하다　**demonstrate** 논증하다

　해석　코치는 마지막 희망을 가지고 간절하게 국제체조연맹에 항의했지만 받아들여지지 않았다.

정답　1. D　2. D　3. A　4. A

01 remorse
[rimɔ́:rs]
후회; 연민

- The court concluded that he deserves this heavy penalty as he murdered his own mother and has not shown any remorse. He even tried to withdraw money from his mother's bank account after the murder.
  ▶ 법정은 그가 자신의 모친을 살해한데다가 전혀 양심의 가책을 보이지 않기에 이런 중형을 받아 마땅하다고 결론지었다. 그는 심지어 살해 후 자기 모친의 은행계좌에서 돈을 인출하려는 시도까지도 했다.

02 renegade
[rénigèid]
탈당자, 배신자

- Because he refused to support his fellow members in their drive, he was shunned as a renegade.
  ▶ 그는 동료들의 운동을 지지하지 않았기 때문에 배신자로서 따돌림 당했다.

03 renounce
[rináuns]
~을 포기하다; 인연을 끊다

- Britain, France and Germany are pressing Tehran to renounce any weapons-related activities in return for cooperation on peaceful nuclear energy and closer economic ties.
  ▶ 영국, 프랑스 그리고 독일은 이란 정부로 하여금 평화적인 핵에너지 협력과 보다 긴밀한 경제관계를 형성하는 대가로 무기 관련 활동들을 포기하라고 압박하고 있는 중이다.

04 renowned
[rináund]
유명한, 명성있는

- Ruth St. Dennis is considered one of the renowned dancers who contributed theatrical, imaginative movements to modern choreography.
  ▶ Ruth St. Dennis는 현대 안무에 극적이고 상상력 있는 율동을 기여한 명성있는 무용가들 중의 하나로 여겨진다.

05 reparation
[rèpəréiʃən]
보상, 배상금

- The U.N. resolutions require Iraq to cooperate in the search for missing persons, pay war reparations, and return all Kuwaiti property seized. Kuwait has begun to show, however, that it is at least willing to forgive the countries which sided with Saddam.
  ▶ 유엔 결의안은 이라크가 실종자 수색에 협력하고 전쟁 보상금을 지급하고 몰수한 모든 쿠웨이트 재산을 반환할 것을 요구하고 있다. 하지만 쿠웨이트는 적어도 사담에 협조한 국가들을 용서할 의향이 있다는 태도를 보이기 시작했다.

06 repeal
[ripí:l]
~을 취소하다, 폐지하다

- I say it is time for Korea to repeal adultery law and come to an understanding that moral matters should always be left to individuals.
  ▶ 저는 한국이 간통법을 폐지하고 도덕적인 문제는 언제나 개인에게 맡겨 두어야 함을 이해 할 때이라고 생각합니다.

07 repel

[ripél]

~을 쫓아버리다; ~에게 혐오감을 주다

- The South's defense ministry said the Navy fired two warning shots to repel the North Korean intruder as it failed to respond to repeated warnings delivered through a recently established radio communication system.
  ▶ 한국의 국방부는 해군이 최근에 설치된 라디오 통신 시스템을 통해 전달한 반복적인 경고에 북측이 반응하지 않자 북한 침입자들을 쫓아버리려고 두 발의 경고사격을 했다고 얘기했다.

08 replete

[riplíːt]

~으로 가득 찬, 충만한

- Replete with various natural resources, Brazil has vast amounts of gas, crude oil, gold, and aluminum reserves.
  ▶ 다양한 천연 자원이 가득한 브라질은 엄청난 양의 가스, 원유, 금 그리고 알루미늄 매장량을 가지고 있다.

1. Al-Qaeda plotter Zacarias Moussaoui said he has "no regret, no <u>remorse</u>" for the attacks on September 11, 2001 in the US that killed nearly 3,000 people.
   (A) disparity
   (B) pitfall
   (C) regret
   (D) quack

   어휘 **remorse** 후회, 양심의 가책 **disparity** 다름, 차이점 **pitfall** 함정 **regret** 유감, 후회 **quack** 돌팔이 의사

   해석 Al-Qaeda의 Zacarias Moussaoui는 3,000 여명의 생명을 앗아간 2001년 9월11일에 일어난 테러에 대해 후회도 없고, 가책도 없다고 말했다.

2. China regards the island as a <u>renegade</u> province and has vowed to invade if Taiwan moves towards declaring formal independence.
   (A) traitor
   (B) adherent
   (C) disciple
   (D) heretic

   어휘 **renegade** 탈당자, 배신자 **traitor** 배반자, 반역자 **adherent** 가맹자, 당원, 신봉자 **disciple** 제자, 문하생; 신봉자, 신도 **heretic** 이단자, 이교도

   해석 중국은 대만을 자국 영토로 주장하고 있으며, 대만이 독립을 공식 선언하려 한다면 침공할 것이라고 밝혔다.

3. Recently declassified documents have prompted some to claim that proper ______ should be given to victims and their families.
   (A) reparation
   (B) solution
   (C) erection
   (D) apposition

   어휘 **reparation** 보상, 배상금 **solution** 해답 **erection** 직립; 건립; 건축물 **apposition** 나란히 놓기; 동격

   해석 근자에 기밀이 공개된 자료들이 몇몇 이들로 하여금 적절한 보상이 피해자와 그들 가족들에게 주어져야 한다는 주장을 하게끔 촉구했다.

정답 1. C 2. A 3. A

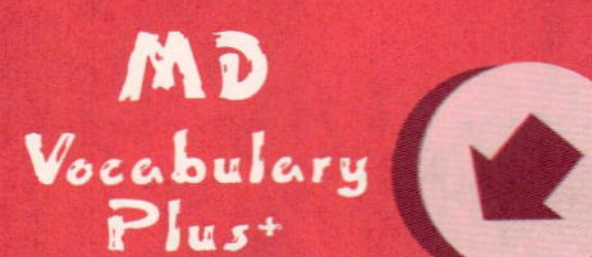

Prefix RE-   뒤

01 replica
[réplikə]
사본, 복제

- A carpenter was busy touching up a chair which was a replica of a style made during the Ming Dynasty, at an antique Chinese furniture dealer.
  ▶ 한 목수가 골동품 중국 가구상에서 명나라 시대에 만들어진 스타일의 복제품인 의자 하나를 분주하게 손보고 있었다.

02 reprehend
[reprihénd]
~을 비난하다, 꾸짖다

- Depicted as a forbidding and secretive state with its alleged manufacture of weapons of mass destruction, the security threat the regime poses in the region and internationally, and its reprehensible human rights record, North Korea has perpetuated both fear and disdain around the world, but nowhere more than in the United States.
  ▶ 대량 살상 무기를 제조하는 것으로 추정되는 소름 끼치고 비밀스러운 나라로 묘사되며, 그 정권이 지역과 국제적 안보에 위협을 제기하고 있고, 비난 받을 만한 인권기록까지 가지고 있는 북한은 세계적으로 공포와 경멸에 있어 불후의 명성을 얻고 있지만, 어느 곳도 미국에서 보다 더 심하지는 않다.

03 repress
[riprés]
~을 억제하다, 진압하다

- In the book, the author points out that Confucianism has created a male-dominated society in the country and played a great influence on forcing men to repress their individuality.
  ▶ 책에서, 저자는 유교가 그 나라에서 남성 중심의 사회를 만들었으며 남자들로 하여금 자신의 개성을 억제하게 강요하는데 커다란 영향을 끼쳤다고 지적한다.

04 reprisal
[ripráizəl]
보복, 앙갚음

- Although our society must punish criminals, I don't think we should do so simply as a reprisal for the wrongs they have committed.
  ▶ 우리 사회가 범법자들을 처벌해야 하겠지만 나는 단지 그들이 저지른 비행에 대한 보복으로 그렇게 해서는 안 된다고 생각한다.

05 reprove
[riprú:v]
~을 야단치다, 비난하다

- The principal reproved the entire student body for their discourteous behavior toward the guest speaker at the school assembly.
  ▶ 교장은 학교집회에서 초청연사에 대한 그들의 무례한 행위에 대해 전체학생을 꾸짖었다.

06 repudiate
[ripjú:dièit]
부인하다, 거부하다

- To limit the free expression of unpopular ideas is to repudiate the basic spirit of the Bill of Rights.
  ▶ 대중적이지 않은 생각의 자유로운 표현을 제한하는 것은 권리장전의 기본정신을 부인하는 것이다.

07 repute
[ripjú:t]
평하다, 생각하다

- Ever since the renovation project was repealed 3 years ago, the old section of the city has become a place of ill repute where the crime rate is the highest.
  ▶ 쇄신 프로젝트가 3년 전 폐지된 이래, 그 도시의 오래된 구역은 범죄 발생률이 가장 높은 평판 나쁜 장소가 되어버렸다.

08 resentment

[rizéntmənt]
적의, 분노

■ Many Koreans still harbor deep resentment against Japan for its harsh colonial rule of the Korean Peninsula from 1910 to 1945 when many young Korean men and women were forced to serve the Japanese army or provide sexual services to it.

▶ 다수의 젊은 한국 남성들과 여성들이 일본군에 강제 징집되거나 그들에 의해 강압적으로 성적 노예가 되어야 했던 1910년에서 1945년 사이 한반도에 대한 혹독한 식민 통치 때문에, 많은 수의 한국인들은 아직 일본에 대해 깊은 분노를 마음 속에 품고있다.

1. The length of time needed to complete the synchronization depends on how many changes have been made in the <u>replica</u> set members, the speed of your Internet connection, and the amount of Internet traffic.

(A) duplicate　　　(B) redeem　　　(C) reprove　　　(D) resentment

> **어휘** **duplicate** 사본, 복사, 복제　**redeem** 되찾다, 회수하다; 메우다　**reprove** 책망하다, 비난하다
> **resentment** 분개, 적의

> **해석** 동기화하는 시간은 복제 데이터베이스를 변경한 횟수, 인터넷 연결 속도, 인터넷 통신 양에 따라 다릅니다.

2. When such ____________ remarks are circulated, we can only blame and despise those who produce them.

(A) adulatory　　　(B) avid　　　(C) rhetorical

(D) redundant　　　(E) reprehensible

> **어휘** **adulatory** 아첨하는　**avid** 욕심 많은　**rhetorical** 수사학의　**redundant** 말이 많은, 장황한
> **reprehensible** 비난할만한

> **해석** 그러한 비난 받을만한 말들이 퍼질 때, 우리는 그 말을 만들어낸 사람들을 비난하거나 경멸하게 된다.

3. Genuine fright was a ______________ not starvation or fear of death for fugitive soldiers who were in protracted war.

(A) deprivation　　　(B) sacrifice

(C) mobility　　　(D) reprisal

> **어휘** **starvation** 아사　**fugitive soldier** 탈영병　**deprivation** 박탈, 손실
> **sacrifice** 희생; 산 제물　**mobility** 이동성; 변덕; 기동력　**reprisal** 보복, 앙갚음

> **해석** 기나긴 전쟁 동안 많은 탈영병들의 진정한 무서움은 아사나 죽음이 아니라 보복이었다.

01 resolute
[rézəlùːt]
결심이 굳은, 단호한

- Churchill told his countrymen to be resolute in war, defiant in defeat, and magnanimous in victory.
  ▶ Churchill은 전쟁에서는 단호하고, 패배를 당했을 때는 도전적이고, 승리를 거두었을 때는 관대할 것을 국민들에게 일렀다.

02 respire
[rispáiəːr]
호흡하다, 숨쉬다

- Lee is known to be a believer in peace, saying that 'brain respiration' the meditation method he has created is based on the theory that peace of mind is pivotal to peace around the world.
  ▶ 평화의 신봉자로 알려진 이씨는 자신이 만들어낸 명상법인 '뇌 호흡' 이 '마음의 평안이 세계 평화에 중추적인 역할을 한다' 는 이론에 근거한다고 말한다.

03 restraint
[ristréint]
억제, 제지

- However, the recent research verified the restraint effect, raising hopes that it will be commercialized after clinical demonstration.
  ▶ 하지만 최근의 연구에서 억제 효과가 입증되어, 임상적으로 증명이 된 다음 상품화가 되리라는 바람을 불러일으키고 있다.

04 restrict
[ristríkt]
~을 제한하다, 금지하다

- The United States has laws that restrict the numbers and kinds of immigrants allowed to enter this country.
  ▶ 미국에는 이 나라에 들어올 이민자의 수와 종류를 제한하는 법이 있다.

05 retail
[ríːteil]
소매; ~을 소매하다

- Whether it is a business-to-business transaction or a retail sale, e-commerce shifts the balance of power in favor of the customer.
  ▶ 기업과 기업간의 거래이건, 소매 거래이건, 전자 상거래(e-commerce)는 힘의 균형을 고객 쪽으로 전환시킨다.

06 retaliate
[ritǽlieit]
복수하다, 보복하다

- The South decided to retaliate, in spite of the frequent warnings of the Americans who did not want an escalation in Korea when they were already too busy in Vietnam.
  ▶ 이미 베트남에서도 너무 분주한 때여서 한국 내의 상황이 확대되는 것을 원치 않았던 미국인들의 잦은 경고에도 불구하고 남한 측은 보복하기로 결정을 내렸다.

07 reticent
[rétisənt]
말이 없는, 조심하는

- Why should he be so talkative about most things but so reticent about his own personal background?
  ▶ 왜 그는 거의 대부분의 일들에 관해서 그렇게 수다스러우면서 자신의 개인적인 배경에 관해서는 그토록 과묵할까?

08 retort
[ritɔ́ːrt]
응수하다, 말대꾸하다

- A majority of Russian college students retorted that strong central power was a dangerous thing in their country.
  ▶ 대다수의 소련 대학생들이 강력한 중앙 권력은 자신들의 나라에선 위험한 것이었다고 응수했다.

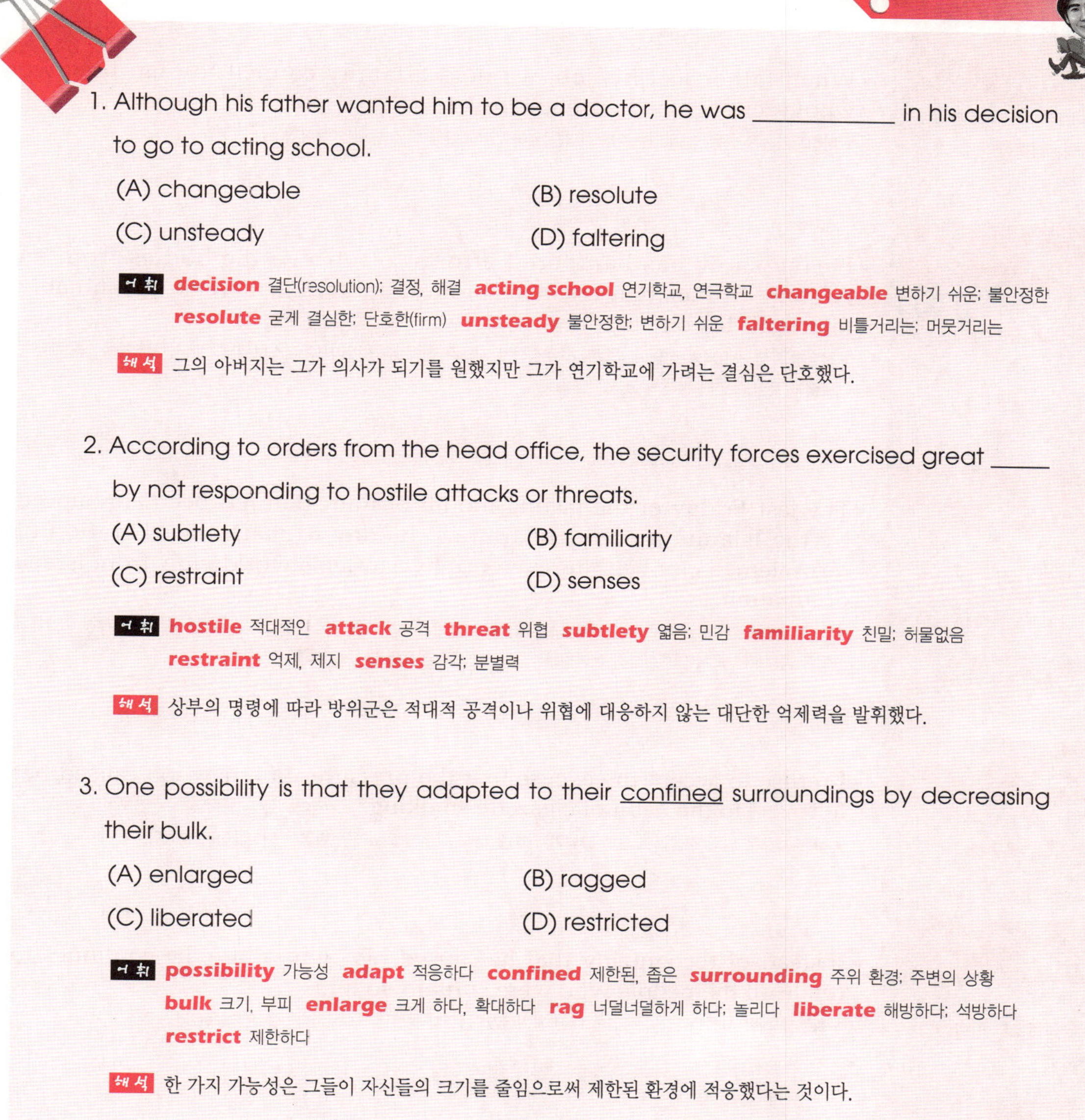

1. Although his father wanted him to be a doctor, he was ___________ in his decision to go to acting school.

   (A) changeable   (B) resolute

   (C) unsteady   (D) faltering

어휘 **decision** 결단(resolution); 결정, 해결 **acting school** 연기학교, 연극학교 **changeable** 변하기 쉬운; 불안정한 **resolute** 굳게 결심한; 단호한(firm) **unsteady** 불안정한; 변하기 쉬운 **faltering** 비틀거리는; 머뭇거리는

해석 그의 아버지는 그가 의사가 되기를 원했지만 그가 연기학교에 가려는 결심은 단호했다.

2. According to orders from the head office, the security forces exercised great _____ by not responding to hostile attacks or threats.

   (A) subtlety   (B) familiarity

   (C) restraint   (D) senses

어휘 **hostile** 적대적인 **attack** 공격 **threat** 위협 **subtlety** 엷음; 민감 **familiarity** 친밀; 허물없음 **restraint** 억제, 제지 **senses** 감각; 분별력

해석 상부의 명령에 따라 방위군은 적대적 공격이나 위협에 대응하지 않는 대단한 억제력을 발휘했다.

3. One possibility is that they adapted to their <u>confined</u> surroundings by decreasing their bulk.

   (A) enlarged   (B) ragged

   (C) liberated   (D) restricted

어휘 **possibility** 가능성 **adapt** 적응하다 **confined** 제한된, 좁은 **surrounding** 주위 환경; 주변의 상황 **bulk** 크기, 부피 **enlarge** 크게 하다, 확대하다 **rag** 너덜너덜하게 하다; 놀리다 **liberate** 해방하다; 석방하다 **restrict** 제한하다

해석 한 가지 가능성은 그들이 자신들의 크기를 줄임으로써 제한된 환경에 적응했다는 것이다.

4. Other couples were <u>reticent</u> even to talk about how they felt.

   (A) residual   (B) domestic

   (C) taciturn   (D) requisite

어휘 **residual** 나머지 **domestic** 가정의, 국내의 **taciturn** 과묵한 **requisite** 필수의, 없어서는 안 될

해석 다른 커플들은 어떤 기분이었는지를 말하는 것조차 꺼렸다.

01 retrench
[ritrénʃ]
절약하다, 긴축하다

- When father lost his job, we held a family council to plan how we would retrench on household expenses.
  ▶ 아버지가 실직했을 때 우리는 가족회의를 열어 가계지출을 줄일 방법을 계획했다.

02 retrieve
[ritríːv]
~을 되찾다; 구해내다

- Heavy snow has hampered efforts to retrieve the bodies from an Afghan airliner that crashed into a mountain last week, presumably killing all 104 on board.
  ▶ 탑승하고 있던 104명 전원이 죽었다고 추정되는 지난주 산에 추락한 아프가니스탄 항공기에서 시체들을 복구해내는 노력이 폭설로 인해 방해 받고 있다.

03 reverence
[révərəns]
외경, 공경

- The last Friday of the fasting month of Ramadan has been announced by the Islamic republic of Iran as the day to mark the liberation of Jerusalem, a city held in reverence by Moslems worldwide, from Israeli occupation.
  ▶ 단식하는 달인 라마단의 마지막 금요일은 이란 이슬람 공화국에 의해 이스라엘인들의 점령으로부터 전세계 이슬람교도가 공경하는 도시 예루살렘이 해방됨을 기념하는 날로 공표되었다.

04 revert
[rivə́ːrt]
되돌아가다, 복귀하다

- I refuse to accept the excuse that the pressures of a new job caused her to revert to the habit of cigarette smoking.
  ▶ 나는 새로운 일의 긴장감 때문에 그녀가 담배를 다시 피우게 되었다는 변명은 받아들이지 않겠다.

05 revile
[riváil]
~의 욕을 하다, 비방하다

- Instead of recognizing that he caused his own failure, he continues to revile all the people who were "unfair" to him.
  ▶ 그는 실패를 자초했다고 인정하는 대신 자기에게 "공정치 못했던" 모든 사람들을 계속 욕한다.

06 revise
[riváiz]
바꾸다; ~을 개정하다

- As it was pointed out that there were too many Asian competitors compared to those from other regions, the internationally authoritative Switzerland-based annual dance competition will revise the rules next year.
  ▶ 다른 지역들에 비해 아시아에서 온 경쟁자들이 너무 많다는 점이 지적되어서, 그 국제적인 권위를 가진 스위스 연례 댄스 대회는 내년 규칙을 개정할 것이다.

07 seclude
[siklúːd]
격리하다, 은둔시키다

- Maybe you thought you loved working alone, but now you're stuck in a tiny office with minimal human contact, realizing that you hate working in a secluded setting.
  ▶ 너는 아마도 혼자서 일하기를 좋아한다고 생각했을지도 모르지만, 지금은 다른 사람과의 접촉이 거의 없는 아주 작은 사무실에 박혀 있으면서, 격리된 환경에서 일하는 것이 싫다는 것을 알아가고 있을 것이다.

08 sedition

[sidíʃən]

선동, 교사

■ At several points in his long career, Jinnah was threatened by the British with imprisonment on sedition charges for speaking in favor of Indian home rule or rights.

▶ 그의 오랜 경력을 통해 여러 시점에서, Jinnah는 인도의 지방 자치와 권리를 옹호하는 발언을 했다는 이유로 영국인들에 의해 선동 혐의로 감옥에 수감될 것이라는 위협을 받았다.

1. Russia's Itar-Tass news agency said rescue workers had <u>retrieved</u> at least 46 bodies.

(A) progressed   (B) hurled

(C) revived   (D) salvaged

어휘 **progress** 전진하다, 진보하다   **hurl** 집어던지다   **revive** 소생하게하다   **salvage** 구출하다

해석 러시아의 이타르 타스(Itar-Tass) 통신은 구조 대원들이 적어도 46구의 시신을 회수했다고 보도했습니다.

2. The Constitution has the aura of the <u>sacred</u> about it. It occupies a shrine up in the higher stretches of American reverence.

(A) based on moral obligation   (B) treated with great reverence

(C) very distinguished   (D) introspected

어휘 **sacred** 신성한; 받들어지는   **based on** ~에 근거를 둔   **moral obligation** 도덕적 의무
treated with ~로 대접받는, 생각되는   **reverence** 숭배; 경의   **distinguished** 현저한(eminent); 유명한
introspect 내적으로 반성하다

해석 헌법에는 신성불가침의 분위기가 있다. 헌법은 미국인의 존경 대상에서 특히 높은 신성한 지위를 점하고 있다.

3. They had been ______ in news paper by almost everyone for their opinion on rape.

(A) logical   (B) erudite   (C) scholarly   (D) theoretical   (E) reviled

어휘 **logical** 논리학의, 논리적인   **erudite** 학식 있는, 박학한   **scholarly** 이론상의
theoretical 저주 받은, 천벌 받은   **revile** ~의 욕을 하다, 비방하다

해석 그들은 그들의 강간에 대한 의견으로 신문을 통해 거의 모든 사람에게 욕을 들었다.

4. The client's request to <u>revise</u> the indenture has caused considerable problems for the legal department. It was out of their control

(A) deprive   (B) reveal   (C) amend   (D) manufacture

어휘 **revise** 교정하다, 변경하다   **indenture** 계약서; 도제 계약 문서   **considerable** 상당한, 많은
legal 법률의; 합법의   **deprive** 빼앗다; 허용치 않다   **reveal** 드러내다, 폭로하다
amend 고치다, 수정하다   **manufacture** 제조하다, 제작하다

해석 고객이 계약서 수정을 요구해 왔기 때문에 법률관계 부서는 심각한 문제에 봉착했다. 그 일은 그들의 관리하에 있지 않았다.

정답   1. D   2. B   3. E   4. C

01 seduce
[sidjúːs]
부추기다, 유혹하다

- The government has been accused of bringing down simply taxes as a means of seducing voters.
  ▶ 정부는 유권자들을 유혹하기 위한 수단으로 무턱대고 세금을 내린 것에 대해서 비난 받아왔다.

02 segregate
[ségrigèit]
분리하다; 인종차별하다

- The systems will have to be able to segregate clients' money from the firm's own cash.
  ▶ 그 체제는 고객의 돈을 회사의 현금에서 분리할 수 있어야 할 것이다.
- Others are not so sure Seoul needs an area segregated by language from the rest of the city.
  ▶ 서울 내에 다른 지역과는 언어를 달리하는 동네가 필요한지에 대해서 의문을 표하는 사람도 있다.

03 sever
[sévər]
끊다, 절단하다; 중단하다

- Mr Blair was expected to tell Sinn Fein President Adams that republicans must sever all ties to criminal and paramilitary activity if they are to be involved in power-sharing in Northern Ireland.
  ▶ Blair 수상은 Sinn Fein의 의장인 Adams에게 북부 아일랜드의 권력을 분할하는데 참여하기 위해선 공화주의자들이 모든 범죄적이고 준 군사적인 활동들과의 연계를 끊어야만 한다고 얘기하리라 예상되었다.

04 sojourn
[sóudʒəːrn]
묵다; 체류

- My sojourn in the youth hostel in Paris was thankfully short since I found another affordably-priced yet a lot more civilized motel nearby.
  ▶ 나는 파리 근처에서 적당한 가격이면서도 훨씬 더 신식인 모텔을 찾아서 다행이도 파리에 있는 유스호스텔에서 오래 머물지 않았다.

05 somber
[sámbər]
어두침침한; 우울한

- Many candles were lit in respect to Yasser Arafat during a somber ceremony for the late Palestinian leader at the Palestinian Mission in Tokyo.
  ▶ 동경에 있는 팔레스타인 공사관에서 고인이 된 팔레스타인 지도자를 위한 침울한 의식 도중 Yasser Arafat에 대한 존경의 표현으로 많은 촛불이 켜졌다.

06 subjugate
[sʌ́bdʒugèit]
정복하다, 복종시키다

- Some skeptics are concerned that an FTA would subjugate South Korea to Japan. They believe an FTA would debase Korea as a production base for low- and medium-priced goods and consolidate Japan's position as a powerhouse for high value-added products.
  ▶ 몇몇 회의론자들은 자유무역협정이 남한을 일본에 예속시키게 될까 염려하고 있다. 그들은 자유무역협정이 한국을 중저가 상품들의 생산 기지로 전락시키고 일본은 고부가가치 제품의 최강국으로 그 위치를 공고하게 만들 것이라 믿고 있다.

07 submerge

[səbmə́:rdʒ]

물 속에 잠기다, 가라앉다

- In the fog, the little rowboat collided with a large passenger ship and instantly *submerged*.
  ▶ 안개 속에서, 그 작은 배는 큰 여객선과 충돌했고 즉시 가라앉았다.

08 subordinate

[səbɔ́:rdənit]

하위의; 하위에 있는 사람;
하위에 두다,
종속시키다

- In our efforts to solve the energy crisis, we may be called on to *subordinate* our personal interests to the needs of the nation as a whole.
  ▶ 에너지 위기를 해결하려는 우리의 노력으로, 우리는 개인의 이익을 전체로서의 국가의 요구에 종속시키도록 요구받을 지도 모른다.

1. Bringham is probably the most thoroughly <u>segregated</u> city in the world. The huge mountains have isolated it from other cities.

   (A) democratic　　　　(B) divided　　　　(C) held together
   (D) united　　　　　　(E) bureaucratic

   어휘 **huge** 거대한　**democratic** 민주주의의　**divided** 분리된　**held together** 단결된　**united** 연합된
   bureaucratic 관료주의의

   해석 Bringham은 세계로부터 가장 철저히 격리된 도시일 것이다. 거대한 산맥은 다른 도시들로부터 Bringham을 격리시켰다.

2. Microsurgery is now used successfully to reattach ＿＿＿＿＿＿＿＿ limbs. The report says example of failure comes out rarely.

   (A) burned　　　　　　(B) severed
   (C) reorganized　　　　(D) divided

   어휘 **microsurgery** 현미(顯微)수술(현미경을 써서 하는 미세한 수술[해부])　**burn** (불에) 타다; 흥분하다; 빛나다
   severed 절단된(disconnected); 갈라진　**reorganize** 재편성하다, 개혁하다　**divided** 분할된; 분리된

   해석 현미(顯微)수술은 현재 절단된 팔다리를 다시 붙이는 데에 성공적으로 이용되고 있다. 보고서에 의하면 실패사례는 거의 발견되지 않고 있다.

3. The mood was <u>somber</u> like a cloudy winter day, reflecting decade of frustration, failure and mounting tragedy.

   (A) pure or good　　　　　　　(B) serious and sad in appearance or feeling
   (C) having had no alcohol　　　　(D) causing or likely to cause strong admiration

   어휘 **somber** 어두침침한; 우울한　**reflect** (빛·소리·열 따위를) 반사하다; 반영하다　**decade** 10년간
   frustration 좌절; 타파　**mount** (양이나 강도가) 늘다, 증가하다　**tragedy** 비극(적인 사건); 비극적인 이야기
   pure 순수한; 깨끗한　**admiration** 감탄; 찬탄

   해석 10년간의 좌절, 실패, 그리고 점점 고조되고 있던 비극을 반영하여, 분위기는 우울했다.

01 subscribe
[səbskráib]

기부하다; 쓰다, 서명하다;
동의하다, 승낙하다

- The constructivist philosophy promotes and emphasises in practice on developmental history and current developmental processes, content that many receive little or no attention from practitioners who subscribe to a rationalist view.
  ▶ 구성주의자의 철학은 발전적인 역사와 현재의 발전적인 과정들, 합리주의자적 관점에 찬성하는 개업자로부터 거의 혹은 전혀 주목을 받지 못하는 내용상의 실행을 장려하고 강조한다.

02 subsequent
[sʌ́bsikwənt]

뒤의, 잇따른

- The lawyer made the point that her client had been at the scene of the crime before the murder but not subsequent to it.
  ▶ 그 변호사는 그녀의 소송 의뢰인이 그 살인사건 후가 아니라 사건 전에 범죄현장에 있었다는 점을 내세웠다.

03 subside
[səbsáid]

가라앉다, 침전하다; 진정되다

- Specifically, we ask that all shipment be suspended until inventories subside to manageable levels.
  ▶ 구체적으로 말씀 드리면, 어느 정도 재고가 줄어들 때까지 모든 출하를 보류해주실 것을 요청합니다.

04 subsidiary
[səbsídièri]

보조의, 부차적인;
부가물, 자회사

- This information may be used as subsidiary evidence but is not sufficient by itself to prove your argument.
  ▶ 이 정보가 보조 증거로 이용될 수는 있지만 그 자체로서 당신의 주장을 입증할만큼 충분하지는 않다.

05 subsist
[səbsíst]

살아가다; 존재하다

- The exigent circumstances of their life force them to seek the most menial occupations as their only means of subsistence.
  ▶ 그들 생활의 급박한 사정 때문에 그들은 그들의 유일한 생존 수단으로 가장 천한 직업을 구하게 되었다.

06 substantiate
[səbstǽnʃièit]

증명하다; 구체화하다

- Students unable to attend classes must substantiate their absence with supporting medical evidence or equivalent.
  ▶ 수업에 참석하지 못하는 학생들은 뒷받침하는 진단서나 그에 상응하는 서류로 결석 사유를 입증해야 한다.

07 subtract
[səbtrǽkt]

빼다, 감하다

- The scholarship is generated through individual contributions from employees, who volunteer to subtract a certain amount from their pay on a monthly basis.
  ▶ 이 장학금은 자진해서 매월 급여에서 일정액을 공제하는 직원들의 개인적인 기부금으로 만들어지고 있다.

08 succumb
[səkʌ́m]

굴복하다; 죽다

- He refused to succumb to the gloom and produced an aggressive measure to confront the sagging mood.
  ▶ 그는 어두운 전망에 굴복하지 않고 침체된 분위기에 맞설 적극적인 대책을 내놓았다.

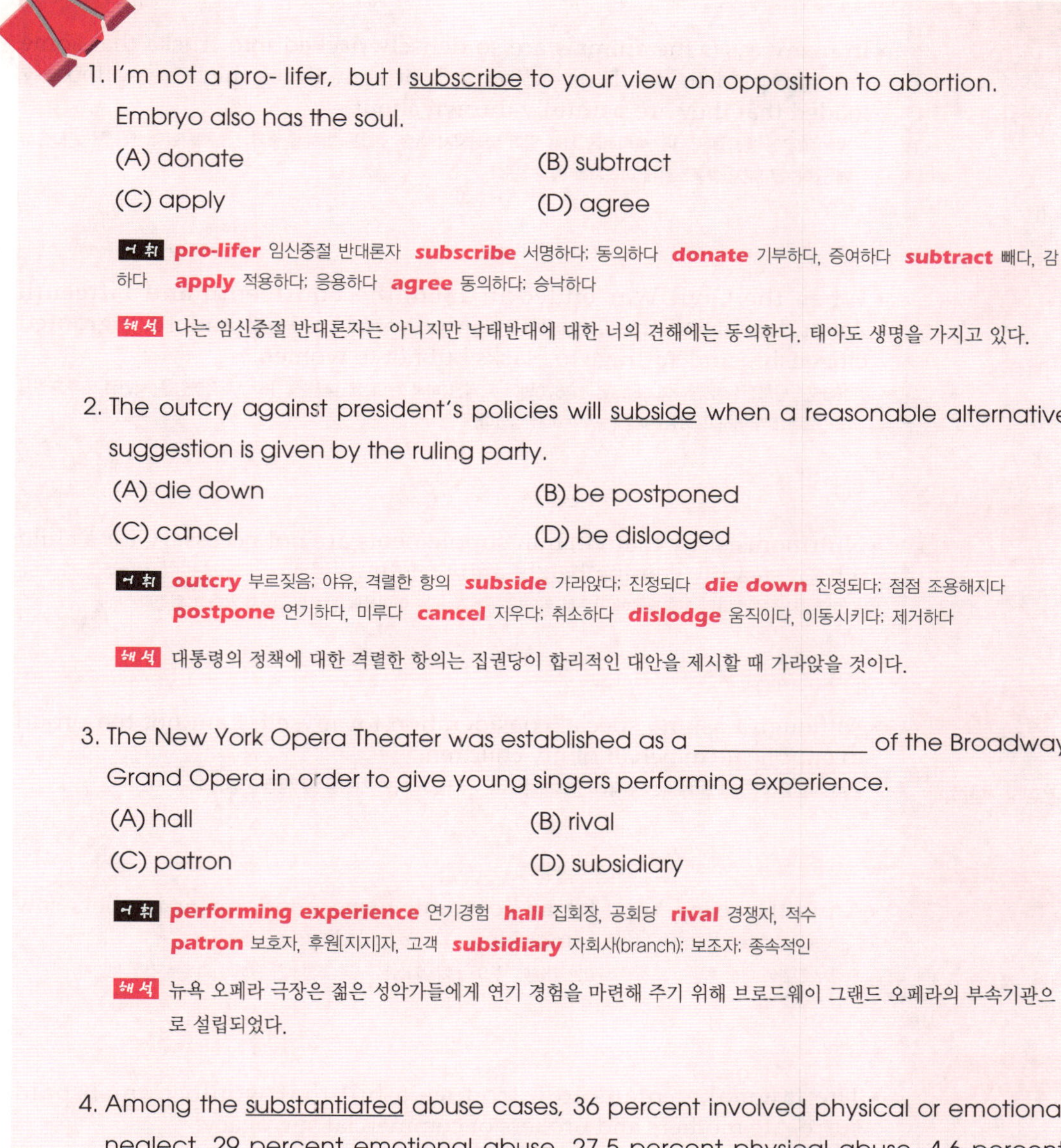

1. I'm not a pro- lifer, but I <u>subscribe</u> to your view on opposition to abortion. Embryo also has the soul.

  (A) donate
  (B) subtract
  (C) apply
  (D) agree

> **어휘** **pro-lifer** 임신중절 반대론자 **subscribe** 서명하다; 동의하다 **donate** 기부하다, 증여하다 **subtract** 빼다, 감하다 **apply** 적용하다; 응용하다 **agree** 동의하다; 승낙하다

> **해석** 나는 임신중절 반대론자는 아니지만 낙태반대에 대한 너의 견해에는 동의한다. 태아도 생명을 가지고 있다.

2. The outcry against president's policies will <u>subside</u> when a reasonable alternative suggestion is given by the ruling party.

  (A) die down
  (B) be postponed
  (C) cancel
  (D) be dislodged

> **어휘** **outcry** 부르짖음; 야유, 격렬한 항의 **subside** 가라앉다; 진정되다 **die down** 진정되다; 점점 조용해지다 **postpone** 연기하다, 미루다 **cancel** 지우다; 취소하다 **dislodge** 움직이다, 이동시키다; 제거하다

> **해석** 대통령의 정책에 대한 격렬한 항의는 집권당이 합리적인 대안을 제시할 때 가라앉을 것이다.

3. The New York Opera Theater was established as a ______________ of the Broadway Grand Opera in order to give young singers performing experience.

  (A) hall
  (B) rival
  (C) patron
  (D) subsidiary

> **어휘** **performing experience** 연기경험 **hall** 집회장, 공회당 **rival** 경쟁자, 적수 **patron** 보호자, 후원[지지]자, 고객 **subsidiary** 자회사(branch); 보조자; 종속적인

> **해석** 뉴욕 오페라 극장은 젊은 성악가들에게 연기 경험을 마련해 주기 위해 브로드웨이 그랜드 오페라의 부속기관으로 설립되었다.

4. Among the <u>substantiated</u> abuse cases, 36 percent involved physical or emotional neglect, 29 percent emotional abuse, 27.5 percent physical abuse, 4.6 percent sexual abuse, and 2.8 percent abandonment.

  (A) proved
  (B) disowned
  (C) renovated
  (D) arrogated

> **어휘** **prove** 증명하다, 확인하다, 실험하다 **disown** 의절하다 **renovate** 새롭게 하다, 혁신하다 **arrogate** 사칭하다, 침해하다

> **해석** 신고된 아동 학대 사례 중 36%는 방임형 학대, 29%는 정서 학대, 27.5%는 신체 학대, 4.6%는 성적 학대, 2.8%는 유기 등의 순이었다.

정답 1. D 2. A 3. D 4. A

01 suffocate
[sʌ́fəkèit]
숨을 막다, 질식시키다

- In many cases the animals are so densely packed into trucks that some are trampled to death or suffocated, or sometimes they are so loosely loaded that they are painfully thrown about.
  ▶ 많은 경우에 동물들은 너무 빽빽하게 차로 밀어 넣어져서 어떤 것들은 밟혀서 죽거나 질식사한다. 때때로는 느슨하게 줄이 매어져서 고통스럽게 이리저리 튕겨다닌다.

02 suffrage
[sʌ́fridʒ]
투표권, 선거참정권

- When the Civil War ended in 1866, the Fourteenth and Fifteenth Amendments to the Constitution adopted in 1868 and 1870 granted citizenship and suffrage to blacks but not to women.
  ▶ 1866년 남북전쟁이 끝나고 1868년과 1870년에 채택된 미국 헌법 제 14차 및 15차 수정조항은 시민권과 투표권을 흑인들에게 부여하고 여성들에게는 부여하지 않았다.

03 supplement
[sʌ́plimənt]
보충물; 보완하다

- Nutritionists say that vitamin supplements are not necessary for a child who is steadily gaining height and weight.
  ▶ 영양학자들은 비타민 보충제들이 꾸준히 키와 몸무게가 느는 아이들에게는 필요하지 않다고 말한다.

04 supplicate
[sʌ́plikèit]
애원하다, 간절히 부탁하다

- Although I ask no special consideration for myself, I am not too proud to supplicate in behalf of my children.
  ▶ 내 자신을 위한 특별 배려는 부탁하지 않더라도 내 자녀들을 위한 간청을 할 만큼은 겸손하다.

05 surge
[səːrdʒ]
큰 파도; 격동; 쇄도하다, 급등하다

- Amid the rising hope for an economic turnaround, major retailers saw sales surge during the Lunar New Year holiday.
  ▶ 경제 전환에 대한 희망이 고조되고 있는 가운데, 주요 소매업자들은 구정 휴일동안 판매가 치솟는 것을 보았다.

06 surrogate
[sə́:rəgèit]
대리인

- The lawmaker plans to introduce a bill that would punish paid surrogate mothers and brokers of commercial surrogacy.
  ▶ 그 국회의원은 유상 대리모와 상업적인 대리모 행위를 알선하는 브로커를 처벌하는 법안을 제출할 계획이다.

07 susceptible
[səséptəbl]
느끼기 쉬운, 영향 받기 쉬운; ~할 수 있는

- The study showed that children living areas adjacent to main highways are more susceptible to allergies.
  ▶ 그 연구는 주요 고속도로의 인접 지역에 살고 있는 아이들이 알레르기에 더 민감하다는 것을 보여주었다.

08 superb
[supə́:rb]
장엄한; 훌륭한

- He has superb skills in putting the ball into the back of the net, but one man cannot change many things in football.
  ▶ 그는 골을 넣는 뛰어난 기술을 가지고 있지만, 축구에서 혼자 많은 일들을 바꾸어 놓을 수는 없다.

1. We must move boldly and decisively to reform the regulatory web that is <u>smothering</u>.

  (A) deteriorating   (B) reducing

  (C) expanding   (D) suffocating

> **어휘** **smothering** 질식시키다, 억누르다 **deteriorate** 악화시키다, 저하시키다 **reduce** 감소하다
> **expand** 넓히다 **suffocate** 숨을 막다, 질식 시키다
>
> **해석** 우리는 질식해 가고 있는 규제망을 과감하고도 단호하게 개혁하기 위해서 조치를 취해야 한다.

2. Even when their diets included meat, some people obtained protein <u>supplementally</u> by eating peanut butter.

  (A) effectively   (B) economically

  (C) additionally   (D) conveniently

> **어휘** **effectively** 효과적으로 **economically** 경제적으로 **additionally** 부가적으로 **conveniently** 편리하게
>
> **해석** 심지어 그들의 다이어트가 육류를 포함할 때에도 몇몇 사람들은 피넛 버터를 먹음으로써 단백질을 보충으로 얻었다.

3. The number of orders for computer-controlled robots has <u>surged</u>. It is getting elaborate and exquisite.

  (A) decreased   (B) rapidly increased

  (C) tapered off   (D) count down

> **어휘** **elaborate** 정성들인, 정교한 **exquisite** 아름다운; 강렬한; 정교한 **decrease** 감소하다
> **rapidly increase** 급속히 증가하다 **taper off** 차차 버리다 **count down** 초읽기 하다
>
> **해석** 컴퓨터로 제어되는 로봇의 주문이 치솟았다. 정교함이나 섬세함이 크게 좋아졌다.

4. Those most <u>susceptible</u> to disease are often the weak and the elderly.

  (A) positive   (B) delicious

  (C) sensitive   (D) vicious

> **어휘** **the weak** 약자들 **the elderly** 노인들 **positive** 적극적인 **delicious** 맛있는
> **sensitive** 민감한 **vicious** 사악한
>
> **해석** 질병에 가장 쉽게 감염되는 사람들은 노약자들이다.

01 superfluous

[su:pə́:rfluəs]

불필요한, 여분의

- Please try not to include so many superfluous details in your report Just give me the bare facts.
  ▶ 리포트에 불필요한 세부 사항들을 그렇게 많이 써넣지 말아라. 다만 꾸밈없는 사실만을 나에게 제출하라.

02 superintend

[su:pərinténd]

지휘하다, 감독하다

- Her job is to superintend the production process while her uncle is out of town on business.
  ▶ 삼촌이 사업차 출장가신 동안 생산 과정을 감독하는 것이 그녀의 일이다.

03 superlative

[supə́:rlətiv]

최상의; 최고의 사람

- Widely recognized as a superlative recital and concert artist and as a prime exponent of the Mozart and Strauss roles, she has made her own in the world's leading opera houses.
  ▶ 최상의 독창회와 콘서트 예술인으로, 또 Mozart와 Strauss가 쓴 배역들을 소화하는 탁월한 음악가로 널리 인정받으며, 그녀는 세계 굴지의 오페라 하우스에서 활약했다.

04 supernatural

[su:pərnǽtʃərəl]

초자연적인; 초자연적인 현상

- With the development of the present day exact scientific methods, beliefs in the "supernatural" gradually fade away.
  ▶ 현대의 정확한 과학적인 방법들의 발달로 "초자연적인 현상"에 대한 믿음은 점점 희미해져 가고 있다.

05 supersede

[su:pərsí:d]

~에 대신, 대체하다

- By the 1920s, the automobile had already superseded the horse for most uses, both in cities and on the farm.
  ▶ 1920년대에 벌써 자동차는 도시와 농촌에서 대부분의 용도에 말을 대신했다.

- This regulation will supersede all previous rules.
  ▶ 이 규정이 이전의 모든 규칙들을 대신할 것이다.

06 supervise

[sú:pərvaiz]

관리하다, 감독하다

- China feels its should first strengthen the central bank's ability to supervise foreign exchange transactions and build up the market.
  ▶ 중국은 중앙은행의 외환거래 감독과 시장조성 능력을 강화하는 것이 보다 급선무라고 느끼고 있다.

07 surfeit

[sə́:rfit]

과식; 과식하다, 물리게 하다

- The effect of such a surfeit of the precious metals was instantly felt on prices all over the world.
  ▶ 그러한 귀금속의 과잉 효과는 전세계에 걸쳐 즉각적으로 가격에 나타났다.

08 surmise

[sərmáiz]

추측; 추측하다

- The police surmised that the bank robbers have already fled the country in the getaway car.
  ▶ 경찰은 은행 강도들이 이미 도주 차량을 타고 국외로 도망갔다고 추측했다.

1. Your term paper contains much <u>superfluous</u> material; you should condensed it to make your point, it will give you good position than another competitor.

(A) shallow
(B) absurd
(C) transitory
(D) unnecessary

어휘 **condense** 응축하다, 요약하다 **conpetitor** 경쟁자 **shallow** 얕은, 피상적인
absurd 불합리한, 어리석은 **transitory** 일시적인, 덧없는 **unnecessary** 불필요한

해석 너의 학기말 레포트는 불필요한 요소들을 너무 많이 포함하고 있어; 요점을 표현하기 위해 줄이기만 한다면 경쟁자들보다 좋은 위치를 얻을 수 있을 거야.

2. The members of the board of trustees of the museum expected the new _______ to plan events and exhibitions which would make the museum more popular.

(A) parliamentarian
(B) superintendent
(C) conciliator
(D) lawyer

어휘 **the board of trustees** 이사진 **parliamentarian** 국회법 학자, (영국)하원의원
superintendent 감독자 **conciliato** 조정자, 회유자 **lawyer** 변호사

해석 이사진 구성원들은 새로운 감독관이 박물관을 더 유명하게 만들 수 있는 이벤트와 전시회를 진행하기를 기대했다.

3. She is said to have <u>supernatural</u> powers and to be able to communicate with the dead.

(A) commonplace
(B) compatible
(C) desultory
(D) mysterious

어휘 **commonplace** 평범한 (일) **compatible** 모순이 없는 **desultory** 일관성 없는
mysterious 신비한, 불가사의한

해석 그녀는 초자연적 능력이 있으며 죽은 사람과 의사소통을 할 수 있다고들 한다.

4. The UN is _______________ the distribution of aid to those areas worst affected by the fighting.

(A) supervising
(B) estimate
(C) undertake
(D) aid

어휘 **supervise** 관리[감독]하다(oversee), 지휘하다 **estimate** 어림잡다, 견적하다
undertake 떠맡다, 의무를 지다, 약속하다 **aid** 원조하다, ~을 거들다

해석 국제연합(UN)은 전투에 의해 가장 심하게 영향 받은 지역에 원조가 제대로 분배되는지 감독하고 있다.

정답 1. D 2. B 3. D 4. A

01 surmount
[sərmáunt]
오르다; 극복하다

- The fact that Abraham Lincoln was able to surmount the handicap of limited education dose not mean that you should quit school.
  ▶ Abraham Lincoln이 교육을 받지 못한 약점을 극복했다는 사실이 네가 학교를 그만 두어야 한다는 것을 의미하지는 않는다.

02 surpass
[sərpǽs]
~보다 낫다, 초월하다

- It is only in superior mental powers, not in physical strength or acuity of the senses, that man surpasses other living things.
  ▶ 체력이나 예민한 감각에서가 아니라 우수한 정신력에 있어서만 인간은 다른 생물을 능가한다.

03 surplus
[sə́:rpləs]
과잉, 잉여물

- The surplus of food produced each year in the United States is desperately needed to feed hungry people in other parts of the world.
  ▶ 매년 미국에서 생산되는 잉여 농산물은 세계의 다른 지역에서 굶주리고 있는 사람들을 먹이기 위해 절실히 필요하다.

04 traduce
[trədjú:s]
비방하다, 중상하다

- He tends to traduce feminism as the exclusive and impracticable eggheads who have never loved with man.
  ▶ 그는 페미니즘을 사랑 한번 못해본 지식층의 배타적이고 실행 불가능한 것이라고 비판하려는 경향이 있다.

05 tranquil
[trǽŋkwil]
조용한, 평온한

- There is a need to have tranquil mind. It means you shouldn't be pressured through whole life not to be easygoing.
  ▶ 평온한 마음을 가질 필요가 있다. 그것은 천하태평하라는 것이 아니라 인생내내 압박받지 말라는 의미이다.

06 transaction
[trænsǽkʃən]
처리; 거래

- Prosecutors are investigating all of the company's transactions over the past two years in search of evidence.
  ▶ 검사들은 증거를 찾기 위해 지난 2년간 이 회사가 행한 모든 상거래를 조사하고 있다.

07 transcend
[trænsénd]
넘다, 초월하다

- However, as crimes transcend geographic boundaries, the prosecution service of a single nation in itself can no longer control sophisticated crimes effectively.
  ▶ 하지만, 범죄들이 지리학적 경계들을 초월하기 때문에, 단일 국가의 검찰 활동만으로는 더이상 약아빠진 범죄들을 효과적으로 통제할 수가 없습니다.

08 transcribe
[trænskráib]
베끼다, 필기하다

- The braille translator will transcribe the minutes of assembly meetings into braille so the lawmaker can understand and participate in legislative operations.
  ▶ 점자 번역가는 의회 모임의 의사를 점자로 베껴서 입법자로 하여금 입법 과정을 이해하고 이에 참여할 수 있게 해줄 것이다.

1. By facing a problem before it becomes <u>insurmountable</u>, we can take a giant step towards resolving it.
    (A) not leaving written records
    (B) untraceable in any case
    (C) spreading and reacting everywhere
    (D) too large and difficult to be dealt with

> **어휘** **insurmountable** 극복할 수 없는, 감당하기 어려운 **take a step** ~에 조치를 취하다
> **not leaving written records** 쓰여진 기록을 남기지 않는
> **untraceable in any case** 어떠한 경우에도 추적할 수 없는
> **spreading and reacting everywhere** 모든 곳에 퍼뜨리고 반작용하는
> **too large and difficult to be dealt with** 다루기에 너무 크고 어려운

> **해석** 이겨내기 어려운 문제가 되기 전에 그것을 직면함으로써, 우리는 그것을 해결하는 방향으로 큰 조치를 취할 수 있다.

2. The number of plants that bear flowers <u>exceeds</u> the number of those that do not.
    (A) surpasses   (B) outlasts
    (C) resembles   (D) complements

> **어휘** **exceed** 초과하다; 능가하다(surpass); ~보다 많다 **outlast** ~보다 오래 견디다; ~보다 오래 살다
> **resemble** ~와 닮다, ~와 공통점이 있다 **complement** 보충하다

> **해석** 꽃이 피는 식물의 수는 꽃을 피우지 않는 식물의 수보다 많다.

3. The Group of Seven industrial nations will try to trim Japan's trade <u>surplus</u> by agreeing to boost the yen at their meeting in London.
    (A) excess   (B) lack
    (C) dearth   (D) shortage

> **어휘** **excess** 초과, 잉여분, 도를 지나침; 무절제 **lack** 부족, 결여 **dearth** 부족, 결핍; 기근
> **shortage** 부족, 결핍

> **해석** 7개 선진 공업국 그룹은 런던 회의에서 엔화를 평가절상 하는데 합의함으로써 일본의 무역 흑자를 줄이려고 시도할 것이다.

4. The new administration has vowed to pass a wide-ranging political reform package that would make many of the ________________ public.
    (A) pedestrians   (B) barriers
    (C) groceries   (D) transactions

> **어휘** **pedestrian** 보행자 **barrier** 방벽; 장애 **grocery** 식료 잡화점 **transaction** 처리; 거래

> **해석** 새 정부는 경제 거래의 대부분을 공개하게 될 광범한 정치 개혁안을 통과시키겠다고 약속했다.

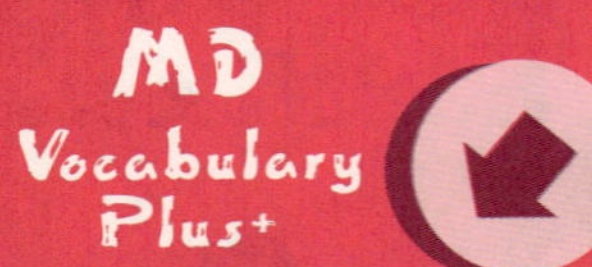

Prefix TRANS- 횡단

01 transgress
[trænsgrés]
넘다; 위반하다

- The safety rules for the science lab are based on long experience, and if you transgress them, you may have to pay a heavy price.
  ▶ 과학 실험실의 안전수칙은 오랜 경험에 근거를 두고 있기 때문에 이것을 위반하면 큰 대가를 치뤄야 할지도 모른다.

02 transient
[trǽnʃənt]
일시적인, 덧없는;
단기 투숙객, 부랑자

- The Judae-Christian tradition teaches that material things are transient, while spiritual values are eternal.
  ▶ 유대교 전통은 물질적인 것들은 일시적이지만 정신적인 가치는 영원하다고 가르친다.

03 transition
[trænzíʃən]
변천, 변이

- Such destabilizing factors make it very difficult to achieve a smooth transition to a genuine democracy.
  ▶ 그러한 불안정한 요인들이 진정한 민주주의를 향한 순조로운 전환을 이루는 것을 매우 어렵게 만들고 있다.

04 transmit
[trænsmít]
~을 보내다; (병을) 옮기다

- Because it can transmit, store, process, and print out information at lightning speed, the computer has changed the way people do business today.
  ▶ 번개같은 속도로 정보를 전달하고, 저장하고, 처리하고, 출력할 수 있기 때문에 컴퓨터는 오늘날 사람들이 사업하는 방식을 바꾸어 놓았다.

05 transparent
[trænspέːrənt]
투명한; 있는 그대로의;
이해하기 쉬운

- For example, all 959 somatic cells of its transparent body are visible with a microscope, allowing scientists to easily witness the ageing process.
  ▶ 예를 들어서, 투명한 몸의 959개 체세포 모두 현미경으로 보면 눈에 다 들어오기 때문에 과학자들로 하여금 노화과정을 쉽게 목격할 수 있게 해준다.

06 transpire
[trænspáiər]
누설되다; 일어나다;
배출하다, 발산하다

- Meanwhile, service disruptions that were expected on subway lines 5 to 8 did not transpire as the subway corporation mobilized 480 reserve engineers to fill the vacancy.
  ▶ 그러는 와중, 지하철 공사가 그 공백을 채우기 위해 480명 예비역 기술자들을 동원함으로써 지하철 5호선과 8호선에서 예상되던 서비스 차질은 일어나지 않았다.

07 transplant
[trǽnsplænt]
옮겨 심다; 이식하다

- But due to system inefficiencies, it has resulted in a decrease in the number of organ transplants and organ donations by brain dead people.
  ▶ 하지만, 비능률적인 시스템 때문에, 장기 이식 숫자의 감소가 초래되었고, 뇌사한 사람들에 의한 장기 기증의 숫자도 줄었다.

08 traverse

[trǽvəːrs]

~을 가로지르다; 반대하다

■ By automobile, you can traverse the bridge in two minutes : on foot it takes about half an hour.
▶ 자동차로는 2분 안에 그 다리를 건널 수 있는데, 도보로는 약 30분이 소요된다.

1. Those who _____________ the laws of society can be punished, if the system seems to be designed to punish innocent people.
   (A) disagree with
   (B) disperse
   (C) transgress
   (D) interfere with

   어휘 **disagree with** 일치하지 않다, 의견이 다르다 **disperse** 흩뜨리다
   transgress (법률·계율 등을) 어기다(violate); (한계를) 넘다 **interfere with** 방해하다; 저촉하다
   해석 비록 무죄인 사람들을 벌주기 위해 고안해 낸 것 같더라도, 사회법규를 위반하는 사람들은 처벌될 수 있다.

2. A fire at a hotel for transients in Chicago killed 13 people and injured at least 26. Man's life is as <u>transient</u> as dew.
   (A) disconnected
   (B) passing
   (C) elusive
   (D) eternal

   어휘 **transient** 덧없는, 무상한 **disconnected** 따로따로 떨어진 **passing** 통과하는, 지나가는
   elusive 피하는 **eternal** 영원한
   해석 시카고의 한 단기 숙박 호텔에서 화재가 발생해 13명이 사망하고 적어도 26명이 부상했다. 사람의 인생은 이처럼 덧없는 것이다.

3. According to its critics, the bill will generate mountains of red tape and lawsuits, strain diplomatic ties with close allies, and diminish the chances of a peaceful political _____________.
   (A) transition
   (B) injection
   (C) reparation
   (D) incision

   어휘 **transition** 변천, 이행 **injection** 주입, 주사 **reparation** 배상; 수리 **incision** 절개
   해석 비판자들의 말에 따르면 그 법안은 무수히 많은 형식적 행정절차와 소송을 야기시키고, 가까운 동맹국들과의 외교 관계상 긴장을 초래하며, 평화적 정치 변화의 가능성을 감소시킬 것이다.

4. Important events already <u>transpired</u> last week. So no one is willing to predict what may transpire at the peace conference next week.
   (A) diluted
   (B) intruded
   (C) reclaimed
   (D) occurred

   어휘 **transpire** 일어나다; 발산하다 **dilute** 묽게 하다 **intrude** 개입하다; 강요하다
   reclaim 교정하다; 개선하다 **occur** 떠오르다; 생기다, 발생하다
   해석 중요한 사건들이 지난 주에 일어났다. 아무도 그 평화 회담에서 무슨 일이 일어날 것인지에 대해 예측하려 하지 않는다.

정답 1. C 2. B 3. A 4. D

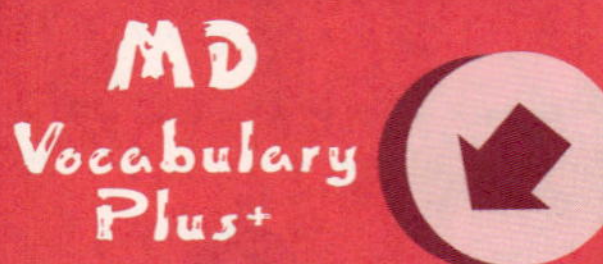

Prefix TRANS- / UN- 횡단 / 반대

01 travesty
[trǽvəsti]
모방; 흉내 내다

- Since she knew in advance whom she would choose for each role, the so-called "try-outs" for the play were no more than a travesty.
  ▶ 각각의 배역에 누구를 뽑을지 그녀가 미리 알고 있었기 때문에 그 연극의 소위 "시험연기"는 흉내에 불과했다.

02 trespass
[tréspəs]
불법 침해하다;
불법 침해 행위

- Koguryo had firmly maintained its national independence in external relations while crushing any attempts to trespass on its sovereignty.
  ▶ 고구려는 주권국에 불법 침공하려는 어떤 시도도 진압해버리며, 대외관계에 있어서 국가적인 독립성을 굳게 지켰다.

03 unarmed
[ʌnáːrmd]
비무장의

- The government will spend $4 million to fit every school in Singapore with close-circuit TV cameras over the next few months and up to $20 million a year to maintain unarmed security guard patrols in the schools.
  ▶ 정부는 연 400만 달러를 써서 앞으로 몇 달 안에 싱가포르에 있는 모든 학교에 폐쇄회로 텔레비전 카메라를 설치할 것이며, 연 2000만 달러까지를 써서 학교 내에서 무장하지 않은 경호 요원들이 순찰을 돌게끔 유지시킬 것이다.

04 unattended
[ʌnəténdid]
단독의, 방치된

- Bodies of victims lined up after a train accident at an unattended crossing near the village of Kanan. More than 45 people are feared dead following the accident.
  ▶ Kanan 마을 근처에 방치된 건널목에서 발생한 기차 사고 후 희생자들의 시체들이 줄이어 널려있었다. 사고 이후 45명 이상의 사람들이 죽은 것으로 우려된다.

05 unbecoming
[ʌnbikʌ́miŋ]
어울리지 않는, 부적당한

- But some critics believe he may be seeking a good pretext to end his hunger strike, which they ridiculed as unbecoming of the boss of the majority party.
  ▶ 하지만 몇몇 비평가들은 다수당 우두머리한테는 어울리지 않는다고 조롱하던 단식 투쟁을 그가 끝내려는 좋은 구실을 찾고 있는지도 모른다고 믿는다.

06 unbroken
[ʌnbróukn]
파손되지 않은,
길들여지지 않은

- Choi Dong-won in 1984 had 27 wins and set the still unbroken strikeout record of 223.
  ▶ 최동원은 1984년 27승을 거두고 아직도 깨지지 않은 223개의 스트라이크 아웃 기록을 세웠다.

07 unconditional
[ʌnkəndíʃənəl]
무조건적인, 절대적인

- The court said the number of individuals who declared unconditional bankruptcy, who gave up recovering their individual credibility, has also significantly increased.
  ▶ 개인 신용 회복을 포기하고 무조건적인 파산을 선포한 개인들의 숫자 역시 눈에 띄게 늘었다고 법정은 얘기했다.

08 uncouth

[ʌnkúːθ]

(예의, 태도 따위가)
서투른, 거친

■ The waitress found the truckers in the bar loud-mouthed and uncouth in the extreme.

▶ 웨이트리스는 그 술집에 있는 트럭 운전사들이 극심하게 소란스럽고 무례하다고 느꼈다.

---

1. If he can't prepare his case properly, the trial will be a ______________. He should pay more attention in this trial.
   (A) travesty
   (B) tragedy
   (C) comedy
   (D) romance

   어휘 **travesty** 풍자적 시문, 패러디 **tragedy** 비극(적인 사건); 비극적인 이야기 **comedy** 희극; 희극적인 장면 **romance** 가공적인 이야기; 연애 이야기

   해석 그가 소송 준비를 철저하게 하지 않는다면 그 재판은 우스꽝스런 모방에 불과할 것이다. 그는 좀 더 신중할 필요가 있다.

2. The owner posted a sign to discourage strangers from ____________ on his land.
   (A) patronizing
   (B) refraining
   (C) imposing
   (D) infringing

   어휘 **patronize** 보호하다; 후원하다 **refrain** 그만두다; 참다 **impose** 지우다, 강요[강제]하다 **infringe** (법규를) 위반하다; (권리를) 침해하다(trespass)

   해석 사람을 경계하는 그 주인은 낯선 사람들이 그의 땅을 침입하지 못하게 하기 위해 표지판을 세웠다.

3. The soldier sometimes has been criticized for attacking the <u>unarmed</u> civilian population during the several war.
   (A) defenseless
   (B) armed
   (C) protected
   (D) unattended

   어휘 **defenseless** 무방비의 **armed** 무장한 **unattended** 수행원이 없는, 단독의

   해석 몇몇 전쟁에서 군인들은 무장하지 않은 민간인들을 적병으로 오인 사살하여 비난 받아왔다.

4. That is because inter-racial marriages for Koreans-who pride themselves in the <u>unbroken</u> 5,000-year-history of their homogeneous population-have drastically increased in recent years.
   (A) untamed
   (B) undamaged
   (C) unbecoming
   (D) uncouth

   어휘 **unbroken** 파손되지 않은, 길들여지지 않은 **homogeneous** 동일성의; 균질의, 등질의 **untamed** 길들이지 않는; 훈련받지 못한 **unbecoming** 어울리지 않는, 부적당한 **uncouth** (예의 태도 따위가) 서투른, 거친

   해석 이것은 5천년간을 이어온 단일 민족임을 자랑하는 한국인에게 최근 들어 국제 결혼이 급격히 증가하고 있기 때문이다.

정답 1. A 2. D 3. A 4. B

Prefix UN- 반대

01 undaunted
[ʌndɔ́:ntid]
(자신의 뜻을) 굽히지 않는, 용감한

- Peters and others like him remain undaunted and are stepping up their efforts as a flood of refugees is expected with winter setting in and the Tumen River, which acts as the border between North Korea and China, freezing up making it easier to cross.
  ▶ 겨울이 시작되고 북한과 중국 사이에서 국경 역할을 하는 두만강이 얼어붙어 횡단하기가 쉬워지면서 피난자들이 물밀 듯 올 것이 예상되어서, Peters와 그와 뜻을 같이하는 이들은 뜻을 굽히지 않고 노력을 한층 더 배가 시키고 있다.

02 undo
[ʌndú]
(묶인 것 등을) 풀다, 열다, (노력, 결과 등을) 망치다

- Sadly, it seems to be a bit late to undo what's been already done. Even some Korean kimchi makers have moved their facilities to China to sell their products to their home country in a so-called 'boomerang' export.
  ▶ 안타깝게도 이미 벌어진 일을 되돌리기엔 좀 늦은 감이 있다. 심지어는 한국 일부 김치 생산자들조차 소위 '부메랑' 수출을 위해 본국으로 물건을 팔려는 목적으로 시설을 중국으로 옮겨놓았다.

03 undress
[ʌndrés]
옷을 벗기다, 평상복

- She went out, leaving the little girl to undress and have a hot shower on her own before going to bed.
  ▶ 그녀는 그 어린 여자아이가 자러 가기 전에 혼자서 옷을 벗고 따뜻한 샤워를 하도록 내버려두고 밖으로 나갔다.

04 undue
[ʌndjú:]
부적당한, 과도한

- The appellate was criticized for ignoring its previous pledge to cut the ties of corruption between politicians and businesses by showing undue lenience.
  ▶ 상소법원이 지나친 관용을 베풀어줌으로 해서 정치인들과 사업체들 사이에 있는 부패의 끈을 끊겠노라 이전에 다짐한 것을 등한시했다는 비난을 받았다.

05 uneven
[ʌníːvn]
평평하지 않은

- The pictures, titled "Dream," demonstrate two brightly colored fowls drawn on uneven paper, giving off a modern feeling.
  ▶ "꿈" 이라고 이름 붙여진 그 그림들은 울퉁불퉁한 종이 위에 현대적인 느낌을 주는 밝게 색칠한 두 마리의 닭이 그려져 있다.

06 unfair
[ʌnféər]
불공평한, 부적당한

- Hermes, a UK-based investment fund, also startled the government by its alleged involvement in unfair stock transactions.
  ▶ 영국에 본부를 두고 있는 투자 기금, Hermes 역시 부당한 주식 거래들에 연루되었다고 추정되는 바람에 정부를 깜짝 놀라게 했다.

07 unfamiliar
[ʌnfəmílər]
생소한, 익숙하지 않은

- In July, "Assassins", a chilling musical about presidential killers that topped the 2004 Tony Awards with five honors, will lead local musical fans into an unfamiliar world of killers, presenting the lives, loves and lunacy of nine American assassins and near-assassins.
  ▶ 7월에는, "암살자들"이라는 2004년 토니 상을 최다로 다섯개나 수상한 대통령 살인청부업자들에 대한 <u>으스스</u>한 뮤지컬이 현지 뮤지컬 팬들을 9명에 달하는 암살자들과 그 비슷한 작자들의 삶, 사랑, 그리고 광기를 보여주는 살인자들의 생소한 세계로 인도하게 될 것입니다.

08 unfavorable
[ʌnféivərəbl]
(~하기에) 나쁜, 불리한

- Unfavorable economic conditions have been blocking a recovery of the American insurance market for the past year or so.
  ▶ 지난 1년여 동안 불리한 경제 조건들이 미국 보험 시장의 회복을 방해해오고 있다.

---

1. Sociologist couldn't explain why the candidate had got an widespread support except successful factors in economy. To be sure, estimation of him remains ______.
   - (A) invincible
   - (B) uneven
   - (C) afoot
   - (D) impervious

   어휘 **invincible** 무적의; 극복하기(이겨내기) 어려운 **uneven** 평평하지 않은 **afoot** 도보로; 진행중인(in progress) **impervious** (물이나 공가 따위가) 통하지 않는; 손상되지 않는; 무감각한

   해석 그 후보에 대한 전반적인 지지는 경제 요소 이외에는 뚜렷한 이유를 알 수 없었다. 사실 그에 대한 평가는 여전히 들쭉날쭉하다.

2. Various types of government subsidies help their own country's industries to keep prices <u>unfairly</u> low in world trade.
   - (A) unjustly
   - (B) undeserved
   - (C) blatantly
   - (D) convertibly

   어휘 **subsidy** 보조금, 장려금 **unjustly** 부당하게, 불법적인, 불공평하게 **undeserved** 받을 자격이 없는, 과분한 **blatantly** 뻔뻔스럽게, 시끄럽게 **convertibly** 전환할 수 있게, 개종시킬 수 있게

   해석 다양한 형태의 정부 보조금은 해외 시장에서 저가 시장을 공략하도록 도와준다.

3. The more Korean students studying in oversea are increasing, the more side effect comes out; maladjustment in the <u>unfamiliar</u> place is the most serious problem.
   - (A) unacquainted with
   - (B) informed about
   - (C) conversant with
   - (D) aware of

   어휘 **side effect** 부작용 **maladjustment** 부조화, 불균형; (환경에 대한) 부적응 **unfamiliar** 생소한, 익숙하지 않은 **unacquainted with** 면식이 없는, 생소한, 낯선 **informed about** ~을 알다 **conversant with** ~에 정통한; 친밀한 **aware of** ~을 알아채다, 알다

   해석 해외 유학생이 점점 많아짐에 따라 부작용 사례도 점점 늘고 있다. 생소한 환경에 적응하지 못하는 것이 가장 큰 문제점이다.

Prefix UN- 반대

01 unfold
[ʌnfóuld]
펴다, 펼치다

- We plan to unfold a broad range of promotional activities to encourage use of our site. We alsoplan to exchange banner ads with major Web portal sites such as Yahoo.
  ▸ 우리 사이트의 이용을 격려하기 위한 다양한 판촉 활동들을 펼칠 계획을 하고 있다. 야후와 같은 주요 웹 포탈 사이트의 배너 광고를 교환할 계획도 있다.

02 uninterested
[ʌníntəristid]
무관심한, 냉담한

- The general seemed to spell an end to a power struggle between the junta's so-called moderates and a faction uninterested in reconciliation with democracy activists or with nations critical of the regime.
  ▸ 그 장군이 쿠데타 임시정부의 소위 온건파들, 그리고 민주주의 운동가들이나 그 정권에 대해 비판적인 나라들과는 화해하는데 무관심한 파들 사이의 권력 투쟁에 종말을 고하게 한 것으로 보인다.

03 unlikely
[ʌnláikli]
있을 것 같지 않은

- The Korea-Japan FTA talks seem unlikely to be complete by the end of this year as planned as the Korean government decided not to go forward without achieving the expected market opening in the agricultural area where Korea has a price competitiveness over Japanese goods.
  ▸ 한국 정부가 한국이 일본 물건에 대해서 가격 경쟁력을 가지고 있는 농산물 분야에서 기대하고 있는 시장 틈새를 얻어내기 까진 더 이상 진전이 없을 것이라 결정했기 때문에 한일 간의 자유 무역 협정 회담이 애초 계획대로 올해 말까지 완전해질 가망은 없을 듯이 보인다.

04 unload
[ʌnlóud]
(배, 차 등에서) 짐을 내리다

- Pakistan soldiers unloaded relief goods at Gawadar airport in troubled province of Balochistan, where a second dam broke, sweeping away 11 villages as the death toll in week-long torrential rains and heavy snowfall surpassed 350.
  ▸ 두 번째 댐이 무너져서 11개 마을을 휩쓸고, 일주일이 계속된 억수 같은 비와 폭설로 사망자가 350명이 넘은 어수선한 Balochistan 지방에 있는 Gawadar 비행장에 파키스탄 군인들이 구호 물품들을 내려놓았다.

05 unlock
[ʌnlák]
자물쇠를 열다

- Before long, you may abandon your dreams, ignore your intuition, deny problems and follow a too-safe, no-risk path. Try to unlock your mind's natural imagination.
  ▸ 머지않아, 당신은 꿈을 버리게 되거나, 직관을 무시하고, 문제점을 부정하며, 지나치게 안전하고, 위험 부담이 없는 길을 따를지도 모릅니다. 그러나 당신 마음이 지닌 자연스런 상상력을 풀어 놓으려고 노력하십시오.

06 unoccupied
[ʌnákjupaid]
점유되지 않은, 비어있는

- Korea now retains 12 VHF channels and 56 UHF channels. Not a single channel is unoccupied as terrestrial broadcasters, cable TV businesses and digital TV operators take up all 68 channels.
  ▸ 한국은 현재 12개의 VHF 채널들과 56개의 UHF 채널들을 보유하고 있다. 지상 파 방송사들, 케이블 텔레비전 사업자들과 디지털 TV 운영자들이 68개 채널을 모두 차지해버렸기 때문에 단 한 채널도 비어있는 것이 없다.

07

unofficial

[ʌnəfíʃəl]

비공식의

- Palestinian militant groups said Sunday they were prepared to consider a conditional "cooling down" of their campaign of attacks as Israel expressed confidence in an unofficial ceasefire had already been agreed.

  ▸ 팔레스타인 투쟁 단체들은 일요일 이스라엘 측이 비공식 휴전에 동의한다는 데 대한 확신감을 표현함에 따라 그들 공격 작전의 조건부 "냉각기"를 고려할 준비가 되어 있다고 말했다.

08

unprecedented

[ʌnprécidentid]

선례 없는

- Saudi Arabia Petroleum Minister Ali Ibrahim al-Naimi, at a press conference in Riyadh, spoke of the unprecedented security measures and substantial costs borne by the Saudi government to protect its oil industry from terrorism attack.

  ▸ 사우디 아라비아 석유 장관인 Ali Ibrahim al-Naimi는 리야드에서 있었던 기자 회견에서, 전례 없었던 보안 대책들과 테러리즘 공격으로부터 석유 산업을 보호하기 위해 사우디 정부가 부담하는 상당한 비용들에 대해 이야기 했습니다.

1. Ship, the second-large in the world was given museum because of repeated loading and <u>unloading</u>.
   - (A) put off
   - (B) palm something off on someone
   - (C) clear out
   - (D) get shut of

   어휘 **unload** (배, 차 등에서) 짐을 내리다

   해석 끊임없이 짐을 싣고 부려서 이미 구조가 뒤틀린 세계에서 두번째로 큰 그 배는 박물관에 기증되었다.

2. When I returned my hometown, a(n) ______________ house was repaired and the priest opened it magnificent cathedral.
   - (A) devoid
   - (B) contingent
   - (C) maritime
   - (D) unoccupied

   어휘 **magnificent** 장대한; (사상이나 시 따위가) 고상한(noble) **devoid** ~이 빠진, 전혀 없는 **contingent** 부수적으로 일어나는(conditional); 불확실한(uncertain); 우연한(accidental) **maritime** 바다의 **unoccupied** 점유되지 않은

   해석 다시 고향에 돌아갔을 때 신부님께서 그 집을 수리하셨고, 성당으로 사용하고 계셨다.

3. About 100 journalist were killed and 300 pressman had to leave their country during the military regimes of the 1970s and 1980s; <u>unofficial</u> figures released from civic institution showed that victims were more than 200.
   - (A) unconfirmed
   - (B) certified
   - (C) obstinate
   - (D) deranged

   어휘 **obstinate** 완고한, 집요한(stubborn); (병이) 난치의 **deranged** 혼란한, 흐트러진(disordered); 미친

   해석 7,80년대 군가정권아래 언론인의 사망자 수가 100여명 해외 망명자 수는 300여명으로 추정된다. 하지만 시민단체에서 발표한 비공식 통제에 따르면 희생자는 200여명을 웃돌 것이다.

정답 1. A 2. D 3. A

01 unreliable
[ʌnriláiəbl]
믿을 수 없는

- Using their privilege of exemption from liability, those lawmakers raised the suspicion by quoting an unreliable article written from a biased viewpoint.
  ▶ 면책특권을 이용해서, 그 입법자들은 치우친 관점에서 쓰여진 신빙성 없는 기사를 언급하면서 의혹을 제기했다.

02 unremitting
[ʌnrimítiŋ]
끊임 없는

- If the U.S. takes any measures against us, imposes a naval or aerial blockade, or escalates potential for war in and around the peninsula, we will regard them as a violation of the truce and immediately launch strong and unremitting retaliatory action in response.
  ▶ 미국측이 우리를 향해 어떠한 조치를 취하거나, 해군 혹은 공군의 봉쇄를 강요한다거나, 한반도 안과 그 주변에서 전쟁 가능성을 확대시키려 한다면, 우리는 이를 휴전 위반이라고 간주하고, 즉각적인 반응으로 강력하고 꾸준한 보복행동을 개시할 것이다.

03 unrest
[ʌnrést]
(특히 대중적인) 불안

- Unless economic conditions improve next year, there will be widespread unrest in the united states.
  ▶ 내년에 경제 상황이 호전되지 않으면 미국에는 불안이 만연하게 될 것이다.

04 unscrupulous
[ʌnskrú:pjuləs]
비양심적인, 비도덕적인

- Elizabeth Jagger, Sir Mick Jagger's model daughter, has told how an unscrupulous photographer made her pose semi-naked when she was just 15.
  ▶ Mick Jagger경의 모델 딸인 Elizabeth Jagger가 자신이 겨우 열 다섯 살일 때 한 파렴치한 사진작가가 자신을 반 누드 모델로 자세를 취하게 만들었다고 얘기했다.

05 unseemly
[ʌnsí:mli]
어울리지 않는, 부적당한

- It would be unseemly for those politicians to discuss their own pay increases when the rest of us are having to tighten our belts.
  ▶ 우리들 나머지는 허리띠를 졸라매야 하는 이 때 그 정치인들이 봉급 인상을 논의한다는 건 부적절하다.

06 unsettled
[ʌnsétld]
결정되지 않은, 미해결의, 불안정한

- During the meeting, the speaker requested both parties negotiate ways to address the remaining unsettled bills, including the budget bill, within the regular session of the Assembly.
  ▶ 회의 도중, 그 연사는 양당이 정기 국회 기간동안 예산 법안을 포함한 남은 미해결 의안들에 주의를 기울일 방법을 협의해달라고 촉구했다.

07 unstable
[ʌnstéibl]
불안정한, 흔들거리는

- The director in charge of the price statistical department said consumer prices would not have shown such fast growth last month if the cigarette price increase was excluded, adding that consumer prices tend to show a steeper rise in January compared to other months, due mainly to the unstable supply of fresh produce.
  ▶ 물가 통계청 책임 지도자는 만약 담뱃값 인상이 제외되었더라면, 지난 달 소비자 물가가 그토록 빠른 성장을 보여주지 않았을 것이라고 말하면서, 신선한 농산물의 불안정한 공급이 그 주 원인이 되어 1월엔 다른 달에 비해 소비자 물가가 가파르게 상승하는 경향이 있다고 덧붙였다.

08 unsuitable

[ʌnsjúːtəbl]

부적당한, 적임이 아닌

■ India has expressed concerns over the Bush administration's plan to consult the congress on Pakistan's nearly 15-year quest for advanced F-16 fighter aircraft and said that the transfer would be unsuitable at a time the global war on terror was fought.

▶ 인도 정부는 부시 행정부가 파키스탄이 거의 15년 동안 진보된 F-16 전투기를 추구해온 문제에 대해 의회의 조언을 구하려는 계획을 하고 있음에 우려를 표명하고, 전 세계적으로 테러에 대한 전쟁이 치러지고 있는 이때 무기 이전은 부적절하다고 얘기했다.

1. The ____________ merchant used to insist if he did business honestly he would have failed. But honest is the most necessary thing to the business.

(A) unreal

(B) unremitting

(C) unscrupulous

(D) unrest

어휘 **merchant** 상인; 상업의 **unreal** 실체가 없는, 허위의, 환상적인 **unremitting** 끊임 없는 **unscrupulous** 비양심적인, 비도덕적인 **unrest** (특히 대중적인) 불안

해석 그 비양심적인 상인은 정직한 상인은 망한다고 주장하곤 했다. 하지만 사업에서 정직은 가장 중요한 덕목이다.

2. The common assumption that old ages bring ____________ deterioration has been challenged steadily by several scholar.

(A) unremitting

(B) glutinous

(C) equivocal

(D) genial

어휘 **assumption** 가정, 가설; 인수 **deterioration** 악화, 퇴보 **steadily** 착실하게, 끊임없이 **unremitting** 끊임 없는 **glutinous** 점착성의, 끈적끈적한 **equivocal** 애매한 **genial** 따뜻한; (성질이) 다정한

해석 노령은 끊임없는 신체적 퇴화를 가져 온다는 일반적인 가설은 몇몇 학자에 의해 지속적으로 도전 받고 있다.

3. A personal problem is not suitable for topic of discussion. It would better argue with family. We should give careful consideration when we decide topic.

(A) appropriate

(B) laconic

(C) momentous

(D) quixotic

어휘 **appropriate** 적당한; 특유의 **laconic** (말이나 문제 등이) 간결한 **momentous** 중대한, 중요한 **quixotic** 공상적인, 비현실적인

해석 그런 사사로운 문제는 이번 토론 주제에는 적당하지 않다. 그것은 가족과 이야기하는 편이 좋겠다. 우리는 주제 선택에 좀 더 신중할 필요가 있다.

정답 1. C 2. A 3. A

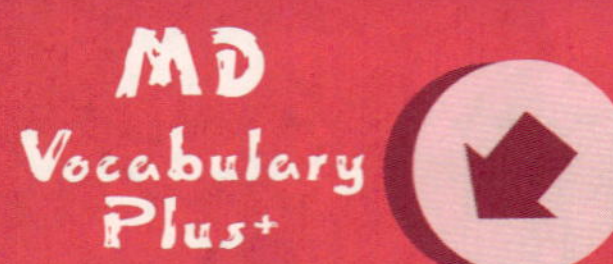

01 untie
[ʌntái]
(묶인 것을) 풀다, 끄르다

- I will do what I can to untie the knots in the plan for a new party initiated by his followers as soon as possible.
  ▸ 저는 최대한 빠른 시일 내에 그의 추종자들이 착수한 신당 계획에서 얽힌 문제들을 해결하기 위해 제가 할 수 있는 일을 할 것입니다.

02 untimely
[ʌntáimli]
제 때가 아닌, 시기상조의

- The new tax, while aimed at curbing speculative moves and stabilizing real estate prices, appears to be untimely, given the current sluggish domestic demand hampering early economic recovery.
  ▸ 새로운 세제는 투기적인 움직임을 억제하고 부동산 가격을 안정시키는 데 목적을 두고 있지만 현재 부진한 내수가 빠른 경제회복을 방해하고 있다는 점을 감안한다면, 시기적으로 맞지 않아 보인다.

03 untold
[ʌntóuld]
밝혀지지 않은, 막대한

- The demise of the automobile industry in Detroit has caused untold misery to tens of thousands of hard-working factory workers.
  ▸ 디트로이트 주에서 자동차 산업이 소멸된 것은 수 만 명에 달하는 근면한 공장 노동자들에게 헤아릴 수 없는 정신적 고통을 초래했다.

04 unwholesome
[ʌnhóulsəm]
(정신적 혹은 육체적)
건강에 해로운, 유해한

- My burning desire to be rich and famous in my 20's was insane, unwholesome and utterly futile.
  ▸ 내가 20대 때 부자가 되고 유명해지고자 한 불타는 욕망은 미친 것이었고, 건전하지 못했으며 완전히 허망한 것이었다.

05 underestimate
[ʌndəréstimeit]
과소 평가하다

- While the move to Korea may seem a step backward for someone with his pedigree, Tikkanen counters that outsiders underestimate the quality of the game here.
  ▸ 그 정도의 대단한 전력을 가진 사람이 한국으로 옮긴 것은 어쩌면 뒷걸음 친 것으로 보일지도 모르겠지만, Tikkanen는 외부인들이 이곳 경기의 질을 과소평가하고 있다고 받아 쳤다.

06 undergraduate
[ʌndərgrǽdʒuit]
(학부) 대학생(의)

- He said the conservatism of the legal profession and legal educators, many trained in the British-model of undergraduate legal education, lead to a lot of resistance to adopting graduate level legal education.
  ▸ 그는 많은 사람들이 영국식 모델의 학부법 교육으로만 길들여져 있는 이곳 법조계인들 및 법교육자들의 보수적 성향이 대학원 수준의 법교육을 받아들이는데 많은 저항을 초래할 것이라고 얘기했다.

07 underhand
[ʌndərhænd]
비밀의, 음흉한

- He stressed domestic companies had reinvested profits into business activities and had not used underhand methods to pocket the money.
  ▸ 그는 국내 회사들이 이익을 사업 활동에 재투자 했으며 비밀스러운 방법을 사용해서 돈을 챙기지도 않았다고 강조했다.

08
underlying
[ʌndərlaiiŋ]
기초적인, 근본적인

■ Although some may find it hard to believe, psychological problems very often underlie apparently physical disorders.

▶ 어떤 사람들에겐 믿기 힘든 얘기라 느껴질지도 모르지만, 매우 자주 심리적인 문제들이 신체적인 장애로 보이는 증상들의 근저에 깔려있다.

---

1. A well-known actor Guy came to an __________ end during indoor photographing, but a lot of his enthusiast believe he is still alive.

(A) immediately
(B) untimely
(C) primarily
(D) informally

어휘 **indoor photographing** 실내촬영 **enthusiast** 팬; 광신자(fanatic) **untimely** 시기상조의

해석 유명한 영화배우 Guy는 영화촬영 도중 요절했지만 수많은 그의 팬들은 그가 아직도 살아있다고 믿고 있다.

2. We shouldn't <u>underestimate</u> the ability of our professor although to get all the team members to the conference table is so difficult.

(A) overestimate
(B) exaggerate
(C) undervalue
(D) overrate

어휘 **conference table** 회의 **overestimate** 과대하게 여기다, 과대 평가하다
exaggerate 과장하다, 허풍 떨다; (병 따위를) 악화시키다 **undervalue** 과소 평가하다; 경시하다

해석 모든 팀원을 회의에 참석하도록 하는 일은 어렵지만, 그 교수의 능력을 절대 과소평가해서는 안 된다.

3. The long-term study concluded that metal workers have been confronted with potential health risk. It is time to establish a new __________ safety standard.

(A) dilapidated
(B) underlying
(C) endemic
(D) ephemeral

어휘 **confront** 직면하다 **dilapidated** (오랜 시간 방치되어) 황폐한, 파손된 **underlying** 기초적인, 근본적인
endemic 어떤 지방의 사람들) 특유의, 풍토성의; 풍토병 **ephemeral** 순식간의; (생물의 목숨 등이) 하루뿐인

해석 장기적인 암 연구 결과 금속 노동자들은 건강상의 위험에 처해져 있다는 것을 밝혀냈다. 이제는 새로운 근본적인 안전 기준이 필요하다.

4. As a major national research center, Yale attracts many of the world great scholars. It attracts a whole lot of talented <u>undergraduate</u> applicants, too.

[반의어 고르기]

(A) collegian
(B) graduate
(C) repeater
(D) holdover

해석 주요한 국가 학술연구단체로서 Yale은 많은 세계의 석학들에게 매력적이다. 또한 재능이 있는 학부생들에게도 매력적이다.

정답 1. B 2. C 3. B 4. B

01 undermine

[ʌndərmáin]

(~의) 밑을 파다,
(명성 따위를) 훼손시키다

- Voting turnout in Mosul's predominantly Sunni Arab neighborhoods is estimated to be as low as 10 to 15 percent. Fears that a low Sunni Arab turnout could undermine the election's legitimacy continue.
  ▶ 압도적으로 수니파 아랍인 지역인 모술의 선거 참석자 수는 겨우 10에서 15퍼센트로 추정된다. 낮은 수니파 아랍인들의 선거참석이 선거의 정통성을 훼손시킬 수 있지않을까 하는 두려움이 지속되고 있다.

02 underrate

[ʌndəréit]

낮게 평가하다

- The company has consistently underrated the importance of a well-trained female workforce.
  ▶ 그 회사는 잘 훈련된 여성 노동력의 중요성을 지속적으로 과소평가 해왔다.

03 undertake

[ʌndərtéik]

떠맡다, ~의 책임을 지다

- He will likely be able to undertake the ambassadorial job from mid-February at the earliest since he might need some time to tidy things up before his departure from his current posts.
  ▶ 그는 자신의 현재 직위를 떠나기에 앞서, 상황을 정리할 시간이 좀 필요할지도 모르므로, 빠르면 2월 중순부터 대사관 일에 착수할 수 있을 것 같다.

04 upbraid

[ʌpbréid]

(신랄하게) 비난하다,
야단치다

- It could have been mistakenly concluded from this speech upbraiding bad landlords that G. H. Moore was against landlordism as a whole.
  ▶ 나쁜 지주들을 비난하는 이 연설을 통해서 G. H. Moore가 지주제를 싸잡아 반대하는 양 잘못 결론지어질 수도 있었을 것이다.

05 upgrade

[ʌpgreid]

(직원 등을) 승진시키다,
(제품의) 질을 높이다

- Both the government and businesses need a complete change in consciousness by regarding the environment not as a responsibility or a burden but as an opportunity to upgrade industrial structure.
  ▶ 정부와 사업체들 모두 환경을 책임감이나 부담의 하나가 아니라 산업 구조의 질을 높이는 기회로 여기는 완전한 의식 변화가 필요하다.

06 upheaval

[ʌphíːvəl]

(사회의) 대혼란, 대격변

- The elementary school teachers realized the hazard of Internet addiction and began to set forth efforts to counter the emerging upheaval of late.
  ▶ 그 초등학교 선생님들은 인터넷 중독의 위험을 깨닫고, 최근 나타나는 대격변에 맞서기 위해 노력을 보이기 시작했다.

07 uplift

[ʌplíft]

올리다, (사기를) 고취시키다

- Listening to music can uplift a person's tired spirit, especially after struggling through the scorching days and nights of these summer days, which are reportedly the worst in 10 years.
  ▶ 십년 만에 최악이라고 보도되는 요즘, 밤낮으로 지독하게 더운 여름날과 씨름을 한 후면 더더욱 음악감상이 사람의 지친 마음을 고양시켜 줄 수 있다.

08 uppermost

[ʌ́pərmoust]

최고의

- The office block's uppermost floors were completely engulfed with flames when the time bomb went off as notified.
  ▶ 통보한 대로 시한 폭탄이 터지자 큰 사무실 건물 최고 윗층들이 완전히 화염에 휩싸였다.

1. China, fighting to control its racing economy, ordered a halt Friday to fundraising through the issue of unauthorized bonds, saying the flood of paper was __________ financial stability nationwide.

   (A) undermining   (B) undergoing

   (C) underpaying   (D) underrating

   어휘 fundraising 모금활동; 모금의

   해석 경제의 과열을 억제하려고 애쓰는 중국은 금요일 증권의 범람이 전국적으로 금융 안정을 위태롭게 하고 있다면서 인가 받지 않은 증권 발행을 통한 기채의 중단을 명령했다.

2. Self censorship was caused by continuous terror and kidnapping journalist made them not to upbraid for dictatorial government.

   (A) confer   (B) congratulate

   (C) elucidate   (D) rebuke

   어휘 upbraid (신랄하게) 비난하다, 야단치다   confer 주다, 수여하다   congratulate 축하하다   elucidate (문제 등을) 밝히다, 명료하게 설명하다   rebuke 비난하다, 꾸짖다

   해석 당시 대부분의 언론인들은 지속적인 납치와 테러로 자기검열을 통해 독재정부에 대한 어떠한 비난도 하지 않았다.

3. Ten former astronauts were recently asked about what could be done to upgrade comfort in space.

   (A) improve   (B) decorate

   (C) create   (D) eliminate

   해석 10명의 전 우주비행사들은 우주에서 편안함을 더 높이기 위해 무엇을 해야 하는가에 대해 질문을 받았다.

정답 1. A   2. D   3. A

Prefix UP- 위

01 uprising
[ʌ́praiziŋ]
반란, 폭동

- At least eight people, five inmates and three prison guards, were killed in the uprising at the San Martin maximum security penitentiary in the province of Cordoba.
  ▶ 다섯 명의 죄수과 세 명의 간수, 즉, 적어도 여덟 명이 코르도바 지방에 있는 산 마틴 최고 보안 감옥의 폭동에서 목숨을 잃었다.

02 uproar
[ʌ́prɔːr]
소란, 소동

- He said some media are recklessly inciting the public to a multitudinous uproar, by putting emphasis only on one aspect of the situation, without a fair evaluation of the government's handling of the tragedy.
  ▶ 몇몇 매스 미디어는 정부가 그 참사를 처리한 데에 대한 공정한 평가도 없이 상황의 한 부분에만 치중해버리는 바람에 수많은 소란의 방향으로 대중들을 무모하게 선동하고 있다고 그는 말했다.

03 uproot
[ʌ́prúːt]
(나무를) 뿌리 채 뽑다,
(악습을) 근절하다,
(정든 집, 가족을) 떠나다

- Saudi Arabia is hosting the Counter-Terrorism International Conference in the country, which will start 5 February and will have as one of its objectives, "to mobilize international efforts to confront and uproot terrorism".
  ▶ 사우디 아라비아는 반 테러 국제 회의를 주최하며, 2월 5일 시작하게 될 것이다. 그리고, 회의의 목표 중 하나는 "테러리즘에 맞서고 그것을 근절하고자 하는 국제적 노력을 동원 하는 것"이다.

1. As the situation changes, the ___________ is going to be suppressed soon but it will go far in healing the troubled relation.

(A) avarice　　　　　　　　　　(B) uprising

(C) fledgling　　　　　　　　　 (D) hallucination

어휘 **avarice** (돈이나 재산 등에 대한) 탐욕　**uprising** 반란, 폭동　**fledgling** 애송이, 풋내기
hallucination 환각

해석 상황이 변함에 따라 반란은 곧 진압되겠지만 악화된 관계를 치유하기는 어려울 것이다.

2. The worst typhoon in historic caused supply disruption of electronic power and water service and also many trees were <u>uprooted</u>.

(A) get rid of　　　　　　　　　(B) wiped out

(C) root out　　　　　　　　　　(D) planted

해석 유사이래 최악의 태풍으로 전기와 물 공급이 중단되었고 수많은 나무들이 뿌리째 뽑혔다.

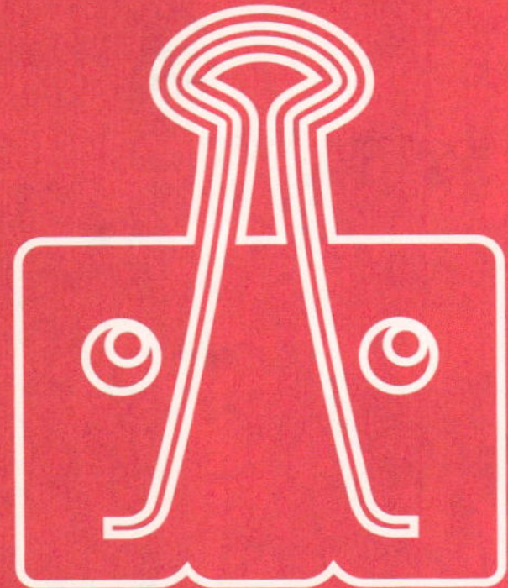

MD VOCABULARY

PLUS⁺

ESSENTIAL & HIGH LEVEL WORDS

MD
PLUS⁺

기 타
접 두 어 편

Prefix AMBI- / ANA- / ANTE- 양, 둘 / 위, 뒤 / 앞, 전

01 ambiguous
[æmbígjuəs]
불확실한, 모호한

- Her tense and ambiguous picture is mostly set in a motel room, where two men lock themselves up with a video camera during a sweltering summer.
  ▶ 그녀의 긴장감 있으면서도 애매모호한 영화는 대부분이 두 남자가 푹푹 찌는 여름날 비디오 카메라 하나 들고 모텔 방안에 자신들을 가둬놓는 설정이다.

02 anachronism
[anǽkrənizm]
시대착오

- British Defense Secretary Geoff Hoon's participation in the ceremony has infuriated Britain's EU partner Spain, which views the Gibraltar's colonial status as a historical injustice and anachronism and demands its return.
  ▶ 영국의 국방 장관 Geoff Hoon이 그 의식에 참가한 것이 지브랄타가 식민 상태라는 것을 역사적으로 부당한 처사이며 시대 착오라 보면서 반환을 요구하는 영국의 유럽 연합 파트너인 스페인을 분노하게 했다.

03 analogy
[ənǽlədʒi]
유사함, 비유

- "I always use the analogy of Iraq to explain this," he said. (The stereotype is that) all Muslims are terrorists and all Iraqis are bent on killing Americans. It's very easy to paint that picture when you just talk about Saddam (Hussein). But Saddam is not Iraq and (Osama) bin Laden does not represent all Muslims. Likewise, Kim Jong-il, however he is portrayed, is not necessarily North Korea either."
  ▶ 그는 얘기하길, "전 항상 이 상황을 설명하기 위해 이라크의 비유를 이용합니다. (여기서 판에 박힌 생각은) 모든 이슬람 교도가 테러리스트들이며, 모든 이라크인들이 미국인들을 죽이려는데 열중 한다는 것입니다. 그저 사담 (후세인)에 대해 얘기할 때는 그런 그림을 그리기가 매우 용이하지만, 사담이 이라크도 아닐 뿐더러 (오사마) 빈 라덴이 모든 이슬람 교도를 대표하는 것도 아닙니다. 마찬가지로, 어떻게 묘사가 되건 김정일 역시 반드시 북한 자체일 수는 없습니다."

04 anathema
[ənǽθimə]
저주

- The Communists were not prepared to accept any compromises; it was anathema to them that Tibet should have an international personality beyond being a region of China.
  ▶ 그 공산주의자들은 어떤 타협도 받아들일 준비가 되어있질 않았다. 그들에겐 티베트가 중국의 한 지방인 것을 넘어 국제적인 존재성을 가져야 한다는 것 자체가 혐오의 대상이었기 때문이다.

05 antecedent
[æntəsíːdənt]
앞서는, 선례

- Arranged on the stage were the five different types of pianos and antecedent forms of modern pianos, all of which were used in turn during the performance.
  ▶ 무대 위에는 다섯 가지 다른 형태의 피아노들과 현대 피아노의 전신들이 배열되어 있었고, 공연 동안 이 모든 피아노들이 차례차례 사용되었다.

1. The Western media defines Asian horror as <u>ambiguous</u> and psychologically challenging, praise over countless straight-forward teenage slasher flicks manufactured in Hollywood.

(A) humorous
(B) uncertain
(C) reluctant
(D) miserable

어휘 **define** 정의하다, ~으로 여기다 **humorous** 익살스러운, 유머가 풍부한 **uncertain** 불확실한, 애매한 **reluctant** 마음 내키지 않는, 마지못해 하는 **miserable** 비참한

해석 서구 언론들은 아시아 호러 영화를 애매하면서도 심리적으로 탐구할만하다며 헐리우드에서 제작되는 노골적인 10대 살인광 영화들보다 낫다고 칭찬하고 있다.

2. Orangutan means 'human in the woods' in Indonesian. We can analogize that there are plenty of <u>analogy</u> between human and orangutan.

(A) luster
(B) senility
(C) hypothesis
(D) resemblance

어휘 **analogize** 유추하다; 유사하다 (with) **luster** 광택, 윤기 **senility** (고령으로 인한) 노망 **hypothesis** 가설 **resemblance** 유사, 닮음, 유사점 (similarity)

해석 인도네시아어로 오랑우탄은 숲의 사람이라는 뜻입니다. 사람과 오랑우탄 사이에 많은 공통점이 있다는 것을 알 수 있습니다.

3. Annual economic growth falling short of 5 percent is <u>anathema</u> to the nation's top economic policymakers. The deputy prime minister for economic affairs, says such a prospect is unthinkable to the administration.

(A) benediction
(B) curse
(C) eulogy
(D) property

어휘 **benediction** 축복 **curse** 저주 **eulogy** 찬사, 찬양 **property** 재산, 자산, 소유물

해석 연간 경제성장률이 5% 이하로 떨어지는 것은 최고 경제정책자들에게 저주나 다름없다. 경제부총리는 그런 전망이 정부로서는 생각할 수 조차 없다고 말하고 있다.

4. Perfect peace has no historical ________ , therefore it is only achieved in the grave. All is vanity in life.

(A) antecedent
(B) prospect
(C) discrepancy
(D) peculiar

어휘 **antecedent** 앞서는; 선례, 전례 **prospect** 예상 **discrepancy** 모순, 불일치 **peculiar** 기묘한, 별난(strange, queer, odd)

해석 그는 완전한 평화는 역사상 전례가 없고 따라서 이 세상에서는 존재하지 않는다는 것을 알았다. 인생은 허무한 것이다.

Prefix ANTE- / APO- / ARCH- 앞, 전 / 분리, 이탈 / 주요한, 고대의

01 anterior
[æntíəriər]
(시간적으로) 앞의, 이전의

- The football team announced today that the arthroscopy revealed three injuries to the striker's left knee: femoral cartilage damage, intra-articular cartilage lesions and an injury to the anterior cruciate ligament.
  ▶ 그 축구팀은 오늘 무릎 검진 결과 그 공격수의 왼쪽 무릎에 세가지 부상이 있다고 발표했는데, 대퇴골 연골 손상, 관절 사이 연골 상처, 그리고 이전부터 있던 십자형 인대 부상이 이에 해당한다.

02 anticipate
[æntísəpeit]
~을 예상하다, 예측하다

- Some economists anticipated a change in the exchange rate of the Chinese yuan later this year if consumer price inflation returns.
  ▶ 몇몇 경제가들은 만약 소비자 물가 인플레가 다시 돌아온다면, 올해 후반에 중국 위안화의 환율에 변화가 오리라 예측했다.

03 antique
[æntí:k]
고풍스러운, 골동품

- With an artist-in-residence program, bookstores, art galleries, performance spaces, cinemas, music halls, antique shops and more, the village enables visitors to enjoy different art forms in one place amid a relaxing environment.
  ▶ 예술가가 상주하는 프로그램, 책방들, 미술 전시관들, 공연 공간들, 영화관들, 음악 홀들, 골동품 가게와 그 밖의 것들을 갖추고, 그 마을은 방문객들이 여유로운 환경에서 다양한 예술 형태를 한 장소에서 즐기는 걸 가능하게 해준다.

04 apostle
[əpásl]
그리스의 12제자, 사도

- Letizia Ortiz Rocasolano embraced Apostle St. James as tradition says in presence of her husband.
  ▶ Letizia Ortiz Rocasolano가 자신의 남편 앞에서 전통에 나온대로 사도 야고보 성인상(St. James)을 껴안았다.

05 apotheosis
[əpaθióusis]
(사람, 사물의) 신격화, 신성시

- Following martyrdom at the Alamo and apotheosis in song, tall tale, and celluloid myth, this bumpkin from west Tennessee [Davy Crockett] became better known and more revered than all but a handful of American presidents.
  ▶ 서부 테너시주에서 온 촌뜨기 Davy Crockett은 알라모에서 순교한 데다가 노래, 과장된 이야기, 영화적 상상 속에서 신성시 된 후 손에 꼽히는 숫자 미국 대통령들을 빼고는 더 널리 알려지고 더 존경 받는 이가 되었다.

06 archaeology
[a:rkiálədзi]
고고학

- In addition, the National Museum will invite two arts and science researchers from the Iraqi National Museum and train them for three months in the field of archaeology and preservation science with full financial support.
  ▶ 게다가 국립 박물관은 이라크 국립 박물관에서 두 사람의 인문과학 연구자들을 초청해서 3개월 동안 전적인 재정 보조를 해주면서 고고학과 보존 과학 분야의 훈련을 시키게 될 것이다.

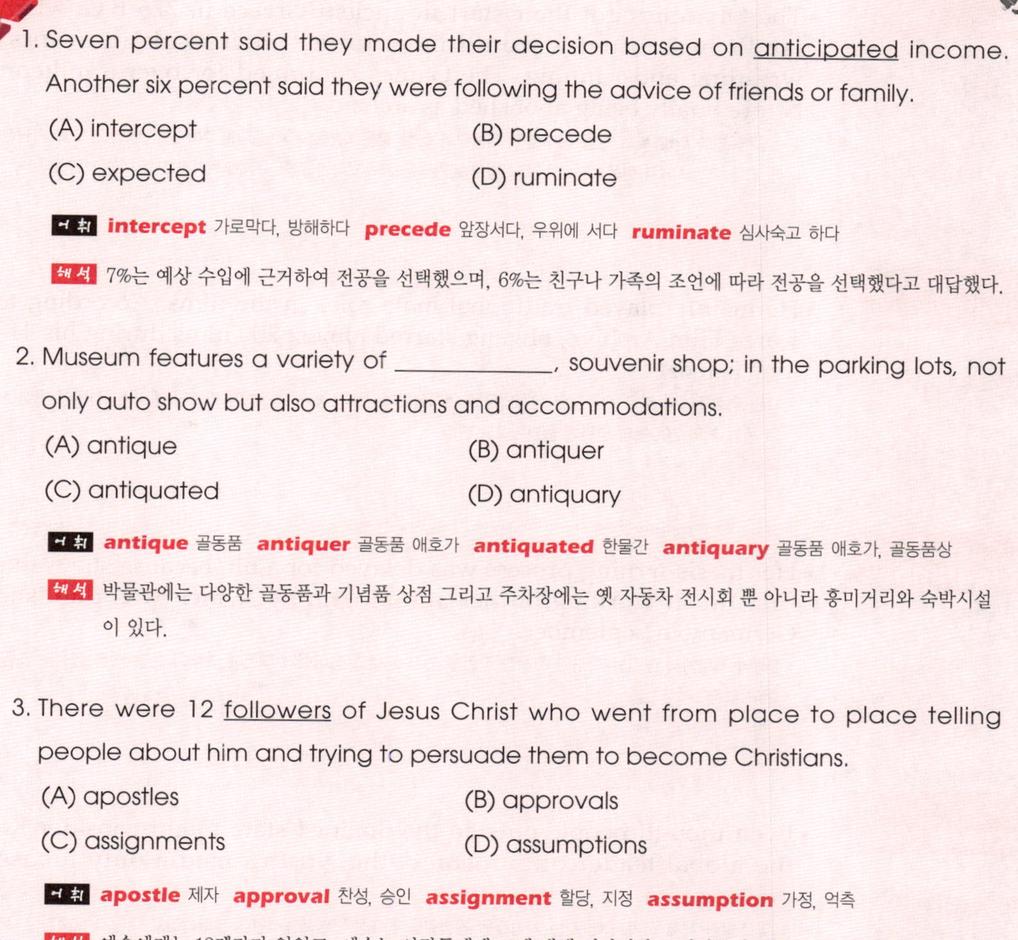

1. Seven percent said they made their decision based on <u>anticipated</u> income. Another six percent said they were following the advice of friends or family.

(A) intercept　　　　　　　　(B) precede

(C) expected　　　　　　　　(D) ruminate

어휘 **intercept** 가로막다, 방해하다　**precede** 앞장서다, 우위에 서다　**ruminate** 심사숙고 하다

해석 7%는 예상 수입에 근거하여 전공을 선택했으며, 6%는 친구나 가족의 조언에 따라 전공을 선택했다고 대답했다.

2. Museum features a variety of ___________, souvenir shop; in the parking lots, not only auto show but also attractions and accommodations.

(A) antique　　　　　　　　(B) antiquer

(C) antiquated　　　　　　　(D) antiquary

어휘 **antique** 골동품　**antiquer** 골동품 애호가　**antiquated** 한물간　**antiquary** 골동품 애호가, 골동품상

해석 박물관에는 다양한 골동품과 기념품 상점 그리고 주차장에는 옛 자동차 전시회 뿐 아니라 흥미거리와 숙박시설이 있다.

3. There were 12 <u>followers</u> of Jesus Christ who went from place to place telling people about him and trying to persuade them to become Christians.

(A) apostles　　　　　　　　(B) approvals

(C) assignments　　　　　　(D) assumptions

어휘 **apostle** 제자　**approval** 찬성, 승인　**assignment** 할당, 지정　**assumption** 가정, 억측

해석 예수에게는 12제자가 있었고, 예수는 사람들에게 그에 대해 이야기하고 백성들이 그리스도인이 되기를 전도하며 이곳저곳을 돌아다녔다.

4. ___________ is the study of the societies and peoples of the past by examining the remains of their buildings, tools, and other objects.

(A) astrology　　　　　　　(B) altruism

(C) affinity　　　　　　　　(D) archaeology

어휘 **astrology** 점성술　**altruism** 이타주의

해석 고고학은 옛 사람들이 사용했던 건물과 도구, 그리고 다른 물건과 같은 유물을 조사함으로써 과거 사회와 민족들에 대한 연구를 하는 학문이다.

Prefix ARCH- / AUTO- / BI- 주요한, 고대의 / 자신의, 스스로 / 둘

01 archaic
[ɑːrkéiːk]
고대의, 고풍의

- The Olympics got their start in ancient Greece in 776 B.C. when the land's best athletes would meet to test their skills in events like wrestling and running. The Games continued for over a millennium before finally being abolished as archaic.
  ▶ 올림픽은 그 나라 최고 운동 선수들이 레슬링과 육상 같은 이벤트에서 실력을 겨루던 만남의 장으로 기원전 776년에 고대 그리스에서 탄생했다. 천 년이 넘게 올림픽은 계속되다가 결국 구시대적이라고 해서 폐지되었다.

02 archive
[áːrkaiv]
공문서 (보관소)

- He mainly played traditional male roles in the films. According to the Korea Film Archive, Hwang starred almost 200 films during his 41-year long career.
  ▶ 그는 영화들에서 주로 전통적인 남성역들을 연기했었다. 한국 영화 보관소에 따르면, 황씨는 41년에 달하는 활동시기 동안 거의 200편의 영화에 출연했다고 한다.

03 autobiography
[ɔːtəbaiágrəfi]
자서전

- Her thesis-writing process was delayed for a bit, because she wanted to first finish working on her autobiography, which was published in Germany in September.
  ▶ 9월에 독일에서 출간된 자신의 자서전 작업을 먼저 끝내고 싶어했기 때문에 그녀의 논문 집필 과정은 조금 연기되어야 했다.

04 autocracy
[ɔːtákrəsi]
전제정치, 독재정부

- Even though people outside the Stalinist state might consider Kim as the global leader of autocracy, the North's media only focuses on praising him.
  ▶ 그 스탈린 체제 국가 밖에 사는 사람들은 김정일을 전제정치의 세계적인 우두머리라고 여길지 모르지만, 북한의 매스 미디어는 오직 그를 찬양하는 데에만 주력하고 있다.

05 autograph
[ɔ́ːtəgræf]
자필서명, 사인

- San Francisco Mayor Gavin Newsom signed an autograph for Tracey Scott and her daughter at the first year anniversary of same-sex marriages performed at City Hall in San Francisco.
  ▶ 샌프란시스코 시청에서 있었던 동성결혼 실시 1주년 기념제에서 샌프란시스코 시장 Gavin Newsom이 Tracey Scott과 그녀의 딸에게 자필서명을 해주었다.

06 autonomy
[ɔːtánəmi]
자치권

- Under the revised law, local universities will have the autonomy to set the quota for foreign professors by easing regulations instead of requiring them to give over half of the lectures.
  ▶ 새로 개정된 법에 의거하면, 현지 대학들은 강의의 반 수 이상을 그들에게 넘겨주는 것을 요구하는 대신 규정을 완화시킴으로 외국 교수들에 대한 할당 인원수를 정하는데 있어서 자치권을 가지게 될 것이다.

07 autopsy

[ɔ́:tapsi]

(시체의 사인 규명을 위한)
부검, 시체 해부

■ But they did not immediately announce a cause of death, saying more tests were needed to complete the autopsy report. Army officials said the tentative result of the autopsy clearly shows he hanged himself, while his family claims he was killed by his seniors.

▶ 그러나, 그들은 부검 보고서를 완결하는데 더 많은 테스트들이 필요하다고 얘기하면서 사인을 즉각 공표하지는 않았다. 그의 가족은 그가 상관들에 의해 살해당했다고 주장하는 반면, 군 관계자들은 부검의 임시적인 결과는 그가 목을 메서 죽었음을 확연하게 보여준다고 얘기했다.

08 biennial

[baiéniəl]

2년마다의,
(식물이) 2년 생인

■ Chirac is due to hold talks with Kadhafi focusing on Iraq, Africa, terrorism and economic cooperation, and then fly to Ouagadougou in Burkina Faso on Thursday for the biennial summit of French-speaking nations.

▶ Chirac는 이라크, 아프리카, 테러리즘, 그리고 경제 협력에 중점을 두고 Kadhafi와 회담을 개최하고 그 후에는 목요일 불어 사용 나라들에게 2년에 한번씩 열리는 정상회담을 위해 Burkina Faso에 있는 Ouagadougou으로 날아갈 예정이다.

---

1. Commission on human right plans to stage action against government to demand that they open its tightly sealed ___________ about experiment on a human body.

  (A) archaic   (B) archive
  (C) awe   (D) proximity

어휘 **seal** 날인하다; 부여하다; 봉인하다; 확증하다 **archaic** 고대의, 고풍의 **archive** 공문서 (보관소) **awe** 위압하다, 압도하다 **proximity** 근접

해석 정부가 공개를 금하고 있는 인체실험에 대한 문서를 공개할 것을 요구하는 시위가 열릴 예정이다.

2. Her ___________ was written by famous people for her whole life and it based on facts. Therefore it maybe true that the song was made late one night.

  (A) novel   (B) property
  (C) autonomy   (D) autobiography

어휘 **novel** 새로운 **property** (어떤 사물의 고유한) 성질 **autonomy** 자치권 **autobiography** 자서전

해석 그녀의 자서전은 유명인이 집필했고 일대기에 관한 것이 많으며 사실을 근거하여 쓰여졌다. 그러므로 늦은 밤 어느 술집에서 그 노래가 만들어졌다는 것은 아마도 사실일 것이다.

3. Newly elected independent special prosecutor said that she haven't seen even one problem in the autopsy results about drug-use.

  (A) post-mortem   (B) self-consistency   (C) antidote
  (D) carrion   (E) tyranny

어휘 **autopsy** (시체의 사인 규명을 위한) 부검, 시체 해부 **post-mortem** 시체 해부, 검시 **self-consistency** 자기 모순이 없음, 시종일관, 조리가 정연함 **antidote** 해독제 **carrion** 죽은 짐승의 고기, 썩은 고기 **tyranny** 전제정치, 횡포

해석 새로 선출된 특별검사는 마약복용에 대한 부검결과에는 어떤 의문점도 없다고 말했다.

Prefix BI- / BY- / CATA- 둘 / 옆, 부차적인 / 아래

01 bilateral

[bailǽtərəl]
양쪽의, 상호간의

- Malaysian Prime Minister, Abdullah Ahmad Badawi was welcomed by Pakistani Defense Minister, Rao Sikander Iqbal in Islamabad. During his stay Badawi is scheduled to discuss bilateral, regional and international issues.
  ▶ 말레이지아 수상인 Abdullah Ahmad Badawi가 이슬라마바드에서 파키스탄의 국방 장관 Rao Sikander Iqbal 에게 환영 받았다. Badawi는 체류 중, 상호간의 지역적이고 국제적인 이슈들을 가지고 토론할 예정이다.

02 binary
[báinəri]
둘로 이루어진

- The dispute was resolved last April when the Korean government agreed to use dual standards, adopting the binary runtime environment for the wireless (BREW) platform developed and commercialized by U.S. mobile chip giant Qualcomm.
  ▶ 그 논쟁은 한국 정부가 미국 이동 칩계의 거물 Qualcomm에 의해 개발되고 상용화된 무선 계기 시스템을 위해 둘 로 나뉘어진 런타임 환경을 받아들이며 이중 표준을 사용하기로 동의함으로써 지난 4월 해결되었다.

03 bygone

[báigɔ:n]
과거의, 지나간

- The drama is set five to six decades ago and generates memories of bygone eras for senior citizens.
  ▶ 그 드라마는 50~60년 전 과거가 배경이어서 노인들에게 지나간 시절의 기억들을 불러일으킨다.

04 by-pass
[báipæs]
우회로, ~을 우회하다

- This open-air production of Shakespeare's tragedy aims to bypass the conventional scholarly approach and provide more entertainment.
  ▶ 셰익스피어 비극의 이번 야외 상연은 평소의 학자적인 접근을 피하고 보다 많은 오락을 제공하는데 목적을 두고 있다.

05 by-product
[báipradəkt]
부산물

- Japanese-style design is a by-product of the integration of Western modernism and Japan's decorative sensibility that is unique to Japanese traditional arts in the process of modernization.
  ▶ 일본 스타일 디자인은 서구 현대주의와 현대화 과정에 있는 일본 전통 예술들에 독특하게 나타나는 일본의 장식적인 감성 융화의 부산물이다.

06 bystander
[báistændər]
방관자, 구경꾼

- A startled bystander looked on as police officers stood amid rubble at the scene of a bomb blast at the Indonesian Embassy in Paris.
  ▶ 깜짝 놀란 한 구경꾼이 파리에 있는 인도네시아 대사관 폭탄 폭발 현장의 파편들의 한복판에 서있는 경찰관들을 바라보고 있었다.

07 catastrophe
[kətǽstrəfi]
큰 재해, 대변동

- Fischer also spoke about his visit to the areas in south Asia that were hardest hit by the tsunami catastrophe.
  ▶ Fischer는 쓰나미 재해에 의해 가장 심한 타격을 받은 남 아시아 지역들을 방문한 것에 대해서도 이야기했다.

08 catholic

[kǽθəlik]

보편적인, 카톨릭의,
카톨릭 교도, 다양한

- When he was still young in his early 20's, he had more catholic tastes than he does now.
  ▶ 그가 아직 젊던 20대 초에는 지금보다 더 다양한 취미들을 가지고 있었다.

※ catholic은 '다양한(varied)'의 의미로 더 널리 사용.

1. Compared to the immense interest, the actual business cooperation is meager. It is now time for <u>bilateral</u> relations to take a step further.

   (A) benign   (B) commodious
   (C) balanced   (D) discreet

   어휘 **immense** 광대한, 막대한(huge) **meager** 결핍된(poor); 마른 (lean) **benign** 상냥한; (기후나 풍토가) 양호한 **commodious** 넓은; 편리한 **discreet** 사려 깊은, 신중한

   해석 엄청난 이익을 감안할 때 실제 양국간의 경제 협력은 미미한 수준이다. 이제 양국간의 협력을 증진시킬 때이다.

2. Sara still doesn't speak to me because she isn't willing to let <u>bygones</u> be bygones. It would better forget whole things.

   (A) previous   (B) present
   (C) recent   (D) ancient

   어휘 **bygone** 과거의, 지나간 **previous** 앞의, 이전의 **present** 현재의; 바치다, 제출하다 **ancient** 고대의

   해석 Sara는 과거 일을 잊어버릴 기분이 아니었는지, 아직도 내게 말을 걸지 않는다. 옛일을 들추어내지 말고, 물에 흘려 버리면 좋을 것을…

3. If there were his friend in class, he could have been received help, however, most of them just watched like ______________.

   (A) binary   (B) bystander
   (C) by-product   (D) catholic

   어휘 **binary** 둘의, 이원의; 2진법 **bystander** 방관자, 구경꾼, 관계없는 사람 **catholic** 너그러운, 보편적인

   해석 만일 교실에 그의 친구가 있었다면 그를 도와주었겠지만, 대부분은 구경꾼이라서 남일 보듯 구경만 했다.

4. We would not have been lost everything, if we had an apt preparation. Already, the world's largest insurance company warned __________ in a report last month.

   (A) catastasis   (B) catastrophe   (C) catarrhine   (D) catatonia

   어휘 **catastasis** 최고지점 **catastrophe** 큰 재해, 대 변동 **catarrhine** 협비류 원숭이 **catatonia** 긴장병

   해석 적절한 사전준비가 있었다면 모두를 잃지 않을 수도 있었다. 세계 최대 규모의 보험회사에서 작년 보고서를 통해 이미 대참사에 관하여 경고한 바 있었다.

정답 1. C 2. A 3. B 4. B

Prefix DI-, DUO- / DIA- / EU- 둘 / 횡단, 통해서 / 좋은

01 dilemma
[dilémə]
딜레마, 진퇴양난

- The dilemma of garbage on the streets stems from a new garbage system launched Jan.
  ▶ 길거리 쓰레기의 진퇴양난 상황은 1월 1일부터 개시된 새로운 쓰레기 시스템에서 비롯되었다.

02 duel
[dúːəl]
(특히 두 사람 간의) 결투

- German midfielder Gerald Asamoah was engaged in a duel with Thailand's Kittisak Siriwan during their international friendly between Thailand and Germany.
  ▶ 태국과 독일 사이의 국제 친선 경기 도중 독일의 미드 필더인 Gerald Asamoah가 태국의 Kittisak Siriwan과 일 대일 격돌 상황에 몰두해 있었다.

03 duplicate
[djúːplikit]
복사의, 사본

- A team of scientists aims to duplicate the "miracle" of enabling patients with spinal cord damage to walk again through stem cell therapy.
  ▶ 한 팀의 과학자들이 줄기 세포 요법을 통해 척추 손상 환자들로 하여금 다시 걸을 수 있게 하는 "기적"을 재현하는데 목표를 두고 있다.

04 diagnosis
[daiəgnóusis]
진단법

- Although public health insurance subscribers were generally satisfied with doctors' diagnosis and prescription, they expressed substantial dissatisfaction over consultation hours with doctors, and waiting hours for admission, diagnosis and hospitalization.
  ▶ 공공 건강 보험 가입자들이 의사의 진단과 처방에 대해 일반적으로 만족하고 있는 반면, 의사들과의 상담 시간과 접수, 진단, 그리고 입원 대기 시간에 대해서는 상당한 불만족을 표현했다.

05 diagonal
[daiǽgənəl]
대각선의

- The European Union has ruled to impose a 19.7% anti-dumping tariff on Chinese-made color TV braun tubes that measure less than 17 inches in diagonal length.
  ▶ 유럽 연합은 대각선 길이가 17 인치보다 작게 측정되는 중국산 컬러 텔레비전 브라운관에 대해 19.7퍼센트의 반덤핑 관세율을 부가하기로 판결했다.

06 dialect
[dáiəlekt]
방언, 사투리

- Takaoka, who played the leader of delinquent group at a Korean high school in Japan, said he had a difficult time learning both the Korean language and the Kyoto dialect for his part.
  ▶ 일본에 있는 한인 고등학교의 불량 서클 리더역할을 한 Takaoka는 자신의 배역을 위해 한국말과 교토 사투리를 둘 다 배우느라 애먹었다고 얘기했다.

07 dialectic
[daiəléktik]
변증법, 논리적 논증

- Materialistic dialectic used to be quite influential among the student activists until its popularity faded away in the late 80's.
  ▶ 유물론적 변증법은 80년대 말에 그 인기가 가실 때까지 학생 운동가들 사이에서 꽤 영향력이 있었다.

08 eulogy

[júːlədʒi]

찬사, 칭송

■ Relatives and friends were gathering at the cemetery in Tel Aviv as Israeli Knesset (Parliament) member, and former journalist for many years, Yosef 'Tommy' Lapid, delivered a eulogy during the funeral of the Israeli satirist.

▶ 이스라엘의 의회 구성원이며 예전에 오랜 세월 동안 언론인이었던, Yosef 'Tommy' Lapid가 그 이스라엘 풍자가의 장례식 도중 찬사를 얘기하고 있을때, 친척들과 친구들이 Tel Aviv에 있는 공동묘지에 모여들고 있었다.

1. Peter was put into a <u>dilemma</u> and he didn't know which to choose. He was middle of situation between his mother and wipe.

(A) the best choice he's first made　　(B) everything he does

(C) on the his high ropes　　(D) between a rock and hard place

해석 Peter는 딜레마에 빠져서 어찌할 바를 모르고 있었다. 어머니와 아내 사이에 끼어든 상황이었다.

2. I felt as if a long-lost child who was thought dead, had come back to me after many years, when the <u>duplicate</u> had been founded.

(A) duel　　(B) diagnosis

(C) diagonal　　(D) copy

어휘 **duplicate** 복사의, 사본　**duel** (특히 두 사람 간의) 결투　**diagnosis** 진단법　**diagonal** 대각선의

해석 내가 잃어버린 자료의 복사본을 찾았을 때 죽은 줄 알던 아이를 찾은 것 같은 기분이 들었다.

3. At the time of roman empire and ancient Greece, English, French and Italian was just _____________ of the Latin language.

(A) dialect　　(B) dialectic

(C) mother tongue　　(D) strategy

어휘 **dialect** 방언　**dialectic** 변증법, 논리적 논증　**mother tongue** 모국어　**strategy** 전략, 전술

해석 그리스 로마시대에 영어, 프랑스어, 이탈리아어 등은 라틴어의 방언이었다.

4. The book written by anonymous writer was a(n) _____________ to the benefits of civilization. Since Industrial Revolution, machine did necessary thing we have to.

(A) blame　　(B) join

(C) eulogy　　(D) consequence

어휘 **anonymous** 익명의, 개성이 없는　**eulogy** 찬미, 찬사　**consequence** 결과, 중요성; 위엄

해석 익명의 작가가 쓴 그 책은 문명이 주는 혜택에 대한 찬미였다. 산업혁명 이래로 기계는 꼭 해야만 하는 일들을 해주었다.

01 euphoria

[ju:fɔ́:riə]

행복감, 쾌감

- After the short-lived euphoria of its resounding victory in the April elections, the governing party faces an another litmus test.
  ▶ 4월 선거의 엄청난 승리에서 찰라의 행복감이 지나간 후, 그 정당은 또 하나의 사태를 명확히 파악할 수 있는 시험에 맞닥뜨려져 있다.

02 euthanasia
[ju:θənéiʒjə]

안락사

- The team of researchers has now discovered that she was murdered by the Nazis as part of their euthanasia program in the gas chamber of a mental institution in Austria in 1940.
  ▶ 그 연구팀은 그녀가 1940년 오스트리아에 있는 정신병원의 가스실에서 안락사 프로그램의 일환으로 나치에 의해서 살해되었다는 사실을 발견했다.

- Although it officially endorsed euthanasia in 1984, the Netherlands issued strict guidelines on how to perform it.
  ▶ 네델란드에서 1984년 안락사를 공식적으로 승인했지만, 그것을 실행하는 방법에 엄격한 기준을 선정했다.

03 extraneous
[ekstréiniəs]

외부로부터의, 관계없는

- I concluded with a somewhat technical description of the testing procedures and rigorous controls I used to determine what my parrot had learned and to ensure that his responses were based on his understanding of the questions and concepts and not on extraneous cues.
  ▶ 저는 제 앵무새가 무엇을 배웠는지를 결정하며 그의 반응들이 질문과 개념들에 대한 자신의 이해에 바탕을 둔 것인지 외부로부터 오는 단서에 바탕을 둔 것이 아니란 걸 확실하게 하려고 사용한 실험 과정과 엄격한 통제를 약간의 기술적 설명을 이용하여 마무리 지었습니다.

04 extravagant
[ikstrǽvəgənt]

돈을 낭비하는, 터무니 없는

- A Kashmiri wedding is an extravagant affair over two days, during which time hundreds of guests are served a traditional feast called "Wazwan".
  ▶ Kashmiri 지방의 결혼식은 이틀에 걸쳐서 치러 지는 돈을 낭비하는 행사인데, 행사 중 수 백명의 손님들에게 Wazwan이라고 불리는 전통적인 성찬이 베풀어진다.

05 forfeit
[fɔ́:rfit]

(죄, 과실로 인한 재산, 권리를)
몰수당하다, 벌금

- More than 2,000 fans witnessed the first-ever forfeit of a game after the referees spent about five minutes trying to persuade the team to resume play.
  ▶ 심판들이 그 팀에게 경기를 재개하라고 설득하느라 5분 정도를 보낸 후, 2000명이 넘는 팬들이 사상 최초의 경기 몰수를 목격했다.

06 forgo
[fɔ:rgóu]

포기하다, 그만두다

- As much as I wanted to forgo college and head straight to New York to become an actress, my father said that all knowledge would serve me and that the more I knew, the more I could bring to my work.
  ▶ 내가 대학을 포기하고 배우가 되기 위해 뉴욕으로 직행하고 싶어한 만큼이나, 우리 아버지는 모든 지식은 내게 보탬이 될 것이며 많이 알수록 내 일에 응용할 것도 늘어날 것이라고 말씀하셨다.

07

forlorn

[fərlɔ́ːrn]

버려진, 고독한

■ Bloch remembers that Stephen was a member of the Milk Squad, comprised of children who were considered to need extra nutrition, and early photographs do show him as one of the smaller boys, in the front row, looking forlorn.

▶ Bloch는 Stephen이 Milk부대의 멤버라는 것을 기억해냈다. Milk부대는 가외의 영양이 필요하다고 여겨지는 아이들로 구성되었으며, 초기의 사진들은 Stepben이 버림받은 듯한 표정으로 앞줄에 있는 왜소한 남자 아이들 중 하나임을 보여준다.

---

1. His wipe had to lecture him because he was so <u>extravagant</u>. She thought 'How lucky if he is to be moderate in everything?'

   (A) spendthrift
   (B) reasonable
   (C) decorated
   (D) elaborate

   어휘 **extravagant** 돈을 낭비하는, 터무니 없는 **moderate** 온건한; 알맞은; 완화하다, 적당하게 하다

   해석 그녀는 남편의 과도한 낭비벽으로 잔소리를 해야 했다. 그녀는 '모든 것에서 아끼면 얼마나 좋을까?' 라고 생각했다.

2. After she paid 1000 dollar on account until tomorrow, and then other ___________ was going to be paid for last three years.

   (A) subsidy
   (B) forfeit
   (C) inequality
   (D) trance

   어휘 **subsidy** 장려금 **forfeit** (죄, 과실로 인한 재산, 권리를) 잃다; 벌금 **inequality** 불평등, 불공평 **trance** 꿈결; 황홀함

   해석 그녀는 내일까지 1000달러를 입금하고 나머지 벌금은 3년간 분할 납부하기로 했다.

3. Representative of union announced all country must return to the disarmament talks and ___________ its nuclear ambitions that could pose a threat to each other.

   (A) stimulate
   (B) forgo
   (C) permeate
   (D) perjure

   어휘 **disarmament talks** 군비축소회담 **stimulate** 자극하다, 복돋우다 **forgo** 보류하다, 버리다, 무시하다 **permeate** 스며들다; 충만하다 **perjure** ~에게 위증시키다

   해석 연방의 대표자는 모든 국가들이 군비축소회담에 복귀하고 서로를 위협하는 핵에 대한 집착을 포기해야 한다고 선언했다.

정답 1. A 2. B 3. B

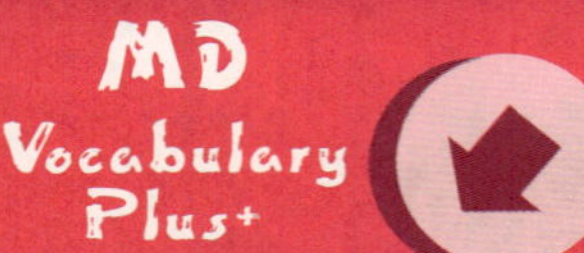

Prefix FOR- / FORE- / HETERO-, HOMO- 분리, 이탈 / 앞, 전 / 다른, 같은

01 forsake
[fərséik]

(벗, 가족을) 버리다, 떠나다

- Korea's private sector promised to stick to the locally developed portable Internet platform despite concerns the government might forsake a single-standard policy in the face of outside pressure.
  ▶ 한국의 개인 소유 분야는 정부가 외부 압박에 직면해서 단일 표준 정책을 버릴지도 모른다는 우려에도 불구하고 국내에서 개발된 이동 인터넷 시스템을 고수하겠다고 약속했다.

02 forswear
[fɔːrswéər]

(나쁜 습관 등을) 맹세코 그만두다

- It took him a long time to come to the conclusion that he had no choice but to forswear alcohol once and for all.
  ▶ 그가 술을 완전히 끊어야만 한다는 결론에 도달하기까지는 오랜 시간이 걸렸다.

03 foreboding
[fɔːrbóudiŋ]

(불길한) 예감, 조짐

- The men's expressions in the photos emanate a foreboding of the chaos that is to engulf the continent just two years later.
  ▶ 사진들에 나온 그 남자들의 표정들은 겨우 2년 후에 대륙을 집어삼킬 혼돈의 조짐을 표출하고 있다.

04 forerunner
[fɔ́ːrrʌnər]

선구자, 전조

- On the back of public subsidies and focused investment, several Western developers grew into forerunners in the oil devlopment market.
  ▶ 정부 보조금과 집중적인 투자 덕분에 몇몇 서구 개발업체들은 유전개발 시장에서 선도업체로 부상하게 되었다.

05 foresight
[fɔ́ːrsait]

예견, 선견지명

- She can't succeed as a politician without having a foresight to the future of the country, policies to lead the country in right direction and strategies to push her will through difficulties.
  ▶ 그 나라의 미래에 대한 선견지명, 나라를 올바른 방향으로 이끌 수 있는 정책들, 그리고 난관을 뚫고 자신의 의지를 밀어 부칠 전략들을 가지고 있지 않고서는 그녀가 정치가로 성공할 수 없다.

06 forestall
[fɔːrstɔ́ːl]

~을 미리 막다, 선수를 치다

- The education ministry offered to return students' health records back to the old system while keeping the other two items under the new information database system in an effort to forestall the scheduled walkout by teachers.
  ▶ 교육부는 교사들의 예정된 동맹파업을 미리 막으려는 노력의 일환으로 새 정보 데이터베이스 시스템 하에서 나머지 두 항목들은 유지한 채 학생들의 건강기록부들을 예전 시스템으로 돌릴 것을 제안했다.

07 foretell
[fɔːrtél]

예언하다

- Early in the 1900s on the Han River, on what was once a quiet little island, where farmers grew millet and peanuts, and raised dairy cows, people used to say that the flowers could foretell the future direction of politics.
  ▶ 1900년대 초기 한강에는 농부들이 수수와 땅콩을 기르고 젖소들을 사육하던 고요하고 조그마한 섬이 하나 있었는데, 사람들은 거기 있는 꽃들이 정치의 미래 방향을 예견해줄 수 있다고 얘기하곤 했다.

08 heterodox

[hétərədaks]

(교양, 학설 등이)
이단의, 비정통적인

- Muslims fight with members of other faiths, who seem to challenge their claim to a monopoly of absolute truth; they also persecute their co-religionists for interpreting a tradition differently or for holding heterodox beliefs.

▶ 이슬람 교도들은 전적이며 독점 진리라는 그들의 주장에 도전하는 듯한 타종교를 믿는 사람들과 싸운다. 또한 전통을 달리 해석한다거나 이단적인 신앙을 가지고 있는 동종교인들 역시 박해한다.

1. He was <u>abandoned</u> of his friends and family because of simple misunderstanding. Anyone inquired of him about the whole picture of incident.

   (A) forsaken
   (B) forswore
   (C) forerunner
   (D) forestalled

   어휘 **forsake** 버리다 **forswear** (나쁜 습관 등을) 맹세코 그만두다 **forerunner** 선구자, 전조 **forestall** ~을 미리 막다, 선수를 치다

   해석 그는 사소한 오해로 친구와 가족에게 버림받았다. 아무도 그에게 사실인지 물어보지 않았다.

2. To see so much power combining with such lack of <u>foresight</u> is really disquieting for us Europeans.

   (A) slow-moving
   (B) expectation
   (C) heterodox
   (D) forethought

   어휘 **disquiet** 불안; 평온을 잃게 하다 **heterodox** (교양, 학설 등이) 이단의, 비정통적인 **forethought** 깊은 생각, 신중; 고려

   해석 예견력 없는 권력은 우리, 유럽인을 불안하게 한다.

3. We can't resist our urge to <u>speculate on</u> what will happen next, and when, and how much.

   (A) invest
   (B) foretell
   (C) destroy
   (D) undermine

   해석 우리는 다음에 무슨 일이 일어날 것인지에 대해 예측하고자 하는 충동을 물리칠 수 없다.

4. His __________ came out true. There are signs that rates will begin to climb gradually over the next few months, so agents may want to stress to customers the advantages of purchasing now.

   (A) forebodingly
   (B) foreboding
   (C) forbid
   (D) forbidder

   해석 그의 예상이 적중했다. 향후 몇 달간 금리가 점차 인상될 조짐이 보이므로 직원들은 지금이 주택 매입의 적기임을 구매자에게 강조할 것이다.

정답 1. A 2. B 3. B 4. B

01 heterogeneous
[hetəroudʒi:niəs]
이종의,
이성분으로 이루어지는

- The best-effort network has been sufficient for existing services but it is not suitable for the upcoming multimedia era characterized by a mix of heterogeneous traffic flows like video, voice and data.
  ▶ 최선을 기울인 그 네트워크는 현존하는 서비스를 위해선 충분했지만, 앞으로 다가올 비디오, 음성, 데이터와 같은 서로 다른 종류의 상호전달 흐름의 혼합물로 특징지어 지는 멀티미디어 시대에는 적합하지 못하다.

02 holocaust
[háləkɔ:st]
(특히 화재에 의한) 전멸,
(특히 유대인) 대학살

- Beginning with a glimpse at the Jewish world that existed before the war, the new museum is four times the size of the current one, and it presents the story of the Holocaust from the individual/Jewish perspective, through authentic artifacts, documentation, personal objects and the stories behind them.
  ▶ 전쟁 전에 존재했던 유태인의 세계를 일견하는 것으로 시작되는 새 박물관은 현재 것보다 그 크기가 네 배이며, 유태인 대학살의 이야기를 실제 유물들, 기록, 개인 소장품 그리고 그 후일담들을 통해 개인적이며 유태인적인 관점에서 보여준다.

03 hyperbole
[haipə́:rbəli:]
과장법

- Those were the days when I still liked hyperbole, before an excess of real drama killed my taste for the manufactured kind.
  ▶ 당시는 현실 드라마의 과잉이 나의 인공적인 드라마에 대한 취향을 없애버리기 전이라 내가 아직도 과장법을 좋아하던 시절이었다.

04 hypercritical
[haipə:rkrítikəl]
혹평적인

- Even though there are similar books in the bookstores, they are all hypercritical of the county's political system.
  ▶ 비슷한 책들이 책방에 있긴 하지만, 그것들은 국가의 정치체계에 대해 지나치게 비판적이다.

05 infra(structure)
[ínfrə (strʌktʃər)]
하부구조, 기반시설

- Manufacturers have pointed out the lack of infrastructure for operating a production line, including power and communications, as the biggest hurdles to relocating their plants to the complex.
  ▶ 공장주들은 동력과 커뮤니케이션을 포함한 생산 라인을 가동시킬 기반 시설이 부족하다는 것이 자신들의 공장들을 그 공장단지로 이전하는 데 있어 가장 큰 장애물이라고 지적했다.

06 intrinsic
[intrínsik]
본질적인, 고유의

- The socialist state is mired in an adverse situation where global competitiveness of its economy is constantly flagging. Its economy is beset by many intrinsic structural problems.
  ▶ 그 사회주의 국가는 자기들 경제의 세계적 경쟁력이 지속적으로 쇠퇴하고 있는 불리한 상황에 빠져있다. 그들 경제는 수많은 내부 구조 문제들에 의해 괴롭힘을 당하고 있다.

07 macroeconomics

[mӕkrəi:kənámiks]

거시 경제학

- Macroeconomics can be defined as the study of the overall aspects and workings of a national economy, such as income, output, and the interrelationship among diverse economic sectors.

  ▶ 거시 경제학은 소득, 생산, 그리고 다양한 경제 분야들 사이의 상관관계와 같은 국가 경제의 전반적인 측면과 활동들에 대한 학문이라고 정의될 수 있다.

08 microcosm

[máikrəkazm]

소우주, 축소판

- The story of these four men is of course a celebration of the game, but Halberstam also reminds us that within this microcosm, there is also a celebration of life that transcends the playing field.

  ▶ 물론 이 네 남자에 대한 이야기는 그 게임에 대한 찬양이지만, Halberstam은 우리에게 이런 축소판 안에 경기장을 초월한 삶에 대한 찬사도 있다는 것을 상기시켜 준다.

---

1. There were several countries' leader of __________ confederation this summit conference. Could we find a solution without any confusion?

   (A) macroeconomics   (B) infra

   (C) hyperbole   (D) heterogeneous

   어휘 **macroeconomics** 거시 경제학 **infra(structure)** 하부구조, 기반시설 **hyperbole** 과장법 **heterogeneous** 이종의, 이성분으로 이루어지는

   해석 이번 정상회담에는 놀라우리만큼 이질적인 연방국가의 정상들이 모였다. 과연 해결책을 모색할 수 있을까?

2. It has been elapsed half century since Adolf Hitler engineered the <u>holocaust</u> about the Gypsies more than Jews.

   (A) hypercritical   (B) massacre

   (C) excerpt   (D) exhale

   어휘 **elapse** 지나다, 흐르다 **holocaust** (특히 화재에 의한) 전멸, (특히 유대인) 대학살 **hypercritical** 혹평적인 **excerpt** 발췌하다, 인용하다 **exhale** 증발하다(evaporate); 숨을 토해내다

   해석 Adolf Hitler가 유태인과 그보다 많은 수의 집시들을 대학살 한 지도 반세기이상 지났다.

3. In fact, problem you are facing illustrate in <u>microcosm</u> by the situation in you, it is not a subordinate matter for that reason we ought to find the way out.

   (A) desolate   (B) magnifier

   (C) miniature   (D) connivance

   어휘 **microcosm** 소우주, 축소판 **desolate** 황량한; 황폐하게 하다; 돌보지 않다 **connivance** 묵인

   해석 그들이 지금 직면해있는 문제는 좁게는 너를 통해서도 알 수 있다. 우리도 해결 방향을 찾아야 하기 때문에 그것은 지엽적인 문제가 아니다.

정답 1. D 2. B 3. C

01 microeconomics
[maikrəi:kənámiks]
미시 경제학

- Microeconomics can be defined as the study of the operations of the components of a national economy, such as individual firms, households, and consumers.
  - ▶ 미시 경제학은 개인 회사들, 가정, 그리고 소비자들과 같은 국가 경제의 요소들이 운용되는 데에 대한 학문이라고 정의 될수 있다.

02 microscopic
[maikrəskápik]
현미경으로만 보이는,
극미의

- The particular fresh-water microscopic plant, about 2-10-microns in diameter, contains a host of health building nutrients.
  - ▶ 특이한 담수에 사는 현미경으로만 보이는 그 식물은 직경이 약 2~10 마이크론 정도이며 건강에 도움을 주는 여러 가지 영양분들을 함유하고 있다.

03 metamorphosis
[metəmó:rfəsis]
변형, 변태

- During the course of its growth, a frog undergoes a true metamorphosis beginning with a fishlike larval stage.
  - ▶ 그것의 성장의 과정에서, 개구리는 물고기 같은 유충단계로 시작하는 진정한 변태(완전변태)를 겪는다.

04 metaphor
[métəfɔ:r]
은유, 비유

- Metaphor and simile are the most commonly used figures of speech in everyday language. 'The mind is an ocean' is a good example of a metaphor.
  - ▶ 은유, 직유는 일상 언어에서 가장 흔히 쓰이는 문법적 변칙이다. '마음은 바다이다.'는 은유의 좋은 예이다.

05 metaphysical
[metəfízikəl]
형이상학의

- Metaphysics is a part of philosophy which is concerned with understanding reality and developing theories about what exists and how we know that it exists.
  - ▶ 형이상학이란 무엇이 존재하며 우리는 그것이 존재하는지를 어떻게 알 수 있는가에 대해 실재를 이해하고 이론들을 개발하는 것과 관련을 가지고 있는 철학의 한 분야이다.

06 misanthrope
[mísənθroup]
인간 혐오론자

- Serial killers are often misanthropes who have a tendency to believe that humankind are essentially selfish species.
  - ▶ 연쇄 살인자들은 인류가 본질적으로 이기적인 종이라고 믿는 경향을 가진 인간 혐오론자인 경우가 종종 있다.

07 monocracy
[monákrəsi]
독재정치

- Thus, when U.S. was aa nation just finished with Revolution and eager to distance itself from anything tasting of monarch there was strong sentiment against military decoration.
  - ▶ 그리하여 미국이 독립 전쟁을 막 끝내고 군주제의 기운이 느껴지는 어떠한 것과도 단절하려고 애쓰던 신생국가였을 때, 군용장식에 대한 강한 거부감이 있었다.

- A demonstrator cast a shadow to a red banner "No - to the president's monocracy" during a communist rally against president's Putin social reforms in St. Petersburg.
  - ▶ St. Petersburg에서 푸틴 대통령의 사회 개혁에 항거하는 공산주의자 시위 도중 "대통령의 독재정치 반대" 라고 쓰인 붉은기 위로 한 시위자의 그림자가 드리워져 있었다.

08 monologue

[mánəlɔːg]

(극의) 독백

■ Her monologue, which takes up a major part in the play, effectively depicts the contrasting phases of life of the once overly confident professor.

▶ 그 연극의 커다란 부분을 차지하는 그녀의 독백은 한 때 필요이상으로 자신만만하던 그 교수 인생의 대비되는 시기들을 효과적으로 묘사하고 있다.

---

1. We can see nothing with the naked eye, but with a _____________ we identify anything else.
   (A) spread
   (B) microbe
   (C) tuberculosis
   (D) microscope

   어휘 **microbe** 미생물, 세균(germ), 병원균 **tuberculosis** 결핵 **microscope** 현미경

   해석 맨눈으로 볼 수 없는 많은 것들은 현미경의 도움을 빌어 확인할 수 있다.

2. The company under the new owner has undergone <u>metamorphosis</u> whether it happens gradually or progressively.
   (A) transformation
   (B) organization
   (C) microeconomics
   (D) metaphysical

   어휘 **metamorphosis** 변형, 변태 **transformation** 변형; (곤충이나 생물의) 변태 **organization** 단체; 생물체 **microeconomics** 미시 경제학 **metaphysical** 형이상학의

   해석 그 회사는 새로운 경영자 아래서 점진적이든지 혁신적이든지 변화하고 있었다.

3. There is a distinct limits with the English, but all writer have gotten pleasure with unforgettable visual _____________.
   (A) metabolism
   (B) metaphors
   (C) metallization
   (D) meteorite

   어휘 **metabolism** (생물의) 신진대사, 대사작용 **metaphors** 은유, 비유 **metallization** 금속화 **meteorite** 운석

   해석 번역문제가 있다고 하더라도 모든 작가들은 잊을 수 없는 은유를 즐긴다.

4. Lots of poem and novel focused on <u>misanthrope</u> like 'The Misanthrope' and 'Timon of Athens' more than expected.
   (A) condolence
   (B) startle
   (C) cynic
   (D) marvelous

   어휘 **misanthrope** 인간 혐오론자 **condolence** (죽음에 관하여 슬픔에 빠져있는 사람에 대한) 애도, 문상

   해석 '미상드로프' 나 '아테네의 타이몬' 과 같이 의외로 많은 문학작품에서 인간혐오에 대한 내용을 중심적으로 다루고 있다.

정답 1. D 2. A 3. B 4. C

01 monotony
[mənátəni]
단조로움, 지루함

- These small hints of a possible romance broke up the monotony of his melancholy days, and led him to wonder which of his female customers could be writing to him.
  ▶ 로맨스가 생길듯한 이런 조그마한 암시들은 우울한 날들의 단조로움을 깨고 그로 하여금 여자 손님들 중 누가 자신에게 글을 쓰고 있는지 궁금하게 만들었다.

02 multiloquent
[mʌltíləkwənt]
수다스러운

- The director, on the other hand, is very multiloquent and direct to the point of being rude, which reflects his blunt cinematic style.
  ▶ 반면, 그 감독은 굉장히 말이 많고, 무례할 정도로 직선적인데, 이는 그의 퉁명스러운 영화 스타일을 반영하고 있다.

03 multiply
[mʌ́ltiplai]
배가시키다, 증가시키다

- It's really just a few wool fibers put together in a surprisingly simple way to create a pleasantly soft material. Add one very thoughtful, talented artist, however, and the possibilities multiply richly.
  ▶ 그것은 정말 그저 기분 좋게 부드러운 소재를 만들기 위해 놀랄 만큼 단순한 방법으로 뭉쳐진 두어 개의 양모 섬유일 뿐입니다. 하지만, 여기에 굉장히 생각이 깊고 재능이 있는 예술가가 더해지면, 그 가능성은 풍부하게 증가합니다.

04 neologism
[niːálədʒizm]
(기존의 말을 이용한) 신조어(구)

- The word "civilization" was just coming into use in the 18th century, in French and in English, and conservative men of letters preferred to avoid it as a newfangled neologism.
  ▶ "문명"이라는 단어는 겨우 18세기에 들어서야 프랑스어와 영어에서 사용되기 시작했는데, 좀 배웠다는 보수적인 사람은 유행을 따르는 신조어라고 피하기를 선호했다.

05 neophyte
[níːəfait]
신개종자, 초보자

- As a neophyte in politics, I didn't understand that ducking the issues was the goal of most campaigns. I actually thought I was supposed to deal with them!
  ▶ 정치에 있어 초보자로서, 나는 대부분 선거운동의 목적이 이슈들을 피해가는 것이라는 사실을 이해할 수 없었다. 난 사실 이슈들을 다루어줘야 하는 것이라 생각했었다!

06 nonchalant
[nánʃələnt]
무관심한, 태연한

- Every time speculation was raised over security issues relating with the U.S., the government has been nonchalant or even denied them.
  ▶ 미국과 관련한 안보 쟁점들에 관한 추측들이 제기될 때마다, 정부는 무관심한 태도를 보이거나 심지어는 부인을 해 왔다.

07 omnibus
[ámnibʌs]
(한 작가의 또는 동종의 작품을 한 권에 모은) 염가판 작품집, 옴니버스

- One of the many attractions of the International Film Festival was an omnibus film specially made for the event by three separate international directors.
  ▶ 그 국제 영화제에서 사람들의 관심을 끄는 것 중 하나는 그 행사를 위해 세 명의 각기 다른 국가의 테두리를 벗어나는 감독들에 의해 특별히 만들어진 옴니버스 영화였다.

08
omnipotent

[amnípətənt]

전능한

■ In the mock trials, comparisons were made between the current system, which gives omnipotent power to judges, and the U.S. jury system or the German citizens judging system that involves participation from ordinary people.

▶ 모의 재판에서, 판사에게 전능한 권력을 부여하는 현재의 시스템과 미국의 배심원 시스템, 혹은 보통 사람들의 참여를 포함하는 독일의 시민 판결 시스템 간에 비교가 이루어졌다.

1. I had attempted out of my life with <u>monotony</u> but finally I realized that there is nothing as suitable as me.

   (A) flat   (B) upright   (C) vertical   (D) sluggish

   어휘 **monotony** 단조로움 **flat** 평평한; 단조로운 **upright** 똑바로선, 직립 **vertical** 수직의, 정점의 **sluggish** 활발하지 않은, 느린

   해석 나는 그 동안 단조로웠던 학생으로서의 생활에서 벗어나고자 노력했지만 공부가 적성이라는 사실을 알게 되었다.

2. She was so <u>multiloquent</u> about her experiences and family that her friends kept her at a distance.

   (A) loquacious   (B) logical   (C) tepid   (D) frigid

   어휘 **loquacious** 수다스러운 **logical** 논리적인 **tepid** 미적지근한, 미온적인 **frigid** 추운, 극한의

   해석 그녀는 그녀의 경험과 가족에 대해서 너무 수다스러워서 친구들은 그녀를 멀리하려 했다.

3. The terms of trade index is dividing an export unit value by an import unit value and then ______________ by 100.

   (A) multiloquent   (B) multiplied   (C) neologism   (D) neophyte

   어휘 **multiloquent** 수다스러운 **multiply** 배가시키다, 증가시키다 **neologism** (기존의 말을 이용한) 신조어(구) **neophyte** 신 개종자, 초보자

   해석 무역지수는 수출단가를 수입단가로 나눈 다음 100을 곱한 것이다.

4. My younger brother is going to preside over a talk show, before he debut in the ____________ movie. He got large opportunity through great effort.

   (A) omnibus   (B) omnipotent   (C) slander   (D) cajole

   어휘 **omnipotent** 전능한 **slander** 중상, 훼손; 허위 선전 **cajole** 부추기다, 감언이설로 속이다

   해석 내 남동생은 옴니버스 영화를 통해 데뷔하기 전에 토크쇼 MC를 맡을 예정이다. 그는 순전히 노력으로 많은 기회를 얻었다.

정답 1. A   2. A   3. B   4. A

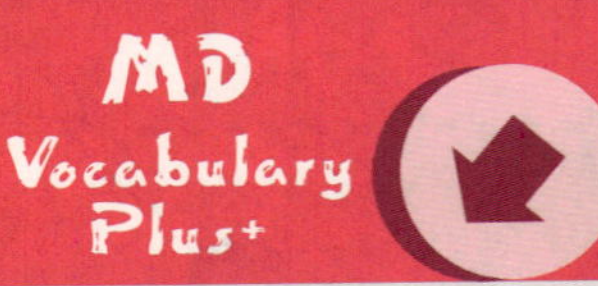
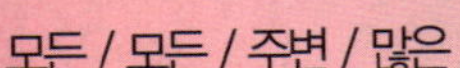

01 omnivorous
[amnívərəs]
무엇이나 먹는, 잡식의

- Red jungle fowl, a wild and omnivorous bird that eats plant seeds and roots, insects, frogs and lizards, will also be on display.
  ▶ 야생이며 식물 씨와 뿌리, 곤충, 개구리, 그리고 도마뱀까지 무엇이든 먹는 새인 붉은 정글닭도 역시 전시될 것이다.

02 panacea
[pænəsíə]
만병 통치약

- I do not want to overstate the benefits of dialogue. Though I believe it sometimes has almost magical properties, it is not a panacea for all the problems that ail us.
  ▶ 저는 대화에서 얻어지는 이득에 대해 과장하고 싶지는 않습니다. 저도 가끔은 대화가 거의 마법적인 효능을 가지고 있다고 믿기도 하지만, 그렇다고 해서 그것이 우리들을 괴롭히는 모든 문제들에 대한 만병통치약은 아닙니다.

03 panegyric
[pænidʒírik]
칭찬하는 연설문, 찬사

- She delivered a fairly long panegyric on the President-elect at the party before a huge audience.
  ▶ 그녀는 그 파티에서 엄청난 관중 앞에서 대통령 당선자에 대한 꽤 긴 찬사를 전했다.

04 pantomime
[pǽntəmaim]
무언극, (무언의) 몸짓, 손짓

- JOMI, who studied with the worldwide known pantomime Marcel Marceau in Paris, works as a solo performer and as a lecturer on pantomime and body language.
  ▶ 파리에 있는 세계적으로 알려진 무언극 연기자 Marcel Marceau와 함께 공부한 JOMI는 단독 공연자로써 그리고 무언극과 바디 랭귀지에 대한 강사로 일하고 있다.

05 periphery
[perífəri]
(원형 따위의) 주위, 원주

- Norfolk Police said eight men had been arrested on Saturday in relation to breach of the peace offences on the periphery of the estate.
  ▶ Norfolk 경찰은 토요일 치안방해죄로 그 사유지 주위에서 여덟 명이 체포되었다고 말했다.

06 polygamy
[pəlígəmi]
일부 다처제

- Afghanistan 's Supreme Court called for Pedram to be barred from the country's first democratic presidential election, arguing he had committed blasphemy by speaking out against polygamy.
  ▶ 아프가니스탄 대법원은 그가 일부다처제에 반대하는 발언으로 신성모독죄를 범했다고 주장하면서, Pedram이 그 나라 최초의 민주적인 대통령 선거에 나서는 걸 금해야 한다고 요청했다.

07 posterior
[pastíəriər]
(공간적으로) 뒤의, (시간적으로) 이후의

- The severe injuries in her posterior leg muscles slowed her down greatly, which in the end made her collapse on the floor.
  ▶ 다리 뒤 근육이 심각한 부상은 그녀의 움직임을 매우 느리게 만들었고, 결국은 그녀를 마루바닥에 쓰러지게 했다.

08 posthumous

[pástʃuməs]

사후의, 유복자로 태어난

He is included on a list of some 100 independence activists of allegedly leftist bent who are scheduled to get their first posthumous state decorations on that day.

▶ 그는 그날 최초로 사후 국가훈장을 받기로 되어있으며 좌익 성향이 있었다고 추정되는 100명의 독립운동가들 명단에 포함되어 있다.

1. She was attracted at first sight to me but her only fault (a mortal defect) was that she is ________________ glutton.
   (A) omnivorously
   (B) omnivorous
   (C) omnivorousness
   (D) omnivore

   어휘 **glutton** 대식가, 폭식가 **omnivorous** 무엇이나 먹는, 잡식의 **omnivore** 탐식가; 잡식동물

   해석 그녀의 모든 면이 마음에 들었지만 너무 대식가인 점은 치명적인 단점이었다.

2. Since first edition, a numerous literary critics pocus their <u>panegyric</u> on the forbidden book which was reflected public opinion, at that time.
   (A) praise
   (B) devaluation
   (C) disgust
   (D) chide

   어휘 **panegyric** 칭찬하는 연설문, 찬사 **disgust** 혐오감; 넌더리 나게하다
   chide 꾸짖다, 잔소리 하다; 미친듯이 날뛰다

   해석 초판 이후 금서규정이 된 당시의 여론을 반영했던 책을 평론가들은 칭찬했다.

3. <u>Polygamy</u> is a taboo in Europe and America but they still have it in isolated area. It is too difficult to keep tighten control of everything.
   (A) nobody can have wedding ceremony
   (B) only one of family member can marry
   (C) one man has to merry only one woman
   (D) one man can marry several woman

   어휘 **polygamy** 일부 다처제 **isolate** 고립되다 **tighten** 죄다; 강화하다 **control** 지배; 억제, 제어

   해석 유럽이나 미국의 고립된 지역에서도 여전히 일부다처제가 시행되고 있다. 모든 것을 통제하는 것은 불가능하다.

4. The soldier who sacrificed himself and saved the lives of three of his comrades was given a ___________ award.
   (A) prenatal
   (B) posthumous
   (C) predicted
   (D) postulate

   어휘 **sacrifice** 희생하다; 단념하다 **comrade** 동료; 조합원 **prenatal** 태어나기 전의, 태아기의
   posthumous 사후의, 유복자로 태어난 **postulate** 요구하다; 가정하다; 임명하다

   해석 자신을 희생하여 3명의 동료를 살린 군인은 사후 상을 받았다.

정답 1. B 2. A 3. D 4. B

Prefix POST- / SYN- / TELE- 후 / 같은 / 먼

01 postmortem
[poustmɔ́:rtəm]

시체 해부, 검시

- "We assume that they were murdered sometime in the afternoon Wednesday", a police investigator said, also pointing out the initial results of a postmortem.
  ▶ 경찰 조사관이 시체부검의 초기 결과들 역시 지적하며 "저희는 그들이 수요일 오후 언젠가 살해당했다고 추정합니다."라고 얘기하였다.

02 postscript
[póustskript]

(편지의) 추신, (책의) 후기

- One disturbing postscript has been the way in which some influential football pundits, initially taking Korea's win at face value, have since retreated into lazily going along with the Italian claims.
  ▶ 신경을 건드리는 후기가 하나 있다면 그것은 몇몇 영향력 있는 축구 전문가들이 처음에는 한국의 승리를 있는 그대로 받아들이다가 그 후에 슬그머니 이태리의 주장에 동조하며 발뺌을 한 방식이었다.

03 symmetric(al)
[simétrik (əl)]

균형이 잡힌, 대칭적인

- The design of his newly built house had a pleasing symmetry, its oblong shape being picked up in its elongated windows.
  ▶ 그의 새로 지은 집의 디자인은 길게 늘여진 직사각형의 모양이 길쭉하게 뻗은 창문들로 받쳐져서 보기 좋은 대칭을 이루고 있었다.

04 symptom
[símptəm]

증상, 징후

- 75-year-old Arafat has been sick for two weeks and blood tests have revealed he has a low platelet count, a possible symptom of leukemia.
  ▶ 75세의 Arafat은 2주일째 앓고 있으며 혈액 검사에선 백혈병의 증상일수도 있는 낮은 혈소판 수치를 가지고 있는 것으로 나타났다.

05 synchronize
[síŋkrənaiz]

(두 사건이) 동시에 일어나다, 동시 녹음하다

- The rock concert was minutely designed so that the lights and flames synchronized with the music.
  ▶ 그 록 콘서트는 조명들과 불꽃들이 음악과 동시에 맞춰지도록 세밀하게 디자인되었다.

06 syndicate
[síndikət]

기업 연합, (기사 등을) 동시에 각종 신문사에 배급하다

- A syndicate of shop workers celebrated their lottery win, after discovering that an unchecked lottery ticket left in their office was worth $5 million.
  ▶ 한 가게 노동자들 연합이 자신들의 사무실에 남겨져 있던 표시가 안된 복권 티켓이 500만 달러의 가치가 된다는 사실을 발견한 후 복권 당첨을 축하하고 있었다.

07 synthesis
[sínθəsis]

종합, 통합, 합성, 인조

- Kim gwang-su, the compan's vice president, said his company can also transfer the synthesis technology to Hansung and receive royalties, but he declined to elaborate. Everything remains to seen in the coming discussions with Hansung.
  ▶ 김광수 부사장은 합성 기술을 Hansung에 이전해 로열티를 받을 수도 있다고 말했지만 구체적인 내용을 밝히지 않았다. "모든 건 향후 Hansung사와의 논의 결과에 달려 있다."

08 telegraph

[téləgræf]

전신, 전신을 보내다

■ Moreover, the violent eruption that was literally felt around the world cannot be appreciated without understanding technological advances like the telegraph and flourishing news agencies like Reuters, which made Krakatoa known around the world within hours after it exploded.

▶ 게다가, 말 그대로 전세계에서 느껴졌던 그 격렬한 화산 폭발은 Krakatoa가 폭발한지 몇 시간 만에 전세계에 그 사실을 알려놓았던 전신과 로이터와 같이 무성한 뉴스 에이전시들 등 기술적인 진보들을 이해하지 않고서는 제대로 그 가치가 평가될 수 없다.

1. The time has now come to rethink the last century of antagonism and misapprehension, to rehabilitate belief between the two. The <u>postmortem</u> examination showed that he was a natural death.

(A) autopsy   (B) analysis

(C) association   (D) catharsis

어휘 **misapprehension** 오해, 오인사 **rehabilitate** 회복하다, 복직하다 **postmortem** 사후의, 검시의 **catharsis** 카타르시스

해석 지난 100년간의 오해와 반목을 재고하고, 서로의 믿음을 회복시킬 때가 되었다. 부검 결과 그는 자연사로 판명되었다.

2. What he wanted through his whole life was just <u>symmetry</u> life and hard work but he was dying with looking back on his wretched life.

(A) balance   (B) crude

(C) monotonous   (D) offensive

어휘 **symmetrical** 균형이 잡힌, 대칭적인 **balance** 균형; 비교하다, 헤아리다 **crude** 가공하지 않은; 조악한 **monotonous** 단조로운, 지루한 **offensive** 공격적인

해석 그는 평생 동안 조화로운 삶과 근면을 원했지만 결국 비참하게 죽어갔다.

3. While many problems are minor and temporary, some are ______________ of something more serious. Children get depressed, just as adults do. The depressed child may appear sad, tired, and apathetic.

(A) plays   (B) symptoms

(C) nutritive conditions   (D) flexibles

어휘 **symptom** 징후; 증상 **nutritive conditions** 영양상태 **flexible** 구부러지기 쉬운, 유동성 있는

해석 많은 일시적이고 중요치 않은 문제들 가운데 일부는 증상이 더 심각하다. 아이들은 어른들처럼 스트레스를 받는다. 억압받은 아이들은 슬프고, 지치고, 무감각하다.

01 telepathy
[təlépəθi]
정신 감응, 이심전심

■ Many of us find it very difficult to state our needs exactly for one reason or the other. We expect people to know by telepathy what we are feeling.
▶ 우리들 중 다수는 어떤 이유에서건 자신의 필요한 사항들을 딱 잘라 얘기하는 것이 매우 힘들다고 생각한다. 우린 사람들이 우리가 느끼는 걸 이심전심으로 알아주길 기대하고 있다.

02 unanimous
[juːmǽniməs]
만장일치하는, 동의하는

■ Hopkins retained his undisputed middleweight title defeating Eastman with a unanimous decision.
▶ Hopkins는 Eastman을 전원일치 판정승으로 물리치며 자신의 통합 미들급 타이틀을 계속 보유하였다.

03 unification
[juːnifikéiʃən]
통일, 단일화

■ Even though she also experienced the painful division of her country and the following confrontation between the two Germanies before unification in 1990, Awe's mother didn't live with a nuclear-armed East Germany, leaving her only able to imagine how dangerous it would be to have North Korea as a neighbor.
▶ Awe의 어머니는 그녀 역시 자기 나라의 고통스런 분단과 그에 따른 두 독일 사이의 대립을 1990년 통일 전에 경험하긴 했지만, 핵무장한 동독을 옆에 두고 살진 않았기에 이웃에 북한을 두고 산다는 것이 얼마나 위험천만할지 그저 상상만 해볼 뿐이었다.

04 unison
[júːnisn]
(소리, 목소리 따위의) 일치, 조화

■ India celebrates its anniversary every year in Delhi with a parade of soldiers marching in unison, followed by folk dancers, and school children from various states.
▶ 인도는 델리에서 발 맞춰 행진하는 군인들, 이어지는 민속 무용수들, 그리고 여러 주에서 온 어린 학생들의 퍼레이드와 함께 매년 기념일을 경축한다.

05 unity
[júːniti]
단일, 일치, 화합

■ The martial arts were unified into one national art, called taegwondo, as a way of building national unity.
▶ 그 무술은 국가 통일을 이룩하는 한 가지 수단으로서 태권도라 불리는 국기(國技)로 통합되었다.

06 vice-president
[vaisprésidənt]
부통령, 부사장

■ The retail company last Friday announced it will buy a 10.3 percent stake in its profitable affiliate for $7 billion from the company's vice president.
▶ 그 소매 회사는 지난 금요일 자신들이 70억 달러를 주고 수익성 높은 자기 계열회사의 10.3 퍼센트 배당을 회사의 부회장으로부터 사들일 것이라고 발표하였다.

07 withdraw
[wiðdrɔ́ː]
(돈을) 인출하다, 철수시키다

- Sgrena, who was kidnapped in Iraq ten days ago, appeared on a video made by her captors and emotionally urged the Italian government to withdraw the Italian troops from Iraq.
  ▶ 이라크에서 열흘 전 납치되었던 Sgrena는 납치범들이 만든 비디오에 모습을 드러내고 이탈리아 정부에게 이탈리아군을 이라크에서 철수해달라고 감정적으로 촉구했다.

08 withhold
[wiðhóuld]
보류하다, 억제하다

- He has hinted on several occasions that the party might withhold its reform drive to tackle bills directly related to people's livelihood.
  ▶ 그는 여러 번 그 정당이 사람들의 생계와 직접 관련된 법안들을 처리하기 위해서 개혁 공세를 보류하려 할지도 모른다고 암시한 바 있다.

1. The movie has been damned by both the critics and cinema audiences. Also it was singled out as the worst one <u>unanimously</u>.
   (A) with exception
   (B) variety of opinion
   (C) in several agreements
   (D) without opposition

   > **어휘** **damn** 비난하다, 책망하다　**unanimously** 만장일치로　**exception** 예외, 제외　**agreement** 동의

   > **해석** 그 영화는 비평가들은 물론이거니와 관객들에게까지 비난을 받았고, 만장일치로 최악의 영화에 선정되었다.

2. The famous actress admitted that she had hired illegal aliens as domestic help, at the same time she petitioned the court to <u>withdraw</u> heavy fine.
   (A) cancel
   (B) go back on
   (C) take out
   (D) retired from

   > **어휘** **alien** 외국인; 성질이 다른(different), 반하는(opposed)　**petition** 탄원서; 간청하다　**fine** 벌금; 벌금을 과하다

   > **해석** 그 유명 배우는 외국인 불법체류자를 가정부로 고용한 사실을 시인하면서도 벌금을 철회해달라고 법원에 진정했다.

3. A portion of an employee's wages is ____________ by the employer for income tax. And they gross about 7 thousand dollars a month.
   (A) withheld
   (B) borrowed
   (C) guaranteed
   (D) paid

   > **어휘** **withhold** 보류하다　**borrow** 빌리다, 차용하다　**guarantee** 보증하다, 확인하다　**pay** 지불하다, 보상하다

   > **해석** 고용주는 고용자 월급의 일정부분을 원천징수액으로 보유한다. 그리고 고용자들의 수입은 한 달에 7000달러이다.

01 

withstand

[wiðstǽnd]

(사람, 힘, 곤란에)
항거하다, 견디어 내다

- The bunker was built by the Ministry of Defense in the late 1950s. It was designed to withstand a nuclear blast on London and intended to act as a monitoring post in the event of an attack.

  ▶ 그 벙커는 1950년대 후반 국방부에 의해 만들어졌다. 런던에 대한 원폭을 견디어낼 수 있도록 설계되어 있으며, 공격이 있었을 경우 모니터를 할 수 있는 주둔지 역할을 하려는 의도에서 만들어졌다.

1. Although we were encompassed by enemy forces, we were cheerful for we were well stocked and could <u>withstand</u> a siege until our allies joined us.

(A) escape

(B) exploit

(C) measure

(D) bear

어휘 **withstand** 저항하다, 견디어 내다 **escape** 도망하다 **exploit** 이용하다
measure 측정하다, 평가하다 **bear** 참다, 품다, 낳다

해석 우리는 적군에 의해 포위되었지만 동맹국들이 우리와 합세할 때까지 식량 비축이 충분해서 그 포위를 견딜 수 있을 것 같아 힘이 났다.

MD Vocabulary Plus[+]

초판 1쇄 2008년 9월 22일

저자 _ 문 덕

발행인 _ 문 덕

표지, 편집 _ Design Pattra

출력 _ 다음 프로세스(02 - 2273 - 4966)

인쇄 _ (주)미광원색사(02 - 2275 - 7891)

제본 _ 일광문화사(031 - 904 -1102)

발행처 _ 도서출판 지수

주소 _ 서울시 마포구 공덕2동 249–12 영명빌딩 502호

전화 _ 02-717-6010(대표), 6011

팩스 _ 02-717-6012

#502 Young Myeng B/D, Gongduk-2dong 249-12, Mapo-gu, Seoul 121-022, Korea

Phone 82-2-717-6010,6011 Fax 82-2-717-6012

가격 14,000원

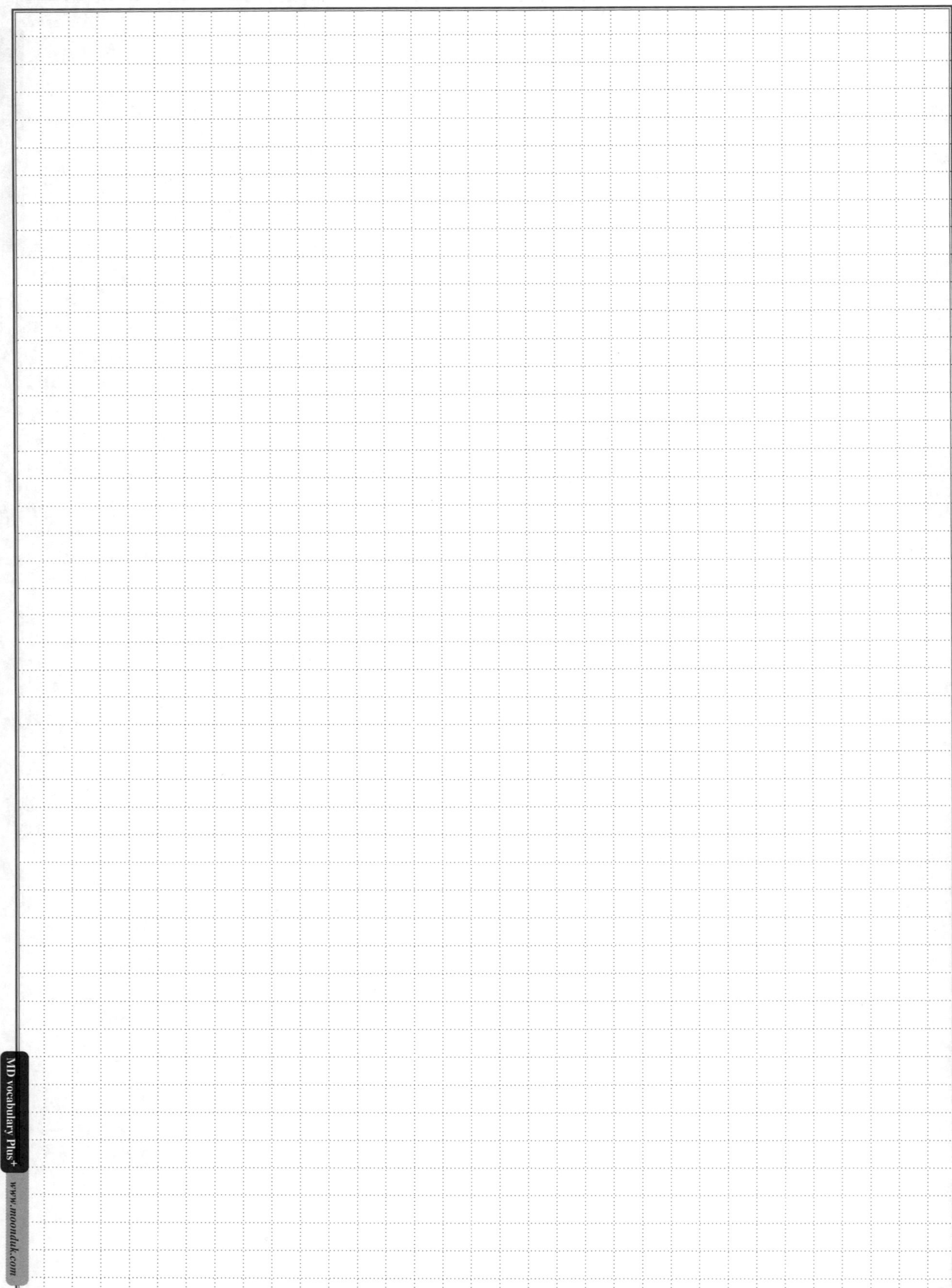
MD vocabulary Plus+
www.moonduk.com